渡辺月石　自筆稿本

全二冊

淡路堅磐草

付 蝦夷物語

下巻

臨川書店刊

淡路堅磐草 付蝦夷物語〈下巻〉

目次

凡　例

一、本書は渡辺月石自筆稿本『堅磐草』（天保三年、安倍泰生氏所蔵）の現存十三冊を底本とし、これを六七％に縮小して影印復刻、（合本二冊）としたものである。ただし、巻四については現在、自筆稿本所在不明のため、『堅磐草補遺　全』（昭和十一年、秦嘉泉刊）を底本とし、新組で収録した。

一、更に本書にはあらたに淡路島出身の廻船業者高田屋嘉兵衛（一七六九―一八二七）について記した、渡辺月石著『蝦夷物語　全』（昭和十年、秦嘉泉刊）を新組にし、付録として下巻に収めた。

一、新組に際しては通行の字体を用い、欠字については該当箇所を空白とした。

一、本書は、江戸期に執筆された著作を底本とした復刻であるため、その内容の一部にいわゆる被差別部落や個人の人権に関る歴史的記述を含んでいる。今日の被差別部落の政治的起点となる江戸時代の賤民身分制度は、徳川幕府権力による武士や民衆に対する社会編成が身分制の形をとった一環として、政策的に設けられた政治的所産であることはいうまでもない。この政治的犠牲として作為された不当な部落差別は、身分的遺制を中心に近代社会に持ち越されたが、差別克服のための運動が戦前戦後を通じて国民的課題としてひろく要請されていることは大方の周知されているところである。にもかかわらず、今日、世上においては部落あるいは個人の人権に関する差別についての歴史的経緯等に関して誤解や偏見がなお多様な形で存在している。しかし、これらの記述に修正削除など手を加えることは、むしろ社会的差別の問題をあいまいにし、且つその解決を困難にするとともに、結果として問題解決への努力を回避し、差別を温存する惧れをもつばかりでなく、本書の史料的価値を損ない、また本書を歴史的研究の資とすることを妨げる結果になることを考慮し、敢えて原文のまま掲載することにした。したがって読者ならびに研究者各位におかれては、以上の点についての正しい認識のもとに、当該箇所に関しては、歴史的資料として客観的、科学的な立場で判読活用されることをお願いする次第である。

臨川書店

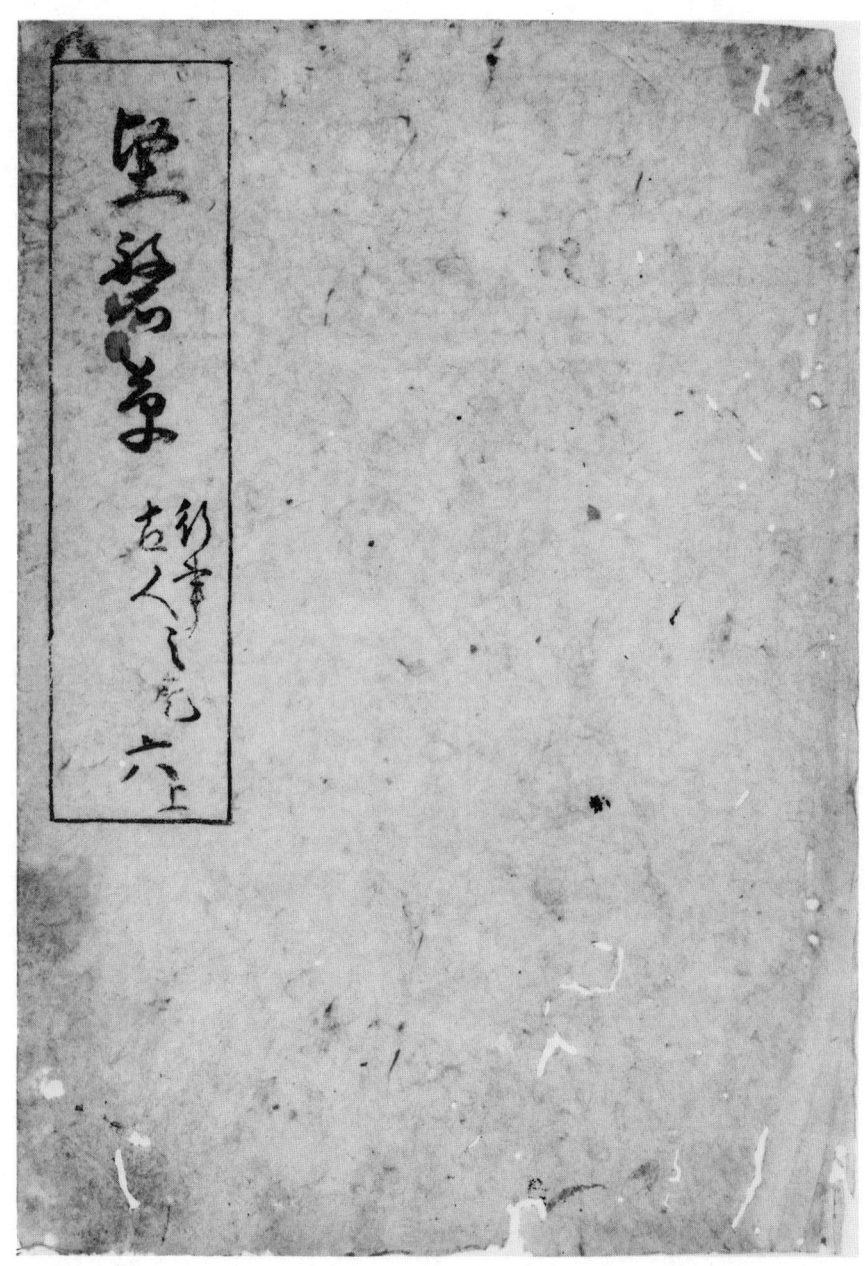
堅磐草
六上

日本魁洲 温故録

年中行事 月令 正月　月名

渡邉皜揮録

○正月ハ萬事皆祝ヒ寿キテ年ヲ重ネテ愛(メデ)タシト賀シ門ニ松ヲ立テ年ノ新タナルヲ示ス 或人ノ句ニ 門松は冥途の旅の一里塚 ト云ル句有実情ナレトモ禁句ト難ス 物貰ノ徒モ先ツ万歳春駒大黒舞等(ナド)愛(メデ)タ尽クシノ祝言 手ノ内ヲ乞ニモ祝フテタベト云 児女ノ慰モ宝引福引ヲ戯ヒ物ノ名ヲ命スルニモ海鼠ノ殻ヲ米俵ニ比シテ俵子ト呼ヒ市ニ売ニモ一石二石ト弄フ 又鰯(正字鰛 今从俗)ヲ高貴ニハ小殿原ト唱ヘ 下賎ハゴヽメ ト云テ人ノ堅固ナルニヨソヘ 農家ニハ田作リト云 歯朶(シダ)ヲ穂長ト云ハ稲穂ノ長カランコトヲ祝シ 舟子ノ家ニハフキゴト転祝シ 裏白ハ其背(ウラ)ノ白ヲ云ナレハ子細ナシ(白キハ色ノ本色ニ) 裏白ノ連哥トテ懐紙ニ習アル事ニ借 寐レ起ヲ稲積 稲上ルト祝シ 藁ヲ福藁

又茶ヲ大福呑喰ヲ祝フト云【都名所】村上天皇ノ御宇疫病大ニ流行死ル者多シ空也上人是ヲ憐ミ観音像ヲ作リ茶筅ニテノ茶湯ヲ和シ観音ニ供シ其茶湯ヲ諸人ニ与フ夫ヨリ疫忽チ平愈シテ長寿セリ帝叡感アリテ吉例トシ毎年元三ニハ空也堂ノ茶筅ニテノ茶ヲ調是ヲ服スレバ年中ノ邪気ヲ払フトゾ此帝ヨリ初メ玉フニヨリ今ニ王服ヲ祝フト云　雑炊ヲ福涌ト云　注連ノ内ニ死スル者迄モ福ニ成タリト転シテ死ノ字ヲ避ケ腹ナド痛ミ心悪キヲ楽ヒト云　伊勢ノ忌詞ニ基ケリ　或高判集ニ　正月ハ楽ミ稲て因ある　ト云句アリ　祝言ノ中多クハ稲ヲ以テ祝セリ　実モ命根ノ畧訓ナレバ也　日本ノ萬民ハ下賤ト雖皆神ノ御末ナル故ニ正月ハ年ノ始ナレバ神代ノ昔ニ表シ家餝ノ体相器物ヲ新タニシ神祭ヲ専トスル中ニ惟リ門徒宗ノミ門松立ズ家餝セズ神棚ヲモ営マズ門徒物ニ構ハズト云ハ衆ニ違ヒ事ソゲテ詫シキモノゝ責テ三ケ日ハ世ニ従ヒテアラマ欲キコトゝ殊ニ其檀那寺僧ハ俗並魚肉ヲ喰ミ婚娶シテ妻子有ニ非ズヤ　年礼ニ諸僧徒ハ三ケ日遠慮シテ出ザルニモ弁ヘ知ベシ

富田安文郷正月十六日念仏始ニ仏名ヲ嫌忌シテアツパイダ
スツパイダ一盃湯婆ナド囀唱スルニテモ惟ルベシ
○當コヨ一万歳柳沢辺ニハ有トゾ穢多烏帽子装束ニテ千万歳ヲ
唱ヘ来ル其唱哥未詳 む来ル家ハ旧格ニテ其年ノ新家ハ前登スト雖敢
来ルコトナシト云リ　○下物部村山崎毘沙門詣元日寅刻市郷群詣
吉兆ノ笹ヲ求テ帰ル　○小路谷蓮江住吉詣元日未明寅刻ヨリ
三ケ日ノ間洲本市中ハ勿論遠近ノ郷ヨリ群詣ノ男女須本ノ街
條ヲ経テ来往絡繹トシテ終日絶ズ吉兆ノ笹ヲ求帰ル
○二日田圃鍬初　小竹ヲ一尺二三寸ニ切帋ヲ挟ミ明方ニ向テ
是ヲ圃園ニ立鍬初ヲ営ムコト農家相壽シ
○五日阿万東村八幡修正会　神前ニテ社僧讀経神酒且供物
ニ実入タルヲ実ヲ入ルト云コト後十日農家白粥ノ下ニ詳之富ト云　牛王ト冨トヲ氏人是ヲ頂

載シガモハト大ニ呼テ男ニテ立帰ルガモハノ来由後ニ詳ニ
○七日七種ノ囃シ　其言ニ曰唐土ノ鳥ト日本ノ鳥ト（或ハ唐土ノ鳥ガ日／本ノ土地ヘトモ云）
渡ラヌ先ニ七艸薺コトゝヤコトゝト唱ヘツゝ七種ヲ叩クコト大抵今
世通用ス然レ圧此囃ノ起原ハ一条天皇ノ御宇ニ始ル其ノ囃ノ章句未タ
世ニ轉誤シ傳ヘタリ其支跡巻末ニ詳ニス
○八日由良ハ幡頭人宮上リ　（此日ヨリ頭人及神吏ニ預ル諸輩斎日／十五日マデ参籠社官又全ニ）
神官及氏内邑々ノ役人且頭人ノ門属等ヲ拝殿ニ於テ
饗食ス是ヲ上リ羹ト云雑烹ヲ以テ進ム酒ヲ羹ハ雑烹ニ（謹頭人／八月）
○九日陸田作始　地紫ヲ立（椎紫ヲ用或用樒アリ／樒ハ常ニ仏供ノ物ニ用之ハ大ニ誤ニ）〔畠日〕蘆竹ヲ三
握ハ大ニ切白帋ノ四手ヲ付幣帛トシ飯鐺ヲ供ス一ホオホ
ホオイ〳〵一抱一升ブリ〳〵ト唱ヘ祭ル事アリ（田植哥ノ囃ニモホオイ〳〵ト云／共ニ穂ノ多イニテノ祝詞ナリ）
○九日内田明神祭祀　四歳ノ小児花ノ頭（二人ニテ由良／八幡蒼頭ナリ）拝殿ニ於

二

○十日市或祭的弓有

テ社僧心蓮寺（由良）神官尾田氏（由良八幡祠神主）祢宜某及村中各々ヲノ右役人ヨリ饗應宴ス　○十日蘆江住吉祭祀　是又頭アリ酒餅ヲ饗ス社僧ハ須本神宮寺ヘ太鼓舁野臺出ル
○（合日）下内膳樋爻軸頭祭アリ　○十日由良湊神社（延喜式内舊神當国十三社ノ一）祭祀邊物舟野臺出ル此日社僧心蓮寺ニ於テ節饗ス（祠司又邑宰五徳賓席タリ以下両側ニ列坐ス）　○十日地祭　此日凡テ農家白粢ヲ製ス（釋ヨリ搗テ為粢食是ヲ白モチト云）搗揚ト云テ是ヲ搗ニ其粘汁ノ高ク飛テ梁上ニ点スルヲ吉兆トス其白粢ヲ水ニテ薄ク解キ椎又ハ榊ノ葉ニ洒キ付（是ヲ実ルト祝護ス）門参ヲ靡ケタル跡ノ盛砂ニ指（是ヲ地祭ト云）又諸神ニモ白粢ヲ供ス柏ノ葉或ハ楪葉ニ白粢強飯ヲ包ミ椎ノ枝ニ結付神仏田圃池井等ニ悉祭ルモアリ又蘆竹（ナヨタケ）ヲ二尺許ニ一節ヲ竝竜テ伐ツ幣ノ如ク帋ヲ切挟（是ヲミテグラト云）ホオイ〳〵ト唱テ年徳神々棚田圃等ヘ祭ルアリミ（佐野　穂多）六日

午時ヨリ翌七日ニ至ルアリ九日ニ行フアリ方地ニ依テ區々ト虽皆
地祭ト称ス或ハ内ニ土壇ヲ築キ地紫ヲ立並ヘ藁ヲ敷強飯白
餅等ヲ供シ其傍ニ某由ノ地神ト各田ノ地神ヲ唱ヘ祭ルモアリ
地祭ノ后是ヲ貯置テ水口祭ニ用ル有　校並之　○十一日鋤鍬始ノ哥トテ　國土の廣き曠野(アラノ)をと
田となして御代の御法や庶も盛　是を唱へ祭ルモアリ　此哥出雲大社ノ記ニ有由未考
○十一日麦粉ヲ若トウト称メ是ヲ家居ノ周廻ニ絶間ナク捻リ撒クコ
蟆(ナガムシ)地ノ宅内ヘ這入ラヌ咒ニトテ方地ニ依テスル処アリ
○十一日伊勢講始　校並郎此日始テ伊勢講ヲ催シ藁一尺
一束ノ誤カ或ハ一尺ニ切コ手ノ本ニ御供ヲ包ミ上ヲ曲延ヘ篠ノ折箸十二膳　閏月有民ハ十三膳
指シ込ミノニ掛ル是ヲ命長ト称ストゾ　○十二日由良八幡神事饗食
此日拝殿ニ於テ大般若経轉讀アリ頭人ヨリ社僧社官及其余
饗スル容ハ八日上ノ羹ニ準知スベシ冗酒食ヲ以テス　是ヲ俗神子饗食ト称スト虽又神子ニ非ル為本實ニ不當コトヘ

○十二日由良蛭子祠浦祭操芝居常例

○十二日四行寺村天王祠祭祀

三

○十日ヨリ夕部粥釣ト云アリ村童藁及木片等ヲ以テ農具俵馬等
（チヤヲ持寄ナスハ）舟ナドヲモ男ヲ造リ小盆ニ載セ毎家ニ携行戸外ニ置戸ヲ扣キ小隠レ
テ隠レ伺フ内ヨリ是ヲ取収メ神棚ニ供ヘ其盆ニ銭ヲ入之ノ処ニ
指置タハ是ヲ取去サレモ押雍（フレナメナ）ノ叓ニモ非ル歟方地ニ依ベシ我邑ニモ
予ガ少年ノ比マデハ侍リ當時絶テナシ

○十四日粥杖　福良ノ童子粥杖ノ遺風ヲナス其製木條ヲ削リ
墨ニテ左巻ニ摸撲シ或ハ花ヲ画キ又ハ松煙ヲ以テ熅欝（フスベ）テ摸
撲スルヿモアリ是ヲ以テ通リ掛ニ若キ女ノ腰ヲ打ム人妻タル者
又若シト虽既ニ嫁娶以後ノ婦女ヲ打ヿナシ此杖ヲ土俗呼テ人コキ
棒ト称スルト之湊浦ニモ此ヿ有ト云リ［年浪］曰紀事追加曰信飛参等
ノ国ニ於テハ漆樛木ヲ以テ其長一尺二寸許ニ切上下ヨリ削掛テ先ノ
方ニ左巻形或ハ柳櫻ノ花ノ如キ物ヲ帋ニテ切粘シテ松煙ヲ以テ

燻(フス)べ其ハ皮ヲ取除レバ其模様白ク残ル是ヲ号テ御祝棒ト云新婚ア
ル家毎ニ入テ新婦ノ腰ヲ打ツ児童ノ戯之［紹巴下級］曰禁中ニテ粥杖
ニテ女房ヲ打テハ男子ヲ生ストテ打之［松州子］曰十五日ニハ餅粥ノセ
クヽオル粥ノ木引隠シテ伺フ打レジト用意シテ背(ウシロ)ノ心遣ヒタル気色
モ可笑(ヲカシ)［挟衣］曰若キ人々交カシコ群居ツヽ可笑気ナル粥杖引隠
シツヽカタミニ伺ヒ又打レジトシタルスマヒ思ハクトモ、各可笑フ見エ
ルヲ大将殿見玉ヒテ丸ヲ集リテ打テサラハソ誰モ子ハ設ケン
誠ニ験アルヿナラバイトフ氏子シシテアランナドノ玉ヘバ皆受笑ヒタ
ルニ下略　○四十二歳ノ厄多クハ十五日迄ノ内日ヲ撰ミ客ヲ請シ酒
宴シテ夜ヲ守リ酒飲食ヲ備ヘ諸事二ノ数ヲ忌ム其子祝義ノ膳ヲ
父ノ前ニ居ヘテ祝シテ曰ニ千ゝトヲシミニ三ニ成玉ヒテ愛(メデ)タシヽヽ寿ク也
則本人及家族ト共ニ氏神ニ詣ム其撰日松ナドヲ飾リ除夜意ニ

四

テ不肝ニ歳ヲ重子タルニ擬ス　前年四十一歳ノ六月一日ヲ呉ハ厄ト云二歳ノ此日ヲ拂厄祛　牛馬同日四十二歳ヲ
厄年ト嫌忌シテ祓除スルヿ據ナシコ又四二ノ音死ノ訓ニ通ズヲ忌キルベシ
○十五日粥[illegible]　此日ノ早朝家飾ノ注連ヲ取集テ粥ヲ炊吉書ノ灰ノ高
ク上ルヲ吉トスルヿ年浪草ノ記ニ合ヘリ　板並郷ニハ粥ヲ炊タル灰ヲ紙ニ包
乾ノ柱ノ許ニ收ム是レ鎮火ノ咒ニトゾ　此日ノ粥ヲ祝フニ萱ノ折箸ヲ用ユ
甚其尺ヲ長クス是モ稲穂且壽命ノ長カランヿヲ表祝スルカ　此日初テ香物ヲ出ス
○十五日多賀村一宮粥様ノ祭式アリ　神官等御供殿ニ於テ
粥ヲ烹ル其中ヘ二寸余ノ竹管三ツニ一二三ノ番付ヲ記シ入置粥熟
シテ後其竹管ヲ三方ニ載セ神前ニ供シ置祝詞ノ中竹管ヨリ
粥出ルヲ見テ當年植稲ノ豊凶ヲ占フ管中ニ粥ノ充ルヲ豊
作トシ虚スル者ヲ凶作トス番付ハ一ヲ早稲二ヲ中稲三ヲ晩稲
ト定ム詣人是ヲ見テ其年ノ種漬シ粥充ルノ稲ヲ専トス　是河内国平岡ノ

○十五日鮎原天神ノ末社八幡宮祭アリ

神社ノ祭式二類セリ　○十五日由良八幡祭礼　此日早朝頭人ヲ始神官ホ
皆海水ニ入テ垢離シ御贄ヲ供シ句當等節ヲ嘻ヘテ息ヲ霽復シ贄ハ殿ヨリ運フ神楽ヲ奏ス
神子ハ鈴舞祢宜太鼓調拍子ヲ搊鳴此間ニ頭人神前ノ中庭ニテ大幣ヲ振ル式アリ然後神
輿還幸供奉遊物一番ハ南衢猿田彦ノ命鈿女命榊ヲ採テ先ヲ拂二番内田三番中小路

○天川ヨリ獅子駿兒ニ夜

四番中ノ町五番ハ勇四衢六番天川七番紺屋衢之何レモ弓鉄炮雉毛赤
熊ノ毛創等之室螺太鼓鉦ニ合セテ振ル遊物跡花ノ頭兒三歳ノ男女兒親族従之歟
次ニ本頭人烏帽子白衣指貫細キ白木ノ皮剥タルヲ斬後四本ヲ荷杖棒共ニ同木頭人ノ後裾ヲ褰ル役一人後ニ従フ
帆掛烏帽子ニテ麦小紋ノ布衣是ヲ俗ニ御ハゴ取ト云ハゴハ羽子或ハ端午　次ニ擔花童（ハナガゴモチ）小年振袖女姿花筐花桶ヲ荷擔ハ寉亀ノ彩画梅椿ホヲ挿入　次ニ扇翳（アフギヲサ）ノ角ヲ折
唐艸ヲ画水引ニテ結折履斗ニ似タル物ヲイタゞキ中啓扇ヲ持抱兒之　以上三人ハ頭人ノ子勤之若ニ子幸者ハ近親ノ子勤ム
次ニ睨（ニラミ）兒三人十四五ノ童子烏帽子装束脚ハゴ取ノ如シ太刀ヲ帯皃ヲ紅粉ニテ塗眉ヲ作折々左右ヲ睨ム式アリ　次ニ社僧層ニテ歩ス長柄日傘
僕後ニ從フ次ニ灑水僧随順祢宜[illegible]神子句當二人烏帽装束上ノ如一人ハ白幣一人ハ榊
杖差ハ袖殿ノ留司居タリ次ニ白赤旗ハ流次ニ神輿其ハ跡氏内役人

五

礼服ニテ供奉相續テ惣氏子社外ノ境内三廻シテ還御ノ後
社司壇上ヨリ八月ノ頭誰ナルコトヲ喚フ是ヲ聞テ群詣退散
○十六日千草村八幡社祭礼　○十六日委文郷念仏始
長畠村里民此日集會シ念仏ニ擬シテ唱ル其ハ言ニ曰スツパイダンブ
ツハツパイダンブツ　ト云同土井村ニハ　一盃湯婆(タンポ)　ト云ツ、其中初
老年賀ノ人ヲ衆人一同ニ立カヽリ手足ヲ取門(カド)ニ連行投上(ホウリ)ル事
数回ニシテ後又元ノ座ニ直シ目出タシト賀詞ヲ述トゾ也奇異ノ
コト當月ハ專神祭月故念仏ヲ忌如斯文句ヲ轉シテ唱ルナルベ
ケレド嫌忌スルナラバ全クハスツパイダハツパイダンブツモ申サザルニ如ジ
○十八日下内膳樋木住吉末社八幡祭　○廿日洲本明神祭
猿田彦人形冠ヲイタヾキ萌黄ノ千早ヲ着棒ヲ携フ見童等是ヲ
鼻ヒグスヤイト罵レバ棒ヲ挙テ追拂フ舁野(タシ)臺(ヅリ)漁師街数町

ヨリ出ル并大野墓ヲ曳廻ラス舟長中間之藝ハ猿楽ノ狂言ニ基リ折ニ觸歩ヽ行ノ
儀藝出ル事アリ　○廾日郡家郷ノ道祖神祭　三寸白粢食ヲ
以テ祭　○同日幸神祭　村名ヲ遺忘追テ可考　村中講本ノ家ニ集會シ
饗食ス者一ニ汁ヲ吸フ夥シ希ニハ二十椀ニ及フ者アリトゾ［高搭ル三］
諸方荒神ノ本社ト称シテ小祠有処往々ニアリ是三宝荒神ニハ
有マジ幸ノ字ニテ幸（サイ）ノ神ナラン幸ノ神ハ道祖（ドウソ）（サイ）神ニシテ猿田彦ノ
命也　俗道六神ト云猿田彦ハ瓊々杵命降臨ノ時衢（チマタ）ニ迎ノ神也　又大歳ノ神ナドモ諸村ニアリ
我邑毎月廾日山神講アリ山ノ神ハ大山祇（オホヤマスミ）命也素戔嗚尊大
山祇ノ女大市姫ヲ娶テ大年ノ神倉稲魂（ウガノミタマ）ノ神ヲ生

素戔嗚尊
　├ 大巳貴尊
　├ 大歳神
　└ 倉稲魂　五穀ノ守リ神也　午大天同神也本名宇賀神王

軻遇突智 ── 大山祇 ── 大市姫

○廿四日木戸新村和霊明神祭式
大小車楽
非芸臺ノ大小舞者ノ少長ニ

○廿五日須本八幡宮祭礼（近年有故而為廿七日）大小ノ野臺出ル（臺ノ大小ヲ以テ非芸臺者ノ長幼ヲ云ナリ）
大車楽ハ舟長中間小車楽ハ本街条一街ヨリ七街ニ至テ、才
四街ノ外各アリ（才四街ハ小狭街故有ヿナシ）支街ニハ上下水樋街共ニ三街上下
工匠街共ニ三街鍛工街凡テ十車アリ然レﾄﾓ毎歳一時ニ出ルヿナ
シ或ハ二ツ或ハ三ツ許出ル祭日前二十日已後芸熟スルニ随テ
戯ヿ祭日ニ至ル街々戯廻ラセ官家ノ観楼ニハ翠簾ヲ捲テ
蛾眉ヲ顰メ臺車ノ欄辺ハ遠近ノ観客踵ヲ翹（ツマダテ）テ押合間ニ
髪ヲ不入芸子ノ美少年ハ錦繍ノ綺羅ヲ飾リ梁上ノ影物
ハ琵琶ヲ敷テ妙工ヲ尽セリ一列ノ壮観尽云茲其余漁師街
上下物部支邑各舁野臺アリ是等ハ神輿ニ随テ列行ス神
輿ハ午時許四神ノ矛眞先ニ進ミ馳道条府城前ヲ經テ
濱ニ出社僧五六輩供奉神輿ニ花ノ頭人（年限ナシ）数多各花篭

ヲ丈許ノ竹竿頭ニ釣テ高ク捧ル者ヲ軸頭ト称シテ是ヲ栄トス
神輿ハ暫ク御旅処ニ在祝詞済テ還御アレトモ舞車（ダンジリ）ハ別行ニ
シテ未明ヨリ黄昏ニ至テ終日藝ヲ尽ス藝既ニ止テ野臺ヲ
曳帰ルヲ宮入ト称ス又賑シク自他街々ノ少年等各街号揃ヘ
ノ挑灯ヲ提ケ是ヲ迎テ栄西哉（エリサヤ）長首坐哉（チヤウサヤ）（此囃シノ濫觴巻末ニ詳ニ挙）ト共ニ
浮立其ハ藝ニ預ル処ノ戸々（此戸々祭日前ヨリ軒端ニ幟ヲ立並ヘ恰モ浪花戯場ノ街側ヲ見ルカ如シ）ニ入テ祝詞拍
手シ右往左往シテ闌更ニ至ル其ハ余村里ノ祭ニ野臺藝アル者由良
岩屋仮屋江井野臺ナキ処ニハ仮屋沼島・阿万・完賀・庄田廣石都志机浦
安坂物部等組立舞臺藝有レトモ近歳府内ノ外ハ御制禁ニ依
テ叅止ム曾テ阿洲府野臺藝ハ近列ニ甲タリト
○廿五日下内膳樋夯末社菅神祭　○助吉村（安住寺村ノ支）綱曳祭
其異様之祭然レトモ其式ヲ未詳且当月敬祭月日ヲ未詳追可考

二月

○炬口八幡祭礼 初卯日　此日神輿ニ甲冑三領飾アリ炬口塩屋宇山三木田市原安坂中川原厚濱二ツ石等各村ノ邌物舁野臺猩々緋ノ幟等数多就中安坂ノ邌物ハ児童ヲ神功皇后武内大臣等ニ出立セ弓矢ヲ手挟ミ騎馬ニテ行ク市原ハ竜宮城ニ擬シ鱗属各口螺甲魚冠ヲ戴ケリ祇園囃ニテ神輿ヲ供奉シ炬口ノ海濱ニ出ル往返ノ賑ヒ目覚シヽ須府ノ良賤袖ヲ列子裳ヲ曳テ是ヲ遊観ス　○十三日郡家多賀村一宮祭礼舁野臺幟数多アリ国中ヨリ群詣ス茶店飲客湊フニ依テ直ニ銅壷ニ移シテ酒ヲ温ム

○十五日市郷寺ニ涅槃會アリ

○同日諭鶴羽山権現祭共ニ国中ヨリ参詣夥シ○十五日里村（アイガ）春日社祭 下司塩宮原 古宮 檜原両村氏

○廿二日仮屋浦八幡祭礼　俗飴祭ト云此日多ク飴ヲ商フカ

○修二月會　板並郷カ　処々ニアリトゾ然レ氏祭日祭式未詳

○内田祭地ハ朔神境内并支邑真埜谷ニ处アリ

○春社祭 春分ニ近キ戊日分前後日数ノ氏ハ前戊ヲ用 国中各村ニアリ社壇ヲ築キ其上ニ
五方ノ碑ヲ北向ニ立正面ニハ天照大神 左右ハ倉稲魂大己貴少彦名
埴安姫此五神号ヲ碑面ニ彫付祭式ハ社日醮儀ニ因テ肉贄ヲ供シ
祭文ヲ読 祭文春秋ノ差アリ 村民共ニ拝礼終テノ三寸ヲ頂戴シ宴ヲナス
[玉篇] 社字ノ冠注ニ曰説文ニ社ハ地主也又月令之日社祭土而主陰気日ハ
用甲 甲用日之始也注曰国中之神莫貴ハ於社ヨリ又詩ニ以社以方ス注疏ニ
社ハ者五土之神能生万物者以古之有大功者配之共工氏有子句竜
為后土能平水土故ニ祀以為社后土ハ官名故世人謂社為后土ニ二者白虎通ニ
曰社土也人非土不立故封土立社示有土也云々 示有土也ト云ハ即分社字之 [皇國] 按ルニ
本邦自古不聞有社祭近世江匡弼従編撰社日醮儀有ニ
国今而各村祭之彼書以ニ 本邦神代之五神配之大ニ當矣然中華
ハ甲日説不合ハ歟 本邦暦面以戊日為社 按ニ社土甲木而木剋土也

八

本邦暦撰ニ改用ル戊午〇廿五日鮎原天神大祭
戊ハ比和ス子社ニ故ニ

三月

〇十日下内膳村棲奕住吉祠御田植ノ行事アリ十三四已下ノ小女未有経行者人ヲ撰出シ早乙女トス衣地ヲ黒色表水色平ニシ櫻花ノ模様ヲ染タル振袖ヲ着テ襷ヲ掛ケ塗笠ヲ冠リ桜ノ枝本ハ今本ヲ帛ニテ包是ヲ携ヘ神前ニ莚ヲ展ベ四面ニ注連ヲ張リ彼女子等件ノ桜ノ枝ヲ左右ノ肩ヘ振上ケシテ早苗ヲ植ル体ヲ擬ス神主哥ヲ謳ヒ太鼓ヲ打テ囃ス其ハ謳ニ曰冨草ノ花トミクサハ稲也八重垣ニ是ヲ云ト桜花ニ御手ニ々ヒ上テト謳フ一返毎ニ穂多々ト囃有謳ヒ終ル時参詣ノ衆人一同ニ囃ドウト囃ス是一返ニ莚一枚通リヲ一反トシ少シ前ニ進ミテ又一返ス又進ミテ全一返ス已上三度都合三反ヲ植ルトス植終テ拝殿ニ昇リ土器ニテ神酒ヲ頂戴ス早乙女先ヲ戴初テ村中各戴ク

○十一日亭山 古霊明神祭

○十日上八木村二ノ宮桜會ノ祭祀　此日士民群参宴遊シテノ桜花ヲ賞ス是ヲ二ノ宮ノ桜會ト云　桜會ハ土御門帝ノ廳宣ニモ載テ其料田寄附有テ（廳宣其文ハ津名ノ巻一宮ノ下ニ詳之）往昔ハ甚厳重ノ事ニヒトゾ

○十三日経宗大法事　国中ノ法華寺院輪廻ニ其院ニ衆僧集會シ十二日ヨリ十四日昼ヘニヅノ並夜法事ヲ勤ム国中遠近ノ宗徒群ノ詣ス法會中僧徒音楽ヲナシ結縁ノ白道楽ニテ水畔ニ出テ法事ス

○水口祭　是田植ノ時之正月地祭ノ節實ヲ入タル白粢食ノ糯汁ヲソヽギカケタルヿ之此祭ヲ神酒洗米或ハ糯米或ハ團子等ヲ水口ニ祭又主從神ヘ備ヘタル耳皆幣ヲ副並祭ルモアリ區之

四月

○此月初ノ卯ノ日多賀村一宮社御田植ノ式アリ　社僧宮司等神前ニテ祝詞ス旅宜神子拜殿ノ前ニ行ノ神子菖蒲ヲ以テ早苗ニ擬シ

九

廟田植ノ祭ヲナス　○八日国分寺（即其村）仏生ノ會（諸寺皆アリト雖当寺殊ニ荘之）
国中ヨリ群詣ス本尊釈迦ノ大仏也　○十五日小榎並八幡祠若支経
聴聞ノ氏子ヘ濁酒并柏葉ニ海帯神馬草大豆茄子ノ仮茄和（仮茄ノ字ヲ書ク）
（因ニ云茄子ヲ輪切ニシ油ヲ塗リ醤ヲ粘ケ焼タルヲ鴫焼ト云ハ新茄焼ナルベシ俳季ニ新茄和有）ヲ膳ニ盛テ饗食ス此行古又四五六
月ハ共ニ十五行レ之七月ハ十三日ヲ用フ初四月十五日ヨリ七月十三日迄
毎日午時ノ鐘ヲ突ヿ九ツ充此鐘ヲ突頃農夫苗田ノ養水ヲ分ツ之

五月

○五日騎馬幟見セ　朔日ヨリ端午ニ至洲本諸士馬ヲ馳セ幟ヲ
見セ乗馬ヲシテ軍事ニ馴ルノ試アリ馳道（ハゞ）街ヲ経テ第一街
ヨリ本街（ホンマチ）條（スヂ）ヲ直ニ物部封疆（ドテ）際ニ至リ又元ニ馳帰ル市童ニ四會
ニ湊フテ是拝見ス　○五日榎並郷新麦粉ニ露ヲ受ケ
菖蒲葉ヲ以テ是ヲ匕（スクヒ）食ス是ヲ薬粉ト称ス　予ガ家又家

式ニテ粽ニ習テ新麦粉ヲ製シ神仏ニ供シ家内モ是ヲ祝食ス所謂薬粉ノ風俗歟（書按 江次第ニ五月五日献菜玉又公事根源ニ五日節会ニ群臣ニ賜ル菜玉等諸書ニ見エ未薬粉ノ製ニ異ニ然ドモ菜玉ニ基クナルベシ）

六月

○朔日　氷餅ト称シテ片糕ヲ食ス氷室ノ遺風ナ○三日沼島平潜祭

○土用入蝗送　土用ニ入日諸村押罷テ蝗虫ヲ送ルノ行事有（佗邦ニモ又全ク同）其囃シニ曰実盛殿ノ御通リジヤ後モ先モ栄タト太鼓鉦ヲ鳴シ村中ノ人松明ヲ照シ連テ海濱ニ送ル且卒都婆ニ斎藤別当実盛為善提ト書ス然レドモ実盛蝗虫ニ成リシト云説ヲ不聞僧ニ問ドモ僧モ又其事ヲ不知ト云然ルニ備淡国通記ヲ閲スルニ據アル説アリ其説ハ巻末ニ詳ニス　○七日内田明神末社地神祭社僧（社官）行事終テ邑民共ニ拝殿ニ宴ス　○八日ヨリ九日ニ至テ大松並村自凝島芦原同浜ノ字浮深ニ宅明神等夏祭冬ニ皆多シ

九

○九日由良湊ノ神社夜祭ドンゲン祭

○十日須本ノ外神之末社毘比羅祠前ニ於テ湯立スル事例歳十二ノ釜
若別ニ施主アル時ハ二十余ノ釜ニモ及湯立終ル時直ニ其笹ヲ屋尾ノ上ニ
投上置（不宗時ハ参詣ノ衆人争奪去）追テ竹葉ニ祈讀ヲ副テ諸壇家配贈ス（社司御験 南等院）
○當月中須本府内ノ寺々及ヒ御山下村々諸仏閣此儀會式
夜詣毎夜ニシテ無會日稀之幾許ノ辻店灯ヲ挑テ賣物ニ丈セヲ
咲セ覗（ノゾキ）機関（カラクリ）ノ口上ニツレテ児童ノ目ヲ驚セ富突ノ銭金ニ嚢中（キンチャク）ヲ
空フシテ帰ル是ヲ宴祭ト称ス別シ炬口焼夫権現ノ夜祭洲府ノ遊客
納涼ヲ兼舟ヲ浮ヘ酒ヲ載セ絃鼓シテ海陸賑シ　○十六日夜湊浦
叶堂ノ市ト称シ参詣多シ（或ハ十七夜ト云 此會両日カ）十六七夜ハ湊ニ不限先山柏原

○廿四日木戸新邑和霊大明神祭礼

由良ヲ始都テ潮音閣ニ登ル者多シ　○晦日由良八幡宮夏越祭
宮川ノ水畔ニ茅ノ輪ヲ設ケ五十串（イグシ）ヲ立　そふみなはすまとて麻
の葉をきりてきりてそはらひつれ　ノ書テ茅ノ輪ニ釣リ参

詣ノ諸人其輪ヲ潜ル又神前ニモ殿代（帋雛ニ彷彿タリ）ヲ造リ飾リアリ此宮
神祭（正）八月十五日今日共ニ三度アリ前宵ニハ街々ノ邊物只数十本
ノ高雲洞（おんぼり）ヲ立列子ニテ參詣ス當祭日ニハ神輿紺屋街ヨリ中洲
街四町街ヲ経テ外濱ニ至神輿ハヲ居ヘ神楽詞アリ邑宰五佬ノ
輩假廠（さんじき）ニ於テ神供ヲ献シ小麦頂戴ス且諸人海畔ニテ潮水ヲ掬シ先泉
州堺ハ住吉ヲ遥拝シ散銭ヲ海中ニ投ス夫ヨリ神輿ヲ拝ス輿前ニテ獅子ノ
舞曲アリ尤モ天ノ熱砂ヲ蹴立或ハ砂上ニ轉伏シ見者亦不堪熱氣
須臾有テ還御ヲ催ス此日ハ例年廣田加茂ノ郷村ヨリ遠路ノ
苦熱ヲ不厭參詣多ク道程終日絡繹タリ（是ヲ由良ノ御杖夫ト称）

○洲本八幡ニモ茅輪ヲ造ル

七月

○七日七夕祭　皇按　當地ニ星ヲ祭ルニ諸神仏ノ齊祭ニ倣テ六夕ヲ以テ

十

專ト六ハ[illegible]リノ七夕ノ字ヲ以テ知ヘシ

○十日四万六千日觀音詣　此日ノ一詣ヲ以四万六千日ニ充ト云仏説ニ有ト云

○須本盆踊　十四日晩ヨリ十六日夜マデ三夜ノ間須本街々踊アリ是ハ定リ有ニ非ズ年々小女數輩ニ手ヲ結ケ哥ニ合セ糸竹ノ音ヲ揃ヘテ手品モユラ〳〵踊舞スル事也是ニ堪タリ又俄ノ藝ハ已リ浪花戯場ノ哥舞ニ擬ス昼モ有最夜ハ不如荘何時々々数許有テ幟ヲ真先ニ進ム一時称ニ逆上組ト也殊ニ得シ名其勝劣ヲ評判シテ位階ヲ定ム有評判所而表札セリ然レモ古人テ流行ノ異アリ昔ハ藝ヲ軽率ニシテ端根ヲ專一トシ今ハ端根ニ不拘態容ヲ最密ズ昼夜街々ヲ舞歩シテ賑シ道程糸竹金鼓ヲ雑ヘテ囃シ立徐歩シテ東白ニ至ル須本古来地盤ノ踊ハ三絃本調子ニシテ甚騒シキ者也近世踊ノ事稀也須本近里相全シ上郡ニ至テハ三下リモ有リ

○福良ノ踊　十六日夜也　郷中村里都テ踊アリ就中福良ノ地名ニ負リ是踊ノ玲眼キニ非ス三絃ニ和スル事ナク只太鼓ノミニシテ観弄ニ不堪古来ノ

○古来踊傳書ノ箱書付曰　無分別函

往格ヲ守テ敢テ違犯スルヿ不克其格式ノ嚴重ナルニ盆中役处ヲ設ケ
若徒（ワカイモノ）ノ中大老ニ故老ニ中老ニ奉行司等高下ノ格ヲ定メ其役々ノ人ヲ撰備シ
大老ハ其役ノ長タリ上段ニ在テ踊ノ事ヲ指揮ス以下ノ者其席ニ

○大老偶己ヿアレハ酒席ニ陪ス

入ルヿヲ不許。酒食ヲ共ニセズ敢テ大老ノ命令ヲ背ヿ不能其嚴ナ
重ナルヿ恰モ官廳ノ如シ踊ノ場处ハ東西二处ニ分テ大老先踊ヲ始一世
ノ後衆人一統ニ列リ踊ル東ノ者西ニ踊西組東ニ踊ルヿヲ禁止ス若背法
者アレハ黒消ニシ着帖ノ名面ヲ墨塗トナシ消リ去ノ謂ナリ生涯人ニ交ヿヲ不免踊衆シ来テ東白
ニ及フト雖東西相競フテ踊ヲ不弛大老下知ヲ傳テ東西一時ニ止ム

○此踊止テ後大老己下ノ役人相揃テ踊収ム唐冠ノ如キ物ニ花鳥ヲ飾リタルヲ頭ニイタゞク八七日朝之

○福良口諸郷其余都テ下郡ノ諸郷踊大ニ張詰揃ノ衣裝綺羅
ヲ磨キ或ハ花蓋ヲ冠リ或ハ翠傘ヲ廻ラシ挙手振臂新奇ヲ施シ
シテ年々歳々ニ新タシ三絃ハ二上リヲ主トス　○阿万雩踊
阿万八幡祠ニ於テ雩祈ノ踊アリト雖モ事大行ニシテノ恒例ニ非ス

土

○岩屋浦踊　専ラ足蹠ヲ摺歩シテ踊リ終夜草履ヲ決ス
摺破シヿヲ要シ数履ヲ破リシ者ヲ手柄トスト聞リ定其踊
曲古風ナルベシ又別ニ脚郎踊ト称シテ下民ノ処ニテハ不踊アリ（巻末ニ是ヲ詳ス）
○由良浦扇踊　扇踊ト称スル其踊品種凡七十種許ニシテ
一種毎ニ哥数四五箇アリトゾ扇ヲ閃メカシテ身ヲ左右ニ捻ル囃シハ
太鼓ノミナリ最鄙ビタル者ニシテ不堪観サレ氏土俗言ヲ誇テ曰由良
ノ扇踊ハ古代ヨリ傳来ニシテ鎌倉ノ草紙ニ載レリト（鎌倉草紙トハ東鑑ヲ云カ）
○唱賀（ショウガ）踊　由良内田又此踊アリ衆人同音自哥ヲ諷ヒ踊ルユラノ〳〵ト
一進一退シテ右ニ返リ見左ニ返リ見テ拍手ヿ三次金鼓ノ類ヲ不用
囃ナシ哥ノ〳〵之哥一曲ノ終毎ニミヨニガノト云
○宜儀（ヨソロ）踊　須本近里ニ此踊アリ太鼓ヲ打ツ者太鼓ヲ提ケ足ヲ打
ツ衆ト共ニ踊ル其踊ルニ手ヲ揚ルヿモナク只不落（ブラ）下ゲテ左右ノ足ヲ

一進一退シユラくト宜侯宜侯ノ哥ヲ諷ヒ踊リテ徐歩ス 此哥ノ起原巻末ニ挙
踊ル者モ見ル者モ興ナキ故今ハ廃シタリ然レモ物部ノ虫送リノ
時ノミハ今モ洲本八幡祠前ニテ是ヲ踊ル事古例ニ〔高梅〕此踊ハ鄙
中古代ノ本原ナルベシ漸々城市ノ華美ニ誘引セラレ今ノ姿ニ移リ
行シモノナルベシ　○十六夜下内膳村火踊　此踊一奇古実ナリ
邑内ニ三昧ノ小丘アリ毎歳此夜村民新聖霊アルノ家ヲ始トシ
テ二年三年ニ至ル聖霊ノ家主此踊ノ最中ニ預ル皆各蓑笠ヲ着シ
彼三年間ノ聖霊アルノ輩ハ丘下ニ在他衆ハ丘ノ最頂ニ登各松明ヲ
踊炬烘竿ヨリハ下ナル新聖霊ノ徒ニ投下ス下ヨリモ又上ノ輩ヘ投返シ投上ケ
投下シ犀婦戦踊フ数十廻火ノ子ハ嵐ノ花ノ如散乱シ恰宇治川ノ蛍戦ヲ
見ルニ似テ是踊曲ニハアラズ真ニ夜軍カト疑ハル外ヨリ太鼓鉦ヲ鳴シテ
囃ス其ハ正ニ[illegible]　踊ロヤレコマヨ例チヨヤレコ一ヨ白痴ノ鬘ト成[illegible]コニヨ

○十六日哥念仏ハ方地ニ依テアリ巻末ニ記ス[illegible]補ノ

漸々金鼓ノ速ルニ随ヒ踊モ約ク已ニ火手元ニ燼サバ上下ニ振リ二尺ヨリ投チガヘテ乱軍ノ成リ見者過テ反テ矢ニ中ランヿヲ畏ル然レ𪜈古来火傷ヲ蒙ル者ナシトゾ尤奇異稀有ノ踊也（炬松八村中毎家ヨリ青松ヲ以テ一歳ノ月数ニ合セ閏月アル年ハ十三竈トシテ出ス）

○廿四日木戸新村三玉祭

○十六日鮎谷滝不動尊會式避暑ヲ兼テ詣人多シ○廿七日赤堂角力

八月

○四日鮎原天神祭礼角力　是ヲ四日申ニシト称ス（四日ヨリ五日）

○志筑天神祭礼角力　當月申ノ日（三ツアレバ中ニツアレバ後ヲ用）右二処共ニ天神ニシテ鮎原ヲ四日申ニシ云志筑ヲ申ノ宮ト称スルヿ其来由巻末ニ補

○十日下内膳村樋夾住吉祠祭礼前九日角力アリ

○十日須本明神祭祀　正月廿日ノ如シ

○十一日上物部村伊勢森祭祀角力　頭家ヨリ濁酒ノ樽ニ注連ヲ張リ神前ニ昇行キ是ヲ供シ戴キ祭式村童ノ角力済テ後亦

○十一日十一ケ処村土明神祭礼競馬アリ目覚シ

○十二日三日地久吉村神代八幡角力泣宮ノ角力ト云此日多ハ雨降ニヨリ

四方ノ寄角力ヲ始ム市郷ノ見物人群集ス莉村童ヲ角力ハ
神前ニテ取リ後長人ノ角力ハ川原ニ〇十二日四行寺村天王杜祭
〇十四日小榎並村八幡祭礼田楽踊并在奥踊　其哥ニ曰
秋ノ田ヲ刈人ガ行ケバ露繁リ下葉ノ御露我濡ル
〇十五日社家村八幡祭礼神踊　其哥ニ曰　天竺モ隅テシウソ
ク姫（シウソク姫出処未考）ガ米ヲ蒔ク米蒔バ又モ蒔イデ弥勒告テ米蒔我ハ遠キ
鄙ノ頃礼ジヤ廻リくテ神ノ社ヲ尋ルニ千早振（〓云此文句千早振神ノ社ノ轉倒ナルベシ）アラ有
難ノ御事哉天照大神熊野権現や鹿嶋ノ浦ニハ弥勒ノ船ガ着タト船
舳ニハ伊勢ト春日ト中ハ三島ノ社祇園精舎ノ梅ノ宮松尾モ八幡ノ御
立玉フ御社ヲ心静ニ伏拝ミ惣シテ神ノ御数ハ九万八千七社ニ高天
ガ原ニ神ノ御座ス神ノ御地ハ伊弉諾伊弉冊様ノ御古ヘヨ我等ガ
故郷ノ出雲ノ国ニ立玉フ諸社ノ御事サラバ神ノ御為ニ惣政所

今歳御弓拵ニ運ブ輩ハ執レカ利生ヲ受ザラン此御利生ヲ受取ン
弓矢名ヲバ高砂ノ松祝ヒノ門ノ松ノ繁茂　ト謂フ
○十五日須本八幡祭日諸遊物ナシ氏内両物部ヨリ馬ヲ飾リ牽
出ル并上加茂郷ヨリ乗馬ヲ飾リ牽セテ此日炬口八幡ヘモ全牽セラル
○全日炬口八幡祭祀角力前宵ヨリ翌日ニ至ル宵宮祭踊有リ
角抵踊一処ニシテ各好ル方ニ遊観ス
[illegible]　月石
○全日由良八幡祭礼　灘頭人八日ヨリ参籠正月頭人ノ式ニ
全シ祭祀後来正月ノ頭人ヲ定ム遊物等正月ノ如シ○岩屋天地社八幡宮祭礼
○同日阿万八幡祭礼上本庄ニ馬寄セ　此日阿万郷諸村ヨリ馬ヲ
出ス丁百八十足許是ヲ一処ニ放チ意ニ任セテ群遊バシム
元當別八幡祀有処祭祀ナラザルナシ多クハ競馬アリ
○十五日鮎原天神末社八幡祭

〇十六日廣田宮村八幡祭礼角力〇廾二日仮屋浦八幡祭礼
〇廾五日榧衣末社天満宮祭日〇廾六日自凝島山祭
〇〇秋社祭　秋分ニ近キ戊ノ日既ニ春社ノ下ニ其式詳ニス〇〇金谷下男角力
〇〇比岸中日　安乎下村八幡祭式　下村中田北谷三村ノ氏神

九月

〇六日三木田明神祭祀角力
〇九日雛祭スル家アリ或ハ八朔ニ祭ル家アリ多クハ上巳ノミニス
〇九日大榎並牛飼明神　其神号之由来未詳　土俗九日祭ト称シテ児童ノ
角力アリ又頭家有テ角力ノ児童ヲ招待饗応ス其使者裃
ヲ着シ行事七度半ニ及テ頭家ニ至ル　半ハ双方半途ニシテ行逢フ其程ヲ又至テ行ト　本膳ハ強
飯ノ高盛飯ハ異ナルコナシ汁ヲ沢山ニ用意シテ頻リニ進メ又見物
人ニ汁ヲ沐セテ興シ賑フトゾ此角力モ児童後大人数牛飼ノ
角力ト称シテ国中遠境ヨリ角力者流行ス〇阿那賀春日祭
〇掃田崎祭祀正月九日ノ如シ頭ハ村中ノ輪番ニ

○慶江住吉祀祭正月十日如シ○十一日宇山古霊明神祭ハ
○十三日後ノ月見　此夜ヲ土俗豆名月ト称シテ貴賤爽大豆ヲ
塩茹ニシテ食フ或ハ月天ニ供シ菅神ニ祭リ又ハ諸神仏ニモソナフ
後ノ月ヲ翫フ事延喜ノ御時始ルト云リ　中右記云保延元年九月十三夜今宵
雲浄ク月明ニ是寛平法皇明月無双之由被仰出仍テ我朝以ニ九月十三
夜ニ為ス明月之夜ト　忠道公九月十三夜翫月詩曰
閑窓寂々月相臨　従ニ属シテ窮秋ニ望ミ叵シ禁ス　潘室昔蹤凌雲ニ訪ヒ
蒋家ノ旧径踏ム霜ヲ尋ヌ　十三夜影勝リ於古ニ　数百年ノ光不若カ今ニ
独リ凴テ前軒ニ回メ首ヲ見ル　清明ノ此夕ヘ価千金
○十七日　先山角力　○当月末風荒吹ヲ土俗神送リト称ス
是十月諸神出雲大社ヘ参集シ玉フト俗諺ニ
○廿日晩　榎並郷ニハ幸ノ神ニ白粢ヲ供シ又藁火ヲ焼処モ有

廿日廿五日晦日夜行ヲ忌ト云リ是廿日ハ幸神或ハ山神ト云二十五日ハ
菅神晦日ハ諸神参出ヘ行玉フ故ニトノ俗諺ヘ幸(サイ)ノ神ノ弁前正月廿日ニ見
○二十日賀集中村道祖神祭　里人晩方足半(アシナカ)履隻(カタモハキ)着参詣ノ
路條(ミチナカ)人ニ遇テモ不言(モノイハズ)神酒粢ヲ供シ藁一把ニ火ヲ点ジヨボ
ジヤ〳〵ト唱ヘ帰ルトゾ　ヨボノ弁巻末ニ挙
○廿二日高村八幡祭礼角力○中ノ卯日由良八幡頭屋柴入ノ饗式有

十月

○亥子祭　農家ハ屋庭ニ臼ヲ居ヘ其内ニ升ニテ粳柚実塩鰯等ヲ
祭ル或ハ臼ノ上ニ箕ヲ置其上ニ升ニテ祭ルモアリ初ノ亥ハ如斯次ノ亥ハ
蔵ノ裏末ノ亥ハ奥ノ間ニテ祭ル官家ハ床ニテ祭ルト云或ハ藁ニテ筥ヲ
造リ亥二ツノ月ハ二ツ三ツ有ルハ三ツ是ヲモ供スルアリ方地家式ニ依テ小異アリ此日村童石
ヲ亀ニテ括リ戸々ニ行諷テ地ヲ搗其哥ニ曰是程楽ノ女イ　ニ亥子餅ヲ

十五

きそう徽宗皇帝

擔ギ祖父ヤ祖母ヲ呼テ来イ鰯ノ頭ノ生焼サエイレヽトヽ諷シ鵜内ヨリ
餅ヲ祝ヒ出ス或ハ郡家郷ノ其嘲シハイレヽ伊勢ノ亥ノ子サト云トゾ
亥ノ子餅ノ紀原巻末ニ詳ニ　○初亥日内田弁才天祠村童角力
○中ノ亥日　坐頭仲間妙音講　其年是ニ預ル新聲者惣中間ヲ其
方地ノ寺院ニ於テ饗食應ス饗食終テ通夜琵琶ヲ數手家ヲ語ル聴
客群詣シテ賑ハシ又角抵アリ翌日ヨリ三日間ニ佗邦名アル角力者流来ル是ヲ
国中相撲ノ壮観トス參ル所弁才天女古画ノ一軸ニテ是ヲ拜スルニ尊
容尋常ノ弁才天姿ニ異ニ翠簾ヲ掲ケテ八方ノ天冠ヲ戴キ正坐シ玉ヘリ
日本三幅ノ一ニト云画者未詳唐の徽宗皇帝あそと弁才天本名宇賀神王此角抵不終先翌年是ニ預ル
村ヨリ神軸ヲ迎帰ル其路条ニテ立留ル事ヲ忌ム迎帰ル村又參詣多シ
翌年六月出テアリ鼓者集リ琴ヲ鼓シテ一入賑ハヘリ
○十三日御命講　法華宗毎寺祖師日蓮上人ノ忌日追福法事アリ
○十五日鮎原天神御当司支

○十九日地頭方村神代八幡祭礼

○五日三時法事（定ル日ナシ）諸方真言宗結衆集會シテ五日ノ间法事アリ

十一月

○八日鍛工家吹草祭　此日風荒吹ヲ吉兆トス蜜柑ヲ戸外ニ投乱シテ児童輩ニ拾ハシム是火ノ玉ニ擬スルノ

○十二日国行寺村天王社祭

○十五日鮎原天神紫舞ノ神事アリ

○十八日由良八幡先頭人発神（ハッセウ）ノ饗應アリ

○廿日（未詳）佐野幸神頭人　講中ノ民俗先幸神祠ニ詣後頭人ノ家ニ集ル各ヒニシテノ宣ナス席初竹煙管ヲ副テ煙草盆ヲ出ス（煙管ハ小竹ヲ以テ新タニ製シ以スル者之小竹ノ一節ヲ八寸許ノニ切節際ノ穴ヲ以テ火皿トス）儲酒宴羅デ本膳ヲ出ス二飯器ヲ

廿六

不宜飯ハ升ニ計テ其代膳ノ真中ニ移シ四隅ニ汁坪皿等ヲ並ベ出ス食事終テ後頭指ト称シテ翌年ノ頭人ヲ極メ其人ノミニ更メテ盃ヲ出ス冷酒ニテ下物(サカナ)ハ生大根ヲ輪切ニシ盆ニ盛テ出ス盃献酬収否衆客彼大根ヲ攫(ツカミ)取テ亭主ニ向ヒ謝詞ヲ述ツヽ其薹服ヲ投掛上客ヨリ退坐スル時主人ハ肝煎等ヨリモ又礼辞ヲ述ツヽ大根ヲ手ニ返スヲ手ニレマジト袖ヲ覆ヒ別當僧ハ衣ノ袖ヲ破キツヽ共ニ逃帰ル○廿五日大吹草祭（鍋釜農鉏ノ類ヲ鋳ル冶工ノ蹈鞴ヲ云ヽ）

十二月

○南灘(ナダ)村々ニハ當月朔日ヨリ鑵子ノ蓋ヲ去除ク是田園ニ摺合ヲ鉄器ノ音ノ鐃鈸ニ類スルヲ忌テ之當月ハ正月ニ近ク年迎ノ宮(ミヤ)ヲ専トスル故之

○二十四日志筑孀市（山の市とも云） 此日志筑ノ商賈毎家賣物ヲ店ニ飾リ

婦人處女ニ至マテ美飾シテ家族残ラズ店ニ出年飾ノ品具ヘヲ商フ
是ヲ寡市ト称ス郷中ヨリモ穂長芋牛蒡等ヲ携ヘ出
モアリ又買帰ルモアリテ年ノ市殊更ニ賑ハシ多く穂長、柳柴など
（山のものを商ふもの山家のもの市成山の市とむかしよりいふめり）
○當月下旬ノ徒縮笠ニ裏白ヲ挿ミ被キ印華布（サラサ）ノ蔽膝（まへだれ）ヲ
著シ家々ニ来リ開キ扇以テ祝舞ス先節季候ト奏言シ
種々祝辞ヲ唱ヘテ米銭ヲ乞フ東都ノ節季候ハ目出度や
颯々（サッサ）ト囃シ浪花ハ只ダイ〳〵ト云テ踊ルトゾ
或集ニ　ざい〳〵と踊る穢やせやれ節季候　とあるなり

月之異

〇五日阿万
終正會ノ
年八〇四日
申ノ下ニ約

拾遺補闕

㊣七種ノ囃子ハ　一條天皇ノ御宇七種ノ囃子ニ八尊ノ富哉日本富哉若栄
幸ニ七種薺壽奇ノ　ト囃セシ由是其頃御堂ノ関白道長公ノ栄
花ナル様ヲ義祝セシ一ノ後代其遺風ヲ誤傳フトゾ退テ惟ミルニ
九重ノ都ハ更之吾妻ノ都ニ堅城ヲ居ヘテ夷狄ヲ鎮メ玉ヒ四方ノ
諸侯参勤交替シテ　大樹ノ営ヲ守護シ官邸星ノ如ク列リ
商店虹ノ如ク軒ヲ廻ラシ並ヘテノ千載不易ノ繁華ノ都ニ安居シ
八洲ノ外迄モ其六　仁風ニ浴スルノ悉キヲ思ヘバ実　君子国ノ誉
東都ノ富哉日本ノ富哉ト賀祝セシモ又可ナラズヤ［囙云］當国農
人ノ稼営ノ唄ニヨイヅヨソロヨイヤナラヨソロワゴリヨモオレモイヤデソヨ
ト唄フハ舊粧ノ粧フヨ弥尚粧ノ和御寮モ己モ弥粧フ　ニテ是往昔
白拍子ノ徒皆哥ヲ作リ義服ヲ粧ヒ諷ヒ舞フニ先此唱哥ヲ諷フ是祝

哥ニシテ事ノ始ニ先是ヲ諷ヒシ事ヲ乗（後）世ニ兆リ諷フコトゾ〔又云〕當方
ノ土俗宴興ノ諷ニ熊谷ノ蓮生坊ガ今歳始テ山ヘ往習フテ鉈ヲ振上リヤ
十七八ガヌツト出テト云掛ニ〔都名処〕小野山鉈捨藪ノ下ニ云大原問答ノ時
熊谷蓮生鉈ヲ袖ニ隠シテ法然上人ニ供ス蓮生曰師若對論ニ負
玉ハヽ法敵ヲ討殺サントノ用意ニトト師是ヲ聞テ大ニ制シ玉ヘバ鉈ヲ此処
ニ捨タリト此哥文句ニ據ハナケレ氏蓮生ガ鉈ハ是ヨリ出タル戯作ナルベシ
㊣破魔弓ノ遺風　ハヽト称シテ竹ノ輪ヲ地ニ投廻シテ小弓ヲ以是ヲ
射ル児童ノ戯佐野ニハ輪ニ有トゾ南灘ニハ藺ニテ造リシ輪ヽト云リ是
破魔弓ノ遺風ニテハヽト云ナルベシ我邑ノ小児共ノ走リニ設タル車ヲ地上ニ
投廻シ戯フヲハンヽヲ廻スハト云是モ又ハマヲ一轉シタル者ニテ元ハ破魔
弓ヨリ出タルモノナルベシ然レ氏只平日ノ遊ニシテ定リタル式ニ非ズ
「㊣須本町[illegible]人ガエウサヤヽチヤサヤト囃ス事又〔都名処〕建仁寺之条下曰谷釜ガ閲

廿八

元ハ鐘ガ淵ノ辺奈河原ノ院ニ在シ荒廃ノ後此処ニ沈ミ有ヲ栄西国
師窺ヒ知テ由ノ上ル時更ニ動カズ依ルニ国師教ヘテ力者ノ音頭ニ栄
西ト唱ヘ又国師弟子長首坐ト呼テ引ベシト教ニ随テ是ヲ掛
声トシテ安々ト引上タリトゾ 〔皇高云〕今重キヲ引ノ囃シニエイサクト
呼ハ栄西々々ニ又祭礼物等ノ囃シニエウサヤトハ栄西チヨウサヤトハ
長首坐ノ転訛之

㊅蝗虫送実盛ノ事 〔淡通〕 廣石実盛祠ノ条下曰 土俗称稲梁之熱祷祭之蓋齊
藤別当実盛被鋤於老身還郷死于軍何故為成蝗虫而毒于稲
梁哉或云非実盛矣種守也昔日本国中蝗毒于稲梁而失種
穀乃淡路国有貯種子之人通施於日本国中是故祝種守廢而
為田畠神故我本国皆祭之矣唱謬為実盛者乎○蝗虫ヲ送ルハ
児ノ哥ト或村ニ称スル哥二首アリ 〔いちふさ〕を虫をくりて其作りてぶ

ふかゝへと言り。又　風雅にいれたるものとおもじやどよ人の命の種
を掠れず
此哥言葉柄甚拙ケレ𪜈百姓ノ事ヲオシタカラト訓ミ宜
白川侯百姓ハ国本ニ迚国本論ヲ著述シ玉ヘバ全ク其意ニ合ヘリ又近キ
世迄庄屋ヲ政所ト称セシハ過分ニ似タレ𪜈彼御室ヲ支配シ租税
ヲ司リテ上　天子将軍国守地頭ヲ養奉リ下士農工商ニ至ニマデモ
農耕ノ力ヲ以テ育ミ廣ク大八洲ノ命ヲ生育スル命根ノ富草作ル百姓
長久レバ左モ有スベキヿニヤ
⑦岩屋御屋敷踊　国君ノ御先祖當州御初入ノ時岩屋ノ里
民是ヲ賀祝シ奉リ此踊ヲ催シ御尋覧ニ備ヘ奉シニ甚
御満悦ニテ御酒ヲ賜ヒシト今テモ　太守御巡国ノ時ハ必吉例
ニテ此踊リ　上覧ニ備ヘ奉ルトキニ御賞美トシテ御酒ヲ賜フ
ヿ例ノ如毎歳御邸ノミニテ是ヲ踊ル故ニ御邸踊ト称ス
又御吉例踊トモ云フ

廿九

㊆哥念仏　七月十六日内膳市原辺甲新聖霊ノ有家念仏講
中ヲ諸ノ念仏ヲ修ス其ノ哥数種アリ　西ノ川原　八ツ橋
琊珀采　白義念仏　四遍念仏　等ノ名目アリ　予西ノ川原ノ
大意ヲ記セリ其余ハ未聞　西ノ川原ニ曰　是ヨリ東ニ池一ツ其
池ノ中ニ塚二ツ一ツノ塚ニハ郭公真冥途ノ鳥ナラバ冥途ノ形勢語レ
聞ユ是ヨリ以下ハ世間普ク知処ノ小児西ノ川原築塔ノ遊戯ハ其大
意曠ハ漠タル西ノ川原ニ十歳已下ノ嬰児共群遊ヒテ朝ニ硃砂ヲ
集メテ塔ヲ積組上タル処ノ塔ナ晡時ヲ過レハ悪鬼アラハレ出テ
眼ヲイカラセ牙ヲ齟ヘ鉄棒ヲ以テ手ノ砕ク是ニ畏レ父母ヲ東西ニ慕
焦レ地蔵ノ尊ノ衣ノ袖ニ縋リ泣風情ヲ哀悲節ヲ以テ諷ヒ一句
ミミ全ミ節ナル念仏ヲ指挟ミ諷フヲ聞者哀情ニ堪カ子愁涙ニ袖
ヲ絞ラザルハナシ増テ嬰児ヲ先達シ其親ハ涙ニ咽ヒ哀ヲ呑魂ノ

淡路堅磐草　巻六ノ上（二一一オ）

緒モ絶ル斗リ其ハ席ニ溜リ得ズ至テ悲哀ノ急仏ニキ
○鮎原天神祭禮分四度アリ二月廿五日八月四日十月十五日十二月
十五日等ニ神官凡テ七十有余人也其家ハ廿六七家有ト云氏
一家ノ家族皆神事ニ預カル神主伯耆氏ハ受領ノ神官ニ次ニ大
祢宜御器洗ノ二家ハ各棒役一本宛拝賜ス（此役銀一本ニ付六十目）其ハ余ハ毛都
テ二分役御免社人ノ童子（称之稚児）浅黄色ノ布衣帆掛烏帽子ヲ着
成童ノ后漸ク進ンデ白張立烏帽子ヲ着復進ンデ白張總（フサ）付トナル
（袖口ニ露房アルヲ云）神輿舁ハ浅黄布衣ノ徒ニ神輿出御ノ氏社僧鉢巻シ
玉襷ヲ掛白刃ノ眉尖刀（ナギナタ）ヲ以テ御拝ノ注連縄ヲ切参詣群
集ノ中ヲ用捨モ十ク彼偃月刀ヲ水車ノ如ク左右ニ振廻シ閃（ヒラ）カシ
通ル邀（ムカヘ）物ハ披ト相弓鉄炮毛鎗（此ハ旆能擬々）舁埜臺氏内十二箇邑
○南谷村○鮎原上中下ノ及西村ノ四村○塔下村○三野畑村○字谷

寺ヨリ各出ル二月廿五日

村。吉田村。葛尾（ツヾラヲ）村。　。

八月四日ハ中々大祭ニ八月四日ヨリ五日角力アリ是ヲ四日申ミノ

角力ト称ス十月十五日ハ菅神出雲ノ大社ヘ御参集ノ御留

司支トテ神官等参籠饗宴ヲ設ク十一月十五日ノ神祭ヲ柴

舞ト称ス白衣ノ神官等榊葉ヲ打振テ歌ヲ謳ヒ舞踏ヲ

ナス（柴舞ノ名是ニ因ナルベシ）其哥ニ曰榊葉ニヨミデヲ掛テ霰降」

嶌云　ヨミデハ木綿（ユウ）四手（シデ）七五三（シメ）トモナルベシ

○末社八幡祠アリ正月八月十五日祭祠

○宗社八幡宮条十三番

㊇鮎原天神四日申ニ角力志筑天神申ノ宮角力此両社同神号ニ
シテ角力ヲ称スルコト異ニ又㊣阿万八幡修正會(正月五日)氏人子参詣シテ牛ノ
王ト冨(供物ナリ)トヲ頂戴シガモハト大ニ呼ハリ勇進シテ立帰ルニヲガモハ
ノ本據(并)角力ノ名義如奈ト問ヒ曾テ是ヲ知ル人ナシ此年ニ文政戊子正月廿日
庚申ノ日一束ノ紙屑ヲ買得タリ其中ニ物カキタル反故モ雑リアル紙
魚ノ掃口皺ヲノミ手掬タルヲ綴リ合セテ讀ミミレハ聊訣ルヽ処モアリテ
修正會義ト書タリ心寄セシベ熟見スレバ次ニ
海人祈神生義王三五瘟蝕滅夜光天助匹偶何慙醜世
上都義一家宋氏民賀名祭風傳　以上数字アリ其詩ニ
似タレヒ詩ニモ見ヘズ尚奥ニ譯文詳ニ
執ノ人ニ告ク此郷ノ海人祈ニ依ル神ニ生ニ一ハ右兒ノ名ヲ附テ呼茂八ノ初

二十

生ハ容顔玉ノ如ニシテ有ケルガ成童ノ比疱瘡ノ為ニ満面黒赤ノ
凹凸ヲ点シテ醜ニ変ズ然レモ生質篤実ニシテ不瑕之衆人
愛其誠心茂八常ニ敬神仏就中氏神ヲ信仰スル事厚フシテ
晨昏不弛神明感應之乎自然結好配其家繁栄ス尓来里
人欣慕シテ義祝之氏神祭祀ニ呼ニ賀茂八ニ傳ヘテ為祭風
也今世人称有痘痕者ヲ云賀茂八茂モ又是ニ起レリト尚書名物在ル
讀俺ガ手ヲ又其後同三月廿一日庚申ノ夜又取出テ見ベキ物ヤ有ト後ヲ寺伽ニ
探リ見ルニ　申角力　ト題セル有其ハ次ニ

廿一日神楽令申勧　已上八字本文大書

廿一日勿分日神令示楽
令申訓依地異勧宜分之　如此二行ニ旁注アリ

夜ト共ニ熟考スルニ申ノ宮四日申モ角力ヲ差別其事ハ人異称等ノ
子細ヲ詳ニ委ネリ其事ニ曰神楽旧神楽之昔ハ志筑鮎原天神祭

両処共ニ申楽有ケルニ昔ハ志筑天神供養トテ舞楽ノ法會有シコト賀集山ノ古記ニアリ後世癈シテ其代リニ各角力ト成レリ舊申楽ニテ有ケルニ因テ志筑ノ角力ハ申ノ日ヲ用ヒ申ノ宮ノ角力ト呼鮎原モ又後世共ニ申楽癈シテ角力ト成志筑ニ混ゼザランガ為ニ申ノ字ヲ申スト訓ヲ替四日ヲ用ヒテ四日申レト称セルニ夫レ神楽カクラハ日神ノ岩戸隠ニ濫觴シ今ノ世ニ至テ猶參之【本朝通紀】推古天皇三十四代十五年丁卯二月詔祭神祇此時聖德太子作木偶面令秦川勝被之舞楽於紫宸殿前為之神楽自之後民家倣之有祝事則為神楽然民賤家謾伝舞恐神楽之名神字去偏更申字自是世人誤呼曰猿楽【皇云】神楽ノ字ヲ音讀シテ称ニ神楽ヲ歌具羅ニ別ツ東山殿ノ時神楽ニ基シテ能ト云コトヲ為リ観世観阿弥ヲシテ是ヲ舞シム観世ハ舞楽家秦川勝ノ末流ニ川勝ハ秦始皇帝ノ裔之故ニ以秦為姓諸神事ノ砌必勤之故ニ大和ニハ都テ古ニ其ノ坐一伊勢ニ和屋土勝田主青ノ三坐アリ日吉ニ

山科下坂比叡ノ辻ニ坐アリ加茂ノ役任吉ニ本坐新坐俵ノ皇寺等ノ三坐
アリ春日ハ人ノ今モ用ル処ノ四坐ニ亦未諸侯大史家ノ賀祝専行之流レ
テ至下民ニマデモ翫之故ニ去ル扁呼ニ申楽ト申用猿ノ訓今普ク称之能ト借カヘ
又故ハ字ヲ勘案スルニ廿一日ヲ合日トハ此三字ヲ約メテ為ス一字ト昔ノ
字ニ今申ノ訓依地異ニシトハ申字志筑ニハ猿ノ訓ニ通ジ用ヒ称申ノ宮ト
鮎原ニハ取伸ノ意ニ訓ニ茂宇志䬴宜ノ分トハ䬴ノ字玉篇ニ注無ノ所考是ハ有ル字ノ国訓ナル音
分之ノ中ハ角力ノ二字ニシテ庚申ノ神ハ猿田彦命ノ事ニ而導ノ神ト云ト尊ク思ヘキ哉
⑨賀集中村道祖神祭ニ里人晩方足半履（アシナカ）集メ著参詣ノ途中人ニ逢テ
モ不言神酒粢ヲ供シ藁一把ニ火ヲ付テジヨボジヤくト唱ヘ帰ル事
ジヨボハ焼亡ノ字ニヤ祝詞ニモ非ズ不好事ト思ヘニ熟按ルニ足半履（アシナカ）斤
足且人ニ逢テ不言ハ急速ノ形ニシ是猿田彦ノ神力ヲ借テ諸ノ
サバヘナス神ヲ焼亡サシ為忽卒ニ彼神ヘ詣ルニ草履ヲ正シ着（ハキ）

人ニ詬(モノイフ)暇ヲ不得外目(ワキメ)ヲ不振諸テ、藁ニ火ヲ付彼邪神ヲ焼亡スト云意ニテ焼亡ジヤ〳〵ト祝セシ遺風年久キヲ経テジヨボノ本據ヲ知ラザルニ至ル歟、サバヘナス神ハ八重垣曰神代ニ葦原ノ中ツ国ニ悪キ神五月ノ蠅ノ如ク集リタリト云ヿ日本紀ニアリト云々殊ニ猿田彦命ハ瓊々杵尊降臨ノ時是ヲ迎ヘ御郷導シテ非常ヲ拂ヒ玉ヒシ神ナレバニヤ　此条定テ正五九月共ニ有ベシ

㊉亥猪(イノコ)餅　紀原　摂州能勢郡木代村民家門大夫依嘉例亥猪餅ヲ禁中ニ奉ル白餅二ツ大サ如大銭ニ忍草菊葉ヲ副テ厚多ヲ紙ニ包ミ是ヲ諸臣ニ賜フ門大夫家記曰當家代々往古ヨリ依吉例ニ毎歳貢調亥子餅其先神功皇后ニ與レリ昔此処及切畑大丸ノ辺迄ハ山城国八幡領タリ因テ善法寺ヨリ捧之云々　先代舊事本紀　開化天皇六年ヿ長故上略　尓後過七百七年金刺宮御宇六年乙丑年ノ四月上ノ巳大神直ニ出現シ鍛告ニ天皇ニ曰吾、

是東方ハ梭編曰柄野嶋ハ云在天日魂也在地富貴財宝魂也在此国五
楯ノ魂ニ各ハ紬辯才天ノ姫ニ吾以ニ四月初巳ヲ持ニ諸天福ヲ降臨リ成就国土万福
以ニ十月初亥ヲ帰ル天ニ養大千ヲ故ニ其巳ヲ迎我其亥ヲ餞我天皇我後ノ亂ニ
依レ之是時ニ詔シテ立ニ神祠ヲ於嶋ノ南渚ニ云々此故ニ四月初巳十月初亥ニ供メ
五色ノ餅ヲ而祭ル尊天ハ則授レ福ヲ是亥子之権輿也〇十五日鮎原天神御留司是

（三九）古霊明神　宇山村禅林寺ノ東麓人家ノ裏ニ在近世小出氏
ナル人其土中ヲ掘ルニ甲冑ヲ着シタル一骸骨ヲ掘出ス乃元ノ如ク
埋ミ覆隠シテ堆ク壇ヲ築キ其ノ上ニ小社ヲ建テ鎮守トシ古霊
明神ト崇メ祭ル掘出セシ日ヲ祭日トシ三月九月十一日春秋二季ニ祭レ之
［増云］禅林寺ノ古城或ハ炬口安宅氏ノ城中ノ兵士ノ戦死スル処カ又ハ
攻兵ノ朽骨ニヤ

〇和霊明神　木戸新村ニ在和霊祠ハ元伊予国ヨリ御請ナリ

寛永中豫州宇和島ノ領主伊達遠州侯ノ室老山頼（ヤンベ）清兵衛同
老臣某ト国政ノ事ヲ争論ス山頼ハ廉直ノ士ニシテ忠言ト虽折曲
邪佞ノ元老其威ニ募リ山頼ヲ讒ス侯山頼ヲ召出シ糺明ス
ベシト命セラル然レ𪜈彼老臣己ガ黒心ヲ覆シ為山頼ヲ殺ベク欲
スレ𪜈山頼ハ頗ル武練ナル故黨ヲ催シ謀テ主命ニ詫メ夜中不意ニ
押寄ル時ニ夏ノ頃ニテ山頼ハ蚊帳ノ裏ニ臥タリ四隅ノ釣緒ヲ一時ニ
切落シ引包テ是ヲ誅ス山頼カ妻女及ヒ老母共ニ刺違ヘテ死ス其后
彼老臣家族ト共ニ遊山シ飲宴ハ半酣ノ比俄然トシテ山岳崩レ
落テ岩石ニ押レ土沙ニ埋レテ悉一時〔時〕ニ死ス加之城中ニモ怪異
往々ニアレバ是山頼ガ怨恨ノ祟リ也ト和霊大明神ト崇メ宮ヲ建
（土俗山頼ノ宮トモ云）侯ノ鎮守トス（近歳賀集氏某四国辺路ノ便道適其処ヲ過リ詣ケルニ宮殿玉ヲ鏤テ壮麗之キ其処ノ客舎ノ主人其来由ノ頼メテ語リ尚詳ナル五十葉許ナル来由ヲ所持スト虽折節他ニ貸セリトテ見残シ侍リヌ残念之ト語ス）因ニ記同家臣ニ松ノ木弥五部ト云士有

領ニ五百石ヲ支給十癸酉長臣稲井甚太夫ニ遺恨有テ冤死ノ事別
巻不覓人ノ巻ニ詳ニシ茲ニ畧ス

○白里明神　遠田村ニアリ舊白狸十年後世扁ヲ去テ里字ニ
改ル処ニトゾ相傳フ昔時其処ニ千歳ヲ経ル処ノ白狸住リ人
不意ニシテ若其狸穴ニ近ツキ誤テ犯スコトアレハ祟リヲナスコト往々ニ
アリ依之村民相議〆其処小社ヲ建白狸明神ト崇〆祭ル処也
トゾ今其白里社ノ巫祝其神霊ノ助ケニヨル処カ諸人病患或ハ物
霊ニ犯サレ又ハ狐狸ノ付着ニシテ是カ為ニ悩サル丶者茲ニ祈リ其巫女
ニ祈験ヲ乞フ時ハ巫女須臾祝詞ノ中病人ニ付着スル所ノ狐狸ノ霊
魂巫祝ニ仮託シテ忽眼色異ヲナス茲ニ於テ一男子是ニ對シ問テ
曰汝イカナル者ニテ何ノ故テカヽル哭ヲナスヤト巫答テ云我ハ何
レノ許ノ狐狸ニテ何等ノ恨ニ依テ是ヲ報フベシト問者曰然ラバ汝

ガ好ム処ノ意ニ充ルシメン速ニ去レト即治ス故ニ今其ハ巫女ノ奇験ヲ
傳ヘ聞テ処々遠境ニ迎ルヿ多シトゾ是ヲ姪男橋本某都志
ニ祇役ノ時其処ニ（被巫女ヲ）迎ルニ依テ委曲ヲ親ク聞テ予ニ語ル処也
○圓行寺壷向荅（カワラケモンダイ）　圓行寺村天王ノ森ニ牛頭天王祠アリ祭日正十一吉日
神祭ノ頭アリ祭日前頭人ノ宅ニ氏人（ウジコ）各集會シ列坐シテ盃ヲ出シ
空銚子ヲ以テ列客ノ順ヲ追テ酒ヲ進ルノ体ヲ擬シ頻リニ数献
ヲ強勧メ今一ワト勧レ𪜈最早此上ハ一滴モ呑ヿ能ハズト云𪜈其盃
数ヲ誰殺献ト各々帖ニ記シ置祭礼當日ニハ其帖面ニ應シテ一言ノ
論ナク頃々ニ酒ヲ盛シ世俗物ノ空ナルヿヲ此祭前ノ宴ニ比シテ圓
行寺ノ盃問荅（カワラケモンダイ）ト普ク称シ傳テ今ノ世ノ譬諺トナレリ（今モ此事有然　今日ハ事ナシ）
○闔ノ事ハ神官ノ秘事ニシテ他ニ知ヿナシ
丙由良八幡　正月八月十五日祭祀ニ頭アリ正月ノ頭人ハ八月十五日祭日前ニ
神官并別當ニ於テ頭人（陪席）頭ヲ闔ニ可入者三人ヲ定置（由良天川内田中ニテ）祭日神輿還御ノ役ヲ（神前ニ於テノ神闔ヲ取）ス　正月十五日

器量ノ頭誰ナルヲ社壇ヨリ呼フ群詣是ヲ角力ノ節ニ徴ス下向ノ戻
掛其親族朋友立寄ノテ賀詞ヲ述是ニ酒ヲ饗ス三日目社僧神
官等八幡ノ牛王ヲ奉シ来テ是ヲ須指ト云主人ニ授ク親族相共ニ是ヲ饗
ス町ノ役人接伴タリ夫ヨリ帖作リト云テ町役人一族ト共ニ相會シテ
御柴入大饗ノ客ノ多サヲ撰メ客ノ多サハ頭人ノ分限ニヨルト虽一家ノ近親ハ勿論家内不残之薄縁ハ大躰再従才以上ナリ具物ヲ調達シ柴荊茶擣竈
他人ト虽村内ハ毎家夫婦或ハ三人近隣ハ近親ニ比ス他邑ハ諸得意又懇意ノ人且氏内五ケ村ノ役人ヲ招待ス
塗家具一切器物借入平張招客ノ夜坐布ナリ建等夫々日取シテ宿老男女ノ若者
役々ヲ定メ日々集會其費不少借九月中ノ卯日二ツ十六後用御柴入ト称シ
テ衆客ヲ饗ス是ヲ御柴入ト云フ此前日ヨリ神官等来テ頭人ノ
宅辺清浄ノ地ニ壇ヲ築キ篭ヲ居ヘ礫石積ハ其上ニ椎柴ヲ挿ミ彼ニ
氏神ヲ勧請スル故之是ヲ御柴ノ許ト云此日ヨリ頭人別室ニ自炊シ人ト同
火セズ他ノ盃ヲ戴ズ常ニ紙縷コヨリヲ以テ編タル小圓坐ヲ腰ニ帯ヒ人ノ

○客坐ノ役坐布ヲ平張ト云（徒然艸巻五ノ見物ノ桟敷打モヨロフヌフニヤ平張打ナドハ常ノコト）

坐シタル跡ニ居ラザル隔トス人寒日ヨリ（別室ニ自炊家内ト同火セズ）翌年正月十五日祭日迄毎朝寒水ニ漬ッテ垢離シ帆掛烏帽子雀菱小紋ノ布衣ヲ着シ御紫ノ許ニ詣スルコ三冬ノ極寒ノ朝ト雖不怠備御紫入前日（此日ヲ柔和ト称スルナリ）客家毎ヨリ祝資ヲ持参使ノ男女ニ酒食ヲ饗食ス（祝資ハ大抵客一人ニ付新穀二斗之縁家ハ此格ニ非ス近親ハ八木一石或二石分限親疎ニヨルナリ）

「同日頭人役人平張ニ列居シテ料理ス飯ハ造酒家ノ大釜甑（コシキ）ヲ借テ蒸シ同宵社僧神官等ニ平張ニ就テ非時ヲ饗食ス邑宰伍老接伴ス客（称宜宮川氏頭人ト盃ヲ献酬シ謡ヲ謡ヒ収ム）退坐ノ跡ニテ挽磨数箇ヲ並テ處女輩哥ヲ謳テ味噌及白和ノ豆ヲ挽男児モ又交テ唄ヲ助ク村内及隣邑ノ老弱男女圍テ是ヲ群見ス挽畢テ其跡ハ又料理人ノ輩列居シ膳組ス初首席ノ人膳一箇ヲ出シ次ノ人ニ渡ス其人刷布（カイシキ）ノ艸葉ヲ敷テ（歯朶ニ似タル艸之）又次ヘ廻ス次ノ人著ヲ加ヘ廻ス吏ヨリ以下各料理ノ品器ヲ扣居テ一味宛組副テ順廻終ル処ヨリ人梁（ヒトバシ）ヲ以テ膳棚ノ居ニ送リ収メ終レバ

廿之

○本郷食精進ト虽其余非忌肉始終嗜酒肉任意

己ニ米白ニ及フ未明頭人（上下ヲ着）親族ヲ従ヘ八幡ヘ社参ス。○祢宜ニ於テ帆掛烏帽子霍姜小紋ノ布衣ニ改ム昧爽贈膳ヲ調ヘ四方ニ送ル初招文ヲ使者袴ヲ着シ
客帖ノ写ヲ携ヘ東西南北ニ別レ其方地ニ随テ使スル御柴入前日又其戸々ニ至リ或ハ
出席或ハ贈膳ノ否ヲ問究メ帖ニ記シ帰リ其人数ニ應シテ膳ヲ調ヘオクルナリ
毎一膳ヲ半桩ノ蓋ニ載セ小女載連テ田良内田両村ニ運フ男子ハ
戸板ヲ以テ膳棚ヲ組一層〻〻数膳ヲ並ヘ是ヲ舁方处ニ至テ
裁判シテ小女ニ戴セ配ル此早朝社司等御柴ノ許ニ於テ神楽ヲ
奏シ神酒粢食ヲ供ヘ祢宜宮川氏濁酒（是ヲ御酬酏ト称ス）ヲ以テ頭人ト盃ヲ
献酬シ終テ神官及邑宰伍老平張ノ賓席ニ着四方ノ来客左
右ニ列坐ス（頭人例ノ装束坐新蓋）坐ニ付先ツ竹煙管ヲ出ス（沙埜ノ華神頭ノ煙管製ニ全如図）
缶ニ煙草ヲ包五寸許ノ火縄ト共ニ副配ル膳居テ酒本膳飯汁二盃蓋ヲ並テ坪
平ニ代用ヒ二汁五飣ト虽搔布ノ上ニ盛溢シ〻汁ハ跡ヨリ盛テ廻ル乞食ノ類
傳聞テ湊来食飽ミス翌日肝煎手傳近隣落索ノ郷食アリ（臭肉ヲ用）凡是迄御柴入
ノ前後支ニ預ル者此郷食ニ洩ルヿナシ其後十月出雲ノ御留司支ト于

社人頭人共ニ賛殿ニ参籠シテ宴ス節分ノ夜頭人参籠シテ追
儺ノ役ヲ勤ム大三十日又参籠雞鳴別當坊ニ於テ雜烹ヲ祝
食シテ帰ル正月八日頭人宮上リ上リ羹ト称シテ雜烹ヲ以テ社役
処役人親属懇家ヲ拜殿ニ於テ宴ス是ヨリ粢日十五日迄頭人
ヲ始粢務ノ遂属共ニ参籠毎朝宮川ニ入テ垢離ス飯炊ノ婆ト称
スル老婆又参籠飯炊婆祢宜ニ至迄モ新ニ飯盛ヲ設参籠中侍宿
殿ニ於テ食ヲ共ニス十二日拜殿ニ於テ大般若經轉讀アリ酒飯ノ
饗應招客例ノ如シ（是ヲ俗神子饗ト称スルヿ不申）此間々親族ヨリ饗客ス（門族多者日逐是昏）
「粢日早天垢離ノ輩神官ト共ニ新川口ノ外海ニ至潮水ニ身ヲ浄ム
（元ラクハイト云之今ハ川底ト唱リ）粢式之直ハ正月十五日ノ下ニ詳ナレバ茲ニ略ス神事終テノ
直ニ若宮祠（南ニアリ）夫ヨリ私宅ニ帰レハ衆人又来リ集フテ是ヲ賀ス又
サレド翌年霜月迄猶不浄ニ不觸前後三年潔斎シ翌年十一月

廿七

十八日発神(ハツカツ)ノ頭ト称シテ神官処役人其余例ノ人々ヲ饗食シ社役
退散ノ後(アト)ニテ臭肉ヲ以テ宴シ満終シテ常人ニ取ル南灘(ナダ)三村ハ
正月祭日ニ頭人（中津川相川畑田三村ノ内ニテ）ヲ定メ二月ノ卯ノ日ニ御柴入大饗八月八日ヨリ巻
篭諸事前ニ準知スベシ始此頭人ヲ撰出スルコト神官等其土地
ニ当ッテ冨有ノ者ヲ預メ寄ニ監相シ置テ其鬮ニ入ル者由良内田
ノ中ニテ三人也（灘ハ中津川相川畑田ノ中ニテ三人シ）三年続テ鬮ニ入其年ノ間ニ鬮ニ中ラザレ
バ其人ノ鬮ヲ三年除キ其後又三年続テ鬮ニ加ヘ是ニモ鬮下リ
ザレバ同三年除キ其后鬮ニ加ルコト三年以上三々九度ノ年数ノ間ニ
鬮下ザル者ハ神勅ナリトシテ豪富ト虽生涯終ニ神頭ヲスル
ナシト以ズ是併ナガラ社家ノ秘事ナリ昔ハ諭隺羽山ノ頭者
テ其頭人ハ国中ニテ選出シ祭饗食ノ大任ナルコトハ道行人ヲ呼留メ
洋中ノ舩舟迄モ招キ留テ饗食セシトカヤ然レ𪜈此頭ヲセシ者福

○十一屋頭ヒ六 寛文元年ニ

良浦十一屋ノ外聞ヘズ楪葉ノ頭ト言傳ルノミニテ絶テ久シ

世ノ人ノ諺ニ人ノ言ヲ誇ル者罵詈シテ口デハ諭窪羽ノ頭モ

スルト云リ今ノ世ニ於テハ由良ノ頭ハ国中ニ冠タリノ

○

須本祭野臺濫觴 須昔談 曰元禄三庚午年須本舟長与次郎ト

ル者運漕交易ノ為大隅ノ国ニ至彼地ニテ古野臺ヲ求帰其八年八

月十日始テ奥行ス 是明神祭之 是當州車楽ノ権輿也 是ヲ称シテ大ダンジリト云 舟子中ノ祭器也

国君ヨリ祭藝ノ毎度賜ニ銀一枚ヲ定例也須本賈商十八街ヨリ壇尻

與ノ役夫ヲ毎街各出ニ人ニ是又恒例タリ 近歳正面ニ御壇尻ト表扁ス 曩時其始ハ万歳

ヲ舞シトゾ後来種々新作ノ狂言ヲナス今モ社前ニテハ始ニ必先万歳ヲ

舞トゾ○其后正徳三癸巳八月下工匠街壇尻成ル○同五年八月鉄匠街成

寛政十一戊 再與 嵩云 文化十ホルベシ寛政十ハ未也 ○享保元申八月才三街○同二年正月才五街及才七街

○同年八月 或曰正月 才六街及染工街成 嵩云 後廃絶力今舊 ○同十八年漁師街舟野臺成

廿八

朱塗ノ小舟屬車四ニ天幕ヲ引幕ヲ吹貫ノ額等其ノ飾善美ヲ盡セリ〔皇高云〕今無近年下物部山崎ニアリ ○寛保二壬戌八月上工匠通街○同三八月上水樋街○延享四丁卯正月才二街此時始成二層同時下水樋街成〔皇高云〕渋才一街各初ノ頃ハ鳥指狐釣月見雪見花車等ノ類ニシカ享保六ノ比ヨリ義太夫ノ哥舞トナレリ○文政十一戊子六月三日新町野臺手斧始

○由良二処鐘　○八幡原鐘寛政四壬子逢別當空盛鑄之不裂而破傷同十一辛未十一月八日當住方濟法嗣文濟共再鑄之有銘銘部○安永三年三鑄○觀音原鐘寶暦中六十三年后文化十四丁丑再鐘十二月十一日鑄不成十二月二十二日成就〔皇高云〕世俗云傳フ鐘ヲ鑄ニハ必吉キ女襠ヲ用ル、不然銅不鍊冶工是ヲ秘傳トストソ按ルニ〔室町物談〕曰秀次公ノ女中鏡ヲ磨セケルニ磨工其鏡ノ銘ヲ見テ曰此鏡ノ作者木ノ瀬トスルハ至テ上手ニテ有ケレ氏其家不祥ノ事有テ断絶シタリ其故ハ田舎ノ貧寺ヨリ大ナル古鐘ヲ京都ヘ賣ニ出タリ木ノ瀬是ヲ買取テ鏡ノ料銅ニセントテ是ヲ割ルニイカニ

シテモ砕ケズ難渋ス古実ヲ知人有テ曰是ヲ砕クニ秘事アリ
女ノ朝夕ノ暦ニ馴タル古襠ヲ以テ竜頭ヲ纒ヒ包テ是ヲ打
時ハ容易ニ砕ルヽト木ノ瀬則婦女ノ古襠ヲ乞婦曰只サヘ女ハ罪
障深ク鐘ノアタリヘ近寄コサヘ不許況ヤ汚タル不浄ノ古襠
ヲ仏器ニ觸シコ其罪恐ルベシト固ク辞ス主ノ曰其罪ハ我ニ蒙ル
ベシ汝ガ身ニ帰スベカラスト神仏ニ誓テ證トシ其事ヲ果シ多
鏡ヲ作リケリ然ルニ夫ヨリ三月ヤ許立テ其妻死セリ次テ三才
ノ男児死ス夫モ妻子ヲ先立患ヲ累ルヽ故ニヤ妻ノ周年モ立ザル
ニ死シ今ハ漸七才ノ小女ノミ残リシガ是モ又十ノ秋空クナリ
終ニ家断絶セリト

○光明蔵古木扁　文化壬申五月石亭先生此木扁ヲ徳島古器店ニ
見ル壬申春年賀拝謁渡海ノ時猶其扁アリ飯后須磨ノ地蔵住侶ニ

卅九

是ヲ語テ曰法語尤寺院ニ相應セリ印章楳蒸テ難詳ト雖モ筆跡
顯殊ト朽地藏急ニ未復以二方金買得時光明寺僧聞之而地藏ニ乞テ
曰其ハ語我寺号ニ合ヘリ請我ニ譲レト地藏不聽則泛ノ楳ハ黄蘗
隱元ノ印章鮮シ主僧益悦テ箔ヲ補ヒ修理ヲ施テ本堂ノ正面
ニ掛タリ〔先生評〕曰是往昔阿波別内庵寺ノ古扁ナルベシト主僧則其ハ求ル
処ノ由縁ヲ記后世ノ為ニ傳フトゾ〔皇高按〕是阿刕国分寺或ハ當刕国分
寺ノ古扁ニヤ〔トキハ〕国分寺ノ下ニ曰今大日堂ノ有処ハ日本后紀ニ所謂所納之金光明經
七重ノ塔ノ址也又曰天平十九年詔シテ曰去ル天平三年詔メ国別ニ金光明寺法華寺
ヲ造ラシム其金光明各七重塔一區并ニ金光明經一部（最勝王経ナリ）ヲ写メ塔裏ニ安置
ス金光明寺ハ国分寺ノ一名也法華寺ハ尼寺也（今新在村某址小堂アリ）云々

○由良生石柳水　文政三庚辰夏四月上旬此水有ニ霊瑞ニ（海畔ノ山根岩間ヨリ涌キ出ル岩頭有若柳因ヲ号ク）
此ニ詣テ其水ヲ掬服シ或ハ其疼処ヲ洗フニ旧瘡痼疾頻ニ奇験ア
リトテ諸人群詣ス陸行舟行自国ハ更ニ紀ノ路ハ加田松江和哥山和
泉路兵庫灘ヨリ日々浮舟渡海ス詣人其水ヲ小陶或ハ行筒
ニ入携ヘ帰ル後ハ大坂京都ナドヨリモ聞傳テ適詣ル人アリ立願

賽ノ幟ヲ献スル事夥ク海濱ニ建並テ風雨ニ晒セリ流行其擬所ヲ
尋ルニ始其邑幡廟ノ神主尾田氏ノ舎才夢想ニ依テ此ニ詣水
ヲ濺テ治ニ瘻足ニ及同浦中津街ノ一婦　治ニ肩臂痛ニ浅野ノ[illegible]氏ノ
婦人濺ニ乳房乳水如ニ涌於他国モ紀別松江ノ瘖人及阿房共常ノ人
ト成其余癈疾ヲ治スル者挙テ難数トソ予ガ酒店ノ前ハ其街道ニシテ自ニ
昧爽ニ至薄暮ニ蟻ノ行シテ絡繹タリ其中ニ納村ノ人野店ニ憩息シテノ互
ニ水ノ奇ヲ語ル予曰此頃何地ノ人乎腹痛両三日煩悶難忍既ニ死ニ垂
タルニ及テ病人水ニ詣シ事ヲ望ムト雖家族諫テ曰極暑熱天ノ砌十六
駕ニテ行ドモ斯ル容躰ニテハ長途ニ争テカ凌得ント頻ニ止レドモ不聴所
詮自家ニ居スドモ死スベシ全クハ途中ニ死スドモ何ゾ恨トセン若幸ニ詣得テ
奇験ヲ蒙ル事アラハ幸甚何ヲ以テカ加之ト直ニ駕ヲ従シ終ニ詣テ水
ヲ戴ケハ病苦始テ夢ノ覚タルガ如シ又膝行ノ小児詣テノ帰路ニハ走リ戯

テ帰リシト聞ク。ヒ其ノ虚実ヲ不知ト云ヘバ其ノ人曰丈ハ即我色ニト語
レリ由良古老ノ曰此水六十一年以前ニモ如斯流行セリト此水
押靡（ヲシナメテ）テ水神ト称セリ　然ルニ散銭ノ収ムベキ方無ケレバ彼神主ノ才
始テ瑞ヲ得タル因アレバ報恩ノ為是ヲ守リ幸阿兄ハ神仕ノ
身ナレバ幣帛ヲ立兄才相共ニ不断崇敬シケルニ其処ニ近キ愚
民散銭ヲ貪ンガ為幣帛ヲ取捨押テ弘法大師ノ水ト称シ
大師ノ御影ヲ掛争フテ己カ有トセリ可悪ノ甚キ之其頃ヘ参ヽ
詣人月ヲ亘リノ歳ヲ越ニテ不止猶其後ニ至テモ折々ハ詣スル
有トゾ　其ハ盛ナル頃ハ茶菓ノ仮店海濱ニ軒ヲ並ヘ酒池肉林ニテ客ヲ招ケリ　予ガ弱冠ノ頃ハ明和八辛卯伊勢御影参
諸国一統ニ流行シテ夥シカリシ四方遠近ノ国々ヨリ十歳已上ノ男女
田圃ニ在テ素ヨリ身ニ一銭ヲ不帯シテ不意ニ其処ヨリ発足
シ是ヲ御影参ト称ス　是其ハ時世上通儀ナレバ父母家ニ有テ子ノ帰ラザルヲモ

不レ許定テ抜参宮セシナラントノ料知ス斯リケレバ道中路条神
合フ斗リ群歩シ道程施行ノ品々ハ五歩ニ一食十歩ニ一飲
アリ宿々ヨリ御馳走ト記セシ幟々緋ノ標幟ヲ立馬駕ヲ花
飾シ馬奴ニ至マデモ綺羅ヲ装ヒ礼服ノ宰領相従ヒ賎ノ客究ト
ヲ迎ヘ乗セ其壮之シコト毛楮ニ難尽ク按ルニ神仏ノ流行ノミナラ
ズ万事ハ皆天ノ自然ニシテ時運ノ爾ラ令ル者ナラン哉

○画島ノ雩祈（アマゴイ）　明和三丙戌七月四日摂州上宮神官大神（オオガ）氏日向守貫
道号竜雷神人　於于明石大倉谷宇津室役行淡路岩屋磯駁盧嶋（画島）
ニ向テ雩祈シ明星来現シ此島ヨリ一片ノ雨雲起来大倉谷大雨
滂沱○同七年庚寅七月十八日宇津室役行祈雨于自凝島嶋頂ニ竜灯
顕レ且明星顕ス故ニ廿日詣自凝島ニ廿一日夜宇津室ノ行者又従ス
忽雨降ル翌暁ニ至ル廿四日再渡海ニ神島ニ報恩ノ神拝ス○八月九日

四十

岩屋浦ヨリ請ニ應シテ渡海シ自凝島ト天地大神宮トノ間神ノ前
ト云海濱ニテ浦祭十一日夜宇津室ノ妙行ヲ修スレハ神島ノ頂
上ニ竜灯輝ク其夜丑刻自凝島ノ絶頂ニ登リ一宇ノ神祠ヲ建
宝剣ヲ納メ天神七代ノ神霊ヲ祭（此地往昔ノ神祠旧礎アリシヲ再興ス）〇十五日又請ニ
應シテ天地大神宮恒例ノ神事八幡宮（天地宮ヨリ西ニ去コト二十余丁）迄神輿出
御ヲ供奉シ神事ヲ勤ム神角力アリ（十二三ノ児童）及壇尻藝アリ（今ハ御国制ニ依テ禁止）
神人自凝嶌日記著述ス（蔵板ナリ）以上其記ニ詳之茲略写ス
宇津室修行之図アリ

其讃曰

禱天救旱魃　縱陰閉諸陽　跣足踏猛火　全身浴熱湯
電掣沛灕雨　星降爛放光　鞭竜呼風雷　飛神朝三皇
行雨是何霊　垂跡在扶桑　竜雷神人　貫道自讃

原圖
梅竜軒　洞山
画
四十二

日本埜洲　淡島温故録　月布　渡邉暠輯録

故事跡　浮査

○元亨釈書巻出于日本紀二十二巻　推古三十四代三年乙卯春南海濵有浮査夜放之其如雷四月着淡路南涯大一圍長八尺沿海之民為薪其煙遠薫以献于朝太子奏曰是沈水香木也産南天竺南海之岸其実雞舌其花丁子其脂薫陸入水久者為沈水不久為淺香陛下興仏乗造仏像天神感之漂送耳帝悦勅百済工刻観音像安吉野比蘇寺時々放之

朽筬

○釈書卅日　淡州海濵有朽筬順流而来聖徳太子適遊濵渚見此筬啓之有如意輪観自在像悦而奉持常不離身崩後営四天寺采材諸所来此地偶浴泉水太子脱衣便觧像置

榊樹间浴已取像々重不上太子恐對像祈求其夜夢我為汝所持已七世矣今又縁在此地故太子欲措宇安像時一老嫗至太子问曰我思造殿宇近有材乎嫗曰此地傍有大杉毎朝紫雲覆之恐霊材於太子翌早伺之果如嫗言太子便斬創之其材甚大不容他木一株而成其宇六稜以安像今洛東頂法寺世称六角堂是也

○木心有文字　文化中淡州福良浦重恩寺境内ノ老樹ヲ伐テ薪ノ用ニ割之中ニ有屋字奇異トシテ寺中ニ珎重ス石亭先生聞之識曰屋ヲ分レハ尸至ニ之是僧寺ニハ吉瑞ノト【本朝通紀】曰天平宝字二年二月大和ノ神山蝕藤樹根而生文王大則并天下人此内任太平臣守昊人命之六字ヲ云云　同日ノ話ト云ヘシ

○国分寺権輿　【續日本紀十二】聖武天皇天平九年三月丁丑詔曰国毎ニ釈迦

仏像一躯挾侍菩薩二躯ヲ造リ兼テ大般若經一部ヲ写ス云
[下キ八]毎ル二元亨釈書資治表ニモ此事ヲ載テ是ヲ国分寺ノ権輿之
トアリ[續日本紀二卅]天平ノ宝字四年天平應真仁正皇后（光明皇后）崩ス云云
天下ノ国分寺ハ大后ノ勧ル処ニ[續日本紀八巻][延喜式二十][東鑑十巻]
以上圏内ノ諸書譲常磐草ニ茲畧ス

○成相寺再興　文明二年七月請三原郡成相寺鎮守回廊之
上葺且満寺之紹隆状畧ニ曰爰當者者実弘上人之建立乗源
和尚之再興也本尊有薬師如来鎮守者熊野金峯天野明
神社壇並屋悉然去宝徳三年（後花園帝　足利義政）大冬上仍虽有ニ立雅之企未遂
上葺之功然旨ニ再興之志敢无ニ造畢ニ依之請ニ十方之助縁云云

○無眼耳鼻人　（宗祇法師）[諸国物語]曰淡路国ニ一人アリ一大口アリテ眼耳
鼻ナシトス云云因ニ云[画本宝鑑]曰茲ニ三王アリ南海ノ帝ヲ儵（シユク）ト云北海

帝ヲ忽ト云中央ノ帝ヲ渾沌ト云共ニ交親ム南北ノ二王渾沌ノ
地ニ訪至ル是ヲ待テ甚善シ二王渾沌ノ徳ヲ報ント謀ル二人ハ皆眼
耳鼻口ノ七竅有テ言語視聴ヲナス此獨ナシ是ヲ鑿テ進ラセ
ントテ日ニ一竅ヲ鑿七日ニシテ渾沌死セリト云　云［畧云］无眼耳鼻ノ人
渾沌王ニ彷彿タレ氏然レ氏幸ニ一大口有テ食ヲナサバ生ヲ有ツ事可
得（一大口ヲ約ル时ハ吞ノ字ニ吞食ハ命ノ本也）渾沌ハ口ナリ不レ食バ何ゾ生命有ン世上唖聾
卜虽文字ヲ学ヘバ朋友ニ交ヲナス渾沌七竅ナクシテ假令天禀ノ
无食ニシテハ自然ニ生ヲ保ツ氏如何シテ南北ノ二王ニ交親キゾヤ不
詰リノ事之此本據何書ニ出シ寓言ゾヤ

○神変ノ白犬

［秘史］云義麻貴天皇（［畧曰］十代崇神天皇平年契曰御間城入彦五十瓊殖天皇立御間城姫為皇后）御世
天道根命国ニ在シ御神其子ニ坐之大阿牟大首並二柱進物紀伊国
黒犬一伴阿波遅国三原郡ノ白犬一伴（秘曰碧堪）上ノ文ハ蓋所レ進ニ於高野

明神之二大而弘法大師逢明神時モ敬神将場装束而控

黒白之二大ト云

○鹿妾 〔摂津風土記〕云昔者刀我野有牡鹿居此野其妾牝鹿居淡路国牡鹿窃婦所明旦語其婦曰今夜夢我背霜零而草生此夢何祥其婦悪夫復向妾所而詐相之曰背生草者矢射背上之祥也又霜零以塩塗肉之祥也汝渡淡路島者必遇船人射死謹而勿往其牡鹿不勝感恋渡路嶋海中偶逢行船終為射死故名此野曰夢野俗諺曰刀我野尓立留真牡鹿毛夢相乃麻尓々々 〔通記〕云神社考之文也

〔皇曰〕此鹿ノ故事上古ヨリ云傳ヘシ事実ト雖鹿ノ夢ミシコヲ人間詳ニ知得ルコ可怪コヽ子細ゾ有ン愚按ルニ或ハ此処ニ夫婦住ル其夫ハ淡路ニ阿鹿ナド云ル妾有テ通ヒ斯ル不祥ニ遇ケ

ルヲ康ニ託シテ故実トナシタル者ニヤ

○一身両頭ノ犢　［文徳実録四巻］仁寿二年八月紀淡路国上言有牛
産犢ハ一身両頭

○九足馬　［東鑑十巻］建久四年癸丑十一月廿四日横山権頭時廣引一匹ノ
異馬参営中将軍覧之有其足九（前足五 後足四）是出来于所領淡路国
分寺辺之旨聞達屬左近将監家景可被放遣陸奥外濱也周室
三十二蹄者八足之形企也本朝一足之九足可称珍歟然而房星之精
不足愛今都ニ千里瀧桃宜可為采者哉［トキハ］瀧桃ハ隴頭ノ
轉化ナルベシ東奥ノ夷境ヲ異国ノ隴別滝水ニ比シテ云ナルベシ

○張陽両根馬　一馬ニシテ張陽ヲ具シタル馬産ス当州鳥飼ニ文政十一戊子
三月洲本賈人某其價以四金五片求之於湊浦為観物後携
于浪花賣ル見之人曰張門ノ下ニ張嚢垂其中間玉縁ノ窪ミタル処ニ玉茎有

三

テ常ハ涸テ見ルヿナシ牝馬ヲ見シムル时ハ忽突出シテ後ロニ起張
ス小水ハ二根各共ニ通ズトゾ又乳子アリト云同春浪花ニ一身
両頭ノ異ハ馬ヲ観物トセリト聞ヌ食スル时ハ両口各食フトゾ人間
ニモ斯ル畸往々出生スルヿシ予若齢ノ比相川村ニ阿三三六ト云者ア
リ初生ノ时両根ノ形有不正并ニ男女先ツ女トシ阿三ト号ツ長スルニ随テ
吻辺髭須髭生シテ面容男ノ如シ人字シテ阿三三六ト呼又文政中糞
門陰門只一穴ニ相兼両便同穴ヨリ出ル畸犢ヲ由添村貴駒郎定之丞
ナル者牽来テ内田ノ濱ヨリ舟ニ乗セ紀州ニ渡ス

古言遺風

○[皇高云]須本ノ嬰兒母ヲ指テタタト云父ナラバ爹々氏云ベシト思ニ

[或書]曰三谷刑部左衛門（天文ハヨリ寛永ノ晩年ニテ存命ス）曰惣テ四国ハ上世ヨリ他国ニ交ラザル国人ナレバ諸将兵卒凡ヘノ分定ツテ其礼儀ヲ不紊法令ヲ嚴重之人倫類ハ田夫ノ婦ヲ田佗ト云其夫ヲ農夫ト云百姓ノ婦ヲ阿女ト云其夫ヲ阿長ト云名主ノ婦ヲ家阿ト云其夫ヲ亭長ト云諸士ノ婦ヲ内トニ云ヒ家公ト云[皇高云]（カヽト云モ家公ノ約リ名ナラン）其夫ヲ尊ト云[皇高曰]（尊サヽ家公サヽ能中レリ諸士ノ男児ヲタフサントニ云ハ尊サノ字ナラン女児ヲサヽト云ハ敬メ名ヲ指ズ様ナルベキカ）頭人ノ婦ヲ上トニ云ヒ奥トニ云君将ノ婦ヲ簾中トニ云各其人分ヲ踰ヿ不成之[皇高按]蓋ニ田夫ト称スルハ田夫野人ヲ云ニハ非ルベシ武夫ノ郷ニ在テ平生ハ耕作ヲナス者ニヤ田夫ト有テ重子テ百姓ト出スヲ以明之熊沢先生曰往昔武家ノ未タ天下ヲ惣ヘザル先ハ諸国ノ兵士平生ハ自国ニ耕作シテ居レリ若シ天

四

下ニ叓有トキハ禁庭ノ勅諚ヲ奉テ馳上リ是ヲ鎮メ治平ニ至ル
トキハ即帰国シテ又耕スコト和漢共ニ相仝ト云々上世ノコトナレハ斬
ル類ニヤ今其旧言ノ遺ルモノヽ當境ノ俗児ニ祖父ヲ呼テヽヽト云ア
リ藤井懶斎先生ノ【操鑑五十五丁】曰乳母ヲヽヽト云源氏浮舟ノ君ノ乳母ヲ指テヽヽ
浮舟巻ニアリ【嵩按】賤民ノ祖父孫ヲ愛シテ守スル故ニヽヽト呼馴シ
モノ歟我里俗革語ノ中ニ有聞ハ甚卑ク聞レトモ思惟スレハ却卑シ
カラザル古叓モアリ　朝飯(アサメシ)ヲアサヒ　昼飯(ヒルメシ)ヲヒルマ　夕飡(ユウメシ)ヲヨダイ
ナド云ハ　朝飯(アサイヽ)　昼飯(ヒルイヽ)ノ下略シヽヨダイモ飯ヲオダイト云ヒオダイ樋
ナド云類ニヤ文字ハイカヽ書ニヤ臥談ノ基タルト云ハ常ニ食スル処ナル故歟
飯後ノ湯ヲオイト云ハ御湯也イトユト通音シ且新婦(ヨメ)ヲ称シテオカタ
ト称スルハ過タル詞ニ高貴ノ御簾中ヲ何ノ御方ナド云バシ下民ノ婦
ヲ云マジキ詞ニ【年浪草】八瀬祭ノ胃ノ注曰八瀬ノ俗語ニ其父或ハ上タル

人ヲノヽトニ云我ヲゲラト云婦以謂嬰兒ニ神仏ヲ敬テノヽ様ト云ニ全ミカル
ベシ然レバ尊敬シテ云詞ト見タリ按ルニゲラハイー等或ハ下郎カ當
刈ノ賎俗自己ヲ称シテウラ或ハオラト云是オラハ己等ニテウラハ
音通故轉訛ナルベシ且卑女抔ハ對話シテ其答ニイヽト云ハ唯ノ字
ナルベシハイハ拝ヘイハ平伏ノ意カヲウハ應ニテ下輩ヘノ答オイハ
應ノ意ナルベシ然レ𪜈遠人ヲ呼ニオウイ〳〵ト云決矣ニテモ有ベ
キ歟南難ノ賎婦ハ薪ヲタクノト云ヒ草履ヲハクノト云中ニ奥ノ間ヲチ
ヨウダト云ハ帳臺ナルベシ京ハ皇都ナルガ故ニ下賎ニ至ミデモ詞正シキ
中ニモ京ニ田舎田舎ニ京ノ諺ニテ京ノ人サヘ牛蒡ヲゴンボト云トサル
人ノ笑ヒキ又難波ノ芦ハ伊勢ノ濱荻ニテ嶋原ノ松ノ位ハ吉
原ノ生蘭ニテ其方地ニ係テ等シカラザルヿモ多カルベシ已ニ我淡路
嶋ノ中ニテサヘ志筑ノ詞ノ浪花メクニ仮屋ノヒシヘヤノ取違ハ江戸ノ

○或ニ云蠅坐ト年故變アリトゾ

纂音ヲ カンヽ 銭一貫ヲ 一カン

久ハンカンノ如クニテ其ハ地質ナレバ如奈モ難ニ仮令異国ノ嬰児ヲ日本ニテ育和国乳子ヲ唐ニテ成長サセバ自ラ其土地ノ詞ニ染ムヘシ

○元服式遺風　常盤

仁比ヨリ来川辺十三村三原郡ニ隷シテ下灘ト云畑田ヨリ東三村津名郡ニ隷シテ上灘ト云　中略　上下南洋ノ村里田圃少ク男ハ耕種ヲナサズ婦ハ女功ヲシラズ唯薪ヲ樵テ治生トス山民嶮隘ノ深谷ニ住テ猪鹿猕猴ト伍ス本郡中原ノ郷邑ニ遠キ故ニ風俗モ亦自ラ同シカラズ月次ニ壽長ト云テ里人集リ土器トリツヾ謳ヒ舞ヒテ戯遊スト云元服ノ侍烏帽子親ヲトリテ其地ノ社前ニ行ク加冠ノ翁樽ノ傍ナルハ誰ソト向フ冠者曰何某今日元服ヲ乞フト翁柄ヲ接タル扠ニ緒ヲ付テ冠者ノ首ニ掛テ曰真額シヤリハツイトドンヨリ親友酒酌カハシテ帰ルト云當

世冠礼ハ廃シタルニ僻地ニ猶古式遺レルガ如シ

○喪家異例［畠田］佐野ニハ喪アル家ノ婦女ハ手巾ヲ頬冠リシテ面ヲ覆ヒ隠シ近隣七軒ニ行キ閾外ニイテ手ノ内報謝米ヲ乞得テ帰リ是ヲ麨(ハツタイ)トナシ庭ニ搗臼ヲ居其中ヘ入置家内ノ親族各是ヲヒヒ食フ且葬式ヲ営ムニ自打交リテ葬具ヲ造リ既ニ出棺ノ時ニ至テ忌ノ其身ニ不レ掛者ハ（何程虽懇意）皆々戸外ニ出丈ヨリ以後ハ朦中訊問ニ来リテモ戸外ヨリ述テ閾中ニ入ヿナシ蒸物ナドヲ贈ルニ縦火同一火ヲ以テ製スト虽分テ二器ニ入一ツハ慶火ト号シ一ツハ挟火ト号贈ル是ヲ客ニ郷食スルニ慶火ハ無忌人ニ饗シ慶挟ヲ混スルヿナク素一浄火ト虽已ニ命レ名ノ後是ヲ互ニスルヿナシ毎七ノ招客忌不レ掛輩ハ隅ノ閾椽ニ於テ郷食レ之

○道薫坊紀原（トウクンボウ／デクルボウ）俗デコノボウ又デコ舞シト云　道薫坊又傀儡師ト云【事物紀原】曰傀儡ハ漢ノ
高祖平城ニ囲レシ時陳平ガ計ヲ以テ木ヲ以テ美人ヲ為リテ城上ニ
立冒頓閼氏ヲ詐シリ後人此ニ因テ傀儡ヲ作ルト云【戯場老枝折】
曰天正年中薩摩治郎右エ門ト云者アリ角沢検校【皇高云】今浄瑠璃ノ三絃ヲ弾スル者ヲ霍沢ト称ルハ角沢ニ因カ
二節章ヲ習テ始テ十二段ヲ語ル三州矢矧ノ駅ニ金高長者アリ其女ヲ浄ルリ姫ト号ク源牛若丸奥州下向ノ時一夜潜ニ
彼女ニ逢睦ルサノ再会ヲ契リテ別レ去後期ヲ過レドモ還リ来ラズ女恨ミテ身ヲ菅生
川ニ投タリ侍女冷泉ト云者遂ニ出家シ浄ルリ姫ガ秘蔵スル処ノ賜物十二ノ小箱ヲ筐
トシ是ヲ得テ阿弥陀堂ヲ建冷泉寺ト号ス尼永ク後世ヲ吊テ終レリ此寺猶
今ニ存在ス此事ヲ織田信長ノ侍女小野於通ト云発才ノ女物語十二巻ニ作リテ
浄瑠璃物語ト云十二段ニセシ事ハ薬師浄瑠璃世界ノ十二因縁ヲ取テ斯セリ其
文勢ハ伊勢物語ニ似タリ【皇高按】【博物筌】曰秀吉ノ侍女小野於通義経ト浄
ルリ姫ノ恋慕ノ事ヲ作リテ沢角検校是ヲ語ル人挙テ習フ四条東ノ洞院彫
物屋絶品之淡路ノ傀儡ヲ語合ヒ人形ヲ舞シ三弦ヲ引テ是ヲ和ス【皇高云】沢角ハ
頗倒ナルベシ居行ナキニモ角沢トアリ且於通ハ信長又秀吉ノ侍女ト両説何レカ
是ナルヤ小野小町行状記ニモ秀吉公ノ北方政所ノ右筆ニ小野於津宇アリト云シ
按ルニ於津宇始ハ信長ニ仕ヘ信長滅亡ノ後秀吉ニ仕シ成ヘシ其頃西ノ宮ノ傀儡師ヲ誘引シ人形ヲ以テ節一
章ニ合セ諸国巡行シ舞シケレハ人喜フ事限リナシ既ニ慶長初年

天子叡覧ノ古文アリ　博物筌曰後陽成帝庭ニ召レテ御テ引田淡路掾ニ任セラル　樂屋図會拾遺曰
傀儡師蕟端抑蛭子ノ神ト申スハ伊弉諾伊弉冊ノ二柱ノ御神始テ遘合
シテ丈婦ト成一ニ大日靈ノ尊ヲ生玉ヒ次ニ月讀ノ尊ヲ生ミ次ニ蛭子ヲ
生玉フ此子三年ニモ成玉ヒヌレ圧脚立セ玉ハズ容像悪キ迚天磐櫲樟
舟ニ乗ロ順風ニ任セ放竄玉フ終ニ西ノ宮ノ浦ニ着爰ニ鎮坐マシマス後
代ニ至リテ道薫ト云人御神ノ御心ヲ慰メケルニ是ヨリ波風静リ穏ニ
シテ漁舟多クノ魚ヲ得ル𛀁久シ時ニ道薫暫ク痛ミテ身マカリケレハ又
風起リ浪高フシテ猶更漁モ無リケレバ百太夫ト云者人形ヲ作リテ神ノ御前
ナル箱ノ傍ニ身ヲ潜メ人形ヲ以テ我ハ道薫之尊ノ御機嫌ヲ窺ニ
為ニ参リタル迚御心ヲ慰メケル是ヨリ又波静リテ漁モ有ケルト之其
後時ノ帝聞シ召レ禁庭ノ政ニ出勤スベキ由勅定有ケレバ百太
夫都ニ登リテ此義ヲ勤ム依之大日本者神国故以慰ニ神慮

七

者上為ニ諸藝首如斯ノ官ヲ下サレ諸国諸社神諫メノヿヲ勅免アリシヨリノ胸ニ箱ヲ掛人形ヲ以テ神ヲ諫メシ之是傀儡師ノ始之百太夫ハ諸国ヲ巡リテ淡州三原郡ニ着三條村ニテ身マカリケルニ何某ノ四人百太夫ニ傀儡ヲ習ヒテノ此後傀儡ノ業ヲナセリ是之淡路坐ノ始之

○當州穢多所持ノ一巻　抑神代ノ昔諾冊ノ二神御子四人御座大日(オホヒ)孁(ルメノ)尊素盞嗚(ソサノヲ)尊月讀(ツキヨミ)尊蛭子尊是之日神素盞嗚(ソサノヲ)ノ無善(サガナキ)ヲ悪テ天ノ磐戸ニ籠リ玉フ時ニ才五男長津彦命謀ヿヲ以テ神遊ヲ始玉フ時彼命黄牛ノ皮ヲ以太鼓ヲ作リ神楽ヲ奏スル事三七日日神少シ岩戸ヲ開キ玉フ時ニ才六男長戸辺命岩戸ヲ虚空ニ虚空ニ投玉ヘバ（富岡曰　岩戸ヲ投シヿ諸書所云信州戸隠明神ニテ神号多力雄命之同神カ否）信州ニ落今ノ戸隠明神是之長津彦命ハ數千年ヲ經テ白髭明神ト現玉フ是細工ノ氏神

也人皇ニ至テ神武帝ノ御宇白鬚明神ノ三男圓陀羅王勅ヲ蒙リテ
諸社ノ太鼓ヲ作ル依ニ文此神ヲ細工ノ氏神トス四才懿徳帝ノ御宇
禁中ニ音楽ヲ始玉フ此太鼓ヲ圓陀羅王作リ玉フ此圓陀羅王ノ末
葉城州船岡山下ニ住居シ十才垂仁帝ノ御宇禁中ヨリ御判ヲ頂戴
シ子孫ニ傳フ祀物ヲ取事此御宇ノ御記捉ニ　一近江国山王京祇
園播州弘峯此社細工人ノ氏神ニ弘峯八白鬚明神ノ次男ニ因テ
氏神トス　一卌二文武帝大宝元庚子年書曰庚子八前年文武四年ナリ諸国始テ市ス圓
陀羅王ノ子孫市売ノ役取ニ并葬場ノ諸道具不残取ル大宝中ノ
御記捉御判ヲ頂戴セリ二季ノ荒物取事八十二後鳥羽院吉野
ニ落玉フ時書曰此帝吉野ニ落玉フ了未聞ニ院ニ飢ニ及玉フヲ圓陀羅王ノ末葉新右衛門ト云
者途中ニ於テ奉見荒薦菰米ヲ奉リ飢ヲ凌キ玉フ此因縁ヲ以テ
今ニ二季ノ荒物ヲ取ル此帝ノ御記捉ニ　一癩病ノ事癩病

八

人有隣白米三石三斗三升三合荒物七石七斗七升七合男ハ刀脇指
上下衣裳女ハ鏡衣裳其外諸道具家屋敷共取ベシ但屋敷ハ
三年ノ間可取之此式法建永年中從帝ヨリ皇高曰 八十三代 土御門帝ナラン 御判頂戴
仕ルモノ也
一 衍 後鳥羽院 御宇兵乱盛ニシテ国土不安其時因陀羅
王ノ子孫先陣ノ上意ヲ蒙リ終ニ大敵ヲ亡シ利運ヲ開玉フ御恩
賞源頼朝公被召出両人名字名乗幡幕紋并手下四十八番令
拝領者也　一幡幕二引量桐三董 皇高曰 三ツ董トヨム歟 鹿子ノ葉二引量也
大宝元年庚子 辛丑之前年也 巳ニ前ニ見タリ 二月八日御門ヨリ御綸旨令頂戴者也

才十二代
垂仁天皇

藤原弾左衛門頼兼

下村新右衛門頼定

四十八番手下ノ次第

一長吏　二座頭　三陰陽師　四傀儡師　五舞舞　六猿楽　七鷹師　八餌指
九犬引　十非人　十一石垣師　十二鉢敲　十三壁塗　十四神子伏尾　十五箕作　十六烏帽子折
十七土鍋師　十八塗師　十九弓矢師　廿鋳物師　廿一毛皮屋　廿二梳引　廿三柄巻　廿四土器師
廿五弦指　廿六笠縫　廿七大工　廿八木挽　廿九関守　卅渡守　卅一隠亡　卅二紺屋
卅三青屋坪笠　卅四金師　卅五墨師　卅六猿引　卅七鐘扣　卅八蓑作　卅九辻目暗　四十獅々舞
四一人形舞　四二髪結　四三雲踏屋　四四上瑠理語　四五蝋燭屋　四六阿膠屋　四七風呂屋　四八傾城屋

元暦元年（後鳥羽院ノ御宇也）従源頼朝公御朱印令頂戴者也　矢野弾九衛門藤原朝臣頼兼　下村庄助尉藤原臣頼宅　鑓一筋　藤巻之大小懐剱五寸已下　可為是重用事　相撲芝居其外人群集之家之場処者見計運上兼用可為受用事　推家竹木之類　光帝守護任例可取納事　仲哀応神帝之御宇黒鞁覆奉献是業ヲ　帝都ニ

九

傳八幡黒卜号ス無穢之旨被仰事 遊女 野郎 竹細工 古物屋
石剪 等指 水茶屋 之輩嫁取祝義之砌ハ可為土産事
湯風呂 石風呂 者日々運上可為取料事 居宅之事妻戸構ニ可
町家百姓ニ可異其外者除地可為矣 葬坊非寺里之輩并ニ
村等諸祝義不祝儀之剋者可出座事
右十ヶ条之定目可被仰出之旨永々堅固相守末々恒例許容之
旨先々前季吟考之赦織〔嵩云 職ノ誤乎〕景紙之一巻可為秘蔵者也
依而累代許容如件　右之条々後三条院之御宇延久元己酉
年御配書之趣畏日續在之同二年庚戌秋八幡放生會始而執
行之砌被下置所仍而如件　前左中弁藤原友成 在判
権中納言源好基 在判　侍者　吉崎権助 在判　中川舎助 在判
執筆　聖堂 楞迦内言 在判　干時 延久二庚戌年八月日

攝陀穢多主頭　関東久平次　関西小平太

右此列道之者多雖有之此白々長吏［臯高云］物類称呼曰聖徳太子悲田院ヲ建テ郭内ニ居ラシム魁首ヲ長吏トシテ郭外ノ者ヲ非人トス故ニ今モ東国ニテ穢多ヲ呼テ長吏ト云ハカノ遺風ニヤ可為其上此内盗賊夜行夜討山賊海賊類輩為長吏中可行之者也［臯高曰］之者二字中間或ハ罪ノ字脱スル乎

将軍頼朝公　同尊氏公　御代々御在判　風呂屋者頭城屋之下ニ付人形舞之類者傀儡師之下ニ付浄瑠璃語者猿楽之下ニ付雪踏作草細工阿膠遣類者皆々四十八番之可為中也

諱字被為下　系図　鎌倉住人弾左衛門頼兼　判　源頼朝公御

［十五代］神功皇后　波伽多川原ニテ若宮延生之節攝陀共集以牛草張四面防風近辺之末之中神木ヲ剪湯ヲ涌シ初湯ヲ奉ル［十六代］應神帝

攝陀共ニ勅許有之定目許容之条々諸国諸寺鎮守社頭末々中枯木下葯落葉末代焼料可為支配之諸国順行之砌馬士

十

船人渡守等理不尽之沙汰有間敷候川河〔高云持之誤乎〕流水溢〔溢上モ見ヘ〕
此漁ノ誤ニヤ取華漁之随ニ分力料ヲ運上可取用者也

〔高曰〕世俗称之ニ十八職ト有ニ下職ト右四十八番ノ中後世減シタルモノ歟
或記ニ載スル処モ異同多サアリ左ニ記ス

江戸長吏園左衛門ヨリ肥前国長吏助左衛門へ下文

一今度句當之内并京都座頭之五老検校江戸へ相詰公事仕候仍
未分明御殿へ罷出代々所持仕候御證文差出候

一欽明天皇御朱印　一頼朝卿御判物　御公義へ指出シ
例燈ニ申上候ニ付五老検校岩船拙者手下ニ被仰付候然
之京都ヨリ詰居申候五老江戸夜逃ニ仕候

一金剛太夫勧進能申請　御公義様御下知ヲ以芝居
桟敷迄相談被致候得共拙者へ案内不仕候故不免候

処種々相断申ニ付免□セ当四月下旬ヨリノ勧進能有之時ハ
拙者ヨリ申出仕ル事□候又座頭共ニモ大夫ニテモ長吏ニ不届
仕候ハ吟味可有之候
一我等手下之者二十九座先例之通被仰付候〔暠云〕是又前件ノ条々後年減少乎
長吏　平家坐頭　舞舞　猿楽　陰陽師　尨完　鏡師
鋳物師　辻賣　石切　縫物師　関守　鉢叩　笠縫
渡守　一銭剃刀　壷作　藍屋　箕師　傀儡師　猿曳
鷹匠　傾城屋　但湯風呂屋ハ傾城屋ノ下タルベシ　人形廻シハ猿楽下タルベシ
〔暠云〕右ケ条ノ中
脱落アルカ風呂屋
人形廻シヲ加ヘテ二十五条アリ
前鎌倉住人藤原姓長吏團九衛門頼兼
宝永四亥年孟月

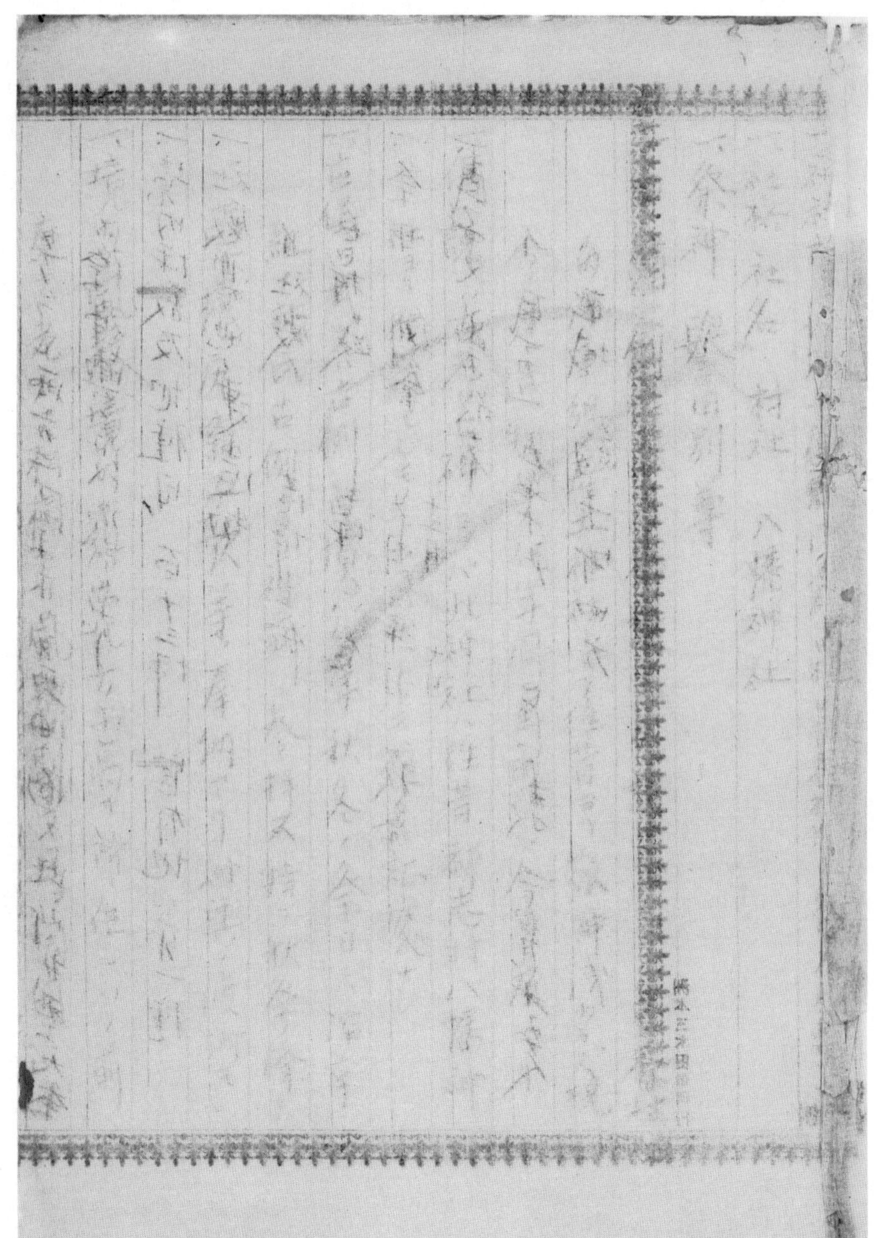

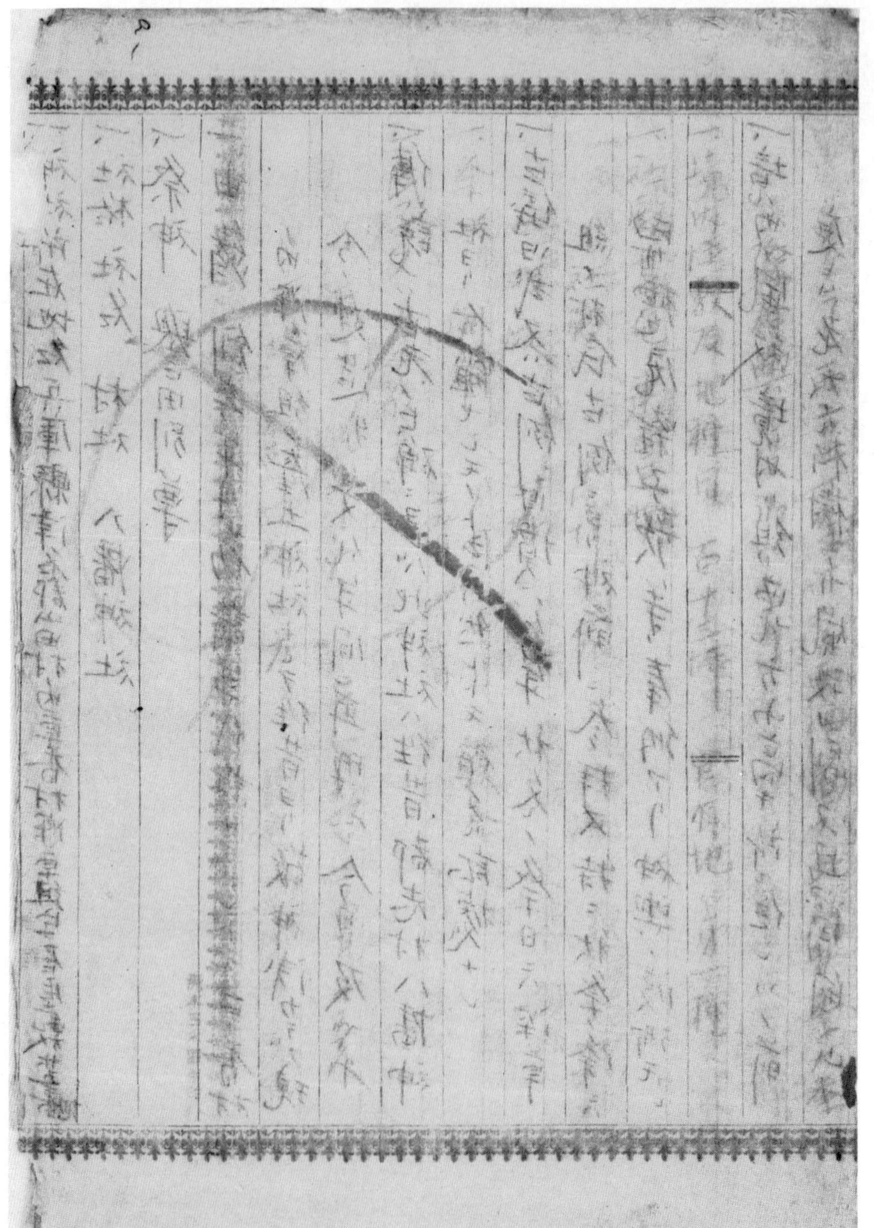

堅磐草

手療之物
秘録
七

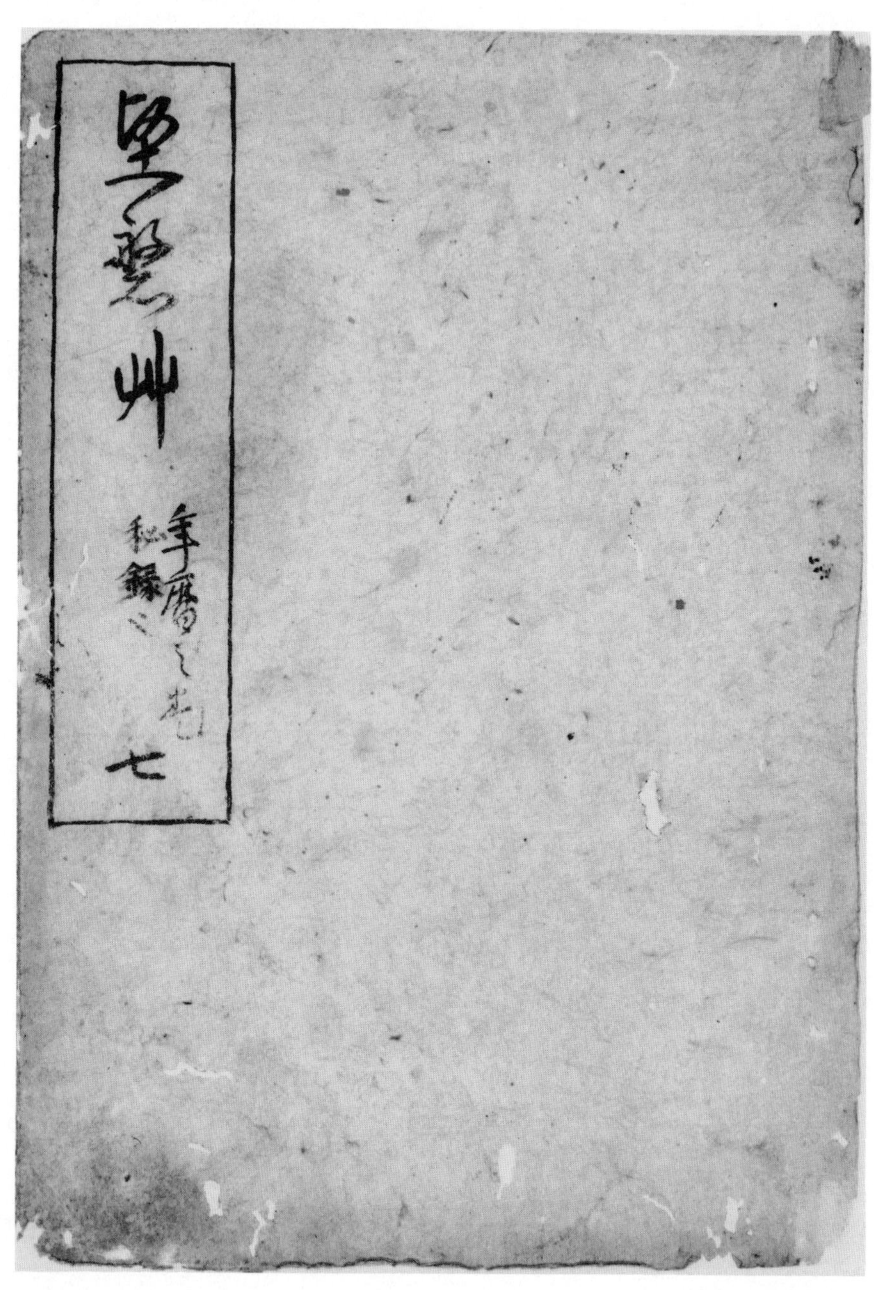

日本淡洲温故録

輯録

年暦

○天正十五丁亥年九月改ニ吉利支丹之徒ヲ　百八代後陽成院御宇　豊臣秀吉治世ノ二年　国守　加藤左馬助　脇坂淡路守

○慶長十八癸丑年ヨリ由良成山城ヲ築翌十九年成ル　国守池田三左衛門輝政其子忠雄居之

○元和元乙卯年　慶長二十七月十三日改之アリ　至鎮公加ニ賜淡洲ヲ　是大坂陣ノ依ニ戦功ニ也

去歳五月　公大坂御出陣之道紀州土民（イッキ）之賊徒ヲ俘（トリコ）ニシ由良成山池田家ノ城番乾平右衛門ヘ相附シ置テ大坂ニ赴キ玉フ

○寛永四丁卯年御検地

○同九壬申年築ニ須本城ヲ　舊高云　素安宅ノ城跡ヲ再修ス者　移ニ由良府于須本ニ　須本ハ素一圓津田村ナリ　始于九年終于十一年　世俗称之由良引ニ

○同十二甲戌年　須本賈人二十一人免ニ許各帯ニ一刀ヲ称之廿一腰今相傳

洲府昔談　曰島原一揆ノ件須本町人廿一人ノ者共自調ニ甲冑ヲ一揆追伐ノ軍列ニ加ランコトヲ願フ然ド其ハ中ニ落城シテ雖不及ニ其事ニ

国君是賞シテノ一刀ヲ許シ玉フ其後享保十四年ノ　義国院殿
宗員公（蓬庵公ヨリ七世）御入国須城ニ御立寄ノ时此者共拝謁ヲ願ケレ
氏不許シト　嵩云　島原乱ハ寛永十四年十一月発テ翌年落城ス未然
ニ此支アリ可疑　嵩聞ク一腰ハ何レノ御代ニヤ　国君洲城ニ御立寄
ノ砌二十一人ノ者共御城内於ニ　御前ニ能囃子ヲ勉此時各服
指ヲ御免許ニトヲカ謡ノ師石濱ハ半斎翁語ラレキ（半斎翁モ一刀ノ家ニ）接ルニ
宗員公御立寄ノ時ニヤ　○同十三丙子年斗升始ル
○同十五戊寅年　須本組御手廻ノ諸士組頭ヲ定ム　○同十八辛巳ノ
年破却由良成山城ニ（旧写八年ニアリ十八ノ脱字カ予改ニ移此年）是天下国々各依ニ一国一城之御制
禁ニ破却之ト云　嵩云是依テ島原乱也曾テ聞肥前国島原乱後破却ニ于
諸国空城ニ而可為ニ一国一城旨依ニ令命ニ破毀之所謂島原者天野太郎九者
諸ニ會耶蘇宗徒ニ窺ニ領主松倉長門守在ニ勤于東府之空虚ニ上聚ニ其領内

七十一

◎此件落書曰 妻や子ハ今ハ何カ アハレトモ思ハ六 叢子ヲ連テ 五器ヲサゲテ

農民ニ篭テ天草ノ空城ニ而為土寇ニ依之松倉家終ニ被改易此乱発于寛
永十四丁丑冬十一月而翌年落城至静謐ニ尓後松倉長臣折下氏仕御
當家ニ云折下刑馬ニ為番隊将ニ（西国一ノ大男ニテ髪貫ノ尺扇等ニ）折下又吹挙主人松倉同仕ニ（云数馬禄白折下）
御當家ニ為隊将ニ子孫松倉左源太近世祗役東都之時衆少年行
之情ニ屡登青楼ニ一擲千金渾テ是不詰ト成終ニ彼地ヨリ逐電◎隊譲ヲ
学ヒテノ兵衣ニ昏テ橋下ニ薦ヲヤ被リヌラン（彼家旧列侯ヨリ降リタル故其格ニ不應慎ル武器ヲ処蔵セシ歟）

○慶安二己丑年　須本大波戸成　○同年棟付御改（由良ニ此年ノ帳面アリ他ニ有コト希ナリ）

○明暦三丁酉年十一月廿七日　旱魃ノ為御囲籾ヲ人ニ下セラル

○万治二己亥年　御城内時太鼓始設（○寛文二壬寅良八幡原鐘）○寛文十三癸丑年（九月廿一日改元延宝元）
棟付御改アリ是ヨリ市郎酒株定（町株ニハ遅上御免）　○延宝三　組頭庄屋定

○天和元辛酉（延宝九九月二十九日改元）　銀札場始　○同三年十月　市中外町辻御番処始

○貞享四丁卯　須本町並街條定規成　○元禄三庚午須本新街成

○同年八月十日大壇地理始テ出ル　○元禄十二庚辰分郡代為別官

郡宰一人代官二人　○同十四辛巳　田圃壹貫券ニ下代ノ古ハ手代ヲ称ス下代設今云其街ヲ称ス下代町ニ裏判ヲ為ス

○宝永四丙午三月下物部村庄屋非ニ入テ佐野氏ニ其時ノ庄屋ハ不動太郎左エ門ニ小樓村庄屋真野氏三正ヲ上下郡ノ割本

志筑濱村庄屋忍頂寺仁三郎以上三人始テ被免ニ佩刀　○同年徳政ヲ行セラル

○同五年　代官上中下三通ニ分ル　○同六年稲田君領地私ニ検地ス

○同七年　御巡見使来ル　○正徳元辛卯　田圃券簿五ケ年元来

返ノ法ヲ立　六月一日延宝ノ後夫役足遣ヲ夫銀ニ定メ十二月

請并始ル　将ルニ夫役夫銀ノ支不可曉夫ハ役古ハ国中ノ池普請ヲ国中各村

ヨリ割賦ニ人夫ヲ差出シ築立シ由也棒一本ニ五人掛ト定メ村中有人十五

歳ヨリ六十歳ノ迄其業ノ可相勉ル者ヲ選出ス然ルニ遠方ノ普請ニ相詰ル

支難義之迚其割合ノ料銀棒一本人分六十目　棒ケ願テ御手普請ト成ケリトゾ

此棒役銀六十目ノ二人分ヲ一人分トシ上ル故是ヲ二分役ヒ棒役ヒ云下

ゾ夫銀ハ又別之二夫役難ニ相勤者ニ銀数ヲ減シテ課スル者ニや亦
年貢ノ外ニ夫米ト云モノ有　是ハ池田侯當国ヲ領シ玉フ時其本国
備前ヘ役夫ニ召仕ル、ヿヲ迷惑之トテ願フテ料米ヲ捧ケ役夫
ヲ免許有ケル之其後　御當家ニ渡リテハ役夫ヲ勉ナカラ夫米
ハ引付ト成二重ニ成来リタルモノ之トゾ　○享保十五庚戌銀札再板
○同年棟付下調アリ不果サ　○同年国老先稲田性鉄君卒
○元文四己未稲田植政君卒　○延享三丙寅御巡見使来
○先写延享三午トアリ或ハ寛延三午カ
○延享三丙寅洲本物部口新道成　物部川ニ沿フテ土堤ト先隊卒郷トノ間ノ通リ条十リ巾三間長亘
○寛延二己巳十一月十七日夜金屋中筋千草物部安平ノ
五ケ組而已ニ限リ氷降ル大小不同アリ秤量カケメ凡七八十目許之
○宝暦二壬申正月五日伊賀利村庄屋廣助苗字帯刀御免　其御券書挙シ古書部
○宝暦四甲戌年　重喜公封国翌五年御入国

○宝暦十庚辰ノ夏御巡見使来ル　市岡左膳殿大河内
善兵衛殿今御一人遺亡御道程ノ従掃厳重之両傍亘三寸許如餅
平圓ノ小石ヲ左右ニ行苑布並テ際ヲ正フセリ今内田明神ノ北并官物送
継ノ場処由良天川三昧ノ辺ニ
御巡見ノ後其小石ヲ路傍石碑等ハ以薦覆隠之処々假ノ水茶店ヲ建畳ヲ布キ其余
国中道程処々ニ是店縮布店等ヲ假ニ設ケ置三使ノ従臣各任意
求之無價之皆馳走ノ為之須本御本陣ハ勿論三老ノ第宅之由良ハ
両里長并心蓮寺之仏前ヲ覆隠シ奥品ヲ料理ス其余ハ畧之是予カ七歳ノ時也其後ノ御巡見使ノ
節ハ道程ノ掃治肆店等ノ費ヲ省ケリ又称馬指者出之而為郷導ニ許ス寛政元年
○同十一辛巳御巡見使御朱印改是御巡見使ニハ非ルベシ御朱印改メノミナラン去年御巡見使有テ今年又有ノ理ナシ
○明和元甲申宝暦十四年六月十九日改之御両国御新式行セラル　○同年三月由良新川ヲ願フ
同二年新川ヲ掘始ム同三年四月全成　○同四丁亥由良中津街ニ青楼ヲ始ム紀国屋平野屋
○同五戊子福州賈舶入津于由良湊数日滞舩遠近男女群蟻見之

〇同五戊子 福州賈船入津于由良湊数日滞船遠近男女群蟻見之

〇同六己丑 重喜公御隠居　治貽公封国　〇同年由良遊里廃

〇同七庚寅 国老稲田植久君卒謚天壽院　〇同年和漢年契曰赤氣見北方是予ガ十七歳ノ時之夏月ニテ有ト覚ユ夜卧ニ層楼望北蒼赤氣三条直立シ貫天

〇同年摂州上宮ノ神官大神（オヽガ）日向守貫道雩ニ祈於岩屋浦画島ニ有験

〇同八辛卯 伊勢御影参諸国一統流行當州ヨリモ男女幼童ニ至ル迄抜参夥

〇同九年此年号至九年ニ天下一統甚困窮ス世上流言ニ曰迷惑年也ト 明和九年以逼音之 依之其六年十一月十六日有改元為安永元年

〇安永中千光寺再建
〇仝三年由良八幡鐘再鋳

〇安永五丙申 将軍日向御社参御路条数布両側皆張幕故當州迄モ毛氈至テノ高直ニ及ヘリ　御数代中絶之所今年御社参アリ 宇都宮一件己未中絶之ニナリ

〇天明二壬寅 五月土寇蜂起　〇同三年當州市郷家々戸障子振フ「数日始ノ程ハ人々自己ノ家ノミト心得家鳴ナド云不祥ノ事ナランナト互ニ包シカモ后ニハ渾テノ事ナレハ往昔大地震ニテノ大地破裂シ又ハ家ノ壁ニ押サレ破

地ノ竅穴ニ堕入テ斃死スル者夥カリシヿ有ト聞バ若カヽル㕝ノ有ンカト衆人坐ロニ魂ヲ消ス我濱辺ニ出テ聞ッニ由良ノ泊リニ當ッテ障ナク灰ニ太鼓ノ音聞ヘ諸侯ノ官船数艘通行スルニヤト怪マレシガ是信州浅間ガ嶽（高サ四里半）ノ焼ル響ニテ有ケル百余里ヲ隔タル此遠境ニ響ク火勢其近州ノスサマシカリシヿ思知レヌ。（江戸ヘハ灰降シヿ）巨石焼巖土砂火ト成テ四方ニ降流水熱湯ト成魚鱗悉死シテ淤泥ト共ニ煉ルガ如ク幾許ノ村里田園流レ家弊レ黒民屍ト成テ散乱セリ。去ル安永八年薩摩ノ桜島山（周回七里其中ニ高三里有高山）焼テ嶋中十八村悉亡処セリ折柄九月末御岳権現ノ祭祀ニテ本国及近州ノ詣客賈人茲ニ渡海シテ湊ヒ集リ嶋人ノミナラズ数万ノ人民一時ニ死没セリ浅間桜島山皆是共ニ地中ニ硫黄有テ天地ノ陽気ニ蒸シ自然ニ火焚発出スル処ニ

薩摩大隅西国之際ニ在之櫻嶋神火之記

一毎歳九月廿八日ハ権現宮初嶋中之御神事ニテ祭礼ノ賑シキ土
故商人多ク入込嶌民ハ勿論諸国并近郷ノ老若男女参詣人
数万ノ人数故夥シキ事也

一櫻嶋ト申ハ巡リ七里ニシテ高サ三里ノ有ニ高山一此山ヲ号ニ御嶽ノ峯一ト
第一嶮岨ニシテ埜木生茂リ谷深シテ権現宮ノ社華表拜
殿等在之東西南北ノ麓ニ十八箇村ノ人家列居南西ノ海辺ニ
田子ノ浦ト云ル小峙東南ノ際ニ瀬戸繪ノ嶋ノ小嶼西北ノ向ニ坦
子ト云小峙アリ然ル処ニ安永八己亥歳九月廿九日ノ夜酉ノ刻ヨリ
大地震ニテ翌十月朔日卯ノ刻頃ヨリ御嶽ノ南ノ方ノ峯ニ如ク
如ニ煙立昇一ルガ見ユヨリ追々煙盛ニ成リ御嶽ノ高山半隫（隤カ）余リ六
七分目ヨリ夥神火燃上リ如ニ黒雲一ノ立昇ル煙ノ高サ凡五六里許ニ氏

見ニヨリ両州ハ勿論近国ニモ不審ノ処此火煙ノ中ニ数萬ノ雷
如ニ落来ガ鳴光諸人ノ驚騒支無限焼石ハ如霰ノ飛散一丈
二丈ノ大石モ火勢強ク微塵ト成八方ヘ飛ビ散ス其上両州并
嶋中地震数十箇度ニシテ及震動ニ諸人肝ヲ冷シ数
万ノ人々活タル心地ハ無ニ一人モ御嶽ノ火炎ノ響キ昼夜トモ如雷
鳴ノ隅薩両国モ一時ニ如霧後ニ相見ヘ勿論七八里余モ近国ヘ響キ
渡リ火煙ハ高ク天ニ満ルヿナレバ日向筑前肥後肥前辺ノ御大
名様方ヨリ御使者立往来ノ道如シ櫛ノ歯ヲ挽カ扨折柄北西ノ風
強キ故御城下ノ鹿児嶋ヘハ降物モ无之処吹戻シノ風ニテ一尺許
灰降積リ追々燃盛リ海ノ辺リ迄燃出候ヘ相鎮リ可申哉ノ此辺ノ人家
ハ勿論滞船ノ檣笘杯ノ上ニ灰一二尺モ降積故諸船遠方ヘ漕出
我モ〳〵ト其支度之用意専也

一近辺ノ民家一向無昼夜ノ分チ何事モ捨置逃支度ノ用意計リ
周章騒ク事夥シ

一御嶽ノ峯ノ後ロ海辺堺牛根貝潟中ノ役垂水辺迄ハ焼灰凡
六七尺計リ降積リ昼夜如二暗夜一ノ常挑燈ニテ往来ス尤燃
壳石四方ヘ飛散或ハ二三尺ノ焼石并灰降埋依之海上船渡海
難成

一御嶽峯ノ前辺ヘ焼出後節ハ御城下鹿児島ノ武士町人トモニ早速
逃退キ申ノ覚悟ニテ家財諸道具衣類等悉土蔵ヘ入置致二
用意一寝中ノ処火勢漸薄ク相成様ニ見ヘ少ノ安心ニ罷在然ル
大雨降申迄ハ晴天ニテモ難二往来成一鳥類ハ焼下テ畜類分ハ
論海中ハ如二熱湯一諸魚数多焦（コガ）レ死浮揚リ海上ハ如二臭鮓一也

一麓十八ケ邑ノ農民并前々廿八日ニ神事ニ入集ル諸商人滞留ノ参詣人ハ

俄ノ大変故騒動シ肝ヲ冷シ忘レ前後ニ恐噫我モ〱ト海辺ヘ走出船
ニ乗ル人命カラ〲有逃延又ハ余リ多人数乗込船ヲ乗沈メ死スル者凡人数
九千五六百人牛馬二千疋余或ハ舟ニ乗後レ海中ヘ飛入モアリ大〻中ニ取
巻レ子ハ親ヲ尋子親ハ子ヲ尋子夫ハ妻ヲ呼妻ハ夫ヲ呼主従兄弟ノ無
分チ泣吟フ内岩石飛来リ挫レテ老若男女死人不知其員ヲ誠ニ眼前
修羅道ノ衢地獄ノ有様モ斯ヤト許リ哀傷ノ次第先譬方ニ絶言語タリ
一御嶽峯ニ葉朽谷（吐血谷トモ繁盈谷トモ）ト申処ニ巌窟有之此所ヘ人数多ク這入此難
ヲ逃レントスレ共焼石飛来リ巌窟ノ口ヲ埋メ火気ニ中リ死モアリ又ハ漸
ニ助ル命ノ者ハ焼タル鳥類ヲ食物トシ命ヲ繋モ在之
一御嶽峯ノ後ロニ瀬戸ト申小嶼アリ此嶋ヨリ向ノ地ヘ半里程ノ渡海
此海中深サ八九十尋モ有之処焼売石土砂ニテ埋リ一面ノ干潟ト成
歩行渡リシテノ命助ルモアリ誠ニ信州諏訪ノ湖水白狐ノ歩行

渡リト思フバカリ也

一當時老若男女助命ノ人数於ニ薩州麑嶋ニ御物(ゴモツ)ノ内ヨリ為ニ御手當ニ御養育被ニ仰付ニ候偖々前代未聞ノ大変故　太守公ヨリ諸寺諸社ニテ御祈禱在之候

一御岳ノ山中ニ土穴ト云窟有之ノ此處昔元亀元庚午年焼失ノ所也

櫻嶋御嶽山ノ麓十八ケ邑ノ名

イ　黒上村　　ロ　瀬平村　　ハ　湯村　　ニ　有村

ホ　古里村　　ヘ　野尻村　　ト　赤水村　　チ　横山村

リ　小池村　　ヌ　赤原村　　ル　武村　　ヲ　藤野村

ワ　斉藤村　　カ　松浦村　　ヨ　二ノ役村　　タ　一ノ役村

レ　白濱村　　ソ　切子

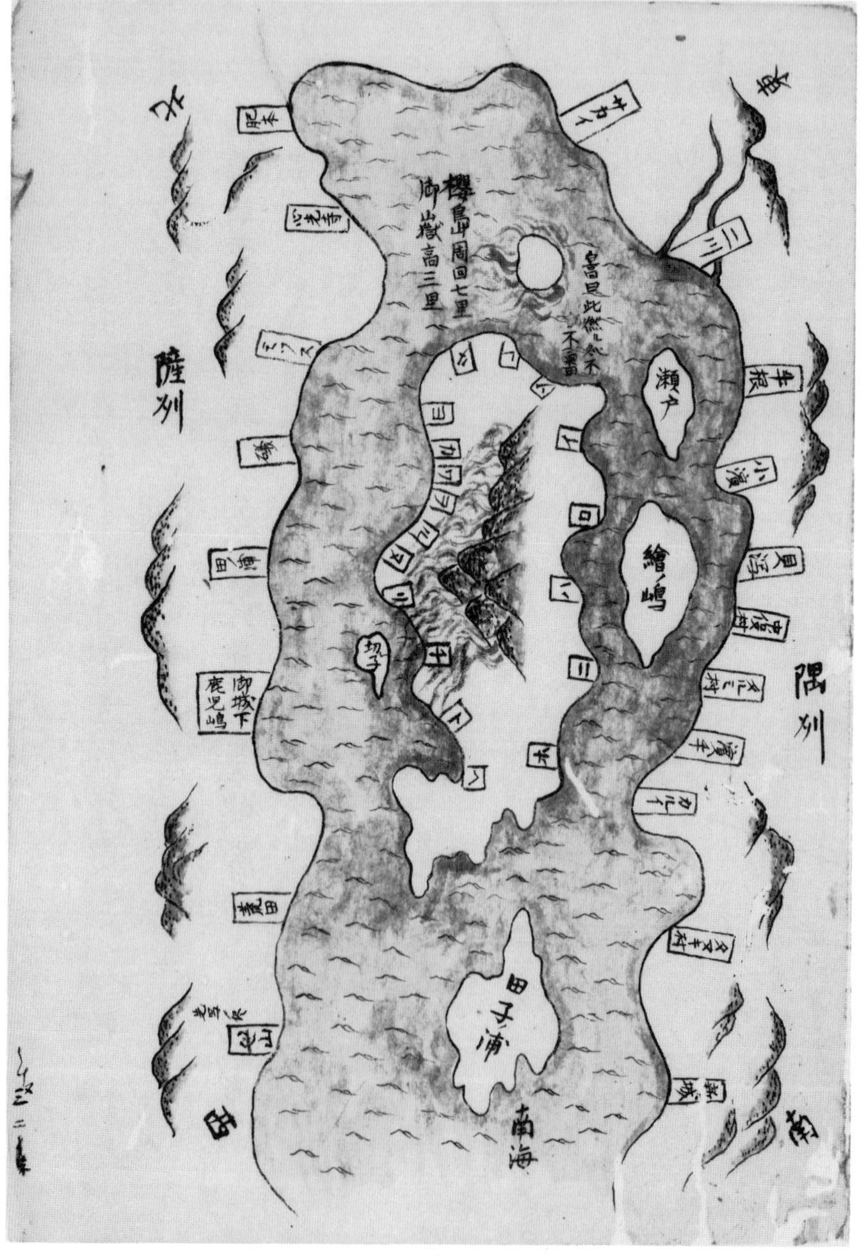
東
西
薩州
隅州
瀬戸
繪嶋
田子浦
南海
櫻嶋 周回七里
御嶽高三里
御城下
鹿児嶋

和漢年契 寛政四壬子肥ノ島原火大変アリトアルハ尋常ノ火災ニテハ有マジ
櫻島ノ類ナラン凡テ肥前肥後ノ国名ハ舊火有ヲ以テ号タル
之肥後ノ阿蘇山等(ナド)ハ土中ニ硫黄ノ伏スル故常ニ火燃ルトゾ且筑
紫ノ不知(シラヒ)ハ海中ニ燃ル火ニテ古ヨリ歌ノ枕詞ニ古ク詠来ル處ナリ
其火橘ノ南渓目下(マノアタリ)見テ西遊記ニ詳之阿蘇山ノコモ全書ニアリ
尚云右嶋原ノ火櫻島同断ノ事之シトゾ其頃當別江井浦ノ舟長
某ナル者嶋原ニ於テ鰮(ホシカ)及諸品大数ノ價物ヲ彼地ノ賈人
ヨリ大坂ニ送ル品物ヲ積登リ其價銀ヲ取テ再ヒ嶋原ニ下リ
荷主ニ是ヲ與ヘントスル人家悉焼亡ヒ其料財ヲ收納スベキ人ナク
如何氏ミ亘ク自然ニ我有ナリ不図幸ヲ得テ大ニ家富リトゾ
○同(天明之)四年(甲辰五月)厚濱村水ノ大師流行参詣夥之 大師堂ハ海濱ノ嶮崖ニ沿テ
設ケリ傍ノ岩間ヨリ清泉濺(ソソギ)出ル依テ号ク郷村ヨリ至ルニハ邑皆ノ

山谷ノ間ヲ越テ爰ニ出ル須本ヨリ至ルハ炬口ノ海岸路經ヘテ危石
怪岩多シ磯山ノ径ヲ傳ヒ砂ノ礫ヲ踏テ大師堂ノ馬手ノ直下ニ至ル予
ガ輩ハ此道ヨリ詣ルニ堂ニハ幕ヲ張タリ其直下ヨリ仰キ見ルニ先ニ詣ル婦
女両三人一人ハ尼ナキ堂上ニ海ノ方ニ向ヒ幕ニ傍テ裳ヲ高ク褰ケ時シ
中莫ノ暑熱甚シケレバ恣ニ任セ思フ侭ニ双股ヲ開キ冷ニ沖嵐ノ
涼ヲ納テ幕ニ隔テ人ノ往来スルヲ見ズ直下ニ眼アリトハ心モツカズ
予カ輩何心ナク堂上ヲ見上レバ彼水ノ大師素ヨリ戸帳モ露ニ捲シ叓
ナレバ隅ナク拝レケルニ（奥ノ院ニテ）宮ゐあふ向ひあふ之ゑ足ゆをあらひ利生見えし形きさ
斯ル鄙言ヲ手柄良ニ書見スヿ其人ハ柄モ无コソト最早ムベケレド仏モ
素ハ凡俗ニテノ耶輸陀羅女ノ味ヒハ知玉フベシ大師モ其父母ノ有ケレバ
コソ大師ノ名モアリテ尊バルレ増テ我神国ハ二柱ノアナニヘヤニ弘リ
和哥ヲ以テ国道トシ（代々ノ選集恋哥無キハナキ習ヒニ）伊勢源氏ノ言葉ヲ貴トスルニ

手四

否々經山會裡ノ参婦ガ大恵禅師ノ師ニ参シ三世ノ諸仏六代ノ祖
師天下ノ老和尚ハ皆此処ヨリ出ルト云シハ金言ト云ベシ

○天明四伊賀ノ野村金次郎淡州八十八処霊場順拜ノ始也　津名巻ニ詳ニス

○天明四五ノ間ニ有ニ大榎列村ニ巫女有姉妹姉ヲ大和妹ヲ和国ト村里ヲ巡リテ書ニ大字ヲ

○大和有一女子名ヲ阿秀ト歳十七歳有国色之聞ヘ時ニ某ノ年月日ノ夜
稲田家之士田宮要之丞ト名衆来ル其里正之宅主命ト称シ駕及従人ヲ
乞ノ邑宰以テ無郡監之券書敢テ不背故ニ去テ至ル于其隣邑下秦村之正
亭ニ募リ之里正畏レ称国老之命而速催従田宮ニ出竹輿ニ田宮則従擔丁ヘ
而至巫女大和之亭ニ曰主家俄有命而被召汝之女阿秀也雖有可来知母子
虽訝思恐威命難黙止令秀女伴テ于田宮ニ田宮乃乗秀女于竹輿ニ急帰去
道至中条村伍老十九ニ門宅曰此擔丁共於里長亭ニ可令食郷ニ命擔夫訖
福良浦ニ還故ニ此者共直可令帰病田宮従是惟携秀女不得已行

翌朝従池之内越于千草山中有刺殺少女死骸有訴于守護者則
遣検使糺之大和之女阿秀也自大坂並又訴人胥之妾無彼称田宮要
人者上物部村修験正楽院之子清兵衛者所偽称也於兹国中浦々制
止出船村々山林虽捜索清兵衛不知其行方疉察若恐在于自家其
屋中毀牀簀尋果兹得即篭獄舎究罪行死刑晒首于梟木下奏村
依卒忽出舁丈之落度被削役義清兵殺阿秀之起原如奈曰元清兵泥
秀女之美色雖密通意不應之所及此事也山中殺阿秀相像之影方髣髴
于京極殺阿菊後大和以妹和国之女為養女称和泉俳名鏡梅（取芭蕉翁ノ東梅ノ句ヲ）
画名幽蘭友琴棋書画其女政野又翫風雅不減于母焉

○天明七丁未四月某日薄暮空中濶ト照コト一瞬中諸国同一時

○寛政元己酉（天明九五月十一日改之）五月御巡見使来（正使池田雅次郎殿徳嶋臣老池田氏ト同系ニテ彼邸御訪有シトゾ副使）
諏訪七九エ門殿　細井隼人殿　訪訪氏ノ用人山崎八郎能詩哥其紀行畧曰

如月十四日土佐の国堺根山を越ス年絵後にあひたれて

山崎維精

さうしけと汐みたさへ世にさまよれの
のこるとよちの堺根の山越
なせぬ中の人の思ひくるしめれと
こつよかりうるとの〇のよとしふる
同日後夫ね日にあまれていかにうかく出すみゆるさと
さをれの海を汐のれとて
さまよれにめるともなしや民人も
思ひたまへくしうるにのと志れ
阿波の国あるうつゝめく
国みちの汐との海辰志つゝみそ
磯のまつり等枝とむしさん

御巡見使之時毎一使出孫馬指者里正之中撰出年古者無刀而着廣袖衣服深揉及圓襪滑従御駕側郷導ス是於道程備令答于御向之役也古宮村里正百九工門勉之其余二人遺亡ス

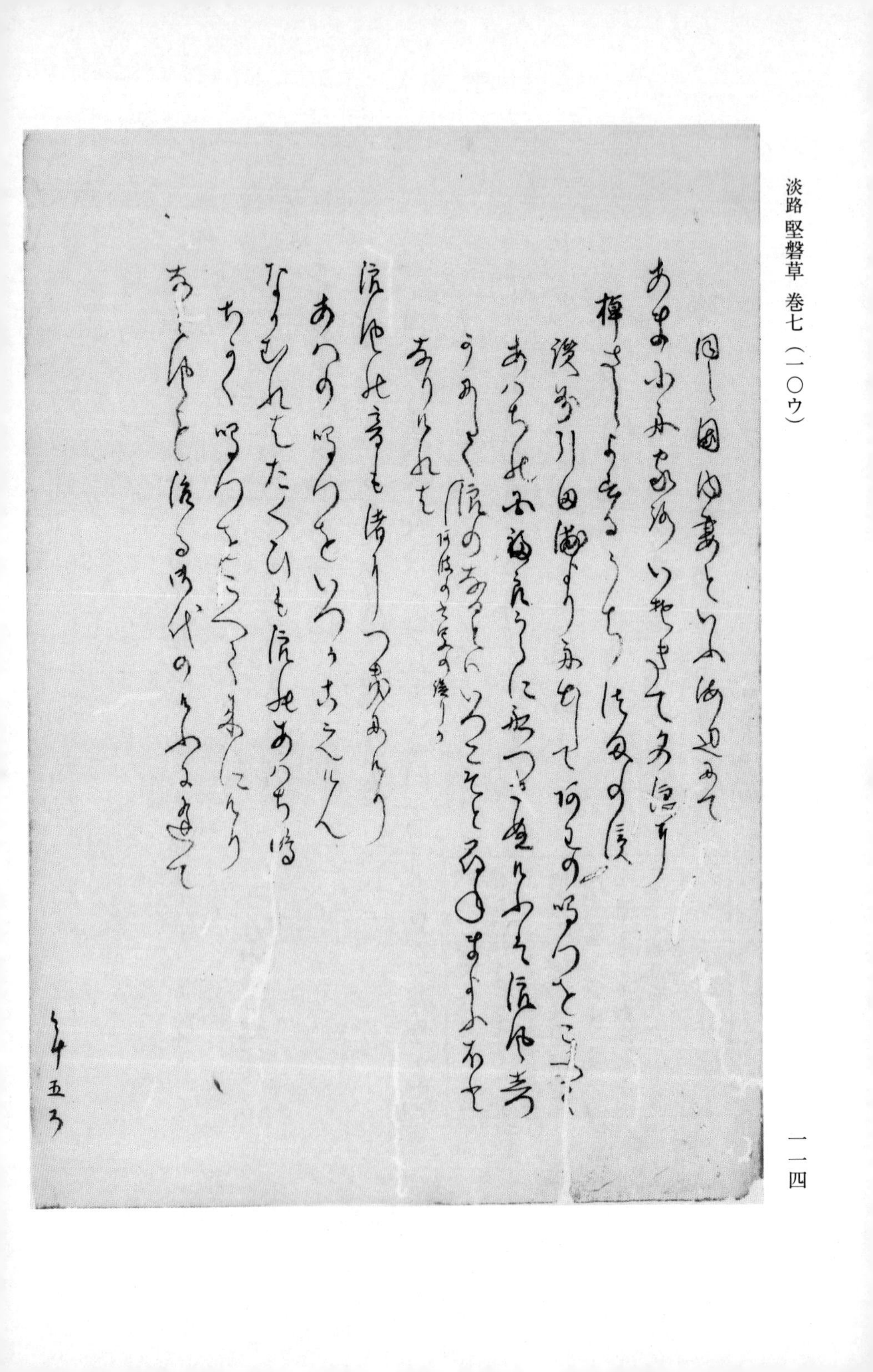

こつりあまりとみしと答へん

おなしは中のみなとのちかくて

中ノ水門ハ阿波ノ名処也　秋ノ寝覚ニ萬葉ノ二ニ詠リ、ノセタリ　曰

天地ノ月日ト共ニミチユカン神ノ御面トツキテクル中ノミナトニ舟ウケテ　下略

あはせ戸のなりまいり海南の

まさかりとふるこふいつまに

ありその国見な海てけむ思侍り　の秋　ふなやり

ていらやの御神しをおもしなる

見りゆきもしく久しきて了らめ

神みゆ危りやらぬ嬉しさ

日しわ後ゐみ海みて

海ゆやいふも浪よりさかくと

やうて後申の秋や待きし

六月中旬志筑の浦に出て雲寄るまゝ有りて下りしは未だ潮さへ満ちてまじく
耕作のうひおかつき黎民の勤労さゝやかに休息とてもなくて暮ゆきて
みちのくよりも綿摘みて山田の畔の草とりしめて
きつき浪をこゝ五文字を題に上るまて叙し侍る
きつくしは浦のふりも見き其くたりあわれこそいとく

陪巡見副使登英彦山詩

英彦山裏絶塵埃　仙道踏攀霞彩開　傲吏揮毫賦詩起
雲中三嶽入看来　仙道ハ山中ノ地名

六月十六日の夜に至りて空見の代ほとしてよみける
浪風も立ぬ和田のとおもへ八幡の神の代をまちまゐる

○同年由良生石川堀始　但古川在于成山南洲崎五丁許明和中新
川成已来漸々砂来而埋却擧虽浚後之東風起怒濤則忽

十五は

埋如元終ニ為ル平陸ト於茲為ニ試更ニ堀川ヲ於生石北ニ期テ満潮之時僅ニ通
漁舟ヲ自是年々弘ク幅浚底而大抵虽至退汐之時通猶未能通ス不能无
是　国君之御坐船為出入ノ所ト設故益加浚理ヲ文政六年自本藩選ニ
出水練者来此者着ニ鉄衣ヲ入テ水底而為ニ働ヲ（鉄衣要為重身）頭面又被其ノ器而
自由ニ呼吸ス　予聞之問ニ其監官ニ監官曰依テ無ニ何ノ益空令帰　至ニ文政十
一年ニ漸虽果尚未措（監官志賀与之丞 福田象之助 今改十右衛門）

○寛政六甲寅春中條村蛭子社開扉（神主榊原大和守 此砌受領）浪花ヨリ来ル小童ノ
哥舞岐アリ大ニ行ハル中ニモ女形槌太大ニ名ヲ得タリ是ヨリ当州哥舞岐
芝居ノ権輿之（下文化七下物江 幸甚庵ノ下ニ詳）此時播州ヨリ曲馬者流モ来リ木戸
ヲ並テ芝居ヲ張行セリ

○同七年　太守治昭公ノ御嗣君斉昌公御誕生於徳嶋
城中　母阿備ナ方

○寛政七年　先山宝塔再建発起金五百人講ヲ

○同八丙辰　安坪ノ村名除ロ篇可作平字有今年是復古之

ト云然レモ和名抄作平安訓阿恵加安平ノ字未見于古書

○同十戊午 此年改暦曰之寛政暦　中ノ陸某郷ノ御簾中於姫君御幼年之稍旧

家宇山邑ノ入御里邸ニ御簾中 敬翁公御姑君之 御逝去ノ後姫君ハ

京都ニ御引ノ迎

○同年三月　先山宝塔築礎石ノ自洲本街々邀物毎街数十

人日々邀于市中通條街々互ニ争ニ新奇而目覚ニ観弄ノ群

集街々ヲ堰テ騒シ邀物ノ中漁師街十二月遊ノ趣向殊ニ

秀逸タリ又帰路ノ邀物各初ノ趣向ヲ変テ物江口ヨリ通

條ヲ邀還ル是又漁師街秀于他街ニ其前中節村哥舞芝居

三十石夜舟之始大ニ当ヒリ擬之ニ淀与三右衛門ニ出立曳釣花生而

為浅舟ニ曳之而街々ヲ遊般ル又秀他街ニ漁師街之遊物往返共
ニ得ニ芳名ニ
⑦同年八月下旬ヨリ鮎屋五ノ脊（ナリ滝ノ奥）細川洪、路寺尚春ノ幼息
ノ男女及其臣網与五郎ノ古墳霊験有テ参詣群集スル
支數ニ立碑ハ先ニ安永六年中八木薬師堂ノ境内ヘ移ス（碑部ニ有）
初メ掃守村玉屋伴次が子文之助疫病并鳥飼下村某
モ又同病ニ悩メリ或夜甲冑ヲ帯タル武士忽然ト見ハレ
告テ云五ノ脊ニ詣ナバ平愈スベシト端詫アリシハ両人共ニ同
月同夜ノ事ニシトゾ夫ヨリ漸々流行セリ（五ノ脊由来ハ八木大心居ノ条下ニ詳ニ挙之）
○同十一巳未五月由良紫屋（柏屋）治郎吉其ハ姪喜代助ト共ニ詣ニ高野山
須本連加ッテ共ニ五六輩晡時過ヨリ登山ス半腹ニメ喜代父ハ嬉ダ
霊ニ被犯難渋ス須本連ノ中ニモ又兩十ル者アリ（千リハ山ノ霊ニ尚怪異ノ条下ニ詳ニ挙之）

〔貼込　十四〕

○寛政中ニヤ　沼島浦里正鷺平削其職其子以雁四郎改為御茶亭司称卜田雁四郎二口食賜二石　鷺平ハ由良里正又八郎族家之故ニ以卜田為氏自旧太守ノ有御厩ニ家富浦民依強訴削里正ニ男有鳳五郎皆以鳥名

○是モ寛政中ニヤ　相川村薫首里正立田在兵衛郷高取田所村里長治右衛門准郷高取被命是机浦漁人明石ノ漁人卜鹿瀬網代争論及公訴出江戸公聴其勤功　尚詳挙庚申ノ巻

○同十二年庚申　国中棟付下調始ヿ被命

○寛政中　志筑濱村組頭庄忍頂寺仁三郎上八木村同庄屋柏木五郎兵衛始被命郷高取 小高取トモ云 是之當州郷高取ノ権輿之

○同暦中 自申至丑 机浦漁人卜播州明石ノ漁者卜鹿ノ瀬網代争論ノ時依勤功相川村組頭頭庄屋立田在兵衛被命郷高取田所村庄屋治右衛門被准同格ニ姓称佃

○享和元辛酉 寛政十三年二月改元 春蕃州府姚漢臣之商船漂着紀州路送于長崎三月廿三日発紀之塩津浦即日入津於當州由良湊船圖詳別記

○寛政中ニヤ　沼島浦里正鷺平削其職其子以雁四郎改為二庙茶亭司

称卜田雁四郎二口食賜二石　鷺平ハ由良里正又八郎族家之故ニ以テ田為氏自旧太守ノ有御叙家富浦民依強訴削里正二男有風五郎皆以鳥名

○是モ寛政中ニヤ相川村党首里正立田在兵衛郷高取田所村里長治右衛門准郷高取

被命是机浦漁人明石ノ漁人卜鹿瀬網代争論及公訴出江戸公聴其勤功之　尚詳挙庚申巻

○同十二年庚申　国中棟附下調始被命

○寛政中　志筑濱村組頭庄及頂寺仁三郎上八木村同庄屋柏木五郎兵衛

始被命郷高取　小高取トモ云　是ヲ当州郷高取ノ権輿之

月十三日発紀之塩津浦即日入津於当州由良湊船図詳別記

○享和二壬戌夏夜内田ノ農家牛室ウシヤヘ大サ犬ノ如クニシテ脊微低ク色黒キ
異獣来ル往々是ヲ見レ𪜈闇夜ニテ其正躰ヲ見ル事不能仁三郎
藤吉利左衛門ノ牛室ニ来ル就中利左ガ家族小僕ニ起出ル何ヤラ
ニ飼フ処ノ犬ト挑ミ合其犬ヲ間繰身ルヲ見ル異獣ハ人ニ畏レテ麦圃ノ中
ヘ逃隠レタリ翌日其内跡アシアトヲ見ルニ錐三本ヲ以テ突タルガ如シ仁三ガ牛
ハ其後病テ母犢ニ牛共ニ死セリ其頃大野村ニモ此事アリ牛
室ヘ来ルヲ女見付テ是ヲ追シニ稲田ノ中ヘ逃入夫ヨリ人々稲ヲ分テ
尋レ𪜈終ニ見ル事ヲ不得トゾ且其近郷処々牛病流行シテ
数疋死セリ是皆其異獣ノ所為ナルベシト云リ大野ノ隣村宇原村
庄助或人ニ聞シトテ予ニ語テ曰是シイト云獣ニ牛馬ニ甚毒
獣ニ此者若シ牛馬ノ食器ニ觸ル時ハ忽其牛馬死ストゾ此者
ハ海中ヨリ上リ川ヲ傳フテ遠ク村里ニ来ルト昔ヨリ牛シイニ

追レ走ル然ルニ辻堂ニ馬ヲ休ル者アリ此馬モ又是ニ驚キ走ント
ス馬郎即出テノシイヲ追レ退ケノ馬ヲ駐メタリトズ故ニ牛ヲ追フニ
シイト呼馬ヲ駐ルニドウト云此堂ニテシイ迯去馬トゾナリタル故
ニトゾ予初無根ノ俗諺ナランナト思ヒニ此事大ニ广レリ見頭如キ
（篤信之家姪也）之和爾雅曰黙告其注ニ曰震沢長語ニ云成化中（皇明云成化ハ明ノ憲宗帝ノ年号也）
（日本後土御門帝足利義政義尚世）京師相傳フ有物如ク狸ノ或ハ如ク犬ノ倏忽ナルコト如シ風ノ或傷フニ人面ニ
嚙ミ手足ヲ一夜ニ数十発名ニ黙告ト伝々毒獣乎　以茲按之黙告ハ非人而巳人畜共ニ為
○享和三癸亥三月福州蘇州府商船入津由良ニ紀州官船護送之于長崎同時我
国君御参勤東都ニ又繋御船（今年新造唐破風造五彩金飾映水為虹　九棲屋上ハ）太守御忍テ乗福船御
覧有紀船官士又忍拝見御船驚眼遠近男女福船并御船兼拝見群
見時ニ聴御船吹三次室ノ爆打数箇太鼓ニ聞御出船之音ニ福船モ亦卓責ニ
寄我之企哉ト大ニ驚惑セリ

○享和三癸亥七月二日郡官代官両廳為ニ合一ニ是復古也称ニ御郡代処ト
最崇ニ津名三原一官舎ニ（別ニ新営之官舎）下吏之詰処郡方上下郡地方ハ上下郡
且林方（以前別官而不関之始テ加）分一方（是亦仝上司ニ漁吏運上已前ハ代町人而被免一刀糸来苗字帯刀柏木）
棟ハ郡方等一官舎ノ内ニ而各隔間同心ノ詰処（下裁判属同心）園爐間（小使之茶番居之）
監官上段同上下郡混居庄屋之詰処魁長平寧別テ異間従ニ此時
魁長被ニ許苗字両刀ニ先是御新式中又如斯後以復ニ古式ニ止今度故
再被ニ許佩刀ヲ　[illegible]　後人[illegible]
○田園売券文体改ム且御郡代処ヘ捧ニ願書ヲ於ニ官署ニ裏判成
○国中村々地調始ル本藩倉廩官之上宰持ニ擬官而渡海自是年々漸
○同年御制服目付両郡庄屋之内廿一人御選出ニテ被命（下民義服緒類御停止之）
○享和終文化ノ初ノ間十ケ所ニ浜本二衛六衛二処ニ炭遠見揚子成
○文化元甲子年（享和四年二月改元）郡家一宮奉幣使　今年依ニ草ニ令ニ改

元某月日　太守之為奉幣使以当時准隊将棚橋才兵衛被遣

棚橋氏勉其式道程其備厳重也所謂革令　本朝年号改元之式

帝王御代替者素来辛酉謂革命甲子謂革令而必有年号改元

是甲ハ十干ノ初子ハ十二支ノ始十ハ之其始ヲ祝スルナリ　其余有凶異則不拘之而不時有改之　居行子洋

文化元

○同年先山塔再建成饗是之　明和中発起営三間四面三層塔漸二層而不

果于上層終及朽廃寛政中再継先志而所発起今年全成二間四面三層

旧在塔于下寺于上須寺先青蓮寺某被往千光寺住職　其法嗣応信又継于千光寺予面識之人也

安永中毀捨朽塔移寺于下而新営再建塔于上旧寺入仁王門在本堂也于今

之塔地其后同八年鋳九輪　先塔九輪以錻鋳之尚積堂内空朽今改作唐金

法大院のみのりとおもふあひそめや　ナヲドヤと[illegible]しからん去よ　弓羅

○同年宮原村蓮華寺多宝塔成時住侶一力之　此人宿僧ニテ自是寺鐘楼等営之寺境甚美景之

○同年再被命棟下調　○同二年棟付頻御催促為御試処々者御改

○文化二丑春三月内田弁財天尊像同邑明神社ニ於テ開帳徳原掃
門某司神祭補助由良八幡社司宮川文太夫某此時浪花ヨリ曲馬者
流樋口梅吉ト云妓女来テ音曲糸竹ニ合セテ馬上ニ哥舞ス男子ノ向者
流モ又若干相共ニ交曲舞ス同時浪花ニ柳吉ト云妓女又曲馬ニ名アリ且其
美色絶世ニシテ當時天下第一人ト称ス此度ノ曲馬彼柳吉近日ニ渡海ス
ト評判故諸人其蛾眉ヲ見ント大ニ楽ミ居ケルニ梅吉ニケレバ

こきまぜて柳の梅はふくくたくとすさしにそ色香なりける

此中ノ請本府下信濃清兵衛ニケルガ折節天氣不正ニテ不中リ清兵衛
此馬ニ驚シテ已往来途中若馬ヲ見レバ大ニ恐怖セリト云人ノ悪口ヲせし

○同時沼島ノ観音塩屋西来寺ニ出開帳歌舞妓戯場有リ

○同六月阿州ヨリ一人ニシテ一時ニ八人ノ曲藝ヲナス亡目人須本ニ来レリ邑
色遠近ヲ別チ老若男女丈々ノ邑ニテ對談実ニ数人ト聞ヘリ妙々妙

祭ニ夜々興行アリ予一夕須本明神社ニテ聞侍シニ幕ヲ隔テ哥舞
妓芝居ヲ見ルカ如ツイト興アリ最初舞臺ニ出目前ニ於テ前藝三
絃喇叭鈴太鼓ヲ合セ人シテ噺子ヲナス又大勢ノ組踊外街辺リ
ノ遠方ヨリ来ル音ノ仄ニ聞ヘ漸々近寄最早隣街ニ来リシ
ト聞ヘ三絃ノ音鮮ニナリ既ニ此処ヘ来ル音ニテ物ノ音色イト爽
ニ又夫ヨリ次第ニ遠リ行コト初ノ如シ是皆衆人ノ目前ニテ三
絃ヲ弾キ囃スニ其人余多端毛挙シ難シ夫ヨリ本藝ハ幕ノ中
ニテ先三番叟ヲ踏千歳ト翁トク声ヲ別チ三番叟ヲ了テ雑乱
々々ト幕ヲ曳ノ音アリ次ニ本藝極彩色娘扇　朝比奈藤兵衛
才贅者兵助乞才途中ニ出会雷大雨車軸ヲ流スガ如ク聞ヘ雷電ノ凄冷
サ藤兵衛忽聾ヲ治シテ遠太ノ吠ルヲ聞其声一二町ヲ間ツガ如其余奥
ノ間ニ居ル人ト端近ク居ル人トノ問答茲ニ云カト思ヘハ忽彼ニ在テ答ル其

同道ニ相去リテ聞ユ奇ニモテ妙ナル粧ヒ実ニ盲目ノ哥舞伎戯場ニ至テ
其藝ヲ聞ニ異ナラズ其妙ハ是ニ對シテ見聞ニ非レバ口舌述難シ
○文化三寅冬　封君治貽公被蒙ニ　合命侯之御先祖
蓬庵公家政ヲ正一位国魂彦命ト奉崇　同五辰年富田八幡宮ニ
隣テ宮殿ヲ經営アリ　義傳公二世奎鎮ヲ相殿ニ併セ祭ル
神司早雲伯耆守被蒙ニ　嚴命ニ預リ祭事ニ於列中トシテ石燈
籠一對高　ヲ奉献ス国中組頭庄屋ノ姓名ヲ列彫ス御
祭日　月　日諸士一統ノ甲冑ヲ神前ニ飾ラセ　上覧アル兼
テ御家臣ノ武道ニ觀躰ヲ試ミ玉フノ御素意ナルベシ右治世ニ
武ヲ忘レザル御心掛ノ至盛ナル哉御家ノ記ニ曰天正十三年秀
吉公ヨリ阿波ノ国ヲ被下候名東郡富田庄徳島ノ城ニ居住
付申候但ニ家政此時二十八歳ニテ御坐候同十四年正月二日

従五位下ニ叙シ阿波守ニ任ス慶長五年法躰仕蓬庵ト号ス
蓬庵公ヘ御状曰　昨十夜日夜於大坂仙波口敵為夜懸雖
指出阿波守番所以下堅申付候故無異儀即時出合随
身之者共者討捕無比類働誠以感思召候委曲本多佐渡守
可申者也　十二月十七日　御黒印　蓬庵　又　至鎮公ヘ御感状曰
今度摂州於大坂穢多崎并仙波両処竭粉骨励軍忠之条無比類
働感覚候因茲賜松平者也　御直判　慶長二十正月十一日
松平阿波守とのへ　此時稲田御父子山田織部樋口内蔵助木次甚五兵衛仝甚太夫岩田七左衛門等各共賜御感状
○文化五戊辰正月国老稲田君諱植補佐　主侯治昭公之嗣君千松丸君斉昌公
而到東都此時虎皮鞍覆及先槍之権輿也御系図御傳ニ詳曾テ聞虎皮之
鞍覆ハ虽列侯不能用之仙台之老臣片倉小十郎与稲田家只
両人耳也此時片倉氏ヘ御聞合セアリト聞り

〇五年十月千草猪鼻川御来迎流行日々群詣水面ニ五色ノ節見ハル

〇同五戊辰春三月天文使伊能勘解由殿諸国天文地理為測量来ニ于當州ニ御同心坂部貞兵衛柴山傳左エ門河部政五郎青木勝次郎等随之本藩天文方関権次郎樋富菊郎為ニ測量補助（テツダヒ）ニ相従竃御水主十余人出會淡路之周廻曳ニ廻于藤蔓ニ而測ニ之且以ニ南鍼ニ見ニ方以ニ天鏡及種々之器ニ量察辰宿之度数高底微細圖ニ于土地之廣狭經ニ東灘ニ而移ニ四国ニ此時予亭ニ兼被命中ノ飯客舎ニ時先考疾病也若臨ニ其日ニ至ニ今年終ニ則恐為ニ不用支許之然不正聴ヲ仮令虽瀕死敢不去ヲ轉之幸越ニ其期ニ至ニ卯月八日ニ終焉同年冬ニ自四州帰路又経ニ西浦ニ點検而帰

〇同年冬十二月上卿稲田君再娶之奥方高辻黄門之姫君入輿尤表向御容分為ニ鳴門一見ニ之容ニ居於稲田家之旨自ニ高辻卿ニ披ニ露大谷ニ云姫君哥道筐絃頗御嗜且貌容如ニ玉美色似ニ月明云今上帝妃ノ御妹之法号獻性院先室ニ江州仁正寺郡守市橋詔之助後改下総守長昭妹闻ニ長ニ眉尖（ナキナタ）刀且馬術享和三七月五日卒去

〇七年五月安平海中ニ海坊主出ル

〇文化七　春下藻江村幸甚庵　閑帳女流ノ浄瑠璃アリ
五輩ノ妓女凝シ粉求ム媚テ列居スルハ満月ノ並ヒ出ルが如シ
七五三吉が阿古耶琴ヲ責メノ爪音ニ連レテ鶯ノ梅ニ来リテ
囀ルが如艶色アレバ粂吉が岩長ノ怒ル素色アリ思ヒナガ重
忠ノ落シ付タル捌キ声ノ位アリ五十吉が二八ノ面影ニ九カラズ
中ニ美ノ質勝リテ道成寺ノ舞ノ袖イト婀娜シ又是ニ引替テ
伊平九平ノ奴舞毛鎗ヲ携ヘ脛高ク襦ヲ褰ゲ素キ太股
ノ尻見ユルハ久米ノ仙ハ更ニ赤木ノ甍高ヲ爪繰ル聖モ一タビ是
ヲ見バ魂ヲ失フベシ数許ノ観客耳目ヲ爽ニシ酒盃ノ献酬ヲ
思ハザルナシ中ニモ何某ノ嬉人交情ヲ厚フセンコヲ要シ兵衛
ヲ心裡ニ起シ袹口ノ出舟ヲ慕ヒ終ニ余処ノ国迄モ行ヲ纏ヒ
思フ侭ニ情ヲ通シ井堤ノ玉川ニモアラチクニ駒トシテ猶水飼ヒ

棣棠［ヤマブキ］ノ花ノ露ヲ散セシハ人間一生ノ思ヒ出［デ］ナルベシ几テ此前後ハ
市郷共ニ年々開帳多ク哥舞妓ノ賑ヒ或ハ浪花或ハ播磨又ハ
阿州等ヨリ来リテ哥舞妓物真似落シ噺猿哥舞軽業（速雲綱吉十三）
（其ノ身十歳未満ナレモ木カラ俗謡其后明石ニテ可憐綱吉綱上ヨリ誤堕落シテ死）等アリテ繁花ノ都ニ不亞ニ至然ルニ文化ノ
末年阿州ノ民俗専其伎藝ヲ嗜自ラ廃ニ家産終ニ本業トスル者多キニ
至其風俗ノ降ルヲ以国廳ヨリ制禁有テ開帳ニ哥舞妓ノ賑ハ更ニ祭礼ノ
宮藝ニ素人ノ児童藝段尻ニ至ル迄堅ク御停止ト成兼テ祭礼ノ為ニ設アル処
ノ舞臺且或ハ野臺等空庫中ニ朽廃セリ　○前寛政六ニ出ス中条ノ哥
舞妓女形樋杢（廿年二八）須府本條ヲ大振袖ニテ徐歩スル様ヲ見ニ丈夫［マスラヲ］ハ
男色ノ因ヲ思ヒ後家ハ陪寝ノ楽ヲ希ヒ国中ニ治メ助テ春ノ日永ヲ
忘レ終ニ身ヲ忘レテ食ニ離ル藤咲屋ノ花摺衣ト縺レ合由縁［ユカリ］ル色ニ後
ノ室中ニ巫山ノ夢ヲ結ヒ小袖幾ノ重ヲ贈レモ共ニ邯鄲ノ枕ノ夢ナルベシ

○文化七年庚午九月自国廳大吏稲田家當列之領地合村之地調被申二画圖
画圖師紙屋善八（能叶作洞）及渡辺嵩肝煎番首領之里正柳沢村廣田五之
進筒井村田村門次鍜治屋加集勝平等之掃守戒旦寺流川掾
原等、村々図成翌八年春自正月至三月千草村図成自此特二画図師
安坂邑包助西山中村門蔵、肝煎下大町岡田与三兵衛加二文厚濱
塔下上畟等千草以後別為二先同九年之六月佐野村浦共ハ図成
同十年三月上山村墓浦村脊月波村安坂村（同冬）又米間宇原大野村等図
成十二年（早春）鬼山塩屋炬口等図成而満尾其后文政八酉空地開之
此地調起原之子細別巻ニ詳于庚申巻
分卿為公収

○同八辛未春志筑田井羅漢院福田寺無量仏開帳浪太ヒヨリ来ル
小糸小潮小勘等ノ有二哥舞
詣福田寺開帳見小童之軽業及小潮之背面哥舞

大鼓三絃喇叭頻　小兒軽業勉終蹲　前曲妖亭風裏々
晡時吸筒僅弥々　紅顔背面倐阿福　剃下囃方忽士人
舊是連中渾化物　流涎見物太平民

其二

見玉本小勘之手鞠曲　俗謂之綾織三小妓中小勘最国色長矣

玉舊誰磨号小鑑　連城暦得此相携　色従姿白尊早泥
媚自酒沓僧俗迷　手鞠宛如鯨吹汐　衣裳真似鳳毛霓
諸人見物帰家後　厭醜無性叱愚妻

其三

見小糸女之軽業

閑帳福由羅漢院　都皆難有小号君　霓裳軽曲今新見
五節遺風昔語聞　百尺竿頭天女舞　千尋縄上羽衣裳
看人只口安居理　下界仙人却堕雲

其四

見小糸小潮[illegible]奴道行　潮女之肚腹肥張而便々故句中及茲男躰寂

自得撰

對々伊兵又佐兵　禅緋股白態殊軽　尓女笑顔腰似柳
小瀬塩眼腹如瓶　孕与酒肥非易案　乳手畢九叵分明
男子身振無冗宜　更帰本体舞容清

其引　俳律　筑紫山人　大馬鹿漫賦

金仙妓女何寂貴　歌舞始無困脹人　賽銭音絶香臺寂
太鼓壹清段幕新　少年遊客唯虚氣　肉身如来迄活身
老若共為能叵有　市郷皆唱甚為珍　婦寄弁當慰卜泣
僧呼桟敷悍相親　娘子欲羞濃粉臉　後家思似黒紅唇
時々罷出書師説　切々押分茶賣巡　拍木未鳴披吸筒
小便繁立起莚塵　酔迴左右乘談貴　腹立連酒鎮罵頻
二行盤並鯖奥鮓　幾度陶通鳥屋醇　陽斜中猶亡飽
宵短宴酣還至晨　夜更畱去孫王父　薄暮来需向両隣

内君連彈三味線　隠居抓箏二朱銀　従惟夜々盟為拾

不欠家々番軌輪　志筑残期帰駕迫　倚〻先約早船臻

離情只在黄兼白　別涙難憑秋又春　諸彦思焦移暑昊

舟郎心急満潮津　俊寛誰指非双隻　各取攬芘沙上蹲

○文化八辛未青月先山宝塔ノ九輪ヲ鋳ル一三日参詣ノ男女日々群登シテ
蹠ノ地上ニ至リ離ノ看物ヲ落シテノ拾ヒ取ヿ能ハズ跡ニ緋縮緬ノ湯具ヲ
落シ有ケレド恥テ主無カリシニ是モ鐘ヲ鋳ルニハ必女褌ヲ用ルノ
因縁カト思ヒ合セテ可笑又[illegible]

ひちりめんの奥[illegible]
[illegible]

撞鐘の[illegible]
[illegible]

賊ニ先山ノ嶮路ニ駞ニ却女襠ヲ　大馬鹿
霜降葉肥紅襠ヲ詒　路上ノ冷風忽暴ス鬆ヲ　攫笑テ量知ル維レ賤ヲ畜
戸帳垂ル処大坑ヲ持ス。　○今年ヨリ御禁野ノ外土岐鷺殺生御免 是阿波侯ノ方ノ名ヲ避テ之 今年七月有御免ノ令

○文化八辛未十一月下内膳村栢ノ森住吉社ノ鐘ヲ鋳ル

○文化八　七月尾崎村弥吉異国ヨリ帰朝今月家ニ帰ル去ル文化五戊辰
三月江戸廻船ニ乗吹流サレ檣舵皆折レ只任ニ風潮ニ洋中ニ漂流スルコ百有
日船中九十四人粮僅ニ三石余斗水尽テ桶ヲ並ヘテ雨天ヲ待テ天水ヲ
請薪尽ミテ積処ノ煙管ノ無節竹ヲ薪トス漸々糧尽ミテ積処ノ薬
種茯苓ノ類并テ鰮ヲ食テ命ヲ繋グ洋中適一島ノ有ニ遇フ土石
皆燃テ上陸シ回ク艫櫂ヲ以テ漸指出シ又流ニ任セ大湾或ハ福州
ニ至ル初メ里人来リ見テ着スル処ノ衣服袖裏綿ノ類ヲ裂取テ帰ル後
令吏来テ制之船ヨリ揚テ行処追善ノ家ニ至ル衆等絃哥シテ

舞踏スルヲ見ル此ニ於テ腹ヲ指シ口テ開キ見セ飢渇ノ体ヲ示ス漸察知シテ食類ヲ恵ム又官廳ニ行門ニ入ル時大炮ヲ発ス舟中ノ等皆大ニ驚官令類ニ支ノ趣ヲ問ト雖其徒文字ヲ知者ナシ只日本ノ二字ヲ書シテ見セシム官廳厚ク仁慈ヲ垂旅亭ニ於テ餉ニ肉多シ然レ𪜈禽畜我邦ノ所ノ食者ニ異ニメ其製法モ又別ナルガ故ニ舟中ノ輩是ヲ食フコト不能独太刀魚ノ烹タル有テ食之彼邦ハ暖地ニシテ稲一歳間ニ二作ス漂流ノ時ハ三月十ルニ稲刈収ル最中也米粒モ又大ニシテ價甚𢀓シ路傍炊飯ヲ丼鉢ニ如山盛リテ旅人ニ賣價ニ六銭也粥ハ三銭也官廳ヨリ金ニテ作リタル角ナル物ニ穴ヲ明タルヲ首ニ掛是津口迄ノ道程ノ證札ナル斗此物彼地ニテノ人ノ望モノニシテ数箇有シヲハ百銭宛ニ賣漸一箇持帰タリ道條ハ輿ノ如キ物ニ乗セ津口迄送来レリ衣服等モ製シ異ナリ木綿文羽ノ類大抵異ナルコト无羽織ハ日本風ニ

製異ケリ十四人總中ヘ丁数銀六丁異ケルニ長崎ニテ被召上其價一
人ニ三百九十目宛賜ハレリ依異国ノ渡口ヨリ三千石積ノ大船二艘ニ
舟子九十人ニテ長崎ニ送リ来レリ此御謝儀トシテ銅　等ヲ舟
子ヘ被遣ケリ長崎ニ於テ十四人ノ者共一間屋ニ篭置不自由無之様
厚ク御心ヲ副ラレ役人ヲシテ守ラシメ一月ニ一日ノ歩行ヲ免サレ役人召
副街々処々遊覧ス御糺相済後上十四人ノ者共ノ各々ノ国主
ヘ御遣シレ右ノ者共ヲ迎取ニ云其中ニ阿州撫養ノ者一人淡
州尾崎村ノ者一人有之依テ　国君ヨリ官船ヲ以テ迎ヘサセ玉フ
両処村長官吏ニ従テ長崎ニ行両人徳島ヘ下テ帰着ス御
城中ニ召サレ夏ノ序次ヲ詳ニ御尋有　太守ノ御令弟蜂
教二郎君御直ニ御尋アリ携帰ル処ノ品々御覧アリ御菓
子御金子等賜リ御城内拝見シテ帰ル其外御家老方

御大家ノ御邸中ニ召シ或ハ金子或ハ御菓子御召下シノ御衣服等ヲ拝領ス稲田君ニモ珍キ命冥加ノ者ナレバ寺嶋御邸ニ召シテノ御盃ヲ賜ニトノ御事之シカ氏其中ニ御病氣御募ニテノ不果夫ヨリ淡州ニ帰リ七月三日御国衙ニ出又々委細御尋アリ且処々御邸ヘ召レ品々御覧有其中ニ沓并一人釣ノ蚊帳等アリ其釣ノ蚊帳ハ人別ニ釣内ニ入ニハ横ヨリ入其入口ノ上ニハ水引幕ヲ垂人物ヲ画キタリ沓ハ皮ヲ幾重ニモ縫重子厚サ五六歩許リ甚堅剛ニ製作シ上ハ黒繻子ノ如キ物ニテ貼タリ右尾崎ノ者舊里ノ家族ハ弥吉死去シタリトシテ去午ノ年三回ノ追善モ相済弥吉ガ妻ニハ二男弥吉ガ才ヲ聚合セテノ家ヲ継セ有兄帰国ノ上ハ先夫弥吉ヘ改メ返スナラニカト世上沙汰セリ伊勢ヤ日向ノ物語ニ思合セテノ可笑シ

伊勢ヤ日向ノ物語ト云諺アリ法華要学ナ論ニ曰文屋康秀死
到閻魔王前冥吏曰康秀未有定命早可皈閻浮冥吏曰火
葬皈無處王曰以日時同處可皈更則撿鬼録日日向国有
日時同者以之可皈康秀如夢蘇生時日向群族翌日詣墓
処塚中有邑怪掘出棺已蘇生家族且怪且喜伴帰家雖然
非曰心魂故其言語家族無知康秀以謂族無知我魂借骸
告曰我伊勢国文屋康秀借骸蘇早返本国家族怪随
之雖然康秀妻子又不止旨康秀雖以借骸示猶疑康秀
具語一生之詠哥及所持書籍家器等在世之事依雖心
漸解欲接伊勢妻骸躰日向也欲接日向妻心魂伊勢也
無所分是非故都接両妻以此云伊勢日向之話語

○同八（辛未）六月国老稲田君（諱植）卒去　近歳御病氣去冬浴治于有馬温泉今年晩夏告疾病而隻越日自渭府飛脚到来于須本　然ヒ実ハ既卒去也時　国侯（治昭公）在東都故以急使奉告之称七月二日卯刻之卒去而発見矣依之自二日而三日間須府及御山下村々穏便之有令徳島又爾且　国君御齋三日尊骸収于三重函而迎来於須府六日曉着世子從理君（幼名祥義）及令才司馬蔵（全敏ノ助）先君之室（高辻黄門女）御養女（江州仁正寺市橋侯ノ女　実其族高木氏女）各帰府須本尊骸即夜殯于江国寺境内極大方六尺三寸高七尺於其中礼服佩刀而凭床ハ以貴茶詰之棺槨外斂壙以方八尺之切石作之合目漆油及松膏（チャン）塗上以一片之巨石蓋之十一日未刻被行葬式塩屋河原江国寺之隣境津田村支配之圃御借上（料足一文　分立石）拂粟黍而結廻垣建火屋龕[illegible]堂詳圖左

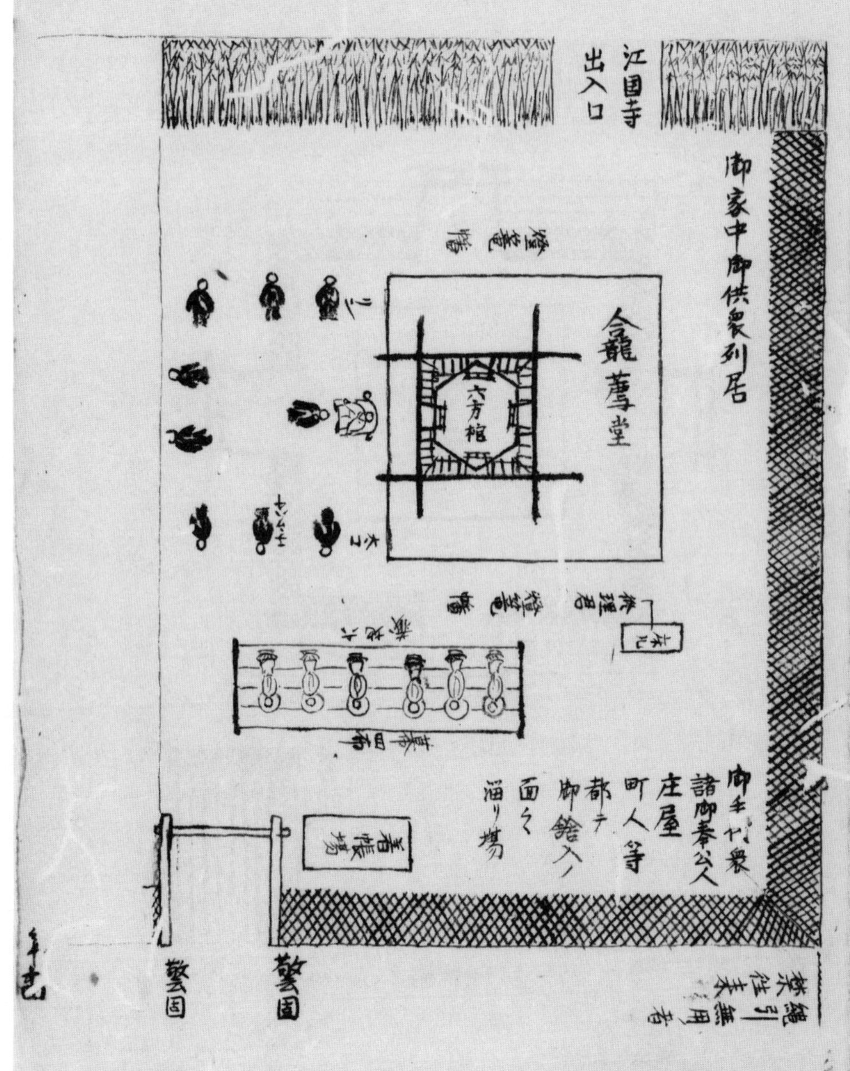
江国寺
出入口
御家中御供衆列居
六方棺
警固
警固

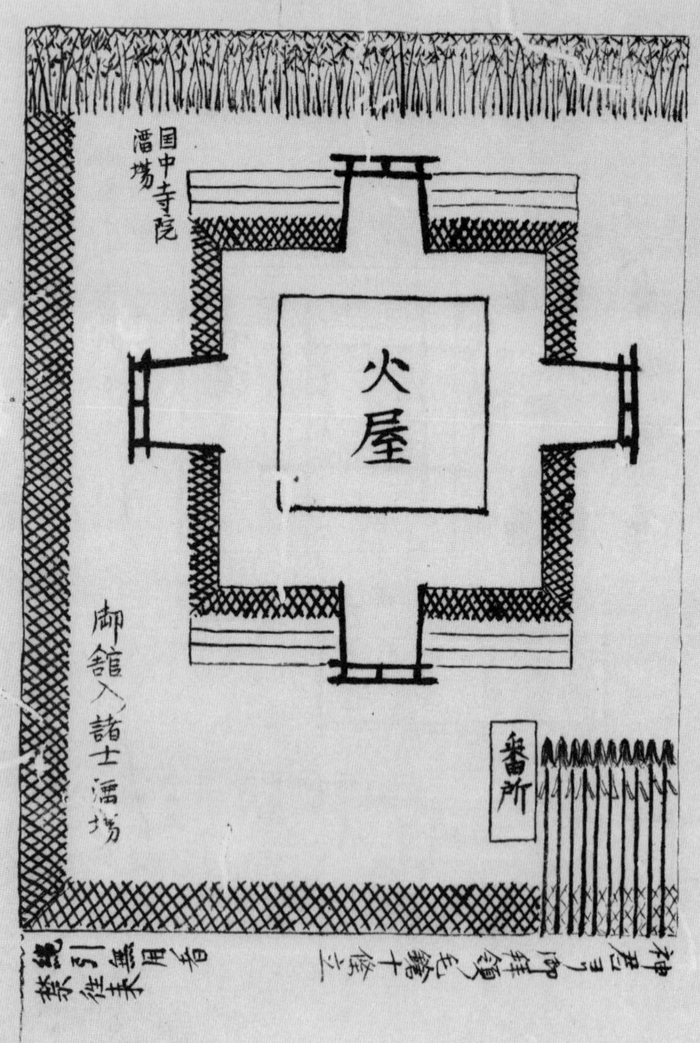
国中寺院酒場
火屋
御館入諸士酒場
番所
神君ヨリ御拝領ノ毛鎗十筋立

十二日未刻嗣子修理君御行列ニテ本街条ヲ経テ被入于江国寺

前駈　御先道具　御駕　挟箱　牽馬　沓籠　合羽籠

暫有テ真先ニ　御感状函　燈籠　幡　紙華　燭臺　盛物一對

茶湯　御位牌　御輿　御鎗　御乗物　御茶弁当　御打物

曳馬　沓籠　合羽籠数荷　何レモ白毛氈覆　後駈

本街條ヨリ寺街ヲ経テ川原ニ出大手口ヨリ外垣ノ内ニ入龕蓭堂ニ居ル時ニ修理君寺中ノ裏道ヨリ御出歩ノ龕蓭堂外ニ弓手床几ニ掛リ玉ヘバ龕蓭堂ト火屋トノ中間弓手ノ両僧大鼓ヲ一色打次ニ向フタル僧鐃鈸ヲ打次ニ馬手ノ僧鈴ヲ鳴ス如此数十回ニシテ漸々ニ逼メ又寛メテ近メ是三回ニシテ正面龕前ノ老僧曲彔ニカヽテ誦経ス追々衆僧同音ニ誦ス其古文終テ御位牌代ノ士龕前ニ居ヘタル処ノ位牌ヲ取テ臺ヲ白巾ニテ持副来レバ修理君立テ少シ進ミ玉フ御位牌ヲ持セ奉ルノ

十五

意ヲナシ右股ニ少シ先ニ立大屋ニ行ク追々灯籠幡其余ノ葬具不残
須行ス續イテ御輿ハ次ニ枕ノ飯是ヲ戴ク老女白布ヲ深ク垂レ覆フテ不見面已後生涯賜ニ口食等随テ行
舞ヲ支三回如常ニシテ大屋ノ中央ニ御輿ヲ居ル老僧引導ス君上
帰入江国寺衆僧同音ニ誦経須臾有テ修理君素髀ヲ致長上下
再ヒ寺中ヨリ来臨アル葬具ニ預ル処ノ士モ又素髀ヲ上下ニ更テ従ヒ来ル
両堂ノ中間ニ而扈従ノ士長上下ノ括リヲ解キ巻ラス鋸踏掛キ大屋ニ入テ
御焼香有テ江国寺ニ帰リ玉フ追々御供ノ衆中寺中ニ帰ルハ老僧炬
松ヲ取仮ニ龕ニ火ヲ掛ル体ヲナス四方ヨリ諷経ニ来ル処ノ衆僧及ヒ士
庶人悉退散ノ跡御輿昇ノ輦輿及天蓋ノ水引幕幡纏等ヲ争ヒ取
水引ハ紺地ノ錦ニ孔雀竜頭等各ニ貴人帰屋善ハ作テ孔雀ヲ象御輿ノ結構善美ヲ尽シ式法古実正ク誠ニ厳
重之予モ由良両長ト共ニ至リ首領佐埜氏ニ出会、同伴ヒテ木戸ニ入御
帳ニ付初御出棺御見立於御向邸着帳ス今女障有ベケレバト隍端ニ至御行列ヲ拜

スル杢河原ニ馳行木戸ニ入テ酒処ニ拍始終ヲ拜シ旅病ニ眠シ
バ黄昏ニ及べり。　稲田大夫の御葬式おしくて
涼しかれ神の世みの葬広く
同八月十一日継ニ系統ニ改九郎兵衛ト
○文化十癸酉四月　太守治昭公ノ御室ハヤ阿菾方渡海ニ於淡州被詣于神社仏閣ニ
○同年　太守四位侍従治昭公御昇進被任左少将ニ為御賀義ニ両
国自ニ下民ニ各村應ニ人数寡多ニ献ニ銀子若干ニ里長南鐐一片村中之貝外之與首
長乾紅魚一折献之其ハ他所ニ秘藏ニ品献上任意草加　村里長新兵衛
所藏之古銭献有下加禄昇進之文字者上○同年御隠居御改名
敬翁ト同年九月御謫流ヒ　○同年　国老稲田君植封為ニ嗣統拜謝ニ
治昭公御在勤故ニ　赴ニ東都ニ七月三十日卯中刻御出城八幡御社参自是御
乗船　御坐船ハ緋縐紗御幕　船トモハ萌黄縐御召替ノ幕モ同断　水押ニハ

弐

金ノ竜ノ金具ノ飾有　御船標(シルシ)二艘共ニ全
垣立ノ内左右各鎗五本ヲ掛タリ
垣建ノ下通ハ菱ニ組テ
金粉ヲ施ニタリ御船勿論惣
朱漆塗ニ三番具ニ鉄猫(イカリ)ヲ上棹ノ歌猿曲等有テ後
太鼓ヲ打出セハ艪拍子ヲ揃漕出ス御厨(ゴザイトコロ)舟御供舟等相従
令才司馬蔵敏三郎西君船中迄別記詳　奥方并獣性院阿闍(サンガイ)ヨリ御目送御道中行列委細別記ニ詳

金
地緋
金ノ模様
緋縮紗

○同十一甲戌三月廿四日戌刻　先左少将阿淡太守治昭公逝去行年五十八
同五月十三日丑刻ヨリ十四日辰刻於ニ金子原御葬式御執行共
結構ハ更ニ喪轜(ヒツギグルマ)ノ工匠ハ京都ヨリ御召寄ニ金子原ヘニテノ道程是ヲ
挽巡ラスニ轜ノ轔ル音啾々ト澄渡リ聞者自ラ哀情ヲ催ニ堪タルエ
合ハ田舎拙工ノ及フ処ニ非ストゾ
先少将良遷院殿故阿淡二州太守双林穆公敬翁義斎大居士御葬式

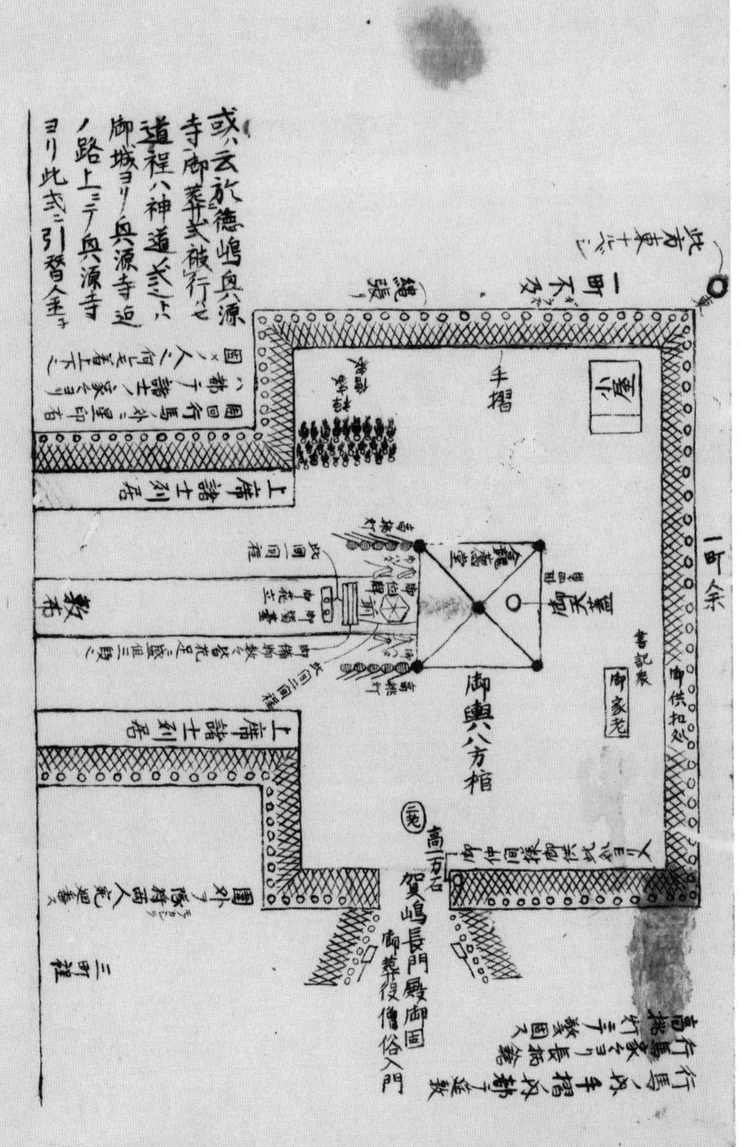
一町余
御輿八方棺
上席諸士列居
上席諸士列居
敷布
手燭
御家老
書記衆
賀嶋長門殿御回
二十七

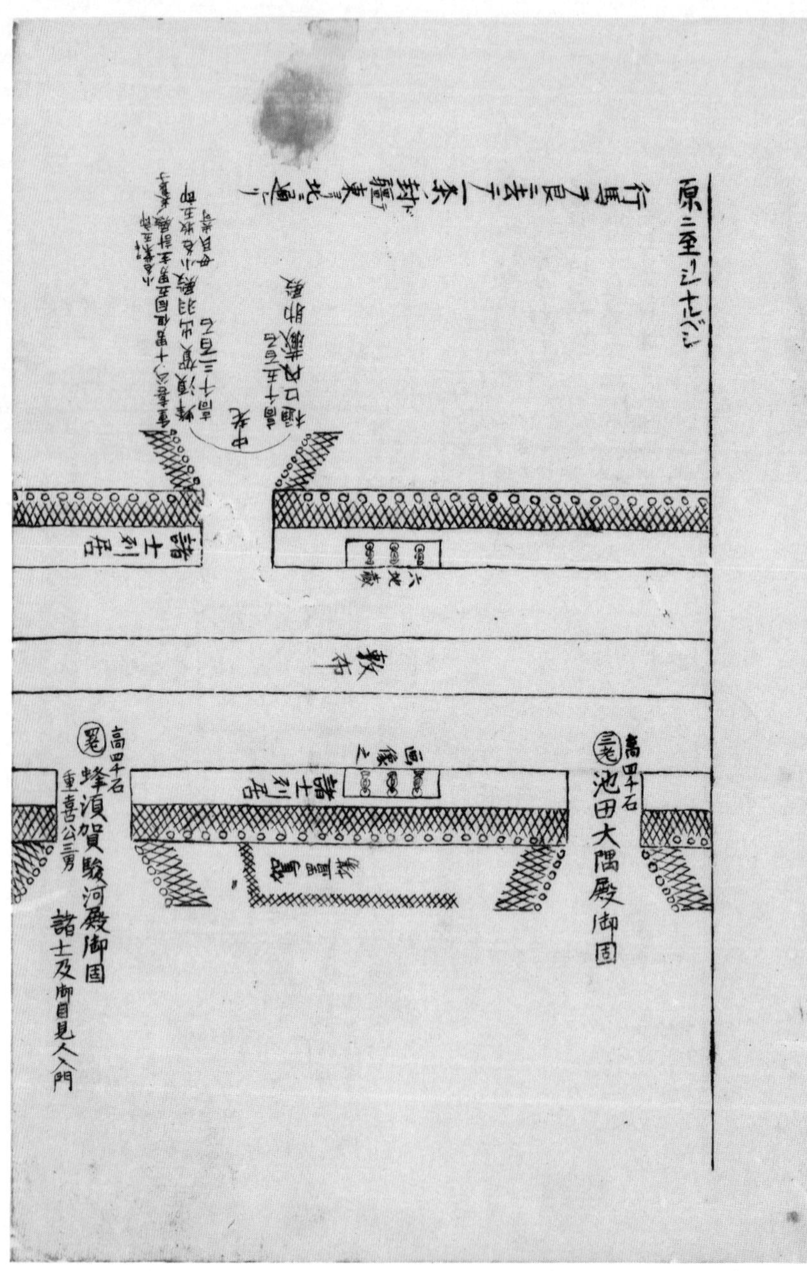

原ニ至リシナルベシ
諸士列居
諸士列居
高四千石
池田大隅殿御固
高四千石
蜂須賀駿河殿御固
重喜公三男
諸士及御目見人入門

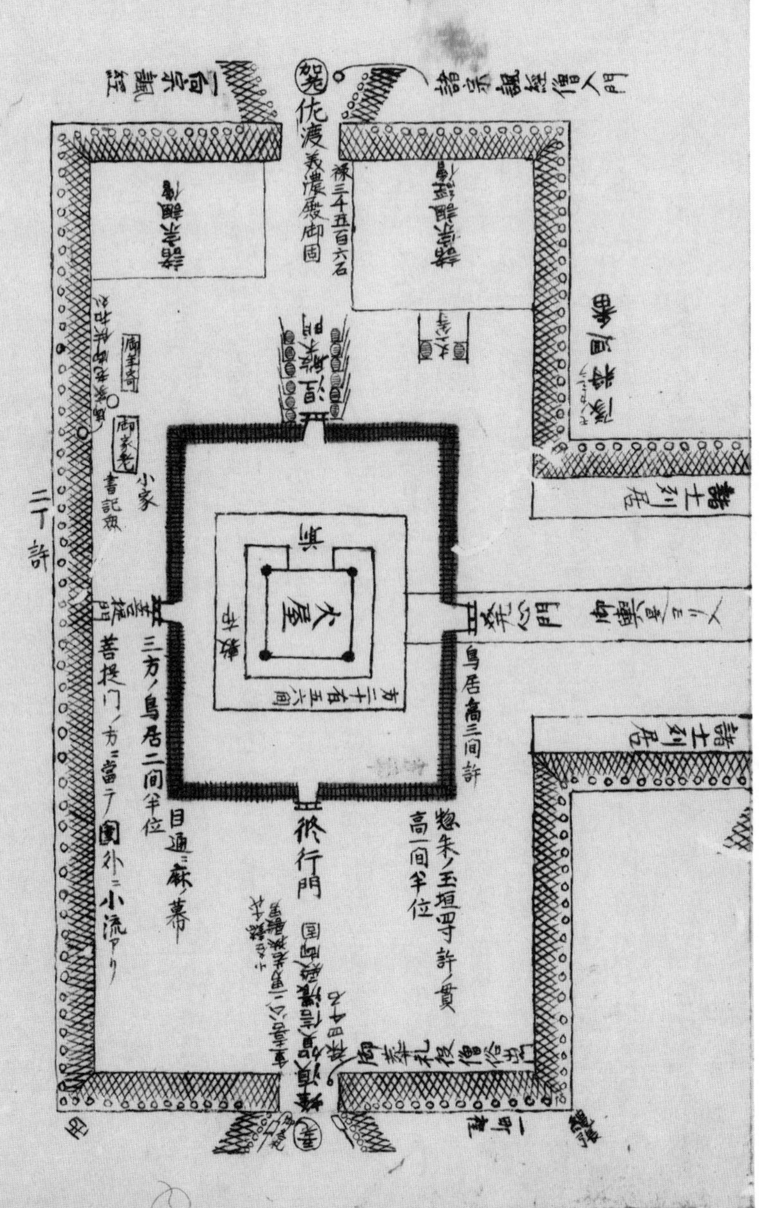

佐渡
義濃殿御固
禄三千五百六石
諸士列居
大屋
方三十有五六間
鳥居高三間許
三方ノ鳥居二間半位
菩提門ノ方ハ當テ園外ニ小流アリ
目通ニ麻ノ幕
修行門
惣朱ノ玉垣四尺許ノ貫
高一間半位
諸士列居
二丁許
小家
書記所
御家老

○文化十一甲戌夏須本賈人三老ノ一人宮本屋弥右衛門（其子繁太郎千草里正継谷氏家）家名邸宅共ニ岡屋弥吉ノ長子ニ譲ル（三老紀原ハ已ニ前行支巻ニ見）自是追々藤屋宗十郎ハ大谷屋武平ヲ養子分トシ武平其家跡ヲ継正直屋九之烝ハ津国屋関右エ門三男亀吉ヲ養子トス昔ハ三家共ニ豪富ニシテ各其家宅ノ構唐破風ノ玄関御成門等虹梁挟間ノ彫物名ニ負ヒ弾ガ名工ヲ欺テ工ヲ尽セリ御巡見使ノ節ハ三家ヲ三使ノ本陣トセル之公使曰巡見諸国ノ客舎ニ大家不少ト雖如当地一処ニ隣テノ一様ノ旅舘稀之ト甚感シ玉ヘリトゾ（因云阿州美馬郡一宇山南八蔵ハ三使ヲ一家ニテ本陣タリト郷高取七十余石領之）就中茂八屋ハ其盛ンシ世ニハ頗ル大家ニシテ自家再梁ノ法則トスベキ家相ヲ探（サグ）ラン為都匠（トウリヤウ）ヲ伴ヒ近州ヲ経歴シ適ハ棟造ノ大厦ヲ見テ是我規矩トスルニ足レリト即帋上ニ摸写令テ帰リ家ヲ八棟ニ改造セリトゾ且其妻ハ時ノ名医古林見宜

万治中人〻之女ヲ娶ルト傳フ三老ハ買人一刀ト虽侍ニ准比シ来往紺服ノ一僕ヲ従ヘ晋履復ヲ持シム監官タル人ト同席セリトソ冬〻夜須寿ノ各街毎家輪廻ニ自身番ヲ勉ム火用心ノ為通夜不眠自身勉故ニ三老ノ輩巡廻シテ其家ニ至レハ主人土辺ニ跪キテ礼ヲナシ或ハ街人三老ノ家ニ至ルニ先閫外ニ履ヲ脱テ内ニ入シト傳ヘ云リ然ルニ物換リ星移テ各衰微ニ及ヒ平民ノ威勢ハ黄金ノ光リニ有ル故自然ニ其威光モ随テ消失如今ニ至サレモ盛ンニシハ棟ノ大廈モ破壊シテ修理ヲ加ル事不克終ニ客殿玄関モ毀チ弃テ戯場ノ釣看板ヲ見ルカ如ク総ニ其跡ヲ繕ヒ固メシハ仮令ハ癰腫ノ腐肉ヲ劃去腐肉ヲトメ其迹ヲ療シタル加シ猶養生ヲ不怠ハ追〻再ヒ生肉ヲ起張シテ萬歳ノ基ナランカシ

八棟も蓮花にたとへし家も今は昔も[illegible]

[illegible]

○文化十二乙亥年夏四月信州善光寺如来於須本専称寺開帳　石亭先生有詩因記

拝善光寺

如来曾被大連湮　淹待善光浪泊濵

千里逢迎背成駕　一時趺坐臼加茵

有縁孤島維慈筏　度衆諸州転法輪

發死襄翁宜模拝　信為能入在慈民

右文化十二亥夏如来開帳於我洲城専称寺時廣田氏邸詩會探題石亭先生有此作不有日而卒去自然為辞世　時先生當今年桼獨醒客之日帰泉号

○文化十二乙亥春正月　太守齊昌公　始御入国阿淡諸士一統御謁見
御祝儀ノ賜饗膳ニ次テ両国邑宰黨全及用達財主其他都テ年席
拝謁ノ輩不残同断　道薫坊長上村源之烝ニ至迄ノ角リ勿於御杖間飲器共ニ賜之
○同年當州益豊作　然ルニ六七月ノ間南海道処々出水多シ大和国吉埜上市下市ヨリ已下川条村里水損民家流レ人畜死没
○同年秋九月　重喜公ノ御准室阿時方 粱田次郎左エ門女　同御嬖妾阿千枝
民崎 公ノ十男收五郎君ノ母　阿喜世　阿衛士ノ五方淡州ヘ御渡海諸寺社ニ御
参詣 予下物部御本陣佐野次郎三郎宅ニ蒙御臺所
○同年九月柏原観音堂再興棟上九月五六日両日 是ヨリ先文化三釿初スル処ナリ
藩近村々ヨリ邀物ヲ立山ス
○同十三丙子正月相川村舟長藤吉於ニ長崎一見ニ安南船ニ去文化十二
乙亥冬右船漂ニ着于薩州屋久ノ島ニ送ニ之長崎ニ相川船頭藤
吉兼ヲ積ンデ行ニ肥後ノ吏ヨリ至ニ長崎ニ幾年時ニ安南人ヲ送リ

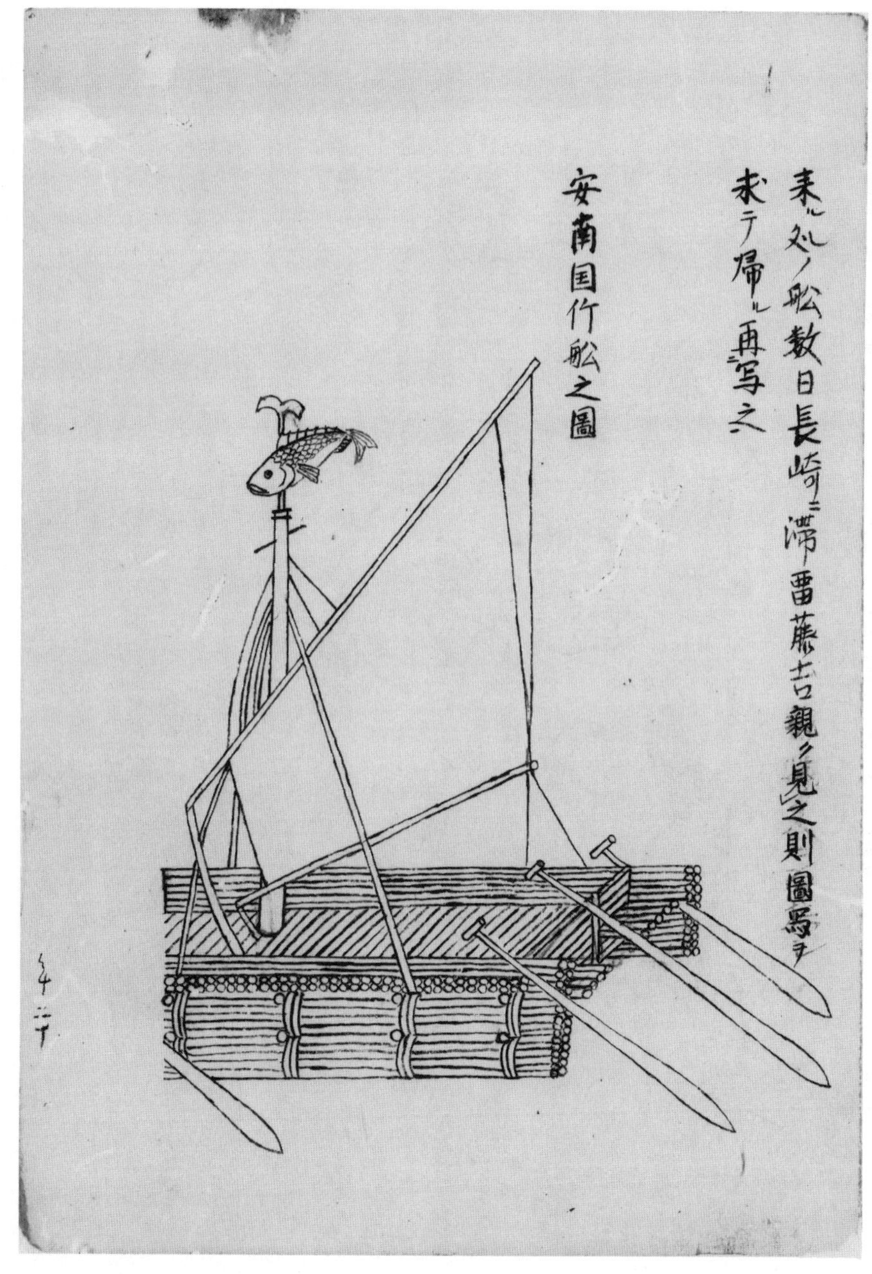
来ル処ノ船数日長崎ニ滞留藤吉親ク見之則圖写ヲ
求テ帰ル再写之
安南国竹船之圖

安南人
ケン
四十位
カヤカ
四十位
ハカラ
五十一位
メン
二十位
ノヲン
五十位

○文化十三丙子十一月志筑八幡宮并柳沢正願寺鐘鋳
○仝十四丁丑三月　阿淡太守齊昌公當州御巡見此時安平下村農士太田寿右エ
門曽母百二歳称長寿郡家御通行於路傍御乗駕中被許拝謁彼老
女所自織之献上木綿時賜金因云之化年小路谷伊助者同伴洲本某一人道
會于御国富岡之人共三人連伊勢参宮富岡人云和州従上苫木三十町字
能村處聞有今年二百卅六歳之人向訊而可載盃熟談為連中携一樽尋
至然出山業不在病故暫休息而待帰病有須臾見飯来則下駄之麁木
造擔薪量六貫目許帰其面貌見四旬許謁辞了後請盃翁曰過衆之長命
不好事也孫子曾孫皆先死今玄孫被養是其玄孫者六旬許也三人輩
謂曰請聞生来見聞之古答曰可語无記憶只聞幼児之比信長公居城濃
岐阜又太閤朝鮮為征伐出陣于肥前名屋且大坂陣之時者此処街道條
故昼夜飄旗捺物軍勢通行夜則挑灯松明識甚騒而已云云　按ルニ永禄十二己巳年ノ生ナリ

廿一

永禄ハ正親町帝ノ年号ニシテ将軍ハ足利義昭ノ治世之信長治世ノ初年天正元五歳之秀吉ノ初年天正十四十八歳之朝鮮征
伐文禄元年三月此トキ廿四歳慶長二年復伐ニ朝鮮ニ此時廿九歳同十九年攻ニ大坂城ニ此トキ四十六
元和元年豊臣秀頼自盡此時四十七歳之如斯長寿仙人ハ格別和漢前代未聞之
浦島子逢ニ七世ノ孫ニ八千歳ハ非ニ尋常ノ事史サヘ解ニ玉手函之封ヲ俄ニ老タリトゾ
三浦大助ガ百六ツヲサヘ称之況ヤ二百三十六歳ヲヤ今年九月廿日兼仁天皇譲位東宮称仙洞御所ニ今上帝ノ后ハ鷹司ノ姫君太守齊昌公ノ継室ノ姉君之
○文化十四丁丑十一月十一日由良観音鐘鋳此不熟鋳ニ依テ同十二月廿二日再
鋳成鐘鋳必用女儒故実行事ノ巻末ニ詳ニ記之原鐘ハ六十三年前宝暦中鋳之
○同十五戊寅去冬ゝ東都儒官矢代太郎源弘賢国学ハ花輪検校ノ門人所謂花輪者盲人而通暁国学ニ者ニ
当時名誉ノ手以ニ風俗問状ヲ探ニ諸国古来之遺風ヲ当州者安坂村包助福良浦吉十郎志
知川浦与一右エ門及テ予等ニ蒙ニ国衙ノ命ヲ閲之遥ニ国中村里之遺風ヲ
○文政二己卯文化十五戊寅五月四日改元正月国君御先祖蓬庵公第二世　義傳公二百遠忌御
神祭ニ依テ御能興行アリ東都ヨリ　公義ノ御役者ヲ迎ヘラル

此時佐野浦東屋宗兵衛ト云者兼テ謡曲ヲ好ム事人ニ過タリ常ニ獨
吟シテ自己一人ニテ主客ノ礼ヲ擬スル事宛モ狂人ニ似タリ當春病
氣養生ニ託シテ渭城ニ至リ御能ニ出坐セン事ヲ御役者ニ願フ
家族傳ヘ聞テ大ニ恐レ狂妄下劣ノ身ヲ以テカヽル事ヲ願ヒ御咎メ
ヲ蒙シ事必然之ト皆〻ヲ痛メケル然ニ御許容有テ出席シ首尾
能相勉メ悦ヒ　御意剰ヘ依之一刀ヲ免サレ却僥倖ヲ得タリ

○文政三　夏四月上旬ヨリ由良生石柳水大ニ流行年ヲ越テ不止（行事ノ巻ニ詳）

○同年秋九月二日未剋　太守（齊昌公）ノ御奥方（井伊侯ノ息女実ハ一橋家ノ御女）御逝去
因記天明寛政ノ間ニモ有シ　先侯（敬翁公）ノ御奥方御逝去ハ尊骸ヲ
奉迎于本国阿陽其道自向地航シ岩屋ニ至リ福良ニ渡海撫養ニ

△
○文政十年（丁亥）閏六月三日　将軍家齊公之御末男　太守為御養子
時御年七ツ同年十二月廿七日入鍛冶橋邸

○齊昌公（齊）将軍家齊公御諱一字之賜一字御代々旧例也 御継室鷹司家姫君御入輿文政五壬午之 御廿歳 今上帝皇后ノ妹君之 前田侯ノ御室又姉妹共ニ之

○天保元庚寅　齊昌公叙任　位　少将

○今年京都大地震天居避要地亘月不止依年号改元 文政十三年十二月十日

○天保二年齊昌公御妹光姫君 敬翁公御末女 御年廿二 許御腹 嫁信州筑摩郡松本六万石御領 共ニ八万石 城主松平本姓戸田丹波侯 其姑君敬翁公ノ姉妹而光姫君叔母之 九月十三日花嶋御乗船十四日由良御入船十六日夜中御通船當邑沖

○天保二春御参勤序御湯治于摂州有馬 御本陣御所坊新宮御殿永々賜月俸五口

○天保二年九月鷹司家御養女実今上御姫宮 廿八歳 将軍家為御養女九月廿五日京都御発駕御入輿東都西御丸之 吾侯御縁中之義姉

○天保二年十月　播州三日月郡主森家息女雪姫君 當主對馬守自藝州廣嶋四十二万石余之城主養子 嫁娶国宰稲家 時年十六 自稲田家遣官船于舞子濱迎之

十月　着岸中濱入宇山里邸十二月三日入輿于御城中行御
婚式森家行老飯尾唐之助道中守護　行列書有別帋　塩屋川原拜人
市郷遠近老若男女雲集　森家清和源氏八幡太郎義家六男森六郎義隆十四代森越中守可秀長男
系森以三左エ門可成系其子信州松代城主森武蔵守長可森蘭丸長定
可成之末之三日月之宗家赤穂當城主同姓而二万石之
○天保三年壬辰五月　太守齊昌公東都御交退之席御湯治於
豫州道後

以後最終丁までを、白紙の為、省略した。

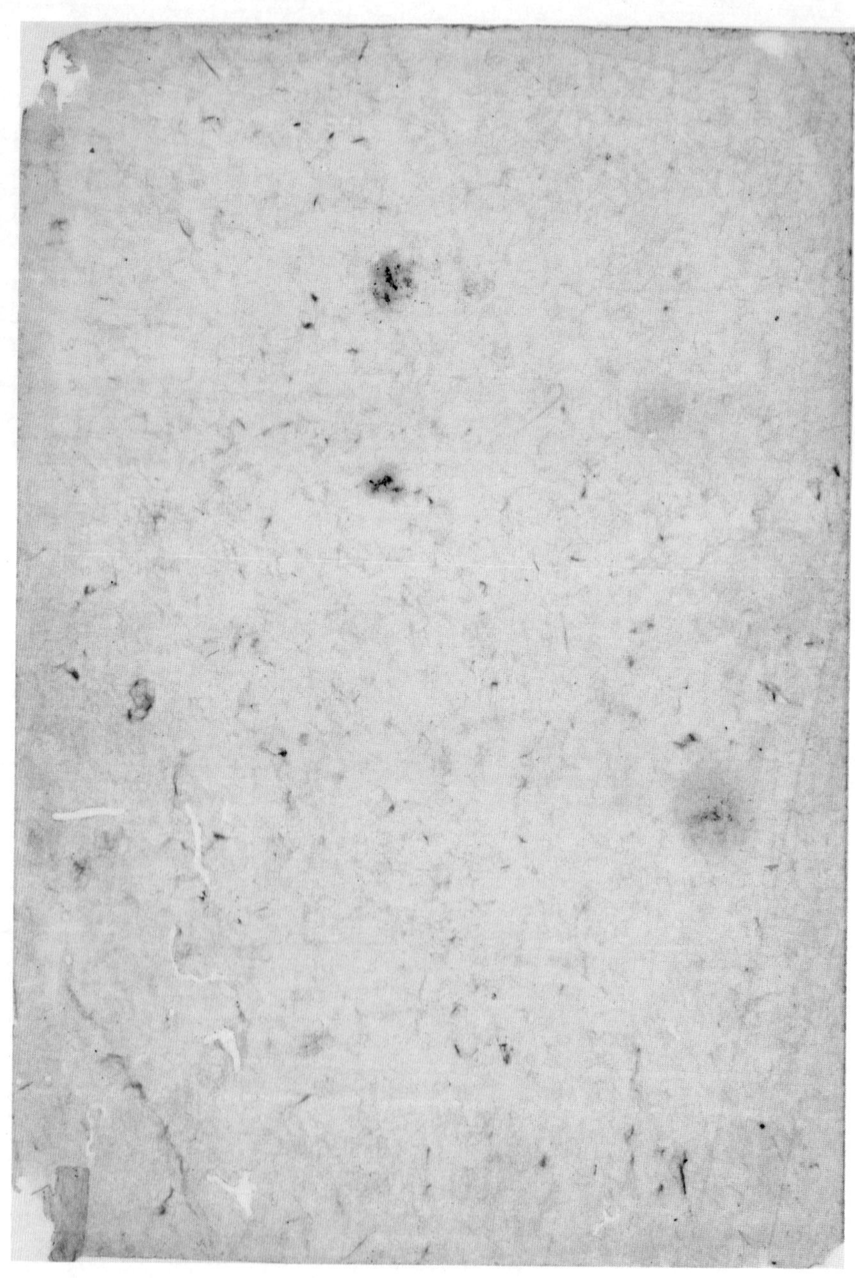

貼込　十四　一三ウ（本書一二〇頁）

院ニ及ヒ公訴依之飯石両国濃州長千東府 公應自關右遣能弁富士俊名溪者自有断者逆出相川橋送於彦五兵衛副僧田部庄屋治之人秋邊若モ能多之郡縣藤當不就之義司内意共斗公應嘉筈旨擬近召就就者而開画品以件業耶救矣兄同之在麾下多應善長篤而得勝利也僅依此功費矣り

堅磐草

日本魁洲 淡嶋温故録

渡邉皥揖録

淡路国 皇高云 古事記ニ列ヲ作別訓別云和気 / 【淡国一覧】神代記曰淡道洲ヲ謂ニ淡道之穂之狭別嶋也

【国花万葉集】国ノ母也二神始テ産玉フノ島也ト日本紀ニ見タリ衣帛奥塩不乏良材多シト云下国下管二郡【国花一 日本鹿子】小上国上管ト記ス然レモ和爾雅職原抄并常磐艸ニ延喜式ヲ引テ下国下管トス

○津名郡 豆奈　志筑 之都大奈【トキ八】奈ハ支ノ誤乎　安呼 阿恵加【皇高云】今呼ノ字去ロ　物部 毛乃信

都志 豆之　育波 以久波　来馬 久留萬　郡家 久呉希　加茂 加毛　廣田 比路多

○三原郡 美波良 又御原 / 又蟵腹トモ　倭文 之止里　幡多 波多　養宜 夜木　榎列 江奈多

神稲 久萬之呂　阿萬 阿万　賀集 加之乎　後津名ノ中去廣田加茂加ニ三原

以上云十六庄ニ　○知行高六万三千六百二十石【国花】全之【皇高云】一書ニ記ス十八万六千七百五十石蓋本藩阿波ノ高ニ誤ル之是ニ右淡路ノ高ヲ合則廿五万三百七十石之我 / 侯ノ領シ玉フ所ハ両国ニテ二十五万七千九百石之

【国花】田数二千八百町

【皇高云】古代数ナルヘシ左ニ記スル二郡ノ田分ヲ合則四千三百九十二町五反八畝廿六歩之

○津名郡 村数百卅六ヶ村 [御高反] 今ノ員数ニ不合中與合一シテ減务
塩尾村先ノ郷村小路谷村遠田ノ新村等ノ如し
○高三万七千二百七石九斗 田二千二百八十九丁八反廿五歩 畠六百五十九丁八反五十四歩
○三原郡 百三十一ヶ村 右同断
高三万二千九百七十八石六斗、田二千百一丁七反八畝一歩 畠八百五十三丁六反六歩
両郡高都合七万百八十六石五斗 此物成四ツ五分四厘五毛一弗ニ中ル
田合四千三百九十一町五反八畝二十六歩
畠合千五百十三町四反二畝
或曰津名高五万二千二百十六石余 田畠四千三百卅二丁余（又或三丁四反余）
三原高四万千四百九十一石 田畠四千二百七十三丁余（或七丁六反余）
両郡出目共都合高拾二万六千百九拾六石八斗八合
[御高反] 若田圃数量者依其時代不無増減見之於当時則大可ニ齟齬

〔国花〕自江戸百五十八里程〔自高云〕内海上二十里ヲ依南北ニ有少異所記者其遠極ナリ

国中周廻三十六里余　四方一日路　国花同之〔トモ八〕南北十三里東西八里　里法三十六丁

東西自由良至津井七里三十丁　福良海上八里〔一説〕七里半

南北自岩屋至
阿万十四里半十四丁　或十三里十四丁
福良十三里十二丁三十間　或十二里十九丁　経須本十四里廿五丁十二間
由良九里半十六丁卅間
志筑六里五丁三十間
土生十五里半〔一覧〕

自須本
至岩屋八里七町　或十丁
至福良五里十九丁卅二間　或三十一丁二十間
至阿那賀七里七丁卅間　或六里十四丁余
至湊四里二丁
至志筑三里三十五丁　自志筑至郡家一宮四十一丁十八間
至江井四里
至由良一里半十丁四十間　或八十丁無之モアリ落字歟
至先山四十七丁五十七間
至多賀一宮三里十五丁四十七間
至徳嶋十二里一丁　内三里海上

〔一覧〕沼島周廻三里

自鮎谷滝至畑田　二里半　称鮎屋河内（島云　河内或郷内又郷地　郷道共可通用乎）

自大窪至来川　二里廿四町　称成相河内

自社家至白崎　二里七町　称上田河内（此二道ハ牛馬駄荷不通）

自浦壁至黒岩　二里十六町　称楪葉河内

自福井至油谷　一里廿五町　称大日河内

自上本庄至油谷　二里　称窪之河内

自阿万東至土生　一里二十町　称中河内

国君自由良御通行于須本道程　御郷導記

自由良波（官郷下在）御揚場至内田界十六町自由良内田界至津田村之

落小路谷界二十町自内田小路谷界至千草村界廿三町自小路谷千草界

至上物部村界十一町自千草上物部界至須本界六町自上物部須本界

至御城十二町　道程凡二里十六町　但里法三十六丁

○御制札場 在御上場　○池田氏古城跡 在成山　○幡廟 在路程西一丁半許

○別当心蓮寺 在同所　○釈迦院 在幡廟ノ向　○蛭子祠衣 在御制札場四丁許 南路傍

○安宅氏古城跡 由良港外北路傍 一丁許在ヽ頭　○住吉祠 港中在新川濱西

○光明院 禅宗小庵 在路傍半許坤　○内田笠松 自路傍八丁里許奥由良支 落在天川界ノ峯

○弁財天祠 自路条在 三丁許南山　○内田明神 在路傍南 大日霊尊 神　○鞆江住吉祠 自小路谷官道 在二丁許北

○名号石 内田三ヶ川 在田畴

○貽碊ノ住吉社ヨリ 在三下許中　○庚申堂 在小路谷 路傍　○阪防明神 千草村路条川向在 三丁許西

称上郡 ○津名郡組々各村 凡十四組 百廿八ヶ村 内十七ヶ浦

●物部組五ヶ村　下物部村 高六百五十六石六斗四升 里正佐埜氏与頭割本　上物部村 六百廿三石一斗一升

津田村 七十石九斗三升本村分 三百四十三石小路谷分　内田村 四百二十石 里正郷士浪人渡辺氏　由良浦 五百廿石内三百四十七石余分 庄屋二人内一人支配外 下田氏

●千草組八ヶ村　千草村 千五十一石四斗 与頭谷氏　塩屋村 九十一石三斗八合 里長兼炬口　炬口浦 廿五石五合

宇山村 三百八十二石七斗　三木田村 五百六石三斗三升　安坂村 七百石 帯刀多氏　市原村 八百石 仝上山尾氏

厚濱村 五百五十石　●相川与三ヶ村　相川村 四十九石八斗七升 与頭小高取立田氏　中津川村 四十三石五斗 郷士磯埜氏

畑田村　四千二石一斗八升　●安平組十ヶ村　中川原村　七百八十石　与力神代氏　二ツ石村　六百廿七石六斗

安平下村　千百三十石　同中田村　六百五十石　塩田里村　五百五十石　塩尾浦　村高二百六十五石三斗　（郡）浪人田村氏

宮原村　六百十石　下司村　六百五十二石　（支配外）塩田氏　上畑村　三百十三石　山田原村　二百八十五石五斗二升

●檜原与六ヶ村　檜原上村　六百卅石又卅石先ノ郷村今一村成　与力石川氏（郡）　古宮村　四百三十石

北谷村　四百八十石　竹谷村　三百七石　（支配外）菅氏　志筑畑村　四百六十石　同中田村　（刀）千九百石　末田氏

●王子組九ヶ村　下大町村　六百八十八石　与力岡田氏　上大町村　五百石　廣田氏　檜原下村　八百二十石

井手村　七百三十石　上川井村　五百十石　（郷有浪人）石上氏　下川井村　王子村　六百七十石　（支配外）砂川氏

遠田村　千八十石　（帯刀）小県氏　志筑池内　五百七十石　●志筑組七ヶ村　濱村　二千七百五十石　（小高）忍乃寺氏

志筑浦　高八ヶ村ヘコモル　（帯刀）佐別大判　島田氏　角村氏　大谷村　九百二十二石　（帯刀）　生穂浦　高中ノ内ヘコモル　中内村　千九百六石三斗

埜田尾村　七百八十石　長沢村　千一十五石　（支配外）近藤氏　●佐野与八ヶ村　佐野村　千卅三石七斗五升　与力蓑山氏

佐野浦　高八ヶ村ヘコモル　室津浦　高八ヶ村ヘコモル　氏　室津村　五百二十石　氏　育波村　七百石

育波浦　百石　釜浦村　三百八十三石三斗一升　上山村　三百九十一石七斗四升

三

●来馬組十二村　白山村 二百五十石 与次 小高格 正井氏　浦村 高 刀 吉見氏　楠本村 七百四十五石三斗三升

中持村 二百六十石　小田村 七百八十石　河内村 五百三十石　谷村 二百七石二斗七升　来馬村 四千四百四石二斗 本木氏

釜口村 千六百九十石　釜口浦 高ハ村ヘコモル　下田浦 四十三石三斗五升 山添氏　仮屋浦 卅四石七斗四升 里正二人 植松氏 正井氏

岩屋浦 五百九十五石九斗 長二人 関氏 武藤氏　●机組十六村　机浦 三百五十石 与次 郡 嶌田氏

机南村 九百七十二石八斗　斗内村 五百五十石　斗内浦 二百石　黒谷村 六百三十石

大坪村 百九十六石　田尻村 四百七十石　机畑村 九百石　久野村 二百卅石　仁井村 六百卅石

長畠村 三百八十六石九斗七升　石田村 四百三十石 帯刀 武田氏　東来村 百八十三石二斗　大川村 百七十六石四斗

平林村 百五十五石七斗　江崎村 三百四十四石二斗八升　●郡家組八村

郡家中村 四百七十七石四斗六升 与次 廣田氏　郡家濱村 五百八十四石 外 志知氏　郡家浦 濱村兼帯

多賀村 千二百石　尾崎村 千四百七十石 志知氏　北山村 千五十石　江井浦 高 桃川ヘ入 高村氏

桃川村 千六百石 千六百石余 里長東西二別 東 郷士 浪人 伊香氏　●柳沢与十二村　柳沢村 千五百七十一石四斗 与力 郷士 浪人 廣田氏

入野村 七百三十石　山田中村 六百四十石 帯刀 福知氏　蔦尾村 三百八十四石九斗三升　都志本村 高 支配 勝矢氏

都志浦高　深草村 四百五石　草加南村 四百七石七斗七升　同中村 四百石

同北村 五百石一斗四升　高山村 六百七石　●鮎原組十二ヶ村　吉田村 四百十五石七斗六升 与頭 高田氏

鮎原上村 五百二十石　同中村 五百八十七石　同下村 三百七十七石　田処村（淮小高）百七十九石六斗八升 佃氏

都志宮村 三百十一石　米山村 二百十五石三斗四升　万歳村 四百五十石　別処村（卩）二百九十六石九斗二升 渡辺氏

小山田村 三百三十石　栢野村 四百二十三石 古ハ萱埜　塔下村（刀）五百卅九石 富永氏　●鳥飼組十二ヶ村

鳥飼下村 千二百二石五斗七升 与頭（郡）斎藤氏　同中村 七百廿二石三斗七升　同上村（刀）九百六十八石六斗 岡本氏　廣石上村

廣石古ハ牧石 五百廿八石三斗六升　同中村 九百九十七石六斗四升　同下村（卩）七百十六石四斗 片山氏　同北村 七百三十九石九斗

宇谷村 四百三十八石六斗　三野畑村 四百四十七石二斗　鮎原西村 三百六十二石四斗　南谷村 四百七十三石

角川村 八百石（○）木浦氏　称下郡 ○三原郡組之谷村 九十二ヶ村 村負百三十ヶ村 内七ヶ浦

並旧作列 ●榎並組十三村　小榎並村 千百七石二斗 与頭 剣本 真埜氏　大榎並（刀）千百十九石七斗三升 原口氏

西川村（刀）百七十二石八斗 富田氏　国分村 二百九石　中八木村 二百八十三石七斗　鳥井村 二百九石一斗五升

大久保村（刀）四百五十石 武田氏　社家村 四百十三石二斗　寺内村 三百八十石　善光寺村 九十七石

四

7

十ヶ処村 三百七十石　新村 二百四十八石 (刀)服部氏　徳長村 四百石五斗　●湊組 十四ヶ村

湊里村 六百十七石 与次 ○ 菊川氏　片田北村 三百八石三斗八升 (刀)別所氏　同南村 百四十八石五斗四升

口河内村 二百十石　奥河内村 二百四十五石 (刀)馬埜氏　鑪村 三百卅石八斗 (刀)天羽氏　佐礼尾村 二百九十六石 (刀)黒田氏

西山北村 二百五十八石六斗五升　同中村 二百五十三石　同南村 百六十石二斗　中島村 六百六十七石五斗

(郷)浪人 別所氏　難波村 二百廿七石　松本村 三百十六石七斗九升　志知北村 四百九十三石一斗四升

●塩濱組 十二ヶ村　西路浦 六百七十石四斗九升 与次 高田氏　志知川浦 (刀)六百七十石 船越氏

高屋村 五百三十石四斗　塩濱村 百十八石　江尻浦 三百十二石八斗七升

北方村 八百五十石　宝明寺 高十六石五斗　古津路村 二百十五石一斗五升　湊浦

五百九十石三斗 居り帯刀 林氏　津井村 六百三十石　丸村 九十八石　●委文与十ヶ村

庄田村 四百五十石 与次 加地氏　神道村 百五十五石　委文中村 (刀)五百二石六斗 柏木氏

高村 (刀)二百二十石五斗 舟越氏　流川原村 三百四石七斗　長田村 四百八十六石三斗　土井村 三百五十五石 五斗七升 瀬川氏

安住寺村 (刀) 古名 助吉村 三百廿五石三斗 納氏　上堺村 四百十八石五斗五升　下堺村 (刀) 五百九十石 最上氏

●掃守組十ヶ村
下八太村 四百十四石三斗
松田村 古ハ下八木村ト云 三百七十八石
慶野村 二百石 (刀) 武田氏
伊賀利村 千卅八石一斗七升 与次 仲野氏
三条村 四百三十七石
長二人 (刀) 山口氏
五百八十石余 (刀) 白河氏
四百四十二石 九斗六升
小井村 百十石三斗五升
筒井村 七百五十四石五斗 与次 田村氏
同塩屋村 千十五石余

掃守村 八百五十七石 与次 多田氏
入田村 古ハ北小埜作村 三百四十八石一斗
戒旦寺村 九十五石六斗
榇田村 (同) 五百五十一石二斗一升 倉本氏
八幡村 高
飯山寺村 二百七十六石四斗
●賀集組十ヶ村
福井村 七百二十石
牛内村 百八十石四斗
新田北村 四百二十石
阿万西村 (刀) 五百四十石余 藤本氏
吹上村 二百八十石

上八太村 五百六十八石六斗 古ハ作上秦 ○ 安田氏
徳野村 百二十二石三斗
服田村 ○ 六百二十七石五斗五升 柏木氏
●市組八ヶ村
市村 六百卅五石二斗
喜来村 (外) 七十石 正木氏
阿那賀浦 四百石
福良浦 千石
鍛冶屋村 五百十三石 与次 賀集氏
賀集中村
野田村 三百廿石 長原村四十八石七斗 内ヶ原村 七十四石八斗 本斗余共ニ帰 埜田一村一都合
地頭方村 八百卅石三斗七升 長三人 (刀) 橋本氏 ○入谷氏
圓行寺村 百八十三石
生子村 二百六十石余
●阿万組十村
同東村 (刀) 九百九十石 榎本氏
上本庄村 千百石
下本庄村 五百四十石

伊賀野村九百七十石余　新田南村（外）六百九十五石　安田氏　同中村五百石余　●油谷与十四村

油谷村三十四石余　与次　奥野氏　黒岩村三十九石　惣川村四十五石　拂川村十三石四斗　四升

圓實村十八石　城方村三十五石　土生村十八石余　地野村卅石　仁頃村五十七石

来川村十三石　白崎村十九石六斗八升　吉野村六十八石　山本村（乃）百七石七斗　江本氏

沼島浦（外）三百四十石　長三人　多田氏　●八木組十村　外野原村　上八木村千百八十石三斗　（高）与次　柏木氏

新庄村百九十六石二斗　立石村百石六斗　馬廻村（外）百八十五石　水田氏　青木村（外）百卅六石　川瀬氏

冨田村（外）九石四斗一升　提氏　黒道村八十五石五斗　国衙村八百石（外）　藤井氏　斉川瀬村（刀）六百九十五石九斗　矢埜氏

浦壁村（外）百五十石　坂本氏　外野原村　鮎之草田村之　屠児邑之　●中筋組七村

中筋村千五百石　与次（外）　不動氏　徳原村七十石　前平村百四十二石六斗　池田村二百九十二石

木戸村二百四十二石　古ハ城門村　同新村二百八十石　同池内村五百八十石　●人金屋与十三村（割直シ新与ニ）

下内膳村八百二十九石四斗　与次　作口氏　上内膳村（刀）八百三石一斗四升　山添氏　金屋村九百八十石

納村八百三十石　[illegible]　石田氏　大野村七百九十石　鮎屋村四百二十石　山添村六百七十七石九斗

廣田宮村〇九百六十三石（奈良時）　奥畑村百六十一石三斗　宇原村七百九十石
上加茂村三百五十石　下加茂村三百六十五石　桑間村四百九十八石
両郡物計二百四十八村内二十四浦　此中十七浦津名郡 外ニ須本浦　同七ケ浦三原郡
外ニ　葺田村本名野原
〇屠児有之村　津田村九山　由良浦風野　安坂村持越
下司村　志筑中田　志筑濱傍示川　中内村　佐野村下村
墓浦村　育波村（寺）　浦村（寺）　岩屋浦　東来村
机浦　多賀村　高山村　万歳村　鳥飼下村
鮎原西村　三野畑村　神道村　下堺村　福井村
筒井村　沼嶋浦　八内膳村　桑間村（寺）　葺田村（寺）
京都六条万泉寺　辻本　桑間村泉徳寺　浦村万行寺
育波村宜勝寺　葺田村万宝寺　[下キ八]作萬法寺

六

○御制札場三十七ヶ所　○御番野三十九ヶ処

○池数四千五百九箇　○船数大小二千二十三艘

舊記云池舟等之員数古今可有相違不記何之年暦為調哉

且舟数者人家之年々如増暗ニ知多増益

○寺院百九十九ヶ寺　内真言宗百五十五ヶ寺

同法華宗二十二ヶ寺　同浄土宗八ヶ寺

同一向宗六ヶ寺　同禅宗五ヶ寺

○神社五百四十三ヶ所　内二社在須本

内八幡宮五十一社　同十三社延喜式内舊社也

○同寺号有之村々　○万福寺　鍛冶屋村　小榎並村廃　遠野村廃

中田村　郡家中村　○神宮寺　須本　桃川村　南谷村

賀集中村　上本庄村　福良浦　沼島浦

○地藏寺　須本　黒岩村　栢野村　○浄光寺　須本北方村

○光明寺　津田村内町　阿万塩屋村　○西光寺　沼島浦

三条村　北方村　片寺臣云　小山田村　上大町村　○法藏寺　市村

机畑村　○浄土寺　都志本村　北方村　○八幡寺　広瀬村　佐野村

○安養寺　（木曽原）一檜原下村　中津川村　塩濱村　○法華寺　桃川村　福井村

●常楽寺　須本　松林山竜宝院　育波村　松林山　相川村　古宮村　檜原上村

○観音寺　金屋村　（李）池内村　長田村　岩屋村　○蓮光寺

上内膳村　沼島浦　○春日寺　塩田里村　阿那賀浦

○寺号村名　圓行寺村　善光寺村　安住寺村　戒旦寺村

宝明寺村　飯山寺村　国分寺村　畧称国分村

七

日本鶴洲温故録　　月石　　渡邊皜揖録

淡島往昔名産及近世産物

○机駒　或云机浦近郷ヨリ出ル処ノ駒ハ蹄硬クシテ沓ヲ着ルニ不及ト

㊧佐野牛　佐埜ノ牛馬ハ山林ニ放捨テ皆野飼之或ハ牡牛與隆寺ノ山巓ニ群テ艸ヲ食ミ或ハ群馬小井ノ濱ヘニ出砂上ニ印シテ戯遊フ然レ圧日暮ニハ相牽テ山ヲ下リ己々カ栖ヲ覚テ自入ル其牛欄馬房佐埜ノ牡牛ハ性温鈍ニメ敢テ依無害人他村皆望之

○先山駒鳥　先山ノ幽谷ニ所産尤為ニ上品由良千草ノ山中ニ生ル者次之

○埜〔所〕島鵜　蟇ノ浦村海濱ニ生ル処ノ鵜其壱甚清調之偶有備ニ足ニ于水捻ヲ者云々　○三光鸎　仲埜氏曰在ニ由良浦ニ〔高田〕三光ハ日月星ト囀ル之或又有ニ菖藤ト囀ニ或人云内田山中ニ称ニ濡衣鸎アリ其囀韵趾于チ着ヨト云ニ似タリト以故ニ号ク

○岩屋鯛　処々雖有之岩屋ヲ得名風味他ニ非ス故ニ浪華ニ賞翫シテ價殊更ニ貴シ試ニ交他処ノ鯛送浪花則魚肆悉選出之云々

鳴門鯛又佳ニ経過鳴門者大骨ニ生瘤其負随越鳴門度数ニ云々

和爾雅　棘鬣魚　数名略　紅魚　赤女　見日本紀

○小滝鯛　和漢三才図会

鱗色不紅潤而帯微黒形扁ク長而頭不圓眼色鮮明也略類海鯽ニ肉緊味不佳此多出於総州小滝ニ故ニ号ク又泉州淡州多ク出之名知鯛　名義不詳

○武嶋女郎　出沼島魚也　皇高云武沼通用之

国花集　魚名也　皇高云　俗傳ニ桒武文供奉御息所ヲ過沼嶋漁人愛テ御息所之美色ヲ送ル艶書ヲ者多シ御息所投其文ヲ於海中ニ化而為魚ト故有此名　皇高云　此魚有二種其一云道薫坊或久曽土能相似而有少差其真者有頭于桐葉之金紋　兵庫名処記　曰建武之頃桒武文供奉御息所將下于土佐国畑時於大物浦遇賊難云々　武文モ又死海中為魚云有俗説　皇高云　此時ノ事是之太平記ノ趣ニ之常盤艸ニ委ク挙テ全文ヲ　皇高云　下キ八　云里俗ノ傳説ニ尊

良親王ノ御息所沼嶋ニ在ヿ三トセノ後京ヨリ迎ヘラル此片風浪ニ阻ラレテ舟ヲ発ダス
ヿヲ不得御息所思ヘラク海神我姿色ヲ惜ミテ籠ルニコソ迚自醜キ真ヲ画テ
海ニ投シヌ夫ヨリ風和テ舟出タリ其画像化シテ魚ト成是ヲ沼嶌女郎ト云
他処ニハ無キ魚也按ルニ此魚沼島ニ多キ者ナレバ何トナク名ヲ得シ也魚形頭大ニシテ
藻伏トモ云魚ニ似タリト云々又三原郡[或人所蔵記]文政中先山ニ寄附ス曰不破内親王立岩
音かゝイクタニ於テ断食シ終ニ海中ニ捨身化シテ此魚ト成[自高云][増鏡]藤原冬良公作云桓
武天皇ノ御女不破内親王淡路ニ流サレ玉フ事アリ若ハ此沼嶋ニ居玉ヒケルヲ御
息所ノヤウニ誤リ傳シニヤト云々此説ニ是時ハ太平記ハ妄説也或人ノ旧記ノ
説モ捨叵キ欤御息所ノヿ沼嶋名処ノ条下ニ牽合スベシ武文モ海中ニ入テ
蟹ト成トモ云ヲ按ルニ[唐土訓蒙図彙]云鬼蟹形常ノ蟹ニシテ甲ニ見ス人面ノ状
和ニ云武文蟹島村蟹清経蟹ノ類ノ如シ[本朝通記]ニ云細川高国為ニ三好
海雲ノ被殺高国之党嶋村弾正挟ニ敵士三人於左右而入海死或傳島村之

霊化而為蟹俗名謂之於嶋村蟹【髙云】又俗説曰平族沈於八嶌之海而
為蟹曰之平家蟹因云浮海澳鷗之属而大有称信天翁鳥其鳴声
義如人呼或俗云平家鷲平族浮軍艦於洋中聞此鳥之声而誤人之呼
取敗云驚於冨士沼宿鳥之羽音敗北之類乎又多所在西海之海帯有
二種一云縞羅一云安徳是或託安徳帝入水於西海之事而設名乎各
々人之謂化蟹者以蟹甲略似人面附會其跡而令名設説乎豊
太閤問曽呂利曰人皆云我顔似猿実尓否荅曰尊顔何似猿醜
面猿却似君之尊容云々蟹甲復自似其人々之憤面也耳

○鮟鱇　諸国名物出相模組合番附【髙云】其魚形平身大口如鰐口
無鱗類鱸魚頭上有釣竿竿頭有肉似餌埋伏周身於沙中起釣
竿微揺而待魚小魚寄来時忽開大口呑之【和爾雅】華臍魚泉州
府志云一名老婆魚中略其形如科斗而大者如盤呉都賦曰琵琶魚

二

無鱗而形似琵琶冬之初始出者俗多重之至春則味降矣今按俗云鮟鱇是也〔鶚云〕安康者安居之意欲依安閑待矣歟俗云無為安居如

〇宍賀鮴　処々在之阿那賀浦得名且云宍賀鮴無鱗相傳往昔高貴人適至之求魚時無鮮魚以已取鱗者贈之其人以謂阿那賀之目張無鱗終以虚名傳無鱗之称〔食鏡懐巻〕曰以其目張出号之云々〔鶚云〕鮴食鏡所云以其目張出号之云々其色赤黒有二種同属而微異也土俗呼赤者称ヤケ或ガ十此者口大目甚張出能合食鏡之説然黒者却称目張黒又有帯微金色者称金目張而味尤勝以三月為其候大サ三寸許黒者四時在雖大味劣

〇トベタ　（魚ノ名之）〔国花集〕出之〔鶚云〕文字且為何魚不詳或人比目魚欤

鰈魚東西浦皆在西浦貴七寸鰈尤机浦為第郡家次之仮屋浦木葉鰈有名（又落葉カレイトモ）至小者並乾為板（竪横平ニ八寸許）色黄有黒点如鐙

草摺帛嚢摺其銘累積而為進物至奇麗佳品者也微浸醤油焙
為飲儲味輕又由良浦寒製乾鰈大三寸許貫於竹串干色黒此
木葉鰈則至下品其味厚甚甘美〔故事要言〕太平廣記曰呉王孫權
魯泛舟於江食鱠弃其餘于中流化為魚名呉餘鱠又云膾残魚呉下畧
或越王乃食魚鱠以其餘投水中其一片活成魚云之王餘魚〔編者〕曰是
鱠残魚与王餘魚其説相似其魚二物也蓋按鱠残魚者白魚王餘
魚者鰈魚也〔島云〕訓加礼以者片破魚之畧語之又鱠残魚訓キスゴ白魚ト異ニ

○柳鮠ハエ　掃守川之名産也〔松苍云〕自岡山観音至戒旦寺村路傍在於河
水村民曰往昔此郷有市得貫此魚於柳枝而賣之故号柳鮠人今謂邑
有称市川原及市道名存且有市之本尊受涂恵比須大黒之小祠毎歳
正月十日祭礼有富突云云〔島云〕村民之説予不取之柳鮠名何起貫于
柳枝按此魚似柳葉形且河岸之柳樹其葉青々被河水之縁魚与

柳葉之影互相雜景色可其時候号之歟 柳鮑非独當州之名俳諧
出三月季諸国普称柳鮑紅葉鮒桜鯛之称相同
○鮑章魚 机浦海辺聯壺於縄沉海潮（曰之蛸壺）移時而引挙之則毎
壺得章魚一頭也乾日為鮑章魚味甚佳也 ○鱆魚〔皇高云〕章魚
東西浦共在望潮魚者東濱曽無有机浦得其名 飯鮹者（至小蛸）取之以栗
螺売雖索為蛸壺此章魚如強飯粒者充腹中因号尓頭両眼間
有慬以筆管点許之金丸紋也為下物時盛椀中於一頭至佳品也
○海藤花〔皇高云〕章魚之卵子也是又机之名産也為醢備貴賓之
珍饗卵者一条胞粒々附着而充如藤花因号 ○〔皇高云〕章魚之
属一種有奇異者乗舟而為遊海歴於波間抽惣脚而有二条之長
脚其脚帯扁似櫂艪之形以之盪揺而行舟也舟者類貝甲其色
潔白也外辺有斜高低之条目舳者巻似唐船之形譬小章之戯物

如レ是稲篭(ムギワラカゴ)ニ甚奇巧也予ガ所レ見者僅ニ三四寸許

大者宜レ為ニ釣花瓶ニ是予先考所レ語也至稀物

也古来未レ見ニ諸書中ニ先考所レ見者不レ許也

其貝甲私号曰ニ章魚舟ト下ニ国ス

○志築（魳腸醢也） 和漢三才図會ニ曰鮑(カスス)形小ニシテ不レ過ニ三四寸ニ有ニ（島云大者七八寸）色淡黒者

脂少其腸作レ醢ト名ニ志築ト自ニ淡路志築ニ始メ出得レ名今尾州勢州ノ

産亦佳也 和爾雅 梭(カマス)魚 梭子魚 梭仔魚 正字通 魳又䱡

字書 鰊 鮻 鰱 魳 梭魚

○鰻(ヒシコ)魚 島云 岩屋浦ノ名産也彼処ノ産者亘レ月不レ変ニ青色ニ

干鮮魚毎歳自ニ国君御ニ献上于東都

○雑魚 島云 方所ニ在ニ不レ遑アラ挙ニ品種ニ洲本ノ蝦(エビ)苗(ジャコ)其味厚福良ノ鰯(チリメン)紗(ザコ)魞又佳ニ

○浅蜊 三才図會ニ曰正字ナシ詳（中略）其形色似ニ蛤蜊ニ而小其大者一寸小者

四

四五分有灰白色有紫斑黒斑花紋文之華処々皆有之惟摂泉
播州希有耳東海者少

○貽貝（イガイ）玉篇黒貝〔皇高云〕多ク産於福良海中ノ岩間以如毛髪於数条之糸繋
貝甲於岩間貝甲外黒内ハ白青光其肉有赤色又有淡茶色大サ四五
寸薄江之貽礒及由良生ヅ石虽有之不多福良漁人自臘月初春
之間多採去売日々提於須府及諸方当辺称イ貝独福良号
ユ貝〔和名集〕一名黒貝〔和爾雅〕淡菜（イカイ）殻菜　海蜌　又号東海夫人
〔皇高云〕其貝因髣髴女陰形夫人之称因之因云木通（アケビ）号山女此子實
熟烈之形又爾海風称海男子又象男根

○蝛蜼（タイラギ）〔皇高云〕俗云烏帽子貝又太刀貝介甲黒色形類貽而大サ尺余
如見立烏帽子仮屋浦以網多取之肉多味甚美

○辛螺　○栄螺　共〔国花集〕出淡路産物　皇高曰　良栄螺当州ニモ在湯崎

㊇海松喰ミルクヒ　正字通海蛏　淡菜　多識編淡菜　㐮高云以上之字
已ニ訓ニイガイ又為ニ海松喰ニ然ニ二物大ニ別種之故ニ仮ニ設ニ海松喰之
字而別ニ之此貝在由良ニ漁婦伺ニ退潮ニ掘レ之大サ三四寸貝甲灰色
有ニ皺条而甚麁之両片相合閉而猶僅存於潮吹内出之穴ニ其潮吹
有ニ副皮ニ湯煮而脱去之甚味甚甘美之

㊀沖具　漢字不詳　㐮高云是又在由良ニ大躰類ニ海松喰然無ニ潮吹之
穴ニ其味比ニ海松喰ニ則稍淡薄之

〇車渠ホタテガイ　和字雅車渠シャクシガヒ　ホタテガヒ海扇　仝又別種魁蛤アカガヒ　キサ　イタラガヒ魁陸　蚶
天鸞　毛蠪子　並仝　正字通イ部蚶子イタラガヒ　板屋貝イタヤガヒ　文蛤　ホ部帆立貝ホタテカヒ
車渠　ア部蚶ヲゴヒ　魁蛤仝　和名集イ部文蛤イタヤガヒ　文貝仝　多識編ホ部
車渠ホタテガヒ　異名海扇　ア部蚶　蚶ヒ　蚶仝　魁蛤仝　㐮高云イ部ホ部八㝡為ニ同
物赤貝者別種之由良港中水底右海扇ニ其形似ニ扇或作ニ杓子ニ又

五

此貝以甲以半片凹者為舟艇、蓋片平直者為帆走水上云、其肉色

赤ク、柱肉ハ白而甚太シ、柱与貝肉相半ス、且柱肉柔又甘美、等海老肉、其味

却勝貝肉遙也　○海鼠　皇國云　海濱渾雖有之、不如於福良及

由良港中産宜、色蒼黒肉肥太而柔之、其味尤勝他諸方之産、若多邑

赤肉不厚、不堪為脹煎、按脹煎之名者、可始於福良濱饒鯛之如始

於塩竈一列、所漁之海鼠悉集於福良會屋（トヒヤ）而為煎海参（イリコ）、而公收ス後

於長崎交易ス于蠻船　海鼠異邦絶無産者、平為交易煎海参鱣鰭之漁、須每時有命令

○汀松菜（ハマツナ）　生於由良港中洲崎濱水陸際、無有於他処、非水生非陸生

常出没於干満潮故、青茹（エグ）之時須臾不浸水則甚鹹辛、或臭軒式船（サシミ）

醋醤為齏（アヘモノ）、内田濱畔有似之者、又呼濱杰、非水生、初生頃摘而代用、然長

尺許則葉頭尖生刺、由良産者僅不過二三寸、且非自生、而蒔園圃、有同称

者畧相似、故仮名乎、是又不如真濱松

○塩屋萊菔（ダイコン）和尓雅有教字畧　塩屋大根負　○内田霜下菁（シモカヅキ）　皇国云　是ヲ堀入（ホリコミ）
ヒモ云経霜不糊其根至太甘味厚蒔之圃園（洲字中）　舊都甘藷畑之中葉代ニ
蘿菔多殖ス々大根淹菹（ツケモノ）ニ儀積送于須府良賤争求普称内田大
根ト終ニ壓ニ塩屋之名　○濵牛房　自ニ生於濵畔ニ其葉有刺而類ニ
薊（アザミ）葉花又相似取根煮食香氣勝ル尋常ノ牛蒡ニ遙ニ近時由良徒
争掘絶今有甚稀ニ　其余濵　蔄萱濵　莵豆杀在　○防風　菰江濵ニ在
○牛蒡　長沢机ノ畑　佐埜ノ支落奥隆寺自此三村ニ出ル牛蒡最
長大也世上普称或長沢或畑或佐野牛蒡
○蒺莉（ハマビシ）　松花云　一ト書有記産ニ諸国珍草ノ金説題　皇国云　金説題ノ三字不可暁玉篇無金字
物産国書　其書中出ニ蒺莉ノ図註云淡列生古茂江ノ濵
物也云々　皇国云　蒺玉篇ニ七ノ疾黎ハ棘草ニ之莉（ケガマビシ）菜草ノ名

六

○海髪 和名以木須 或作大石花 和爾雅 又云小凝菜 本草所謂馬尾草乎

阿州淡州備州有淡州者為勝長尺余青色而甚細纖也乾則紫黒色如乱髪注水暴晒則潔白也煮之則凝凍如石花菜蒟蒻餅葦盛浅器冷之定而纖截之和醋未醤食之味淡甘美最為上品俗傳曰煮之者勿語如吐戯言則不成也按室津産最上品由良産次之由良賣婦多取之賣国中泉州産至下品由良者乏則求之偽為由良産

愚云 室津産未聞佳由良産元虽勝室津其有不多而不充當於国中故以泉州産称由良偽賣故自所降佳名也虽称由良海髪由良賣婦多採於内田海野左内田産勝由良然不多有内田中猶依其地有好悪云諸州中産甲天下号之凝凍最絶品泉州其産処地浦々濱々無所不在撰其宜則當州産不多譲以其不多求下種故難烹熟海髪長崎地称右京都云内田海中一種有号松海髪 似松葉小 勝尋海髪遥烹而凝凍則密

理而頗有光沢裁為薄片結之宛如翡翠自由而敢不砕其産至少

按右云蘇海髪于大石花者似混誤　和爾雅　海髪（イギス）見和名抄又云小凝菜　凝艸（コヽロフト）見延喜式或云大凝菜

○今按所出于国書石花菜即今云凝艸之然与綱目説差異之　又和爾雅　石花菜（ミル）見于本艸綱目

○龍鬚菜（シラモ）（和名於胡乃里）（多尉）（カタノリ）　時珍曰生東南海中石上叢生（中略）形如柳根（中略）

以醋浸食　王氏彙苑曰（上略）色始青居人取之汰（ケハ）水乃白　順和名　本朝式曰（上略）

如乱髪而青色東海多　或曰如乱絲而青色長一二尺余之過時変蒼

黒色用銅鍋煮之色青如活（キ）東海諸州多之備前淡路弥多曬乾為白

藻　自高云　由良内田海中生之右采之云不可解或采泔之脱字且用

銅鍋煮之云以曬者煮之則稍畳似海髪兼而不堪食我土所嗜只

曬乾貯置臨時少浸水絞而以醋未醤為下物而已

○海雲（モヅク）　三才図会　海蘊　云俗用海二字状如乱糸青黒色柔滑

長数尺生石上浮水上将採之而滑難得仍用鮑空貝刮取之阿州

鳴戸泉州岸和田及紀州之産肥大、為佳和薑酢ニ食之 皇高云 内田海中生石上採醃之貯為臨時之速儲味多不降又一種有藻海雲寄ニ生於藻稍ニ小細味不及名産

○裙帯 万葉集 稚海藻

○正字通 若和布 多識編 石蓴(ワカメ) 著聞集 鳴門ハ能キ和布ノ上ル処ニ云

皇高云 岩石多ク所之挟間生石上ニ福良鳴戸ノ産纖ク細薄而柔軟之是ハ鳴門激浪之潮勢所採故也尤無比之焙乾為密粉殊更佳之春時賞翫ニ貴テ四方由良生石(コウトモ)産為枝乾婦女普運郷村交易米穀

○鹿尾菜(ヒジキ) 正字通 鹿尾草 羊栖草 多識編 鹿角菜 和爾雅 鹿角菜(ツノマタ) 猴葵 仝 鹿尾藻(ロクビサイ) 皇高云 由良生石 内田長町 福江飯磯各産殊飯磯ノ多ク生ス十月夜干汐ノ后浮寄採之

○沼嶋苔 常盤艸ニ云 紫菜(アマノリ)ヲ細ニ砕キ薄クシテ干タルヲ沼嶋苔ト云又神仙苔ト云 和名抄ニ紫菜(ムラサキノリ)ヲ神仙菜トアリ 近時由良新川波戸崎ニモ生ス

○小鼓苔　［和名集抄］海蘿　粉苔　［正字通］布苔　［皇高云］是又
福良鳴戸ノ産如細毛長不過九寸　○青苔　［和尓雅］陟釐（アヲノリ）　石髪　石衣
水衣　水苔　並仝上　［皇高云］是ハ池川共ニ生スル土俗アヲサト称スル者ナルベシ次ノ乾苔ニ可考合
［和爾雅］乾苔（ミヅノアヲノリ）　海苔（アマノリ）国書　［皇高云］陟釐有テ又別ニ海ノ青苔ト出セハ前ハ青紗カ
○青紗（アヲサ）　［皇高云］此物青苔ノ種類也　土俗アヲサ或海藻（カイソウ）ト云然レド
○浅瀬石ニ有旅堅葉者類ニアヲサ太ク麁ニ不堪食
［正字通］海藻ノ字又与和布為同訓未詳正字此物生浅瀬ノ石上而如被
青紗ノ仍仮設此字別青苔此物又有産河水者水生者為毒不食
青苔者河水潮水行會ノ界得淡鹹之気生在福良浦及塩屋川ノ流近歳須
本ノ賈人多採之或延乾為板雑名鶯苔印記割烹ノ用法於京畿商之ヲ
或為進物尤愛其色ノ浅緑如云鶯茶　○雞丫（トリベタ）　内田生長町礒
類雞冠菜（トサカノリ）細剛其色鈍黒帯茶色烹食不堪賓饗
○上山茶　［皇高云］古来雖載于名産今無称當時中条村之茶備　御膳料

八

淡之内田村勝佐穀子充實秤量重過于他村者
或人曰此木淡路大和有之在他州稀也朱實纍垂如乱珊瑚珠　○飯梧イヽギリ
○苦竹　[国花集]又出之　[和爾雅]苦竹（アハタケ・マダケ）　或作箬竹　[皇高云]真竹ノ畱
其味甘勝淡竹（ハチク）帯微苦　能蘇熱去其苦味　仍号苦竹　按往昔永禄中小田村住
士小田将監郎有大竹叢其頃農歌謡曰　小田のゆふべはこゝろし
まさよ大井薮のお盥ゝ毎く　其余竹叢釜口奥畑等今猶在
曽聞鮎原有　公園大方一町許其林叢下吏奥村氏放飼数百羽
雞於叢中日々取集雞卵得利不少且拾脱蘀（筍衣）也売之家族
為篗衣料以枯竹充年分薪云　○志穂竹　[皇高云]未詳漢
字或皺之意乎（八木通音）　此竹膚有高低條理性至堅竹子其味甲ニ諸竹五三
竹次之好事者好為挿花筒甚雅（洲府在城中其他有稀之）　[松苍云]近比江州人
春賀不動院乎得淡路之志穂竹造挿花筒請之銘于縉紳家即号常盤友

見記ニ和哥及序詞ヲ於懐帋ニ曰　淡路の国に志路(?)といふ寺に
ほりせし侍つての事倉之蔵ありあるとなかれたる新たに作り
てみるとおもむけ君のまなびのねりあるまし新たなりせしなかし
数々と有よ読して常磐の名をおつく
養せしめまなびにあてなしと又詞よりよく作るに絵に寄りせよ
日埜大納言殿
資愛

○煙草　[下十八]　裏木村ヨリ出ス　[皇高云]　福井村ニ高萩ノ名品アリ然レモ
至ツテ少ク四方ニ播ルニ不足　高萩ハ畑ノ号之

○檣　柏原山多出之　[三才図会]
志木義　武藏　伊豆　淡路　丹波　播磨　多出之云々　[皇高云]　南灘舟
内田舟　盆節比岸前　自柏原山所出檣ヲ運送於大坂堺和哥山
徳嶋明石等商之者皆自内田并天河濱積出之　土俗云檣四季ニ出芽云専用喪家為仏供者依悪気嫌ノ訓乎

○武島百合　[杦苍云]　花金色而垂下向其葉如車輪廻着于茎三段許
荅経四五日発―

○沼嶌艾　イ　[皇高云]　是如称伊吹艾、当州以沼嶌相称土俗傳云凡八者馬蹄所踏者其功能不宜江州膽吹山無馬蹄登至沼嶋又嶋中不畜馬（児女輩不見生馬者往々在）故勝他艾【玉篇云】艾草名可灸病説文冰臺也博物志削冰令圓挙以向日以艾承其影得火故號冰臺一名醫艸陸佃云醫用艾灸一灼謂之一壮以壮人為法老幼羸弱依此量力減也又老也五十曰艾言髪之蒼白如艾色也又少艾又幼艾猶言少長也又頤艾養育也又過半也又安也【髙尚云】以眼鏡向日所移其影有中心于豆粒許日光徹以艾置其處則自然燃也氷又似眼鏡而能明徹也其理一也

○薬草　【仲埜氏云】當国山野所生薬艸可有数種　人参（髙尚云在柏原山）　沙参　桔梗　芍薬　牡丹

地楡　萎蕤　黄精　忍冬　香附子　細辛　杜衡　車前　麦門冬　紫胡

遠志　半夏　射干　夏枯艸　天南星　五味子　山薬　百合　栝蔞　馬鞭

稀薟　草甘（顛倒スルカ）　竜膽　瞿麦　木艾　白頭翁　香薷　独活　苦参　茺蔚

旋覆　蒴藋　商陸　墻蘼　通草　蒲黄　海藻（葉）　石斛　菖蒲　牛膝
白斂　天門冬　徐長卿　石葦　蘭草　沢蘭　蘿藦　劉寄奴　蓁皮
鬼箭　此余可有数種　○蔆陵香　延喜式 卷十五 内蔵寮諸国
年料供進淡路国蔆陵香大二十四斤三十把　大和本草曰　蔆陵香ハ蕙草根也
又曰薫草生所謂蔆陵之山谷香草之、往昔有此草乎今無有採菜
廃已来無見知人歟　大一斤　拾芥抄曰十六両　小一斤ハ三斤
㊁ 松毬（チヽリ）香　皇国云　慶埜濱松林有名称千々里松群松中只一本之其松毬（マツカサ）至小
也近歳採之製于香具収函記銘而商風客價方金一片之茶席為
佳物其白云奇願海寺住侶製之登京都争求甚珍賞スト云ヨシ一時
偶遊松帆浦僅残毬得少許袖中帰然不知其製法故空為湮墜ト
㊀ 真松　皇国云　自内田積登於大坂毎家所供竈神松也或云荒神因云東都
高名ノ哥人宿屋以盛一時参詣于讃州金毘羅之時宿舎主人曽聞其

高名故請求飯盛云只今仮令吐秀逸難知為孕句則奥山先可奏詣
其間足下可極置題号与文人交々工夫難題設荒神松霊之題出之
言下飯盛吟曰　ゝゝ寫をさし高とりまかへ宝来神杉ゝ結目書て
云々　各聞之暴感称云々　○天馬　穴賀浦支落草加ノ
海有之今偶有出其形如海松又如乱髪似石花菜有腥気以出類乎
或海松歟不詳　邂逅入網中而上南灘沼嶋ノ海又有出此物金傷煮
服則有奇功云　増海鬼灯　夏日　夏日出須本海底児女
用其腹于小竅合口吹之為戯物吹則発偶有々々壱曰海贏之
卵子之付海底石上
○妙勝寺納豆　釜口之献上　国君例之
○飴　須本下水筒街藤屋喜兵衛　其家之国君より献上東都
○煎餅　国花集　出煎餅飴　旧記云予小童比須本府以粳米製之或円形
或有象藤花形称之藤煎餅　時去世移今以粘麪粉納銅模範焼製之

㊮縐羅温飩 [皇国云]須本鍛冶街桑嶋屋孝吉製之五彩而長尺巾二分許厚サ如尺長用有皺而宛似女子飾髻鬘物上至奇兼可收函為進物 ○淡路墨

墨ニ往昔名産歟今無有製墨者 [新猿楽記]藤原明衡著述諸国土産部ニ記淡路

○土器 是又今無有製者

○委文布 有清條ニ号ニシヅノ [皇国云]賤布ノ略訓ナルベシ上古自倭文庄織出而貢献之

[延喜式]巻之七神祇部 淡路国調物中ニ倭文三尺木綿（麻名）一斤云々

[俳諧志都織]曰倭文庄倭ハ委ニ作倭ノ略字ニハ古ヨリ倭文布ヲ織出セル名産ニヨリテ名ヲ得タリシニシトリハシヅヲリノ略訓ニ [同書]修竹庵伊勢氏雅号ノ跋ニ曰シトリメが手引ノ糸ノヨリノくニトリソロヘテ四季ノ花鳥アヤ（文）アル業ナルベシ何カシ朝臣ノ古今ノ表紙ハシノブ摺モテ台ラレタリシ今此集ニモ華ニ此里ニ織出セル名物アレハ昔ヨリ神ノ捧ケモノニモ力（闕）又コニトテ志都織トハ名付ラレ侍ルニヨリ

志都織の味ヶ様しそ者ふ業 ・ 修竹廬

○木綿（モメン）　[皇國云]（木綿ノ異名讀ヲ名トセル之　葡ノ字ノ音ヲ通ニ名トセルニ全）志筑生穂佐野等多織出而登
於大坂近世絶為機知習
○白石　[皇國云]是不詳何処産内
海濱雖有之不多雑砂中五彩相交而在或鳥飼平
○五色撒石　在鳥飼下村救称赤岸処（トキハ詳之）可考合　[皇國云]鳥飼（里長）齋藤氏
家記曰承應二年六月廿三日讃州松平右京兆之為所用浮官船来
於鳥飼濱辺拾白石以国制故里正久兵衛急至須府訴憲官請令
令直馳帰謂彼舟吏曰呈貴輸於監官而後宜拾之舟吏終不拾去
○温石（ヲンジヤク）　在沼嶋海濱磯根巻皆此物也採取之国禁也　[大和本草]曰
山東通志曰温石出掖縣色兼青白潤膩如玉味甘無毒可滿（来）未物日
本有温石云此物白少青柔也是所載山東通志与中華温石可同物附
温石抹于指腹劃弦柔軟如夏月是温石性可知熱用他石則不然焼温
石灌塩水包布熨痛処尤佳又焼為温肌層用他堅又可也然不如温

石ノ脱字カ

石之能［本草綱目］不載温石然有燒古磚是又温石也［證類本草］曰久患下部冷久痢腹傷下白膿燒磚并温石熨及坐之並瘥但取堅石燒暖用之非別有温石也今按諸本草不載日本所産温石也

○平林石［鳥高云］在平林村洛陽清閑石之属也植草木置盆水則能吸挙水而生育花葉堪愛翫

堅磐草
庚申之巻九

日本淤洲 淤島温故録

庚申巻

○明和元甲申　重喜公御治世　御両国専御新式行セラル諸士其ハ格ニ應シ言礼文礼式法ノ御定有テ甚厳重ニシ皆常ニ稽古之様服字真艸行ハ勿論数種ニ分別ス　時ノ寵臣林建部振権勢ニ其ハ第宅新営ニシテ至テ花麗ニシ解舎門扉ヲ二処ニ開キ各出番処ヲ構ヘ
其費用林氏ノ御用金ト称シテ往々諸方ニ募セル當時此人ノ勢ニ威勢ニハ飛鳥モ地ニ墜ベシ御新式止テ後空宅ト成東都　侯邸回禄ノ所毀テ江戸ニ送リ以之再興ス
林氏ト稲田元老トノ二家ヲ称御大名　旧式ニ復シテ後林ノ嗣ハ歓太郎ト云　是ニ次テ河瀬要大〻モ又愛臣ニシ其邸宅ハ義之　佐渡ト改名邸ハ後　侯ノ御三男蜂須賀駿河君御ト名之繼須臾御在住後又御四男仝大和君御入住
此時須本外郭ノ外隅ニ寨火櫓（ヒミヤクラ）建廃毀ノ後礎石暫ク残レリ

○由良新川堀同年春三月　公義ヘ願ヲ江戸表願主下物部村庄屋佐野助作志筑浦並屋助右衛門須本才七街商家石濱屋半兵衛別ニ酒肆玉屋ノ号アリ　以上三人ニシ同二年川堀始ル　由良ノ男婦及諸方ノ日雇群リ

集テ土ヲ運ブサマ誠ニ蟻穴ノ営ヲ見ルニ不異遠近四方ノ観容日々ニ袖ヲ列子袺ヲ引テ賑シ稍深クナレバ踏車ヲ以テ水ヲ漑テ鋤簾ヲ以テ土ヲヒヽ巳ニ水底ニ至テハ舟ヲ浮ヘ鉄ノ輪ニ刄ヲ磨テ袋ヲ付長キ柄ニシタルヲ以テ水底ノ土泥ヲ堀ヒヽ舟ニ積テ他処ニ運ヒ捨ツ日庸ノ首領大坂ヨリ三五郎尾州ヨリノ茂八ト云者来テ衆庸ヲ指揮セリ時ニ中良ノ海人ニ阿夏ト云女アリ川堀流行ノ唄ニ曰阿夏馬ニシテ三五郎サシ乗セテ尾張茂八ハチヨイトセ尻把ノヲト謳ヒ連レテ土ヲ載テ運（三五郎浪花ニ帰テ後願フテ天満社地ニ隣テ東照宮ヲ花美ヲ尽シテ経営シ自ラ守祠者トシテ諸人ノ拝処貴賎尊卑ノ席序ヲ別ツ是賽銭ノ寡多ニ基スル処ナランカヽル処ニ不正詣氏貴賎ヲ不論大社ニ詣ルニ如ジト不評判シキ）同三年四月新川全ク成就シ諸州ノ船舶輻湊シ日々ニ繁栄大ナレバ佐野氏願テ仝四年中津街ニ青楼二軒ヲ設（一ヲ紀国屋一ヲ平野屋ト云フ）遊女妓児数多ヲ置滞泊舟郎ノ尉屈ヲ慰スル処トス層楼昼夜酬宴絃鼓哥舞シテ常ニ賑シ遊

夜一

女数多ノ中紀国屋哥木花名ヲ得タリ且藝子力女ナル者遊冏麗シテ後須本友桂浪花ニ携去テ妾トシ客舎ニ相共ニ住テノ棄リカノ青楼壮ナル比ハ須本ノ府　郡監（コホリテダイ）主簿ヲ与力ト改称シ諸局面ノ名當何ノ某様御与力何ノ某様ト書（一代書用文章曰様ノ字ハ本朝ニテノ様ニテ嘲ノ様ナレバ常ニ用ルコトナシト云リ此説ニ尤ニ似タリ）侍ニ准セラル（其節ニハ士ノ中ニ小従人格ト云アリ今ナシ）由良一村ハ引離シハ別政ト成郡監ニ不拘監官滝川恵三郎（本藩ヨリ轉居）与力純（スミ）友藤作（是モ本藩ヨリ滝川ニ従ヒ来ル）同柳原音右エ門（素ヨリ由良ノ住人ニ今御里郎監官ノ使番也）（同心五人）牛尾忠助小林慶藏（右ニ人新式止テ後須本郡政ノ御用函擔ト成后淳御番人）浅野和田八（今柳原ノ同後タリ）渡未佐作（后須本先隊卒トナル）近藤加藏（后宍賀下見ノ贅丈トナル）之輩塗笠ヲ冠リ鉄鞭ヲ服挾テ街條ヲ巡廻シ非常ヲ禁ム且地民ノ青楼ニ遊フヿヲ御制禁ト雖若徒ハ忍テ遊フ者無ニシモ非スモシ来往ノ次デ遊舎ノ軒端ニ立寄戸外障子ノ透ヨリ内ノ容子ヲ伺ヒ覗クヿヲ見テ同心是ヲ叱セリ然ルニ渾新式中ノ事ハ古式ニ復スルニ付同六年總ニ

三年同ニシテ妓館ヲ廃セラル　因ニ云其后文化中ニヤ有ニ隣国紀ノ和哥山掛
造街ニ青楼三十宇許軒ヲ並テ建連子其裏側ニハ早人ノ遊フ処数ヲ知ズ構シカド
地民是カ為ニ蕩却ニ至ル者多ク加之家中ノ諸士是ニ淫レテ食禄ヲ弃武ヲ忘レテ妓ト死ヲ
共ニシ或ハ逐電ノ輩ホアリテ国ノ衰微ニトテ幾許モナク廃セラレヌ其頃常舞ノ芝居
有ケルガ是ハ今ニ残リテ年々折ニ触テ興行アリ文政九ヨリ明石ニモ又常芝居始レリ
偖新川願主ノ三人ハ新川全ク成就ノ勲功ニ依テ帆別銭　寂初新川企ノ砌莫大ノ費金ナレバ上ヨリ江戸
廻船取持ノ豪家ニ募リ是償シム故ニ約束ナレハ菱垣船ニハ帆別銭ヲ不取　取立上宰ニ命セラル　下卒二人　助右半兵共ニ苗
字帯刀ヲ許サル佐野助作播支義　後改喜六　島田助右エ門正通石濱半
半兵衛方枚ト号ス年席拜謁ヲ許サレ式日ニハ履奚（ゾウリトリ）ヲ従ル　賜二口食二置
新川ノ隄頭ニ官舎ヲ建三人一月宛輪ニ勤ム　道程擔夫二人ヲ賜ヒ二荷ヲ持シム　右佐野島
田ハ里正兼帯ニシ助作名ヲ喜六ト改テ予ニ語テ曰嗣子金七ハ先祖ヨリ
七代ノ孫ニシ我ハ六代裔ナレハ喜六ト改メヌト然レ氏其祖何ニ出ルフヲキヽ
洩セリ播姓ニシトゾ我友ト田又太郎　重房俳呼ハ東五楼泛山　曰助作自白テ名ヲ
島海刑部九衛ト改度旨願ト虽不許セ是ヲ恚（フクミ）懐テ却テ鄙下

東二

喜六ト改シトゾ鳥海ハ橘姓ニ出ルヤ否未考由良ニ通ル比由良四街外ノ
三昧ノ辺群碑ノ中ニ先祖ノ碑石有べキ筈之トテ古碑ノ中ヲ捜索
シ一ツノ大五輪ヲ見テ是之トテ室改造ノ雨露ノ覆ヲ営セリ（其費用一貫自許）
其比已ニ老齢ナレ氏甚健躰ニシテ雨後ニハ危屐（タカアシネ）ヲハキテ駈牟ノ嶮路
鹿城山ノ絶壁ヲ昇リ降リテ（此絶壁通行ノ諸人難渋之トテ石工ヲ召連假糸ニ至リ自點撿シテ足掛リヲ彫セ末代ノ慈心ヲ施遺セリ）
洲城ニ往来セリ其路常ニ手ニ珠数ヲ不放助作性度量遅フシテ
新川點撿モ皆此人ノ肺肝ニ出タリ其子金七度量父ニ超越セリ
父ニ先シテ死去ス金七ニ男子アリ兄ヲ兼蔵ト云里正金七ノ跡ヲ
継リ次男次郎三郎ト号ス別ッテ二家トシ帆別方ノ名跡ヲ譲シ
ト祖父助作ノ継子トス然レ氏兄庚蔵早世ニ依テ願ヘテ次郎三郎
里正ヲ兼帯セリ其ハ子（又助作ト改称ス妻女ハ明石ノ家臣太田）
市右衛（奉禄百石）女文化十五年娶之道程打物ノヲ持シム

○御新式中本藩御城下ヨリ半里程許南大谷村（同名三処アリ其一ハ板野郡高二百五十七石七斗三升七合其二ハ勝浦郡高六百十九石九斗四升八合其三ハ那賀郡高二百十八石八斗二升之茲ニ云大谷村ハ名東郡之）之一村ヲ一郭トシテ新館ヲ営セラレ郭内ニハ金殿玉楼ヲ建並ヘ五歩ニ一楼十歩ニ一閣又菱ノ茶亭アリ菱形ニ堀ヲ鑿チ其中央ニ菱亭ヲ設ケ畳ニ至ルマテモ菱形ニシ画棟朝ニ飛フ南浦ノ雲朱簾暮ニ捲ク西山ノ雨実ニ阿房宮滕王閣ニモ比スヘシ或ハ櫻山ハ居ナガラ吉野ノ春ノ色ヲ眺メ或ハ紅葉山ハ歩セズシテ竜田ノ秋ノ錦ヲ見ル又杜鵑花山ハ雨ノ間ニ紅ヲ繙キ四季ノ詠ヲ別ツ一日之内一宮之間ニ而気候不齊御浴室ノ廊下ハ唐木ヲ磨テ輪橋ヲ架シ上ヨリ深紅ノ索ヲ釣下シ行水ノ手弱女微風ノ春柳ノ気力ナキ風情ニテ彼索ヲ力草ニ反橋ヲ昇リ降ルニ滑転ヒテ浴衣ノ裾ヨリ雪間ノ若菜ノ生初ルガ如キ処ノ仄脇ノ面影ニテモ思シヤラレツヽ此方ノ亭ニ鉄刀木ノ脇息ニ凭セラレ煙輪ヲ吹ナガラ是ヲ興ジサセ玉フハ寔ニ

庚二

喜見城ノ楽ミモ此上ヤ有ベキ邯鄲ノ枕モ用ルニ不足巫山ノ夢モ何ソ羨
ニ一肌一容盡態ヲ極メ妍ヲ縵立遠視而望幸ト云如ク幾多ノ陪寝侍
児愛幸ヲ蒙ル者不少中阿時ノ御方ハ（粱田次郎左エ門女）御寵偶厚ク御本室ニ
准セラル（其名ヲ避テ其比ハ朱鷺ヲ殺スコヲ禁ス）（致処ハ稲ノ名ニ）衆母ノ御子数十人（後族大夫トモ成玉フモアリ其部家相ノ下ニ着中大夫ト成玉フハ其列ノ上ニ席ス）
郭中ノ庭際老雀雛鳥常ニ馴遊ブ池汀ニハ鳧雁ノ屬友ヲ呼カハシ群レ
リ大谷村ノ農夫ハ皆御扶持人ト為帯刀ヲ許サレ郭内ノ田圃ヲ諸鳥ノ
為ニ耘リ耕シテ舍鳥ノ啄ミ餘ル処ノ米穀ハ其百姓ノ得分タリヨモ一時
其郭外ニ至リ徘徊シケレ氏郭内廣漠ニシテ一宇ノ眼ニ遮ルナシ向フニ
野橋アリ其橋上ニ登臨スレハ遥ニ山根ニ沿テ殿宇ノ仄ニ見ヘシカ氏
遠望其文ヲ不分世人　大谷様ト尊称ス然ルニ　公義ヨリ御
不審アリテ同六年　重喜公御隠居アリ後大炊頭ト御改名大谷邸
邸ヲ廃毀シテ他邸ニ移居シ玉フ（号養老軒）斯カル有ハ尊貴ノ上ノ御趣ヲ下民

蠢爾ノ身ヲ以テ争テカ是ヲ知ン只耳有テ衆口ニ謠ク処自ラ耳底ニ止リ瞌ト成其虚実ハ不知白髪ノ瞬ヲ搔サスヘテ毛楮ニ述ル事其恐不少ト雖居行子仙人ノ弁ニモ云ル如ク酒モ不飲女ノ傍ヘモ不寄只宙ヲ飛タリ雲ニ乗タリスル計リノ楽ミハ是物ノ先キ軽業ノ如ク面白カラズ事ニ年寄タル男ノ給仕ヨリ若キ女ノ酌ヲ心ヨシトスルハ人情ノカヽル仙術ヲ楽ミ二五百年モ活テ居ヨト云バ難義ノ事万世只一生ニシテ愚世如大豊ナレバ適人間ト生レテハ其程々ノ楽ミハ誰レモ有テ欲キ事増テヤ西国ニ君トシテ幾億生ノ上ニ位スル御身ノ上ニハサモ有ナン御事ナラズト恐ミ奉テ自微情ヲ慰シ且尊與ヲ仰キ奉ルモノ也然レ氏是心中ノ秘事ニシテ返スヽモ庚申三猿ノ沙汰也完貿

○安永五丙申　淡路国木綿ノ価甚貴シ是当州ノミナラズ世上押靡テ也其故ハ将軍日光御参詣其御路條江戸ヨリ州五里程ノ間敷布両側幕ヲ張詰ル事

庚四

故其木綿ノ費用不可量 挍ルニ明和七庚寅 日光御社参ニ依テ日本ノ冨家御改
帖選出ノ者二十四人アリ 間モナク安永五丙申四月日光御社参ニ依テ日本ノ冨家
二千余人ノ内二十人御選出 金子三十万両宛御用金指上ル 各西委細手帖有〔宝暦中大坂分帮〕
明和ノ御改ハ其比ヨリ御沙汰有シヿ也 ノ御社参ハ安永ノ一時十五年契ニモ安永ノ御
社参ヲ記セリ 享保十三戊申年契ニ謂日光廟ニ〔吉宗公御社参之〕其以来絶テ無カリシニ 是宇
都宮一件ノ時ナルベシ 日光近間御三宿之 安永ノ御道中ノ記 ○平野御茶屋 伊奈半左衛門
○武州岩付御泊リ 永井伊豆守 ○幸手御茶屋 伊奈半左衛門 ○下総古河御泊リ 本田中務少輔
○小山御茶屋 右御同人 ○宇都宮御泊リ　　○大沢御茶屋 御社領
別ニ御行列ノ記アリ 詳之 然ルニ先年〔享保十五カ〕宇都宮ノ城主謀叛ヲ企 御泊本陣
造営ト称シテ大勢ノ大工ニ命シ　将軍御殿ニ御座否忽床覆リ一時ニ穽ニ陥リ
叙ノ差ニ裂レ鏖（ミナゴロシ）トスベキ機関（カラクリ）ヲサセタリ 数多ノ工匠始ヨリ満ノ後ト虽一人モ城
中ヲ出サス 其上密ニ鏖ニス 是其機関ノ洩ザル為也 其中一人ノ若大工密ニ通ノ女

有テ是ニ逢ニガ為棟梁及朋輩ヘ深ク頼ミ謂ヘノ𪜈ハ如何様ニモシテ頭ヲ合セ呉候ヤウ頼置夜中折ゝ忍出ケリ其𪜈母ニモ逢テ普請ノ隙ヲ語有リケル故満終ノ後其母我ヲ初大工共ノ家ニ帰ラザルヲ訝リテ其ヿヲ案シ既ニ御社ノ日ニ至テ御道条ノ路傍ニ一人ノ老女涕泣ノ有様子細ヲ御尋有ケレ老女機関ノヤウスヲ言上シ我子ノ帰ラザルヿヲ歎ク茲ニ於テ大ニ御驚宇都宮ヘ今一里ニ迫テ其夜　将軍ノ御駕輿ヲ御供ノ諸大名取囲野中ニ病陣シテ一夜ヲ明シ玉ヘリ実ハ将軍ノ御輿ニハ井伊掃部頭居乗移リ是ヲ列侯諸従衛護シ　将軍ハ井伊侯ノ御駕ニ召シ掃部頭ハ急御用有テ江戸ニ帰ルト披露シ夜通シニ東都ニ御帰城ナサセラル是ヨリ後　御社参中絶シニカ今年始御参詣アリ　委クハ貸本屋ニ書写ノ密本アリ借テ見ルベシ

庚　五

○明和安永ノ間　世上流行ノ哥アリ曰姉サシ長持ヤ何日来ルエ挑灯トホシテ今来ルエ　明和帝ハ桜町帝第一ノ皇女ニ御諱ハ智子［割書：曰］奉称緋ノ宮流行哥ハ姉サントハ女帝ニ比シ奉ル諷ナリ　四鳥鷺談ト云ル写本此コヲ記シ名モノミ予一見セシカド詳ナルコヲ不得（天川屋工善右ニ借）伯父三沢氏源蔵ト浪花ニ遊ヒ本城氏ノ亭ニ客居セシキ此哥流行（本城竜輔後改和門予父ノ妹ノ夫也其大坂島内太原丁八幡條ニ居住児輩ニ手跡指南為業）セリ女帝故時ノ摂政関白ノ御行ヒ宜シカラズ（御名等其書ニ詳ナレモ諱記セズ）是ヲ鳥鷺ノ問答ニシテ譏リシモノ歟ト覚エ哥ノ意ハ女帝故御政明ナラズ姉サシ（女帝ヲサス）ノ長持ハイラザルコニ斯ル暗キ御代モ追付挑灯ノ明ヲ照シテ今来ルト程ナク後桃園帝ノ明ナル安永ノ御代ト成リシヲ安永サシノ長持モ果シテ挑灯ヲ燈シ来リテ後桃園ノ御代ト成テ明カシト云意

ニテ有シトカ覚エ緋ノ宮御在位中ニテ有ケ又ハ御譲位ノ後欤摂州堺ノ住吉社ヘ奉納ノ緋ノ宮ノ御和哥ヲ聞シカド遺亡シヌ　潮氏（始ハ牛尾後改ム名ハ以壮号天池能詩有学才中田謙齋先生門人謙家于其才茂助自以医為業称謙益茂助又好ム文字）（父牛尾忠助御新式中由良舟之局ニ）ニ中尾松庵ト共ニ聞ヌ松菴書記ニ有ベシ

〇天明二壬寅五月三原郡土寂庵（平六ハ養子弥兵衛其子現熊蔵俳名露頂共ニ大和屋与右エ門俳名観古ト共ニ當流俳諧流行ハル時草加邑李朝ト三人當時ノ尤ノ列）府下才一街吉田屋（初称布屋）平六性逞邪智以賄賂総ニ凌ギ官路ニ其身賈人ヲ被許ニ苗字横両刀称ニ吉見平六ト執政記録ノ官人

庚又五

与坂東禾藏相共謀称益上富下之政企新法定民構官署而称増并方吉見為之糾首（藤屋門兵衛又称藤岡門兵衛与吉見為全役）其益皆有利己坂東又侫才不立于平穴之下坂東吹挙於其猶子高田冨次郎而為己之同藏是不恵其姪而已兼為人之無拒己志者也高田依叔父之恩恵共須臾得浮雲之冨故西姓勢如飛鷹而衆人無不啊之此時中大吏仁尾（主殿後改五郎左エ門）在勤于東府世上流言曰此任宅帰国則必為執政吉見蚤察之而放擲高價自浪花買下鎮蕉之佳種数株而賀祝帰国贈之仁尾氏敢不請（高田氏得之植庭際今猶存其旧跡）於茲世人称挙仁尾氏之賢果無幾仁尾氏蒙執政然難能其始能終矣竟謫於古狸穴彼古狸勸而再営廨舎且萬緒昼夜内外運深情宛如察知幽處之痒久而掻之無一隅所不至故執政始解心情尓来陪企巧新法凡出于吉見之腑中而所説于坂東舌頭者執政無一不許容之或大坂以泉屋傳右衛門為木綿會屋集国中之木綿而登大坂禁止直賣依之寡婦大困苦或以廉

嶋屋某定縄會屋令国中村民應各村人数寡多月次令綯索太
織中差配其法則於村々毎一月分取集于組長庄官經公收而登大坂然称或過
大或過細又麁縄少下合其宜者上而積還亦登其代再三也於茲百
姓大倦労願料納月々以縄價上納之故會屋為無用其益約一而
虽大多成古狸之有而公益纔微故吉見家陪重不義之富建並大
廈巨藏飾酒肆而不知世民之患時廣田宮村才藏者為魁首催
促所醸憂憤之国民今年夏五月発土寇夜中登於宮村八幡宮之
鐘樓頻鳴相図之鐘則自四方馳集将押寄府内而既至柴間
川官辛聞之大駭遣数多騎士歩卒且防且曉之百姓各着笠蓑携于竹鎗
而問所其乞而省之漸得覺引退至静謐依之官廳速廃新
法脱民之憂苦禁錮張本吉見於其屋伍老預之昼夜以数十人
護之封印其藏庫坂東高田者令之乗羅駕送本藩所永牢禁

庚六

獄其妻子悉追放叔姪両人終死牢中執政仁尾氏閉門後改
易埜郷中以家嫡朝吉減旧禄千石而新賜他地七百石後有勲功復本
知称仁尾内膳住于東都官邸今在住本藩益抽勤功然吉見家庫之諸帖及古及至唐絵之下
張剥之糺其私慾家財酒舗共醸酒悉闕所之同街柳屋為有禁錮中
二箇月許而病死上領尊慮下痛民力借公威利己独欲尽栄耀
其罪無當者不死于刑幸哉藤岡氏局役以無私慾罪帰舊貫就中
高田氏有舎兄号坂東孝太郎能呼動文風流有才名亭之生支無性廉直大悪親属不
義深耻其身窮竄一間以鳥銃自滅人皆惜之與伯父今才非同
日論嚮士寂之砌自本藩伊賀士数輩来而聞糺於其首領下才
蔵於獄舎行梟刑然依一令国中衆民帰安居頼其恩義酒勤力
称為法界兼合才蔵菩提意建立一大仏石地蔵於三木田村官道之
路傍是其黨中発起営之所弔慰才蔵幽魂也云

○寛政四壬子　盗賊暁星右衛門ガ従属赤擔篭（アカタゴ）木八数人黨ヲ結ヒ夜陰ニ乗シ密ニ舟ヲ浮メ或ハ西浦或東濱ニ盪渡リ富家ヲトシテ深夜白刃ヲ振テ乱入シ財宝ヲ掠取ヿ屡之（是黨中ノ一人旅人ニ紛レ白中豪家ヲ相シ置ト）其押入事或ハ三日或ハ五日ヲ間（ヘダテ）ト度ハ東浦一タビハ西浦東西南北不定方是草ニ不意ニ起ラン途ヲ要スルニ一夕佐野浦民家ニ入折節其宵家内唖ノ娘一人ニ留司ヲ任置テ他出ス賊縛リ其女ニ金ノ有処ヲ責問ヘドモ只號哭シテ牛ノ如吼（ホユル）戸外有人聞之頻ニ大呼シテ盗入ルヿヲ近隣ニ示ス聞者驚テ自ニ遠近ニ馳集レハ盗己ニ去衆人如蟻群リ囲テ尚通夜護其家時ニ賊徒ハ乗其虚転シテ佐野村里長押入蔭山氏第ノ婢女未寝在ニ灯下ニ大ニ驚発声俄然トシテノ家内周章スルヿ如沸涌賊徒蝋燭ヲ鉄串ニ貫キ壁間及床上ニ建並座隅明ナルヿ宛モ如白昼人刀ヲ手ニ守ニ戸口ニ者提白刃不残ニ一人衆賊膝下ニ男婦ヲ閉氷（カシテ）斂手眼際ニ蔵シ金処ヲ責

庚七

向以鉄棒重戸棚ヲ破リ多金（凡三十貫目）ヲ奪取去ル此比近隣壮齢之大工徳五郎ナル者病留ニ臥在シ踊起テ長押ニ所掛ノ取鎗任血気盗ヲ突ントス強賊怒テ直ニ是ヲ地下ニ顛倒セシム（後骨節疼痛不大知ヿ数日）徳五是ニ避易シテノ活命ヲ幸トシ被衾伏ス蔵山妻女（名茂世）ハ園中ニ遁潜テ黎明ヲ待主人和左門ハ濺溪ノ溝中ニ周身渋泥ニ涂テ漸ニ垣ヲ潜リ隣壁ノ氏族安居（直右エ門）池田（兵右エ門）告氏族俄ニ狼狽シ逆ニ挑灯ヲ張リ棒ヲ熊手ヲ閲キテ互ニ戦慄シナガ党ヲ力ニ彼処ニ至シハ夜已ニ東白ニ近賊徒ハ去テ御郷ノ条ニ（是宵ニ義臣吉良邸中ニ討入ル時邸中ノ老若婦女狼狽ノサマ、彷彿タリ又此宵賊徒先入ノ家無数ト雖先茲ヲ騒シメ衆人ヲ茲ニ集シ置衆共毒謀ス）依之国民男婦長幼忘家業ニ其ハ談ニ明暮シ今宵ハ我屋劫ンニト無富無貧冷肝枕ニ不得安臥於茲　国君下令ヲ停諸船之出入日々以人羅国内各村之蒐搜山林自集賊船ハ夜半ニ渡来シ暁去一日モ無病留故ニ不能捕之又翌年五月四日夜彼賊須府鍋屋保

之弥酒肆ニ来リ貪飲去ル香節故斬々戸外ニ立幟竿ヲ従茲昇テ
屋上ヲ伝ヒ右エ江戸屋半九エ門ノ屋ニ入（面来夜中軒外ニ幟竿ヲ禁止立置）半九性豪気故
他ノ逃道ヲテ空ク財ヲ大事ル、其ノ臆病ヲ謗ル時ニ初幟ノ賀筵ニ招レ帰リ
帳中ニ酔臥ス脇刀室隅ニ数ケ所刺盗然纏帳不得自由終ニ
衆賊ノ為ニ被殺害賊又有蒙傷者助負退船場（路条駈牛近ニ有盗窟且有淦生穂柏屋ノ桃）
（竹ニ疑思自狭ク公出訟ト交世上自不知為盗賊ノ妻子）国君益憤遣捕手于近国ニ厲之於備前（彼首領者於其国播駐店有家族而）
為示威于西国来往ノ船舶於岩屋浦ノ海濱磔之此時江
戸屋之遺子雖幼稚携亡父ノ位牌至岩屋號泣而罵賊所刑示亡
灵先是襲生穂浦柏屋（柏屋者大坂田船ノ舟長而近歳ノ建大揩油庫粉壁如城塁遠望ノ斂眼来映近海ニ皆称有豪富之担）
向所蔵ノ金主人不及辞放鉞無間振嚢中今見之実空嚢而當用ノ
鵝目僅微々タリ賊愕然ト嘲テ曰如斯不恥巨庫可憐奴哉却テ出ス与少
金於野風呂布及挑竹去（是入江戸屋ノ前之）又此比有可笑話厚濱村里長之

庚八

娼女夜々徘徊世上之物騒ニ在席時ニ自池村送ニ官書ニ来役丈夜中ノ
路程挟ニ棒来入戸内彼娼女是ヲ見モ不敢大息シテ盗入来レリト告
主ニ於之家内之男女周章狼狽如ニ跼中ノ湧ニ役丈又不案畏我実
有ニ盗賊ニト心得倶ニ振棒馳廻須臾シテ娼女悟ニ官書ノ役丈一坐及ニ
大笑ニトゾ○是モ其頃ノ事ニヤ、有ニ御国ノ産盗賊ノ元謀阿波守兵衛
ヲ可ニ召捕ニ奉ニ君命ニ本藩衛街ノ捕吏ニ陪シテ須府ノ同心岩崎竜
助 素岩井川角觝称 備前ニ渡海セリ備前ニ盗賊ノ首領某ナル者アリ然レドモ
其国民ニ害スルコト無キ故国人ト共ニ安居セリ是ニ黄金ヲ與ヘテ
頼ム事ハ四方ノ盗賊其名詳ニシテ若諸国ニテ盗害ヲナス者有テノ
是ヲ召捕ニトス思フ事ハカシコニ至リ頼メハ速ニ召捕渡ストゾ故ニ
阿波ノ捕手渠ガ許ニ至リ頼ミニ史ハ命播州姫路ニテ阿波屋半
兵衛ト称シテ領主酒井侯ノ用達ノ町人之渠容易ニハ難ニ捕得ト

一夜忍テ相共ニ其邸郭ニ至ルニ郭外堀アリ内ニ忍入ントスルニ犬頻ニ
吠テ不能入「空ク帰リ所詮忍テ入ヿ叵シ明日表向ニテ面謁ヲ
乞對坐ノ上召捕ベシト翌日復相伴ヒ至リ言関ニ案内シ對面ヲ
乞謁吏ノ返答ニ只今来客アリ先刻通リ有待玉ハンヤ若外ニ所
用アラハ後刻来駕可有哉ト云然則外ニテ猶豫後刻可来ト近辺
ノ茶店ニ休息シ須臾時ヲ移シテ再ヒ至ルニ客间ニ請シ入レ亭主宇
兵衛銀飾ノ大服指ト煙草盆ヲ左右ニ携ヘ出其容躰小兵ト虽眼
勢尖ク尋常ノ者ニ非ズ互ニ挨拶了テ後阿洌ノ捕手透ヲ伺ヒ阿波
宇兵衛捕タリト刀拔テ打掛ル心得タリト銀煙管ニテ受留直ニ其
叙ヲ刎モ乞ス備前ノ首領其虚ヘ付入組伏セテ終ニ索掛テ阿洌ノ
捕手ニ附与ス阿波宇曰昨夜犬ノ吠ルヲ聞テ此支有ンヿハ己案知
セリ然如斯容易ニ捕ラルベキトハ思ハサリキト時ニ酒井侯ヨリ使者

東九

来リ此方用達ノ町人阿波屋半兵衛何ノ子細有テカ無届モ召捕ル、ヤト云咎テ云ケルハ阿波屋半兵衛ヲ召捕シニ非ス此方召捕シハ、盗賊阿波守兵衛ノ〻ト返答セシカバ重テ何氏云来ラズ阿波ノ捕手後刎飛サレシ刀ヲ見ルニ叉引トナレリ吏ヨリ賊カ腕ヲ背ニ廻シ手鎖ヲ縮（ヲロシ）引立来リ船ニ乗セ幾重ノ索ヲ以テ舟梁（フナハリ）ニ縛付斬スル上ハ鬼神也トテ何ノ吏カ有ント馳心須臾茶店ニ上リ休息ノ中解索逃去テ不知行方〔阿刕ノ捕手大切ノ虜ヲ弃置上陸スル丁甚麁忽ト云ベシ僥倖ニ経緒ノ謗アラズヤ且初捕カヽル時抜叉ヲ以テスル丁ヲ得過シ生捕ニスベキ丁ニ〕備前ノ首領虽盗賊ノ流石金ニ換タル囚人故義ヲ守ッテ己レガ属下ノ盗賊ヲ捕テ渡シ捕吏カ帰国ノ云訳ヲ償フ時ニ其賊嘆シテ曰観方是ハ餘リ無業（ムゴ）シトモ云ツヽ牽レ行ケリトゾ　赤擔桶ヲ捕シモ備前ノ捕手ヲ頼テ捕シト云ハ彼盗賊ノ魁首ナルベシ赤田子其氏青楼ニ登リ遊女ト共ニ娯宴シ居タリシヲ捕タリト聞リ岩屋ニテ傑罪セ

ウル、時辞世

淡路島通ふ千鳥も此夜の果と告ても人は須广の関守

○寛政元己酉　洲府升砂訴状箱始ル此年御巡見使来各姓名有年暦巻
時ニ郡家若民道程御本陣毎ニ自随ヒ其従臣ニ馴レ睦ヒ自然ニ心易ク
折ニ觸御前ヘモ出テ御給仕ケルヿ胸中ニ一物有テヿニ之御城使由良
ヨリノ紀州ニ御渡ニ迫リ彼者訴状ヲ認懐中ニ居斎ニ御前ニ
捧ケリ時ニ御城使御披見有テノ當地接伴吏ヲ召レ彼訴状ヲ
御渡シ有テ曰當州ノ府ニ訴状函ハ無之哉カヽル訴状ハ訴状ヲ出シ置
入サシムルガ宜且又彼者ヲ罪スルヿ勿レト重々命シ置レテ紀州ニ御渡海
同様ノ朱船三艘ヲ由良港中ニ艤シ緋縐ノ幕ヲ張屋敷ノ内ニハ金屏ヲ引廻シテ巻ガ
有ケリ夫ヨリ訴状函ヲ製シ毎月
朔日ヨリ三日ノ間出置ル扨カノ訴状セシ者ハ永牢セラレ獄中ニ死ス

庚寸

○寛政中ニ洲本藩ノ隊将柏木元人禄ハ百石旧用ニ求女字ニ太寺敬翁公賢良ノ丈夫其名字不相應トヤ思シケン謎ノヤウニ尊向アリ其意ヲ察メ改字云一時洲府ノ管轄ヲ勤ム後本府警衛監其ハ任中ノ政道
寛仁大度ニシテ取中庸廉直ニシテ不苛虐ニ　君命讓ニ不枉道数
上恵下故ニ庶民ヲ令之感伏不少傳テ美名振于四刕ニ聞于近国列
侯嘆美シテ　阿侯美次有良臣識ニ君々臣々云ベシ天稟ノ人質所
其長ニ有善悪賢愚人ハ万物ノ長ニシテ神明ニ次テ貴シサルニ獣ニシテ
長タル人間ヲ誑ス狐狸ノ智ハ人間ニ勝リテ逞シト云シカ柏木氏須府ニ
官タリシ時由良木綿屋喜右衛門ト云刀鍛之有鍛匠長其是打鎚法得
神祇ニ其層表見ハ紛紜于直鑓裏含畜ス大乱鋒尖甚利シ元是以黄金所
打延者也故ニ鉄之不及刹遥也其材切如正宗然ル心有瑕虽難重宝
以切ヲ公辺用ヒ而達諸用ニ後終ニ従瑕腐入テ誤智々々自鍔際ニ折タリ柏公仕
初時彼贋匠隠ニ心瑕ヲ而見セ直鑓之層高價ニ為売下柏公監相之其地

鉄以貪泉水不穿鍛之為上々出来物是千金之道具也大称
挙而比淡路来尓来所許親謁屡出入其館自云性謙啊諛
是則紫奪朱之表裏啊諛之元謀也譬則如潮色之清潔如不似鹹
辛味故白木子免其従臣一月一次遊鍛匠家設宴例也贋匠誇
偽銘之手際庶幾柏公于　太守直筆折紙然是非容易故
不果中村非鍛冶而已工万喜其比寛政十年中院某卿御簾中太守妹君
其姫君共御退隠於稲田家之宇山里邸簾中薨後姫君迎京都為川逍遥所
造構舩自柏公命之于中村世人僉惟決可掠間金大違小量之智
見而悲早其費金而修造之其術令邑内之工匠称公用薄工
料其上凌足自金而成費用且本府柏公自己之邸宅修理之屋尾
謀于中村中村所云尾價下早非如道用白木子曰遁早之雑尾何堪
用乃以村令邑内尾匠合造監尾備一覧宛如琢珠是又其術如

表十一

揆公竊聡知大功不顧是古狸之大奪人魂原術也辟雲霞屋上堅固則床下遂呈任意如完雨漏之愁白木交替之後自柏公傳當官于可篤自各斂故毎後来之諸官皆覩其賈斂益以金也借公威振賈作之斂所莫大之價愁獲黄白埋養父借財今日之淵飛鳥川為瀬固其柱礎富有日加陪盛也然得浦人衆之悪公訴争論屡屡不止呉地網之纏不解三歳心瑕漸腐而危悪名于千里嗣子盆之助先死其身呉地難中死家（或世評云自殺）削里正後螟蛉某次郎復里正呉地論中須府商店壁障有貼通事丸能書（不知作者）

一　千金一方　家傳通事丸

此の薬を常に用ひ候得ば大便小便ともに [illegible]

商ひして来る月ひのもとの人〻に弘めまゐらせて

丹後国由良ノ湊山椒太夫末葉

本家　蕪屋　貧太郎

大坂安堂寺町　小西六左衛門改名

調合所　小西　六左衛門

摂州兵庫築嶋　飯喜左衛門方

取次所　鍬田屋　兵五郎

此家の元祖は法師にて貧しきをあはれむ法問抄人の六ヶ敷

病にかゝりし本家貧乏にて客難を伺ひ

又猫の尾に家もかくして

此の薬は以後ハ松年来貧を拯（スク）し天下貧窮の家を助けて福徳の薬

氣は是から千金方并金嚢秘録等の書にも考索し媚（コビ）

の玉物ニハ人魚の毛、九尾ノ狐ノ尾ノ玉ニ至テ巨得（キ）ニ蓄聖天法ヲ行ヒ其神恵ニ所得之妙薬として松樟との薬のみを撰

貧　十三

合作ハ必ス三ツ宝品をもつて四季に応じ丈て日傍にて調和シ其
法甘露のことく餅を炒煉合せ丸と成し金箔の衣を掛け其効
能する所ハ病ざわり能く腹中に入て収めるを製法ハ秘するを量も
功能ハ宜に淡（トロ）く薬に用てたし薬も能く其
千々薬品何れも價（アタイ）高く求かたき因剤の佳なる薬ハ
ニまた法ハ初め柏の木を割り取りて一味が主薬にて法業を以て
しよれ宜（キ）適温を求め其後大家の法を定め能く此地園内に乏き
書り経て後弟子へ其産物功能を試（コゝロミ）給ふて験（シルシ）ある神院に絶縁て
及ひ嗟吸（コキウ）きれ候て大服にして頻りに其見ひかれ立所に蘇生法白
非るず本復をとげる心持の荒に勝り健（スコヤカ）に成れば薬を
服用のる法業成合す　数（ス）多（ダ）の其物も日に殊（ユル）し
余り多くの忘きらひも山流に其人含ひ兼てけふ薬を用ひ

重くても少しも障(サハ)る事なし かゝる霊薬にして殊に病の人ハすりとも
若き者とて他薬にかし花用の重くて大概の時気ハ構ひし
其功能著し殊にといへとも年来の得利計り世上著く此毒
の事ニ此定て保ちたる者ハ迷ひ各々人々の薬煎して薬服
強く持たる病も甚しく呑心よきこと他に無きゆへ敵にも用ひ此時ハ
都て薬毒に中り胸(アツ)逆上る持症痛強く吐瀉仕て既に大に癒(サヽ)
甚(コトヽ)しき者も此定て鬼角其余病の症にても又人命も此用ゆ折
要ある事也

主治 并 用ひ様

惣て霊薬の如く全て毒物の類の毒に薬を又棚の類を用ひ減(ゲン)ずる事
甚して強く上ケ重ねて晒(サラ)し御病して揮(ヒネ)り合せ 揮量製 御薬ハ元痛 法口伝 ヲ和ノ薬也
蒸して用ひてよし 蕎(ワタ)茴(カウ)の如く賀の節気の病には黄金の如きも無き丸
服に引一して一夜に積(シヤクキン)聚(タン)丸を持込 是ヲ積痢 又或気痢ト云 此病ハ重き暑き時分

庚

李、二桃ともに前にも挙く痰そのこと是よりて廣く世上を利す。梨（ナシ）、葛（クズ）
子（梨（ナシ）実ト葛（クズ）ノ実ナリ）を采めて絞りけるて用ひてよし。むかしより大病
ハ流ぎるにいへ大根ぬけの如くに年として二季ぬきて用ゆべし。或ハ滝乳（タキチ）
（実分ト成テ後乳レド落レ痕ヲナス病也）の織家又ハ小娘などの流み私母なくて無心なる
いつ程むつきみても延もけ薬ぞまで子延縮（ナワ）るくまめにも神
時気中（アタ）りまでづく喉（ロキ）なみて綱が大毒也とそ上に気を居
く縺（モツ）れすさとりうけてけ薬を用ひて多く気蘇を加へし
化れを年来澱（コツ）ある病は毒気強して容易（タヤスツ）ぬがれ難し末風
の末に切赤痩（ブナ）のからの也赤節をとりて大毒也治分力奇せず
へくなりし名る時は難病をなりし義差（ヤウ）し腫気ある病にハ大奇
枕（ドリ）仙の下（ヒメ）薬（ヤリ）などに用ゆるもよし
扨秘薬傳来の義申とト述ぶる枇杷園となむ秘じよ桃実乳ハ

菅公ノ御詠

こちふかはにほひをおこせよむめのはな
あるしなしとて[illegible]

[illegible]

其頃の諸官家
執政 酒部人吉人
司郡 佐藤兵次
綱紀 柏木元人 八百石
海徹 津田甚ノ助
司郡 棚橋源二郎
[illegible]郷同心并下役等アリ
執政 津田監物
司郡 位田冝蔵

太吉後家并娘太吉溺死ノ愁訴再三本府ニ渡海彼地郡代官吏舟副
當府郡代私へ連来リニテアリ　又ゴ千綱ノ公吏大難関之　其舟印
都テ艇ニ朱ノ木瓜ノ紋并朱條ヲ斜ニ彫付タリ

○柏木氏ト全シ項　侯家ノ重臣東府邸中ノ住士集堂ヲ男九衛門ト
云アリ世ノ俗諺ニ諸侯ノ世帯ハ重箱ノ内ニテ味噌ヲ摩ガ如クスベシ
然レ氏若其ハ箱ノ隅々ニ楊枝ヲ用ル氏ハ却テ不可之ト大学ニ曰与ニ有ンヨリハ
其ハ聚斂之臣寧ロ有ト盗臣云云此人適ニ直而所謂近ニ于聚斂之臣
出頭ス於時御国内ハ勿論三郡邸厨ノ捜ニ棚元ニ而重箱ノ隅ニ用楊枝
乗之沢滝三郎等ノ委曲ノ盗臣得テ時出頭シ郡監ト成テ振ヒ権威ヲ語
合ヒ佟験者置託巡見ニ出郡縣之郷村ニ無罪之里正ヲ坐樹上ニ縛リ上テ
禁置又移ニ他村ニ如ク斯時ニ彼山伏聞之密ニ告テ于其所ニ坐者曰我為ニ
祈禱ハ則以法力其罪速ニ免シト託シ祈禱ヲ貪ル多金ヲ与沢氏ニ分納ス
不旨被乞ニ其罪往々為ニ此行ニ而冤困民漸ク将ニ押移ントス於淡路ニ而既ニ
赤川衛兵衛先ニ以テ渡海ス淡州民俗如ニ狼狽ニ恐怖之中沢之悪行発
露ヲ呼返赤川ヲ獄ニ舎ス滝時破ニ牢屋ヲ遁ニ出隠レ跡ヲ依之本府大騒動ヲ夜ニ

庚

中照数千之挑灯昼夜捜索其隠跡漸得于慈光寺中情不脱畨取篭於二重堅牢終死獄中其妻子追放于讃岐界素是集堂之基遁厳密然集堂之威光自煮洒刈之諸官吏如席畏怖或士携帋訪室柏木亭乞二行書柏木氏諾書与集堂大明神之五字士問其意答曰祈武運長久者無如此号尊信此神則宜保護其身集氏惑宜陛下之心薄不得曉仁字也譬人躰頭居上貴足在下卑然無足則始頭五躰如不能立俗諺云寄則大木之蔭云其大木不茎枝葉之恵則以何蒙御蔭乎一年国公御通船之翌日浮官船而来由良古川御番処之上陸海濱徘徊其辺折節監吏四宮十九衛門為巡見出近畔不在番所集堂見无人而奪去御鎗已為出船四宮遥見馳来而呼留其舟飛乗而曰其御鎗所為如何哉依返答虽大身合可討果勢集堂見其色而无言返与鎗出船四宮頗有武練

四宮微音罵盗賊之刑行帰番処訴之監官々々又達執政後来若宮処之廊道具掛手者有之則願為討捨其項世評美称四宮之大勇必可進官途云然集堂時之出頭故執政不及其是非乎如素是集堂大奪鎗而欲罪監吏可不仁之意志矣十九衛門父同姓伊六又大丈夫心勝十左壮歳比為之剱術稽古夜々通洲府夜闌又帰家道遇妖怪者往々一時毋灘比過由良濴（ウツハヘ）潜之磯辺（其比未無新川成山麓洲嵜者地續也沼潜今為新川也）長丈余之山伏冠兜巾佩大刀以五指為炬火而照海面向海中睨直下立磯上然不畏之故帰家又或時及深更帰道駈牛山路之左右大如牛黒白二猪挟路而互睨合露牙吼隨伊六之行歩進焉殆主微怖皈家則汗漬繻絆染黄其当時為耳聾先考所知也（考其同役三沢氏子而未在実家合壁其居）如斯大膽不敵故虽由良津監之命自思不可則敢不領不衣歯拒命屡

庚

争諫微无媚諂意如斯大勇之父子今共為泉下客四宮祖者
棪氏甚大丈之弟為家臣同役三沢又全後奉公命為津口監吏古棪氏司由良住之祖碑在由良
按大坂陣役棪氏之家士四宮忠太丈合鎗于織多崎今ノ渡辺ノ織多住居ノ地カ
衛殺一剛敵曰平子主膳置共鎗其首憩飲河辺時池田宮内卿之牒長
撗川治左衛門奪去其首忠太空手皈来告主君棪氏又訴
太守至鎮公時忠稚卿者以太守之為婿不能糺撗川之罪愿以有
内賞撗川得不直之幸自其主辱三千石四宮全従虽僕内賞之日
無期棪氏平日憲懐之岩田七左エ門絶逐敵之偽功賜千三百石
大坂兵将退入于城中時其兵中与岩田有同姓名者敵兵以呼岩七左是呼我也従敵兵而至城門際始知為敵俄大呼曰岩田七左エ門追敵至茲依之賜千三百石
假令虽実功豈不有過當哉况於偽功乎我躬魁登苦戦而討
剛敵僅領千石比岩田之賞禄則可謂寡也剰忠太之内賞於今无
沙汰君于両国食前言似賞罰不明不如逐禄遁去於佗邦以

之奉書未待君命下退于泉刕札海一日偶謁井伊侯（名直高 太守舊）侯訝
向曰汝何故在茲乎衣答以其意趣侯大驚嘆歷曰我宜説之于
太守請汝速帰国全仕則　太守何敢廃良臣空誠忠乎他日可待
有應功賞衣氏従其言帰国而再折腰又待　君恵数年然終無賞四
宮大憤推其戦功之創去不知其所之（按四宮伊六先祖 或忠太夫族家カ）
評忠太夫之不幸寔堪憐虽爾一旦討敵似大雄而被奪首亦
可謂蹇人有於先誉無於後議孰　太守證何可賞之哉若
信口舌而行賞禄則向来之舌客益受無功之賞横川者比
盗跖不飽最可悪甚也一級之盗充三千石積年々歳々而
可満于幾億兆四宮之遺恨随而共之累焉

庚

○文化十四丁丑稲田右馬允出奔家断絶父左近右衛門者稲田家老
臣与井上氏左右之一人也世々称左近右衛門本姓津田有故而賜稲田姓領四百石嚮是父左近右衛門
有智者聞一巻説曰稲田君之智皆出左近右一時九郎兵衛殿其答有遅々太守宣曰不能懐中于左近右エ門乎太守之尊同称主家之困究募莫
大之拝借金于　国君屡用其金而再営自己邸中而大厦尽花
麗之達　公聴此故閉門十余年国君躬閲看邸図可以々繋于向間被命後文化八辛未
同老臣井上九郎右エ門適祇役于東都今年六月主君諱植邁之息代理君拝謁嗣統使之次齋
数左近長閉于仁尾氏時居往東府之官邸仁尾氏捧告　太守依之得赦免然
後僅七年間其子右馬允放蕩飽轍奥遊江水之華常聚肩販博
奕之徒争勝負終棄老親及妻子携早女奔大坂此件其臣阿刕佳某来訪悪右馬
允之不義何吞自叙不能死乎大怒嗟嘆泣哭賈人為僕留司其別業而糊口然不忘旧癖
博奕徒会茲坐之終死于大坂獄中是虽毛枕可見乱時可惜最
其後君家惜旧功之家跡以右馬允妹僅令継家名邸為役舎

假老青山氏暫居之青山死去後為空郎右馬允妻室族家津田開左エ門女

携嬰女賤二底湊浦為賤民妻

塞翁かうるの馬とそそおびし又いまさきのいつまりあん

（実ハ一ツ橋ノ御息女ニト云）

○文政三庚辰九月二日未剋太守斉昌公御奥方病痢逝去
先侯敬翁公御奥方（井伊侯之御息女之）御逝去遺亡其年暦在天明寛
政之間乎　依御遺言尊骸奉迎于本国阿波道程弐萬者（江戸邸中司烜奴之）
数十人奉舁御輿来自岩屋迨福良路條国中村々邑宰
多出而勉路次之諸裁判於志筑浦之辺海濱彼弐萬者捕一人
邑長投海中漂殺之彼徒者続放縦剛気之者共而身命如塵芥
抛各劉全身或竜蛇纏背腹或乱髪女首図有脊劉種々異形
平日在邸中則於隔房専博奕嚢中賭財及拂底則褰弐萬首
領以草鞋或半足或両足為質而借之若其間有出火則草鞋隻
足残者着之無残者跣足而踏火中働因附記茲

○文政四辛巳此秋盂蘭盆禁止須本俄藝 洲府ノ盆會ハ近年踊
少ク此戯藝夥シ漸々地盤之踊ハ廃シ通踊ト云モ組踊ニシテ少女ヲ揃ヘ
綺羅ヲ飾リ花笠ヲ冠リ舞曲シ絃鼓洞簫ニ和シテ謳ヒ囃ス尤組立ノ
臺上ニテ踊ル是等ハ稀ニ其余ハ俄狂言ニシテ其組々幾許ト云数ヲ不知
是モ予ガ小童ノ比迄ハ衣服モ麁粧ニシテ浴衣ニ莚上上下竹大小ヲ帯面
ハ可赤顔頭巾ニ覆ヒ或ハ張篭鬘ヲ着専衆人ノ笑ヲ求メ切ノ列ヲ
専一トセリ年々増長シテ莚上組ヲ魁トシ何組彼組ト称シテ標幟
ヲ真先ニ押立通夜絃鼓ヲ鳴シテ街々ヲ縦横シテ乞フ処ノ門戸ニ至舞臺
ヲ組立(舞臺モ近年ノ工ミ)催シ藝見物ノ群集跡ヲ追フテ行違ヒ目覚シキ業ナリ

サルニ当時ハ劒ヲ不為主浪花戯場ノ筋之ヲ移シ有名歌舞妓ノ俤ヲ真似面ニハ白粉ヲ施シ頭ニハ翠ノ鬘ヲ着テ真ノ哥舞妓ヲ欺ク分テ去秋ハ下物江組鏡山ノ趣向大評判ニテ弓岩藤ノ凄冷サ中老尾ノ上ノ義ニサノ少女ノ春心ヲ誘フニ足レリ時ニ尾ノ上ニハ伍老久之孫カ息之時ノ管轄沢辰蔵ノ息女尾上ガ貌容ノ艶ナルニ惑テノ密ニ意ヲ通スル事屢之網濆ガ浦ノ例ニ蔵スヨリ揺露レテ父沢氏ハ役ヲ被退既本府尾上ノ鐘ハ世ノ響ニ恐レテ逐電シ響ノ灘ノ辺ニ蟄スルト云リ渠逐電ノ日地獄原ニ有罪人刑罰以此次為別渠頸不意ニ捕手至ニ久之孫之家時ニ食半ニ作哺自背戸遁出隠跡此戯芸ノ壮観甲ニ当列然レ氏像此一件以後停止トナレリ〇仝七年甲申盆會ノ賑虽復旧有恐怖之心故微々タリ〇文政十一戊子盆會俄在言瀬虽発張不及旧時遠也尤下物江之若徒於川原興行哥舞妓播州四郎阿菊葬皿哀情幽哭自井中見ルノ形勢堪観ト云

下物江ニ云善代吉ニ有不減ト為業之者上小使官庫且死陽根指不足之片輪而有堪ニ哥曲妙者上堪能徒多

故ニ壓ニ須本ノ俄狂言ニ府内ノ衆人皆群ニ彼処ニ市中ハ却テ人少ク似ニ狂言ノ人
而已然レトモ又漸々可至ニ発行ノ此盆前摂州大石船破船須本近隣之濱辺
其船淳流寄有ニ拾取之者ニ蔦江又小舟有ニ難船ニ須本俄狂言是ヲ擬ス忠
臣蔵嫁入場ニ蔦江ノ小舟ノ小浪トシ阿石曰大船ノ船淳テモ拾取ヘイ者デモ无ク
戸難瀬曰コリヤ聞処大石船ト云趣向アリ又安坂組ノ踊狂言処々ニテ
興行ノ其余郷中ニモ方地ニ依テ有シト聞リ

○文政六癸未 国宰酒部舍人役中収賄賂且掠公収ニ募岩屋浦掌握之云其他有ニ
数条過而改易中村江衛稲田兵庫両君被ニ命ニ其後役ニ市中當盆
會可為賑ニ旨被ニ命 江衛君ハ諸記ニ云中村若狭ノ畜之 中村氏文政十戊子
九月被ニ召返於本藩 是去八月親仕(オトシヨリ)老生駒石見依死去為其代 石見死去文政十一之下ニ詳之

廣十九

○文政八乙酉　山口傳右衛門破笑斎文化年間上卿稲田家御
領地餘地御調子有ケル其起原ヲ如奈ト尋ルニ彼家士ニ山
口三大ヘト云有叙劍ノ藝ニ達シタリ叙ハ関口流ノ蘊奥ヲ研究
シ鎗術ハ同家中沼田甚左エ門ヲ師トシ大島流ヲ学ビ共ニ印可ヲ
得タリ一時由良八幡宮祭礼ノ時彼処ニ於テ才藏ト云漁人ト
喧嘩シ渠ヲ又復シ依之主家ヲ阿州猪尻ヘ遣ハサレ権太左衛門
ト改名シ徳府ニ出テ躰術ヲ師範シ隣国讃岐ノ高松ニモ門才多カ
リキ故ニ本藩ノ諸士ニ素ヨリ門人多シ然ルニ藝ノ勝レタルニ付慾心
発リ何卒高禄ノ直士ニ立身シ度思ヒ御役掛リノ諸士ニ阿諛シ獅子身
中ノ虫ニシテ我主家ノ御領地大ニ余地有ヿヲ密ニ告今是ヲ本
知ニ引合セ其ハ余地ヲ公收ト為サバ大ニ御益有ニ事ヲ内訴シ
ケルニ付御役筋ヨリ　公聞ニ達シ其御領分阿淡共ニ四方

詰ノ画圖ヲ命セラレシヿニトゾ是ニ依テ山口氏ハ御直士召出サレ御検見役ヲ蒙リ勤ケレ圧猶不飽足ニ益慾心増長シ紀洲家ヘ取入タキ存志発リ折々内分ニテ和哥山ノ諸士ヘ寄客ト成カヽレバ山口栄耀ニ暮シケレ圧家ヲ継ベキ无男子妾腹ノ女子ニ養子シ是ニ一男児出生シケル妾ハ不幸ニシテ身マカリ継妾ニモ又女子出生ノ後妾ニハ暇ヲ遣シ又新タニ妾ヲ召抱ヘ漸ク是ニ男子出生シケル嫡女ノ産ル処ノ孫ト大抵同齢ニシ然ルニ姉妹ノ娘共ニ婬乱ニシテ長女ハ夫モ有乍ラ各密夫ニ通スル事発覚シテ其両人ノ密夫ハ御追放有ケル何レモ中小性ニシテ皆藝道ノ門生ニトゾサル程ニ山口氏今ノ名ハ再ヒ改テ傳右エ門ト云ケルガ内分紀洲家ヘ心ヲ寄スルヿ上聞ニ達シ又之ニ坐（ツミ）セラレテ於ニ出来自ラ内藤新五右エ門ト云御手廻ノ諸士（知行百五十石　一日百三十石）ヘ御預ケト成カヽル御詮議ノ者ハ古来隊将（モノガシラ）ヘ御預ケノ件

拾ナレ𪜈（隊将ハ足軽ノ与子有テ番人多キ故ニ）内藤氏生質役〻ヲ勤ル事ヲ不好御用ヲ
蒙ル毎ニ虚病ヲ構ヘ役ヲ辞スル事又屡有ケル故其咎ノ御合ニテ御預
有ヿト聞ヘケル内藤氏家族而已ニテハ此番難勉故内牢ヲ願ヒ從
理御手當有シ事ニ然処内藤氏小児ノ孫難痘ニカヽリ家内ノ上下共ニ是
ニ気ヲ寄セ囚人（メシウト）ヘハ兼畧ノ虚ニ乗シ山口密ニ脱牢シ主人ノ居間ナル一刀ヲ
盗携ヘ人不知立去ケル時ニ文政ハ乙酉十月某ノ夜之内藤ハ翌朝始テ是
ヲ知大ニ驚キ則刻訴ケル然ルニ其牢中ノ跡ヲ見ルニ一処ノ損シタルナシ山口ノ
先祖ニ幻術ヲ行ヒシ者有テ篭輿ニ乗セ山中ニ連行創ヲ以テ突之
駕ヲ披見レバ内ニハ石有テ人無カリシトヤ其子孫ニシテ今口モ其奇
術ヲ傳フル者カト評セリ山口又ヨリ單衣（ヒトヘモノ）ノ袖ヲ破リ一片ヲ頬冠
トシ一片ニハ砕石ヲ包ミ竹竿ニ結付携ヘ路条在人ノ体ニ擬シ行シト
ソゾ早速四方ヘ御配アリ讃州表ヘ四十人ノ組子ヲ指向ラル引ノ田ニ於テ

山口ヲ見乍組子一同ニ創衾ニテ取巻シカド包タル石ヲ分銅トシ鎗ニ
纒ヒ奪取其鎗ヲ以テ嚴シク四方ニ當ル素ヨリ手練絶倫ノ山口ナレバ
四十ノ与子共突立ラレ大ニ避易シテ一人モ不残破乱々々ト逃散テ山口
カ行処ヲ見届ル者ナシ其後捕手ハ忍々ニ処々ヲ伺ヒケルニ高松ノ
料理屋ニ在ケルヲ見得テ密ニ其亭主ニ尋ケルニ彼御客ハ明日金毘
羅ヘ参詣明七ツ時馬ニテ出立致ス故其手配セヨトノコトト云故亭主
ヲ頼何卒障トナラセ夜明テ出立致サセ呉ヨト重々頼ハ用意シテ明ルヲ
待扱山口ハ明方近ク起出テ亭主ヲ呼不手配ニト氣ヲ苛テド驚氣(ドギ)
馬氣(バギ)ト支度ノ内仄明ケレバ急キ馬ニ乗立出ル処ヲ組子発来(ハウ)々々ト取巻
帋玉ノ鉄炮ヲ以テ眉間ヲ打ツ忽落馬スル処ヲ弥重リニ成テ捕ントスルヲ
刎飛シ々々二三人小便壺ヘ投込ケレドモ多勢ナレバ漸ニ召捕タリ謀ニ
落入無慙(ムザ)々々捕レシコト残念之ト大ニ怒リケルトゾ山口身ヲ立家族

庚廿一

ヲ養ヒ泰山ノ安キニ枕スルノ恩恵ヲ不顧主家ヲ蝕ミ己ヲ利セント
スルノ逆賊争テカ無事ナル事得ン哉　偖内藤氏モ此科ニ依テ
勿論没収スベシトゾ聞ヘケル惜哉山口ガ器ヲ以テ正道ニ行ハバ
漸々出世シテ子孫繁栄ニ至ルベシ性ハ本善ナレ𪜈慾心ト云一時
ノ客氣ニ覆レテ足ヿヲ不知終ニ其身ヲ亡スヿ恐ルベシ慎ムベシ
其後内藤氏ハ改易セラレケレ𪜈二人ノ男子各武術逞ク頗ル器
量アレハ行々召出サルベシト沙汰セシガ程ナク新タニ召出サレシ

庚ホ二

怪異

○洲本神宮寺焦礫ノ怪異　天明四甲辰春二月神宮寺本堂ノ中ヘ白中何者カ頻リニ砾ヲ打込障子襖ヲ貫キテ内ニ入席上ニ落ル是ヲ見ルニ焦レタル小石也寺僧驚キ怪テ閫外ニ出テ伺見レ𪜈寺辺ニ人ナシ只礫ノ内ヘ入ルハ見レ𪜈何レヨリ投至ルト云ヿヲ不知屡日ヲ經レ𪜈不止故ニ街管ヨリ同心卒ヲ遣シ遍直ニスレ𪜈如何𪜈施スベキ手術ナク只徒ニ守リ居レリ　木ヲ積タル小屋等ヲ繰返シ捜シ求レ𪜈怪キ者ナシ然レトモ朝五時ヨリ晩ニ至リ暁ツ時ノ太鼓ヲ限リ夜分其怪事ナシ　一月許ニシテ自然ニ止ミヌ世評御城山ノ古狸ノ為ナランナト云其後ノ沙汰ニ彼寺ノ僕ハ素阿州ノ産也是ガ所為ニテ幻術ヲ行ヒシ者歟𪜈云リ然レ𪜈其実否ヲ未詳賀集木工平曰其砾大サ如蚕豆其中ニ二ツ長三寸許丁銀ノ形ニ類シテ微青錆タル有其平面ニ記シテ曰二月廿一日ヨリ三月廿一日迄ト則街管　陶山金右エ門 棚橋治右エ門　ヘ持参シ吏ヨリ執

政ヘ捧ク然ルニ石ニ記スルノ日数ニシテ止ヌ奇トスベシ賀集氏其時ハ則同心ノ一人ニシテ其処ニ相詰目下見シ処ニ其礎ノ穴ノ明タルヲ片ギシ紙ヲ持帰リ後代ニ證セシ為穴ノ周リニ事ノ由ヲ書記シ有ケルガ処々ヘ借シ見セ終ニ失却セリトゾ

予ガ三十一歳ノ時ニ [illegible]

文政ノ初ノ比ナルベシ須府大器隊将前羽

○隊将前羽氏邸中ノ怪異

氏岩蔵邸中屢怪事アリ或ハ仰塵ノ透間ヨリ護法牘ノ如キ物ヲ継延テ繰出ス事数丈人々尊敬シテ手ニ取見レバ無文字ニ只白紙也異人ノ来リテ主人ニ對話ス一日主人他ニ出ルニ豫メ其帰舘ノ剋限ヲ母公ニ告示シテ行時ニ午時飯ノ比ニ及ヒ侍婢等主君ヘ配膳ノ事ヲ議ス母公聞テ曰主ノ帰来ハ今テ須臾可遅ト侍兒答テ曰旦那前剋已ニ帰舘シ玉ヒ御便房ニ在先キニ吹烟ノ火喫茶ヲ命ゼラレキ母公又曰否帰期未到平日他行シテ帰レ家バ必先我隣房ニ入テ見エ何ゾ

ベ一

先ニ帰ルヿアラニト言未タ終ニ主君外ヨリ始テ帰リ至其人余時トミテ
怪事又不少於此之親戚及傳御相共ニ評之曰是偏ニ武備ノ衰ル
ニ似タリノ僧侶ニ委子テ譲法ヲ行ニハ不如ト則大般若経ヲ轉讀セシム
祈ニ應シテ怪異止ム是其邸中ニ住ム処ノ古狸ノ所為ナルベシ
因ニ云是モ文政ノ間ニヤ有シ本藩ノ士人吉成百藏ノ邸中屢怪事アリ
リ一時新町橋ヲ過ルニ一婦人乳児ヲ懐テ橋上ニ立欄干ニ寄テ懐ル処
ノ児ヲ已ニ河水ニ投没セントスル氣色ヲ見テ周章止テ其子細ヲ問フ
女答テ曰家貧窶ニシテ養難シト吉成憐テ自懐中ニ在ル処ノ楮銀
ヲ與ヘ必児ヲ弃ルヿ勿レト云女謝シテ是ヲ受猶云我行処アリ請
此児ヲ須臾預リ玉ヘカシト相附メ去吉成待ドモ其婦帰リ来ルヿ
甚遅シ児頻リニ泣ヲ動シ泄セドモ尚弥泣テ不止吉成モテ余シ橋ノ
東西ニ躑躅ス往来ノ人是ヲ見レハ石ヲ抱ケリ狂人カト怪メリ吉成氏

二男子アリ時トシテ不知ノ人来リテ其長子ト相語ヿ屢ニシテ友トシ好シ
一時其人ノ曰足下月額(サカヤキ)稍(ヤヤ)延タリ我是ヲ剃テ揃ラント即終髪スル
ヿ尤能手熟セリ如斯折々来會スト虽何レノ誰ナルヿヲ不知父百
藏深ク是ヲ怪ミ呀ル次子ハ彼異人ノ意ニ逆フヿアリシヤ或時傍ニ
人モナキニ自然ニ宙ニ釣上ラレ独空ニ叫フヲ見ル或ハ軒下ニ在積有処
ノ割木已レト飛行シテ場処ヲ替ルヿ綾織ノ輩綾巻ヲ弄スルが如シ
又一時長子異人ニ語リケルハ庭上ノ大松我父常ニ云ルハ此松カシコニ
アラバ能カランニ此ニ有テハ不便(ベン)之然レ氏巨松ナレバ植替ルニ由ナシト異
人此ヿヲ聞居シガ一時此松人モナキニ動(ユルギ)出轉シテ好処ニ移ルヿ宛
モ戯(シバヰ)場ノ引道具ノ如シ〔当時淡路ノ水官本藩ノ士人猪子ハ左門ナル人曽テ吉成氏ト相識ニシテ折節訊訪シテ席上ニアリテ目下其松ノ轉スルヲ見侍シト福井ノ里正源兵衛ニ語リシ文政ノ今是〕吉成邸中ニ古狸穴アル故預(アラカジメ)是が所為
ナルヿヲ察シ異人ヲ忌悪ムが故ニ終ニ是が為ニ侃セラレテ其家ヲ

ベ二

燒却セラレキ吉成狸ナルヿヲ兼知シテヨリ此難ヲ畏レ兼テ狸ハ炭火ヲ忌ヿヲ聞故茶饌飯炊ハ皆炭ヲ用ヒシカ𪜈后其費用ニ倦テ薪ヲ用果タ尓リ
此故ニ　封君ノ楮稟（カミグラ）ノ解舎（フナガベ）ヲ當時拜借シ爰ニ移テ住居セシ所
復又異人茲ニ来リ汝爰ニ来リ住ヤ好シ看ヨ又燒却セシト云
ヲ聞テ吉成大ニ畏レ若今又拜借ノ解舎ヲ燒レハ　君上ヘ
ノ恐レ又不少ト爰ヲ辞シテ舊地ニ小室ヲ結ヒテ遷居セリトゾ

○井中妖童出　須本才四街今ノ油屋久次郎祖父久次郎ハ素内
田村ノ産ニ（父モ同村出生ニテ則祖父久次郎ノ姪男ニ）元文中須本ニ出始才三街油屋庄左門
肆店ノ賈童タリ後分家シテ上水道街濱側ノ中間ニ居シ細貨（コマモノアキナヒ）商ヲ
以テ家産トセリ漸々繁栄シテ二世久次代ニ至テ才四街ニ家
ヲ求テ轉住シ不改旧業星居（コマモノミセ）ヲ以テ倍屋ヲ潤セリ初代久次ハ水
道ニ居住ノ頃ハ其家奇異ノヿアリ夜分久次商店ニ独居スルニ忽然
トシテ七八歳ノ小童来テ久次傍ニ黙坐スレ𪜈久次心剛ニシテ不

拘之叱スレバ則立テ背戸ニ出井中倒入シ去ル如斯ノ事屢々ト雖密ニシ
テ敢テ人ニ不語其事満井加助（高木新治君前用人）遂是ヲ聞テ久次ニ
謂テ曰茲家従来異アリト聞乞我今宵寝病シテ是ヲ見ント
久次辞シテ曰其事ナシト満井恨之何ゾ我ニ隠スヤト頻リニ
乞テ不止久次曰足下若見バ之忽大ニ恐怖センヿ必然ナリト満
井答テ我何ゾ畏ルヽニ足ンヤト乃シ共ニ枕ニ着暫ク更ノ移ルニ
従ヒ彼小童忽然ト見レ来リ枕辺ニ坐ス満井嗚呼ト號
テ不能見彼衾期ニ黎明ト今テ其家異ハナキヤ否不聞

○仰塵（テンジヤウ）流血怪　宝暦中須本外湟（ホリバタ）街ニ土佐屋市九衛門ト云木商（ザイモクヤ）ア
リ其属家土佐屋新六ナル者ハ會屋（トヒヤ）街ヨリ繊（ホソ）街ニ入ノ角ニ独居ス
其家夜々仰塵（テンジヤウ）ノ上ニ角觝（スマフ）ヲナスノ響音アリ主人店ノ床ニ在レバ避
テ奥ノ間ノ仰塵ニ爾リ奥ニ行ケバ又店ノ上ニ至ル然レ氏新六素（モト）豪

べ　三

氣ニシテ敢テ不畏其ハ宅地賈ヘ商ニ利有ヲ以怪ヲ凌テ居ヲ不轉
一夜又如例勿論主人不驚シミ緊(キビシ)ク挑(イドム)ト聞ヘシガ忽仰塵(テンジヤウ)ノ透間ヨリ
壁ヲ傳フテ流血スルヿ夥シ新六ハ是ヲ見テ始テ大ニ驚キ急ニ宗
家市尤ノ家ニ走リ至大息ヲ吐テ曰請フ即刻我家ニ来リ玉フベシト
市左以為(ヲモヘラク)是必飲叓ナルベシト速ニ相伴フテ其家ニ到新六詳ニ其
怪叓ヲ語ル依之相共ニ仰塵(テンジヤウ)ノ板ヲ破リ隅々ヲ捜シ索レドモ一物ノ
斃タルヲ不見然レドモ爾ヨリ後其怪異止ヌトゾ

淡島傳聞章

通紀年契曰
天平神護元乙巳秋九月淡路廃帝崩于淡路 天平宝字八甲辰十二月廃帝放于淡路

人皇才四十八 称徳天皇

本文 神護景雲元丁未七月僧勝道以杜ニワハ 玉篇无此訓惟有以子波句 大権現ヲ下野国日光山ニ移シ玉フ

通紀云僧道勝始登下野国日光山居数歳建伽藍号神宮寺崇権現注曰或ハ道之登頂延

暦之始也

同酉三年九月僧道鏡ニ法皇位ヲ譲ンノト 年契云天平神護二丙午以僧道鏡為法王

和氣清麿ヲ以豊前国宇佐八幡ニ告之ル、則清麿宇佐ニ詣テ白是国家ノ大事之不思ヲ示シ玉ヘト祈念シケレハ大神忽然長三丈許ノ御形ヲ現シ玉フ光リ照ス月ノ如シ則御神託ニ曰我国家ノ天祖ハ神世ヨリ代々皇統ヲ外ニスル事不能況不儀ノ者ニ於テヲヤ汝帰テ白地ニ可申道鏡ヲ畏ルゝ勿レト

清丸神託肝ニ銘シ直ニ都ニ帰リケル道淡路ノ湊ニ着岸廃帝ニ奉奏 皇嵩云廃帝自是四年先ニ崩シ玉フ見于前 三日逗留シテノ上洛参内シ宇佐八幡ノ御神託ニ二ニ委聞ス道鏡大怒テ清丸ガ足ノ筋ヲ断チ穢丸ト名ヲ改メ大隅国へ流罪 年契曰神護景雲三己酉 通紀九月戊申

天平神護 元乙巳 二丙午
神護景雲 元丁未 二戊申 三己酉
宝亀 元庚戌 二辛亥 三壬子 四癸丑 五甲寅 六乙卯 七丙辰 八丁巳 九戊午 十己未 十一庚申
天應 元辛酉
延暦 元壬戌 二 三 四 五 六 七 八 九 十 十一 十二 十三 十四 十五 十六 十七 十八 十九 二十 廿一 廿二 廿三 廿四
大同 元丙戌 二 三 四
弘仁 元庚寅 二 三 四 五 六 七 八 九 十 十一 十二 十三 十四
天長 元甲辰 二 三 四 五 六 七 八 九 十
承和 元甲寅 二 三 四 五 六 七 八 九 十 十一 十二 十三 十四

嘉祥 元戊辰 二 三
仁寿 元辛未 二 三
斉衡 元甲戌 二 三
天安 元丁丑 二
貞観 元己卯 二 三 四 五 六 七 八 九 十 十一 十二 十三 十四 十五 十六 十七 十八
元慶 元丁酉 二 三 四 五 六 七 八
仁和 元乙巳 二 三 四
寛平 元己酉 二 三 四 五 六 七 八 九
昌泰 元戊午 二 三
延喜 元辛酉 二 三 四 五 六 七 八 九 十 十一 十二 十三 十四 十五 十六 十七 十八 十九 廿 廿一 廿二
延長 元癸未 二 三 四 五 六 七 八
承平 元辛卯 二 三 四 五 六 七

流和気清麿于大隅　通紀注曰、先是大宰府主神阿曾麿者媚道鏡、矯ニ八幡大神託ニ奏曰、令道鏡即皇位天下太平ト、道鏡聞之情喜於之、帝召ニ清丸ニ勅曰、頃者有不思議之神託、汝早往宇佐承彼神命来、時道鏡竊語清丸曰、大神所以請使者蓋為告我即位之事、有忠報奏当暮汝以官爵、清丸行神宮、真人豊永出路語清丸曰、鏡若侵天位、則吾有何顔為其臣乎、共ニ予為今白之伯夷耳、清丸固志忠孝深歎之、豊永言詣神宮乃帰奏曰、大神託言、我国家開闢以来君臣分定、今也道鏡無道輙望神器、是以神霊怒不歆其祈、天之日嗣皇統以立之、百司羅列朝廷、聞者厭々、行帝黙然、道鏡大怒、奏以清丸ニ名其名於穢丸、配大隅

清麿奉行及船頭ヲ頼テ宇佐八幡ヘ詣、偏ニ祈誓シケレバ忽脚ノ筋愈ケレハ、弥有巨ノ思ヲ処ニ幾リシ近ハ八幡尋常ノ如ク御詞有テ淡路ニ從行シ玉ヘト神託有テ、其後御詞ナシ、加集松之進（淡路ノ加集流ノ人カ可考）諸士諸官供奉シ淡路入神ニ鎮坐ノ時、廃帝ノ南辺ニ旗ハ流立リ（南辺ハ今ノ南辺寺ナルベシ、入神ハ地名ヤウニ見ユ、八幡ノ古名カ可考）時ニ杜ノ城主藤原行定（後ニ在豊廣ノ父ナルベシ、杜城ハ中河ノ墨カ、阿万東村ヨリ土生ニ越ル間中河内ト云、是カ、文亀元年島遠江守時供中河ノ墨ニ入ト云、其先祖カ）国中ノ人民ニ命シ其処ニ御社ヲ建、八幡大神ヲ入神ニ移シ奉ル

【神護景雲】四年　称徳天皇崩御（此年改元宝亀元、庚戌八月崩御）諸臣相議シテ道鏡ヲ下野国ヘ流罪ス　通紀曰、宝亀元年貶道鏡為下野

天慶元戊戌二三
四五六七八九
天暦元丁未二三
四五六七八九十
天徳元丁巳二
三四
応和元辛酉
二三
康保元甲子
二三四
安和元戊辰二
天禄元庚午二三
天延元癸酉二三
貞元元丙子二
天元元戊寅
二三四五
永観元癸未二
寛和乙酉二
永延元丁亥二
永祚元己丑

国薬師寺ノ別当ニ貶ス和気清麿ヲ徴シテ備後ニ　○宝亀四丑年九月十日淡路廃帝ノ崩御
国中ノ俗集リ御ヘ尊体ヲ十一大明神ノ艮ニ奉葬野辺ノ神ト謚シ
奉ル（宝亀四年崩トハ誤也天平神護元乙巳已ニ崩ニ究）（四十九代）光仁天皇宝亀三子年井上内親
王ノ子他戸親王ヲ立太子トス　然ルニ天皇井上皇后ト御不和故他戸ヲ退ケ
山部親王ヲ太子トス　○天応元年（非元年二年也）桓武天皇御即位
親王ハ淡路ニ流サレ玉フ（他戸親王ノ終レル宝亀三子五月皇后及他戸皇子罪有テ廃セラルヽ事有レ氏淡路ニ配流ノ事無所見不破内親王ニ混誤カ）
淡路ノ諸官集リ廃帝天皇ノ御跡ヘ奉移　同年[illegible]八幡御託有テ大菩薩
ト称シ奉ルト云（追祀又詳）同四年（元年也）（延暦ノ誤也）正月不破内親王杜ニ詣玉フ（不破ノ淡路ニ流サレ玉フハ
延暦元壬戌閏正月也　天応ハ只一年也）大権現ノ御神前ニテ絶食ヲ遂給ヒテ（絶食トハ祈願有テ断食ト云フニヤ）
沼嶋ヘ渡リ玉ヒ立岩（今ノ立神ト云岩ノ事ニヤ）ニ於又絶食終リテ終ニ海底ニ御
捨身シ玉フ世ノ諺ニ沼嶋女郎ト言ル臭ニ成玉フト云　此臭他ノ海ニ
生セストゾ（此事諸説後醍醐帝ノ皇子尊良親王ノ御息女ト云リ　又ニ不破内親王トスル事異説也　其ハ詳ナル事ハ挙堅磐草ニ可見）

正暦元庚寅　二三四五　長徳元乙未　二三四　長保元己亥　二三四五　寛弘元甲辰　二三四五六七八　長和元壬子　二三四五　寛仁元丁巳　二三四　治安元辛酉　二三　万寿元甲子　二三四　長元元戊辰　二三四五六七八九　長暦元丁丑　二三　長久元庚辰　二三四

○同年（延暦四）九月桓武天皇ノ御弟早良太子藤原種次ニ御恨
有テ殺サセ玉フニ依テ淡路ヘ配流セラレ玉フ年契曰延暦四年盗殺中納言種継通紀曰皇太子使訣伴継人大伴竹良殺中納言藤原種継上発覚誅継人竹良伏誅太子被廃流淡路注曰略上廃太子ノ流ニ淡路ノ太子中路ニ怒在テ路ニ断ツ食薨
国主諸官集リイタハリ奉レ共少シモ進玉ハズ御気色衰玉ヒナガラ十一大明神
ヘ御輿ニテ詣玉松之進稚宴ヲ奉リケレハサセ召上ラレ玉フ供奉ノ人々大ニ
喜ブ下向ノ道ニテ終ニ薨御アリ御死體ヲ葬リ天王ノ大明神ト奉崇
○同（延暦）八年己二月讃岐国福寿丸ト云ル（空海ノ幼名ハ貴物ト云リ福寿イブカシ）智者淡州ニ渡海神社仏閣悉ク
順拝シ是ヨリ泉州ニ渡ル同二十三年五月空海法師ト成卅三処観音ヲ
巡リ終ニ入唐セラレケル　○同廿四年正月天皇御不例ニヨリ早良
太子皇后不破内親王（皇后トハ非ス塩焼王ノ妃也）廃帝等ノ御崇リ也ト是ニ依テ淡
州ニ神社仏閣ヲ御建立アリ又大法事ヲ修セラル
○（五十一代）平城天皇大同元年八月（合通紀）空海帰朝アル先ニ延暦廿三年遣唐

寛徳元甲申二　使大史藤原葛野丸ノ船ニ乗入唐渡天三年三月後行無数ノ宝物

永承元丙戌二三四五六七　ヲ得中毛最一ハ真言秘密ノ法ヲ傳ヘ阿字石ニ記シテ日本ニ向ヒ

天喜元癸巳二三四五　投玉フニ淡路成相山ニ落ケリ因之先ッ成相山ニ御詣有テ阿

康平元戊戌二三四五六七　字石ヲ拝シ玉フニ其光明十方ヲ照シケレハ上人虚空ヲ拝ミ我

治暦元乙巳二三四　天竺三千ヤ人ニ誓ヒ奉ル真言ノ法速ニ成就セシヿ甚ナシト之阿字

延久元己酉二三四五　石ヲ草堂ニ安置シ僧俗共ニ真言ノ法ヲ授ケ玉フ同月六日

承保元甲寅二三　都ノ参内アリ奏聞ヲ遂ケ夫ヨリ大日本ニ真言ノ法ヲ弘メ玉フ 五十二代

承暦元丁巳二三四　嵯峨天皇弘仁七丙申六月空海上人高野山ヲ開キ玉フ 通紀年契共ニ能符合之

永保元辛酉二三　五十四代 承和二年三月廿一日高野山奥ノ院ニテ御入定アリ 通紀年契共ニ符合セリ

応徳元甲子二三　○　六十代 醍醐天皇昌泰（エンギ元）四年 昌泰ハ三年ニテ了ル 昌泰四年七月十五日改元アリ 延喜元ノ誤リカ 十二月朔日宇多法皇 先帝ノ

寛治元丁卯二三四五六七　橘良利一人供奉シ岩屋 淡州ノ岩屋ナルベシ 名山残処ナク御巡覧アリ同月七日還

嘉保元甲戌二　幸アル

○其頃 延喜元年ゝ 播磨国上園 先山縁起ニハ上野トアリ ノ松原ニ豊廣ト云

永長元丙子　興高云 此ノ事先山縁記ノ猟人ニ島田延江寺ヲ附会セシ偽作ト見ヘタリ 延喜ヨリ貞應ハ三百年許後之

承暦元丁巳　二　康和元己卯　三　四　五　長治甲申　二　嘉承元丙戌　二　天仁元戊子　二　天永元庚寅　三　永久元癸巳　三　四　五　元永元戊戌　二　保安元庚子　二　三　四　天治元甲辰　二　大治元丙午　二　三　四　五　天承元辛亥　長承元壬子　二　三　保延元乙卯　二　三　四　五　六

自高云　行定ハ島田兵庫ガ達保六年卒ス

獮人アリ之洲列杜ノ藪中河内（何方東村ヨリ土生ニ越ル间ヲ云）ノ城主行定ノ嫡子ニテ遠江守（遠江守ハ貞康元年卒ス）藤原豊廣ト云ケル故有テ浪人シテ他邦ニ在豊廣ニ子アリ其中行若ト云ルハ今五歳ニシケルガアル時野辺（西瀬下共ニ）ニ遊ヒケルニ大鷲飛来テ行若ヲ掴ミ去リ松ノ梢ニ留リ行若ヲ啄ム豊廣夫婦ハ下ニテ自顛倒（ジタンダ）シテ驚キ悲ム流石ノ豊廣弓矢ヲ番ヒ鷲ヲ目当ニ射ル過タズト雖無慙ヤ行若ガ胸板ヲ掛テ射通樹下ノ茂ミニ伏タル猛猪ノ背上ニ鷲ト共ニ落カヽレハ猪モ驚キ起テ忽行若鷲砕キ猶驚奇ク処ノ其母ヲモ害セントス豊廣透サズ再箭ニ白猪ヲ射ル猪矢ヲ負ナガラ濱辺ニ走リ海ニ入テ淡路嶋ヲ目指キテ游キケレハ豊廣猶モ其跡ヲ追行ニ不思義ヤ白猪ノ矢傷ヨリ滴ル処ノ血紅錦ヲ曳タルガ如ク浅瀬ト成ケル世ニ云猪ガ瀬トハ此時猪血ノ凝テ成処ニト云傳フ　今康ノ瀬ト云ハ菱野ノ康ノ洲路ニ通ヒ旅人ニ射シ凝血ノ成島ニ浅瀬ト云シカ或ハ又兵庫之アリシ浅瀬ヲ以渡リシ故康ノ瀬ト呼フト云シハ此

三

永治元辛酉　康治元壬戌二　天養元甲子　久安元乙丑二三四五六　仁平元辛未二三　久寿元甲戌二　保元元丙子二三　平治元己卯　永暦元庚辰　応保元辛巳二　長寛元癸未二　永万元乙酉　仁安元丙戌二三　嘉応元己丑二　承安元辛卯二三四　安元元乙未二　治承元丁酉二三四　元暦元甲辰　文治元乙巳二三四五　建久元庚戌二三四五六七八九

説ニ勝レリ或ハ又鷹鷲日本紀ニ應神天皇淡路ニ遊猟ノ時播磨ヨリ海渡ノ
舟中舟子ニ白キ鹿ノ皮ヲ衣トシ着タル者アリ天皇アレハ何ニヤト問セ玉フ鹿子ニ
之ト勅答シ奉レリ故ニ水主ヲカコト云トゾ是カ鹿ノ皮ノ辺ニテノコトニヤ然ラバ鹿ノ皮ノ谷
是ニ擬與ハト見ジモ又鹿ニ縁アリ但シハシカノ皮ハシヽカ皮ノ轉シタルニヤ
其猟淡路ナル札ノ浦岸ニ着直陸行シテ走ル豊廣其血條ヲ慕ヒ行衛
ヲ求ルニ先山ノ安平ニ至リ大杉ノ下ノ洞中ニ入テ其血痕止ル内ヲ窺看レバ
千手観音ノ御眉ニ（ユニヤニハ胸間ニ立トアリ）箭ヲ受サセ御座ス豊廣驚キ之ヲ矢ヲ脱捨九拝シ
（弓矢着ヲ絶菩薩ヲ見七）是仏縁結ノ方便廣大無辺ノ御利益一人念菩提發起心ト則髻ヲ絶チ
自寂為ト法名ヲ先御堂ヲ立安置シ奉リ　先山縁起曰延喜元年播磨国上野ニ為篠王ト云猪長三丈余横一丈許背ニ
篠生タリ猟人忠太是ヲ射ル矢ヲ負ナカラ札ノ海ヲ渡リ此山中ニ入自然此霊験世ニ満テ延喜帝伽
藍ノ宣下ヲ諸国ニ下シ玉フ寂為法師勅許ヲ蒙リ下畧　世俗猟人忠太ト云豊廣ノ猟名十九ト云
則此由ヲ栗原ノ城主ヘ告ル時諸家中先山ニ詣ニ千余年ノ離別ノ恨ヲ
語リ合テ喜悦涯リナシ豊廣妻子始終ノ物語ニ人々涙痕袖ヲ困シ　栗原ハ浦壁之中河内ノ本城
見タリ其系図　○浦壁栗原城　天正中　島田大隅守　島田氏ハ中八木細川氏當國守護タラ
ホリシ以前ヨリ當城ニ居ス太平記ノ時代足利尊氏ニ属スト云　或云嶋田氏ハ右大将頼朝卿
ノ時代地及トシ累世住之而強テノ所領ト云ニテモ無之由
○嶋田兵庫　実朝ノ世建保六年戊寅三月十四日辛　聚應院精高宗山凝念居士栗原前城主　嶋田遠江守ノ父

島田源太兵衛　後遠江守ト改ム　貞庵乙年壬午正月八日卒　南勝院賀長得伯居士
嶌田源太兵衛ト称ス　島田左近進父也
左近進　宝治二年戊申十月十三日卒ス
亮岳院貞庵常仙居士　島田木工頭父也
木工頭　元年不分　自木工頭
大隅守ノ間数代有之
大隅守　文明中ノ人也
遠江守時儀　文亀元辛酉中河ウノ塁ニ入　天文八年己亥十二月十三日卒
瑞厳院秀通太円号遠江守　島田大隅守父也
島田大隅守　天文十五年九月十日卒

右ハ社家村覚住寺ノ鬼簿ニ見タル分ヲ写之也　然レ圧多ク脱闕アリ　諡号ナキ分ハ愚考
ヲ以補益スル処也　ト書入ハ　文明天文ハ足利義輝ノ時ニテ三好氏強盛ノ頃也　嶋田野口
ナドノ名ノ皆地士ニテ所領モ多ク地頭タル人ナルヘシ　此頃ハ今ノ番頭与頭ナドノ如ク地
士ノ与力多カルベシ　国郡戦争ノ世ニ　○中河ウノ塁　里老ノ説ニ島田遠江守時儀已ニ系図中ニ
及テ系地ニ塁柵ヲ構タルト見タリ　見タレハ茲ニ略ス
誠ニ是ハ皆千手観音ノ道寺モ玉フナラン有巨シトテ先御堂建立ニ依テ国
中ニ鑑精舎金堂骨堂鐵塔宝塔食堂鐘楼堂仁王門皆々延喜ニ之
年迄ニ満建ス　十月十七日迄ニ■供養アリ是近天照大神ノ御山之堂
塔ノ初ハ天ノ岩戸神ト方嶽都トナシテ御山ニ四十八願ノ灵窟其外御山ノ麓ニ
寺々堂塔東西南北ノ灵地霊仏丈々貴ヒ参リ奉リ諸郷ノ諸人夥ク
延喜十五年七月二日因幡ノ人先山ニ詣テ同三日四日大雨ニテ男女
七八人御岩戸ニテ逗留ス其人々不浄ナル故ニヤ又五日日輪光ヲ失ヒ

四

此件惟テ未定ゝ 康和三出家宗寛 弘四年青衰

白昼夜ノ如シ 通紀曰延喜十五年七月五日輪無光ニ睽 上古ハ和漢共ニ不知暦天文暦術故以蝕為凶変 今考ルニ日月ノ蝕ハ有常度非凶変 通紀ニ誤ス処ニ所背合ス基之所作
故ニ二神 伊弉諾 伊弉冊ノ 二柱ノ神ヲ称スカ 十一大明神 杜ノ神主集リテ神楽ヲ奏シ奉幣
シ色々祭ケルニ翌六日日輪光ヲ発シ玉フ誠ニ奇々妙々ノ 日月ハ勿論 奇々妙々
ハト雖吉慶アル日蝕 作リ怪ムニ足ランヤ ⊙ 六十二代村上天皇 ノ字 胀康保 寅年播磨国書写山性空
上人淡路ニ渡海卅三処順礼ノ所千光山ニ通夜セラルニ千手如意輪ノ
二尊容空中ニ見ハレ善哉々々汝信心ヲ凝シ祈念ノ故ヲ以テ顕ハレ
タリ慈尊三會ノ本懐ニ叶ヒ国土ヲ利益シ衆生ヲ導キ古ハ卅三処
ノ所三十三処巡礼始ル六十六ヶ国ニ加増セル 此ノ不審今ハ六十六ヶ処ニ加増セルヤ ウニ聞ヘ侍
汝早ク熊野地ヨリ西国三十三処巡礼修行ヲ始メ未世ニ至迄衆生
歩行ヲ運ヒ一度廻ル輩ハ此世ニテ諸願成就来世ニテハ極楽浄
土ニ往生スベシ又此山艮ヨリ巽ニ流ル、小泉アリ是古ヘヨリノ金胎
無双之法水ニト告終テノ千手如音輪ノ両尊容ハ虚空ニ登ラセ玉フ

上人暫ク空ヲ拝シ仏願ノ小泉ヲ尋求ルニ則清水アリ静ニ念珠シ
密咒ヲ誦シテ夫ヨリ山ヲ下リ順礼修行アリ杜十二社大権現二神
諸冊（尊カ）二柱　十一社大明神多賀大明神等堂社不残詣終テ帰ラレ
ケル此法水ヲ閼伽ノ水ニ掬シテヨリ祈念セルニ何ヿモ如ノ如クナルヿ
天下ニ隠レナシ　○六十五代花山院寛和二年七月廿三日播ノ国書写山ニ
行幸六十六代一条院永延之年（旧写延永トスルハ誤歟）二月花山入覚法皇性空上人供奉シ淡路
国卅三処御札ヲ納メ霊社霊仏巡行幸沼島ニ渡セ玉ヒ直ニ熊野ニ行
幸アリ同三月十七日那智山ニ御札ヲ打初六月美濃国谷汲ニテ打收
玉フ是西国順礼ノ始トカヤ　博物筌曰花山法皇長徳元年熊野ニ詣テ六月朔日谷汲ニ至ル是ヲ順礼ノ始トス
此頃長谷ノ仏眼上人河内ノ得道上人同行ニテ廻リ夫ヨリ諸邦ノ順礼
年々ニ増長ストゾ　○八十二代後鳥羽院文治（カ）元年三月廿三日曾我十郎祐成
熊野権現ヨリ淡路杜権現ヘ詣御山ノ般若一王子権現ヘ詣逗留有

（頭注）延元　永延二年性空開書写山円教寺

五

十二社大権現ヘ誓願シケルハ歟一倍ノ大力ヲタビ玉ヘト百日ノ間日参シケルニ
満参ノ間ニ大力ヲ得テ巨岩ヲ山上ニ擔ヒ上ントシ尓来擔石ト称シテ
其山麓ニアリ又権現御告アリ文ニ大萬吉行ト云鍛冶御山ニテ
打タル太刀アリ神主左京ノ進自ラ十郎ニ贈ル十郎則頂戴シテ馬
ニ乗二十余丈ノ嶽ヲ平地ノ如ク乗廻シケルト是皆大権現ノ神力
ニヨル処ニヘ策ヲ岩ニ指置シニ奇ナル哉筍一本生長セリ又岩ニ馬
ノ足跡アリ十郎曲乗ノ嶽ト言傳フ　〇文治元年二月源ノ義
経津国大物ノ浦ヨリ大風ニ逢玉ヒ四国地ニ下ラセ玉フ中其夜渋
島杜ノ権現ノ神燈ヲ使ニ海上無難ニ平家追討ノ祈願ヲコメ玉フ
ニ三時ノ間ニ阿波国勝浦ニ着玉フ是歟ニ勝浦ノ前表ト喜悦シ玉ヘリ
此家島ノ城（八島ノ城ニヤ然ラハ平家ノ城ニト不審ニ思シニ別勝浦家嶋ト云地名有之）トテ杜ノ御城ヲ移シ玉ヒヨリ
則権現ノ守ラセ玉ヒ源家漸八十騎ニテ平家ノ三万余騎ニ討勝

タルユリ皆杜権現ノ神徳ニヨルナルヘシト同三月赤間ガ関ニテ平家ノ一門
悉ク尽テ○其後建久四年五月頼朝卿不尽ノ巻狩ノ時曽我ノ
兄弟敵祐経ヲ討シニ依テ曽我モ又己ヲ斬ル曽我兄弟積念ヲ
遂シモ皆箱根ト熊野杜大権現ノ御神徳ニトテ遠江守藤
原豊経（是島田豊広ノ子孫　中河内ノ城主ナルヘシ）杜ノ麓十郎カ嶽ノ下ニ小社ヲ建勝
兄弟ノ明神ト祭レリ○同年七月豊経ノ城内ヘ九足ノ馬来レリ其始テ（此九足ノ馬出生豊経ノ城内ニ非ス横山時広ノ采地国分寺辺ニ此時時広淡路ノ守護タリ）
当州ニ来ル処ヲ来馬ト名付（此吾ノ作者未東鑑ヲ見ズヤ東鑑ニ曰建久四年癸丑七月廿四日横山権頭時広引一疋異馬参営中将軍覧之有其足九云是出来于所領淡路国分寺辺之旨申達属之右近将監家景ニ可放遣陸奥ノ外浜也　下略）
同七年四月八日三原郡湊ニ来リテ観世音ト顕レ玉ヒ
松ノ梢ニ光明ヲ放チ御座ス諸人集リ拝シ奉リ元是観音ノ御堂大破ニ及
浪ノ濫レカヽル故仮ニ馬ト化シ玉ヒ御堂建立ナサ令ニ為ニ伝語シテ国中
諸人集リ地ヲ山ノ如ク築上ケ御堂ヲ建立シ観世音ヲ安置シ奉リ

六

是ヨリ諸処ノ諸人六月十七日貴賤群集ヲナスヿ今ニ盛也
此段近世東都馬琴ノヲ製トシ諸好士ノ多ク作ニ出ス赤本ノ面影ニ彷彿トシテ甚工ミ也　○八十六代四条院文暦元年高野
山寛弘上人西海ニ趣キ玉フ時御舟ヨリ御覧有シニ淡路ノ辺五色ノ
光明有テ御舟ヘ指ケル船中ノ人々不思義ノ思ヲナシ即其舟ヲ漕寄
光明ノ跡ヲ尋テ山中ニ入ルハ阿字石アリ上人感涙ヲ流シ玉ヒカ程
ノ霊地ニ人跡絶テ山林トナル我絶タルヲ継廃タルヲ興サンヿ誠ニ望所
也先御堂ニ坐シ御経読誦シ玉フニ美女一人来リテ聴向ス上人化女ナル
ヿヲ察シケレイカニ汝我頼ベキヿヲ聞ヤ否女答曰我力ニ叶ベキ事ナラ
ハ義ラン然レモ又我意念ヲ遂サセ玉ハヽン上人ノ曰我頼処ハ汝カ威力ヲ
以テ此川ノ大岩ヲ水ノ通スベキヤウニ摺崩サシ乎化女曰誠ニ上人ノ見玉フ
ニ違ハズ我之杜ノ小神子千鳥ト呼者也疾妬ノ恨止巨ク此川ニ身ヲ
沈メ今ハ猶日々ノ苦ミニ堪難シ願ハクハ上人御慈愛ヲ以テ救ヒ玉

ハズバ此岩石ヲサ時ノ間ニ摺崩サンコイト安ク候ト両手ヲ合ス拝ス上
人喜色ヲ発シ玉ヒテ曰其ノ違コナクハ此力望叔ヒ得サセント虚
空ヲ観念シ御坐ス義女ハ忽大蛇トナリ震動雷轉シテ須臾
ニ大岩ヲ摺切々々跡白川ト成相ノ蛇摺岩トゾナシニケル

跡白川ノ成相ノ口合浄瑠璃ノ文句ニ彷彿タリ扨実弘上人ノ当別ニ来リ玉
フハ文暦元年ニハ非ス且舟行ニ非ス文暦ヨリ九年後仁治四年二月ニテ讃高野ヨリ淡路
ニテハ道範上人ト同船ニテ岩屋ヨリ陸行実弘ハ淡路ニ配流故旅口ニ上リ道範ハ讃十ニ八
丈ヨリ別レハ福良ニ至リ猶奈元ニ渡海也シヿ道範上人其中ノ紀行ニ詳シ此作者其紀ヲ不知有ケン

扨カノ女ハ則夜神ト神体ヲ霊跡シケルコソ有巨ケレ是ヨリ成相士ニ異地
霊仏七堂伽藍御建立アリ是皆実弘上人ノ開基ニヽト傳ス

元写 文政元戊寅年 海門 写之

中写 同弐八乙酉閏年 稲葉屋峯平写

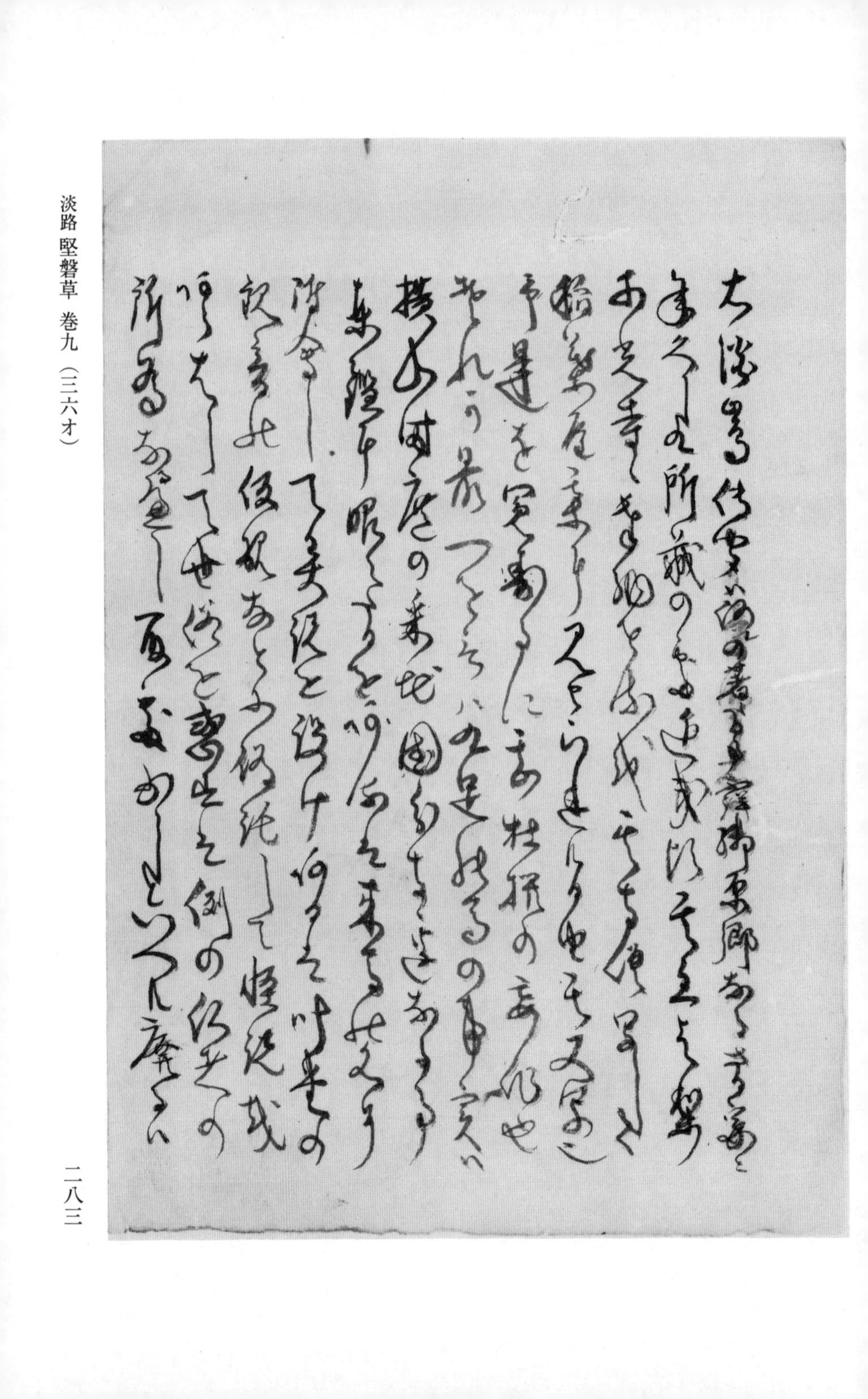

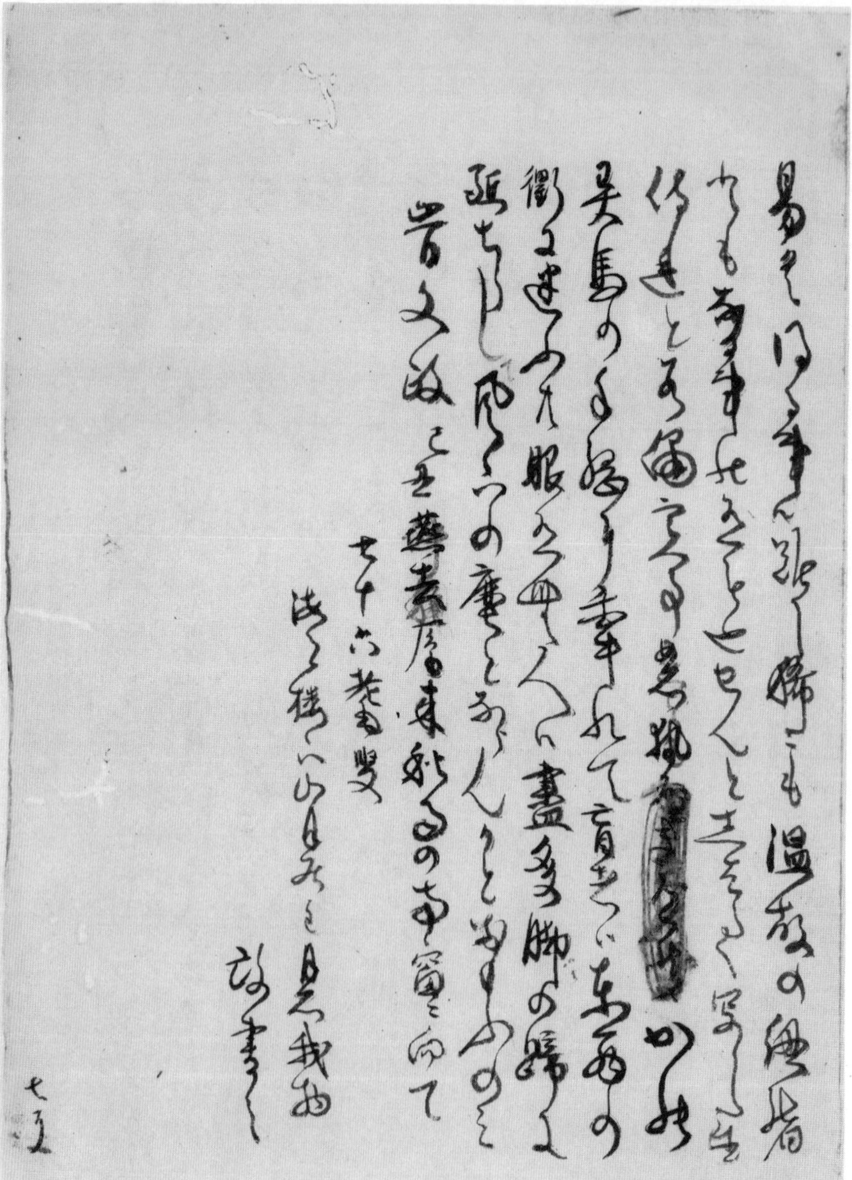
[illegible]
七十六老翁
[illegible]

三種ノ神器　神璽　正直ヲ次テ表トス　神道ニ和合両儀精胎子トナル故也
宝剣　村雲　神道男根　内侍所　鏡　神道ニハ女ノ開
神道ニ　天照太神天ノ岩戸ニ開ク宝玉ハ母ノ胎ニヤドル故也　母胎ヨリ産ル時ハ胎衣ニ
故ニ日ノ神ト書ク文字ハ人平ニ生ル九年カト書ク　八幡大菩薩賀茂大明神是夫婦也
男山岩清水トハ男ノ精水也　賀茂ノ女体社ノ下ニ御手洗川ヨリ流レ出ル是女ノ月水也
伊勢ノ内宮又ハ女也　神体ハ石ヲ以テ八葉ノ蓮華ヲ作ル其上ニ於テ白竜又胎蔵界
大日也　白竜ハ我心王也　蓮華ハ色界也　空不二ノ外宮ハ陽神也　神体ニハ
石ヲ五輪ヲ作ル其上ニ於テ白蛇　住吉ヨリ今ニ至ル迄常住不滅ノ又白蛇ハ
日本一ノ自性ハ天真仏也　八幡ハ衆生ノ命根也　八識心王也　住吉ハ人ノ主吉ニト書也　人ニ
人々ノ自性ニ五輪ハ五体六根也　人ノ自性ハ金剛也　金剛ガ之故也　真言宗
主人公也　天神七代ハ頭ノ七穴也　是ヲ七仏氏菩薩氏天ノ天星氏云也　地神五代
五臓也　五智ノ如来也　下部ノ二穴ヲ加テ九品ノ浄土　九曜氏星ヲ春日明神
ハ日天月天也　和合ニテ人界ヲ生ス　春ハ三人也　三人トハ父母子也　日トハ南方ノ
火大也　心也　明神トハ　明能示ニ申ス也　外宮トハ　木神春東　内宮土神　中央　月
讃岐ノ紙神　北冬　蛭子ハ火神　夏南　素戔烏ハ金神　秋西　是ヲ五形トモ云也

五鈷ノ 三社トハ [梵字](ア)八幡 釈迦 [梵字](バン)大日 [梵字](ウン)春日 阿閦 一佛 智勝仏 二明王 金剛界 胎蔵界 父母ノ
荒神トハ神ハ心ノ 荒立時ハ三宝荒神ノ心静ナル時ハ則本有ノ如来之心ハ仏
大大ノ北方ノ[梵字](カン)ノ字水ニ對セラレテノ其心アル、ヲ荒神ト云又俱生神ト云
愛染明王トハ父愛スルノ心ヲ起セハ母父ニ深(アイチヤク)愛着ス依テ陰陽和合ノ私ヲ
アイゼント云 大日ノ本国トハ大ハ毘盧遮那ノ如ク尽虚十方純一無雑ニシテ
一人ニテ二ヲ円常ニ一尊ト云ニ方モ諸尊ハ金剛界春日両部ハ胎蔵界
大日ノ両部ノ大日ノヒラキ初ル国ノ故ニ大日ノ本国ト云リ 本ノ字ハ九ノ八十一ノ
算数ノ本ノ字ヲ[illegible]カテ見ルベシ 国トハ初ハ口(クニ)ノ形ガ四方ニ其中ニ於テ或(ワク)ノ字ハ
虚空ヨリ餓鬼畜生修羅地獄人道天堂ヲ出ル故ニ國ト云 天竜トハ二人ト
書ノ父(天地)母ノ竜トハ父母ノ交精ノ事ヲ天竜ト号ス大諦ナ天トハ大ハ楽也
虚空ヨリ一下リノ生ズルノ泰山ノ子孫ハ八万四千ノ色[illegible]ノ法身ノ理ノ知ハ報身
ノ智ノ光ハ応身ノ事(ミ)ノ天ハ父母ノ二[illegible]ノ和合ノ字賀トハ宇ハ禄ノ天ナリ
父ノ賀ハ命(イノチ)ノ地ノ母ノ神ハ身ノ護[illegible]ノ是ヲ天地人三才ト云禄命
身ト号ス十五童子トハ天地人ヨリ五行ヲツナクレ禄命ト身ニ於テノ各五ヲツナク是
三五十五ノ道ヲ十五童子ト号ス胎中ノ子ヲ[illegible]ヲアラハサバ[illegible]ル常立ナリ

二

此神五代トハ五体五倫ヲタテヘテ生出ルベシ天照大神ハ我身ニ有八百万神トハ
八万四千ノボンノウニ也又内宮トハ入息外宮トハ出息ニ外宮ノ神文
千代とかへても我の社ハ我身の子出入息ハ我身なるべし
是亦本ニ 凡人の見ル空ノ社ハ我か心を以て入息をめぐらしてこそ
又宣 ミチタルまつ人のしらぬ天ノ社と申ましぬもかたらいしけり
我身の我すなはちの文のさしりなり我として入てありさまあれそ
なると知て我心よりのみを申のの神とまたえるべき
さい仏のちをも神ト申ゆへ心いとつを天にいるべき
三輪明神トハ三柱和合ニ元ヒラ元可吟味トモ云ニ三ツ輪トハ父母子ニ又列
多ス聖明神モ是ニ同ニ多ハ妹づく又聖ハヨロコブニ 明神トハ日月男女陰陽
母ノ胎ハ社ニシテ子ハ則神母ノ陰門ヲ鳥井ト云リ 此開ハ内トガミ開ハ鳥井ト云 仏方ニ陰ヲ阿
諸仏出世ノ本門菩薩出身ノ本懐ト云ニ又胎内ニ宿ニ生ル所ヲ浄土ノ阿弥
如来ト云サシテ云ニ此ニ依神ハ依仏共ノ立定ノ如クのしやうしト云リ
又神ハ穢ヲ断ヤズ常住不変ナルヲ神ト号ス出家ハ伊勢ノ神前ニ入サルフハ穢

然ル肉ハ是胎蔵界ノ大日母ノ腹ニシテ三百六十ノ骨節ハ金剛界ノ大日也又精ハ
内宮ハ胎蔵界ニシテ母ノ残シ玉フ貪欲ヲ利スルハ母ノ婦ニ等ルニ依テ内宮ニ於テ
出家ヲ入ザルニ 達磨大師曰自心是仏ヲ知ラバ仏ヲ礼シ経ヲ読ヿヲセズ戒ヲモタモタ
ザレ自心是仏ナルベシ貪欲ヲ利シ白衣モ是仏ニシテ性ヲ見ヿナスンハ貪欲ヲ利ス
又是外道ニ婬欲ヲ断除セザレ婬欲ハ即空寂ニシテ自心是仏ヲ知ラバ十二部
経ヲ読誦スト云トモ成仏セズシテ流転輪廻ノ業ヲ受ケズ三界ニ於テ除苦ヲ受テ
出ル期ナシ千万ノ諸師ヲ読誦ストモ見性セズンバ是凡夫ナルベシ真仏ニ非ズ
又云常ニ手ニ経巻ヲ取ザレ共常ニ此経ヲ轉ス此経ハ黄巻赤軸ニモ非ズ人ノ
身足シタル一念是経ニシテ箇ニ円成シタル六根具足ノ経ノ標紙ニ一身四衣ニ
三万六千度ノ息アリ是呼吸ニ阿吽ノ二字ニシテ一切蔵経是也口ノ開合ニ
如此十八氏ハ刹那ノ五千四百八巻ヲ読誦スル遂是前住僧行履也年
七不修行セズシテ如此十九性ハ外道天魔ノ見解ニシテ道俗共ニ威儀ヲ乱サズ
寺信心アルベシ 摩訶和尚曰酒肆婬坊奥行化成仏セシム経曰仏子此地ニ住スル則
是仏ノ受用ニシテ常ニ其ノ中ニ有テ善大経行シ若ハ坐臥スト云ニ 弘法大師ノ記
叶ふとも此世のつとめしやさとりのアウンノ二字ノ首ニ二カセテ
さとりしきながらすみもそろふらしなきこのりのいのちのさしき

三

大日経曰心王ハ大日諸法ハ真言也手ヲ十ナケ是ヲ動ス皆是密印也又曰虚ノ如ク自心ヲ知ル自心トハ息也又曰法華曰既是息ヲ知已列仏衆ニ入此息トハ西方息風也西方トハ金也臓之息ハ是ヨリ出肺ハ息大也又仏金剛薩埵是也無住ノ息入ル此阿弥陀ト云西方ハ金九数念仏ノ片刀子ヲ外ヘツク金ハ西方ノ主也口ニ於テ開合アリ念仏ヲ申サズト云出息入息ヲ阿吽也開合也念仏申トモ見ル時ハ弥陀阿吽安運南無阿弥陀仏也如此十九時ハ呼吸ノ息力是念仏也一切経也禅宗ニモ那家ニ唱縁ト号ス一喝商量ヲ含得スル時ハ出入ノ息一切経又仏法也神道ニ幽冥也神ハ魄仏ハ心也心経秘鍵ニモ文仏法ハ遥ニ非ス心中ニシテ即近シ高祖大師曰即心即仏也文殊ノ偈ニ曰大聖ハ心ヨリオコル心ニ於テ何レノ所ヲカ求ニト云也善導ノ観経疏云自性法身ノ仏土ハ即身即仏土也即心即仏也外ニ浄土ヲ求ル時ハ十万八千里也遥ニ遠シ唯心ノ仏ヲ見ル時ハ即心即是仏也起居動静是仏也彼ニ西方浄土ヲ求ンコトハ息風ハ西方ノ主也出入息是胎金両部ノ大日也六根ハ色ニシテ浄土也心ハ空ニシテ弥陀也阿吽ノ二字ヲ以テ二字ノ念仏トナス多念多相ナル時ハ阿字ノ一字ニ帰ス

是ヲ一字念仏ト号ス　趣字ノ是一心ニ心ハ是虚空同一法性ニテ虚空
界ニ無盡無辺ノ仏ニテ離ル事ナシ　色二元別ニ不来不去ニ此一心ヲ一タンノ霊光
ト号古徳白念仏賛曰光明遍ク十方世界ノ衆生ヲ照ス甚取ニテ捨玉ハズ
トあし　此心ヲ悟ル中ハ一心念仏ニ又ハ一字念仏ト号ク九品ノ浄土ハ我身ノ九穴
ニ九品蓮臺ニ実ノ如ク[illegible]心ヲ観ル　此心ヲ悟中ハ一字真言ニ出入息ヲ
上是光ト号ス浄土門ニ於テ十方ノ化仏諸有衣羅萬像[illegible]奉ル動
含類ノ上ニ於テノ善ヲ仏身ヲ現ス頭ニ上物ニノ上ニ此心ヲ孔スヲ息上
見仏ノ語ト名付　息ハ自心ニ息風ニ是金剛ノ正体ニ是生心ノ弥陀
ニ四部ノ念仏ハ　阿弥陀仏ノ二字ノ念仏トハ南無ニ六字念仏トハ南无
阿弥陀仏取命不生不滅ニ是阿字ハ丸ノ三息ニ是ヲ三身円満
如来ト号ス　此六字念仏ハ阿字ノ一字ニ約ス念仏ノ一字ハ一心ニ此心ヲサ
トル中ハ山峯ノ松風磯ノ波鳥ノ鳴モ雀ノ噪クモ一ノ妙ノ音ニ出入息一切経ニ
起居動静　平生　動足皆是密印ニ当相即道ニトあし

四

大日経曰心王大日諸法ハ其言之手ヲ挙足ヲ動ス皆是密印之文曰ヲ如ク
自心ヲ知ル自心ハ是レ大日　昔日丹霞禅師寒キ天ニ一庵ニ宿ル薪ナシ庵
ニ秘蔵ノ金色ノ木仏アリ丹霞是ヲ焼ク庵主懐然テ是ヲ責ム即テ
答、主骨髄落ス丹霞門風未ダ窮メシ木仏ハ之鎗下ノ薪也
金剛経曰若色以テ我ヲ見音声ヲ以テ我ヲ求メバ此人邪道ヲ行シ
テ如来ヲ見ルヿ能ハズ如此十九中ハ木仏ト曰ハキサレ是ノヲ
以テ周メテ眼トナシテ画ノ且ヘテノ合セテ絶リテ仏トス是ハ色相
ニ是仏ニ似タ又種ノ色ヲ出シテ殊勝ハ相ヲ現ス是之又實相
経意ニモ似タル是ニ非候ニ　自心是仏ニ自心惜ル是別
凡色形ある　是涅槃　鳥鳴花咲ノ妙意ニ

文保十　己之
刊行

陰陽成形図

一天地開闢之二儀也

焔魔天聖相
三離金剛異
二像交相交替

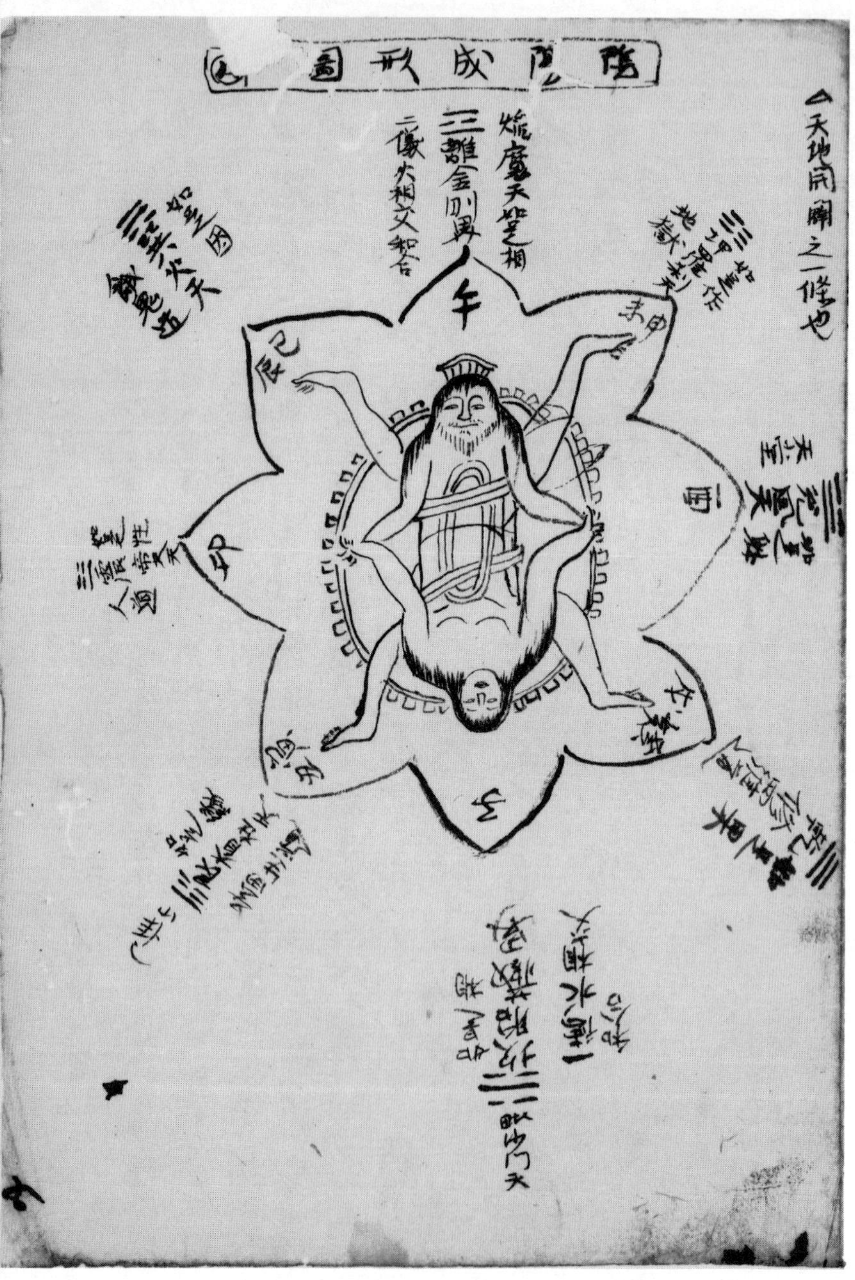

①イ　地主人公図

天ノ岩戸ヲ開キ（ヒラキ）ト出玉フヲ出雲大明神ト云 故ニ日本記ニハ十月ト定テ神無月ト云 胎出ノ時ニ云ヘ（ル）
臣ん是ニヨリテ十月ニハ北時雨有 雲ト八雨ト云トキリ雨ハ雲母（ウンモ）し

出ノ字也 母ノ胎ニヤドリタル如し

男

西白銀輪王

女

赤肉ハ母ノ経血 白骨ハ父ノ淫 和合シテ海月ノ
如し是ヲ一固相ト云 タトヘハ母ノ胎中ニ蓮華ニ
露ノオケルカ如し 云々 云々 蓮華ナルヲ即身成仏ノ
内證ト云し

弦ノ如ナル筋ニ命テノ弓ノ如し中ノ弦ノ如ナル筋ト成テ五躰ヲ
アヤツル 其外リハホゾノヲト ナルし

黒白六和合図

元（ゲン）

無極

白字ヨリ黒字ニカヨフヿアレハ神ヤ仏モ生レヌルカナ

是口　一イツ　一易

大極之

○

無思　無為

乾坤ノ二ツ嫁シテ六字ヲ生ス是ハ相成道之

二儀精明分

☰　乾兌　少陰　若女　十五ヨリ三十マデ

☲　離震　少陽　若男　十五ヨリ三十マデ

☴　巽坎　老陰　年寄女　四十ヨリ八十マデ

☷　艮坤　老陽　四像　年寄男　六十ヨリ八十マデ

無極之大極之之ハ是一黒ヿモヽ為エルモナシ一易二儀精明分レテ四像老陽乾兌ハ少陰
離震少陽巽坎老陰艮坤　乾坤ノ二ツ嫁シテ六字ヲ生ス是ハ相成道之六和合ナル也

易ニ日月和合真言ニ男女和合聖天愛染ニ神道ニ三輪多賀加茂八幡
ノ仏法ニ於テノ生下未分ノ話アリ香厳樹上ノ話見明星悟道ノ話
是レ之乏一精明分ッテノ六和合トナル又曰父母ノ赤白ノ二ノ滴相カ交ヘリテ
一色ノ阿字ト成テ月水トゾヘリテ一七日又ニ於テ其形水月ノ如シ

天逆鋒

阿字云

滄海原

華血

歌羅藍

仏法ニハ此両滴ヲ父母ノ清浄ノ一滴水ト云ニ真言ニハ金胎両部ノ大日ノ
法水ト云フ、ヲ以テノ言ニハ夫婦トイヘリ　歌ニ曰
アマテル御娘嫁リまのりや阿良夫神ノ婚姻

堅磐艸

堅磐草 庚申ノ巻下

長壽備本末

○天保二辛卯春関白家ノ養女有姫君
御年八才実ハ今上帝ノ姫君江戸表将軍家へ
御入輿西ノ御丸へ被入儲君家祥公ノ御簾中
之天保三ノ年九ツ迄ノ御局石田局道中十万石
ノ格式ニテ御供播州三木ノ古家ノ女之余リ家
柄宜シテ縁組ニ相當ナシ門徒宗ノ寺ヘ嫁ニ未

縁ニテ離別片ニ文参州渥美郡吉田城主七万石
松平伊豆守殿領分三州井戸郡小泉村百姓万
策行年二百二十九才妻女二百八十才倅百八十八才孫百三十才三百五十石
ヲ拝賜ス家内打揃ヒタル七寿ヲ愛セラレ是モ
御供養ノ別記将軍ノ御家譜ニ在二ノ高ハ池田
侯ノ御息女ニテ有シカト覚エ
○因曰文化中小路谷伊助須本ノ某同伴ニ
人連ニテ伊勢参宮ノ為行州寫去ノ人ニ出合ニ

七

人連ニテ参宮ノ為冨島ノ人云和州上苫木ヨリ
峯丁字野村ニ今年二百卅六才ノ人有ヿ兼テ
聞及ヘリ同訊ニテ盃ヲ戴キ長寿ヲアヤカラン
ト申淡行折節世業ノ為主友皆ノ待中下駄
ノ荒木造六貫目許ヲ擔ヒ戻リケリ翁曰長
命モ拵テ好ザルヿニ孫曾孫皆先ニ死シ今玄
孫ニ養ルト云其玄孫ハ六十斗ニシトゾ尚長寿ノ
ヿナレバ古キ話ヲモ仰聞セ下サレヨト云ニ二拵メル

ナモ覚侍ラネド 信長公ハ濃州岐阜ニ御在
城（細児ノ比）ヨリ大坂陣ノ頃ハ妄元ハ凡節十六バ多ク
軍勢昼夜旗指物桃灯松明ニテ賑ヒカリ
シト語セリトゾ（此ハ己ニ亡シ）○文化西阿波潘ノ太守ヲ出當所巡見ノ条下ニ在
○安平下村農士太田壽右エ門曾母百二歳
自織処ノ木綿ヲ献上ス一口食右同巻ニ載十六略書ス
○天保元庚寅　封君斉昌公叙従位少将
此氏富平丁八十歳嶋臺ヲ献上ス其臺ハ亀忠ニ

九

揺々酔舞ノ木偶ヲ立周廻ニ瀟湘ノ八景ヲ模スル
花作ヲ洲府御城中ニ於テ献上
庚申巻二ニ載之　○文政四年巳此秋盆會禁儀藝須太ノ盆會
踊ハサックシテ此戯影ニ近年追年増長シ真ノ
哥舞妓ニ多ク不譲踊モ又尋常ノ踊ハ絶テ組踊
ト称シテ絃哥ニ教十人与テ逆上組是ヲメグイト云飄軽七人ニ
ヲ魁トシ何与何街与ト称シテ標織ヲ立遍夜
絃鼓ヲ鳴シテ街々ヲ横行シ請フ処ノ門庭ニ至リ

舞臺ヲ組立行之見物ノ群集跡ヲ追テ行遶ヒ
目覚シキコト之去秋ハ合テ下物部組鏡山ノ趣向
評判高ノ局岩藤ノ久サヘシサ中老尾上ノ義シサ少
女ノ春心ヲノ誘フニ足レリ件ニ尾上ニハ伍老久ノ然
ナル者ノ子之件ノ糺官沢辰藏及ノ息女尾上カ
貌容ノ艶ナルニ惑テ密意ヲ通スルコ暴之綱濟カ
御ノ例藏スヨリ相露レテ父沢氏ハ毅退役テ均
本府手弱女ハ内牢トナリ此戯遊ノ壯観ナルコ世上

遊カ

普ク知処之　此後同甲申盗會復元尚退過舊
遷之　今年文政六酒部舎人役中収賄賂掠公
収其他有数条過過而改易中村酒部ノ跡ト令
有テ市中盗會ノ賑可復旧例ノ令（新本ニ云須本城中村若狭番之）
○同七甲申春三月廿七日入田村加平次支配其子
支配孫支配三支婦相揃相伴テ銀子十貫目ヲ
新御蔵御銀方へ為擔来献上ヲ其所拔上仕度与
官府ニ献ノ件ニ与頭庄屋掃守村委田太郎大夫へ彼

風体等委細ノ事ノ上上納ノ分書有ケリ二番役
ノ免持一刀ヲ許サル其頃日々ニ御蔵ニ出勤十六日
ニ至持病ノ積ニテ相発不会之残念猶悔数代ノ
前後不徳ノ段千一代哉天有何敵而悪哉乎
○自是一両年前湊浦出札場庄太夫銀拾
貫目棒庄太夫一旦及困窮後漸々富有ト成願
巨恩願ケルハ私年来出札場相蒙以ノ頼取ツぐキ
相應ニ家様ヲ養ヒ渡世仕申候難有奉存候申

十二

上献上ノ時ニ御褒美有テ苗字帯刀ヲ免アリ

○宝暦十一御巡見使ノ案内役　嶋田何某ノ代遣シテ死去ノ
儀ノ判元ノ役ノ上使ノ越時稲田君何某時ヤノ号鞍トモ蒲園
内ニ隠居テノ号鞍ノ手ヲ持副ノ取計ヒ上使ノ
見届ノ上ノ物弁ヘシトゾ是ノ病死ノ大切ノ旨ノ案内御
役目ノ執ノ夜生中ノ判元ノ役ノ安否ノ一恒例之トゾ
十一年ノ又朱印改トハ十一ニヤ係之ノ朱印トアレハ
公義ヨリ下サレノ御書改方遣テノ考

珎器

○献沉木　通記　推古帝三年乙卯四月有沉木流着於淡路嶋其大一圍嶋人不知沉木拾以焼於竈其烟気遠薫嶋人大驚献之

○木心見字　通記云　天平宝字二年戊戌二月大和神山有有殖藤根成字　注書器　器云六巻　木心有文字相似

○文化十五[illegible]石亭先生裁首為拝謁渡海於本藩〆節金光明之古書ヲ見於徳嶋古器店帰後會之

十三

地藏寺住侶語之地藏甚盈望住侶

地藏寺住侶ニ語之地藏甚邈望住侶則未便一方金ニ買得タリ光明寺ノ住侶聞之謂ニ地藏寺曰是我寺ノ称号之誥讓イ哉地藏不聽則去媒而見之則黄蘗ノ隱元ノ印章鮮之主僧益悦テ篇ヲ補ヒ修理ヲ施シテ掛タリ先生評ニ曰是往昔阿波国内廃寺額市店ニ出ルモノナラント則是ヲ求タル所謂ヲ記ストソ　圖梅　是阿洲国分寺ノ額ニヤ　常盤州　国分寺ノ下ニ曰今大日

十二

堂ノ有処ハ日本後記ニ形謂所ト云納金光明経
七重ノ塔ノ址也又曰天平十九年詔シテ白去ル天
平詔シテ国別ニ金光明寺法華寺ヲ造ラシム
其金光明各七重塔區并金光明経一部ヲ
最勝王経ナリ写シテノ塔裏ニ安置ス金光明寺ハ国分
寺ノ一名ニ法華寺ハ尼寺ニ今ノ新庄村ニ其址小堂有是以
掛ル二此額ハ先阿波国又ハ淡路国[illegible]毛ノ日
右ハ行支ノ巻末ニ辞ニ二重ニ

七巻ニ出
二重之

○文化五戊辰春三月天文使伊能勘解由殿諸
国天文地理測量来于当州府同心坂部貞兵
衛、柴山傳左エ門、河部政五郎、青木勝次郎等
相従、本藩天文方関権次郎、樋富菊郎為
測量補助テツダヒ、安宅氏水主十余人ヲ従ヘ出會
淡嶋ノ周廻ヲ藤蔓ヲ曳廻ラシテ測之、且以南
鍼見方以天鏡及種々之器伺辰宿也度数高格
微細ニ図ニシテ東灘ヲ経テ四国ニ発ル、同年四国

四国ヨリ帰路又西浦ヲ経テ皈ル
○文政十一戊子十月末本藩画図師為崎武
九エ門其子息及属官輩ヲ従ヘ淡路ヘ渡海
先須本街ヲ索ヲ曳測量シ次ニ御山下
村々渉テ当邑ニ来測量甚速シ山陸モニ
一日ニ渉ル其夜逗留翌由良ニ行又灘三ヶ村
渉ル千草ニ至測量ヲ果シ夫ヨリ国中八重
テ迪ト巡ル柳沢村廣田五之進二男額テ倍廻ス

○文政十三庚寅去春郡儒官[illegible]此国風俗
弘賢（国学者）検校門人ニ以風俗問状諸国ヘ来風俗調
ヲ当州者御当家ニ頼越候之所[illegible]
[illegible]安坂村包助福良浦吉十郎志知浦与右
エ門等蒙之共調之子客合[illegible]
善亭ニ集会セシトカ定ム
○天文[illegible]伊[illegible]
○享和三癸亥七月二日郡官代官両廳ヘ為合一　七巻ニ詳

○享和三癸亥三月福州漳洲府ノ商舶入津由
良ニ紀州ノ官船護送之テ長崎ニ同時我国君
御参勤東都ニ又繋ニ御船ニ今年新造如意丸屋上八幡破風
造五彩金飾映水為虹太守御忍ニテ乗福船ニ御覧
有紀船ノ官士又忍拝見御船ニ驚眼遠近
男女福船並ニ御船兼ニ拝見ニ群見時ニ暁御
船吹ニ三次宝螺打ニ数篇太鼓聞ニ御出船之
音福船之輩貴ニ害我之人止哉ト大ニ驚惑セリ　ヘニ出二重之

〇安南国何家老臣ヨリ[illegible]委云リ
〇山舟載木遣 土州ノ山路専用之自深山栈木ヲ此舟ニ積テ川有処之挽下シ夫ヨリ河流ノ水勢ニ任セテ流シ下ス其製河海ノ舟ニ異ナルコトナシ只小ナルノミ路条竪ニ能滑ル木二本ヲ並ヘ布キ舟底ノ滑木氏ニ塗油滑リ安キコトヲ要ストゾ此コト文政十一戊子八月十六日始之於中尾祥平子
因ニ云寛政中仙臺ノ漂客等魯西亜国ニ至

彼地ニテ見タル風船ハ上ニ圓ナル風袋ノ球有テ
是ヨリ絶ニ二人乗ノ舟ニテ大サ一間許之是ニ男女
二人衣裳空ヲ飛行スルヲ見タリヲロシヤ詞デ
是ヲシヤリト号ス其器説委ク環海異聞巻十三ニ詳ニス

○堀出推朱古椀［須磨昔談］八木八幡馬場先ノ農
家ノ主構中ヲ掘テ堆朱ノ古椀五六箇ヲ出タリ
近世ノ了八元細川家老臣ノ宅地ノ趾ニト云リ

［奇古叟］

○猿ノ怪　佐野ノ文兵衛摂州仏母摩耶山へ参詣ノ折甚小雨朦朧タレハ傘ヲ携ヘ路辺埜林ノ枝ニ猿数多等居ナク在許ニ一猿文兵ノ行路傍ニ抽テノ行先ヲ塞クヤイナヤ追ヽニヒヨイ〳〵ト文兵ヲ取囲輪ヲナス其内又一猿抽迫レハ衆猿ヲ〳〵ニ追リ如斯スルヿ数回ニテ終ニ咫尺ニ迫ル文兵忙然トシテスヘキ術ナク持タル傘ヲ急ニハツト開キケレハ其不意ナルニ畏レテ衆猿一時ニ逃散セリ

ト予カ亡妻ノ兄池田庄蔵後叔ノ名ヲ允テ兵吉ト改名ス
語リキ思フニ此傘ノ類機ノ術モシハ文兵身
体危カランモ知ヘカラズ文兵ハ池田ノ縁家ニ庄蔵
ノ伯父カト思ヘリ
○文化五冬十月千草村猪鼻川水面ニ蓮花
ノ形見ハル是ヲ御来光ト称シテ参詣群集ス
是水底ニ岩ノ横リテ流水ヲ堰其上ヲ越テ流ル
水余ニ日光映シテ虹ノ如ク五彩ヲ見ハス之甚キ者

十四

ハ三尊弥陀ノ尊容見ヘ玉フト云ニ随喜ノ涙ヲ
垂ル者アリ初六十六部四国ノ者ノ云觸セシヿ
之トゾ翌春ニ至其下流一町余リニ又一処同ク蓮
見ハル工ニテモ出来シヿ之
○同七（文化庚午歳）五月安平ノ海ニ頭ハ猿ノ如ク眼
丸ク口尖リ頭ノ毛鼠色咽下茶色ノ海獣有
海底ニ入テ魚ヲ取喰ヤ下浮出テ是ヲ食フ其
取処ノ魚多クハ鰈魚浮魚ハ取ヿ不能海底ニ

伏処ノ魚ノミヲ取ガ他魚ヲ取ヲ不見ガノ肩
ヲ出ス手ノ如シ両鰭アリ全体ヲ見コトナシ然
レ圧頭ハ全ク獣ニシテ鰭尾ノミト見タリ尾ハ海
老ノ如シト云市中及近々ヨリ見物人日々ニ群ヲ
ナス［皇高云］人名付テノ海坊主ト云此比連年豊作
ナレハ祝シテ豊年魚ト称ス且其比毎夜箒星出
是ヲモ祝シテ豊年星ト云リ

十五

郷同心岡嶋峯九衛門狸付煩ヒ妻娘
ナトモ家内皆々狸付主人ハ終ニ是ガ為ニ病死
○文化十二乙亥九月五日六日両日柏原観音堂
棟上蘇村々ヨリ遷物上ル五日。由良八幡遷
物。上物部ヨリ卅三番観音○塩屋ヨリ頼光
山入ノ儀○七丁目ヨリ獅子○大丈場屋入儀
○其余許多○六日内田ヨリ儀寄物獅子
頭横嶋龕月古椀臯是瓢簞耳草履

脊花毛氈尻棡ノ毛裳（ミノ）幟琉球表二枚地
縁茜毛佃文字ノ縁細縄フセル兵庫ノドキ三
弦ニテ登山宝前ニテクイトギ 酒ハ出ルくドブ
酢漬ハ呉ルヨウメヅく同ノ箇茶碗ヤレ
アレテデヤル ヤツメトセ／ヱウメトナ アチフノ方／コチラノ方 当ロく
猟師忠大ノ儀其人来皆獅子ニヨル儀大イニ
評判ヲ取タリ

庚申ノ二
右二三丁

○文政ノ初十歳ノ頃須府火器隊将前羽氏岩蔵
邸屡有異事或ハ卯塞ノ節究ヲリ譲法ノ續々依
タル物ヲ継延繰出スコト数丈採テ是之則只白帋
ニシテ文字ナシ或異人入来テ主人ニ對話ス一日主人
他ニ出テ其帰来ノ刻限ヲ母公ニ告テ出至午飯
時侍婢等主君ヘ配膳ノ事ヲ議ス母公曰未帰来
須臾可遅々侍見荅テ曰家公前刻既帰舘在
我在便房先命ニ火茶母公又曰否主人帰期未到

且平日他行帰家則先入我備へ房ヤ必見何ソ告ニ
帰事有ントト言未終ニ家公外ヨリ始帰至其余
時トメ怪事不少於之親戚及傳御（ヲトナ）相共ニ評之
曰是猶武備ノ襲フルニ似タリ不如令請僧侶讓法
談一凍而轉讀於大般若經即止　庚申ノ巻ニ有ニ重ニ
右ニ全
重
○因ニ曰是モ文化文政ノ間ニヤ有ン本藩ノ士人
吉成百郎ナル人ノ邸怪異アリ其邸中死者ニ詢
狸穴近曾時トシテ異人現シ来其長子某ト相

語ル事屡ニテ或ト云吉一時呉人足下月額稍
長セリ我剃之櫛ウント即俗髪スルニ尤猪奔
熟セリ常ニ来會シテ如ニ親族一然レ氏何レノ誰ト云
事ヲ知ズ吉成ニ男子アリ次子彼呉人ノ為ニ
逆フ事有シカ或時宙ニ川上シ独空中ニ泣ヲ見
余人ノ示ヲ令ル氏見ヘズ親百郎曾テ怪ミ訝ル
ヲ以テ呉人吉成ヲ忌悪ミ終ニ仇之燒却其
家ヲ曾テ吉成ノ邸有ニ古狸穴一於之始テ知古

狸ノ所為乃吉成ノ狸ノ所為ナルヿヲ察知シテ分
兼テ狸ハ炭火ヲ忌ヿヲ史及茶燒飯炊皆
炭ヲ用ヒシカ𪜈后其費用ニ倦テ薪ヲ用ヒ畢余リ
吉成當時公ノ稍稟廨舎ヲ拜借シ移之異ハ
人又募来テ曰汝来之哉好看ヨ又燒却セント
吉成大ニ畏レ以為ク若有ニ再燒ユ之則對ニ君上ニ其
恐不少辭シ之他ニ去リ當ニ歩亭而移住又或ハ
軒下ニ積有処ノ割木己レト飛テ場処ヲ替ル

十七

ヿ綾ヲ織カ如シ又曽テ庭中ニ大松有一時長
子呉人ニ語テ曰此松父常ニ云ルハカレコニ有ハ能
カラン三亥ニ在テハ甚不便之然レ氏頗ル大松十六
種替巨シト語ルヲ守スシカ一時此松人モ宅ニ臨ヱル蟠
ミテ自然ニ其好ム処ニ移ルヿ宛モ戯場ノ道具ノ
如シ当時淡路ノ水官楮子八左エ門ナル人ハ曽テ吉
成ト知己ナル故其松移迁スル氏吉成ヲ訊訪
ミテ其席ニ在目下ニ是ヲ見タリト語リ又又吉成

氏新町橋ヲ過ルニ一婦人乳児ヲ懐テ橋上ニ立
欄干ヨリ懐ル処ノ児ヲ河水ニ投没セントスル気
色ヲ見周章ニ止メ其子細ヲ問フニ貧ニシテノ
養ヒ叵シト云吉成憐テ懐中ニ在処ノ銀札ヲ出
シ聊ナレ𪜈是ヲ与フ必児ヲ捨ルヿ勿レト云女謝
シテ曰然ラハ我行処アリ須臾此児ヲ預リ玉ハヾ
シト掴附シテ去吉成待𪜈其婦帰リ来ラズ児頻
ニ泣ユスリスカセ𪜈尚係泣テ止ズ吉成モテ余シ橋

十六

上ヲ西ヘ東ヘト蹁躚ス往来ノ人是ヲ見バ石ヲ
懐ケリ狂人ニト思ヘリ
○寛政十二亥五月由良浦紫屋次郎吉其姪穏
喜代女ト共ニ高埜山ニ詣ズ洲城連カロツテ四五輩晡時
過ヨリ登ル山ノ半腹ニメ喜代女俄ニ空腹不可忍ズ
且睡眠ヲ催シ一歩ヲ進ムコト不能洲府連ニモ又尓
ナル者アリ殊ニ日暮雨降テ如何ヒシ亘シニ依テ次
郎吉先走登テ西南院ニ至リ飯ト竹輿トヲ乞寺僧

ノ白竹輿ニ不及須臾ニシテ止ベシト則僕ニ命シ掌團
飯ヲ携シメ彼処ニ至レハ両人忽心氣元ノ如シ寺僕其
團飯一ツヲ路傍ニ投シ又各一箇ノ半ヲ食セシメ猶残ル
処ヲ辺ニ棄テ登ルニ氣力常ノ如シ人々怪ク其故ヲ
問フ答テ曰是ダリト云者ノ着タルニ毎時有ヿ之ト云
夫ヨリ山上ノ市店ニ入テ此事ヲ問フニカヽル事往々ニ
在但如斯咒スル時ハ忽快復ス故ニ此山中ニ過ル者ハ
常ニ團飯或ハ菓子等ノ食類ヲ袖中ストゾ

十九

[畠田]是山中ニ怪物有テ人ニ就テ食ヲ求ルナラン時云
バ狐狸ノ人体ニ着シ其言語ヲ借テ己カ欲ル処ヲ云令ル
如クナラン登山客ハ尤心得べキヿ也
○三沢安積某外祖父語曰洲藩ノ士人何某予逸亡其姓名
ノ邸ノ庵後風ニ起出後堂（ザシキ）ノ雨戸ヲ開ク庭中飛
石ノ辺松蕈ノ生スル有怪ニテ則是ヲ其主ニ告主モ
剛勇ノ士ニシテ物ニ不ニ泥惑故ニ敢テ不驚依然ト
シテ曰松蕈モ生物也何ゾ怪ムニ足ン若逆生セハ尤

可怪ト思従無言退翌朝罷卯ハ戸ヲ開テ昨朝ノ
竹ヲ回視スルニ松蕈ノ叉逆生セリ且驚且怪ニテ直ニ
其主ニ告主士最大膽始テ大ニ驚ク
○須本大壇地利ハ［須昔談］ニ元禄三年船頭与次
郎ナル者大隅国ニテ古埜墓ヲ買求来リ當年八
月十日始テ興行ス是之権輿之　国君ヨリ度毎ニ
銀一枚ヲ賜フ今ニ至尓リ十八町ヨリダンジリヲ
一人宛出ス［鳥回］称之大段尻ノ是之依ニ競見長

小ニノ謂之此奥行ノ始ニハ只万歳ノミヲ舞リ今
モ猶ヲ不改神前ノミ三ノ初ニ舞之ヿ恒例之
近歳ハ股尻ノ正面ニ御股尻ト額ヲ掛タリ六行夷巻ニ詳ニ股尻ノ条
○文政二己卯歳府中七街鍋周次郎一子
古狸ニ犯サレ死ス人皆病死トシテ狸ノ処為ナル
ヿヲ察セズ妻女ノ連ニシテ実子ヲ喪ヒ昼夜不絶愛慕
愁涙如雨然ルニ其ノ子忽然ト蘇生シ母ニ着纏ヒ
須臾モ離レズ有験ノ僧ヲ請シテ祈祷スレハ忽

死体也僧帰去ルハ又依然トシテ活ス終ニ又其母
モ是ガ為ニ犯サレ頻ニ忘言シテ不止街巷ノ人品ヲ挙
テ譏誉シ誰ハ平日悪キ者ナレハ其家ニ火ヲ掛ヲ焼
亡サント欲ス或ハ誰ハ常ニ我ニ馳走シ甚気質能
者ナト抔云就中同街三原屋忠蔵ヲ大ニ怖ル余リ
忘言ヲ吐ケハ忠蔵ヲ呼来ルハト云ハ忽恐戦キ静
リヌカルヿ三日三夜爰ニ横ノ婁埜ノ神職年毎ニ
来宿ス幸ニ此砌来テ客舎ニ在是ヲ請ス此人

廿一

先狐狸ヲ使フニ妙アリ曰是狸之汝狸早ク可去
然ラハ汝ヲシテ鎮守ノ神ト崇メ小祠ヲ建永ク敬ヒ
祭ラ令ント其詞ニ随テ狸去 果然トシテ本ニ復ス
即小祠ヲ営テ地内ニ祭之
○文政三庚辰正月廿八日當邑予ガ出郷笑子
屋四郎兵衛番頭勝藏暇ヲ乞故郷三原郡鍛冶屋村産
ニ帰其親徳兵衛本藩士人某ノ夜立ヲ勉松原氏ト名乗曾テ阿州大和
佐ノ神主某ヲ信仰ス當正月神主勝藏ニ謂テ曰

汝ガ母ハ當国十一ヶ処村鎮守者明神　應帝ヲ尊崇
ノ神号ナリ
ニ祈テ出生ノ子ナレハ神ノ胤ト云ベシ故ニ大ニ出世ノ相
有家ニ傳来ノ巻物有ト雖當時他処ニ埋レアリ
汝當廿八日家ニ帰リ其一巻ヲ尋出サバ出世近キニ
在シ事疑ナシト勝蔵大ニ喜是ヲ信シ頬ニ笑ヲ
屢ニ暇ヲ乞終ニ辞シテ故郷ニ去リ件ノ巻ヲ捜シ
求レトモ不レ得神主猶曰彼一巻ハ隣郷国衙ニ有ヲ
其ノ屋下ノ土中ニ深ク埋レ有土ヲ三尺人堀ハ有ント

廿

則母ヲ携ヘ神主諸共其処ニ至リ宅主ニ乞テ土ヲ
掘コト三尺ナレトモ有コトナシ神主又云今三尺堀ヘシト
於之又掘コト三尺猶未有其母ハ近来膝行ト成
廃人ニシガ忽其掘タル処ヘ足入土ヲ抓テ是迄ニ在
タリト云然トモ只虚言ノ事ニ於テ神主ノ白一巻
ハ無ト虽サル処ニ先祖廃帝ノ石碑有是ヲ当家
ニ移シ神トシ祭ラハ幸有ント則神主勝藏ヲ供
其処ニ至リ二人シテ主ナキ古碑ヲ携皈徳矣是ヲ

見テ曰アラ忌ハシ早ク其石碑ヲ持去捨ベシト大
ニ叱シ捨サセケル其母ノ病ハ狸着之ト云リ彼神主
ハ兼テノ狸使ヒテ渠ガ処為ナルベシト云リ徳兵ハ富
有ナル故怪異ヲナシテ金玉ヲ貪ントテ企ルナルベ
シ神主又徳兵カ妻ヲ犯ントス其不義ヲ悪ミ罵リ
追出シ絶交ス勝蔵白刃ヲ抜テ母ヲ驚シ狸ヲ
去令ントス其時母ノ白我ハ尾張ノ国九ト云狸ニ速ニ
去ヘシト云狸ノ着コト一ニ非ス其余十疋計之トゾ或ハ

讃岐ノ狸杯モ交リ有シトゾ曽テ勝蔵笑子屋ニ
在ケル日其友ニ語テ曰我ハ故有テ尊光ノ後胤ニシ
テ一巻ノ書有我今故郷ニ帰リ出世セハ各ロト
席ヲ同フスル事巨ニシト云リトゾ
○文化七庚午六月須本馳道街舟長白浅屋
吉右エ門ガ家白昼幽霊[illegible]
力客舎皇物屋平兵ハ則同街ノ事故委ク是ヲ史
曽テ吉右エ門妻病死ノ節長病ノ事故頭ニ風多ク

生シケル故髪ヲ鋏切シヨホ〱之一時今ノ後妻庭
ニ在テ不図席上ヲ見ルニ件ノ先妻病中斬髪
ノ形ニテ団扇ヲ以テ扇キ優々タル体ヲ見ルヨリ
戦慄（ゾツ）トシテノ病ニ伏ス然ルニ是古狸ノ所為ニシテ
験者ニ妻子後妻ヲ責問ニ東隣西尾ノ郷ノニ
住処ノ狸之ト云即其門ニ連行ケルニ忽昏倒ス
連帰保養ノ中又下女裏ナル井戸ニ来ヲ洗フ
ニ件ノ幽霊現然タリ婢驚嗅ハシ内ニ入テ仏
前

壇ノ内へ隠レヌ夫ヨリ婢女モ又狸ノ着ト成リ今
度ハ前ナル明神ノ狸ナル由ヲ云則連行退ク今ト少
○是ヨリ先去巳年弟三街酒醸家藤屋平
蔵許ニ仕ヘケル者某ノ閨ノ中ニ毎夜其妻ノ出[illegible]
来リ委シ往事ヲ語ル初ハ乱髪ニテ来リ此体ニ
テハ恐シヤ思レナン明夜ハ髪ヲ結来ルヘシトテ又ノ
夜ハ髪取繕来リ四国或ハ西国ヘ伴ヒ玉ヘト勧メ
又吊ホヲ頼ミ線香ヲ携来リ与ヘ翌朝見レ

ニ其線香現ニ在シトゾ都テ此前後ノ年ハ市
中士商ノ家ニ狸ノ怪異往〻ニ在ケレモ今現在
セル家ナレハ憚リテ不言

○草加屋ノ幽霊世ニ怪異チハ有ト定メ匝ク又
死モ決シ叵シ洲府六街ニ草加屋ナル（舊草加村ノ産ナル故為家号）
又商ハ鍋釜故（人或ハ称鍋屋）太蔵ナル者其妻女一女子ヲ産（姿采）（七歳）
後故有テ離縁ニ寡婦ト成テ貧困ニ娘常ニ
母ヲ慕フノ意懇ニ成長シ二八余ニシテ年比愚ヲ

廿五

醸スルノ積リニヤ終ニ病死ス寛政六（ノ比カ）時ニ一夕其幽
霊現シ来テ父ニ告テ曰我衣服ノ衿ノ裏ニ楮
銀二十匁入置リ其服ハ簞笥ノ何レノ引出ニ在
願クハ其楮銀ヲ母ニ贈リ与ヘ貧窮ヲ救ヒ玉ヘト
乞フ太蔵且驚キ且怪ミテ則簞笥ノ中ナル衣
服ヲ改ルニサシモ其言ニ不違銀札二十匁在太蔵
娘カ死後迄モ母ニ意ヲ運フヲ憐悲ムト雖流石
離別ノ妻ニ手自是ヲ与ヘ叵ク他人ヲ頼テ贈

与ヘシトゾ此ヿハ曽テ太蔵予ガ継妻五百女見
曽我部某太竜ト入魂ニシテ来リ訪テ自其
ヿヲ語スルヲ五百女傍ニ侍テ聞シトゾ怪異ノ
中ニモ別テ幽霊ノ説ハ决シテ予ガ不取処ナレ
𪜈此一事而已ハ虚説ニ非ルヿ著明ナレハ録シテ
後来ニ其実ヲ證ス决シテ古狸ノ類ニハ非ルベシ
○洋中ノ変化宝暦中ニヤ有シ内田邑当時存
在菊平ガ亡父定治壮年ノ頃一日早朝洲本

ノ濱ニ纜ヲ解只一人舟ヲ盪ニテ帰路宮崎沖ニ至
頻ニ睡眠ヲ催シ不可忍櫓棹掌ヲ落ルヲ不覚舟
底ニ轉入テ須臾臥ス時ニ忽舟震ヒ浪声ノ響ニ
驚覚テ是ヲ見ルニ海中ヨリ毛臂ヲ指伸舩ノ
掴ミ舟ヲ覆サントス貞治周身肌毛ヲ起シ息ヲ
大ニ揚テ盪シ帰ル此定治性篤実ニシテ敢テ妄言
ヲ吐者ニ非ル予カ能知処之又是ヨリ先宝暦以前
ノ事ニ同邑利八ガ親仁右エ門油屋久次郎カ産処則
初代久次カ親ナリ

是モ白中須本ヨリ舟ヲ浚ヘ只一人櫓ヲ遥テ戯
ル然ルニ晩ニ及ヘ帰着セス家族驚キ衆人ヲ
雇ヒ舟数艘ヲ四方ヘ分チ遣リ其行衛ヲ尋ルニ
仁右ガ舟ハ和泉路ニ漂着シ恙ナシト虽終ニ仁右ガ
行処ヲ不知其日ハ殊ニ風浪ナク海面穏ニシテ鏡
ノ如クニシトゾ邑人後ニ思合スコトアリ其日午時ノ頃
洋中遥ニ頻ニ哀哭ノ声有シハ是必ス海獣水虎ノ
類ノ処為ナルベシト評セリカノ定治ガ舟ヲ覆セ

壮史

トセシ者ト同物ナルヘシ依之思フニ譬白中タリ
尤必舟ニハ一人乗マシキコト
○予若冠ノ比須本ニ遊冬ノ頃大雪降
柏木源助（矢埜善作ノ息秀右エ門）ノ才柏木茂惣ノ養父也[illegible]語ルヲ
其座傍ニ在テ史又千草村杣浅助高木ノ
梢ヨリ落頓死須臾ニシテ蘇生シ冥途ノ者
サヘラ見テ来リシト村人ニ語リシニ世上専此
取沙汰終ニ官廳ヘ史ヘ被召出シ被尋有ケルニ

口ヨリ出ルニ任セ申上ケルハ廣キ河原ニ多クノ僧
玉襷ヲ掛何ヤラン菎蒻玉ノ如キ物ヲ飯篩（イカキ）ニ
入洗晒シ居申ル是ナシカノ西ノ河原カ
ト存申ル私立寄ル洗ナサレルハ科理ニナサレル
品ニテルヤ何ト申物ニルヤト尋ルヘハ僧答テ
是ハ念仏ノ固リシト何故洗ナサレルヤト問
ケレハ是ハ汝カ如キ下賤ノ者汚穢ノ物ヲ牽
ニ掛身ニ觸ツク申セシ念仏故穢シ洗ヒ清メ

廿八

ザル用ニ叵シト答シト申上ケレバ感笑有
テ彼出任ノ頓作ニト察知セシ事也西
川原ノ嬰児翁戯シ話ハ下ニ[illegible]
義ニ十ク侍リシノトゾ取ニ足ザルヿ昨年来ノ
耳クソヲ掃除シ侍リヌ
○宝暦ニ近キ頃ニモ有ニ鮎原ノ住源五ト云者
売薬ヲ業トシテ四方ニ経歴シ街々ニ於テ薬
ヲ売ニカ為先幻術ヲ行ツテ人ヲ集ム一時福良ノ

市街磁器店ノ前ニテ某ヲ商フ時移レモ求ル
者甚少シ乃チ源五其店ノ磁罈一箇ヲ取テ地
上ニ居置衆ニ向テ曰我此陶中ニ入ルト言下ニ
則先試ニ片足ヲ踏入次ニ又片足ヲ終ニ周身ヲ
入内ヨリ僕ヲ呼テ曰陶中甚廣シ汝モ早ク入ヘシ
ト僕則荷物ヲ擔ヒ乍入良久クシテ不出衆其
陶ヲ守テ出ルヲ待テ時ヲ移ス時ニ一人須本ヨリ向
来ル者アリ是ヲ見テ曰各蟻群シテ何ヲカ觀ル

衆ノ曰源五此陶中ニ入テ未出其出ルヲ待ト彼人
笑テ曰我ハ木ノ中山ニテ源五カ皈ルニ逢フト衆人
尚不正領疑テ其陶ヲ打砕ク果シテノ空虚ミ又一
時源五途中馬ヲ牽者ニ遇馬奴其韁羈ヲ
弛シニテ馬跳テ源五カ荷ヲ覆ス源五是ヲ叱ス
馬隷却テ自ラ馬ヲ避サルノ過ニト罵ル源五ソノ
悪言ヲ悪ミ馬ヲ抜テ呑ベシト云馬奴弥逆ニノ伎必
呑ベシト大ニ怒ル粤則頻ニ呑果メ僅ニ尾末ノ毛

セシノビロクスルヲ見馬奴大ニ驚我過テリ何トゾ
馬ヲ返シ呉ヨトテ上サレハ馬ハ河原ニ繋キ有
リテ取ルヘシト云シトゾ是予カ少年ノ頃史紙之
又是ヨリ後安永中ニヤ阿波ヨリ南風ト云扈無
僧志筑ニ来リ暫ク客居ス是又酒興ニ乗シ硝
子ノ陶中ニ入其内ニ潜ル姿陶外ニ透徹リテ見ヘ
シトゾ是ニ付可笑キ話アリ予少年ノ件遊拳ノ
為須府梵字街矢野氏ノ亭ニ寄居ス且隣家

二茂屋茂八郎ナル人独身ニテ其伯父同苗ニ官五壹門ト寄食シテ只二人居セリ主人ハ日々勤仕シ伯父宮五ハ只一人留主ヲ守レリ此人怪クモ呑ヿニ妙ヲ得テ姪日勤ノ留主中諸器ヲ呑ム始煙草盆桶鉢ノ類小キ物ヨリ呑衣類雑具ヲ呑後ニハ剣ヲ呑榧梯子等ノ大物ヲモ易々ト呑家財ハ悉呑尽シ終ニ主人ハ是カ為ニ家督ヲ呑ミタリ是則陶ノ中ニ入モノヽ一盃人呑酒二盃酒呑酒

三盃酒呑人誠ナル哉可恐く如斯幻術ヲ
行ヒ銭ヲ乞者古今少シトセズ去天保二卯春
モ阿陽ノ猿公某ト云者鉄輪ヲ切茶碗ノ糸底
ハ水ヲ通ハセ煙ヲ黒ラセ作其煙管ヲ呑水ヲ
呑又口ヨリ火皿ヲ出シ煙ヲ吹品玉ヲ見物人
ノ懐中ニ入ルヲ其人不覚其余余種々ノ妙曲ヲ
ナスコ奇トヤ云ン妙トヤ云ン捜神記ニ曰徐光ト云
者常ニ幻術ヲ行ヘリ市中瓜ヲ鬻者アリ

九九

徐光瓜ヲ乞不与徐光乃シ索来ツヽ地ニ[illegible]献
ヲ盡キ瓜種一粒ヲ拾ヒ得テ種レ之儀然トシテ
其種一瞬中ニ成育シ既ニ花実ヲ結ヒ頓テ熟ス
自取テ喫ス観者ニモ与ヘ食シム吹ヽ尽ヽシテ索ヲ
柱テ懐中ニシ去商瓜者共ニ是ヲ見畢テ坐ニ返
リ瓜ヲ見レハ一箇モナシ愕然トシテ皆己カ瓜ナ
ルヿヲ始テ知ル是ヿニ狐狸ノ獣類スラ人ノ眼ヲ
暗マス況ヤ天地ノ霊萬物ニ長タル人ハ智ニ於テヲ

ヲヤ其道ニ通達セハ万藝皆奇ナレトセンヤ
○近キ世ノ事ニ由良ノ俠者ニイサリ左次兵衛
ト称スル者アリ井爐利ノ自在ニ[illegible]ナラ掛茶ヲ
烹ツヽ其友ニ對話シ折ニ触謂テ曰我此鑵子ノ
裏ニ入テ見スヘシト言下ニ則其中ニ入身ヲ潜ル
ヿ屢ニシトゾ是ニヲ外祖父三沢安積翁ノ話ニ
由良内田ノ里人ハ普ク云傳テ今モイサリ左次
兵エト称嘆ス是ホハ自然ト生得ニテ自其術ノ[illegible]

モノカイト奇〻

○鼕陶須本ノ士人多賀元助ナル人ハ由良御埜
邸ニモ番手在勤セリ愚昧ナル人ニテ博徒ニスカサ御寄
レ稲智是国老天壽院殿ノ母公智室院殿ニ祝姿ノ向那ヲ侍セリト隠名ヲ係タル
手段ヲ以テ金ヲ借支露見シテハ兵衛ト名ヲ変
入牢後番ニ乗セ昇行ル位沉テ正体ナク半夜
刀物ヒ落千福寺裏ノ川原ニテ打首家断絶ス
此家ニ鼕陶ト云名器有酒ヲ盃ヘ盛ニ一盃満

カリニテモ一盃ニ注レハ一滴モ出ズ数ニ号ワモ盆ニ
余リテゴボルヽト云ヿナシ断絶ノ後イカヾ成シヤ
○予カ母ノ継母ハ稲田家ノ士人安坂村ノ住
士近藤白童門ノ妹之母ノ呉服ノ妹小名ワサ スガト呼ヘ
其母稲田家ニ宦ヘノ縁ヲ以テ私テ仕ヘシム天
寿院公自名ヲ咲楚ト命セラル其頃全ク仕ヘシ
女中ノ年寄ハ元幼年ノ時吉良上毛殿ニ仕ヘ
浅野内匠頭殿家中大石内蔵助ノ三ノ娘ニ十七人

卅三

夜ガノ井椽ノ下ニカヾミ隠レ遁レシニ由語リシトゾ
叔咲楚ハ稲田君ヨリ下太丈織田家ヘ御嫁娶ノ
御身附ニ一ヘカヽリ織田氏ハ元嶋右衛門ト称セリ
東都御旗本ニモ同称ノ人アリ同流ノ事故
都在勤ノ哉是ヲ訪フニ門ヲ開キ迎ヘ入レリトゾ
且南方ノ嶋氏織田ト姓ヲ改メケレハカノ御旗本
ニモ全ク織田ト改姓セリトゾ共ハ信長ノ後裔ト
トゾ叔咲楚ハ元後織田家ノ用人夫役 赴ニ之

息半太夫ハ嫁セ令ルノ礼ヲ以賄ヲ[illegible]ヒケレ氏
半太夫不幸ニ依テ三街堺屋吉左へ嫁セ
リ堺屋ハ元堺ヨリ由良ニ来リ后須府三街
ヘ移ル是ヲ由良川ト云居宅由良ヨリ川如ノ家
ニシテ棟甚ヒクカリシニ近隣ノ火災ニ衰切ラレモ
ワケノ幸ト改営ス先祖堺上氏ヨリ嫁娶ノ[illegible]
シトテ長刀ヲ家ニ[illegible]ヲ蔵ス
○石上昌泉ハ旧徳嶋ノ産ニ[illegible]ヲ業トシテ

淡ノ三原大榎列ノ邑ニ容居シ里正原口十太之
（俳呼青城）ト俳ヲ以友トシ好一時青城ヲ訪ヒ對話
ノ折柄金十片ヲ携来者アリ主人受取テ仮ニ
掛硯ノ引出シニ入置其後日ヲ経テ其金ヲ必用ニ
依テ掛硯ノ中ヲ尋ルニ在ヿナシ原口疑以為其席
昌泉ノ外人ナシ渠ハ兼テ貪窘之决定様シナランニト
急ニ昌泉ヲ密室ニ招キ我先ニ掛硯ノ引出シニ入置
シ十金足下必用有テ間ニ合セナランニ我ニ断テ持帰シハ

能ニト云昌泉思掛ナキ詞ヲ咎テ答ケンハ其武
足下其金ヲ掛硯ヘ入玉フハ見侍レトモ掠シヿハ神
以テ無ト云主人尚押テ争フヿ急レ其席我ト足
下外人ナシ偸シト云ニハ非ス定テ悪用ノ間ニ合セシ
ナラン今調達シ匹久ハ一時ナラテモ不苦有体ニ
云ヘシト昌泉再三申解ト雖承引セズ時ニ昌泉
須臾頭ヲ垂黙然トシテ思惟シ漸ニ頭ヲ挙只今ト申
テ一片金モナシ今五日ヲ延玉ハルベシ且此叓乞必他ニ

卅五

渋シ玉フヿ多レト云主人諸〆白状ノ上ハ他人ハ勿論家
内モ訣シテ語ヘシト云叔昌泉家ニ帰リケレ氏兼テ
ノ貪生ナレハ一金ノ貯メモナシ諸具ヲ売テ年数ヲ
調ヘ残ハ尚衣類匕首ナトヲ質トシ漸ニ揃ヘ日限
ノ通持参シ其后原口ヘ出入ヿ舊ノ如クモ態ルノ
色十余交リケリ然ルニ原口程経テ重戸棚ニ尋ル
物有テ索捜シケルニ以前他ヨリ受取シ金包紙
ニ誰ヨリ受ルト月日金数未委ク書記シ包ノ侭ニ

轉離トシテ有原口鷲老ルニ臭取シ件仮ニ掛
硯ヘ入置シカ尼祥泉帰リテ后戸棚ヘ入レコトヲ思出シ
タリ卑又ヽ石上ヲ招キ先ノ金我自戸棚ヘ入シコトヲ
忘モ体ヲ申タリ則金ハ全フシテ有面目ナキ次第
ヽ去ニテモ足下実ニ椋ザルコトナス何ゾ明白ニ申解
ザルヤト云石上答ケルハ我再三申解ト雖申ヽモ知可
聞入面色ニ非ス我貪生ノ悲シサハ実ニ不椋ト雖モ
知サヘ我ヲ疑ヒ玉ヘハ況ヤ他人是ヲ聞ハ衆人我ヲ

林蔵

疑フテ自世方様ノナリ以来世上ノ交リ成叵シ故ニ是
非ナク無実ノ罪ヲ負テ償ヒシ之ト云原口大ニ慙
入テ是ヲ信友ノ誰彼ニ懺悔シ石上ヲ慰シ心底
ヲ融スルノ術ヤ有シ良術アラハ示シ玉ヘト云ニ三
子聞テ此事如何氏仕叵シト云中ニ一人思惟シテ
石上ノ心情ヲ慰スルハ金銀ヲ以シ叵シ足下ノ女
オヲ昌泉ニ嫁セシメ聟カ子トシ児オノ情ヲ尽ス
ノ外ナシト云原口聞テ是之良術之良媒妁ヲ頼ミ

其誘ニ及フ昌泉固辞謝シテ云ケルハ貧生ノ
我大家ノ良女ヲ娶シテ釣合巨レト固辞シケレ
氏再三強勧テ漸得心シケル故妹ヲ送リ原
口厚フ心ヲ月今ハ石上氏モ相應ニ暮セリトゾ
是元平日指タル行跡モ聞ヘズ増テ掠金ノ疑
ヲ蒙ル程ノ人物ナレ氏其誠心天地神明ニ[illegible]
能堪忍ヲ守リ身ヲ終ルノ了簡尋常ノ人ノ
及バザル処ナレバ我等ノ家童児女輩ノ手本ノ為ニ

卅五

兹ニ華記ス　涼しさや之の多れ底入て

○篤実奥家　須府才七街錦屋兵蔵ハ素津名郡北谷村農家ノ産加太助才之幼ヨリ錦屋清七ニ僕仕ス清七兄守ハ無嗣且病有テ産業ヲ怠リ家甚窮シテ借財モ過多之時ニ守ハ熟兵蔵ガ質篤実ニシテ且商業ニ間断ナキヲ見テ頻ニ養子ニ乞望ム清七本家ノ興廃ニ拘ルヲ以叵黙止兵蔵ヲ勧テ養子タラシム爾来兵蔵

益商業ヲ励ミ凌困其借財ヲ償果シ義父ガ
生涯ニ吏ヘ畢テ尚養母ニ事ルヿ厚シサレバ家運朝
日ノ昇ルガ如ク日ミニ栄ヘ随テ主家ハ清七春雲ノ消ル
ニ等ク月ミニ衰フ是偏ニ兵蔵侘ニ去ノ故ニ依ル
然レ氏兵蔵ハ旧主ノ困窮ヲ救恤シ清七死後寡
婦ト孤ヲ撫育シ家名ヲ立令ントシ欲ス且（宇八ミ）養母ノ
家族ヲ救恤シテ母ノ心ヲ慰シ死後其妹ノ寡婦
ノ病ヲ憐訪テ是ヲ救フ其余縁族親疎ヲ不選

卅六

究スル者ヲ救ヒ舊友ノ困却ヲ助ケ自他廉直
ナルヿ公ニ聞ヘ七衛伍老ヨリ委曲ノ書策ヲ献
ヒシメ文政七申十二月翌春三月是ヲ賞シテ青銅五貫
文ヲ賜ヒ及生涯一刀ヲ許サル是ヲ賀シテ諸好士
ヨリ詩文或ハ夷哥等ヲ贈ル事モ夷哥ヲ贈ル
○同衛十日屋篤実先ニ雑記ニ出ス故爰ニ畧ス
○道薫小林六太夫帯刀世上ナシヱ組ト称ス
是鮎原南谷故ナニコクヲ下畧之當州鮎原

木偶弄師坐本小林六太夫天保三壬辰六月
紀州和哥山古川御埜邸ニ於テ両日芝居興行
命ゼラレ御上覧アリ襖古ビタリ迚上ヨリ両日ノ
間御修理アリ新ニ出来操外題御好ニテ初
日ハ忠臣蔵次ノ日ハ二十四孝橘太夫ヘ為御花
方金二百疋其余御菓子等山ノ如ク拝賜有
由良浦巴危太夫及三絃筒井村盲人倉蔵
等出勤端場ヲ勉ム御見物御城女中上百

卅[illegible]

八十人許下百五十人許依之座本小林御領内
ニテハ佩刀御免許有シトゾ
○錺銀主奥埜小四郎文政十七月双刀ヲ
許サル商名ハ錺屋清五郎ト云須本錺屋
一統ノ本家也
○阿能因ニ云本藩ニハ阿能或安農本字未審トモ云
石垣師アリ御城等ハ官処ノ石普請ヲ
司ル服指一刀ニテ数十俵三十俵ニテ有シカ忘レタリヲ領シ甚

冨有之何レノ頃ニカ有ケン帯刀ヲ願ケル御
許容有テ刀ヲ指ヿヲ免サレケル氏其代リニ
脇指ヲ除最上長剱一刀ヲ帯ルヤウ命セラ
ル面白キ御捌之彼石工ハ所謂二十八職ノ中ニ而
テ下職ナレハ座頭（ザトウハ久我大納言様ノ支配　諸国ノ座頭是ニ官金ヲ捧ケ官
階ヲ進ムナリ）諸祝儀并不幸等ヲ不訊祝物
布施ヲ不受然ルニ代々甚内福ナレハ或貧
窮ノ侍人ト婚姻ヲ結ケル氏座頭ヲ招待ニ饗

應ノ上祝戔金杯厚ク贈リケル座頭ニ都方安（オチカタアヤ）
殺（カタ）安（ヤサ）方ト実ト誤カ　両派アリ何レ之レヤ忘レ又一方ハ
方城方ナシ
己ニ侍人ト縁ヲ組シ上ハ何憚ルコヤ有ニト其招
待ニ應シ一方ノ徒ハ堅ク申談シ是ニ應セス両
派引分レ騒動ニ及ヒ己京都ヘ訴ヘ方ノ縁ヲ組
ニ祝物ヲ受ザル持ニ成ケル故侍人モ爲方ナク
終ニ断縁ニ及シト云リ
○相川邑卒都婆吉兵衛江戸回船ニ乗吹流サレ

八丈嶋ニ漂着豆州ニ亘リ年ヲ經テ文政十二ヨリ
三四年前帰路志摩ノ鳥　トヤラニテ金子八両
用是処ノ領主當国主ノ下民タルヲ以テ之ヲ赦ス故
郷ニ帰至ルハ卒都婆ヲ立テ追善ノ節之故ニ卒都
婆ト字ス
○今年文政十二年正月由良ノ漁父某風浪ニ
吹流サレ死セリト察シテ其妻ハトク外ヘ再嫁セリ
什ニ当八月ニ至テ豆州ヘ助ケラレ存命セリト便リ

有シトノ風説ノ由其実否ヲ不聞予カ聞処ハ八
月二十八日也
○由良風野津田旭山ノ屠児風埜ハ地名也
穢多ニ非ス鰥ノ独住也シカ他人ノ死人ノ湯カハ杯
凡テ喪事ノ手傳ヒテ口ヲ餬シケル故自然ト
人忌テ終ニ穢多ト縁組シモ徒ニ落入シトゾ
或ハ中村門右ヱ門ノ下人筋也ト　又丸山モ元地名也　須本ノ古図ヲ
見ルニ今ノ馬場街ヨリ東ハ一面ノ浜ニテ漁家

乃東ニ在テ辺ニ海賊邸トテ方三十間計リ
垣ヲ結廻シ其内ニハ樹ヲモ不植家ヲ不建荒
廃之シカ夜ニ小屋掛シテ住兄弟ノ非人有兄ハ
少ノ物ヲ荷ヒ売シテ大ニ出世セリ是端屋清
五郎ノ先祖ニ弟ハ貧困ニテ後死山ニ住終ニ穢多
ト縁組シテカノ今ノ死山ト流レシ是ノ一木ヲ以テ
作リシ仏ハ敬ヒ尊ベシ其切ニテ作リシ下駄ハ常ニ踏
付ラレ剰ヘ汚レタル処ヘハキ行ニ等シ端屋ハ荷ヒ

賣セシ時ノ棒秤具等ヲ家ノ什物トシテ蔵ニ秘シ
傳ヘリトゾ時ニ後世ニ至テ先祖ノ追福且郡寺ヲ
請待シ客等ヲセシニ老山門口ニ来リ下サリヘ
セ〳〵ト食ヲ乞ケルニ番頭ノ立出テ是ヲ制止
衆客ノ御膳モ済サレハ静ニ扣ヘ居ヨト罵ケレハ老
山抽テ曰今日ノ上客ハ[illegible]目ヲ以テ云時ハ我ニ
何ゾ他客饗應ノ済ヲ待シヤト云ケルトゾ
〇関九次兵衛（五ノ下ヨリ略写ス）嫡子女児病死セリ　関

夫婦大ニ悲歎シ泣涙止コトナシ一時黄昏庭上ニ赤キ
手拭ヲ振キ歌ヲ謡ヒ踊ルヲ見レハ死タル彼我娘之
園ガ妻女大ニ驚キ夫ニ告左次兵不審乍是ヲ見ルニ
實モ我娘ニ違フコトナシ園則弓箭ヲ携ヘ忍寄テ射ニ
トス妻把リ止テ恨歎ノ園忿怒ヲ含敢テ不聞急ニ
矢ヲ放ツ過タズ手ゴタヘス鳴ト嘶テ忽其形失タリ
家来園次ナル者ヲ呼テ提灯ヲ照シ其血ヲ慕ヒ来ル
ニ堀端ヲ経吸江寺ノ上姥カ倒ト云処ニ止ル其穴ニノ穿キ

四十三丁

見ル二果シテ古狸矢ニ中テ死セリ　下略　五ノ下ニ全シ
○紫陽花和尚アヂサイノ画ニ妙ヲ得タリ南紀吹
上水禅何（上カ）寺ノ住侶淡路南灘（ナダ）南徳雅名ヘ
城方村長義三右エ門舟ニ柴ヲ積テ常ニ和哥山
ニ往賣和尚其カウキ木訥ヲ愛シテ懇ニ一時大納言御
父子御成ノ氣南徳平林石ニ極物ニテ番ニ入荷行
ミニ国主御成故門番者重ニ警固シテ入ヿヲ得ズ
裏ヘ廻リ露次ノ外ヨリ小僧ヲ呼テ密ニ交ヲ明テ

内ニ入令ヨト頼ム小僧尓〻去ハ我レ和尚ヘ挙ハ上免
モ角モト則和尚ニ告和尚丈待恙畢シノコナメヘ通
スベシト有ニ小僧案内シテ南徳番ノ荷ヒツヽ行
国主ノ御前乃近ノ讒譖ヲ免サレ刻ヘ両公ノ書杯
ヲ賜ヒケル又一時和尚不列ニ依テ罷レノ時寄之
以抱セシヿモ有先ニ書記シヲ失ヒヲ石覚ノ後再ヒ
暗記ス西山徂雲老翁ノガリ専使訊訪セシヿモアリ
レハ龍テ今老モ一ヘメナル翁ナレハ筆起ニ有ニヿ杖セリ

四千

○又是モ下灘何トヤラ云ル翁イ綿商ヒシハクニ
シテ金ヲ留神棚ノ隅ニ収メ又ハ圃園樹木ノ際ノ土
ヲ掘埋メ置或時何者ノ仕態ニヤ夜窃ニ翁ヲ殺害
シ金ヲ奪去ケル時ニ其養子金ヲ奪シト養父ヲ
切害セシナラント疑掛リ公辺沙汰ニ及ヒケル時折柄
養子ハ要用有徳嶋へ渡海ノ留主中ナルヿ明白ニ
テ横難ヲ免レタリ是ヲ自覚ノ便因ニ記ス
○須府七衢ニテ有シカト覚エ去商人盗賊ニ金ヲ

奪レ公辺沙汰ニ及ヒシニ其金ヲ人知レズ何者カ其店ノ庭ヘ投入置之其旨訴シニ其金ヲ町ノ伍老ハ預ケ有年経レド其金ヲ店主ヘ下ザレモセズ預ケノ侭無用ノ長物ト成レリト云フモ耳タツト成故耳ノ掃除ス右何レモ暗記ナレハ覚束ナシ
○妹脊嶋来由ノ因ニ云藤井蘭斎先生ノ或書ニ曰土州妹脊嶋ノ来由ヲ素妹脊トハ夫婦ノ兄之妹ノ字ヲ夫妻ノ事ニ用ルナ不審

四十五

二思ミニ彼書ニ曰昔土佐ノ国ニ住丈婦ノ者異浦ニ田地ヲ持テ其種附ノ片舟ニ苗ヲ積鍋釜味噌塩ノ類迄モ用意ニ彼浦ニ至種附ノ早乙女ヲ雇ンカ為男女兄才ノ幼児ヲ舟ニ残シ置丈婦ハ陸ニ上リテルニ潮満来リ且風ノ為ニ無人嶋ニ吹流サレ兄才米ヲ炊テ飢ヲ凌キ汉辺ヲ穿テ苗ヲ種附穫実次年々如斯ニシテ終ニ

兄弟夫婦ト成子ヲ産廣メケル故妹脊
妹脊嶋[illegible]是此嶋ハ二柱ノ是ニ
并テモ元ハ指合ト云ヿモヲ知ベシ指合ト
ハサハシ合スニテヿトノヿツバヘシ末世人数
弘マリ来ニ他人トナレ氏始テ夫婦ト成
シハ彼兄弟ノ男女ニナギナミノ昔モ是
ニ等シ故ニ天子モ故代ハ指合ヲ繰ヿ
モカリシニ

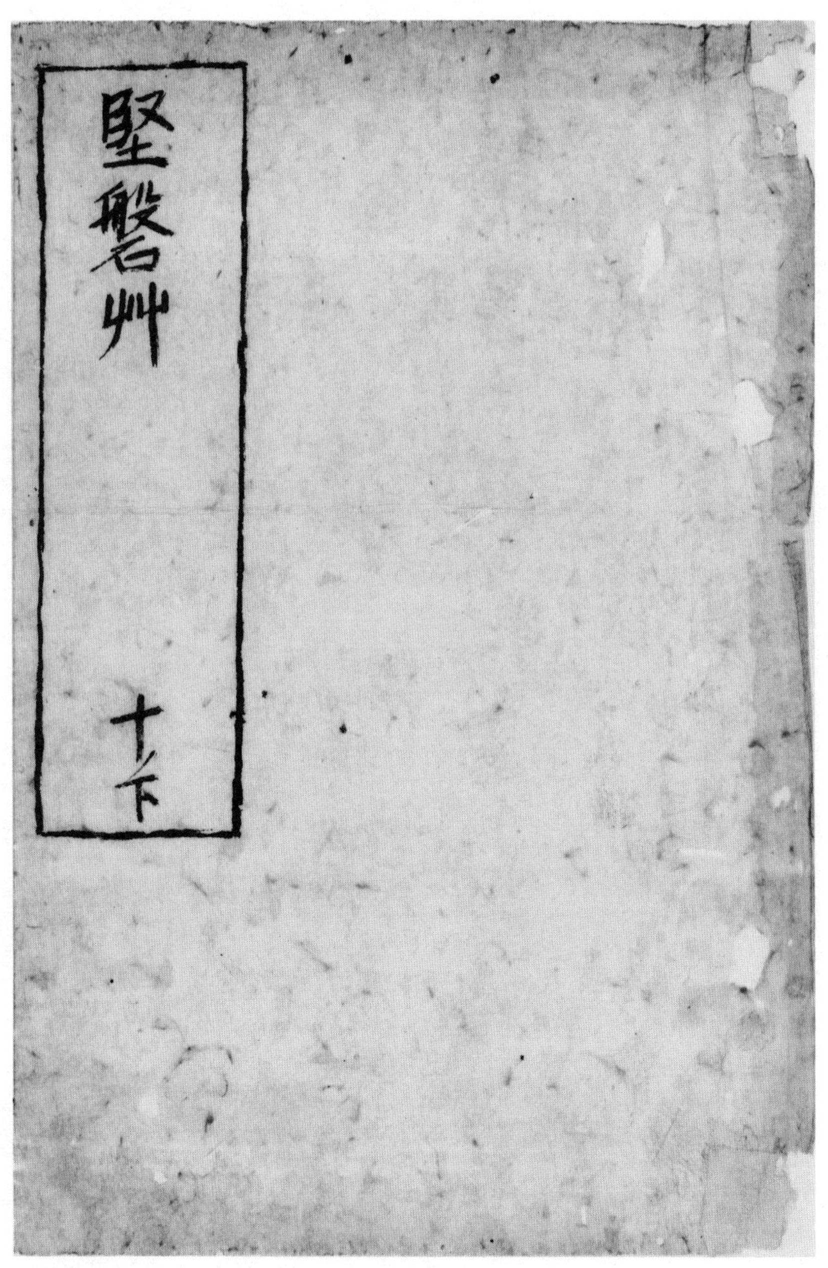
堅磐艸
十ノ下

堅磐艸十ノ下

人物編

○由良八幡神官宮川清彦傳　六ノ巻ニ詳ニ其遺漏ヲ挙ク

臯曰清彦ノ初名ハ文平其子文太夫ト

モ幼年ノ時面識ノ人之清彦ノ孫今文

壺平称ス其子又文平ト云今存在ノ人之

○文化十一戌子今年因人筒井村泰次

性有器家足ム食其郷所ト知テ人隣人右ニ

金而其ハ見其処為故自弄金工絶倫
也然世営不知足有黒心而能誣人一時
或作金幣称天降令世俗或信或密
造贋貨屢遊浪花以贋貨融通于世
罔漕之奥罔天命何得逃乎今晩終
於浪花為因又公聴糺其産処偽云尾崎公
吏馳来其家求于尾崎然齟齬其ハ云処故
窒陥浪花再糺而七月八日再下于淡路物

部經ニ一病習朝直至ニ筒井可脩行ゝ寒ゝ氣霧
巾無ニ頭冬ゝ天着ニ笠之ニ墓參次今六十有家
有ニ二九女母子悲歎可ニ察同郷須藤者曾有ニ
于大坂是亦同黨乎自黨屬吏露云
○文政五壬午三月九日先侯治昭公御准室
於蓁方御嬖妾於備方二十当大守齊昌公ノ御女之梅崎
女淡路ニ御渡海先山江国寺成相其余处ゝ御
參詣浅野瀧景埜ノ松原ホ御遊覧有之於

恭ノ御方ハ福良ニ御着船已来御不例ニテ
他ニ御出駕ナシ三十日許福良御滞留
○文化十四丁丑三月阿波太守淡路ニ御巡見
○文化五戊辰年蒙台命富田八幡宮ニ隣テ
建菴君ヲ国魂彦ノ神社ト崇尊奉リ宮
殿ヲ造営有義傳君ヲ相殿ニ合セ祭ル神主
早雲伯耆トカ云
○同冬十一月五辻亞相ノ姫君當地ノ上大丈稲田

二

君ハ御容分トシテ入輿 先ハ江州仁聖寺郡主市橋詔之女数姫

姫君ノ妹ハ今上帝ノ妃タリト云

○文政元戊寅二月明石侯ノ家士太田市右衛

卒去 門百石奉禄女当州下物部村与頭庄屋佐野

次郎三郎息助作ヘ嫁娶ス道中打物ヲ持云

○文化八辛未 去ル戊辰 尾崎村某福州ニ漂流

上四年ニシテ當七月家ニ帰ル

○享保元 去歳家継公 元ハ吉宗公ニ 楠本ノ山間ニ昔温湯ア

リシ処ニテ湯槽ノ跡ト云其処ヲヌル湯ト云トゾ
享保ノ頃ニヤ此処ニ復温泉湧出レト云近州
ノ人来集リテ浴ス予モ是伊勢氏ニ往テ浴セ
シニ寒〻冷〻甚シ其後来リ浴スル人止ヌ温泉
ニテハナキニ
○享保十五年銀札両枚
○同年稲田性鉄君卒ス
○同年棟付下調子アリ不果

三

○元禄十四年田畠證文下代ノ裏判取

古ハ下代ト称ニ依テ今ニ下代町ト云今ハ千代ニ

○桜町帝元文四年稲田植政君卒ス

○桃園帝家重公将軍 洲昔談曰宝暦中洲本

細工町ニ皇高曰今ハ職人町ト云之職人ノ列去セシカ村瀬屋某ト云商人

有之祖ハ由良城主安宅摂津守冬康ノ家長

村瀬与助某冬康戦死後由良ニ潜テ民居

ス数世血脉不絶今ニ残レリ傳来ノ書物当木

有シガ心蓮寺ヘ奉納ストニ云
○何レノ年ニヤ有ケン阿波ノ太守敬翁君
東都御在勤中御国元諸士御連中俳
諧ノ巻御添削ヲ乞奉ルニ巻ノ中間懸ト
異帋ヲ挿其処ニ添画賛ヲ乞奉シニ夕ガ掛
ノ塗辺ニ千里光（アハビガラ）ニ火ヲ入今一服ノ身ヲ入ル胴之
ナドヲ並ヘ五嗌煙管作ニ業ヲ十ニ居ル図ニ讃
さが掛ノおハる拾ふ烏煙ふ以

ト遊サレタリノ時眼尾ニモ觸玉ハヌ賤者ノ
業ヲ察知シ玉ヘル事凡智ノ及サル処之須府ノ
士人園木丹右エ門ナル人処持セシヲ予モ見ハ
ベリキ件ニタガ掛ノ字訓ヲ讀得ル人无カリシ
ニ江国寺ノ和尚讀レトゾ予モ今ニ其字ヲ忘レヌ
○近キ須渕府ニ俳呼ヲ瑣尾ト云通称
桒田屋七大夫ノ舎弟同七右エ門ハ俳諧ヲ嗜ム
瑣尾ノ名ハ蕉風ノ寂（サビ）賛（エラリ）ニ倣カ細女ト云ル一女ヲ

持リ流石頭ハ尾カ遊亂ホド有テ其善(サガ)隠
逸ニシテ俳哥杯ヲ嗜ニハアラ子ド自風流
ノ兆アリ興ニ乗ニテハ腰折云捨ノ坐興アリ
予カ方ヘハ折〻来留シ家内トイト入魂之方何
カ氣ニタガヒシヤ近頃フツト音信ナシ羅生門ノ内ニ
在ヤト思ヒシニ左ニアラデ按露路ノ裏ニ独居セシ
ヲ進ル人有テ酔浦テフ処ヘ嫁シケレド塵事ニ
堪カ子乃モナクノ元ノ棲屋ニ立戻リ寡居シテ

五

姨住ミトゾ子ノ刀先祖ハ淡辺ノ廻お陰トハ
我ニ縁有ニ似タリト心楽ミシガカノ初タル腕ハ
姨ニ化テ孔逸セシガ丈ヲ恨ニヤ思ヒケンサレドモ
我ハ却テ慕シク　菊ハ隠逸ナル物ミト
題シテ　　白菊の伯母に化ても奥ゆかし
○靈元院寛文元年福良浦ニ十二屋[illegible]
諭鶴羽権現ノ頭人トシ饗應ス此頭ノ大仰

十ルヿ普ク世上ニ聞傳ル然ニユヅル羽山古ハ国中
ノ惣氏神ニシテ国内ノ人ハ云ニ及ハズ仲ヲ継ル
舟ニモ呼留テ饗膳セシトニ世降テ今困窮ニ
及フト虽頗大家ニ係家老間ト称シテ別ニ庭
舟ノ坐シキ有諸候ノ本陣トナスベシ盛世ノ豪
富思ヒヤラレヌ嶌云国中ノ惣氏神ナレ国中ノ人
ノ中十一屋ノ新後ニ頭セシ人ヲ史ク及ズ言ヲ誇ル
者ヲ罵テ口デノユヅリハノ頭モスルト俗諺今ニ傳

六

近世ノ主人ハ弥次郎兵衛ト云テ前筒井村ヨリ
養子シテ予モ一面識ノ人之脊高クテヅツクリト
太リ肉ニテ大十ル煙草入タ腰ニツテ提男達
ヲ見カ如キ人物ニケリ　右ノ上古書ノ部ニ十一屋
所蔵ノ古書リ桐原傳左門トアルト當タリ
桐ノ原ハ十一屋ノ先祖ニト云リ
○按此度大坂大変ニ及ヒケル其ノ子細ヲ録ス
一大塩平八郎数年大坂三郷政道ヲ直ニ成シ

ラ功労多キヿ能人ノ知ル所ニ然ルニ去ヌル文政
十一年退役ニシテ子息同苗槌之助家督
相續セシケル隠居ノ身ノ上ニテ平八郎ハ同祖ヲ
始祖外上下ノ若者ニ儒学兵学ヲ師範ナ
シテ有ケルガ近頃東町御奉行跡部山城守
殿御裁判其道ニ不當ケル哉只本塩ヲ悪ミ
玉フ是ニ依テ甚不快ノ由是則動乱ノ始之
一天保七申年初冬ヨリ米麦高直ニ成

七

諸国困窮シテ万民苦ミ甚シキハ餓ニ及ヒ
ケルニ依之領主方ニハ穀物肆留厳敷セラレケ
ル其故ニ作ヘシテ諸色ノ利ヲ得妻子始
多クノ人ヲ養フ三都ノ町人困窮大方ナラ
ズ増テ貧者下賤ノ者共餓ニ及フ了多カ
リケル大塩是ヲ悲ミ其職ニ當ラスト雖
鴻善両家鴻庄伊豆藏住友康嶋久展巴
屋三ツ井大丸岩城桝屋米平其外富家

町人共へ施行可仕旨御威光ヲ以被仰付
度由度々西御町奉行へ願ヒ出ルト云氏
其ハ沙汰ナク別而東御町奉行山城守殿
ニハ大塩ト不快故是ヲ否ミ玉フ由大塩是
ヲ歎キ年来秘蔵シテ所持ノ儒書又ハ
兵書其外世〻くノ書物皆賣拂其金ヲ以
大坂及ヒ近辺困窮ノ者共へ一人分金一朱
宛一万人へ施行仕度由願ヒ出ケレ処此度

有則東西河内々民ﾄ大坂町々困窮
ノ者共ヘ當二月九百八十人計ヘ施行有申之
一當二月ニ至リ大塩屋敷近辺ヘ故有テ何
カニ屋敷ヘ山城守殿挖請ニケ所則其日十
九日ニ定リ又是ニ依テ小路外ニ如何成悪ミ
ヲ含ミシテ平八郎父子同席与力瀬田済
之助渡邊龍架同姓龍太郎同心近藤
伊葉合六人密ニ申合セ大筒ヲ以テ山城

守殿ヲ可打破催ニ其手配ノ評定シケルガ
近藤伊織モ席ヲ退キテ東御番所ヘ斯
企ルト注進シケル由大坂方ヘ洩ヘケルニ
早速東河内ノ々民共ヘ人ヲ走セ施行ト
觸シメ困窮ノ人数可差越由觸シメケレバ々
民共大ニ歓ヒ十八日ノ夜ニ入テ五十人余大坂ノ
屋布ヘ入来ルヤ否ヤ門ヲ閉テ自ラ申ケルハ
此度東奉行山城守民ヲ助クルコヲ知ラズ不

仁ノ政道我意ノ振舞多キ欲深米ヲ世ニ
成此方共ノ施行之妨ケ非方スル条モ人ニ
非ズ依之同志ノ面々ケ様ニ相企ミニ変心ノ
者有テ内通シ斯ノ次第ニ及ヒ又其方共我
味方ヲシテノ奉行山城守ヲ打取哉ナサハ
其方共ガ命有ニシ不武蔵ヲ頼シテ申ケレ
バ皆々大ニ驚ト互中ニハ兼テ東御奉行ヲ恨
ミケル族モ有ケル故皆同心ノ返答シケル由左

有ハ迚十九日早天ニ西成郡天満夫婦(メウト)池ト
云処ニテ狼烟ヲ上ケルカ四ケ処ノ者中座ヲ外
手先ノ者共数十人皆火縄急爰ヘ入来ル
由是兼テ其企ニ同心セシ者共欺否ム者
一人モナク皆一味セシ由ニ
一十九日卯ノ半刻頃右ノ人数ヲ手配成
ケルガ武器ノ類定ク十ニ及ベト量アラセシ世上
ノ取沙汰ヲ記ス東手ノ大筒三丁小筒二十

二十丁余皆張貫筒ノ由緒松明車ハ
輌玉芋茎木皆長持ニ入精歩ク用之シテ手
配セシ刀拾四五振従數拾筋皆鞘ヲ外シ
人ヲ選ミテ持セ無鋭ノ者ニハ車ヲ曳セ相続
捨父子妻子ニ死出ノ用之ヲサセ白装束
ニ改テ家内不残首打落シ夫ヨリ我廻番
ニ火ヲ掛ケミゾ隣家ハ勿論近辺迄ヘニ驚キ作ナ
火ヲ防カントシクル者ヲ鉄炮ニテ一両人打

殺レケレバ是ニ恐レテ重子ヲ防ントスル者十
シ組内ヲ始同心屋敷ヘ不残火移リナル動
乱大方ナラズ生死ノ数ハ知ラ子ド老タルヲ助ケ
幼児キヲ抱キテ四方ニ狼狽騒ギケル是出火
ノ始ヘ一去ル程ニ火勢甚盛折節風烈ク
東ハ天満米御倉之焼ヌク北ハ丈婦池之
十丁目筋行当寺町筋之南ハ天神ノ社
及ヒ市ノ側之焼切市ノ側ヲ東西ヘ焼廣

西ハ太平橋ニテ焼落ル東ハ天満橋北東
ノ詰ニ三軒残リテ焼落ル尚天神橋筏
木場方ノ者共十四五人組幡ヲ押立テ渡
ラントセシ處へ御城代ノ一組早出合セ橋ヲ
渡サジト天神橋ノ南詰ヲ切落シケレハ
投明松ニテ橋ノ北詰ニ火ヲ掛ケ子持筋ノ
白幡ヲ二本押立テ焼盛ル市ノカハヲ西へ
走セ投難波橋ヲ打バリ西手へ廻リ言

乗橋ニテ目廻ニ火ヲ放チケルガ又一組ハ
大筒ヲ車ニ乗セ人夫十四五人ニテ引廻リ
ニ三神ノ号名ヲ記セシ白幡ヲ立後ニ紅ヒ
ノ幡ニ菊桐ノ紋ヲ金ニテ縫付タル幡ヲ押
立玉襷ヲ掛タル黒装束ノ者三人又ハ五人
真先ニ太刀ヲ抜放チ走セ行其後ハ十四
五人程長刀ヲ持テ火ヲ防カントスル者ヲ
支ヘケル是ニ恐レテ町火消共火ヲ防カント

スル者一人モ无カリケレハ燒方尚モ氣ヲ
得テ悪ニ鳴善支家鳴庄ホヘ大筒ヲ打掛
四方ヨリ放火仕ケルニ東堀西東一同ニ燒
出ケル適火ヲ防ニトスル者アレハ鉄炮ヲ多
ヲサセテ是ヲ驚カシ火口ヘ従モ刀ヲヒラ
メカシテ火ヲ防ニトスル者ヲ追散シケレハ只
燒次オト成ツテ老若男女東西ニ走リ南北
ニ泣喚ク程遠キ町家ニハ家財ヲ持出便

ヲ求テ大川筋横堀其外川筋ノ船ニ
諸乃乞テ積西ヲ指テ漕出シ処出ル数
知ズ陸ニテハ侍ノ家内ト見ヘテ老若ノ女
大小ヲ指長刀アリ提テ往来ス其外子共
ノ手ヲ引又ハ懐ニシ脊ニ負テ走ル男女騒シ
如斯騒動ニ及シ程ニ東西ノ町奉行ヨリ
与力一人同心三人皆徒長刀ヲヒラメカシテ同
勢十人計ツヽ諸方ニ俳徊シ於鎮方ノ者ヲ

追廻シケル又御城代鉄炮方ノ同心ハ皆小具
足ニ身ヲ堅メ五人七人大塩方ノ火付歩ク者
共ヲ打留ントテ彼処ニ徘徊ス千ノ剣ニ至リナ
堀ノ筋中橋辺ヨリ車ニ乗セシ大筒ヲ奪
取其中ニ頭ト覚シクテ茶[illegible]綾ノ火事羽
織ニ萌黄襦子ノ野袴ヲ着シ右ノ手ニ太刀
持ナガラ首ヲ取ラレテ倒レタリ車側ノ人
夫二人モ倒サレテ車ハ火中ニ在ケルガ大筒

ハ西御番所ヘ差上ル由扨年頃二十三四
才ノ者ノ首ヲ槍ノ先ニ貫キ堂上町ヲ南
ヘ下リヌ其人数与力一人同心三人ノ内モ刀血
ニ染メルヲ持小者六人ニ槍ヲ持セケリ扨
上町ニテ大塩方ノ者五六人モ討取大筒一
丁奪取シ沙汰之此騒動ニ火ヲ防カントスル
者一人モナシ只焼次第ニ任セ近頃ノ大火ニシ
力ハ堀ノ火消三番手之走セ来ル尼カ崎

リモ同所ニテ谷町釣町ニテ先消口ヲ
取ト雖尚南ノ方ハ火ヲ防カントスル所大
塩方ヨリ鉄炮ヲ持テ打留ヒテ人ヲ拂
ヒテ寄付ズ不審ナルハ各中ニ鉄炮打ツ
者ノ姿更ニ見ヘズ
一午刻後少シ西南ヘ風廻リ焼ケル程ニ
未ノ刻比尼ケ崎ノ城主松平遠江守殿
御出馬ニテ上坂有ケル由御城ニハ御城

代土井大炊守殿一加番土井能登守
殿御番頭百騎衆中支ヘ持口ヲ守ラ
レケルガ少シ風和ラグト雖尚火ハ盛ニ四方八
方ニ廣ガリ防グニ手術ナク人數不足ニテケ
レハ国主方御藏邸御留守居衆中ハ東御
番所危シトテ御城代ヨリ火防ノ手當テ
御加勢ヲ依頼觸到来シケル諸方役屋敷
方ヨリ一頭ツヽ其邸々ニ應シ人數差出サレ

ケル程ニ夜ニ入テ東南番所ハ[illegible]
窪屋敷ハ不残焼尽シ又其夜火勢ハ弥盛ニハ
方ヘ焼 ル程ニ西ハ東堀之焼切南ハ後
町ニテ焼留ル然ト雖東南ノ方ハ尚モ大勢盛
ニ燃行テ昨日早朝谷町釣町之東本町
一丁目常盤町辺ヲ十文字ニ焼ケルガ同日午
ノ半刻後至テ風厳シク少シ南西ヘト風替
リ又谷町ヲ東ヘ上焼行此処ハ堀ノ火消大

ヲ防グ術表酉刻ニ至テ火ハ鎮リケル然リ
ト雖二十日酉刻頃国主方御蔵屋敷始
諸方御留守居ハ御城代ヨリ八ツ刻到来ス返
申聞ノ事
与力　大塩平八郎　歳五十四五才
忰　格之助　廿七才　与力瀬田済之助　四十三才
同心　渡辺良左衛門　五十斗　同[illegible]
同心　同姓龍太郎　[illegible]

同心　近藤伊兵衛　卅八才

梶五郎　原吾如此改名致

右之者行方不知御尋者於何国も見付

次才押捨り候人相書を以被仰觸候

二月六日

屋敷く二而留守居中

外ニ切御到来ニ而手當ノ人数御城代之

一頭宛并諸家手ノ者ニ小具足上合候ノ

ハツピヲ着セ鉄炮持参ル様申来ル廿日
国ノ割ヨリ其用意シテ諸屋敷大小ニ應シ
追〻出張護為ケル是ヨリ先キ十九日ノ午刻
後ヨリ東西ノ御奉行手ニ余ルト聞ヘシ只
御城代ヨリ一番手表ハ火事装束ニ出立下
ニハ皆腹巻小手脇當ヲ着シ各〻場所ヲ追
取テ火口〻ヲ徘徊シ北西ヘ廻リ来刻ニ至リ
テ又二番手同様是ハ南東ヘ廻リ又三番手

二ハ御城代土井大炊頭殿自ラ出馬有ケ
ルガ其出立白銀ノ筋ヘ金ノヒヤウ打タル三枚錣
ノ甲頭巾ニ白地ニ金銀ニテ立浪ノ縫アルヲ
着シ黄紗綾ノ羽織萠黄匂ヒノ股巻シ黒馬ニ
乗近習ニ穂先四尺計ノ片鎌鎗ヲ為持与力
衆二十人同心十五六人皆自分得タル鎗ヲ為
持候ニ同心ノ云鎗四方須見セラレケル事昼夜
幾度ト云数ヲ知ラズ二十日夜ニ入テ城中ヘ帰

引取有由　一亦一日ヨリ百八大名ノ候警
居候加勢ノ人〻ハ八百人法寺海辺ニ出張尼
ヶ崎堀〻大坂町火消ハ東西御番所へ詰ク
ル由其外　両町奉行与力同心組〻并手〻モ
別リ三〻ヲ吟味シ在領ハ代官衆皆〻最ノ
大塩方ヲ吟味仕ケル程ニ二三十人モ切取生捕
レケルト雖右頭分六人ハ二十三日ニ至ルト云モ
今ニ相知サル由其外様〻ノ有ト雖説慥

ナラサル故アラマシヲ録シ侍ル
右大塩一件ノ御尋者大坂表ヨリ当御地へ
手配有御郡代所ヨリ度々夫々人相書ヲ
以テ御觸流シ有ケリ

碑石瓦器金器遺漏

○須本川原三昧墳ハ神宮寺浄泉寺両寺壇中ノ墳墓ノ地也　釈宗休享保十八癸丑七月二十三日
俗名鈴木大和守助政刀鍛冶也大坂ノ住津田近江守助直ノ才子也地鉄細ニシテ白アリ上手也子孫ニ至テノ鍛冶屋山本氏継之今於連綿トシテ當国鍛冶ノ棟梁也

○同称名寺中京与兵衛ノ碑府下在ニ称名

寺中ノ患ニ歯痛者諳ト之立願スト云頻ニ有ニ験焉
詳ニ其来由ヲ
○浄瑠理者流沢太夫碑在ニ同寺中ニ寛政
年間自ニ浪花一来ニ須府ニ而勤ニ戯場ニ一夕音曲
社中宴會咄ニ河豚ヲ独沢太夫中ル之則死所
謂鉄炮汁哉其徒憐ニ建ニ碑称ニ名寺中ニ墓
石以河豚臭歟
○柳沢ノ古墳櫻ノ大樹有［トキ八］里俗ノ説ニ白

四十一

河院ノ陵ニト云傳フ傍皇居ノ趾トテ有按ルニ
白河帝ハ鳥羽ノ成菩提院ニ葬リ奉ル此
処ニハ有マジキヿ也

畸人

○国老稲田君ノ侍医篠　文玄　文化中ノ人阿州ノ産住須本
其ノ子某稀世ノ畸人也并具陰陽両根難男女
然為男子育之令習医業至父死後依畸人
主家賜暇曾其僕為伺見陰根屢竊行水

時潜自密処壁間竊伺覗之竪合両股而歩モ
不露予幼年比中津川村有於三三六者凄
非有二根僅有便究耳而無根也初生ノ時義
親号阿三為愁根元男子乎隨成長而吻辺
生鬚近男貌此者夜陰着臥枕以帯巻回
纏両脚伏是腰眼男根人伺是也　是巳ニ六巻ニ出
馬ニモ陰陽両根并九足ノ馬又一身両頭ノ犢　等六巻出
巳ニ五上ヘアリ二重
○寛政初ノ頃桃川村江井崎山破レテ銅鐘

四十

ノ如キ物出土中ニ埋レタルヿ久キヲ経タリト見ヘテ
甚古ノ竜頭モ損シ模様抔モ腐リ損ケリト見エ
何ノ為ニ造レル物圧知巨シ江井浦官邸時ノ守士
某日陣鐘ノ土中ニ埋レシナラントテ則里長ニ乞テ携去
右ニ余ル
○由良浦新川ノ古銭 明和乙酉年由良新川ヲ
堀出内田村ノ一農夫久五右衛門ナル者古銭許多ヲ
堀得タリ陶器ヲ二重ニシ内ナルハ黄金之ニシト沙汰
セリ然レ圧密シテ洩サゞレハ人ノ知ヿナシ外トノ器ハ

銭ヲ以テ内ノ器ヲ包詰タリ其銭ノ皆古銭ニシテ
悉ク文字更レリ　鼻高ニテモ百文許貫ヒタリ其中ニ
珎貴トスル者ニナレ氏幼童ノ手ニシテ遊フニ意ナク後
ニ廃リ今化銭ノ一文残レリ其余甲冑ノ錆具
武器ノ類ノ損タルト思シキ物ヲ堀得タル者モ有
○感應堂ノ古鐘此鐘播磨ノ国ヘ盗取ケルガ
後ニ帰ルト云二ツノ銘アリ其一ニ曰　〔トキハ〕按ルニ松尾浦　三字ノ小書ハ後ニ彫
タルやうニ見ユルナリ　淡州三原郡松尾浦感應堂推鐘。

天下泰平。国土安静。御守護源成春。
願主（トキ八）領主藤原観秀。大工安坂藤原貞吉。
本願慶範妙領尼　請取藤原真次同有友　文明七年
乙未九月二十六日　其（トキ八）一八天文三年甲午九月
十八日。院主祐源。新山寺鐘。是ハ播州ノ寺鐘ナルベシ
大工藤原宗家。願主藤ノ坊性俊。
○今年天保八酉八月上堺村ニ古鐘ヲ
地中ニ埋レ有シヲ堀出セリ其鐘甚能ク

鳴トゾ元ハ大和ノ国ノ大寺伽藍地ノ鐘ニテ銘有トゾ其銘文ヲ見ン欲キコト亦郡代処ヘ御案内申上シトニ人皇百一代後小松天皇御宇嘉慶二年戊辰南朝後亀山天皇天中五戊辰年将軍足利義満公ノ御治世ニ

○鳥飼中村宝樹寺八幡社僧ニ鐘銘

○上八太大和社司古鉄印四ノ巻并首巻十三社条下ニ詳ニ書

○瀲盤奇石　有来適得テ愛翫スル
処御懇望ニ依稲田家ヘ献スル処ノ瀲石ニ
一巨石両片ニ破裂シテ内ニ鶏卵ノ如キ
円石アリ外鮑ノ石一片ハ脱シテ是ニ
水ヲ湛ヘ一片ハ心石残テ是ヲ基臺石トス
譬ヘハ凹凸ノ字ノ如シ繋子タリ予少年
ノ頃具サニ是ヲ聞キ其人ノ曰惜ムラ
クハ其主人石工ヲシテ破口ノ齟齬ナ

ル参差ヲ平シ磨シメリ其石今於
御城内殿前ノ庭砌ニ在ト

○机浦長手盥石　机浦長喜兵衛庭前ノ手水鉢ハ何レノ御代ニカ有ニ　国君大舊臨ノ時御称挙ニ依テ其後ニ官器トナル

○自然盥石　由良港津守吏三沢氏ハ予カ先考實家之曽テ先考青年ノ頃退潮ノ時洲崎ノ海中ニ是ヲ得ル一巨石ノ自然ニ凹ニメ水二斗許ヲ入ベシ今ニ家ニ傳庭砌ニ愛翫ス

○垂雲石扁額　文政五壬午夏洲府ノ漢者

彼海底ニシテ網羅中ニ得ル処道馳街加茂屋利三郎ナル者予ニ贈ル硃砂ノ集凝テ枝ノ如ク成タル物也鼻目備テ全ク象頭ニ髣髴タリ故ニ連鼻似垂雲ノ字ヲ摘テ垂雲ノ二字篆書ニシテ楼頭ニ匾ス因ニ云閣下ノ庭上ニ西行石アリ

○亀石　社家村古城址ノ辺渓中ニ亀カ淵ト云処ニハ大竜王ノ祠有炎暑旱魃ノ時ハ其淵ノ水ヲ汲尽シテ亀石（亀ノ象ニ髣髴タリ）露ルヽ時ハ必雨降トソ

○成薪石　近来薪ト十ル石ヲ土中ヨリ堀出
シ船ニ積テ撫養ニ運送スルヿ夥シ價甚昇キ土ヘ
撫養ノ斥鹵塩ヲ焼クニ松葉ニ換テ皆求之焼ク
依之松葉漸々昇金本府及淡路松林ヲ以薪ト
スル者大ニ窮ス山業ノ徒頻ニ此石御制禁ヲ乞フ
然レ𪜈貧窮ノ塩焼ヲ救フヿモ捨巨ク石七分ヲ
減シテ多クハ松葉ヲ用ヘシト今〻今中有レ此石ヲ焚
煙ニ觸ル所ノ生木葉凋ミ枯其煙塩モ不堪宜東都ニ

運送ノ塩昇金タルニ依テ文政二卯御制禁有レ𪜈渉
伏セリ然レ𪜈漸ニ其制法ニ馴制塩松石ノ差別ナキニ
至終ニ松葉廃空ク海濱ニ朽滅而山業ノ徒永ノ
家産ニ離レントス可歎天損益ヲ等クセサルコヲ［智嚢］
一日伊賀国ノ人ニウニトミテ石ノ斤タルヤウニテ黒キ物
ヲ山埜田畠ノ地中ヨリ堀出シテ火ニ焼ニ岩ノ如クニシテ一ツニ
多ク有テノ縦横ニ深ク土中ニ深ク堀入テ永ク能燃レ𪜈甚臭
気有物之薪不自由ノ人ナレハ土民薪トス［本草］ニ石炭ト云是ナルヘシト

五十五　八

○千草八幡金口（ワニグチ）篠挟八幡宮金口ノ銘ニ曰
奉掛篠佐郷八幡宮宝前施入金口一面事
延慶二巳酉年　平氏初若女敬白
延慶ハ花園帝ノ年号文政十二迄五百廿年将軍
鎌倉守邦親王
○先山千光寺鐘楼銘曰文保二戊午八月
右同断五百十一年 卜半八 大工貞弘ハ安坂冶工歟
因ニ云農民ノ謳歌ノ止メニヨヨニガハ云唱歌ニヤ氏思ヘ氏

賞賀ナルベシ祝スルノ義ナラン鳥高白鐘鋳鉛鏞諧ノ
哥ニ安坂イモジハ五鐘鋳ニ上手ジヤムス子ハヘタヽラタ
踏上手ヨシガヘナヤツサ〳〵ト囃スハ安坂〳〵ノ下略ナリ
ベシ三ノ下ニ譲テ略書ス
○鋳華表文政五壬午十月廿七八両日須本濱
師街ノ濱ニ於テ讃州毘羅奉献唐銅ノ鳥居
ヲ鋳ル高サ
○竜椄山江国寺鐘再鋳文政七甲申十一月十六日

桑間川千草川ノ下流落合物部宇山津田
最川原ニ於テ鑄之先鑄還暦ニ中ルト云リ因ニ云
世俗云傳フ鐘ヲ鑄ルニ必古キ女鑑ヲ用ルヿ不然銅
煉ケズ冶工是ヲ秘傳トス按ルニ［室町物語］秀次公ノ
女中鏡ヲ磨セケルニ磨工其銘ヲ見テ曰此鏡ノ作者
木ノ瀬ト云ルハ至テ上手ニテ有ケレ氏其家不祥ノ有
断絶シタリ其故ハ田舎ノ貧寺ヨリ大ナル古鐘ヲ京
都ヘ賣ニ出タリ木瀬是ヲ買取テノ鐘ノ料銅ニセント

是ヲ割ニイカニシテモ砕ケズ難渋ス古実ヲ知人有テ
曰是ヲ砕ニ秘事アリ女ノ朝夕ノ爨ニナレタル古鐺
ヲ以竜頭ヲ纏ヒ包テ是ヲ打時ハ容易ニ砕ルヽト
木瀬則娼女ノ古鐺ヲ乞娼曰只女ハ女ハ罪障深ク
鐘ノ辺リヘ近付コト女ハ許サズ況ヤ汚タル不浄ノ古鐺ヲ
仏器ニ備ルコト其罪恐ルヘシト固ク辞ス主曰其罰ハ我ニ
蒙ルヘシ汝カ身ニ帰スヘカラスト神仏ニ誓テ證トシ其コト
ヲ果シ多ク鐘ヲ作リケリ然ルニ夫ヨリ三月許立テ其妻

死セリ次テ三丈ノ男児死ス吏モ妻子ヲ先立患ヲ畏ル
ノ故ニヽ妻ノ周年モ立ザルニ死シ今ハ漸七才ノ女子ノミ
残リシカ是モ又十ノ秋空フナリ終ニ家断絶セリト
（六行是迄ノ巻由良ニ妙ノ銘ヲ木ニ出タリ）

○先山鐘銘

當一乱時此鐘既可下賣定畢爰安宅秀興
成本願買留奉寄進所也
永正十六己卯六月十五日　大工平貞弘
本願主　佛師忍阿弥陀佛　助成沙弥妙徳

淡路国日本最初先山之西阿弥陀佛

淡路国　日本最初先山之鐘也

願以此功徳平等施一切

現世比果後生生極楽

弘安六癸未二月十八日奉鋳之

○

塩浦別當古金口（ワニグチ）

寛永中養宜中山ニテ古金口ヲ堀出ス銘ニ曰

岩屋浦別當ト有則岩屋浦ヘ送与ニテ今別

當ニ秘藏ス
○細川ノ陣鍋寛延元年鮎屋村政右ヱ門
ナル者十一才ノ時五ノ沓ニ遊テ小鍋ヲ得タリ
朋友ノ童子曰猪鹿ヲ烹タル鍋ナラント故ニ捨テ
帰ル中ニ一童子立戻リ密ニ拾ヒテ返リ金屋村
權平ニ鳥目六十究ニ賣權平大坂ニ携テ賣其
類ヲ得タル事ヲ知者ナシ世上評之曰黄金ノ
鍋ニテ麦拾五石ヲ得タリト權平是ヨリ繁栄

シテ酒ヲ醸セリ其子加兵衛孫官兵衛相継テ
栄リ評ニ曰細川ノ陣鍋ナルヘシ
○或人問曰此淡嶋温故録淡ノ字ハ陰陽二柱ノ
産始玉ヒシ国ナレハ水篇ニ火〻ト書ナルヘケレド大ノ
本ニ對シ火モ一ツニテ軽カルヘキニ火〻ト書意有
コニヤ答テ談ノ字ノ格ニテ別ニ之有コナシ強テ
云ハヽ陽ハ陰ニ勝ノ義ナルヘシ因ニ問或人牛ノ字
ト魚ノ字ト取違シヤウニ思ヘリ魚ノ字ハ頭ニ二ツ

五十四

ノ角アリ下ニ四ツノ足アリ且胴ヲ田ニ作ル
八耕ノ意ナルベシ荅テイカサヘ其乃理ニ
能叶ヘリ牛ノ字モ■牛▲相反ノ■八口
●八腭▲八尾之
○文化十癸酉　阿淡太守四位侍従治昭公昇
遐被任九サ将為御祝義両国村々並村
中惣百姓應人数寡多銀子若干農長南
鐐一片也負弁組頭干鯛各献之其佗不寄何

秘蔵ノ品格別ニ献上之ヿ依其存思草加村里
長新兵衛所蔵之古銭献有ニ加禄昇進ノ
文学ニ者ヲ同年御隠居被遊ㇾ名敬翁ト御
改之旨同年九月ニ相触有之ル　七年暦ノ巻ニ出ニ重
○文政十年閏六月廿日松平阿波守斉昌公御養
君松菊丸様同年十二月廿七日入鍛冶橋邸

五十六

〇同川ハ千草川ノ下流落合物部守山津田足川表
於テ鋳文化年々選暦ニ中ルト云リ

奇術篇

〇蚊不螫方術　明和中田良付付同心浅埜和田ハト云有（後同糺官邸為ニ全吏ニ連綿タリ）諳テ曰予壮歳ノ時井上氏（稲田家室老）ニ奄従ス其侍婢某女蚊ノ不螫術ヲ知レリ毎夏夜蚊帳ヲ不垂シテ能熟睡ス其方毎晩浴湯ノ中ヘ方某ヲ入テ浴之時ハ臥寝

蚊帳ヲ不覆シテ聊モ蚊ノ螫憂ナクシテ能安眠
スト其娼語リヌ然レ𪜈其菓方ヲ聞洩シヌ今悔
ラクハ其時其秘菓ヲ強乞テ傳授セサルヿヲト語
ケリ予モ又思フニ是衆人ニ大ニ益有ヿニ其娼秘シテ
世ニ廣セサルカ人ニ傳サルヿ歎惜スルニ堪タリ今蚊
諱忌ノ方味ヲ考ヘ調合セハ驗有ヿモ知カラヘシ
ヤハト思リ試タキヿニ 傳物筌ニ蚊ヲ避ル法
テ鰻ヲ家ノ内ニ燒ハ蚊尽ク死ス○苦楝ノ花梢ノ

五十六

子ヒ菖蒲等分粉ニシテ焼テヨシ又蚊ニ喰レ腫ル
ニ刀豆ノ青葉ヲモミ付テ摺ベシ
○去油出児九月十三夜大豆ヲ三株引陰乾ニシテ
節分打ノ豆ニ雑テ煎テ則其莢ヲ用常ノ如ク
打之其ノ豆ヲ家ノ外他人ニ食セシルヿ勿レ奇々
妙々ノ秘蔵ニト向陽濺ガ中子ニ屢試テ験有トソ
○迷子ヲ呼秘方小児出テ晦ヲサルニ卯月八日
梵天ニ供スル処ノ躑躅花ヲ貯ヘ置是ヲ竹頭ニ立

其時ハ須臾ニシテ自然ト納来之是モ瀧氏ニ受シ否ヤ
○停常水洟滴術　予老年鼻孔洟條不絶
常袂ニ布帛切ニ而拭之藤井氏曰是良術之
毎朝手水ノ時水ヲ掬シテ鼻孔ヨリ啜リ口ヨリ
吐如斯スレハ漸々鼻孔自滴スル事止之且持風ヲ引ニ
トスル時覚ル時右ノ法ヲ行ヘハ引事ヲ免ル之予常ニハ
セサレモ折々是ヲナス此法ハ雲州松江十八万六千石
ノ城主松平羽州侯重臣（モノカシラ）中老萩野喜内ガ伝也

羽州庄八越前家臣予丈每朝行之、随テ水滴ヲ忘レ布
帛ヲ拭ニスルヿヲ休ヌ
○本城和門曰每朝二番嗽ノ水ヲ以テ眼
中ヲ洗ハ、眼ノ養生ニ宜シ、一番嗽ハ稠レ過ル之上女
ト予思フニ二番ハ薄クシテ一番ノ功ニハ如シト老来
每朝之ヲ行フ予初初老ノ頃ヨリ眼鏡ヲ用
ヒシカト極老ニ及テ常ノ眼鏡ハ掛テ却テ障ト
成故弁柄有ノ眼鏡杯ヲ手ニ持又大鉢ノ丁ハ

目力ヂナレニ倦ミ讀書ヲスル之愁レド遠望ハ
絶テ見ルヿ能ハズ一生シテ飲食ナドスルニ左右
ノ僕ナル人ハ臭持覗テ漸誰ナルヿヲ案スレド
其余ハ障子移ル影法師ヲ見ルカ如ニ且目ノ相
積十六ニシテ耳モ随テ目ト同位之　○博物筌ニ伯ハノ役ニ下ニ色ミアリ
○別記秘法集ニ六十ケ条妙術アリ
○開闢ノ巻ヨリ已ニ十ニ満尾ニ究竟ゞ義ヲ
男ハト女ノ妙合ノ流ノ末ニ傳ハル身ノ幸ヲ願テ

五十二

喜々又し之ノ昇辞ヲ述テノ天恩ニ酬奉ル

○清見原ノ天皇吉埜ノ瀧布ニテ筝ヲ弾シ
サセ玉ヒシニ天津乙女天降是ヲ愛テヾく五度ビ
舞ノ袖ヲ飜セシトヤ是五節ノ舞姫ノ権輿
之トゾ 画本宝鑑上巻ニ在 猶其外五節ノ歌ニ準ヘテ

○夕バノ容ハノニ夕趾ヲ又タゾウテサシニモ塗松

○親ノ前デモ遠慮ナク廣ダテノサシヤレ紅葉傘

○於市餅焼クバヲ又千代ガ茶汲茶々ヤ気モ字子モ掌

○仕タカサレヘト言餅焼ハスベシ翌ハ大晦ノ祝ノ日也
○ツコ十文橋ニ蚤ヤ腰掛タ蚤モヤサレヤカケノ上ゴロ
○桃ノ（一説）言タハ古木（フルキ）ノカラヨ極（キタ）ヲ引上テ木ヲシバレ
○夕べ夜遣人ニ桃百モヽタヲ祖母是見ヤレ桃ハ宝
○指合ト云コトハ上世ハ十二才ノコト之故ニ兄弟ハ他人ノ始ト
云リ後代ノ弥滅之上古ハ天子モ呉母ノ妹及嬪妃ヲ
后妃ト立玉ヘリ　類雑記ニ詳ナリ　○菊節ノ宴ニ其滴ノ盃ヲ嘗
テノ慈童ノ故事思出ハ百余（余ト四トハ訓音通）歳ヲ霊體（アガタ）ニ保来タリ

○菊慈童ハ周ノ穆王ニ仕ヘシ童男也或トキ
誤テ御枕ヲ越シニ臣下議シテ左遷セル
ニ帝憐ミ二句ノ偈ヲ授ケ玉フ慈童名残
ヲ惜テ酈懸山ニ入テ二句ノ偈ヲ忘レザル
為流レノ辺菊葉ニ書付置ケルニ其滴リノ
流レ末ヲ汲ム此ノ里民之モ皆八百余（四）歳ヲ
経ニケルトカヤ慈童モ幾年歴レ共少年
ノ姿変セス魏ノ文帝ノ時ニ出テ彭祖ト

ト名ヲ改メタリ　画本宝鑑中ノ巻ニ
詳之博物筌ニモ出タルモ委シカラス
○八月十日暁ニ奇夢ヲ見タリ阿波ナル舟員ハ東都
御府ヘ送ル阿国ノ船中由良ニ於テ斯花豆ノ茶ヲ呑モ
年自捧ニ甚御機嫌麗シカリケル是又瑞夢ト彼茲
童ニ「寄テ素ヨリ茱ノ酥ナレハ砕ニモ犯サレズ其身モカ
ハラヌ八百四歳ヲ保ヌルモ此ノ茱ノ威徳ゾト菊カキ分ケテ
山路ノ仙家ニ其マヽ茲童ハ残リケルトゾ磐石井ト成メヌ

○尚又謡哥ニ倣テ琴（コト）簫（フシ）

吏ゾ貪妾楽（ラク）ノ舞指腕ニハ捿捩ヲイキ

収ル手ニハ照衡ヲ懐キ千摩（センズリ）来ニハ真課

ヲ撫饅頭暮暮ニハ行気ヲ惜相ヲヘノ

吏妻風微茶ミミノ壱ゾタノミム愚茶く

ノ壱ス楽ム

○八月四日之井底突ノ地突ミ礎ヲ堅メ九

輪ヲハ輪ト残ル一輪ニ三輪ヲ加ヘ四輪トシ

八百餘人ノ講中ノ志ヲ催シテ宝塔ヲ建立ス

其石突哥

○坊サンノ頭ハ細テモ長イ坊サンノ底突ヘ時喰エ

ヨ面白ヤ弥晴（イヤナフ）瓢簞ジヤ　サア永搭こし

○姉ト妹ト並ヘテミレハ妹ハ疼ガルウヽ姉ヤ快カル

面白ヤ弥晴瓢簞ジヤサア永搭こし

○旦納メ中ハ専八日間昌四日ノ時ニ遇ヒモ奇トスヘエ

是皆千三ツナレ氏ニ一栓ノ泥盤ニ供ルノ素ゑしこ

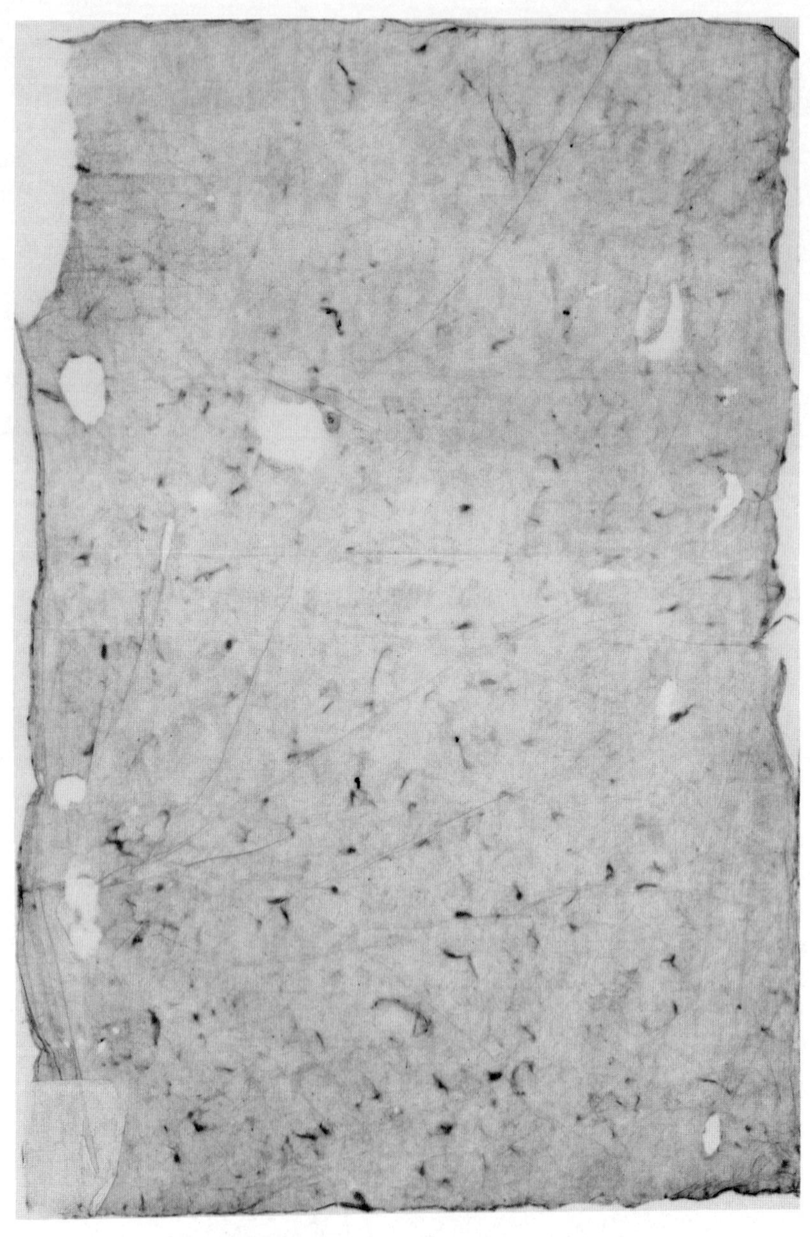

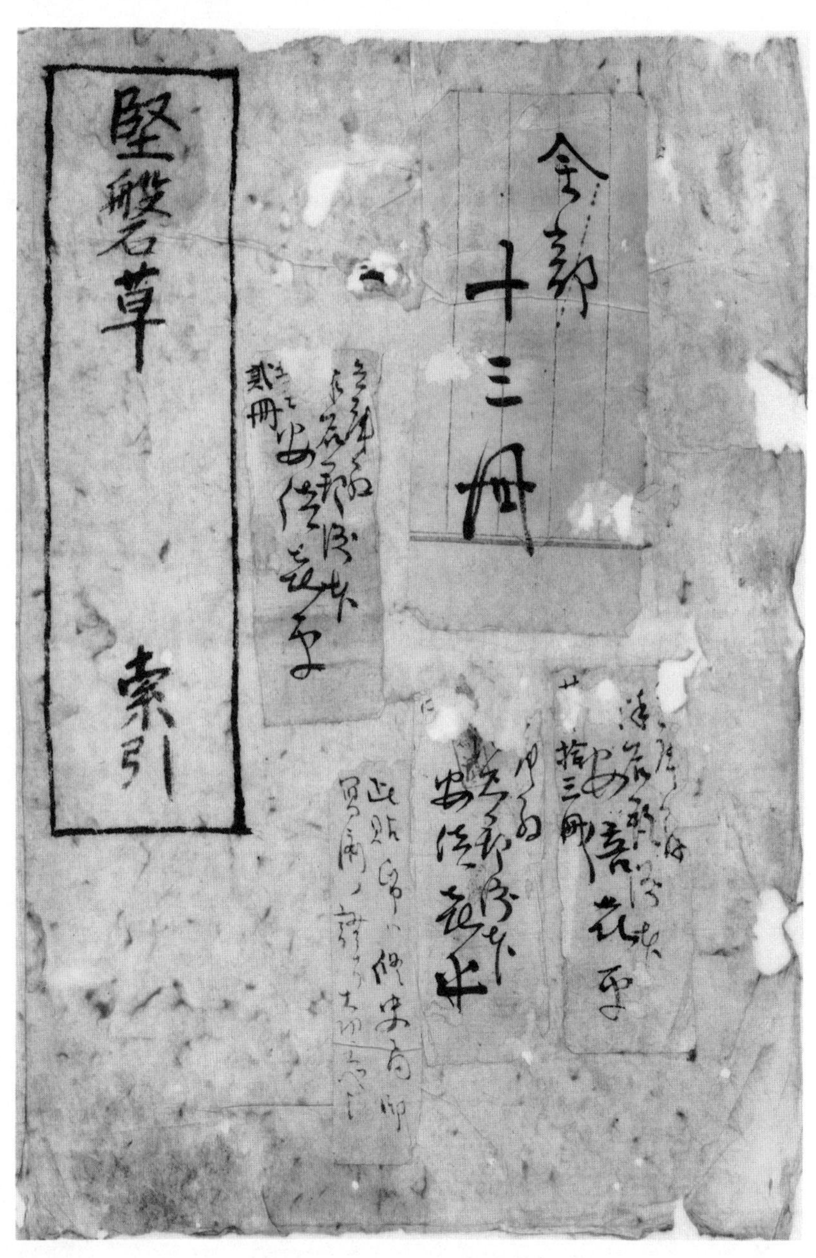
堅磐草　索引
全部
十三冊

堅磐艸惣巻標目索引

人倫門長壽編

○参州井郡小泉村万平　庚申巻下十ニ在

○和州宇野村某　右同巻ニ在

已下人倫混雑

○高辻黄門姫君入輿稲田家　七ノ巻ニ在

○御銀主奥埜小四郎帯刀免許　十巻

○道薫坊座本小林六大夫帯刀　右同巻

○南徳 雅名 通称城方村長三左エ門カ話　右同巻

○御石垣師阿能願帯刀　十ノ巻ニ在

○福良土屋三右衛門諭寵羽ノ頭　黒岩ニ在　四巻ニ挙　十ノ下

○佐埜浦東屋一刀御免　年暦ノ巻七ニアリ

慶賀門

○天保二年九月鷹司家ゟ養女実ハ今上ノ姫宮東都将軍家ニ入輿　七ノ巻ニ在　且同家ゟ姫君ハ当家ニ入輿　十ノ下　十ノ巻ニ祥之　十ノ巻ニ祥之

○同年齊昌公御妹御末女之敬翁公ノ嫁松平丹波侯

○去歳庚寅齊昌公叙任少将　七年暦巻

○天保二年十月播州三日月郡主森家ノ息女
雪姫君嫁娶稲田家　七年暦ノ巻
○文政十丁亥閏六月廿吉松菊丸様御入部　同巻
○文政元寅明石侯家士太田市左衛門女下物部村
佐野淡路三郎助息作ニ嫁ス　十ノ下
○国魂彦ノ神社御造営文化五戊辰年ニ　十ノ下
○秘曲上御所通秘由良ニ御帯松ノ御予御役付
御免下拝領　十ノ下

○同年十一月五日亜相ノ姫君稲田君ヘ入輿
右御方表向ハ御客分之　十ノ下
○文化十癸酉阿波太守治昭公御昇進爲
御祝義献上銭　十ノ下

風流編

○同七年三月有ケル阿波太守敬翁君東都御
在勤御国元之諸士御連中ヨリ俳諧巻御染筆
御画賛ヲ奉請　十ノ下

二

○近キ頃須府ニ俳咔瓚尾ト称スル俳士
アリ芭蕉風ノサビ賛ニ仿其一女又隠逸之　杳全

凶変倫

○国老長臣稲田左近之門ノ末臣息右馬允ノ
殺盗出奔家断絶　十八下

○筒井村養次弄金工以贋貨融通于世
終ニ浪花ニ刑セラル　十八下

○福永半仙集書画癖　六ノ下

○宮川甚之丞垂珠ト剛強　六ノ下十ノ下

舟ノ類

○土州ノ山舟　全躰巻三ミ　十ノ上

○暹西亜国ノ風船　十ノ上　環吳開巻ノ十三ニ詳之

○安南国ノ竹船　七年暦巻ノ十三ニ詳之

○福州船入津由良　右ニ全ミ

○吳国船入湊由良

三

名木類

○竜松　千貫松氏云　岩屋浦　三下

○草加ノ女丈松　南北中三村三ノ下ニ見ユ観音ノ境内ノ松陽木ノ接陰木ヲ突貫ケリ

○子生椿（コブ）　多賀村　三ノ下　又連理ノ榊アリ

○御陵ノ松　四ニアリ

○丘ノ松　十一ケ処村　四ニアリ

○傘松　宇原村　四ニアリ

○笠松　内田村　三ノ上

○[illegible]（ユルギ）[illegible]鮎谷村　四ニアリ

○[illegible]谷水類松本

○庄田村　潜洲関　四ニアリ

○種井　大榎並邑　四ニアリ

○鮎谷滝　アイヤムラ　四ニアリ

○女滝男滝　檜原上村　三ノ下

○紅葉ノ滝　机南村　開闢ノ巻ニアリ

○何物欤　依埜邑　三ノ下

四

○忍ノ滝 津田岡山 三ノ上
○廣田ノ清水 中条 四ニアリ
○草加中村ノ下滝 三ノ下
○雁ノ水 林田邑并潜洲池 雁ノ水四ニアリ
○見阿弥ノ池 慶野 四ニアリ
○江尾瑞井 及清水比 四ニアリ
○御料ノ井 小枝並村 四ニアリ
○寿堂友井 小榎蘭奴 共ニ四ニアリ

五

奇石類

六

○湊浦翁嫗石 四

○猪狩ノ化石 四

○大窪鏡石 四

○沼島鏡石 又上ニ鏡石見ヘス

○同御息所腰掛石 四

○同衣掛石 四

○同烏帽子岩 四

○同屏風岩 四

七

名処

八

人物并篤実

○千草秋浅助　十ノ上

○尾山風野ノ筋　十ノ上　三ノ上津田庄中ニ尾山
成号ニ浅切り

○奥主家篤実　十ノ上

○十日屋ノ篤実　艱難記　十ノ上

○石泉ノ清潔　十ノ上清潔ノ因千原蔵大夫
潮来武士ニ在

○太次兵衛篤実　艱難記

○相川卒都婆吉兵衛　十ノ上

九

奇石類

十

金器類

○細川ノ陣鍋 十ノ下

○桃川ノ飯鐘 五上 十ノ下

○大和社ノ鉄印 四ノ巻并首巻 十ノ下 十三社ノ下ニ

○感應堂ノ古鐘 十ノ下

○由良新川ノ古銭 五ノ上 十ノ下

○献古銭 十ノ下

種々混雑

○太田壽右エ門曾母 十ノ下

○蚊不螫術　十ノ下

○去油虫児　十ノ下

○呼迷子秘方　十ノ下

○停常水滴術　十ノ下

○漱ヲ洗眼養生　十ノ下

○種〻秘方別記秘法集ニ　十ノ下

○博物筌ニモ亀卜術イロハノ文字ニ崩テアリ　十ノ下

六十ケ条秘術アリ

凶賊傳示混雑

○盗賊暁星右エ門ハ赤穂義[illegible]半兵衛 十ノ下

西窓ニ在[illegible]之碑[illegible]元庚申ニ辞之

○稲田右馬允出奔家断絶 庚申 十ノ下

○武者捕ニ邑長ヲ殺之 九庚申 十ノ下

○盗會沢氏息女惑ニ尾上艶ニ通意之 庚申 十下

○因ニ云盗賊ノ魁首石川五右エ門ハ釜煎ノ刑辞世

石川や浜の真砂ハ尽るとも世ニ盗人の種ハ尽まし

賊禁秘 詳ニ委之

○且云何レノ頃ニカ有ケン田舎小僧ト云忍術

練磨ノ曲者石擒テ駕ニ乗セ歸行道程ノ橋上ニ
歸路須臾休又夫ヨリ官廳ニ舁キ竹輿ヲ庭砌ニ
卸シ出サントスレ氏内ニハ一巨石有テ姿見ヘズ
椽ノ下ヨリ這出ル又ニ在イザ縄ヲ掛ンヨト腕
廻ス立寄レバ忽鼠ト化シテ傍ニ立有シ竹竿ニ
ツラくト登ルヲ上ヨリ鳶舞下テ引喰ヘ去リ
終ニ其行処ヲ知ズトゾ是モ豪富ノ大家或諸
侯ノ舘内ニ入テ金ヲ奪ヒ貧窮ノ者ニハ却テ金ヲ与ヘシト

○濱田久兵衛八丈嶋ノ贅タルヲ羨ムノ話ヲ
聞テ俊寛カ鬼界カ嶋ニ苦シミシ如キヲ羨ムヲ
難スルニ答ルノ話　近眼記ニ詳ス　遠浮ノ[illegible]嶋
何未知哉名ノ[illegible]書ス[illegible]猶江
○天保八年四月遺漏淨書ヲ発起シ八月四日
満尾シヌ時ニ我當齢八十四歳ニ觸合セルヿヲ
奇トシテ彩近江八景ヲ哥四首ニ約メ老身ハ
景ト琴ト富貴又

石山秋月　勢田夕照
秋の月影照添て勢田の橋夕日まてゆきゝの湖面
粟津晴嵐　矢橋皈帆
粟津路に晴る嵐と来帆は又矢橋に帰る千舟百舟
唐崎夜雨　三井の晩鐘
唐崎の夜の雨音も延りわたり打つゝく三井の入相
比良暮雪　堅田落雁
暮て行比良の嶺をハく残つゝ堅田に靡き落る雁

金書○金棋ノ秋月兀天窓ノ夕照氏
耳ノウナリヲ患ヘハ耳ノ晩鐘水濱
ハ唐崎ノ夜ノ雨ニ似タリ白髪天
窻ノ暮雪堅歯ノ落ヿ
巻ヲ冊ルヿ同八日四ツ時急タル般若拝読メ
白河ナラデ千代溪ノ水ハ汲ミ老ニケル哉
旹八十四歳耄翁ノヽ舎子文閣筆
五雲閣下

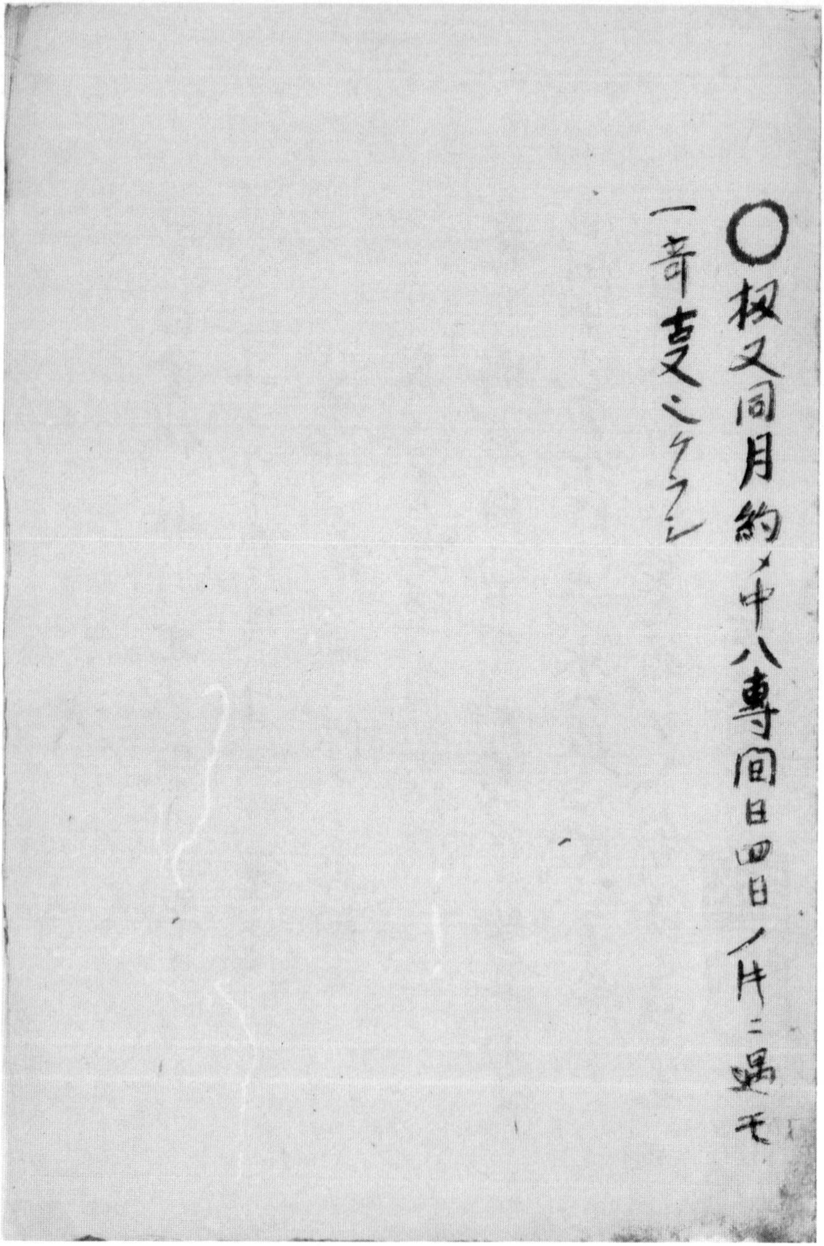

○叔父同月約〆中八専同日四日ノ件ニ過モ
一奇[illegible]之ケクレ

蝦夷物語　全

蝦夷物語謄写配本に就て

淡路が生んだ日本的否世界的偉人高田嘉兵衛翁生涯に於ける事蹟は幾多口碑文献に依り伝彰せりと雖も独り本書は淡路由良浦篤学渡辺月石翁が嘉兵衛翁弟兄の談なるを録記せる実に生々しい物語であつて他の文献に見る能ざる秘書なり今回偶々此得難い原本を発見するに至り更らに偉人の事歴を顕揚せんと茲に謄写複製を企て希望同士に頒つ事とせり。

昭和十年乙亥十一月　日

秦　嘉　泉　識

凡例

一、原本ハ往昔ノ著書ナルガ故ニ文体并ニ書体ハ現代ニ副ハズ難解ノ点尠ナカラザルヲ以テ読者ノ便ヲ計リ左ノ諸点ニ留意シタリ

㈠万葉仮名ナルヲ片仮名又ハ平仮名ニ書キ改メタリ
㈡和歌俳諧又ハ書札ハ万葉仮名ナルヲ平仮名ニ書キ改メタリ
㈢難解ノ個所ハ不敏ヲ顧ミズ嘉泉ノ按考ヲ加ヘタル所アリ
㈣漢字ヲ仮名ニ書キ改タル所アリ
㈤原本所々ニ蠹蝕アリ虫不明ト註セリ

一、此謄写ハ熊田直文氏ノ手ニ成リ特ニ図絵ニハ意ヲ用ヒ原本ノ型ヲ損セザルニ勉メタリ

一、本書は非売品ニシテ希望会員以外ニハ頒布セズ

秦　嘉　泉　記

蝦夷物語

渡辺亯録記

舟人嘉兵衛なるものは淡路の国津名郡都志浦の産にして稚なき時より船のりを産業とし摂州兵庫の津に通ひ売買の利をもて世をわたりけるが廿年以前より兵庫某か許にて舟乗いたし弟嘉蔵といへるも同しく船かせきしける処世の人々常に往来の津々浦々にては其類多く利潤も速々（ハカバカ）しからざれば寛政七卯の年の比より松前の辺りへ行売買しけるに蝦夷ヤエソ奥蝦夷は松前志摩守公の支配所にて其外キイタンフウ　クナシリ　アトヒヤ　などと唱ふる土地七島あり然るに松前公の領地故ありて召上られ新に一万石（九千石也）給はり蝦夷の地方は天領と成御旗本高橋三平殿遠藤十蔵殿此地へ参り政を取り行ひ給ふ事也然るに嘉平衛自分の米を積み此地へ参り候節　公義より口蝦夷へ遣さる御米を積せ嘉兵衛を船頭とし遣しけるに纔五六日の内往来しける程に嘉兵衛は日本第一の船頭なりと称美ありて嘉兵衛はかの地に御指留にぞ成けるその時自分船の水主加子抔兵庫へ帰るに及でかく御さし留に成りける上は又いつか相見んと新に盃なとし涙と共に別をなせると也寛政十一未年九月に公義の御役人衆嘉兵衛へ申されけるはクナシリより遥向ふにあたり大なる島これ有る由兼て聞及たり何卒其方才覚を以て渡りなば品により上の御為にも成り候義も有へしなど様々勧められしかば心剛なる嘉兵衛なれば先奥州南部等の船頭此の地の海上案内の者共に彼是相談いたし試みにわたりかけし処満汐干汐行違ひしかもその勢ひ励しく中々渡り得べき方便もなく誠に命こそ物種とて一たびは空しくやみけれども嘉兵衛熟々考へ御大身の御言葉を下され折角御選み出しに逢ひ奉りし詮もなく此事止みなん事本意なしとクナシリの山へ登り十五日の間潮汐のさし引を考遠眼鑑にて遥かにその地をはかるといへとも塩烟霞の如くにて中々見定かたしといへとも何分島は有るに相違なしと心を決し蝦夷加子十人許りをかたらひ白米十五石酒七八石酢醤油の類を仕込未年九月

乗り出しけるに殊の外潮はやく汐筋六通りに分れ其乗得かたきこと譬ふるに物なし三日を経てロツフウといへる島に着ぬ浜の様子見わたし、処稲村の如き大小の家居相見へその地の人七八人も来り甚怪み疑ふ有様也勿論言語は通せずといへとも蝦夷加子は大かたに合点いたし候故この地はいづ国へ従ひ候哉と尋候へば何国へも従ひ申さず食物は唯魚鳥を甘し衣類大かた熊の皮を着ける中にも庄屋ともおぼしきものは羅紗のやうなる物を穿ける下タ〳〵のものに至りては太布の如きものを重ね着て寒気を凌くと聞へし追々かの稲村の如き家へ立寄り見るに壁とてもなく只篠を集め家の如く営みて居住す因て嘉兵衛申せしは我々は日本の者にて日の本は辱くも神国にて稲といふものを作り米となしこれを食し綿といふものを作り糸を引て衣類とする故飢寒の苦みをしらず且酒をのみて相共に楽み遊ぶ事也此土の人にも日本へ従ひなば米を　大君より下されて父母を養ひ妻子を育すか、る魚鳥のみ食する事はなく誠に極楽世界ともい、つへしと様々に勧しかどもとかくこれを疑ふ体なればかの船に積み来りし米を炊き共々にこれを給へさせければ一統肝を潰し扨〳〵甘き物也と感心浅からず見へければ又酒といふ美味あり振廻申べしと取出しければ蝦夷の加子ども申すはこれを其儘に給させては宜しからずとて酒一斗に水一斗ばかり雑へて飲せしかば猶一段美き物也とてその悦び大かたならず見へしま、漸々にすかして日本人となるべき旨す、めければかの酒食の美味に引連て日本に随ひ申さんと申により嘉兵衛島見分の為一ツの臺にのり〔嘉泉按〕臺ノ字ハ臺ノ俗字物ヲ乗セルモノ乗リ物ノ意」巡見す道々熊の沢山なる事日本の犬に斉しその後先人質に二三人召連蝦夷へ来らすんば此事叶ひかたしと申に島人此事承引なく人質に参る事いなみけれども彼是利害を解いてこれを勧めければしかればいつそ罷越すべしとて百四五十人も支度いたしけるを見て嘉兵衛申は米五拾石斗を積む小船その上海上七十余里もあれば天気により隙取り斗かたし食物等も覚束なしいかで百四五十人を乗せ候はん哉と理を責て説き聞せければやう〳〵に得心いたし島人五六人をのせクナシリへ帰りし処十蔵殿三平殿容子を聞き殊の外賞美せられ先かの島人に御目見江仰付られける坐敷には弓鉄砲を餝り御両人は本装束にて其様甚厳重に仕成して御逢の処島人ども甚恐入取込ミの体に相見へ候それより四五日逗留いたさせ元の島へ帰し、が猶又かの島へ此方より四五人参り土地の風景など得(トク)と見及しに川に夥敷鱒、鮭、鯡(ニシン)、育ち居り候て水面半は魚のやうに見へ候筲にて［嘉泉按］筲(ショウ)ハ飯バチノ意カ」すくひ塩を切り江戸へ四千石程積登候事也扨右の川口には魚類和(アヘ)るが如く鱗をならべ候故いかなる故にやと尋ね候得ば鯨集り候故と申すにより紀州熊野浦漁師と申談鯨突の趣方相立申べき哉と申候得共嘉兵衛申すは余り何角一時に取懸り候ても却て物事揃ひがたく候条鯨の事は今少し御猶予しかるべき旨申上此義御延引なり候よし申(サル)年高橋三平殿嘉兵衛同道にて江戸へ罷登らる嘉兵衛事は海上の外は何事も弁へざる事故道中にても三平殿よりも先へ入湯いたし候事などこれあり其外無礼我儘押てしるべし江戸着の上有がたくも松平信濃守殿へ御目見仰付られ何角委敷御尋これ有候事夫より旅宿等下し置れしかとも御断申上私定宿も御座候得ば勝手に罷在度旨願出自分宿に逗留いたし候事且右の島より持参の熊の皮錦の類并に生ける白熊を籠に繋ぎ献上の積の処右の熊江戸近にて死候得ば三平殿申され候は此処に埋め置皮をはぎ候様に指図致されしかとも一旦　献上と相立候白熊皮をはぎ候段も恐入候得ば此儘にて御埋めしかるべきよし申上其通りいたし置候処其旨上聞に達し堀出し　御上覧遊ばされ候事其後嘉兵衛旅宿へ御絵師参り其方冥加に叶ひ姿を絵に写し　御上覧遊ばさる趣申聞られしかば早速嘉兵衛入湯仕上下(カミシモ)を着し御絵師へ向ひ候処前に天眼鏡を釣して一寸〳〵と記シを入絵図出来の上嘉兵衛も拝見仕候処誠に生キ写し頬紅眉のかゝり迄寸分違はず出来其後信濃守殿へ御呼出シ何にても望有之候はば遠慮なく申出候様仰出され候へ共船頭の義に御坐候へば望はこれなく候尤金銀の義は望み申趣申上候処御聞届の上大阪御蔵屋敷にて下置る旨仰渡され此後苗字帯刀御免に仰付候処難有仕合に奉存候乍去私船頭の事に御座候得ば処により候ては私勝手に仕度旨申上候処扨々面白き者也と御笑ひなされ候て勝手にいたし候様仰付られ候事尤箱立においては売買の諸物裁判に仰付其節帯刀仕槍をも突かせ候様に仰付候　扨日の丸御渡被遊蝦夷御用と御指札拝領仕候嘉兵衛御金拝領の上何国にても金入用の節国主へ申出入用次第受取候様御書もの御渡に成候事其後兵庫において公義御船三艘自分船二艘嘉兵衛諸事好みにて作り候様被仰付候金子御渡被成候事夫より江戸表出船霜月末兵庫へ罷帰り候大阪御屋敷において金子八千五百両御渡被成候去申極月より兵庫におゐて一丁四方の囲ひいたし右御船造りの事右は申臘月都志浦善兵衛物がたりのま、記し畢ぬ尤他言いたしてはいかゞと重々頼み候故他見を許さず長く庫中に秘め置くものなり。嘉兵衛兄弟六人嘉兵衛、嘉蔵、善兵衛、金兵衛、佐吉、銀蔵

其後兵庫より罷帰りの者の物かたりに先達て被仰付候公義御船五艘出来内三艘朱塗の由嘉兵衛手船も五艘出来地盤壱艘所持都合拾一艘出来此節かの島へ参候との事享和元年の夏也

近世畸人伝の中にも並川簡亮なるもの、条下に蝦夷の地を本邦に属せしめんの志ありしかとも齢たらず三十有九にして歿せしかば事に及ばずと云々これを読ても嘉兵衛が豪傑なる事を覚ふ

○䕫曰、嘉兵衛はかのロッフウの島を日本に従属せしめたる勲功に依恭も御旗本格に命せられ高田出雲守と名を賜りたれ共自舟を浮て運漕交易を産業とする身なれば自国にては佩刀して高田嘉兵衛と称し商売の交りには高田屋といへり扨加兵衛は漁具を製して島人に日本の漁猟の術を教へ夥しく漁産を致させ多くの手船に積て日本に運送交易して莫大の利潤を得且本国より数多の日雇を渡海せしめ農具を送り蝦夷地の境量もしられぬ曠埜を墾して耕作の道を習して日本の風俗に化せしめける其比当州の諸邦よりかの地に墾田の稼に行者多かり其中に上内膳村長蔵三木田村周次なる者両人蝦夷地に稼帰国の上かの地の物語を書記して官庁に捧けし写左に詳也

一、南部（奥州岩手郡盛岡ノ本名也）大間より松前箱館へ（共ニヱゾ地也）海上七里此処片汐にて渡海荒く御座候

一、箱館西北を請候土地也但周回三里程御座候大湊にて家数千軒ほども御座候町長六七丁弐筋通り其余は入組散乱仕居申候多くは船問屋売物は品々大阪表に不相更遊女等居申茶屋三十軒も御座候都て扮葮にて葺御座候

一、御殿と唱壱町四方位成御屋敷四ケ処御座候何れも御奉行様御坐候尤壱ケ年宛毎年四月御交代之由に御座候御名不相知

一、有川此処箱館より三里御座候家数二百軒も御座候御会処御座候て御役人相詰御奉行様御壱人御手代四人御名不相

知

一、味噌塩醤油裁判御役所

但田畠開き居申者へ時々通帖を以右品々御渡被仰付候

一、ヘキリ石有川より八丁程此場処田畠開発之地に御座候平地凡横七里竪十五里余も御座候趣山等へ相掛り候ては其末不知都て平地分は葭原又は蕗抔も多く御坐候爰元より稼に罷越申候三十余人之者共寅正月廿五日（文化三丙年也）兵庫ノ津出帆仕内三月二日迄に追々此地へ着岸仕高田屋嘉兵衛構の小家九軒御座候此内二軒へ相分り逗留仕候有川御会所へ御扶持方米味噌塩等請取に罷出候て四斗三升俵拾五俵受取其後の儀も右同所直様地開用意に相掛り申に付加兵衛手形を以牛方裁判へ罷越申候牛方は峠と申処にて七里程山へ入込右手形相添（渡ノ写誤乎）猶又六里程奥山へ入込牛相尋候処六七十疋も谷に相見へ申候へ共手に入不申其日は空く牛方迄拾余人罷戻右之由語り猶翌日牛方の小遣馬士を同道にて罷越牛七疋捕へ請捕へキリ石へ帰宿至て大成男牛にて御座候牛の名をヘコサと呼申候湯の川に温泉御座候湯処甚結構にて湯坪壱間四方猶又四方椽三尺宛有之座敷より下り湯へ参候段梯欄干其容子美敷事に御座候湯治人四方より来居申候此処より箱館へは八里御座候

一、六人相に五月植付候田二丁四反余開立植付程能生立居申所七月廿日大風に皆無に相成申候

一、米四斗三升俵此代丁銭三貫弐百文但寅六月直段

一、丁銭六百文を以壱貫匁と云

一、有川御会処より奥蝦夷の方へ西北へ流四百里程往還出来右道筋十里十五里所々に御会所出来右往還道より両方へ地開仕義に相聞申候右往還付掛去文化三寅年迄十三年に相成趣に御座候〔嘉日〕加兵衛台命ヲ蒙りロツフウヲ従へ猶蝦夷地ノ開墾ヲ募リシ已前ヨリ既ニ年々此事有シト見タリ寛政寅ヨリ文化三寅ニ至テ十三年ニ及ベリ」都而三十六丁壱里

一、間野国と申候てヘキリ石より二十七里程御座候此処の人都て惣髪目丸ク少し眉だゝ[マ　瞬ノ字ヲ用ベシ]きすることし男の面体毛生合眉毛地相等難相分口髭長し女は口髭なし甚異相なる者男女都て耳に鐶入居申候着類はシナと申木の皮にて織是をアツシと云是にもめん地紺又は花色の切にて肩又は裾に唐文字唐草抔模様状せ縫織と云て麻等を以織物に右同断

一、間野の女其処にて人の女房に相成候へば両の頬に入墨仕候

一、間野の者常に刀を帯半弓を持禽獣を取事を業とすと云

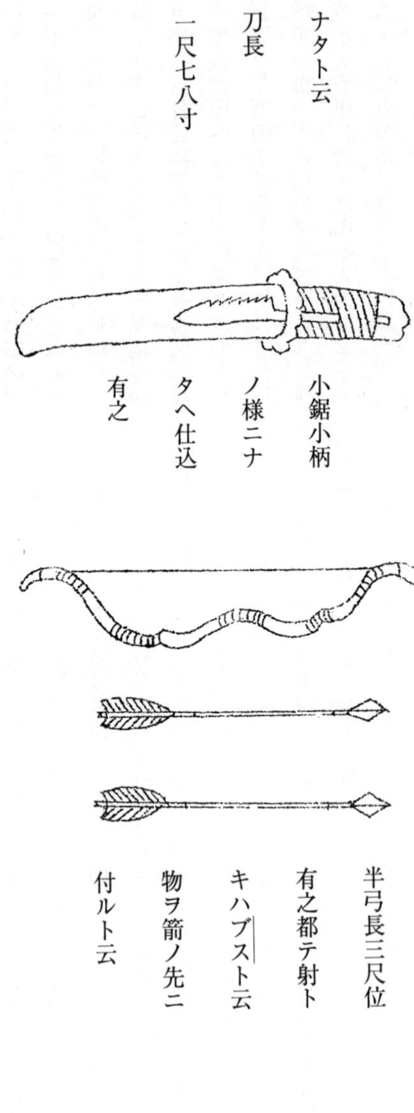

嘗曽テ聞加兵ガ本邦ニ属令セシ島ハ穀類ナク火食ヲ不レ知弓ヲ以禽獣魚鱗ヲ射テ烹炙調熟ヲ経ズシテ生[ナマ]ナガラ平食ニ充ツ人倫ニシテ禽獣ニ類スト其弋射ヲ事トスルハ今爰ニ云間野ニ斉シキカ射ル事百発百中ニシテ一矢ヲ不レ過尤矢鏑ニブスト云毒薬ヲ粘スル故僅ニ羽毛鰭尾ニ触ルトキハ不レ斃ト云コトナシト本朝ノ俗語ニ人々嫌忌ノ物ヲブス也ト云

ハ蓋此謂也ブスノ文字ヲ考フルニ嫌忌ノ物ヲ指テ云ナレバ不好ト書ナラント思シニ左ニ非ズ本草弁疑烏頭ノ条下ニ曰後魏書ニ言遼東塞外秋収烏頭為毒薬射禽獣毒矢ト云物是也故ニ射罔ト云汁ニ洗ジタルモノ也其汁ヲ矢ニ塗也和ノトリカブト也同附子ノ条下ニ言時珍ガ曰初種ヲ為烏頭象烏之頭也附烏頭而生者為附子烏頭如芋魁附子如芋子蓋一物也ト云々以之再考スルニブス字ハ附子ナルベシ。

一、有川御会処へ間野の者両三人も参り南草盆のすかし彫物色々小細工仕居申候此者共間野にて頭立候者の由又入替申義も有之人質と云説も御座候此間野にて祭り申は義経并弁慶を祭り外に神仏は無御座候由

奥細道菅菰抄曰(上略)秀衡竊三子遺言云(中略)国衡康衡ハ佯テ鎌倉ニ属シ義経ノ討手ヲ願フベシ忠衡ハ義経ニ従テ権ニ是ヲ拒ギ義経及ビ義経ノ近臣ノ功アル者ヲバ皆蝦夷ニ奔シムベシト嘱付テ秀衡死シヌ(中略)三子能父ノ遺命ヲ守リ国衡康衡ハ高館ヲ攻忠衡ハ義経ニ代リ自殺シテ焼死シ(中略)近臣亀井片岡弁慶ガ徒ヲモ亦各人ヲ代ヘテ戦死セシメ義経ヲバ近臣ト倶ニ蝦夷へ送ル(中略)義経ヲ蝦夷ニテハギクルミト云(下略)蝦夷志云蝦夷俗尤敬神而不設祠壇其飲食所祭者源廷尉義経也東部(嵩日東蝦夷也)有廷尉居止之墟土人尤好勇夷中皆畏之夷俗凡飲食乃祝之曰オキクルミ問之則曰判官判官蓋所謂オキグルミ夷中所称廷尉之言也又云西部(嵩日西蝦夷也)地名亦有弁慶崎者

一、間野のものに対、馬上乗打等御制禁被仰付候爰人馬上にて往来の砌間野者に往逢候節下馬いたし一通一礼いたし候へば間野者土へ手を付至て丁寧に礼受申乗打等いたし候ハば半弓にて射る事相果候節は何れへ申出候ても取揚不申死損と承申候

一、同女に不義戯等仕義堅御制禁被仰付候

右両条別て稠敷兼て御制禁被仰付御座候

間野者の言葉

一、女は老人小供都てメノコと云　一、男の小児をヘカチといふ　一、米をアマミと云　一、鍋をシヲと云　一、飯焼候をフヤシタカと云　一、食喰をアマヽシタンヘイと云　一、煙管をシコレンホと云　一、煙草を呑と云をアボヲツギユルシカレイと云　一、人をシヤモンと云　一、銭をシヤモン宝といふ　一、銭有かと云をシヤモン宝ピリカ　此返答に無いと云ては無に通ぜずシヤモンタカライシヤマシタといふ

右両人の者共噺申候に付書上申候　卯七月　文化四年也

○其後（文化五辰ノ年ナルベシ）ヲロシヤ船ヱドロフに来り寇せし事嘉兵衛弟嘉蔵より来状左に写す

猶々志り合の御人別紙遣不申候別条も無之様承申候戸田又太夫様討死いたし申候外にかすり疵不残逃申候

向敬賀へ（向敬賀或向敦賀乎）啓上仕候弥御安康可被成御座奉珍重候爰元皆々無事船も無難に御座候扨亦町中普請もあらまし出来申候

一四月廿五日頃ヱトロフ島へヲロシヤ船弐艘参り大騒に御座候右島百里斗御座候処所々漁島も御座候其処へ右の船寄せ大筒を以て打払米酒宜品物を取跡は不残焼払申候会所元には兼而御用意も有之南部様津軽様御人数三百人斗も罷下り相固め居候然る処四月廿九日ヨリ五月三日迄相戦玉焔硝も尽右会所も焼払に相成日本人不残地方へ逃諸品共ヲロシヤ船へ取られ申候扨々大変に御座候尤日本人に痛は無之ヲロシヤ人五六人打捕候へ共島はヲロシヤに取られ申候しかし蝦夷之島故先きにも取候へ共致方無之其儘捨置候風聞爰元ヨリ御役人南部家より取留に罷下り申候尚追々諸軍勢罷下可申候様子爰元へも当月十八日沖合へ弐艘相見へ誠に大騒ぎ当地詰合人数南部津軽共固の口に致陣取申候右の様子に恐れ当地へは入不申候其儘下筋へ下り申候当地も色々固め有之候へ共弐百年来右様の儀無之故軍なれず急々鎧の陣羽織のと色々混雑誠に珍敷事に御座候兎角日本は十呂盤の手者斗にてケ様の時は一向役に立不申候秋田庄内へ軍勢被申遣候得共未着不仕候当地はケ成にかため候故四五艘位参候ても焼打に合申事は有間敷候東蝦夷は不残逃したくに御座候此節焼打に相成候分はヱトロフ斗に御座候是にてどうか納りそうに御座候ヱトロフにて日本人を七人生捕船へ連

帰申候私共毎年ヱトロフへ罷下り候処当年は下り不申儀大に仕合に御座候兄貴罷下り候へ共珍敷早上下いたし是亦不思議なる事に御座候嘉十郎は彼地へ罷下り居申候処右船参り沖合にて出合大筒七ッ八ッ打れ候へ共程能大風に相成其上もやをかけ道登り申候是等もふしぎと申居候外船は嘉十郎道中にて出合不残あとかたも無之候此節十露磐を止め軍兵衆のみに御座候蝦夷地も当年は右に付荷物も出不申候年柄に御座候尤右ヱトロフ斗にて外島へは手をさし不申候様に相聞へ申候当辺へ参り候船はヱトロフへ参候船とは違申候左候へば蝦夷地を取可申工面の様にも相聞へ申候明年迄には蝦夷地当地共かため出来候間気遣有間敷候私共手船立は大名方へ借し付此さはぎに少々づゝ金もうけ致し居申候御用向にて取込大にこまり居申候兄貴は兼て馬を乗り事此節にては注進役に相成少々手柄の方に御座候当地へ千五百人軍勢揃にて不残鎧の出立誠に珍敷事迄拝見いたし候箱館町中も大筒打かけられ候へ共逃したくなどいたし申候御役人様方の奥様方右の船見へ候節栄久丸にて有川と申処三里斗の処へ逃申候店も三日斗相止め申候此節にては一統相しづまり色々手配いたし居申候右船は当年は当地へ参り申間敷様にも御座候尚相更義も御座候はば可申上候取込早々以上

(嶹日文化四丁卯年)
五月廿三日

高田屋
嘉　蔵

兵　庫
大　阪
淡　路

此状順々早々御廻可被下候取込別紙遣不申候以上

其後ノ説ニヲロシヤ舟へ日本人七人虜ニシ候而土喜ニ則奪候素麺ヲ日本ノ通リニ日本人ニ製サセ喰申候七人ノ中侍分二人ヲ残置其余ハ帰シ候トモ云

又一説蝦夷ソウヤヨリ唐太島へ海上三十五里近キ処ハ七八里ナレド急流舟不通唐太ハ本名タライカイ韃靼ノ地続ノ

満州ノ都繁華ノ地也ト云嵩曰此書ヤウ悪クテ唐太ハ韃靼ノ地ツヾキニテ満州ト云繁華ノ都也ト云ヤウニ聞へ侍レトモ左ニ非ズ離島也韃靼ノ属地也ト云コトナルベシ

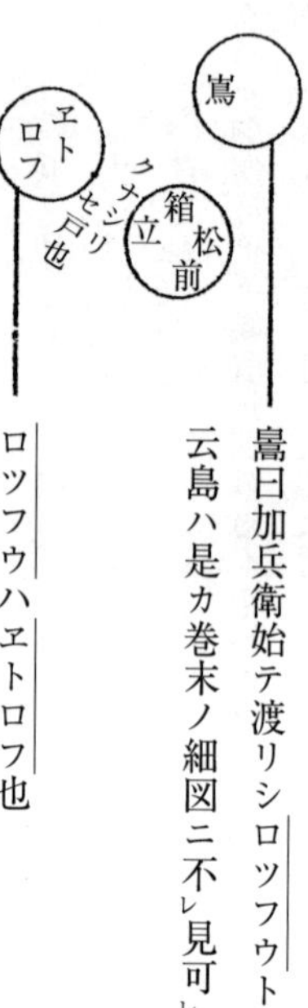

嵩曰加兵衛始テ渡リシロツフウト云島ハ是カ巻末ノ細図ニ不レ見可レ考

ロツフウハヱトロフ也

○南部候ヨリ　公義江御届状并松前候一件

松前蝦夷地唐太島沖合に去寅（嵩曰文化三年丙）九月上旬頃異国船壱艘相見へ候処同処クシユンと申処へ揚船（橋舟ノ誤乎）にて異国人数多致上陸何の訳も無之番屋へ鉄砲打放し番人共驚狼狽の内理不尽に引立彼船へ連参尚又同処に囲置候品々不残致乱妨其上番屋蔵囲船等に至迄不残火を掛候て其処出帆十一月下旬迄唐太島の内沖合に相見候由夫より十二月中旬比に至迄又々一両度も右の船舶通候の段注進有之候て若狭守人数差向手当の旨同人家来の者より私家来迄同処住家来の者へ右の段申達候依之持場処内にては無御座候得共兼て非常の手当申付置候人数の内弓鉄砲の足軽百人不取敢城下指立領内手寄の海岸に指出置候猶箱館奉行所より○（落字有カ○申来リ候ハント乎）心得に致候尤追々増人数差出手当も申付置候段在処より申越候随て領内浦々手当の義は兼々申付置候へ共猶亦手当仕置候段申来候此段御届申上候以上

南部大膳大夫

（嵩曰文化四卯也）四月二十三日

右は牧野備前守殿へ御届有之候由

先頃御届申上候西蝦夷唐太島沖合へ異国船相見候旨松前若狭守家来の者より為知申来候に付持場の内にて者無御座候へ共兼て非常の手当申付置候人数の内弓鉄砲の足軽百人不取敢城下指立領内手寄の海岸に指出置猶箱館奉行所より申達次第差図の場処へ指向候積且追々増人数指出候手配も申付候処乙（二ノ誤乎）月十二日箱館奉行所より同処詰家来の者へ物頭二騎鉄砲組足軽弐百五拾人箱館表へ指出候の指図有之に付物頭乀（先写二ノ誤乎）騎目付役壱騎并小奉行拾人物頭弓鉄砲の足軽百人指立同処へ右の内弓組の者相止鉄砲弐百五拾梃去月廿五日迄追々城下へ指立候の段在処より申越候此段御届申上候以上

南部大膳大夫

（文化五年辰乎）三月廿三日

畠曰此書ロニ先頃トハ先呈ノ書ニ余リ遠カラヌコトノヤウニ見侍レド奥ニハ三月トアレバ翌年ノコトカ先書ハ四月也然レバ一歳経タリ

○松前候江被仰渡之写

松前若狭守

蝦夷地之儀者古来より其方家にて進退いたし来候へ共異国へ接候島也万端の手当難整様子に付先達而東蝦夷地上地に被仰出候公義御〼（仕ノ誤乎）置候被仰付西蝦夷の儀も非常の備等其方手治難行届段申立外国の境不容易事候仕被思召候間此度松前西蝦夷地一円　被召上候依之其方には新規九千石被下場処の儀は追て可相達候

右は波の間列座伊豆守殿へ被仰渡候席の儀は只今迄の通

三月廿七日

御城中に　松前美作守

其方儀家督中蝦夷地取治不行届異国人手当も等閑に心得其上隠居いたし候ても言行不慎の様子に相聞へ不埒に被思召候依之永蟄居被仰付者也

右三月廿六日夜大目付伊藤河内守殿屋敷へ被相渡柳生但馬守殿寄合池田百助殿美作へ被渡候旨申渡候

○江戸表ヨリ洲本江申来候六月十五日出ノ状ニ

松前志摩守様（是ハ呼馴シ先代ノ名ヲ云ナラン）拾万石已上の御大名にて御座候処九千石の御旗本に御下身蝦夷地甚騒しく数万の舟にて松前辺へ参候由に付（是ヲロシヤ人ノコトヲ云ナラン）御押として南部大膳大夫様御目付菅谷九右衛門様御使番横山大学様堀田摂津守様近く御立被成候

天明武鑑ニ先祖数代省略之　○松前若狭守資広（是ハ当若狭守ニハ非ルベシ）

松前志摩守道広（隠居後美作守）―若狭守章広（文化八辛未改正武鑑ニ在所奥州伊達郡梁川ト記シテ不レ記レ高已下新武鑑ニ正スベシ文政七年武監文化四移梁川無高蝦夷松前一円従先祖代々領之依右一件被召上後又復旧文政七改正日文政四辛巳年依台命再領松前蝦夷一円章広以後領之）
池田百助（池田織部養子）

○松前表ヨリ来状写

一東蝦夷地ヱトロフの内ナイホウと申処へヲロシヤ船凡一万石積位壱艘三千石積位壱艘〆弐艘人数凡四五百人斗乗り候て段々陸地の様子を相考天満艘（伝間舟ナルベシ）皮にて拵し船三十艘斗に右人数不残鎧を着し銘々鉄砲ヲ打掛右の場所に居申候番人六人小役人壱人〆七人召捕候て跡へ火を掛け直に出船仕候由其砌其場処に居申下り船日の丸船南部船箱館舟日鳥船〆四艘何方へ参候哉行衛相知不申候兵庫高田屋舟も其砌其場処へ逃候処石火矢鉄砲の音に驚き逃候処石火矢たてもく（ケン先乎）見当て違にて（石火矢ノ下字正暁シ難シ）逃候五月十二日に箱館へ逃帰り候クナシリより箱館迄道法凡三百七十里の処早飛脚にて九日目に着仕候依之直に江戸表へ御注進御座候当処へも追々相聞へ候仰天仕候右一件に付江戸表より又々御役人様方御下向可被成と奉察候今年は存外の大変にて御座候

一当所殿様御国替の儀被仰出候斗にて未替地の御沙汰も無御座候
一唐太島大変御注進御座候処随分堅固に候様被為仰付候又当所御侍中も四五十人斗御下向被成候尤江戸表御役人津軽役人も御加勢追々下向被成候
一松前御城下箱館辺もヲロシヤ船参候由に御座候敦賀表布乙(ゑどカ)（布ノ下正相分ラズ）吉左衛門手船も右へ近付候て出合逃帰敦賀へ帰着いたし申候
一江戸表蝦夷地御用達衆分右之通内々申来候
松平政千代様人数五百人　佐竹右京大夫様同三百人
南部大膳大夫様　津軽越中守様
追々増人数被仰付候
一今度御用懸り若年寄　堀田摂津守様（江州志賀郡堅田一万石）
遠山金四郎様（御目付五千石）　村上大学様（御使者千六十五石）
小菅伊右衛門様（千五百石）　（御手付）御徒士目付六人
御小人目付衆十二人
○明石表より申来写
此度南部様より当殿様へ被仰越候御手紙の写
堀田摂津守殿（下総印幡郡佐倉十一万石是誤也別家ニテ堀田相模守也前件堅田宜）
右は蝦夷地へ異国船来着に付松前へ被遣
（御目付）遠山金四郎殿　（御使者）小菅伊右衛門殿　（同）村上大学殿
右は蝦夷地へ被遣依之銀十枚御時服弐つ宛被下

御徒士目付 加藤才助　林余四郎　三輪善平　神谷勘右衛門

右者蝦夷へ被遣金拾両宛被遣

佐竹右京大夫殿羽州秋田二十万五千石

先月廿四日箱館御奉行翌　安芸守殿より御指図にて人数五百人被遣候様申来右に付翌廿五日早速罷出当月二日又々正井大〇（虫不明）頭殿（肥前唐津一万石）より人数三百人指遣候様被仰付

松平政千代殿奥州仙台（宮城郡）六十二万五千石余人数五百人指出候様被仰付

津軽越中守殿奥州津軽郡弘前四万七千石

五月晦日出府六月朔日参府御礼被仰上同月五日御暇御礼被仰付候て御出の由昨九日夜四ッ時江戸御発駕

南部大膳太夫殿奥州岩手郡盛岡本名南部ト云十万石

先達而御暇被仰出候処御病気に付御引込被成候へ共蝦夷地へ異国船来着に付御暇の御礼御名代南部主税殿（同国三戸郡八戸二万石）を以御用番前御宅に御礼被仰上近々御出立の由

御小人目付十人

御徒目付御小人の武器類の品は松平政千代殿へ及相談候様御指図有之候右之通江戸当[illegible]（時ノ字ノ誤乎）御役人中より当役人中へ書状参候写

囂聞書

其後文化九壬申年嘉兵衛箱館に往来の時蝦夷地に近き海上にして又々ヲロシヤ船来り窺ひて嘉兵衛が乗る処の船へ頻りに大筒を打懸（加兵ノ帆ハ中心ニ大ナル日ノ丸ヲ染込タリ故ニ何レノ洋中ニテモ紛レナク遠見ニモ夫ト知ラレタリヲロシヤ是ヲ目当ニ伺ヒシナルベシ）舟子等ハ大ニ恐怖して洋中に漂溺する者多し嘉兵を初四人ヲロシヤ船へ虜となる中にも嘉兵平日愛好の角力者流嘉兵かの船へ取すがり候と見るや否其身も同く其船中に飛乗生死を供にせんと志す爾してヲロシ

ヤ船は帰帆の跡僅(ワヅカ)に逍残る処の者共辛ふして船を乗帰りぬ斯て嘉兵衛は三年を経て幸に帰朝する事を得たり初ヲロシヤへ囚れの節彼地に着岸の上頻りに上陸を勧むといへ共加兵敢て不レ肯(ウケガハ)先試に従者を揚らせ其容体を点検せしめ好処ならば勧めに従はんと欲する処従者帰り来て異なる事なし一宇の新宅あり尤奇麗也と告於レ茲加兵舟子と共に上陸し其家に入（是則加兵ヲ入ン為ニ兼テ設置シ処也トゾ）狄徒給仕して種々饗応すと雖異狄の食物に馴ざる故不レ甘(ウマカラ)（米無キ国ニテ平食皆小麦ノ類也トゾ）然るに其処の掌司と覚しき処に至り是に見る(マミユ)に傍に侍る一人色白く有才の体に見へける故仕方を以我客舎に接伴せしめん事を乞ふ早速許容故則同伴して客舎に帰り滞留中常に仕方にて対語し漸互に徴く通解する事を得たり於レ之彼地の王城に至り帝王を拝謁せん事を乞ふ（女帝也帝ノミニ非ズ其士風ニシテ貴賤共ニ都テ女ハ内ニ在テ其家ヲ主リ男ハ其命ヲ受テ外ニ出デ稼ギ穀類ヲ交易シ来テ家族ヲ育フトゾ八丈島又尓リ、此島ノコトハ太閤真顕第十一篇四巻ニ来由詳也）然れ共王地道程往返六百日を経ると聞加兵熟(ツラツラ)思ふに若半途にして病死せば何の益かあらんしかし速に帰国を謀らんにはと元ヲロシヤ日本に寇(アタ)するの発りは松前先きに其侯の領たりし時はヲロシヤに毎歳聊米を交易し与へけるに　公義より停止と成によれり加兵是を思惟し帰国を乞若是を許さば先きに日本に虜と成此地の人をも速に返すべし且帰国の上公けに説き救として旧例の如く米穀を賜ふべしと云ヲロシヤ是を聞喜んで許諾し已後日本に対し違犯なき旨堅約の誓書を致させ和融を整へ且献呈の品種を取揃是を携て帰朝し其趣を訴ふ（去歳箱立、加兵常居ノ処ナリ、帰朝翌文化十一甲戌秋本土ニ帰着セリ）ヲロシヤの地は常に天色朦朧として至て寒国なりとぞ（故ニ五穀ヲ生育セザル也）故に従者二人はかの地に於て寒死せりとぞ扨嘉兵はヲロシヤを終に程よく伏せしめ其計義の宜きに依てヲロシヤ再び蝦夷地を犯ざる故松前侯にも本領に安堵し給へり

嘉兵衛蝦夷地滞留の徒然(ツレヅレ)を慰めし箱館の女本邦の都を生前の思ひ出に一と度見まほしく折々嘉兵衛にこひ願けるに依り加兵憐て一時伴ひ帰り本邦の繁華を見せしめ目を驚かし喜ひ帰りしとなん兵庫の津にも嘉兵衛の居宅大なる構あり今は類族を指置り箱館も舎弟嘉蔵に委(ユダ)ね置て自身は通ふ事なく故郷都志浦に旧宅を再興し土蔵を建並へて宛も城塁の

如し其営構年々と雖猶未レ果平日従者に漁業を営せて是を指揮し楼に登て遠眼鑑を以て遠望して楽めり嘉兵衛愛妾織江女有（浪花住前讃高松士某之女容貌美麗貞操而能弾絃）同居シテ取二箕帚一（加平本妻及嫡男有レ故而住大阪）加兵衛多くの手船更る〳〵登り来て潤金を収納し舟長は礼服にて主人に謁し（其謁見ノ備甚厳也トゾ）且船へも請じ饗応すとぞ嘉兵衛年分の費用三百両宛箱館弟嘉蔵より指登すと云

因に云観正聖人は同国洲本の産也在俗の時は漁師街に住て喜作と云妻子も有けるが妻を離別し仏乗に帰し火食を断蕎麦粉を啜て不断真言を誦す初は有髪ながらに法衣を着す人皆聖人と称す終に髪を削り国を去て相州小田原に屢徘徊す郡主大久保侯甚帰依し観正庵を建て住しむ又帝都に聞へ観修寺の宮（大仏ナリ）智積院の宮方に拝謁し尊敬せられ終に　台聴に達し東都に移り王侯に重んぜらる一時（文政四辛巳六月）故郷洲本に来臨（地蔵寺ニ逗留中日々群詣夥シ其後寺中ニ建上人堂安木像）の序加兵衛が宅に請ぜられ賓主互に昔日の困究を語る上人の曰我諸国修行に出し時或は飢る事連日或は寒夜道路に臥し屢飢寒に苦めり今幸に如斯と嘉兵曰予も僅に一百銭の貯を尽して泉州垂井に渡り舟賃を払ふ事能はず陸に登り舍りを求め爰に恩食する事三日去て東西に吟ひ漸時を得て先の恩を報んと近頃七貫目を費して其家を改建し与へぬと云上人難じて曰報恩の普請何ぞ今の遅きに至るや答て曰是迄上下の度毎に十金或は二十金を与へぬと是共に現在の人也面前白地に昔時の究を挙ぐるは他の恥を訐（アバク）くに似たれ共却て後の誉をか丶ぐる也　言ずや　其先に誉あらんよりは寧後へに譏無らんには如しと豊太閤も初卑賤より出て関白の極官に至り給へり高田氏は誠に当世の英雄なる哉前条に石亭先生並川簡亮が事を引て是を読でも嘉兵衛が豪傑なる事を覚ふと美嘆せられしはヲロシヤへ囚はれの一事なき已前也まして況んや此事あるをやかの前漢の蘇武が匈奴に捕はれて旃毛を噛雪を嘗て飢寒を忍ひ猶不レ失レ節幾春秋を経て故郷に帰りしも思ひ合されぬ

此蝦夷談はさる人親しく高田氏の家弟なる人に捜聚（アナグリ）問しま丶を石亭先生に書記を乞ふて綴れる其真書を求め写し且其比彼是の書通の写し反故の端物の隅々より捜し出して是に並へ次いて猶又自耳底の聹（ミヽクソ）をさらえて遺漏を補ひ全備せし

め文政丙戌の秋半山月の影を送り海月の光りを迎へて浄書し畢りぬ

本仙人

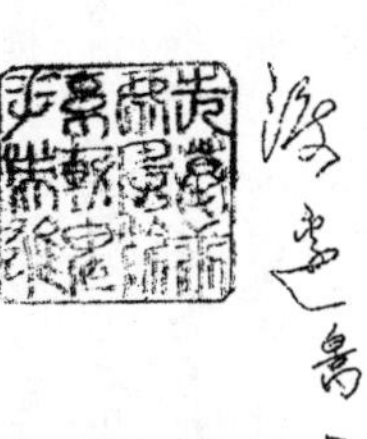

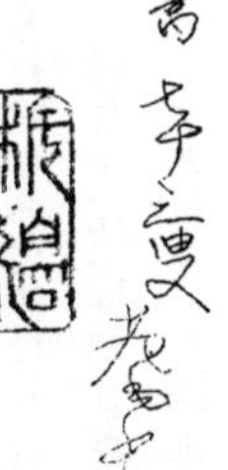

治世に鬼にも勝りし夷狄を降らしめし其勲の誉大八洲は更にいはず頼ある中の酒宴哉と祝して

嘉ばし兵なればたのみあり　〔嘉泉按〕「よろこばしつはものなればたのみあり」と解するか

蝦夷か千島に其名高た屋

○江戸御会処御用達田中金右衛門小（北カ小カ）村甚左ヱ門より高田屋嘉兵衛庵屋三之助への来状写先写に書洩し候に付後に加ふ（此時御用達両人ハ在㆓箱立㆒加兵ハ在㆓江戸㆒口ノ文面ハ加兵へノ非㆓文面㆒写シヲ加兵方へ越セシ也末ニ詳也）

一筆啓上仕候皆々様被遊御揃先々御機嫌能奉恐悦候此間は甚暑中御見廻被下て御申兼明日の御用状に漸此書状上る斗也扨此間の一乱種々御聞御驚との事区々注進一ツとして吉事無之誠に不始末千万之事而巳言語同断ニ而御（坐候）日本開て以来他国の人に負たる事なき国也然処此度ヱトロフの大敗残念不過之候元来うつかりひよんとした斗三人行て居候ま、如此不埒之致方のみ日本国の大恥也いつの時にか此恥をそ、ぐ事や有べきと誠に残念至極に御座候ヱトロフか、りの者は菊地惣内山田理三両人に而頭取外々の者へは指もさ、せ不申下役は戸田又太夫関屋茂八郎小玉嘉内此三人也菊地惣内と山田理三は此方に居候戸田又太夫関屋茂八郎小玉嘉内三人ヱトロフに居候事也四月廿一日（文化四卯也）よりヱトロフの内浦（ナイホ）と申処を焼打にいたされて大驚愕の処シヤナの会処へは来るまじ譬へ来る共此方より構ひたてをすると悪い先から手だしをせずば捨て置くがよひと申ける事扨其船三艘は皮の船にて赤人十七人乗組上陸致し候を不残出て見物して居て鉄砲一玉も不放間宮苗字の人是は御雇なれども其人申には今此方より打たねばならぬ処也早々打て〳〵と申す内向ふから大筒を打掛られ夫から初て此方より鉄砲を打此方にて一人足を打れ赤人は四人鉄砲にて打れ候ま、一先ヅ赤人は引払候へ共引王を打て〳〵と申処を打もせずに見て居て返し候事其夜に入何か間違ひを致し候や是では不叶さらば逃げろとて南部津軽此方の下役共も一人も不残逃出し翌る日の道中にて赤人船に出逢て腰を抜し逃る事もならず迚か山の中にて戸田又太夫自滅致し候処関屋茂八郎は夫を見捨にして先に逃て帰り命から〳〵クナシリといふ山へ漕付候てクナシリにも不居して二日程逃廻り候処心付候て跡へ取て返しクナシリに居候事戸田又太夫が死るも死ようが悪い故何にもならず犬死也米凡千俵程酒其外の物沢山取られたれ共是はせん方なし御紋付の御道品(具)々飾り幕引置御道具を一ツも隠さず飾り付候ま、に逃たり御道具は一本も残らず赤人共に取られ候事甚以不相済義也右御道具を取御紋付の物を以て赤人舟の飾りにして長崎表其外処々へ相荘可申左候ては誠に〳〵日本の大恥江戸中へ知せ置て以来人の見せしめにも致度候日本初て外国の人に負其上三百人余の人にて十七人に負御紋付迄取られたる事何と申事にて候哉言語道断とは此事にて候他主其外此事は御咄可被下候けしからぬ馬鹿な事にて御座候

一、文化四卯五月十九日赤人船箱館の海へも二艘参り暫く居て返り大騒〳〵十九日より三四日以前迄毎日〳〵陣取して居候事

六月四日私事南部地へ戸川の迎に参り十二日に箱館へ帰り申候

一、文化四卯五月五日森重左仲四百五十目のハラカン筒を亦々赤船へ積入置五分筒十挺十匁筒壱挺合薬三十貫目積入箱館出船致しヱサレといふ処へ一日程日和待して夫よりイシカリと言方へ参る処赤人船見へしと申事所々にて申故林上左金吾と言者云様にはハラカン筒は船中にて打出(す)故此筒を釣て置て赤人船を見かけたら打様にして置候へば可然と進め候処夫には不及若船が見ゆれば入子を以打といふて仕[下]込鉄[上]砲船の下へ入置候に付林上左金吾愕(アキ)れ果自分一人上陸してイシカリに泊り翌日（虫不明）言処へ泊り候処左仲が乗候船へ赤人船乗か、り大筒を打掛候処左仲も弟子も大筒は船底にあり三匁五分十匁も打事もせずに払筒と合薬と玉とを捨て命から〳〵伝間に乗て本船を

捨て逃て陸へ上り何方に居候哉未相知れ不申候扨々残念千万なる事は大阪より廻したるハラカン筒を赤人に取られた事也左仲は士なら切腹致す処士でない故に何方へ逃候や今日迄行衛の事不相分候趣左金吾より私方へ書状参り大笑致候事也元来の処は私が可参処を色々に拵候て左仲一人参候様にて天命畏しきと皆々申居候生て江戸へ帰りても江戸には居られ間敷候田口へ御出会の節此一紙の趣能々御噺可被下候人を呪ふ者は穴二ッとは能は申た事也とて皆々よいきみ也と笑居候事也扨赤人船は右の通処々方々にて乱妨致し此度は大筒迄手に入候事誠に〳〵怯可申候日本の人は何一ッ手柄なし赤人共は一ヶ処でも手柄せぬ処はなし頓て御覧可被成候箱館も赤人の為に少々破れ可申候南部津軽秋田酒田の城主より都合三千人余の人相詰居候間めつたに負る事は無けれ共快く勝事は成難く御座候半大筒は有ても打事が思ふ様にならぬ事故何を以防可申哉大筒の玉といふ物は半日打程はなし合薬も一軍全く終日迄は遣ひ足不申候只今は夫ても少し出来た分ん也五月十九日文化四卯赤人来り候て私共玉と合薬を請取に出候処玉一ッもなし俄に七百五十目玉を鑄立候処鉛二貫目より外なし大玉二ッ出来夫を以大筒へ参見れば最早船も見へ不申候依之其後度々申立候へ共今以御入用のみいとひて玉も薬も一日打候程は無御座候是にては大指支の事也此段大不出来〳〵銅役原半左ヱ門だい大カ小才人故只今でも御入用をいとひ居て玉も不拵万事指支させ左仲抔手の者に致し居候処前書の通故に此上は左仲〳〵といふ事不相成よいきみ也私共は奉行衆の側に居候役故何事も気遣なし必々御苦労被下間敷候家内小供は夫と申せば能処へ遣候筈也呉々御苦労被下間敷候甚五郎様私家来鉄砲打両人を当に大に安心致し居候事也何も早々め度申上候

六月十三日夜程出 文化四卯

一、子ノ年文化元是次ノヲロシヤ長崎入津ノ年也四月箱館着同九月迄諸事見合居候て十月より御要害として鉛を掘り出候義を申立其外種々御要害向の事を申上候事左之通

一、御鉄砲大筒十二挺ありて鋳形一ッも無之事

一、鋳形無之候へば玉は一ツも無之事

一、楯の板一枚もなき処私鉛山にて拵させ度候趣申立候処楯百枚の御入用少ナからず先当時無用の品捨置候方は宜と上役銅役共連坐にて〔不解〕々断候事

一、玉は唐銅(カネ)に致すべき事去冬より度々申立候へ共御入用多き事故何分に其事埒明ず春に成二度せつき候処一向取上ず然処カラフトの事になり夫といふて諸事に取か丶り可申処何の事共不思やはり御入用〳〵を申立何一ツ用意不致指置候扨ヱトロフ一乱を申参りても未驚かず五月十九日赤人大船二艘此処の海上一里程の処へ見ゆるに付夫より始て騒ぎ立とも鉛玉も唐銅玉も一ツもなく俄に夫と鋳物師に申付春夜にかけて鋳候由用意玉一ツもなし此取斗は何と申乱心忘一か愕れ果候

危景旦夕　　詠人不知

見渡せば玉も薬も無かりけり箱館山の夏の夕暮
水の底山の奥迄石火矢の響くにこたま嘉内居やせん
大船に鯉は山田へ逃げのぼり鱸は穴を掘りて隠る、

魚注ニ云箱館ノ鱸能穴ヲ堀文化四卯五月十九日赤人ノ大船二艘箱館へ来ラント欲ス鯉ハ田ノクロヲ逃去鱸ハ病ノ穴ヲホリテ二三日頭ヲ出スコトナシ

危景夕ノ二

心なき身にも哀はしられけり死ともなやの秋の夕暮

一、此度加州金沢表にて松前騒動にて能登三崎へ御出張として文化四卯六月十五日御作事方出立有之右三崎と申処は能登越後佐渡三ケ国の三崎にて能登の三崎よりヲロシヤ迄指渡し百七里有之東海船廻りにて百七十里も有之由夫に付御手当有之由

一、御先手廻り十二組有之一組六十人宛知行二百石より六百石迄御馬廻り十二組壱組六十人宛知行百石より三千石迄右文化四卯六月廿五月出立被仰付候処筆頭金森竜之助殿知行千七百石御茶方の家筋にて此度一番組の御役廻りにて出立用意被仰付候処致承知候段にて組下の面々へ右の趣被申渡候処不用意に付中々出立難相成趣筆頭殿へ色々相断申に付指支之由にて二番手青木三左衛門殿知行八百石取に被仰付候処兼而強勇の人にて組下迄も同気にて七月六日被仰渡候処致承知早速出立用意之由右に付一番手金森竜之助殿未用意出来不申処御不首尾にて六日昼時生害在之由然共未病気之様子に相成出立延引仕らせ中川平左衛門殿知行千二百石一番組の役被仰付早速用意有之由夫より三番四番五番追々十二与共用意最中の様子にて御坐候

一、七月六日越中国御奉行処より早打罷越同国魚津沖へヲロシヤ船三四五艘も相見へ候段申来候右魚津の儀三十里斗有之に付金沢表大騒動仕候御家中も弥以御評議最中に御坐候先荒増右の通に御座候以上

右は栗崎より御勘定所へ申来候写也

○江戸御会所より申来る写　箱館七月十日出（文化四卯）

先書に申上候異国船の義先月七日帰帆仕候に付諸場処一同安堵仕候其節ヱトロフ。リイシリ両処にて被捕候者の内士三人相残し番人八人リイシリより相返し申候尤ヲロシヤよりの願書持参いたし候由文面如何相認有之候哉此義は未不相分候へ共明夏返事致呉候様にとの事に御坐候何卒明年の処無難に相治り候様祈り申候

一、賊船の義風説とは大違にて御坐候右の番人より承候処大船は七八百石今一艘は三四百石積位にて両艘にて人数漸六十三人と申事にて御坐候橋舟も両艘にて皮伝間六艘右は内四尺長さ一丈斗漸二人ならでは乗られ不申由右に付荷役積入申候由先達て被捕候者共賊船の内一間を仕切候て入置候故人数相知不申候処帰帆の節祝ひを致し候に付積入候素麪を日本料理に致し候様番人へ申付候故其者利口者にて日本にては人数を寄せ何程と割合を以焚候様申聞候に付右両艘共乗組人数相分り申候此義は宗谷（ソウヤ）と申処にて御役人様御誉被遣候（嵩曰互ニ言語不通以二仕形一察ル

乎急卒〆（時而妙也矣）扨々先達てより異人の噺又は億病の者の噂にて大笑に相聞候誠に国家の騒動に及申候此節聢と相分り候に付大手違上下一統残念奉存候

一、先達てリイシリ島の御用船四艘乗捨候事は異国船沖合にて石火矢を放し候音に聞恐船を乗捨逃退申候噂にて御坐候右の通相鎮り申候間御安心可被成候此段早々御知らせ申上候

江戸御会処御用達　田中金右衛門
小村甚左衛門

文化四卯八月二日

高田屋嘉兵衛殿

広屋三之助殿

右之通御用達衆中より内々申来候間御安心可被成候

高田律蔵同役の人の咄に曰此節高田屋加兵衛は江戸に居申候処箱館の御用達より嘉兵衛方へ申来候を写候て律蔵菩提寺へ申来候由

○封君江嘉兵衛御目見の事

蝦夷及ヲロシヤの一件は去歳反古を捜して約め置と雖猶又紛れ残るを見出し再び其後一に加書し侍る扨又嘉兵衛は茲年文政十丁亥春本藩に召れ辱も御本城に於て五日が間御傍近く（僅隔一畳）召出され先に洲本御郡代所より。（高田律蔵撰之）しらべ捧奉りし処の細書（紙数七十許）に御引合にて初蝦夷地にて功を顕すに起りヲロシヤに囚れと成りし始末一々御尋有手を上て申べしと御上意にて雑事の卑談迄も白地に一二（ツマヒラカ）に言上せしかば甚御きげんうるはしく猶ヲロシヤに客居の間一美婦人を撰み加兵衛が傍近く不断給仕せしめ箕掃を取しむ然れ共加兵衛戯言斗にて実情は通じ申さゞりしとぞ然るに被地を辞するの日に及て彼女名残を惜む風情にてひしと抱きしめ加兵衛が口を吸ける事迄も憚りなく申上ければ太守君大に興に入せ大笑し給ひ宣く加兵衛汝其口を吸れし時の心情は如何有しやと宣ひけるに加兵衛答て流

石に女に口を吸れし憎からず候ひしと申上ければ弥興に乗らさせ給ひしとぞ（此別レニ口ヲ吸事其地ノ風俗ニシテ是信義ヲ示ス也トゾ加平申キ）加兵衛御謁見の節玄狐皮及び伽曼の鉢を献上（凡其価百両許ノ品）せしかば其御移りとして御手自御枕金三百疋拝賜有しとぞ（博物筌曰伽曼玉ハ紅毛ヨリ来ル）且云加兵衛実子有といへ共故有勘当し大阪に在依之弟加蔵が子を養ひ并湊浦平本屋何某か女を養女とし茲年春是が婚姻の礼整り男歳十三女十歳也けれ共長人の式を以てせり嫁の衣装錦繍を累ねて綺羅を飾り一門を請饗膳歓盃善美を尽し未春情なき少男女を床入の式迄も致させける事世上稀なる故に記せり彼少女は高田律蔵孫女にして其母は高田氏の女平本屋に嫁せる也加兵衛は高田氏の族家なる故嘉兵衛高田氏を崇敬する事甚厚しとぞ去歳より塩尾浦に泊舟の波門を築碁石山より巨石を穿運ひ備前より石工を雇ひ其費金許多皆加兵償レ之拝謁の時此事をも御尋ありて猶宣ひ候当春は東都に参勤なれば来歳帰国の上汝か方へも駕を向べしとの御上意にて御料理等被下置帰後早々下地の普請に十倍し御成御殿の心積を以経営をなす中癰瘡の為に指もの豪傑（文政十丁亥四月三日）終に帰泉しぬ匹夫より出て普く海内に其名を知る、英幸不レ少ト今若天寿数を借さば此上何許か国土に有益の勲功を遺さんも斗り難し嗚呼可惜天なる哉命なる哉

○文化元甲子秋魯西亜船長崎入津一件

九月六日昼九ツ時白帆の異船薩州より廿四五里沖に相見候趣同処より注進有之候処追々近付小瀬戸より八九里の由注進有之依之紅毛方例の通幡合に罷出候様被仰付御検使御手人両人へ△トルロフ船頭筆者頭其外通詞方両組遠見番付添罷越候異船硫黄島より一里余沖に掛り居申候処乗付幡合致し候へ共相分らず依之右の船へ通詞を以申候処船より日本人へ言葉を以様子相尋に付ヲロシヤ船と申事相分り一等乗組に相成候異船乗場警固の者数多罷出鉄砲切火縄抜身の剣を以両側に相控一人頭分に相見へ候者案内にて部屋へ罷通り右部屋の口以前の通鉄砲剣を以六人つゝ警固致し申内に一人頭分に相見控居礼終て検使より通詞を以相尋申候処通詞より申聞候迄日本言葉を以御尋の義返答致し江戸表よりの御墨付所持致し候趣申候積荷物御尋被成候処商売荷物一切不持渡候献上物斗持渡り候段申に付一統御戻り被成候異船

近辺番船厳敷被仰付同七日御家老御手附両人其外前日の通御蔵に有之御用船御船印其外御船錺立場処へ御出有之候右船へ御乗船被成候処前日の通警固致し有之御尋の旨相済ヲロシヤ人中へカピタンより書付を以申上和解被仰付候則右書面別紙に有之候

一、献上物為手当金銀の造物象二疋内に時計仕掛有之長さ二間幅一間金銀硝子鑪一枚右両種持渡罷有候旨申上ル

一、佐賀筑前御両家并近国の御大名方聞役へ早速御連有之兼て被仰渡有之候通陳備手当可致旨被仰渡候右御備相調へ候右神埼辺迄入可申御手当御坐候

一、船は阿蘭陀船同様の新造にて近年渡来の紅毛船より大きく有之乗組の人数八十二人内四人日本人仙台の者にて以前吹流され候由

一、右舟に相用候処の武具相渡可申旨被仰付候へ共相渡不申様々被仰付候に付不用の品々大船に三艘有之御預に相成申候

一、ヲロシヤ人衣類等緋類多く相用候に付赤人と申候由貌容の様子は紅毛人種にて異形には無之髪赤く縮み候

一、去年異船入津の節紅毛カピタン立会候砌衣類其外共廉末に付本国の外ノ聞を失ひ候に付当年別て美々敷出立候へ共ヲロシヤ人立会は不叶カピタン甚恐入候様子ヲロシヤ紅毛人を至て軽く取扱候

一、此度渡来の頭分の者は日本の国持大名同様の者

一、ヲロシヤ人船の義は紅毛本国より当年入津の紅毛舟のカピタンへ内々書状にて申来候由

一、九月六日異船問答の上申上書今日御当地神島へ碇を入候ヲロシヤ船国王より使節の役人レサノット船頭クルヲセンステル申出候趣左の通申上候

一、ヲロシヤ舟一艘暦数一千八百三年八月十一日（享和三年亥六月廿四日）同処出帆仕テー子マルユの内ユッヘンハシガカナリヤ島并南アメリカ州の内フラシリヤ国夫より南海を周り歴数一千八百四年九月三日（当子七月二十九日）

（嵩曰カムシカツテカ画図ニヱトロフノ東北地方ノ出崎ニ在尤カムシカツトカト書ス）カムシカツテに到り同九月十日（当八月七日）同所出帆仕今日迄三十一日ぶり無別条着岸仕候右一艘の外御当地渡来の船無御座候

一、今般使節ノ役人并渡来る義はヲロシヤ国王より江府への呈書并御奉行処へは右写書指越候段申出候に付右書幹沖御出役御検使へ指出候様申聞せ候処本書は江府表へ使節の者持参呈上仕候写書は御奉行処へ罷出直に指上候様国王より命を請候に付何分他の方へは附属難仕候段申出候依之右呈書の大立を相尋候処先年蝦夷地に於て信牌給り候御礼申上候ため今般以使節捧献貢江府拝礼相勉已来御当国へ自国の信儀を結び且交易の儀に付ては心願の筋も御坐候

一、本船乗組人数八十五人の内八十一人ヲロシヤ人日本人外乗組の者無御坐候右日本人の儀は十二ケ年以前ヲロシヤ国へ漂流仕候ニ付当節連渡候　右の段ヲロシヤ船首長の者共申候　かひたん　めんてれきと、ふ右の趣かひたん承り申上候に付和解仕指上申候以上　子九月七日　目付大小通詞　日本人申口　寛政五年十一月廿七日出帆仕翌年五月廿八日頃ヲロシヤ国へ漂流仕候

一、仙台浜辺石間郡若宮丸十六人乗の内三人病死残十三人之内四人此度連渡　太十郎（三十歳）儀平（四十二歳）佐平（四十二歳）津太夫（六十歳）右の通相違無御座候嵩曰十三人ノ中九人ハ漂流当時ヲロシヤヨリ舟ヲ仕立送リ越シ此四人ハ残シヲキ此セツ連渡リシト見タリ願ノ一義ノタネナルベシ○再考九人ハ魯西亜ニ永留也環海異聞ニ詳也

○恭敬而

大日本国王之殿下ヲロシヤ国王より進呈する書に載り候処は　貴国御代々幾久敷御繁栄謹而祝賀仕候次に我国祖国を（北アメリカニ在）始めしより（イキリスカヱウロッパニ在）国王べしせるを第一として（南北アメリカノ間ニ在）女王かたりいしふを第二とす此二代に至り我国を張業し其末（ヱウロッパニ在）阿蘭陀国フランス国ヱケレス国イタリヤ国イスハニヤ国トイツ国其外国々戦発り候といへ共我国の斗ひを以て国々相静め諸国に義を顕し欧羅巴（ヨウロッパ）の諸州太平に及ひぬ然るに貴国の義は本邦より懸隔也と雖属国の地方よりは不遠に是迄信儀を通

じ候儀無御座候へ共向後の儀は格別に信儀を結ひ申度所望に奉存候従昔年貴国御仁徳の儀は女王かたりいしふも兼て承知仕候処不斗も先年貴国の船難風に逢我国へ漂流仕候に付其人　御国へ令帰朝候ため十二ケ年以前自国より船を仕出し連渡候其節役方の者共格別の御手厚御取扱被仰付其上我国の船并貴国へ乗渡においては長崎の津に出べく候信牌を下し給り感謝無量の仕合に御座候右礼謝のため今般使節を以江府拝礼のため以来貴国の尊儀に傾服し猶交易の道を開き申度依心願大日本国王の膝下に拝礼を相願候に付ては其身柄を撰我心腹の臣あむるべふるにこらあれさのつと（已下名也）と中者令渡海候素より貴国の御作法不案内ニ付何卒御国法をも御示に預度奉存候

一、先年難船に逢我国へ漂流せし貴国の人は撫育仕置此節連渡候

一、御当国を慕ひ信儀を結ひ度兼て心願に奉存候此一書を呈し向後何事によらず御用承度奉存候前件の次第宜被聴召心願の通交易相遂候に於ては我属国の内カテヤツタ（北アメリカの内にあり）アレウテキユス（カムシカツテカト北アメリカノ間ニ在）シユレス（カムシカツテの辺にあり）是等々嶋（々）より乗渡らせ舟数の儀は一艘に限らず其数御指図に任せ長崎の津其外々へも御指図次第渡来仕らせ可申候若又向後貴国の人我国内何国の浦へ漂流たりといへ共聊無指支入津せしめ扶助致し候様兼て津々浦々に至迄　命（令）を下し置候其人也御当国何国の津へ連渡可申哉将又商法等に付て心願の趣則使節の者にこらあすれさのつと具に申含置候間貴国商官の御方々へ御尋の次第も御座候はば右使節の者へ御沙汰被成下度奉存候　　謹頁

一、時斗仕込候象の造物（箱ハ壱間ニ弐間程有之由象ハ三四尺斗ト見へ金銀細工物ノ由）一、大鏡（十二畳敷程有之由）

一、臘虎（ラッコ）皮一、象牙細工物一、鉄砲大小色々

右ハ微浅の主に候へ共自国の産物に任せ貢上仕候御照納被下候に於ては欣幸至極に奉存候其外国産の奇品等猶可備上覧奉存候王府一ートルヘルクに於て即位してより　　ヲロシヤ国王（三世ナルベシ二世カタリイシフノ王子カ再考非也此間数代闕略当主アレキサンドルハ遠裔ナルベシ）

三年六月卅日

国老

あれきさんどる　判

ふらんそふ　判

右はヲロシヤ国王より捧候書輪の主意也当節来朝仕候使節の使れさのつと申江承和解仕指上申候

子九月十日　目付大小通詞　連印

一、当今国王あれきさんとるの義は天の運命叶ひ候に哉創業モスユヒヤ(ヲウロツハヨリアジアニ至)より発りヲロシヤ国の一王にして今領する所の国々左の通　四十七ケ国右の外小国(コカ)は数多の義に候へ共相記不申候

子九月　通詞目付大小通詞

ヲロシヤ国より日本へ道法一万四千百里

○九月廿七月出市中商人へ来状写

一、此度ヲロシヤ国船一艘九月上旬入津仕候右に付ては長崎市中大事に及候は先九州大名不残御越被遊候と申候其内に肥前の鍋島様は兼て御用意宜敷見相へ申候

一、異船見ゆる事遠見より注進御座候処夫々御手当御座候て当年は面泊別テ。戸町両番処肥前様御預にて御座候て直に夫々御手配被遊兼而御用意早速出来申し両御番処不残幕打廻し地白に御紋付の旗面泊方凡六百本程戸町へも右同断其内に本陣へ馬印舟印纏マトひ地は猩々緋に金にて二段切の紋処金の麾(魔カ)面泊は鍋島帯刀様人数六千人戸町も人数同断夜は両御番処にて高挑灯一夜に一万程蠟燭入申候由此節にては迚も長崎市中にて蠟燭出来不申候近国大村肥前筑前へ申し遣し国々より取寄申様に御座候右御番所の前の海は地白御紋付の幕を張り鉄砲其外武具の錺鎗り誠に往古源平の軍抔を見候に少も相違御座有間敷候扨又沖の高島神崎其鉢島硫黄島其外島々山々には不残幕を張旗を立夜数万挑灯にて海中に火の入候様に御座候三里も御座候処は海上挑灯なしにて渡海見事に出来申候今の様なる事は迚も此先無御座

事にて前代未聞の珍事と奉存候猶又筑前様御預り処も右様の儀にて御用船には地赤に白縞の幕船の艫にも地赤に白の黒絣の御紋也筑前様御手当御用船千一百艘と申事に御座候肥前様御用船千二百艘と申事其外船々有之ヲロシヤ船を取巻候事故余船は見へ不申候尤厳重の様子扨〻見事なる事に御座候依之近国処々より見物人入込市中も大に賑敷く相成申候兼て下直し肴抔も此節大に高直に相成申候て船抔大迷惑仕候是迄見物人多く御座候へ共此間は御上より見物人不相成候様被仰渡候へ共やはり内々にて今以出申候扨又見物舟も是迄は三百文位にて借受候を此間は二貫文三貫文に相成候へ共国々の家中或は蔵屋敷用船にて一向船は無御座候右の外陣処夫々の船数人数其外諸事備の様子申上度候へ共未相揃不申候故迚もの儀にて御大名様方不残備出来候上委曲後便にて可申上候左様御承知可被下候此度は急飛脚故万々乱筆如此御座候

一、ヲロシヤ船の儀当月十日紅毛船出払後神崎御番処近辺迄引込に相成候警固備船是迄の通に御座候ヲロシヤ人上陸願上候に付木銒（誤ナルベシ）へ囲并仮小屋出来其処へ上陸御免被仰付候

一、右船少々修理仕度に付献上手当大鏡外船へ積替置度に付唐船一艘借用仕度旨願出候御見届の上唐船御貸渡に相成両三日後指戻申候

一、梅崎俵物飛脚此度両度豊後守様御見分有之候内々承候処右場処へ仮屋建被仰付其場処へヲロシヤ人逗留仕候趣に候近々立山御役処へヲロシヤ人罷出候噂有之内々金屏風廿双斗御用の由にて市中所持物の者御尋有之候

一、肥後薩摩久留米柳川近国御大名方より長崎御備の様子又は御手当の次第内々聞候て場処見分旁大身の家中内々にて罷越依之諸家屋敷方へ入込人数多分御座候

一、ヲロシヤ船へ御検使御出候節留書写進之候九月六日ヲロシヤ船一艘入津伊王島沖へ繋候検使大通詞両人小通詞一人乗船但検使乗船の節取楫の方にはハタートニ人（足軽ニアタル）剣仕込之鉄砲を持腰に早込を提前に抜身の剣を持候一人大なる太鼓を首に掛候者一人何れも列を正し相並居乗船の上直に太鼓を打出候を合図にして抜身の剣

を持候者あり指図を致し剣を振上候処鉄砲持候者七人の内一人先へ進出鉄砲打候仕方致す但検使乗船の砌は頭分の者船頭部屋階子上り段迄迎に罷出候

○漂流人四人名前に有之右の者共仙台より江戸表へ御城米積請同処出帆仕候処寛政五年十一月廿七日難船に逢翌年五月十日頃と覚候比ヲロシヤに漂流仕候

ヲロシヤ人名歳役名　◇アムハッサテユールレサノット四十一歳◇同船頭クルーセンステル三十四歳◇同ホフラーホスセー三十三歳◇同ユヨノルフリ、テリデイ三十四才◇同陸船頭ヘトロフ廿四才◇同ロイトナントコフセレッ廿三才◇同外科ヱスヘンヘルク四十才◇同外科ラインシウス三十五才◇同カラフトコッセホン六十歳◇同按○(摩ノ落字カ)針役ウートマノフ二十四才◇同ロンヘルケ廿七才◇(同)コロッテヱフ廿七歳◇同ソーヘッスタルン二十七才◇同ヒルリンキホウセン二十三才◇同カリンチコフ四十才◇同外科ウンストルス廿九才

酒食類食品其外器物阿蘭陀人同様　船ノ長二十間程横五間程　石火矢大小十六挺　鉄砲長箱七挺但壱箱ト壱柵　同中筒卅六挺（但内二挺一箱ニ入）　同大小三挺（但壱包）　鋳形壱ツから一ツ　薬入壱ツ　玉四ツ　同小筒大挺の内弐挺箱入　同廿六挺（三挺壱柵二挺袋入一挺皮袋入壱挺袋入）　剣大五十二腰（但内一腰袋入）　同小腰鎗ノ穂二十四本　塩硝六箱ト三十三箱（但六箱ハ壱包也）

○右ヲロシヤ長崎入津ハヱトロフ乱妨焼討より已前の事也按るに長崎入津の節献物を持参し和親交易を願けれ共御許容無之に付其後ヱトロフを乱妨し剰へ加兵衛を俘にせし物なるべしヲロシヤは米穀無之国故国民産物を諸州に積送り米穀に交易し来て帝王へ調貢する事也と聞り。

御奉書

我国むかしより海外に通間(簡歟)する諸国少からずといへども事便宜にあらさるが故に厳禁を設て外国の売物もまたたやすく我国に来る事をゆるさずしいて来る海泊(船歟)ありといへとも固く退ていれずたゞ唐土朝鮮琉球紅毛の往来するとは互市

の利を必とするにあらず来る事の久しき素よりそのいわれを以也其国の如きは昔よりいまだかつて信を通ぜし事なしはからざるに前年漂泊の人をいざなひて松前に来りて通商を乞今また長崎に至り好みを通じ交易を開かんよしをはかる既に其事再びに及んでふかく我国に望む所迄も亦切なるをしれり然りといへども望こふ処の通商の事は重てこゝに議すべからざるものなり我国海外の諸国と通間(問カ)せざる事既に久し隣館を外国に治する事をしらざるにあらず其風土異にして事情におけるも又灌心をむすぶに至らずいたずらに行李を煩さん故を以て強て通ぜずこれ我国歴世封疆を守の常法なり其国一介の故を以て朝廷歴世の法を変ずべけんや礼は往来を尚ふ今其国の礼物を受て答へずんば礼をしらざるの国とならん答へんとすれば海外万里のいづれの国かしるべからざらん容さるの勝れるにしかず互市の如きは其国のある処を以て我なき所にかふをり〳〵其利あるに似たりといへども通じて是を論ずれば海外無価の物を得て我国有用の貨をうしなはん要するに国斗のさしあるものにあらず況また軽漂の民奸猾の音物を競ひ価をあらそひたゞ利を謀ってや、もすれば風をやぶり俗をみだる我民を養ふに害ありてとらざる処なり互市交易の事なくて唯信を通じあらたに好みを結ぶ素なり又我国の禁ゆるかせになしがたく爰をもつて通ずる事をせず朝廷の意かくの如し再び来ることを費す事なかれ。

長崎奉行申渡書

先年松前へ来候節すべて通信通商はなりがたき事をも一通りに申渡(スマシ)国書と唱るも我国の仮名に似たる事を許さず第一松前の地は異国の事を官府に申次処に非ず若此上其国に残りし漂流人を連来るか或は又願申旨抔ある共松前にては決(也)て事通せざる間右の旨長崎は異国の事に預る地なる故議する事もあるべしとて長崎に至るための信牌をあたへし然るをいま又国主の書を持来る事は松前におゐて申済したるむね弁へかたきにやあらん是偏に城(域カ)を異し風土等しからぬゆへに通じがたき事しかり此度政府に旨受て申渡す事如件船中薪水の料あとふ然上は我国に近き島々抔も決て船繋すべからず早々地方を離れてすみやかに帰帆すべし。

カムシカツトカ
氷海（リトエミシン）
東大洋（コレシノエモシン）
東

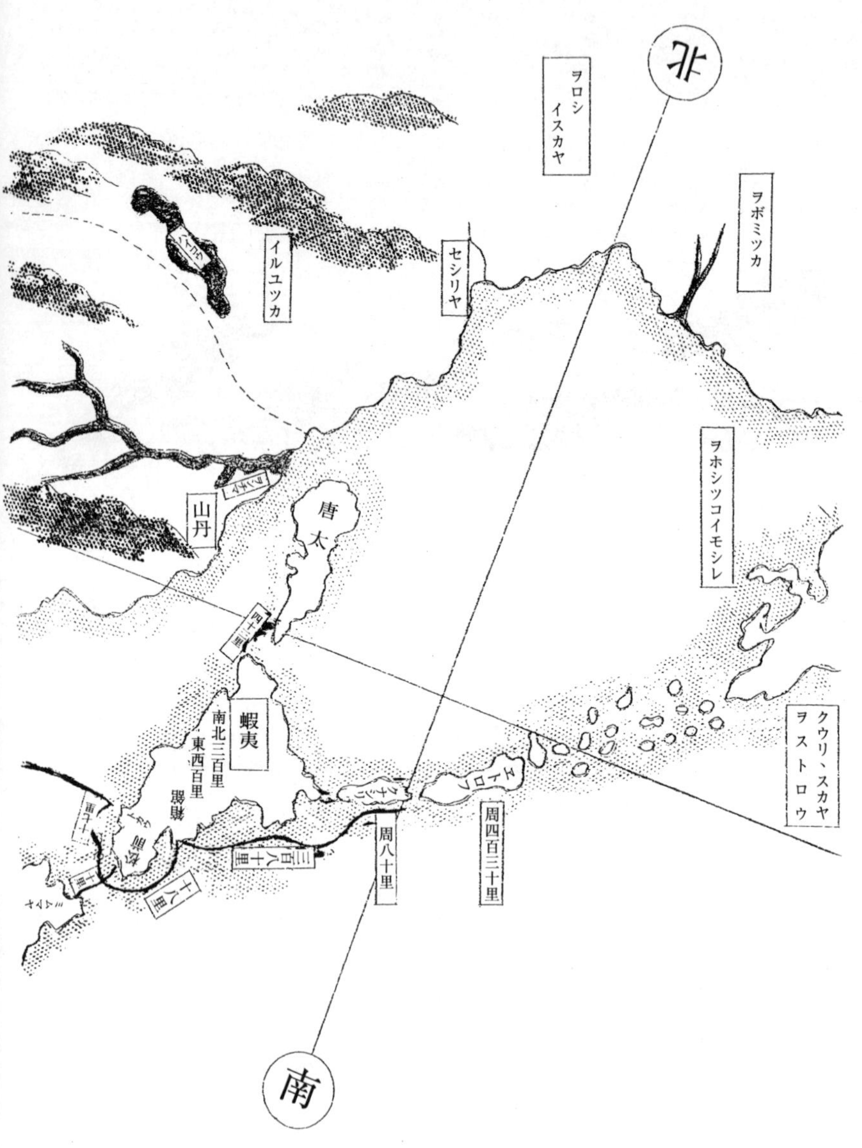
北
ヲロシ
イスカヤ
ヲボミツカ
セシリヤ
イルユツカ
山丹
唐太
ヲホシツコイモシレ
クウリ、スカヤ
ヲストロウ
エトロフ
クナシリ
蝦夷
南北三百里
東西百里
周四百三十里
周八十里
三百八十里
十八里
南

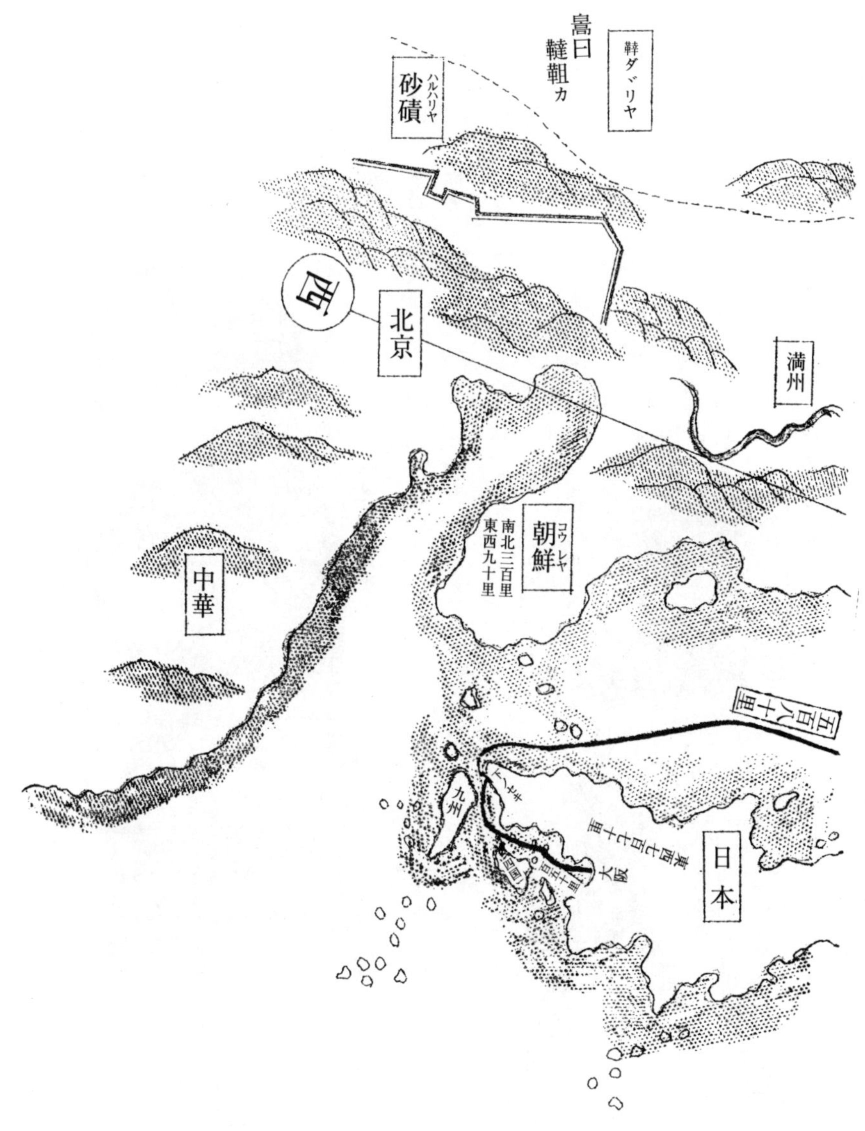
韃ダヾリヤ
曩曰韃靼カ
砂磧ハルハリヤ
西
北京
満州
朝鮮コウレヤ
南北三百里
東西九十里
中華
五百八十里
下ノセキ
九州
四国
百五十里
大阪
東西七百七十里
日本

魯西亜人
并船之図
ヲロシヤ国王ノ名
称アレキサンドル
使節ノ役人
名ニコラアレサノット
船頭
名クルウセンステル

手下ノ役人
此テツホウ皮ニテ包剣ノ穂取ハナシ
手下ノ役人

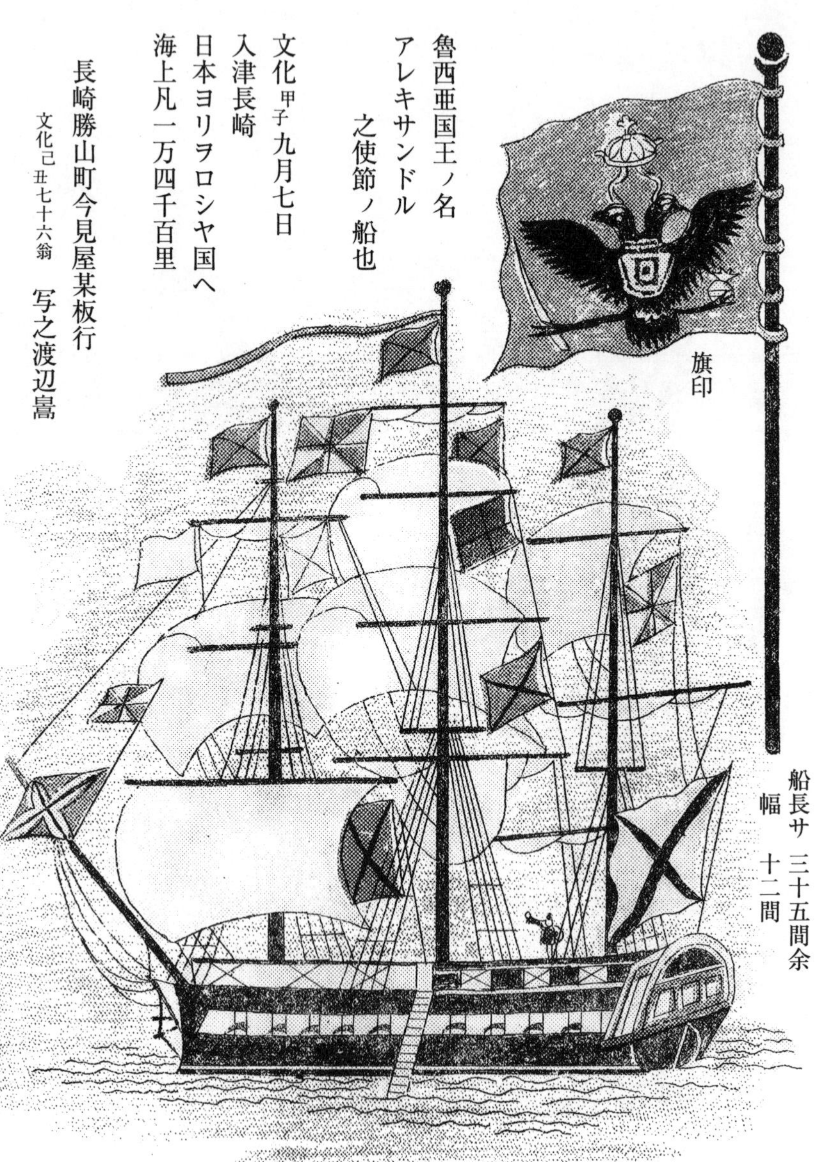
魯西亜国王ノ名
アレキサンドル
之使節ノ船也
文化甲子九月七日
入津長崎
日本ヨリヲロシヤ国へ
海上凡一万四千百里
長崎勝山町今見屋某板行
文化己丑七十六翁　写之渡辺﨑
旗印
船長サ　三十五間余
幅　十二間

○大唐操覗き

在処取立御覧に入ますは津軽八方外か浜松前ヲロシヤ蝦夷が島海の表て唐船数多入船あれば出船あり武士は半弓石火矢鉄砲わづかなる箱館の内に大きなるものが見へませうお名残奥州はござりますれど仙台の方は御暇乞〳〵ドン〳〵〳〵

○江戸流大黒舞

外国といふ人は一に俵をほしがって二に日本へ押渡し三にさん〴〵だまされて四つよつぽど腹を立五つに石火矢打かけて六つに無理でも有まいし七つ南部をおびやかし八つに役処を焼払ひ九つ米をぶつたくり十をでとふ〴〵大騒外国舞を見サイナ〳〵

○蝦夷廉子堀田道成寺

米に恨が数〳〵ござる私慾の米をやる時は世上一向しらぬ也今度米をやる時は奉行めつたにあらぬ也合陣中の響きには大筒半弓入相はじやくめつ命と響く也聞て驚く人ばかり誰も御用の苦を請てヲロシヤの月を詠朋さん合言はず語らず町方は合乱し上のなさる、事もヲロシヤ悪じやもの合鮭よ鱸ようたはれて合南部津軽の訳二つ佐竹さへ唯うか〳〵とそれでも羽太は役じやもの蝦夷やそこらはあぶないものじやへ引合敵のヱトロウ武士の道具は弓鉄砲ではては仕かけの石火矢江戸の噂は歌で和らぐ敷島に取も直さずすしみ染合ヒなんに堀田は具足草鞋で何は兎もあれ陸奥のせ話じやにそれはなんでござる一イ二ウ三イ四ウ

○見立忠臣蔵九段目

尋テ爰へ来ル人ハ　羽太ノ親類　拝見アラバ能ノ　日用ノ入口　アノ胴慾ナコトヲツシヤリマス　松前若狭守　御刀ノ手内御無用　鉄砲ガヨシ　凝テハ思案ニ不能ズト御老中　不残ハタ〳〵〳〵　石火矢ニ中ル人　爰ヲ仕切テ斯攻テヲロシヤ軍師　斯有ント思シ故　具足師　嘸本望デゴザンショ　松前ノ家来　コリヤ聞ドコロ　異国ノ取沙汰　日本

一ノ安房ノ鑑　生捕ノ番人　欲ガル処ハヤマ〳〵　払具足　挑灯ト釣鐘　松前九千石　夫レニ社手段有リ　堀田摂津守　仕様ヲ爰ニテ見セ申サン　異国人　仕様模様モ可有ニ　是ハ恐アリ御推察除申也　凡ニシタカト思ハレテハ御加勢(ハコタテノ)ノ○(軍師)(不明)主　親子ハハア〳〵　南部津軽(ゴカセイノルス)　於前也私ナリ　嘉兵衛(ナンブツガル)　格別ノ沙汰モ可有ニ嘉兵衛　爰デ死レバ本望ジヤ　戸田又太夫

□佐竹様へ御手当被仰付候人数の写（卯五月廿四日飛札到来翌廿五日出陣 文化四年也）

一、異国の大船弐艘ヱトロフ島へ渡来候に付箱館御出役羽太安芸守殿御人勢被指出候様卯五月廿五日申来候ニ付日被仰付候面々

陣場奉行　金易右衛門　外ニ手付足軽十五人御小人七人
鑓六将小荷駄兼　井上清右衛門　但足軽三十人手付七人
鉄砲大将　高垣彦右衛門　但足軽三十人手付七人
鉄砲大将　金村政五郎　但足軽三十人手付七人
弓大将　信太瀬兵衛　但足軽十五人
吟味役　小野崎五兵衛
御物書　管又蔵人
御道具役　小室伊織
弓与力　源見貢
弓与力　小松三左衛門
弓与力　茂木勘四郎
斥候　大山矢五郎
割物役　岡崎嘉一右門
御物書　戸島文蔵
御道具役　奈良円太
弓与力　岡田清蔵
弓与力　音羽仁右衛門
小筒役人　長沢文蔵

小筒役人 小室伊織之助
小泉新左衛門
山崎宗内
佐々木郷助
村野儀左衛門
寺門惣蔵
王安兵右衛門
藤川貞五郎
御馬六疋
斥候下役 芽賀官助
跡備 軍将
簱奉行 中村政吉 簱組足軽十五人
梅津徳左衛門
斥候使番 根岸市郎右衛門
小川九右衛門
軍将簱付添 金光主水
大鼓付添 馬摺勝五郎
同小馬印付添 折内周吾
戦士 岡半八

登坂永之助
大和田勘右衛門
後藤九蔵
小栗辰之助
加藤平蔵
田中兵太
御歩目付 石川忠四郎
御小人目付弐人
鍛冶弐人
金瘡本道 医師弐人
佐竹様中老 向帯刀
鑓足軽廿人
組頭 小〆九郎兵衛
福田太郎右衛門
山崎四郎右衛門
鉦付添 長崎源蔵
小荷駄支配 小村治右衛門
池田戈兵衛

和田主水
八代惣兵衛
林喜角
大筒役人 中川友右衛門
大山貞次
川井助八
石川八郎
大工弐十人
大木（大工カ）屋人足卅人
小筒支配之（者カ） 梅津与衛門
物頭 萱谷四方助
目付 石井永次
簱奉行 滑川伊兵衛
鴉沼永吉
大川六郎右衛門
軍将大馬印付添 助川清左衛門
渡名部清兵衛
八島源吾

飯岡永次　石川伊右衛門　大越頼母
横田百助　馬摺平吉　木村源太左衛門
小野岡掃部　赤尾関織部　滑川（ナメリ）駒之助
金卯六郎　真崎源吾　望月但馬
杉新五郎　大和初五郎　郷田舎人
勘定賄方川井五郎右衛門　茂木五右衛門　関兎毛
能代二張　番頭大筒支配兼松野茂右衛門　林庄兵衛
鷲尾権八　中村甚助　高根徳右衛門
竹石安兵衛　桐沢久之進　石川忠一郎
鈴木勘解由　茂木理蔵　富田貞蔵
遠藤新右衛門　白土新兵衛　馬久新右衛門
森六左衛門　沼井四郎兵衛　寺沢蔵人
有十五人　大筒方小宅又右衛門　石井清五郎
田名部平八　堀尾多仲　大越源五右衛門
大久保文次

○箱館御出役より相達候御状の写

此度東蝦夷の内ヱトロフ島へ異国の大船弐艘渡来及争乱にソチナク島へも附寄可申越と申越に付南部大膳太夫殿津軽越中守殿右勤番に候条今度増人数の儀申達候然は右異国人追々以掟兵此方地方へ押寄可申程難斗左候へば右両家の人数而巳にて行足不申候ては鉄砲組足軽大筒小筒玉薬等丈夫に用意船にて早々被相催可被指越候尤人数一度に揃兼候

はゞ追々にても被指出候様存候自然異変の節は両家勤番にて不足の儀有之候て向寄領分の方へ可申達旨兼而申立置候
且寛政三亥年御書付の儀も有之候間此段申達候　以上

羽太安芸守

五月十八日

佐竹右京太夫殿　役人中

尚酒井左衛門殿へも前書之通申被遣候間為御心得之申達候

以手紙申達候然ば其人数の儀は御分限にても有之様に変事大切の時節故其以心得人数操出候様存候扨又蝦夷の儀は海陸第一の地にて異国人共致上陸候ても海岸遠く相備へ候て重々以火砲争戦いたし候に付弓鑓よりは鉄砲人数多き方は相当り候地理に候間右心得を以用意可被致候

○六月八日に江戸より来状之写

若年寄　堀田摂津守

右は此度蝦夷地異国船来着に付為御見舞松前表へ被遣候て可致用意旨被仰渡候

金拾両　時服二羽織二ツ　御目付　遠山金四郎　同断　小菅猪右衛門　同断　村上大学

右は蝦夷地為御用罷越候に付被下置候間猶芙蓉間において老中列座にて大井大炊頭申渡候若年寄中待座

金十両宛　御徒目付　林権四郎　磯野七十五郎　三輪善平　西谷吉之亟　神谷勘左衛門

右同断の旨に付被下置候尚焼火の間井伊兵部小輔申渡候

六月七日出立　南部大膳太夫

右は此度蝦夷地異国船来着に付病中故無御内見早速彼地へ罷越候旨被仰渡候

丁銀弐拾枚　巻物五ツ　津軽越中守　名代　那須与市

右同断ニ付御暇拝領物被仰付御出席無之に付御目見不被仰付可入念旨　上意に候

松平政千代
右同断に付人数五百人指出候
佐竹右京太夫
右同断に付人数三百人指出候其外奥州御大名御手当色々風聞いたし候
若年寄 植村駿河守　当分御勝手方に被仰付候　御役更西丸 大河内善十郎　御本丸御目付 榊原集（隼）之助　御小姓御徒頭 安藤弾正少弼
羽州 酒田庄内より来状箱館行御用船　一千石
神戸大徳丸 俵屋久左衛門　加州栗ヶ崎 木谷藤右衛門
船頭安左衛門　船頭　半七
加州元吉 銹屋平兵衛　大阪㋚兎弟屋 幸三郎
同明入栄蔵
合五艘外に出羽加茂より地船三艘
右之通御用船被仰付情々取沙汰承り庄内秋田両川口へ乗込指向候処石火矢夥敷打掛しに黒煙一面に候へば日本勢皆々船にて逃帰り候処中にも御旗本戸田又太夫といふ人切腹して討死しける尤此人アラシヤ国の唐人七人切殺しける然ども日本人は十人余も生捕に逢候よし
五月晦日都志嘉兵衛弟嘉二郎より書付来り嘉兵衛は危き処逃れしは誠に先山千光寺の観世音菩薩御霊験なるよし依之此節御祈禱申来るよし
去年夏の比ヱトロフ島へヲロシヤ人漂流にて男女十四五人参り捕へ置南部詰の者へ御預有之御詮義の処番人の油断を見鉄砲二挺盗取蝦夷地船に打乗逃る然処当三月十七日上蝦夷地へヲロシヤ船凡四五千船積と相見へ来着し音曲の音面白聞候ける故番人并稼人共磯辺に罷出聞居申候処橋舟弐艘地方に寄最初三四人と相見へ上陸仕候処追々船底より顕れ

出頓て四十人斗押寄同処番人六人の内四人を搦取り無体に異国船に連行夫より家に有品々米穀は勿論酒味噌塩の類迄本船へ積入魚灯干鯛様の物は焼捨にして皆々異国船元船へ乗移り家々焼払候て番人の内漸二人逃出大に騒動仕に付蝦夷地船に取乗松前城下へ海陸三四（百カ）里余の処日数十三日に着仕候四月七日依之松前御家中より防の人数被遣候士大将松前左膳組下士六七拾人召連罷越候処出立の日より余程日数経候へ共一向便り無之候て松前評定には唐土より満州の内サンタンと申地有之此処へ風聞有之未虚言知れがたく其後南部津軽勢箱館詰の御人数よりソウヤと申地へ出立の由四月廿一日ヱトロフ拵の者七人山中杣取の為罷出候処海上異国船二艘相見漸漕寄せ橋舟一艘地方へ寄ヲロシヤ人三人上陸致し右杣取居候処へツカ〱と来候故水を取に参候哉と見申候処日本詞にてイカニ交易せぬやと何や分らぬ器物等持参り見せければ其儀は堅御停止故不罷成旨申候へば否其者共罷帰り本船へ乗船し其後廿三日ヱトロウの内ナイホと申場処へ漕寄同日小舟にて上陸仕番人弐人拵の者三人搦取外に蝦夷人を和人に取立候者七人連行本船へ乗移り候此事番処〱へ注進に付詰合の面々以の外周章狼狽幕析張◯（不明）道具玉薬の用意しきり也然るに同廿九日シヤナ会処の前浜に押寄其勢大数三百騎斗り理不尽に押寄候故此方公儀御家始南部津軽詰衆の銘々鉄砲打掛其防をなすヱトロウ詰合の惣人数弐百三十人斗有之（候）得共其内シヤナ場処へ人数分て遣し候へば此シヤナ詰合百五十人ならでは無之されども身命を投打防戦に及候て此時公儀支配人鍋助と申者鉄砲にて内股を打れ一命無（恙）よし右争戦の内頓て暮に及候へ共中々異国人引取様子無之夜に入候処右船にてシヤナの後の方へ漕寄思ひがけなく山上より大筒小筒打かけけり今は前後に敵を引受心を配働けるが何れも中〱鉄砲の防可致様もなく頓て夫より焼打に相成迚も防戦尽果某場を引退きクナシリの内ロエソと申処へ引取相含み行取の時公義詞役戸田又太夫と申人所詮不相叶異国の手に生捕にならんより自殺せし由右の趣追々注進す箱館御奉行始両国の人数何れも右防戦の用意専一也五月十七日四千石積位の異国船深浦沖へ相見候十八日の昼鰺か津沖相通り夫より松前城下沖相に相見候に付同処以の外騒ぎ詰衆の人数昼夜甲冑を着し防用意致候処右十九日船箱館沖合なる尻津辺と申処沖相二里斗に三人去年右様処々へ来り相侵し候儀不審に存候に付右の注進五月

廿三日弘前表へ早打にて申来り江戸表并庄内秋田右三ケ処の早打注進に付津軽より追々に人数被遣候則左の通
津軽御人数　御先手物頭海老名彦左衛門 貴田十郎左衛門惣人数五百余人
追々出陣之部　（右ノ誤カ）士大将　竹内源太夫　鉄砲足軽二百人 右同断
土大将　西館宇膳　右同断　物頭　戸田又太夫
　秋田御人数左之通
陣場奉行　金易右衛門　惣人数四百人余
右の通碇ケ関口より黒石御通り油川より三馬屋へ御廻り被成候追々乗船箱館へ御渡海のよしに御座候
追々参着の部　軍大将物頭　向帯刀　梅津与衛門
右秋田御勢也庄内御勢は船にて相廻り当月始深浦へ着岸同処にて日和待箱館へ御渡海に御座候又々仙台の御勢千人
余近日参着同処より御渡海の由船手の用意有之候右騒動ゆへ庄内秋田南部殿中へ櫛の歯を引が如く早打也
○御公義より被下置候御書之写
此度南部大膳太夫領分之浦辺并松前箱館番処等騒動に相及候段其方義自国より何時にても差図の節人数早々可指出候
者也
　卯三月廿六日　　水野出羽
　　松平政千代丸殿
此度箱館番処へ旗本人数段々差出候処雑兵之者の武具遠路仰山に付名々へ持参不致候御元用意の武器借用致度候間申
出次第貸可給候先此度は左之通に御用意置被下度候　以上
一、具足五百領　一、弓七十張　一、大筒八挺　一、楯立五十枚　一、鉄砲百挺　〆
　卯五月十日　　安芸対馬守

松平政千代丸殿

芳墨具披見候被仰越候武器の類致承知則用意為仕候目録の覚　一、具足千領品々一定不成但丸之内に立三ツ引の紋有之　一、陣笠千但裏金表黒朱ニ九星の紋付

一、弓千但色々一定不成但四ぎり波ニ紋付有之　一、鑓千筋此内五百筋短鑓　一、鉄砲千挺但二ッ引紋付有之　一、大筒五十挺　一、楯立板

但朱にて二ツ引紋九星紋竹ニ雀の紋重掛有之　右御指図次第指出可申候間宜被披露可給候　以上

六月廿九日　松平政千代

安藤対馬守殿

奥州森田城主南部大膳太夫殿御家来高録の衆中

奥瀬周防　藤枝内記　来中勢　騎馬ノ士五十騎　歩武者二百人　足軽三百人　右士卒合五百五十人

此後追々被指遣候人数凡三千人も罷越候よし

奥州弘前城主津軽越中守殿　御家来衆津軽主水、津軽頼母、大通寺文右衛門　右士卒合五百人此後追々出張にて千五百余候由

御若年寄　江州堅田城主堀田摂津守殿

御公義より御陣代の儀被仰出候故御若年寄摂津守殿奥州へ被遣候

○行列之次第　卯六月十九日

一番手御旗本衆御徒目付頭　加藤助五郎殿 同心拾二人 組下同勢六十人

同　細見権十郎 米津昌八郎 後藤重二郎 小笠原源二郎　石川六助 山中大八 組下同勢弐百四十人

二番手御小人頭　和田兵太夫殿 組下同勢三百人

三番手御旗本衆　出羽国鈴木喜左衛門殿 御代官平岡彦兵衛殿 組下百人

四番手
奥州御代官　松下内匠殿　寺西十次郎殿
庵原六郎兵衛殿　組下同勢九十人

五番手
囹獄方　石土柳之亟殿　同心五十八人組下百人

六番手
御旗本
御使番　小菅伊右衛門殿　組下同勢六十人

七番手
御目代　馬上廿四人　与力四人　歩鎗三十人　同心廿四人　松上大学殿組下八十人

八番手
御目付　遠山金四郎殿　組下同勢卅四人　御附四人

御陣先備ヨリ段々行列次第

足軽三十人　持道具色々　中間六十三人　右同断色々　中間六十三人　町田左次郎　鉄砲二十挺　足軽二十人　鎗斗　足軽三十人　鉄砲二十挺　足軽廿人

歩武者三十人　歩武者三十人　旗持三人　原田文次　岡田百助　弓持五人　御徒十二人　御徒十二人

若年寄
御陣代　騎馬五人　富永守弥馬上　坂尾源右衛門馬上　騎馬五人　堀田摂津守殿　弓持三人　弓持三人　持鎗二筋　歩武者十五人　歩武者十五人　足軽四十人　雑兵三百人　足軽四十人

後備へ

奥津　臣下十五人　臣下十五人　亦右衛門　惣勢合七百七十六人

九番手の備へ　松平政千代丸殿家臣
使者并支配人　用人平賀蔵人　番頭石田巻蔵　平賀近江　物頭松坂周次　騎馬武者卅人

歩武者四十人　足軽二百六十人　中間三百人　鎗七十筋　弓三十張　鉄砲百廿挺　是ハ堀田摂津守殿御一門御加勢被成候　公義ノ被仰出候儀にては無之堀田殿発駕一日後出陣

十番手御旗本衆
為御加陣五百騎

十一番手同断
軍師 北條阿防守殿
組下同勢四十六人

十二番手
惣後備大目付
中川飛騨守殿
組下同勢七十四人

佐竹右京太夫様御家来より松平越後守様御来へ来る書状の写

松前越後守様御家来
浅田平太夫様
伯父
佐竹右京太夫内
佐藤権平
拶

但此書状六月十八日付ヶ七月十八日津山表へ著当八月朔日当処へ着ス　前後文略之
口書如常
然者蝦夷地へヲロシヤ人上陸仕候て奥羽の騒動不斜候尤先達而より御承知も可有之候得共又々精実説申上候箱館は兼て　公義御番処も有之候にヲロシヤ人取囲の人并ニ米等盗取箱館より十八里海上ヱトロフに屯居候由乍然遠境之事故逐一相知兼候得共飛脚之趣にては虚説にて無之候南部津軽両家は不出来の由人数も彼是余程被禽候由蝦夷奉行も生害津軽物頭乗候船弐艘行衛不相知抔右不明様々噂仕候当佐竹、土居大炊頭殿ヨリ先人数少々操出候様御達し五月廿四日未下刻着同廿九日未上刻秋田城下発向同日秋田表へ箱館奉行羽太安芸守より人数箱館へ差出候様被相達直に操出候以上

出役左之通

陣場奉行　本付 足軽二十人 外ニ 小人 十人　金易右衛門

物頭 鉄砲足軽三十人　高垣彦右衛門

同 同三十人　今政五郎

物頭 弓組足軽十五人　信田瀬平

小荷駄奉行 長持足軽三十人 外ニ足軽十人 小荷駄付添　井上清左衛門

斥候使番　大山弥太郎

吟味役　小野崎五 大井丈助

割功役　岡崎嘉衛門　　書役　菅職人 戸崎文三　　兵具方役　小室伊織 奈良円太

医師　梅津三白 神役三清 芳賀友肥　　陣場奉行 下役　与力三人 小荷駄二人 小筒与力十二人　　大筒役　中川友太左衛門 加藤平蔵 大山定次 寺内宗蔵　田中兵太 川井助八 国安兵衛門 村上儀衛門

歩行目付二人　大工頭二人　厩頭三人　小目付二人

右之通六月五日未下刻秋田城下発向右の外鉄砲頭少々当順野代湊迄操出置候　十六日御指図有之人数書左之通

但此人数は秋田川口に備置追て頼有之砌繰出し申候筈

軍将向帯刀 番頭大筒支配梅津与左門旗奉行中山政吉旗組足軽十五人　目付石井栄三　斥候使番根本一左衛門 物番根本政右門鉄砲足軽三十人　組頭 林正兵衛 小貫九兵衛　大筒掛五十人 物番 菅四方助　鉄砲掛廿人 同三十人　弓掛十人　旗掛五人　鐘太鼓付添士三人　軍将大馬印付添士四人　具二人

小荷駄其外雑具等は不相知

右備へ町口に有之処今朝野代湊へ発す今昼被仰渡候は先備へ野代へ遣候条後陣町口に備可置旨在之則御老中御評定の上如左　佐竹山城　佐竹河内　佐竹石見　多賀谷下総　今空大学　塩田豊前　岡本但馬　間加部掃部助　正田京

小野崎小膳　戸村十太夫　石塚主計

右の面々千石已上に御座候其外百石已上の士明日御召出に御座候大方是等も用意被仰付義と噂致し候事に御座候依（虫不明）目の勝敗に主人も下向の趣に御座候

弥下向相定り候はず私共一番に発足仕候誠に目覚敷事に御座候乍未熟多年心懸候芸も此節は用立可申哉と相楽申居候尤星霜廿九日に候へ共見苦敷死は遂申間敷と心懸申候間御気遣被下間敷候折節便意に付今朝よりの運甚取乱事に候へ共御見舞旁為可得貴意如斯御座候治乱の分不存候へ共為御慰写書乱書御免〳〵

六月十八日

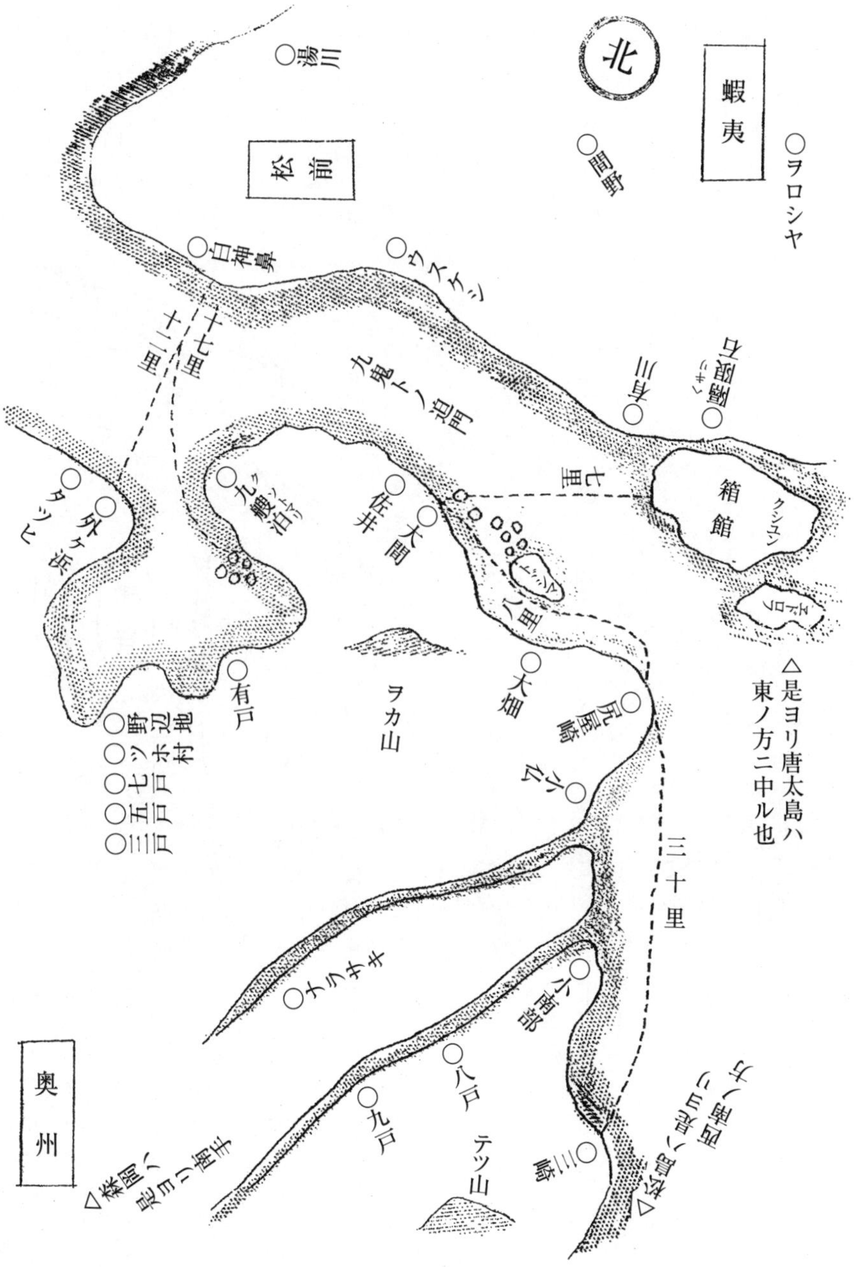

蝦夷
北
○ヲロシヤ
○高野
○湯川
松前
○白神鼻
○ウスケシ
○有三
○隔限石（ヘキリ）
十二里
十七里
九鬼トノ迫門
七里
箱館
クシユン
八里
○九ツ艘泊
○佐井
○大間
○外ケ浜
タツヒ
○有戸
○野辺地
○ツホ村
○七戸
○五戸
○三戸
ヲカ山
○大畑
○尻屋崎
○ムツ
△是ヨリ唐太島ハ
東ノ方ニ中ル也
三十里
○ナラサキ
○小南部
○八戸
○九戸
テツ山
○三崎
奥州
△森岡ハ
是ヨリ南手
△松島ハ是ヨリ
西南ノ方

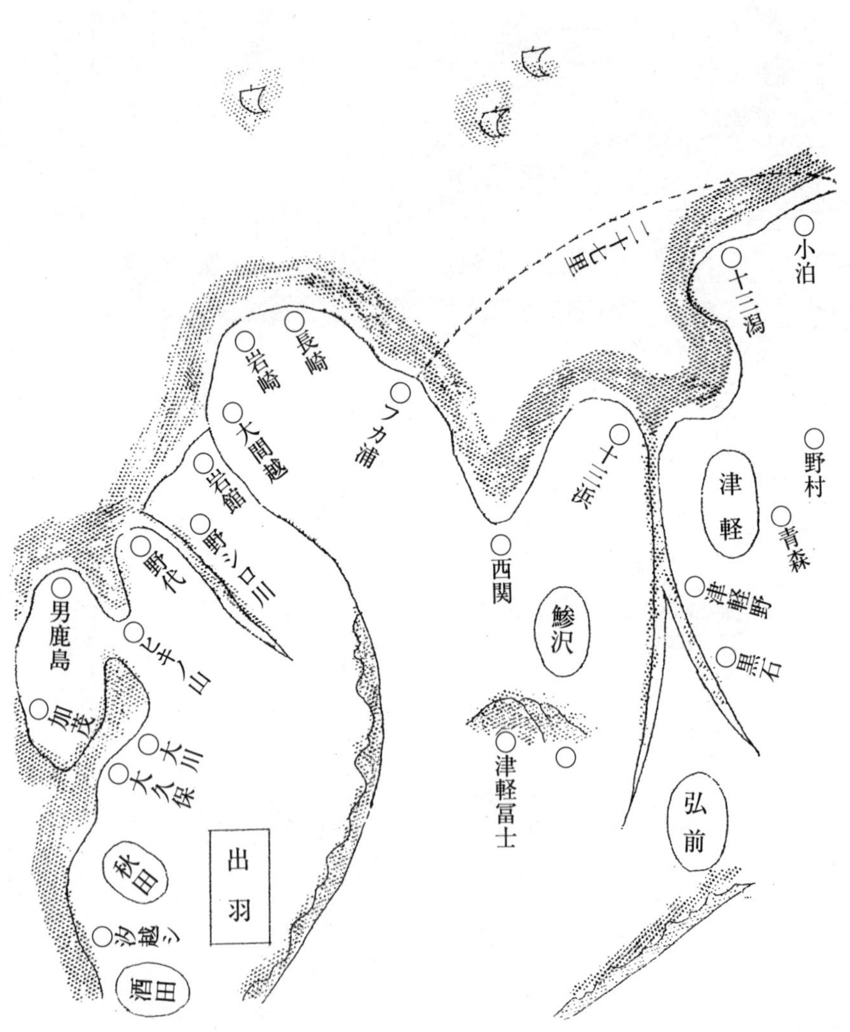
小泊
十三潟
二十七里
長崎
岩崎
フカ浦
大間越
岩館
野シロ川
野代
男鹿島
ヒキノ山
加茂
大川
大久保
秋田
出羽
汐越シ
酒田
十三浜
野村
津軽
青森
津軽野
黒石
西関
鯵沢
津軽富士
弘前

○文政十一戊子八月九州地津濤之事
長州下の関より九州地大荒誠に珍しきと申候御事前代未聞恐入申候
○長州毛利甲斐守（長州豊浦郡府中五万石余）（長府トモ云）御領地去八月九日終日平常より少々風強く曇天にて沖の方昼の中より鳴震有之処其夜の子ノ刻頃より未申の方大風に相成地方へ吹付高汐込入候て往来歩行も難相成四方舞風と成弥増々吹募り山林大荒大木並打倒し浜手より高汐関（赤間）上ノ方入口込入阿弥陀寺町神宮寺浜迄凡十丁余り浜側不残引込西南部町より始新地厄崎竹崎の端迄浜側不残家蔵とも高汐込入津波に等く人家海へ流込候事此間町長さ壱里斗白浜と相成候由死亡人金銀荷物俵物類海中へ入事数不知大小船破損致し候事千艘余○小笠原右京太夫様御領地（豊前小倉十五万石）御城下人家二千三百余軒大小船五千余艘破損死亡人多し○奥平大膳太夫様御領地（豊前中津十万石）御城下人家二百軒余人共に損す大小船百二十余艘破損す○松平備前守御領地（筑前博多福岡五十二万石）御城下人家三千軒余国中一万軒余死亡人三千五百人余御本丸角矢倉損す猪又牛馬鳥類多く死す御殿御館破損す御太守新御殿へ御移り被遊候由小倉迄並木過半吹倒し十日より廿三日迄往来止り寺社抔は別して大に損し大変大方ならざる御事に御坐候○有馬玄蕃様御領地（筑後久留米二十一万石）御城下三丁目四丁目迄焼失仕家損し死亡人有り御蔵三十七海中へ流れ込其跡白浜と相成申候大小船多く破損○立花左近将監様御領地（筑後柳

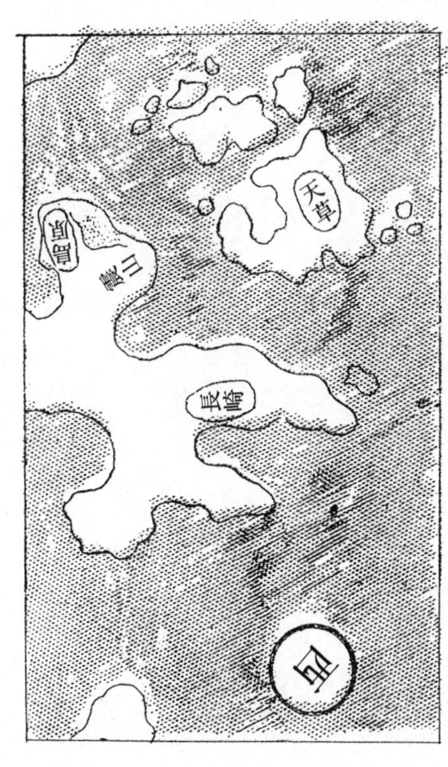

川十一万九千六百石）御城下家数千余軒死人多し船破損数しれず候由○細川越中守様御領地（肥後熊本五十四万石）御城下家数三百軒死人二百人斗○天領天草家蔵浜手の村方百姓人家抔行衛不知旨○松平主膳頭様御領地（肥前島原天明武鑑ニ戸田因幡守七万七千八百五十石処替カ）御城下家数三百余軒死亡人四百斗○天領長崎阿蘭陀船丘山へ高汐大風にて吹上げ乗下し大事に相成人歩掛りに致し候て弐百貫目位にて卸候者有之候て永代二百石被下候由御触御座候趣承り候外に唐船二艘岩を打抜乗上候由浜手唐物入置候蔵海中へ流れ込申候由○松平肥前守様御領地（肥前佐賀卅五万七千石）御城下人家二百斗大小船五千余艘損す死亡人無之候へ共荒は同様の御事に御座候右今珍しき御事恐るべし〳〵［嚚曰］扨丘上へ吹上候異国船乗下の義其後の風聞に何分可卸手術なく下地を掘下げ水を湛へ浮け揚げ見ゆ候ても浮不申に付積荷不残水揚げせんとするに唐人承知不仕候故唐人を縛り置候て荷上げ仕候処底積

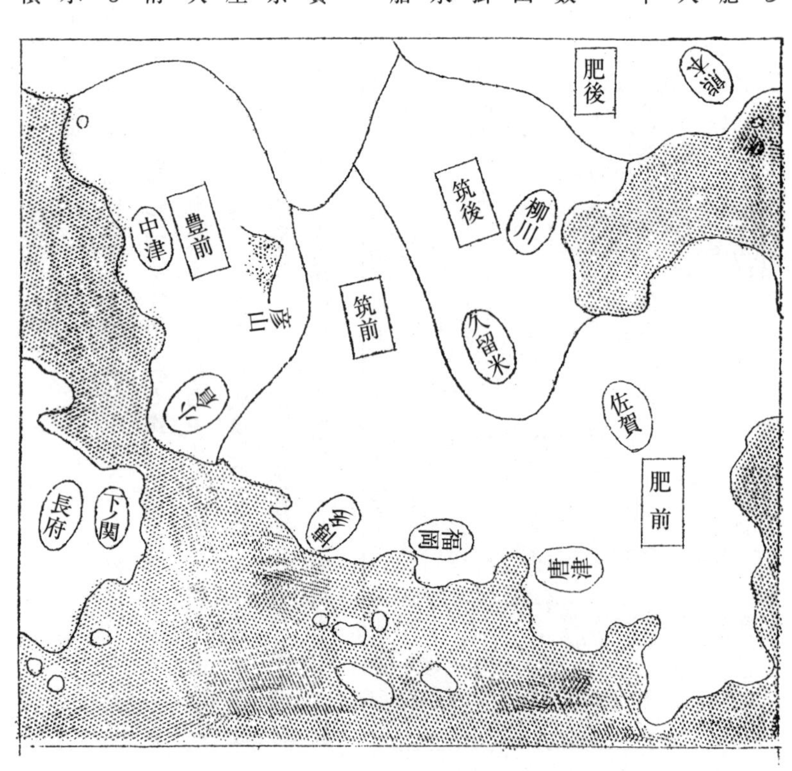

の荷物に至ては皆石函（イシノハコ）にて内には悉武器の類を納れ有候其上日本の絵図且和朝古今の復讐（カタキウチ）の写本の類を多く入有之并兼て紅毛人へ被遣有之処の交易の信牌を処持すといへ共紅毛船にては無之魯西亜（ヲロシヤ）舟にて信牌所持の事は曽てヲロシヤは五大州の其一つ欧邏巴（エウロッパ）を平呑せりと見へたり然れば紅毛もヲロシヤの属国なれば奪取しものか依之其委細江戸表へ御注進申上候処長崎御奉行に御不審の事ありてや東都に召連歯爪を脱し御糺明厳重也（始聞シハヲロシヤ人ヲ召し御糺明アリトゾ後御奉行ナルコトヲ聞是此一件長崎奉行兼テヲロシヤニ意ヲ通スル処ナラント御疑ナルベシ）終に苦楚に堪かね死没せりとぞ其後の落着を不レ聞按るに文化中魯西亜献上の品物を積て渡来し屢交易を願ひしか共敢て御許容なく献上の品も受給はず追返されし故先に蝦夷地を乱妨せし如く仇を含て来りし物にやされ共実神国の御勲し昔より蛮夷の賊敵我国を犯さんとして神国の威力に海底に漂没せし其例し往々にあり去年八月の風濤筑紫路損亡多しといへ共魯西亜の賊船を丘上に吹上依之隠謀露見に及ひし事是全く神明の御加護也と其地の人民当春は其神恩を拝謝の為神社参詣夥しと聞り（九州津濤ニ損亡ニ依テ自昨年秋至当年米価貴事）

△同年十一月北越大地震の事

其後子十一月十二日辰上刻越後国大地震古志郡蒲原郡の内大損の場処道筋あらまし左の通〇妙見山の宿是より牧野備前様御領分（越後国古志郡長岡城主七万四千石余）長岡迄三里の間田畠共大損し大地裂土砂吹出し村々人家多く崩れ候得共死人無之由「長岡城下四之町一軒千手町にて三軒神田町にて八軒荒町にては三百余軒の処に二十軒斗相残其余は皆崩長岡より今町（是ハ前ニ妙見山宿ト有之候処カ）迄往還三里の間に村数多く有之候へ共通筋村々家数二十軒斗相残其余は惣崩れ「今町八丁程の在一丁斗残二丁程は焼失其余は崩れ死人五拾人怪我人焼死人未相分不申候「見附宿家数六百軒の処漸三軒残三丁程焼失其余は崩れ死人六十人焼死怪我人相知不申候「元町寺一軒残其余は皆崩れ怪我人多し〇村松領（長岡ノ西ニ中ル）堀丹後守様（越後国蒲原郡村松城主三万石）御領分「大西宿は八軒崩八日舞（地名ナルベシ不得読）其外本成寺三十ケ村惣崩れ「三条町二千軒斗の処二ノ丁にて八軒ム手（土手カ）下にて二軒鍜冶屋町浦（裏歟）通十軒残る寺は極楽寺西願寺二ケ寺残其外は焼失尤家土蔵共也死人四百八十人焼失人幾百人共未だ相

分不申候怪我人同断本願寺掛所御坊御堂は勿論表門御台所御座敷廻り不残焼失此近辺村々大に損じ申候〇一（木戸）（博物筌ニ市木戸米エチゴクロ川）松平右京大夫様（越後国頸城郡糸魚川）（支流糸魚川画図ニ市つりノ次海辺ニ近シ菅菰抄ニ一振ノ関越後城主一万石(ハク物)越前家ノ越中ノ界越後ノ地ニシテ高田侯ノ封関アリ図ニモ越中ノ界越後ノ端ニアリ）御領分町家惣崩れ死人百六十人怪我人焼死人相分不申候「貝食（バミ）新田小村に御座候得共家数三十軒斗地中へ埋り怪我人十八人其外死人多く有之候「黒津村にて寺一ヶ寺相残其余は皆崩近在近辺より此寺へ死人を持来候事如山〇与板（ヨイタ）井伊兵部少輔様（越後国三島郡与板（長岡ノ東ニ中ル）城主二万石）御領分町家三分一相残其余は不残崩れ死人五十人斗怪我人多く有之候由〇上越後の分小千谷より上田江（郷カ）妻有（地名可成）は信州堺迄動き申候得共格別の大損も無之由〇下越後は水原芝田（図ニ新発田ト云城下アリ是ナルベシ）松川新津（新潟ノ誤カ或ハ別カ否）亀田処々有之候得共とんと相分不申候　右之通極月五日頃に大阪表へ相聞へ写取申候[囂曰]去歳八月九州漬濤（ツナミ）の変災あり同十一月又北越大地震の天災を重ぬる事何なる年の順環にや茲年の干支戊（元ヨリ土也）子（北坎為水ナリ）ハ干の土より支の水（土克水）を克すべきを却て水増長して土を損ひしは水克土と成に似て天理に乖れり熟考レ之八月は西方西に位して金也九州は西にして又金なり年干の土（戊也）は八月を期て二ツの金を生育（土生金）し金勢盛なるに因て水を生ずる事も又（金生水）甚しく年支の水に合体して八月九州漬瀾（ツナミ）を起せしものなるべし況や賊船を丘上に漂揚して隠れたるを露はし其工みを折し神力の加はるをや又十一月北越の大地震は北地は素より水の位也尚八月金生水の水勢是に合し〇（不明）滞して十一月（子也水也）を期て弥盛に相共に（水生木）木を生育し木は東方震の卦也（震はフルフ）此故に地震と発出せしものなるべし都て地中は暑熱

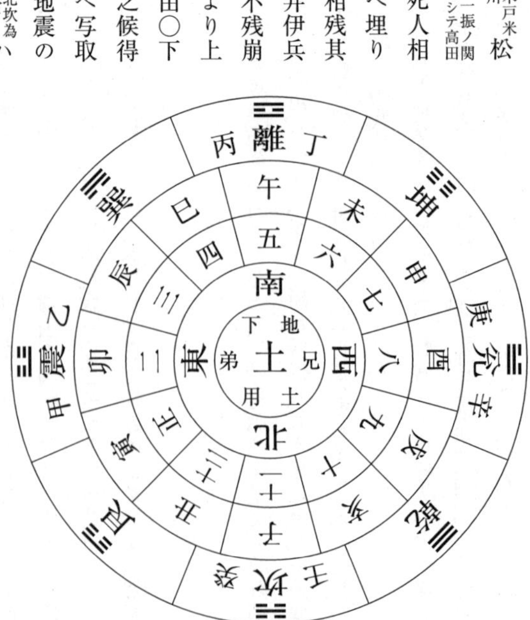

の時分は却て寒冷にして厳寒の節は又温暖也北地の寒国は尚以熟気強かるべし其地中に伏する処の湯気発散せんと欲しても地上の冷気に圧し閉られて発舒する事不レ克年支の水十一月の水（十一月ハ子ニ配ス）北方の水（北ハ坎ノ卦也卦ノ象篆書ノ水ノ字ヲ横ニシタルモノ也）地中ニ伏する処の火気を駆陰陽敵激して相輾（キシル）て地を動かし火気迫つて一陽来復の時に乗じて大地を劈（ツンザ）き発出して地震をなす処ならむか水又水生木と相生ず東方震の卦也震はフルフと訓して是地震を掌る也然れども長暦巡環自然の運気五行生克の厚薄に因べく譬へば人身に寒暖湿燥四序乱行し天地不順の気を受て病を醸するに同理也

○跋辞の一語

嘉平魯西亜より帰朝の後さる高貴の御前に召れ御咄申上けるはかの客舎に於て私に給仕令め候美婦人才器ありて文筆絃歌よろづの芸にたづさはり就中彼地迄も茶の道流行と見へかの女も是をたしみ常に楽しみ候ひき最早別離近き庚申の夜の事也しが今宵は庚辛待によもすがら茶をたて明すべしとて我党も数腹を喫しぬされども誰かわりて炉にかゝる者もなしかれが日頃愛せる処の一疋の猿あり女いへるは余り独りたてるも興薄し此猿常に妾（ミヅカラ）がたて侍るを自然に見馴能覚へさふらへばたてしむべしと席を譲りけるに奇なる哉しかつべらしく座に押直り茶巾ふくさ捌しとやかにゆかりならぬ紫はおのが顔の朱を奪ひ腹加減の汐瀬も左こそとしられ其たて前拙からず我党殆興に入大に是を感称しければ女いへるは是奇とするに足らず当り前の事也と云其故いかんと問ければ茶の湯猿也と答候にき是に一笑を催しいざや興をかへて天の美禄をうながさんと伽曼（ギヤマン）の玉盃を廻らし闌（タケナハ）に酌かはしける時に女蛇皮にて張たる琵琶に和して諷ひけるはモウシラス。イレザヌサヒチビ。カヤカルウ。ヒケツ。ノコサ。チリワダツと諷ふ其唱歌は分らねども大に興に乗じ候ひし偖此歌は妾（ミヅカラ）が作りし文句也と紙上に認め見せけれ共是又縄をたぐりたる如き文字にて読事能はざれば逗留中久しく逢なれて自然に日本の詞に馴ければ和解して申けるはうしと見し逢見ぬ昔なつかしや可愛男の別れかと、申事也とぞ既に別れに臨み私にひしとまとひ付口を吸不思議の縁でをち人にあひなれ参らせ今別るゝ事の本意なさよと殊におなかもたゞならぬ身と成侍りぬ我をもつれて帰り給へと纜に取付すがりていたく歎し有様は俊寛が面影に思ひくらべていぢらしかりきされど心よはくては叶はじと余処に見捨て帰り候ひしと物語けるにぞかの御方御尋有けるは加平して其懐胎の子のわけはいかゞせしぞやとさん候かの女今別れては此世にては又逢見る事もなし便りだにも聞事叶はずよし我は女の身千里万里の八重の海路を隔て事思ふよすがもなく共腹なる子を産落し成長の上舟の便に遣すべしと言ける故私答候は異国の女の腹に出生の子日本に引取事御上への恐あれば指越事堅く無用と申ければ女申けるはさりとて此子を産落して後看（ミス〳〵）父有ながら授くべきぬしもなしいかゞはせんと怨顔に云ける故其胎内の子はナアノ其子とナおろしや〳〵

魯西亜船俘
賀兵
重年蘇武畝
氊情
万里雁書相
到日
朱唇吻吮泣
呑声

吻吮　クチヲスフ也　出文選

泥亀舎　七十六翁

一盃画讃

☆和漢心中

安永十冬長崎丸山の遊女（名連山車屋ノ抱へ）華人（南京蘇州ノ人名陳仁舎）比翼連理の契りをなし終に心中して共に死す辞世の詩歌を遺す

欲ス下仮テ二紅涙ヲ一濡サント中錦筵ヲ上　粉黛明鏡更ニ堪タリレ怨ムニ
歓情夢裡一時ニ尽テ　共ニ為二北邙山上ノ煙一ト

陳仁舎

ふり増る涙の雨のこからしや
けふを限りの言の葉草に

連山女

一、ヱゾ人ヲ、アイノ　一、同女ヲ、メノコ　一、日本人ヲ、シヤモ　一、士ヲ、ニシヤツパ　一、水ヲ、ワツカ
一風呂ヲ、トンブリ　一、ウツクシキ事ヲ、ヒリカ　一、難有事ヲ、ヤイライゲ　一、鮭ヲ秋味　一、神ヲ、アモイ
一、神祭ヲ、ヲムシヤ

解説

黒田　敏夫

「淡路四草」の復刻刊行について

江戸時代に著わされた淡路の地誌「常磐草」・「淡路草」・「堅磐草」・「味地草」を以って「淡路四草」と名付けた安倍喜平は、明治十七年（一八八四年）に自ら著した「淡路古今紀聞」の例言の中で、四草を刊行する必要を次のように力説している。

「嗚呼四草ノ精撰正確ナル斯ノ如シ。我国古昔ノ事蹟典故ヲ見ルベキモノ四草ヲ措テ将タ何ニ由ランヤ。然リ而シテ惜ヒ哉其書中未タ一部モ印行ニ附シタルモノ無ク只写本ヲ以テ伝フルノミ。将タ其写本タモ甚タ匱少ニシテ世ノ覧観遍ネカラス。其名ヲ聞クモ其実ヲ知ラザルノ徒十ニ八九。常磐草淡路草ノ如キハ偶々伝写愛蔵スルノ家アリト雖トモコレ亦僅々而巳。加フルニ伝写数次、烏焉馬魯魚ノ過誤多ク、甚シキニ至テハ年月日時ヲ錯乱シ、名称数目ヲ倒記シ、殆ンド其事実ヲ失セントスルニ至ラシムル者尠カラズ。味地草ニ至リテハ本数殆ンド百冊、事目頗ル浩瀚ニシテ謄写モ亦容易カラス。稍ク小西氏ノ家ニ其原稿ヲ所持セルト、本県官庫ニ蔵スルモノト二部アルノミ。堅磐草ノ如キハ稿本一部ヲ其族家渡辺氏ニ伝フルノミニシテ、未ダ曽テ副本ノ設ケアルヲ知ラズ。」とし、今、古い諸資料を集め、追考、訂正しなければ、後世に紛雑を生じ、古人の遺著に架空の疑惑がかゝり、信を失う弊害を醸すことになりかねないから、遺著を校訂して正確な刊本を発行することが最も重要であると力説している。

安倍喜平の意向は、明治二十年「重修淡路常磐草」（淡路新聞社印行、活版印刷・和装本）の出版によって、その実現の第一歩が踏み出された。

大正十三年（一九二四年）三原郡役所と三原郡教育会が協力し、「味地草」三原郡篇（孔版）を発行、ついで昭和四年（一九二九年）津名郡教育会によって「味地草」津名郡篇（孔版）が出版され、更に昭和六年（一九三一年）には津名郡第一部郷土教育研究会によって「淡路草」（孔版）が出版された。残る「堅磐草」については、稿本の字体が楷書体のほか行草書体が混り、しかも異体文字が多くて読み下しにくいこと、虫喰の個所が多く、また挿入の絵図が専門家でないと模写しにくいこと等の理由で、あと廻しにされていた。

○　堅磐草の復刻刊行の経緯

さきの淡路古今紀聞の例言中に記されている堅磐草稿本所蔵の「族家渡辺氏」とは、当時由良町内田に居住していた渡辺三千太家のことである。渡辺三千太は渡辺月石の曽孫で、安倍喜平の義弟にあたり、安倍喜平が明治十年に発刊した「淡路新聞」の創業に協力した人である。

明治二十一年（一八八八年）に東京帝国大学教授重野安繹（成斉）の一行が、淡路の旧家を訪問して史料調査を行った時に、渡辺三千太は安倍喜平の要請によって堅磐草の稿本を提供し、その折安倍家において筆写されたものが、現在でも東大史料編纂所に保管されている。それ以来稿本は安倍家の所蔵となった。

昭和十年（一九三五年）に、淡路耽奇会によって、この稿本が筆写され、堅磐草が上中下巻と補遺一冊（補遺は昭和十一年）の形で刊行された。孔版印刷の筆稿者には挿絵の模写の必要性から日本画家熊田直文（号は青峰）が起用され、監修は秦嘉泉がこれに当った。「補遺」は上中下巻の筆稿の後で発見された稿本の欠落部分を「補遺」という名称で刊行したもので、月石自身が補遺として執筆したわけではない。その辺の事情を秦嘉泉は「補遺」の叙言で次のように述べている。

「曩キニ堅磐草謄写複本ニ当リ原本第四冊ガ欠本ニ就キ遺憾ナガラ之ヲ除キ複製頒布ノ止ムナキニ至リシガ爾来苦心之レガ詮索ニ勉メタル結果著者ノ原稿ハ遂ニ見当ラザルモ其欠本ニ属スル原文記事ナルモノヲ正確ニ認識シ

得タルヲ以テ補遺トシテ複本ヲ企テ・・・・」

として「補遺」が稿本の第四冊（津名郡之巻・上）に当ると述べている。ただ折角このように苦心して作製された「補遺」であるが、筆写の際の誤字、脱字が多く見受られるのは甚だ残念である。

昭和四十九年には「名著出版」から堅磐草の復刻本が出版されたが、これは先に述べた東大史料編纂所保管の写本を底本として撮影したものに、孔版本の「補遺」の部分を活字組版したものを合わせて一冊にまとめたもので、新見貫次神戸女子大学教授の校注がついている。残念なことに、三原郡の町村地誌の部分が全部脱落していて、それは孔版本の四十一頁分に相当することと、「補遺」の誤字がそのまゝ組版されていることである。

耽奇会による孔版本と、名著本とを比較すると、どちらも同じ稿本から筆写されたものであるに拘らず、何個所かに相違がある。名著本に記載があって孔版本にないもの、またその逆の場合があって、研究者が堅磐草を利用するに当っては、両本を併用しなければならないという不便さがある。

このたび臨川書店から刊行される堅磐草の復刻本の特色は

一、渡辺月石自筆稿本（原本）を直接写真撮影することにより、前記両本に見られる筆写の際の誤字や脱落が皆無となった。

二、両本の「補遺」にあたる原本第四冊「津名郡之巻・上」の部分の活字組版の誤字、脱字をなくすため、校正の正確を期した。

三、原本に多数見られる頭注文字や貼込・挿入紙片などについても、適切な掲載方法の工夫がなされていること。

四、巻頭に全巻の目次がつけられて、利用者の必要個所の索引が容易になったこと。

以上の点において、今回前記両本の難点をすべて解消した正確な堅磐草の復刻本が刊行されることは、我々研究者にとって此の上ない喜びであり、本書が今後の淡路地方史研究に大いに寄与するものと期待している次第である。

堅磐草の著者　渡辺月石

渡辺月石は、宝暦四年（一七五四年）七月十三日、津名郡内田村（現洲本市内）庄屋渡辺弥三右衛門守と妻加世の長男として生れた。幼名は太郎吉、また興輔或いは助太夫と称したが、文化五年（一八〇八年）父守の死後、弥三右衛門を襲名して渡辺家四代目の庄屋職をついだ。諱は皜（𣇃）、字は伯陽で、月石は号である。通称は八十右衛門であるが、その外、如泥、子子庵、〳〵舎、木仙人、泥亀舎、山海月翁、我物など沢山の別号を使用している。堅磐草の中の内田村中邑の項に記されている山月居、五雲閣は月石の住居の称である。

月石は幼少の頃から学問に励み、洲本の儒者で、阿波藩洲本学問所の教官をつとめた藤江石亭に学んだ。石亭と月石との間には終生師弟の交流があった。庄屋職のかたわら、漢詩、俳諧、狂歌を能くし、絵画、彫刻など、何でもこいの才人であった。当時の内田明神社の普請には、自ら棟梁として大工や左官を指揮し、境内に今に残る「くらつぼに小坊主のるや大根ひき」の芭蕉の句碑は月石が建立し、しかも自ら石に刻んだものである。

また現在淡路町岩屋の戎神社の境内にある「子規きえゆく方や島一つ」の芭蕉の句碑は、天保三年（一八三二年）月石七十九才のとき、草香（現一宮町内）の俳人鯛中李長らと共に社友にはかり、岩屋の開鏡山から出た自然石で建立したものである。

彫刻作品としては、洲本市由良町の吉益昭三氏所蔵の木彫「観月像」（月石六十一才）、三沢英子氏所蔵の石彫「唐獅子」（同七十三才）、橋本定夫氏所蔵の木彫「休釣舟」（同七十八才）、三沢あや氏所蔵の木彫彩色の「弘法大師像」（同七十九才）などがのこっている。

文化年間、幕府の命によって「古今要覧」の編集に着手した江戸の儒官屋代弘賢は、諸国の風俗・習慣を調査するため、「諸国風俗問状」という木版刷の小冊子を諸藩の学者に発送して協力を求めた。阿波藩では「風俗問状」の写しを阿淡両国の与頭庄屋（くみがしら）におろして下調査をさせた。淡路では藩庁の命令で、文化十五年（一八一八年、四月改元、文政となる）二月頃、「風俗問状」の「答書」の選者として、津名郡では内田村の渡辺弥三右衛門（月石）、安坂村の多田包助、三原郡から福良浦の山口吉十郎、志知川浦の船越与一右衛門らが選ばれ、時々洲本で会合して右の答書を選録し、本藩に進呈した。この答書は「淡路草」の冒頭に転載されている。

文政十三年（一八三〇年）（十二月改元、天保となる。月石七十七才）五月には藩から郷付浪人に補せられているが、月石は老いて研究心益々盛んで、死の前年、天保八年四月から八月まで堅磐草の遺漏浄書を行なっている。天保九年（一八三八年）六月三十日に八十五才で天寿を全うした。

月石の墓碑は、内田の渡辺家墓地に、先祖の墓碑群とならんで建てられている。戒名は「性月院達天日暠信士」。その側面に海月庵如泥として「ち里際を日乃照残すもみじかな」の句が刻まれている。

渡辺月石の著作書誌

渡辺月石の著作で現在まで伝わっている書誌は次の通りである。

◎「東西の記」　寛政八年（一七九六年）

この年の春、紀州の大川という処の円光大師の御戸開に参詣をし、また夏には播州の明石、姫路、高砂方面に遊んだ旅行記で、月石四十三才の時の自筆稿本。

◎「方壁玄翁乾の巻（おかべげんのうけんのまき）」（妙法庵陀仏序）

寛政十二年（一八〇〇年）、月石四十七才の頃に書かれ、のち二十有余年後ふたたび書き改めたらしい。書名の意味は、「豆腐を玄能にして物を叩く」ということ。自家の宗旨の法華宗に堅法華（かたほっけ）（自宗に固執して他宗を排撃すること）の癖があるのを、柔かい豆腐を玄能にして打ちくだき、も少し常識的にしようと滑稽な文章で説いたもので、一宗一派にかたよることなく、何れの宗派にも「心の僧」と（世俗に堕した）「形の僧」があり、心の僧に従うべしと説いたりして、月石が常識的合理主義の人であったことがうかがえる一種の談義本である。自筆稿本。

◎「再遊有馬記」　文化五年（一八〇八年）

月石五十五才の時、有馬に避暑湯治に行った時の旅行記で前妻と同行している。自筆稿本。

◎「屁倉（へぐら）百人一酒覔人（べきじん）秘抄」凹ノ巻　文政八年（一八二五年）月石七十二才

百人一首の和歌を次々ともじった歌を掲げて、わざと下（しも）がかった注解を付して行く、いわゆる枉解物（おうかいもの）である。もじり歌の一例

穴の色は古びにけりな徒らに我レ世の人にさせざりし間に　小根（ヲネノ）小町（もと歌「花の色はうつりにけりな徒らに我が身世にふるながめせし間に」　小野小町）

続いて「小根小町開状記（ヲネノコマチカイジャウキ）」があり、最後に「男女陰処の名目」があって終る。跋文は「単足斎実彦」。自筆稿本。

◎「蝦夷（えぞ）物語」　文政九年（一八二六年）月石七十三才

或人が高田屋嘉兵衛の弟に色々と質問して聞き出したまゝを、藤江石亭に書記を乞うて綴った文書を月石が求め写し、その上に月石自身が独自に集めた史料を書き加えて遺漏を補って完成したものである。エロティックなエピソードを交え、珍奇な挿絵をつけている。昭和十年に耽奇会の秦嘉泉によって孔版本が発刊された。この蝦夷物語の稿本は、現在所在不明である。

◎「内秘所之身鏡（うちひしょのみかがみ）一生艱難記」　自筆稿本

この著作は、堅磐草とほぼ同時進行で書かれたもので、月石の人生観や人柄を理解する上で重要である。堅磐草の中に、「艱記ニ出（イ）ズ故茲ニ略ス」、「艱難記ニ詳（つまびらか）也」と注記した箇所もある。内容は、文政十一年（一八二八年）（月石七十五才）になくなった月石の後妻五百（いお）の発病の頃から、死亡後一周忌に至る間の仏事や村の出来事を自作の俳

句や和歌を交えながら記した「鰥夫草」に始まり、「老ノ夢路」、「鎮西八郎の由良居」、「開門辞」、「娶後々婦」、「近江の古談」と続くが、「性」に関する記事が多いのも特長である。堅磐草同様珍奇な話が沢山収録されていて或る意味で堅磐草と表裏一体をなす部分もある。

月石は、老人が性的欲求を表わすことは不道徳であるという社会風潮に強く反発し、また女性は二夫に見えずとする当時の考え方にも反対し、「男の衆婦ニ見ゆる事は制せずして惟り女の多夫に逢事を禁しむるは片手打なる掟なり」とし、「古へは先帝の后を再び立て后とせられし事もあれば、天子の后妃すら二帝に見ゆれば、下々の女は何ぞ多夫に見へざるの事あらんや」と記している。

跋文の最後の部分が欠落している。

◎「由良八幡春秋両祭神頭格」　自筆稿本

内題は「神頭始末祭式記」で由良八幡宮の頭人の行事を詳述したものである。堅磐草の中でもこのことに触れている。著作年は不明。

以上の自筆稿本は、蝦夷物語を除き、すべて洲本市由良町内田の橋本定夫氏の所蔵である。

以上の著作のほか、月石の写本として、「淡国旧記」、「淡島古城由来記」、「神宮秘伝問答」、「無人島漂流之記」、「淡国通記」等がのこっている。

次に月石のライフワークである堅磐草について項を改めて述べて見たい。

堅磐草の書名と特色

堅磐草は別書名を、「日本魁洲淡島温故録」という。天保三年（一八三二年）に淡路草の著者藤井彰民（父藤井容信と共著）が序文を書き、

「元禄中、僧碧潭は淡国通記を著し、宝暦中、仲野修竹は常磐草を著せり。佗に短篇を述す者数家なり。今也内田の隠士渡辺翁も混る処なる乎。硜々碌々の中にも老健雄逸にして博く稽え其の書に附するに近世説話を以てし、遂に之を綴緝し、命て淡島温故録と曰う。全部にて十巻なり。嗟乎国宝と謂わざる可けん耶」

と激賞している。

その前年渡辺月石は堅磐草の自序を記した中で、

「此書うちに匳を温故と呼べども・・・・常磐に因の浅からざるを示さんと、ふたたび表にかきはと字すといえども一ツ草の名にしてうちとの隔はあらじと爾云」

とあって淡島温故録と堅磐草は同一の書であると記している。今では堅磐草の名の方が一般的である。

渡辺月石は堅磐草の序文の中で、仲野安雄の著した淡路常磐草を賞めたゝえると共に、堅磐草の編集方針と、その意義を記している。序文の一部を次に掲げる。

「先になかつ野の安雄てふ翁ありて、まめやかにふるき史のまき〳〵にかうかへ、新しきところ〳〵をさぐり、本の世のくま〳〵を別て上れる代のさまをうかかひ、さうしをあミてつばらなり。さやハあれと、ひ免て世におゝやけにせざれば、しる人の稀なるをおしみ、かのおほそらに翥てるを見てちりひぢを起し、挙踊して其常磐草を根もととし、かれこれの説を枝葉とし、茂きは刈りてもとの書に預け、落たるを拾ひて末のかうぞにおきぬ。此おのれが覚へとし人にも志らしめて、共にかの翁の能力めたる事をあふがむに、汲なば月も手に舎るべく、手折らばきぬに花の香らましやはと、短きさへの索をもて、かきは草をゆひそへぬ。恐らくは垣根の梅にけがれを塗らん事を。夫常磐草は博覧宏記の精選にして御食津国にいさほし少からず。実に常磐なるもの也。我堅磐草ハ其屑をかき集めたる塵芥の垣根にして、高く賢きかた〳〵の目を汚すべき物にしもあらさめれど、物作りの賎は取て圃園のこやしともなさば、少しき補ひなきにしもあらさらむ歟。常磐堅磐と是をかれに並べ号けむは、嗚呼の業にして、月と泥亀、空に照り淤(ヒチリコ)に潜る雲泥の譏(ソシ)り有べけれど、物皆陰陽なき事能ハず。欠たるあれハ余れるあり。既にうまし雄と雌と並び玉へり。尊卑智愚ハ天地自然の反偶なれハ、何ぞ無からんしもあらむや。」

月石はこのように常磐草を賞めたたえて、自著の堅磐草を謙遜し、常磐堅磐と並べて書名をつけるのは、月と泥亀の譏(ソシ)りがあろうが、物皆陰陽なき能わず、欠けたるあれば余れるありとして消極的に存在意識を認めるような書き振りをしている。しかしこのような極度の謙遜は、却って常磐草を意識した自著に対する自信の強さを示したものといえよう。

堅磐草は全巻を通じて淡国通記や常磐草をはじめ、一二〇種類以上の文献を引用して論述しているが、各所で「暠曰(あきらいう)」「暠按(あきらあんず)」という形で、それぞれ月石自身の考証を記している。各町村地誌は割合簡単であるが、総論的なまとめが詳細で、通俗的、民俗的な記事が豊富である。すなわち、古碑、古書、古塁、年中行事、古言、遺風、土産、庚申、伝聞章、長寿、珍器、奇事、畸人、奇術など、珍奇な記事や奇怪な物語が充満し、変った図解や挿絵を沢山使用して写実性を増している。

陰陽の理が人間生活の基であるとするのは月石の持論で、前述の一生艱難記の中でも、「太極動静して陰陽を生ず。⿰阝永⿰阝从は反対なり。天地日月を始として物皆非ずと云事なし。欠たるあれば余れる有て凹凸を塩梅し、万事塞翁が美(ウマ)し夫女(オトメ)の言の葉に始って、生有が故に必又死あり。——凡(オヨソ)天地の間に生を受ける者禽獣昆虫の類ニ至る迄も陰陽ノ情具ル事自然の妙陀也」と記し、月石自身が老後も性に対する関心が極めて高いことを述べている。堅磐草の中の記事や漢詩、俚謡などに性的なものが少くないのも其の影響であろう。

弥吉漂流記、淡路史の重要事項の年表、城山の狸の記事などは堅磐草だけに登場する。天明二年（一七八二年）に起った淡路の百姓一揆（縄騒動）の記事も堅磐草だけに記載されているのは、当時の政治体制にはばからぬ月石の正義感の表われであると考えられる。

「覓人」の意味については、さきの「屁倉百人一酒覓人秘抄」の冒頭で、「覓ハモトムト訓ズ。濁音也。然レドモ茲ニハ清テヘキト読ベシ。字面ニテハ秘抄ナレバ其人ヲ覓テ授ルノ意モ有レドモ実ハ一字ヲ割テ不レ見レ人ノ意ヲ含デ題号スル也」という注がある。「一生艱難記」の表紙にも「不許佗見」とあり、月石の編集姿勢の一つの表われであろう。

天保八年（一八三七年）二月十九日に大阪で起った大塩平八郎の乱についても事こまかく記載している。この時月石は死の前年の八十四才であった。七十六才の時の鰥夫草の中で、「髪歯ぬけ銭無く目疎く耳遠し　ばばといふてはふたり共なし」という「七無の歌」を詠んでから八年後の老体であったが、大塩の乱の最新情報をいち速く堅磐草に補筆しているのは流石である。新見貫次教授が指摘された通り、淡路四草は実にこの堅磐草によって完璧たり得るのである。

（淡路地方史研究会会員）

〈追　記〉

今回の復刻本の底本となっている渡辺月石の自筆稿本には、多くの貼込紙片や挿入紙が付されているが、東京大学史料編纂所のスタッフが安倍家で筆写してから現在まで、既に百十五年が経過しており、其の間、特に挿入紙の紛失の可能性もあるところから、正確を期するため、東京大学史料編纂所所蔵の写本とも逐一照合し、現在の稿本に欠けている部分（本書上巻五九一－五九二頁の間に該当）を同所の許可を得て、本書の最後尾に掲載することにした。

㊕由良浦孝子久左衛门子孫所持之一巻字

孝子久左衛门傳

淡路國津名郡由良有一孝子曰久左衛門養父有
深愛爲雖往在田而有念父釋耒且帰見父而後復
往從役之際亦然或又在外忽遇烈風雷雨則投所
執之業帰以侍父欲慰其驚動也方是之時人雖欲
倍銭以傭賃久敢不出恐父憂己之傷於風雨也冬
夜自覚寒祁則起求衣加諸父被父曰吾被不薄宜
覆乃兒久諾而退不敢覆兒待父熟寐再往加之父
欲出視田畝則必躬負而行至其衰朽不能出視則
採善禾若干穂奉父而使知有年若遇旱潦其田不
熟則採求禾之善者於圓境帰諭父曰是歳雖凶我
稼幸如此父悦甚其用心之切皆此類也郷人靡不
稱讃國老稲田植栄聞之擊節召而食之且予金曰
人皆称汝孝我願詳聞其所為乎久拜而答之曰人
雖称我孝吾未嘗有孝也其辞氣謙恭不似夫内實
自許而姑為是退詑者稲田亟問久竟無語稲田更
問之曰汝事父之道尽矣而心中尚有歉然者乎久
曰吾母死時父猶未老吾欲得後母而父不允卒以
鰥老以故抑搔扶持今之其人是乃吾之所常憾也

又問今日汝来于茲父知之乎曰辱常出則吾必明
告其所適今日顧不之告曰何不告也曰呂吾於洲
本（洲本地名即宰之所居）事之滅否不得而知第恐令父驚懼
故不以告稲曰喟歎

贊

蠢伊小泯大克蓋喬行役心念出野背負私田告豊
袵席加衣人皆称孝己以為非（皐云 以上ハ懶斎先生孝子傳中ノ文已下ハ妻木氏）

論

人之事親有狠體者有養志者養志至焉養體次焉
観於曾子曾元可見今以由良人之凡陋其所言所
行多皆如養志者不亦異乎或曰渠之事父諒若子
言然観其人則頑然一野夫耳若是之孝而若是之
頑何也曰蓋為其一隙明雖有過人者而不能推之
他事曰如渠輩雖推何達曰不然孝者百行之本本
立而道生孟子曰古之人所以大過人者无他焉善
推其所為而已矣由此観之孝子不患於无本焉只
患其未能推之爾苟克推之則仁也義也禮也忠信
也廣耻也莫不隨所遇而得矣於達乎何有不見夫
璞與礦乎孰謂非是瓦礫然皆可治曰璞與礦不能
自治必待彫琢鍛制之手而後為珎為器若不得其

手法二者弗可如已何矣由良人亦如此豈獲自推
廣乎曰其固然故古者王宮國都以及閭巷莫不有
学

碑之銘

淡路國津名郡由良邑有一孝子名久左衛门夙喪
母獨養父久大夫有深愛郷人称之國老万松院稲
田氏召食之且予金甚賞嘆之寛文十二年九月九
日父九十六而死久左衛门厚葬之追瘞宗圓元禄
六年五月廿一日久左衛门死年八十子亦称久大
夫葬之於宗圓之側追芳道智久左衛门孝状詳于
懶斎之孝子傳元文四年己未孫久之助久五郎等
刻碑而備于不朽云
妻木貞彦欲使久左衛门之子孫建碑以示後世
亡之
國老大應院稲田氏公許可依命久之助久五郎
等営石碑貞彦作銘使從一位大納言正親町公
通卿之门人井高嘉達書之元文四年己未九月
十二日建之

由良此孝子乃石文找尺て読る

弘昌

うつもれぬ名を残せとや言の葉の松をそめしは
主はいしふミ
建近

覚しれまことは原をなりおしみし人をあふきそ
たつる石ふミ
雅

幾としを経せて名をや残すらん実をきさに
人のいしふみ
貞彦

筆を急てかきしかたみにのこる人の
跡はたえけれ
恒道

なしある人の名を万代に残さんとそたつる
いしふ文
恒明

なしあるむかしの人を思ふ哉まさにまさる
語れ君しみ
安雄

筆のあと経せつめる思ひの下にあらめ
まさぬ名を

寛く候つふさと世の夏孝子か五十年の
忌日何とり来れむ　　直恒

五十歳て将めつ里朽ぬ名のりや塚の
ものふあるらん　　仲竹

年を経し五十の後も尽し阿る名を埋れし
跡の石ふミ　　貞彦

老ぬるを座しある人の跡といてゝその後も
袖ぬらすなり　　恒道

まつらその石ハ五十の春秋を見みし跡よ
尚さかえ[illegible]　　安雄

目よ宿なくや五月の郊ふなれも見世の影
志ふらん

題由良久左衛门之石碑　　讓之
孝誠曽拜相君恩冥福不休及子孫今日建碑墳墓
側芳聲義行永堪存
　　玄興

孝子傳中孝狀周義声應自達王侯碑成更識芳香
樹培養根深枝葉稠

井高嘉達書

延享四年十一月日

副書 孝子傳中人物姓名

一傳賛論 京都儒者 ⑫藤井懶斎作

傳中 九郎兵衛号万松院 ⑬稲田植栄

碑中 九郎兵衛号大應院 ⑭稲田植政

一歌 阿波徳嶋称惣左衛門 長谷川弘昌 同称平左衛門 垢尾建近

淡州洲本称源左衛門 渡邉雅 同名彦助 妻木貞彦

貞彦嫡子称藤助 妻木恒道 貞彦二男豊助 妻木恒明

淡路伊加利村廣助 仲野安雄 德嶋幸左衛門 坂東圭恒

洲本為左衛門 高田仲竹

一詩 法修儒者 年内 増田謙之 謙之嫡子 増田玄典

一筆者 淡州金屋村称儀〻進 井高嘉達

署云 称観海堂瑞竹 時ノ能筆而蒙正親町家筆道免許故毎書肩書云 西三十三国筆道司正親町門人観海堂瑞竹

『淡路堅磐草』付蝦夷物語　下巻

平成十五年五月十日　初版発行

著者　渡辺月石

発行者　片岡英三

印刷　株式会社　三星社

製本　古川製本所

606-8204　京都市左京区田中下柳町八番地

発行所　株式会社　臨川書店

電話（〇七五）七二一－七一一一

郵便振替　〇一〇七〇－二－八〇〇番

落丁本・乱丁本はお取替えいたします
定価は函に表示してあります

ISBN4-653-03917-8

渡辺月石 自筆稿本

全二冊

淡路堅磐草

上巻

臨川書店刊

淡路堅磐草〈上巻〉

目次

凡　例

一、本書は渡辺月石自筆稿本『堅磐草』（天保三年、安倍泰生氏所蔵）の現存十三冊を底本とし、これを六七％に縮小して影印復刻、（合本二冊）としたものである。ただし、巻四については現在、自筆稿本所在不明のため、『堅磐草補遺　全』（昭和十一年、秦嘉泉刊）を底本とし、新組で収録した。

一、更に本書にはあらたに淡路島出身の廻船業者高田屋嘉兵衛（一七六九－一八二七）について記した、渡辺月石著『蝦夷物語　全』（昭和十年、秦嘉泉刊）を新組にし、付録として下巻に収めた。

一、新組に際しては通行の字体を用い、欠字については該当箇所を空白とした。

一、本書は、江戸期に執筆された著作を底本とした復刻であるため、その内容の一部にいわゆる被差別部落や個人の人権に関る歴史的記述を含んでいる。今日の被差別部落の政治的起点となる江戸時代の賎民身分制度は、徳川幕府権力による武士や民衆に対する社会編成が身分制の形をとった一環として、政策的に設けられた政治的所産であることはいうまでもない。この政治的犠牲として作為された不当な部落差別は、身分的遺制を中心に近代社会に持ち越されたが、差別克服のための運動が戦前戦後を通じて国民的課題としてひろく要請されていることは大方の周知されているところである。にもかかわらず、今日、世上においては部落あるいは個人の人権に関する差別についての歴史的経緯等に関して誤解や偏見がなお多様な形で存在している。しかし、これらの記述に修正削除など手を加えることは、むしろ社会的差別の問題をあいまいにし、且つその解決を困難にするとともに、結果として問題解決への努力を回避し、差別を温存する惧れをもつばかりでなく、本書の史料的価値を損ない、また本書を歴史的研究の資とすることを妨げる結果になることを考慮し、敢えて原文のまま掲載することにした。したがって読者ならびに研究者各位におかれては、以上の点についての正しい認識のもとに、当該箇所に関しては、歴史的資料として客観的、科学的な立場で判読活用されることをお願いする次第である。

臨川書店

正　誤

五四五頁、上部余白の〔貼込　十三〕→　削除

五五六頁、上部余白に〔貼込　十三〕が入ります

上記（2個所）に誤りがありました。謹んでお詫び申し上げますとともにお手数ですが、〔貼込　十三〕の部分をお切取りの上、本文該当個所に御貼付くださいますようお願い申し上げます。

貼込用→　〔貼込　十三〕

株式会社　臨川書店　編集部

淡嶋溫故錄

一上

日本魁洲淡島温故録序

我淡者
本邦之權輿而其委曲
照之於神代巻古人有
識於此元禄中僧碧潭

著淡〻國通記寶暦中
仲野修竹著常磐草
佗述短篇者數家今
也内田隱士度邊翁混
處乎硜〻碌〻之中

老健雄逸博稽其書
附以近世説話遂綴緝
之命曰淡嶋温故録
全部十巻嗟乎可不謂
國寶耶雖曾學如予者

朗讀之後有所裨益
乃贅此一言其令觀者
顰眉亦不辭也是為序
天保三年壬辰季夏
淡路　藤井彰民寛甫撰

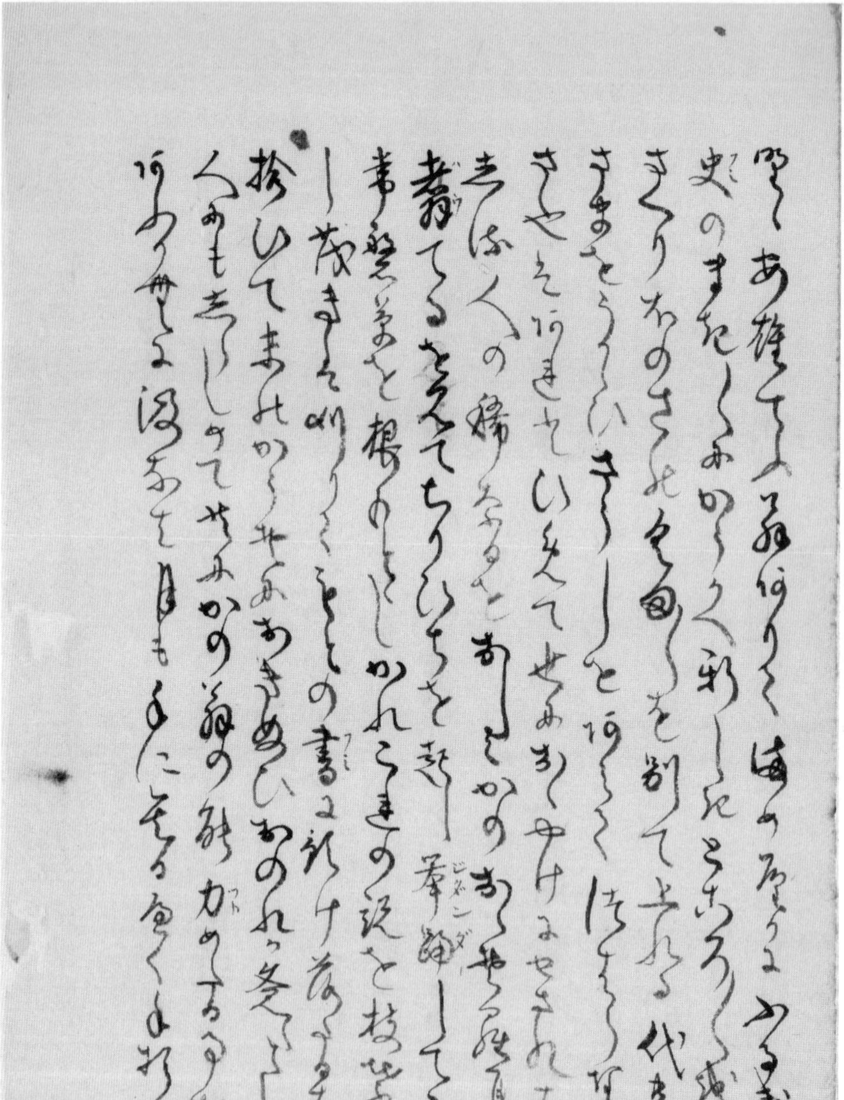

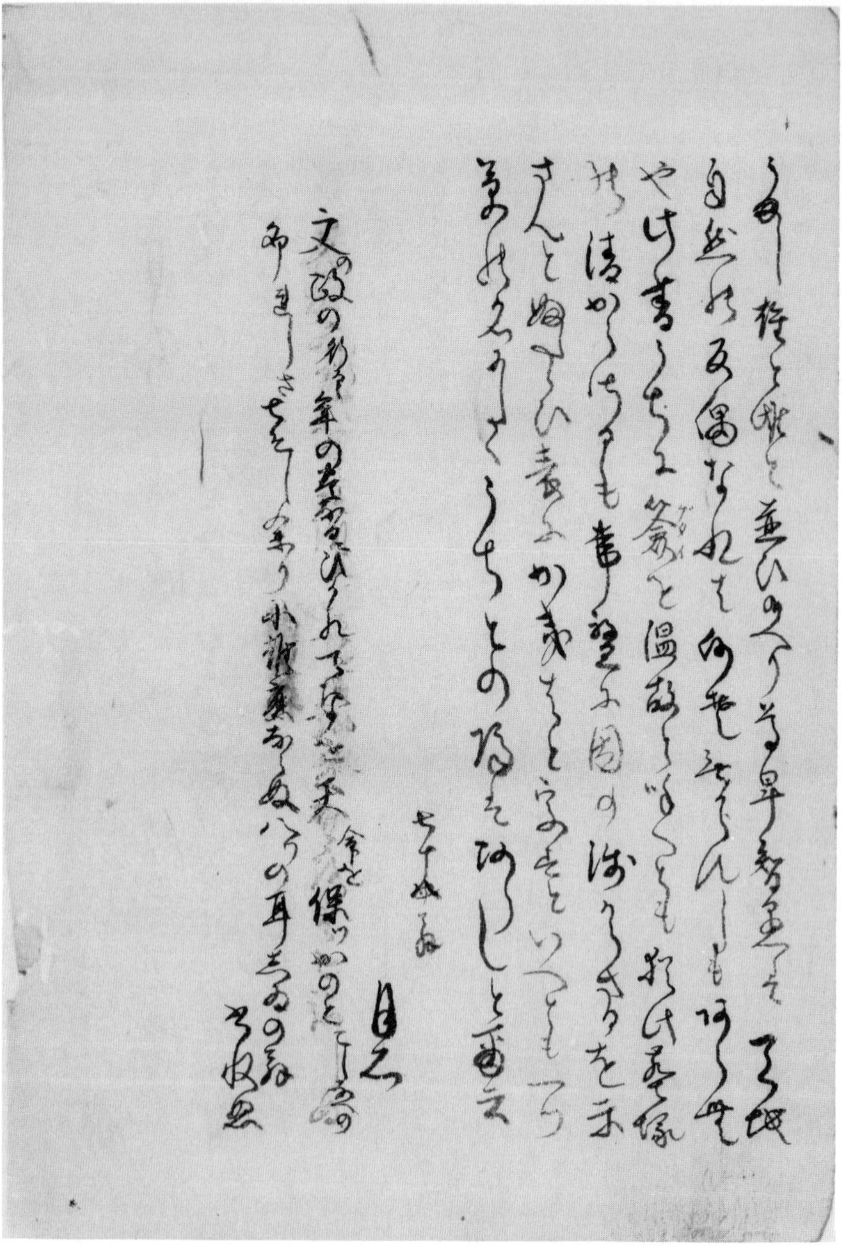

附言

淡島上古之蹤蹟録之書編也者淡国一覧序曰（織田貞家著作二巻石亭先生序）先有淡陽記（不知作者）
及淡島記（碧湛禅者著述也或云淡国通記以島記名通和于世）後有常盤名草（仲野安雄著述全編八巻）云云常盤草曰有淡
島随筆（曰碧湛淡島記為其草稿公記乎）云又有淡国旧記（不知何人之記小冊）閲之則僅挙古城主旧廃寺等
之履歴二三耳而文甚不博矣如淡陽記者雖聞其書号未曾聞所蔵之人其
余者未有全備者就中安雄翁之常盤草也者首叙一国之総括次分上下之二郡
而為別条郡中捜索廃郷之遺名郷中亦悉列次所因之村里当其各村而古
塁廃寺址宮社名所等記凡有今古所伝于口碑之説者而不浅校正之于古
史旧記摘探疑於万葉歌詠之趣或牽合諸名家之紀文而敢不執街巷之怪
談妄説引證諸書詳論定之而一州之旧吏始大備言既尽矣復何加焉足哉
雖然恨不公世之故世人無普視焉忘愚不肖傚之基于常盤草以井
蛙管窺之見聊挙暗推之説而編集堅磐草是併通於瞽者摸象脚乎
且恐難免過當罪矣　又云淡国通記僧萬済跋曰（上下略記）茲有志旧碧湛禅

一　文教年輯淡列事蹟而為編者不図為回禄被奪見其存者纔十之一也予勧諭曰其始人止費労多切遅再得者如遂故旧散公廃前功者無

一　勇也今有煙餘之屑録何其不続之哉再三安慉不止公素非無其意更亦舍毫兀々窮年纔成脱藁云々　鰝按初予聞其書号人皆曽呼淡嶌記適得其書而閲之号淡国通記亦常磐草安雄翁曰

一　此予未見常磐得淡嶌随筆者而以略引書於常磐草編中其是應為嶋記之草稿也云々彼書而有多号也回禄竟教回毎記可所假号焉

一　巻中往々収圏内于書名或如常磐草者略草而書常磐或淡国通記者略淡通（通記或又淡本朝通紀本通ト書分之）是歟略類而畧記也例其一隅余可準知之也

一　天地開闢之紀原

一　日本及淡路之異称

一　廃寺未考之処名

一　名処有論者之類

一

一　二神産洲国之系図

一　延喜式内名神十三社之記

一　行幸於淡路之天子及配流人

一　旧陵之弁論

一

一編中偶有乖前説者、是欲蔑如先輩、敢非為勝自説、唯並挙之乞衆評而已
諸覧寛恕之

一如名処者所載于世々、採集古人之国風、当其方地挙之、然如有論於二処者覧
人随意而可取捨矣

一巻中往々収圏内于書名、或如常磐草者略草而書常磐、又ハ十八或淡国通記
者略淡通（通記或淡通記）是歟（本朝通紀ヲ本通ト書今之）、略類而畧記也、例其一隅余可準知之也

一天地開闢之紀原

一日本及淡路之異称

一廃寺未考之処名

一名処有論者之類

一

一二神産洲国之系図

一延喜式内名神十三社之記

一行幸於淡路之天子及配流人

一旧陵之弁論

一

日本魁洲淡島温故録

渡邉嵓揖録

天地開闢之紀原

日本紀曰古天地未剖陰陽不分渾沌如鶏子溟涬而含牙及其清陽者薄靡而為天重濁者滞而為地精妙之合搏易重濁之凝壜難故天先成而地後定然後神聖生其中焉故曰開闢之初洲壌浮漂譬猶游魚浮水上也于時天地之中生一物状如葦牙便化為神号国常立尊

天神七代

天譲日天狭霧　国譲月国狭霧尊

皇胤紹運録曰旧事本紀者以之為元始日本紀者以国常立尊為元始

國常立尊　号ニ天ノ御ノ中ノ主ニ陰ト陽有ニ五ノ行ノ徳

〔曇曰〕或書曰仏道ニ妙見菩薩ト云ハ神道ニテハ天御中主命儒道ニテハ北辰
ノ了ニメ皆一ツ之人壽ヲ司ル星故是ニ壽命ヲ祈ルニト云擬ルニ天御中主命ハ天文家ニ
テハ赤道ノ了ト見タリ又神道ニ大元尊神ト称スルモ国常立尊ト聞リ猶思フニ
北辰ハ迁轉セサル故人壽ヲ乞又常ニ立ノ字義ヲ以是ニ比スル歟暦家ニテ天御中ノ
字義ニ依赤道ト云ナラン係北辰ト赤道トハ自別ニ太山府君ノ禁ナド云了アレバ赤道ト
スルハ不宜ニヤ

国狭槌尊　阳神水徳　百億万歳
以上号純男神　日本紀曰凡三神矣乾道独化所以成此純男

豊斟渟尊　阳神火徳　百億万歳

埿土煮尊　陽神木徳　二百億万歳
沙土煮尊　陰神
以下日本紀曰男女耦生之神

大戸道尊　阳神金徳　二百億万歳
大戸間尊　阴神

面足尊　阳神土徳　二百億万歳
惶根尊　阴神

以上三代六神雖有男女之形無夫婦之義又不知隠所

伊弉諾尊　陽神　此両神天ノ浮桟ニ立給ヒ以ニ逆鉾ヲ探ル之ヲ一滴凝固テ生ニ一洲ヲ号ニ

伊弉冊尊　陰神　磤馭盧島ト之淡路国ヲ為ニ中心ト諸洲ノ司也

地神五代

天照皇大神　号大日孁尊　二十五万歳　日ノ下或挟貴字　伊弉諾ノ御子也

正哉吾勝々速日天忍穂耳尊　三十万歳　天照大神之御子也

天津彦々火瓊々杵尊　或上加天饒石国饒石之六字　卅一万歳葬日向可愛山陵　母高皇産霊尊女栲幡千々姫命　天忍穂忍耳尊之御子之

彦火々出見尊　六十三万七千八百九十二歳　葬日向高屋山之陵　瓊々杵尊第二ノ御子之　母大山祇神女木花開耶姫

彦波瀲武鸕鷀羽（或作草）葺不合尊　八十三万八千四十二歳　葬日向吾平山上陵　火々出見ノ御子之　母海神女豊玉姫命

自是及人皇神武天王

日本紀曰伊弉諾尊伊弉冊尊立於天浮橋之上共計曰底
下豈無国歟以天之瓊矛指下而探之是獲滄溟其矛鋒滴

瀝之潮凝成一島名之曰磤馭盧嶋 【島高曰】 二神爰ニ降居して共為
夫婦（ミトノマグハイ）して洲国を産んと思し即磤馭盧嶋をもつて国中の柱として
陽神ハ左より陰神ハ右より旋りて同く一面ニ会ありける時陰
神　あなにや（和哉）うれしゑ（可美）少男にあひぬ　と宣ひ又陽神
あなにやうれしゑ少女にあひぬ　と唱和し給ふとぞ
和歌連歌の始とせり二條良基公の筑波問答ニ侍り 【神代藻草曰】
舊事紀ニ事之甚切なるを称ス阿那ト云ハ阿良と云

諾冊二神生洲国系圖　紹運録之抜書

伊弉諾尊
伊弉冊尊 ―【二尊生子】― 淡路洲　日本紀曰於是陰陽始遘合為夫婦及至産時先以淡路洲為胞
大日本豊秋津洲　天御虚空豊秋津根別

二

身一而有面四
伊豫ノ二名ノ洲

伊与　愛止比賣　西南角
讃岐　飯依古　西北角
阿波　大宜都比賣　東北角
土佐　速依別　東南角

[皇高曰] 是四国ヲ云歟身一而有面四　身一トハ四国一洲ヲ云ヒ面四トハ伊讃阿土其各々ノ国ヲ云ナラン

身一而有面四
筑紫

筑紫　向日別
豊国　豊日別
肥国　建日別
日向　豊久士比泥別

[皇高按] 前同断但筑紫ハ筑ノ前後丼豊国ハ豊ノ前後ヲ合セ肥国モ肥ノ前後ヲ各一国トシタルモノナルベシ日向ニハ大隅薩モ篭メタルニヤ

隱岐国
天之忍許呂別
[皇高曰] 都テ皆用洲島ノ字惟用国字其ハ意可考

佐渡洲
建日別
日本紀曰世人或有雙生者象此也
[皇高曰] 此旁注掛于隱佐两島而云乎

越ノ洲

大洲
天多麻止流別
[皇高曰] 伊豆乎

吉備子洲　建日方別　日本紀曰是始起大八洲国之号焉

對馬島　天之狭手依比賣

壹岐嶋　天之比登都柱

熊襲洲

小豆嶋　大野手止比賣

血鹿嶋　[高國]奥洲弁　天之忍男

姫島　天一根

兩兒嶋　天兩屋

舊事本紀曰惣産生大八洲次六小島合十四箇嶋二尊既生国竟更生神矣[高國曰]産洲ト産国魂ナルベシ下ニ詳之且洲島ノ下各小書スルモノ国魂ナルベシ下種狭別

句句迺馳神

草野姫　草祖　亦名野槌

日神

月神　月讀神　亦曰月夜見尊　又云月弓尊

蛭兒

素戔烏尊

大巳貴尊　又名大国主神　又大物主神等并有八名　神系己下繁多不遑毎挙

三

日本國異名和爾雅曰

○豊葦原千五百秋之瑞穂国　是神代之本名也　○豊秋津洲　此国形似蜻蛉[illegible]之形故帝名之蓋蜻蛉虫之名吾邦称之曰秋津或說云尓　○浦安国　取四海安寧之義名之　○細戈千足国　謂軍器備足也　○磯輪上秀眞国　謂吾国秀出諸洲也三名伊弉諾尊所號也　已上ノ　○玉垣内国　言神国之義此大已貴命所号也　○大八洲国　釈日本紀云日本国總名也

○太和国　又作山迹。山户。山止。○釈日本紀云日本惣名取太和為名何也盤余彦天皇定天下到太和国興王業始成仍以成王業之地為国号猶周武王於岐周定王業故国号周○弘仁私記序曰天地剖判泥濕未乾是以栖山往来因多蹤跡故曰山跡又古語謂居住為止言止住於山也○延喜開題記云艸昧之始未有居舎人民唯據山而居仍曰山户是畱於山之意也○旗軒啚曰神武帝之東征也自浪速過於河内将逾膽駒山而入于太和其方駐六軍於膽駒山之西也以其地在乎淀河之内故号其国曰河内以其地在膽駒山之东故号曰山外蓋對河内而為言也恐非山迹山止之謂且以在膽駒山之北号其国為山背中華人称日本為倭国太字本邦人所加蓋尊大之也後人改作太和倭与和音同故　○虚見津日本国　饒速日命乘天磐船而翔行大虚也睨此郷而降之故也因目之曰虚見津日本国○已上之名出于日本紀此本朝旧名也

○日本　吾邦在東太陽始発之地故曰日本　○磯城島　詞林采要抄云磯城島者太和国之名所也崇神天皇都于磯城島瑞籬宮欽明天皇都于磯城島金刺宮然則為日本總名猶以太和為中總名也

以上諸名者本邦所獨称也

○扶桑國　淮南子曰日出于暘谷浴于咸池拂于扶桑吾邦人以之称本邦為扶桑国梁南史云扶桑在大漢国之東二萬余里北在中

国之東其土多扶桑木故以為名扶桑葉似桐初生如筍国人食之実如梨而赤績其皮為布又云国無兵甲不攻戦有犯軽罪者入南獄重罪者入北獄有牛角甚長載物至勝二十斛以此説見之　本朝曽無如此之事跡然則古来虽為吾邦之号非是

○日域　長楊賦東震日域師古云日初出之処也故吾邦人取用之

○君子国　後漢書東夷傳云東方有君子不死之国故本邦人取之

○耶馬臺国　後漢書傳云大倭王居耶馬臺国具註一作耶馬堆今按即大和国也

以為吾邦之称

○倭国　異邦之書称日本曰倭山海経為始歟日本紀曰　本朝舊説云吾邦人始至中華華人云汝国之名称如何自指東方荅曰謂吾国哉漢人即取吾字之初訓令之曰倭○後漢書東夷傳云倭在韓東南大海中依山島為居○南史云順帝昇明二年倭王武遣使上表言自昔祖禰躬擐甲冑跋渉山川不遑寧処東征毛人五十五国西服衆夷六十六国渡平海北九十五国

○倭奴国　後漢書光武中元二年正月倭奴国王遣使奉献○唐書東夷傳云倭奴去京師万四千里其俗多女少男小島五十余皆自名国而臣附之

○倭面国　此国男女皆黥面文身故加面字呼之○東漢書云孝安皇帝永初元年冬十月倭面国遣使奉献註云倭国去楽浪万二千里男子皆黥面文身以其文大小別尊卑之差

◎若木国　山海経云灰野之山有樹青葉赤華名曰若木日所出

生我邦人取之為我国之号

○倭人国　魏志曰倭人国在帯方東南大海中依山島居

○日本國　唐書曰日本国者倭国之別種也以其国在日辺故以日本為名或云古倭奴国也自以其国近日所出故

以日本為号或云悪其旧名改之也○唐書亦云咸亨元年悪倭名更号日本使者自言国近日所出以為名○元亨集引和漢春秋曰武后改曰日本○今案本邦自上古国号曰日本異邦人自唐以来称我国曰日本

○姫氏国　釈日本紀云梁時宝志和尚讖云東海姫氏国者倭国之名也或云吾邦泰伯之後也泰伯周大王之長子而姫其姓也故称姫氏国然吾国君臣皆為天神之苗裔豈泰伯之後哉蓋姫者婦人之美称而天照大神始祖之陰霊神功皇后中興之女主故称姫氏国女国乎

○日東　華人称日本為日東自古而然近世宋景濂作日東曲十首

○東海姫国　已詳上記之説

○烏卯国　華人称日本曰烏卯言烏日也卯東也見于善無畏碑

○阿毎郷　按続三綱行実称日本謂杳々滄波阿毎郷是據于隋書所謂日本国主姓阿毎之説

以上諸名並出于異邦之書本邦亦称之

淡路國號數稱

○淡路○阿波施 日本紀 ○吾恥 神代巻 舊事紀 神代巻曰及至産時先以淡路洲為胞意所不快故名之曰淡路洲 舊事紀又全 淡路とハ吾恥也これ私し其言これハ吾の古言

○淡道 舊事紀 国名風土記曰諾冊二神瓊矛を指下して滄海を探りめぐらし矛の滴り淡く凝て洲となりて滄海の中に淡生なす故に淡路と名すると云 ○粟路 萬葉集

○穂狭別嶋 舊事紀曰御合して子淡路の穂狭分の嶋を産○神代口訣曰八洲各着国魂洲成精神也淡路ノ神ヲ号穂狭別 常磐艸 云 穂狭分ハ国魂の名と國造とかや因しき由侍る ○御食向淡路 萬葉集 枕詞燭明抄曰御食向淡路とハいさなとりの海士魚とりて天子の御食に指向ひまするゆゑ仁徳帝紀にあり

仁徳紀曰皇位空之既経三載時有海人賫鮮魚之苞苴献于菟道宮也太子令海人曰非天皇乃返之令進難波大鷦鷯尊亦返以令献菟道於是海人之苞苴鯘於往還更返之以令献菟道取他鮮魚而献焉譲如前日鮮魚亦鯘海人苦於屡還乃棄鮮魚

四

而哭故曰有海人耶因己物以泣其是縁也　常磐艸曰今按るに淡路の海人とも[illegible]

允恭帝紀に淡路ノ御原ノ海人ありと云事あれはいふなるべし

○御食津国　萬葉集　是も前に出しぬ

異稱　○宋史巻四百九十一 日本傳曰

南海有淡路云々○両朝平攘録巻四 南海道淡路云々 ○圖書編巻五十 阿波相近懸海

為淡路 ○武備志日本図中有淡洲圖淡路島国 ○同日本考阿波相近懸海為淡

路 ○同巻二百三十二 疆域考南海道六州 淡路六 ○同譯語淡路阿波智 ○皇朝世法録巻七十九

日本考南海道淡路 ○蒼霞草巻十九 南海道淡路 ○海東諸国記南海道淡路

州郡二水田二千七百三十七町三段　常磐艸曰今按るに淡路国ホとも山とも云に当るい

語之淡路太路と呼るものは淡路之異稱日本紀に見えたり

淡路国田租

和名類聚鈔源順朝臣著 曰淡路国阿波知 管二津名三原義波良 国府在三原郡行程上四日下二日上下ハ京都へ上り下りノ日数なり

田二千六百五十町九段百六十歩正三万五千束公四万九千束本穎十三万千[illegible]束雑穎四万六千八百束

○三代實録巻三十九陽成天皇元慶五年正月廿六日乙亥、令淡路国衆田穀類、男六千四百三十六束。勘益田二百三十五町載稅帳、以前守外従五位下伴連貞宗申請。　○延喜式巻二十六主税式云、淡路国正税三万五千束。公廨四万五千束。国分寺料五千束。大和国魂神祭料八百束。文珠會料一千束。修理池溝料一萬束。救急料三萬束　○拾芥抄曰、淡路下近二郡津名三原　府　田二千八百七十町　○續日本紀曰、聖武天皇天平十七年十一月制諸国公廨、淡路三万束

○延喜式巻二十三民部式曰、年料別納租穀、淡路一千六百斛

由加物

○令義解曰、細為絹、麁為絁　○釈日本紀曰、倭文古者節文布

○延喜式巻七神祇部　践祚大嘗祭曰。凡應供神御由加物器料（神語号雑器曰由加物、雑物雑費同為由加物）淡路国所造。瓮（ホトキ）二十口（各受二斗五升）比良加一百口（各受一斗）堝（ツボ）（或作壷）二百口（各受一斗）其幣五色薄絁（ウスアシギヌ）各三尺、倭文（シトリ）三尺、木綿（ユフ）麻各一斤。葉薦一枚、作具鑁（クハ）斧小斧（コヨキ）各二具、鎌二丁　遣訖使下當国凡直氏（オホシノアタヒ）着木綿鬘（ユフカツラ）執賢木（サカキ）引導（ミチビキ）上　凡淡路等国造由加物使向京之日、路次之国掃道路祇承（セヨ）

常磐草曰、按ニ大嘗祭料の為ニ大の瓮とは此国より調進ありし也、瓮・瓫・埦などハ皆土器の事にて神供

五

を製る器也今も片田村に土器作る者有り昔平城にて作りて進ぜしなるべし

御贄（ヲニヘ）

○延喜式巻三十一宮内省式曰淡路等国年中旬料淡路等国正月三日節料附内膳司　○同巻三十四木工寮式曰所進雑物　淡路国魚二十三斛六斗　○同巻三十九内膳式曰　旬料　淡路国雑魚二擔半一旬料　節料　淡路国正月三節五擔　凡淡路国進中宮御贄者貢正月三節料　凡諸国貢進御厨（ミツシ）御贄（ミニヘ）番（ツガヒ）者　淡路国寅未戌（一番坪ノ坏年）毎當件日依次貢進　○同巻二十四主計式上云　淡路国調宍（ザキシ）一千斤雑魚一千三百斤　自餘輸塩庸輸米　常盤草 淡路より魚肴を調進せし定ありしにて今は白浦を献せり

貢蘇

牛の乳を以て蘇を貢進するなり

○延喜式巻二十三民部式下云　諸国貢蘇番次　淡路国十壺（四口各大一升 六口各小一升）　右淡路等十二箇国為第六番子午年　凡諸国貢蘇各依番次當年十一月以前進了　輪轉随次終而復始其取得（以三升為大一升小者只云升）乳者肥牛日大八合痩牛減半作蘇之法乳大一斗煎得蘇大一升但飼秣者日別四把

器仗

○延喜式巻二十八兵部省式云、淡路国横刀四口弓十張征箭十具胡簶十具、右毎年所造具其様付者色別二一箇附二朝集使一進之

零陵香

○延喜式巻十五内蔵寮曰諸国年料供進　零陵香大二十四斤（於文称十六両為大一斤以三斤為大）三十把　本草白零陵香ハ蕙草根之薫草也云零陵ト云所ハ山谷ニ生ス葉ハ如麻両々相対ス方茎赤華至テ香しト

常磐草　淡路国ニ昔ハ在しとや今は其名を知るものもなく採薬使度々来りても又知人なきとや

土産

○新猿楽記 藤原明衡作　諸国土産部曰淡路墨　昔ハ墨を産せしとや今ハなし　○類聚国史巻百九十六殊俗部曰、桓武天皇延暦十八年七月崑崙人漂著于参河国所有其船中以綿要人賜于淡路其人来諸国而令植之　長文君書而謙常磐草　云々　然れとも綿を植る事絶てなかりしが近世ところ〳〵にて又作りまとも民家の所用ニ不足皆播磨の綿をもて木綿布を織けり　土地　米穀宜ク穀実多くして実り能く甘味よくて醞醸ニ酒屋之鮮にも四方に流る〳〵こそなし

六

駅路

○延喜式巻二十八主税上曰。凡諸馬皆買百姓ノ馬堪騎用者上置之 又曰淡路国駅馬 由良。大野。福良。各五疋。〔愚按〕延喜ヨリ往古ハ大野福良ノ間モ又駅馬有シト見ヘタリ○続日本紀巻二十九曰高野天皇神護景雲元年三月南海道使治部少輔従五位下高向朝臣家主言淡路国神本駅家行程殊近乞従停却詔許之

〔常盤草〕抑今ニ由良より[illegible]田千草村を[illegible]大野[illegible]三里大野より[illegible]之石[illegible]地[illegible]方国衙八幡を経て[illegible]四里〔此間ニ神本駅有ケレ氏行程近クシテ無益ニよつて停之しニ〕蓋由良より紀伊国加田に渡り[illegible]を経て上京する古の駅路なるべし ○又曰駅馬殖法 淡路国等上馬三百束。中馬二百束。下馬百五十束〔凡諸国駅馬飼秣者国司量路遠近嶮岨并使往還閑繁飼養〕又曰駅馬死損 淡路等十分許損一分

延喜式内名神淡路国十三社

釈日本紀曰淡路国例式曰正月元日国内ノ諸神ニ奉朝幣ノ事毎月朔日准此

津名郡 九座〔内二坐今 類三原〕 今七坐 内一社大

○伊佐奈伎神社 大 在郡家郷多賀村ニ〔国之多賀者古ヘ淡路ノ多賀ハ伊弉諾神ヲ移セシナルベシ〕〔常盤草〕神宅氏云旧事紀ニ淡路の多賀ト見ヘ古ヘ[illegible]近江

伊弉諾尊也之ヲ称淡路国第一宮○神名式頭注曰多賀天地大明神 ○日本神代記曰伊弉諾尊

伊弉冊尊神功既畢霊運當遷是以構幽宮於淡路之洲寂然長隠者矣亦曰伊弉諾尊功既至矣徳亦大矣於是登天報命仍留宅於日之少宮○舊事紀曰淡路之多賀者矣○延喜式曰淡路国津名郡淡路伊佐奈岐神社名神大　又巻三曰名神祭二百八十五坐淡路伊佐奈岐神社一坐淡路国【常盤草】扨また社に大小ありけり社ハ大社にて名神なれハ何事にても殊に大祭の式部中に記りあるに一宮の名ハ古代よりありとはいへど中世よりのことなるべし一宮といふ式説に崇神天皇の御宇に天社地社を一宮といひ垂仁天皇の御宇に国社を二宮と定むと又ハ大社を一宮とし地社を二宮とせしとも未詳○【延喜式】曰名神祭淡路伊佐奈岐神社一坐祭料絁五尺綿一屯絲五絇五色薄絁各一尺木綿一両麻五両裹表料薦二十枚有大祷者加絁五丈五尺以布一端代絲一絇○三代實録巻三曰清和天皇貞観元年正月二十七日甲申中略奉授淡路国无品勲八等伊佐奈岐命尊ノ異一品【畧曰】法華會舞楽料田廳宣支三原郡二宮ノ条下譲テ之ヲ畧ス其余當祭式年中行事部ニ挙

○石屋神社　在来馬郷岩屋浦　延喜式曰淡路国津名郡石屋神社

今ニ称天地大明神別ニ有岩窟々中有祠又称石屋大明神称岩楠大明神【常盤草】石屋神社ハ画島の南

七

の御陵にあり今天地乃神と称せる又岩屋乃神九座諸書乃神名も云社伝若干首八部郡
に記す神之神社の定説は今の　国守里郷の地なるを今の地に移せしを以て新国守私に浅はの
いはゆる杜といへるもそれなるべし　抑ここに云ふ所の神名帳社の記には日隅宮といひ淡路神社とは
石屋神社は石窟の中に在し小祠なるべし　伊勢尾張神など云　是は古事記に天安河の天石
窟に坐す神と伊勢尾羽張神といひ旧事紀にも謂ば石村に就てなりける神と天尾羽張
神といふ説によりてなるべけれ尤石屋神社は石窟の中に在まさずとも今み天地乃神と称
せる神社と云ふなるべし　或は何れの神なるを定かならざれば後世その名も定め難かるべし　尤岩屋
の浦の浜辺を云ふなるが浦の人々の天地乃神の北の海辺古城山の崖下に社石
窟旧は甚廃れしを神社を築く国窟を切立て今しかるべき所の窟中に拝くなると云
惜むらくは石窟の中なる小祠なり　土人は石楠なりと云ふ　或説に石窟は伊弉諾尊の隠れ坐す
幽宮といふ　因て拝み奉らんと淡路なる岩屋にて隠れましていひ伝へ浦乃の名なるは
坐せといふ由なりとあるによりて記し日本紀にも幽宮と申しおくとかや華たれども日

之少宮と云ふを擬し玉ふや　又神名帳の頭注ニ伊佐奈岐を天地の
神と申を伝る由来りますも天地を以てけり地ニ在ます人の始まる社号とす　従丸合
なれども或説ニ按るにあまり天地の神の社号にても其處ニ在神も同称ニて伊佐諾尊と
いへるハ此の神の名を称せる説くニ據るへし　嘉云　自凝島日記大神宮道作曰磐楠樟の社
是国の内ニ二神ニ蛭子を令生玉ふ二尊の始姫児を養めひ磐樟樟船ニ載せて流し給ふ
と云へる縁を被せりて東南ノ方の山ニ天地大神宮の社を作り国名玉ふ説冊
二尊三坐在ニて是を楠社と八十万神進各神像法に示めしと云　大神民ハ一時
千本の札ニ依て天地大的神の名号ニ開り給ひて各々神像を設け祀りしとぞ
国之播磨巡覧図画ニ曰　赤石窟社在魚住中書　和九樟を浮め潮の足屋ニ流し又
和毎ニ縛連て共ニ浮んで是自足しき葉之け神之潮ニ依居やとぞ尚佐紀り
是等の事くし按るに是きをあて足の所あり在所ノ神社を郡院にて判断せ
難ものなるへし

○伊勢久留麻神社　在同郷来馬村 伊勢森ト云　称伊勢明神祈年国幣ニ預ル神也

延喜式曰津名郡伊勢久留麻神社［常磐草］按るに伊勢奄芸（アホキ）郡久留真ノ神社式ニ載たりけ

社古へ伊勢より移せるなるべし井内之孝 志筑王子ノ社司 日吉田神宮臼井竹祐説ニ浅路云

久留麻社ハ敏達天皇の時伊勢より移奉りしと云しけ説も物あるべきかなし

○河上神社　在育波郷斗之内村

斗之内ニ有称河内大明神之社臨ニ西海而鎮坐疑河上転河内乎神名帳頭注曰風土記ニ人

皇三十代欽明二十五歳甲申冬十一月朔日甲子肥前国佐嘉郡與止姫神在鎮坐一名豊姫

或称河上明神一乾之二年ノ記ニ曰淀姫大明神者八幡宗廟之叔母而神功皇后ノ妹也三韓征伐之

昔者得ニ干満両顆而没ニ異賊之凶徒於海底文永弘安今者施ニ風雨之神変而摧ニ数多

之賊敵於波濤 ○淡路神社記 井内老孝著 津名郡河上神社延喜式ニ有ル在処知太疑ハ斗内十

ル河内社ニシテ河上ノ社ヲ河内ニ転セル歟［常磐草］畑村ニ在所告ノ社ハ細川氏河内より勧請

しく違ふなるを云けれ河内社もきたるも延喜式の所載と河内とは同神なるべしは

内国より路遠きを以て河内の神をハ祭りけるにや[illegible]　決して河上の特殊ニてハ在るへからさる[illegible]

同書南谷村ノ条下ニ曰河上ノ社ハ東谷ニ在リ鮎原天神と称せられ按ニ河上の名久しく廃して知人なし　昔此鮎原天神の社地都志河上ニ在て山ノ寄流ニ臨て外土ト隔浄にして松杉老蒼の色を呈せり古昔より神境なる事　天神ハ地祇ニ對して称号ニ世俗にも天神といへる多くハ菅神の事のミと思ひて当社とも天満天神と称せるも久しく知れたる式内の河上神社ハ必此霊地なるといふへし

暠曰仲也氏の考の如く河上の神社ハ鮎原なる事疑ひなし然れ共今更是非ハ云難し　天満宮と称して自然ニ廃し　天満宮と祟めたるも無論ならん　菅公の神徳の偉なるを仰くへし　本社ニ列て書社多く老松梅数ある所故ならんか　国君の御造立にて封田も若干社領も又無きる神なる菅公なる事こそ称せられけり　祝人佐伯氏及村里の祠官の属も多く国中にハ[illegible]積足大社にて魏々然たるなれ共如原ハ諸今河上社より先今更菅公を廃せんとするも知れかたし国人なりて菅神とあかむる[illegible]只[illegible]を殺除して河上神社ハ久しく[illegible]内と[illegible]

堅石ハ桂萩なとの字中らぬとて正字にあらす都て俗に通用せる文字を用来りしなるへし
然れとも此河上社家ハ東谷氏にて後升内と称し後来氏と称せしか其家の
支流今にありしも又河合村の河内社ハ東谷氏の持也旧社にて国主細川氏再興とも

○志筑神社

在志筑郷王子村　延喜式曰津名郡志筑神社

祭神若一王子権現　淡島随筆ニ引王子社記曰若一王子自熊野乗五色雲来于淡路国茲
有国人名井守令見王子誓伏曰我見神尊則美妙威徳可以保国土幸此所有美井其色
如璠璵味如天酒浴則潔神飲則長齢願進之王子飲之曰恰如天之甘露朕由是倍得長寿
而治天下護萬歳矣汝宜作新宮安朕焉井守令承之作宮晨昏供給子孫相嗣〔常磐草〕志筑浜
村東下曰志筑神社ハ浜村の支邑田井に在今天神の社と称せり昔ハ志筑天神の旅所とて家
楽の法会ありし事賀集山の古記にあり里俗ハ天満天神とのミ誤り伝ふへし菅神にハ非ス
王子村王子権現の社を志筑神社なるへしといふ説あれと尤更に左證なきなり此田井の社也
む古雅之號なるへし昔ハ祈年国幣に預りし社也〔皇国曰〕若一王子権現とハ習合家の称名ハ

是神系図に見へたる十三社中の神名合ハせ見るにおいて此神々延喜式内神社ハ何も
兩部習合せられハ王子ハ其名残神社とハ云すまさり付神社廃して久しく成しを井内氏改むる
へしと云延神社元よ載られし今猶小人とて王子と云へるなり望事よの古名天
神の伏名む其名残神社に據有り知れ兼し是文證きよ也なし

○築狭神社　在物部郷千草村　延喜神名帳曰津名郡築狭神社

或記曰祭神今按ニ蓋素戔烏尊也［常磐草］今諏訪明神と称す（別本千草ニ称ス）何築ノ社とのみそ［淡国通記］

築佐神社者今称ニ下ノ宮一是也［畧曰］上よハ八幡祠あり是ニ対てかのごとく称すへし按するよ

諏訪明神ハ信濃国の一宮ニ和爾雅曰南方刀美（ミナカタトミ）神社在ニ諏訪郡一号ニ諏訪大明神一今在記ニ云上

諏訪建御名方富命下諏訪ハ八坂入姫命又詳ニ于諏訪ノ舊詞傳ニ云々築狭社ハ淡州の神と

同神ことくりたる日も又全ことも須本ハ諏訪明神と云ふ祭日ハ正月廿日八月十日と

○由良湊神社　在津名郷由良浦　延喜式曰淡路国津名郡由良湊神社

或記曰成山臨海湊所ニ鎮坐一所祭速秋津日子神速秋日賣神　古吏紀曰伊弉諾伊弉冊二神

十

生氷戸神名ハ速秋津日子神次妹速秋津比賣神ト今ハ八幡宮ニ遷シ境内ニ祭之　常盤草　同浦

八幡宮社説曰末社ニ神ニ有名（東ノ方前　西ノ方前　荒神　天神　社伊勢太神宮上下　思之）五社ニ天神の社あり神ニあり二社ハ中頃より絶たり八幡宮の摂社ヲ王子稚児の社あり八幡宮御作の後王子の社ハ古よりの産土の神ニて八幡宮の摂社ニ加へ有りと云伝ふ付王子社即湊神社なるべしとある付然るに古より所謂天神ハ湊神にハ候で[illegible]よりの天神なると後世王子稚児と称し来りなるべし天神の社廃絶せしより其後必湊の神社の舊地なるべし付社前に二月四日ニ初午の祭とて同所以下あつて参りて国中をなし　淡路神社記曰由良湊坐之（神社ハ速秋津日子神速秋津比賣神之下）延喜式ニ載る所の社ハ今の神と神名を記さるゝハ後世の作と言ふ社にしくて其湊の神なれども其神と云ひて祀り之なし古事記日本紀詳上略之と何れハ之　淡路神社記ハ王子ノ社の祝人井内光芳守義所著なり

[illegible]曰　湊ノ神社と天神とハ王子の御神之所謂天神ハ菅神にて往昔ハ幡廊の東ニ社ありて其社ハ今も天神町と称す（土俗轉訛呼天上町ト）社廃して後神像ハ八幡宮の本社ニ移されて其神職宮内氏より王子ノ祠ハ今ヤ社の跡ニ在て湊ノ神社之祭式も正月六月十日あり[illegible]

八幡とおなじくしておなじ遷ありけるもあつこに淡路渡まて是稲荷社と称しても湊の

神社あるとも□なる□□四月九日には氏内の氏子する人と祭事ありて稲荷社に行

新年祭ハ今既二十七日再興あるべき也

○加茂神社　三原郡　四坐 後世津名内割 二坐加于三原　今六坐 内一坐大

在加茂郷上下加茂両村　鳥高曰式内加茂神社ハ上加茂也　加茂郷舊ハ津名今属三原

延喜式曰 津名郡加茂神社 或記曰 上加茂ハ瓊々杵尊 下加茂ハ神武天皇也 鳥高曰 此説蓋誤乎 可同于山城賀茂 下ニ詳

常磐草 賀茂祠下かもに在。賀茂神社ハ上かもに在。昔ハ祈年国幣に列りしよし

山城国賀茂舊記に欽明天皇御宇六十余国にかもの神国一処を定 肥後国記ニ引 淡路の加茂も

神国の一にしれなるや賀茂社なるや、本社ハ山城愛宕郡上ノ社ハ分雷神 下ノ社ハ御祖神

○岸河神社　在廣田郷納村　此郷亦舊属津名郡今属三原郡

延喜式曰 淡路国津名郡岸河神社 或記云 在津名郡岸河而今津名郡無称岸

河土地今世三原郡納村在称岸河之地 鳥高曰 往昔ハ納村属津名郡故有此疑 南有号山王権現其祠如陵

墓村老傳云昔者有社致粛慎之大祭矣 又東有若宮森小祠号伊勢御前之森共

十一

摂境于上内膳村僉岸河数十歩之辺境也未知何所其舊蹟也　常磐草　納の文邑
岸河に在舊地ハ岸河人家の側岸河ノ森にあり今ハ岸河の中に小丘山有りて山上
に社あり後世岸河の神社と称せしを今山王権現と称する者ハ新に国幣に
列りし神之　疇曰　蓋し紛紜しきるゆゑ洲本[illegible]村岸河の地洪水の為にその條更なり
を一片上内膳村に属して其村の地のめくりて争を経て自然に岸川ハ上内膳の地と
なりしものなりて内膳ハ其旧地に小祠を再興して岸川ハ我邑に在りと[illegible]村にハ岸
川の舊地なく其地を滅しける故新に異丘に祠を建旧名を継[illegible]近頃[illegible]村の社
再営興をなし石華門を建岸川の神社と標額を掲[illegible]内膳より是を拒ミ争論に
及ひ[illegible]村より京都奉行に訴[illegible]終に[illegible]の勝[illegible]内膳に在る
ハ実に従来の地なれハ[illegible]村ハ又古来[illegible]村岸川神社と云ふ[illegible]ハ内膳に
[illegible]内膳[illegible]地[illegible]なく[illegible]ハ名[illegible]地[illegible]其旧地の変[illegible]
を[illegible]者ハ内膳へ[illegible]して[illegible]岸川の神社

多くハ後世の合家して二つ家一如くなれハ二社一神にて於之當社の神社なる
その本源をきハむれど互に尊ぶのことなん也

○笑原神社　在養宜郷徳野村〔舊名日北野原村〕

延喜式曰三原郡笑原神社〔或記曰〕失其所在蓋徳野村有称野原大明神云
是也〔常磐草〕社領若干今東宮乃神と云西宮に對して云之昔ハ神事国衙より執行之
按るに笑原ハ乃波良とよむべし笑ハ玉篇に式良ノ切咲の古字とゆれハ我邦て
笑と咲を通して用ることなり源順和名抄に讃岐国香川郡笑原〔和名乃波良〕
とあり然の笑ハ原も今本に東とせハ笑と野と訓通ずれハ之なる神社役名越社記
に素戔嗚尊ともいふ神名を記せと八雲御抄　あきらのやまとのまへのものをやまとえく
ともいへり　按するにやハラハハラなるへし今の北原村と式に笑原に作る笑と咲と古
訓通用なるを記せり　矢食をおもふ如くにてハラのゑをもしなるへし　又按るに
猶あきのやまとのまへのものをまつよらに思ふ　萬葉第七　淡海之哉八橋

十二

乃小竹乎不造矢而信有得哉恋敷鬼乎　はおとそ写し訛ならや清浦と洗
路とし小竹を矢作らずとあやるよくやおぼし　書同曰　笑原神社ハ則此笑の上野右なる社なし
野原ならし森林なるを也

○大和國魂神社（大　名神）　在ニ幡多郷上八太村秦山ニ

二宮ト称ス　封田若干　国君ヨリ殿舎ヲ建営シ玉フ　此神ハ式内名神大社ニテ昔ハ宮中
名神祭及祈年国幣ニ預リ玉フ　延喜式曰　三原郡大和国魂神社（名神　大）　同書曰　大和ノ
国山辺郡大和坐大国魂神社三坐（並名神大　月次相嘗新嘗）　ト云々　此社ト同神也　神名帳頭注曰
大和社者大国主大歳須沼比賣三坐　崇神天皇六年鎮坐　清和天皇貞観元年正月廿七日従
一位　舊事紀　曰　素戔嗚尊娶ニ大山祇神女大市姫ニ生ニ大年神（大已貴神ノ弟）　此神娶ニ須沼比売ノ神ノ
女伊怒姫ニ生ニ子五柱ニ　兒大国魂神（大和神也）　次ニ韓神　次ニ曽富理神　次ニ白日神　次ニ聖神　文徳實録
巻三曰　仁壽元年十二月壬寅　詔以ニ淡路国大和大国魂神ヲ列ニ於官社ニ　常盤草　按るに官社の官當
作官　大和社ハ上なていきれの神なれって奉れるも後ハ皇女をもて斎しめ玉へりしなるには

何れも式内社に列りさせ給ふべき由なりけりと云べし　延喜式巻二十六主税上曰淡路国

大和大国魂神祭料八百束　同巻三名神祭二百八十五坐大和大国魂神一坐　淡路国　於彼社々

日本紀　崇神天皇六年百姓流離或ハ背叛者アリ其勢ヒ徳ヲ以テ治メ難シ是以晨興夕惕罪ヲ

神祇ニ請フ是ヨリ先天照太神和ノ大国魂二神並ニ天皇大殿ノ内ニ祭ル然トモ其神ノ勢ヲ畏レテ

共ニ住玉フ事安カラス此故ニ天照太神ヲハ豊鍬入姫ノ命ニ託テ倭ノ笠縫ノ邑ニ祭リ日本大国魂神ヲハ

渟名城入姫命ニ託テ祭リ玉フ然レトモ渟名城入姫髪落体痩テ祭ル事能ハズ　同七年秋八月

癸卯朔己酉倭迹迹神浅茅原目妙姫穂積臣遠祖大水口宿祢伊勢麻績君共ニ同ク夢ミテ奏言

昨夜ノ夢ニ一貴人有テ誨テ曰大田田根子ノ命ヲ以テ大物主大神ヲ祭ル主トシ又市磯長尾市ヲ以テ倭

国魂神ヲ祭主トセハ必天下太平ナラント云々　長尾市ヲモテ倭大国魂神ヲ祭ル主トシ玉フ　和論語巻一

神明篇曰　淡路国大和国魂大明神託曰諸人ノ悪ヲ身ニ作ルヲバ人ヲ是ヲ誅シ悪ヲ心ニ思フ者ヲハ神明是ヲ

誅スルニ　常盤草　淡路大和社は毎年の春の十日比神事ありけり此日士民群集し宴遊

して梅花を賞しもてあそびて二ノ宮の梅と称す昔ハ梅樹なと有りて甚多かりけるとそいへり

十三

はる祭典の古記に又故事に護国寺に記る処の元久の庁宣に一二の宮法華桜
両会の舞楽料田を寄らるゝ事見えたり此桜会のことなるべし其文曰

庁宣　　留守所

可令早引募一二宮法華桜両会舞楽料荒野
拾町事

右両会舞楽料田荒廃之替所可引募東神代八木安郷之由
去子年雖被成下御庁宣伊郷等令停廃之田代云々早令
開発様到其西神代之荒野可引募彼料田之状仍執達如件
留守所宜承知敢勿違失以宣

元久二年四月

守藤原朝臣　押字アリ

常磐草　按に庁宣ハ検非違使庁の宣にあらず庁宣ハ国守在京して助掾など国司の役に下せし

して国ふんと称するときハ一二宮法華壇ハ伊弉諾神社を一宮といひて二月十日ニ之祭礼を法華會といひ大和社を二宮といひて三月十日ニ之祭礼を桜会といふ是此両会の事なるべし又大和社司古鉄印一枚を秘む其文曰大和社印図左の如し

大和社印

此印久しく土中ニ埋れて有しを神社の界内ニて近世掘出せるとそ　按ずるに昔ハ郡印ハかり定め郡国官府の外にも封戸ある大社ニて其印をもちひられしと見ゆ此鉄印も古代のものなるべし

今社司の説ニ当社ニ祭る処ハ伊弉諾尊伊弉冊尊両神也故ニ二ノ宮とそ此説大ニ非也 猿楽淡路ノ謡曲有之 式ニ大和国大和社を三座とし淡路国大和社を二座とす一座ハ則国魂ノ神也国魂ノ神諾冊二神ならんや二ノ宮ハ伊弉奈岐社を一宮といひて両社にも尊卑二ニ当る故二ノ宮といふ 皇高曰 此社大和大国魂といひて蓋大己貴なる事也此神数名有りて大国主神といひ則音ニ通て大国神と号せし

十四

○久度神社　在神稲郷国衙村支邑則久度　嶋曰社号蓋因地名号也

延喜式曰三原郡久度神社　昔ハ祈年幣帛ニ預りしか今ハ社地僅ニ二十歩許小祠

淡国記曰（禅僧碧湛之著作也）久度神社者神稲荘国衙ニ有古神ニ而与伊勢外宮神職中西氏ニ棲ニ家之

相議使村民建小祠是也　或曰祭神仲哀天皇也　三代実録巻八 清和天皇貞観八年二月

五日壬戌授淡路国正六位上久度神従五位下　同巻四十六陽成天皇元慶八年九月廿一日戊寅

授淡路国従五位下久度神従五上　常磐草　按ニ延喜式巻ニ久度神とある祠を

載たり　公事根源曰平野社第二ノ御殿ハ平氏　二十二社次第曰平野第二久度神

仲哀天皇平家ノ氏神也

○湊口（ミナトノ）神社（大史湊口引合セテミナトト可読）　在幡多郷湊里村

延喜式曰三原郡湊口神社　三代実録巻 清和天皇貞観元年十二月十四日乙未授淡路

国正六位上湊口神従五位下　同巻四十六光孝天皇元慶八年九月廿一日戊寅授淡路国従

五位下湊口ノ神従五位上　長寛勘文曰久寿三年二月一日丁酉有諸社位記請印事

寛平五年依海賊事被祈申十二社 叙位正四位下湊口神 常磐草 按るに朱雀院
天慶四年より山陽南海に海賊起り兵を以て捕らるる由あり海賊の大将藤
原純友伊豫国に起りて阿波淡路などを掠め阿波並兼京国府も放火して淡
路はまりしに湊口の神に祈られしはさもありけるなるべし 以上十二社

○惣社 称十一明神 在榎列郷十一箇所、 村名因有十一明神号 社領若干

常磐草 按するに古へ式社の祈年祭は国幣をもち国守以下散斎致斎して
祭る事なり帳を班かるる事延喜式文に見えたり淡路国の式社大社二座小社十一
座国中に散在せる故国幣の国司ら各社に至りて幣を奉る事遥
且大社二座を除ては自らも祭に参る事もなく因て餘りの小社十一座
と国府の中に祭場を選りて国司ら祭に参りて幣を奉らなんとの各処
の十一座を一社にいはふ事を惣社といふなり十一座にもとよりて古大己社二三の事を
省きて其余の十一社の今も社因の保ちて処の祭事は古き流れて祝禰官廃し

十五

てより中世の人古代へと失ひて然さて社祀を設すると知へし　社司傳説ハ二ノ処村ノ条下ニユヅル

［淡国通記十三社記信曰］欽白延喜帝令智臣尋古神録三千余坐神社。雖然今絶八百年後而或有其社而不知何神。又或有神跡而已而無其社。由是観之則後代愈廃亡的矣。予惜此荒廃採摭其神跡而記之者也。伏惟神者天地人之中心萬物霊中之霊者矣。予勤探神跡於古記索霊跡於口碑而録之者何乎。世々国司君子或庶民據此記而修其朽廃再営神社祭祀不怠則神威倍振四夷咸推。和朝永安国家長久之栄幸莫大於焉。此記餘神跡者博洽之神職校正刪訂吾史庶幾欲誰曰尭舜禹湯望秩山川垂拱神祇。本朝者神国也。何不捜索神跡乎。

未詳所名廃寺

○宝冠寺

［日本鹿子］曰至徳元年細川頼之建法冠寺于淡州民山絶海禅師［淡国通記］同之且曰絶海者為夢相国師法嗣兵津名郡有大伽藍跡蓋此所乎［日本名寺社角力番付］淡路法冠寺西方在大中［博物筌］云絶海蔵原氏十三所仕夢窓国師建阿波宝冠寺後住

相国寺応永八年寂【本朝通記】曰至徳二年秋前執事頼之建阿州法冠寺請以中律為開山（三大国 永徳二年為阿波絶海名中律）

【鳥高曰】宝冠寺者謂淡路為阿州者蓋頼之為四国之管領以其才詮春令居于阿波勝瑞（称之阿波屋形）淡路為其属国故誤之乎至徳後円融院第一皇子後小松院年号也（尚按広石上邑在其廃跡今為田圃而字曰ホウグハンジト伝口碑是ニ書呼法冠也）

○海雲院（立海辺村 曹洞宗）【鳥高曰】按所謂海辺村蓋今炬口浦之古名乎今有称泰雲庵曹洞宗寺是近世再営於海雲院旧址而転訛海字音成泰字歟猶可考

○正福寺（立北島村 曹洞宗）

○洞宗庵（立一色村 右同宗）

【鳥高曰】正福洞宗二寺共今不得拠其所名蓋往古村名而後世改号乎且洞宗一本作洞泉何不知是非蓋泉泉字形相似故混誤者也曹洞宗之者畧名而為洞宗歟【淡通記】津名郡有大伽藍跡【鳥高】広石之上今云上邑（十九之）

○清瀧山（立武島 曹洞宗）沼嶋浦今無有此寺

○本善寺（立山下 浄土宗）【鳥高曰】閲寛文中須本古画図隣于今之神宮常楽二寺有此寺所謂山下者云城下近里也今称御山下対御城山云也

○神宮寺（立津名郡寺領五十石真言宗寺之）【鳥高曰】所々多同号以三原四字津名三字桃川南谷須本各異有之

十五

蓋洲本八幡社傍今之神宮歟所謂寺領可云八幡社領

○法輪寺　三原　真言宗　鳥高曰白山村今亦有同号寺然津名郡也按三原郡新開

村有此廃寺址今其廃跡有小草庵也

○西光寺　中川村　浄土宗　鳥高曰中川村者中川原或中津川之貶字乎按沼島浦

今有同号同宗寺蓋此寺往昔在中津川邑而後世迁于沼嶋歟中津川者淡路之

南濱而不遠沼嶋猶思中津川古者書中川而訓中津乎ツ者助字而如云上ツ方

或一ツ二ツ也後世終加津字歟

行幸於淡路天子及配流人並淡路由縁有人

○應神天皇　十六世　日本紀巻十小注曰一曰應神天皇十三年天皇幸淡路島而遊猟

之又曰應神天皇二十二年秋九月朔天皇狩于淡路島者云云故乗輿遊之天皇便

自淡路轉々幸吉備遊于小豆嶋

○仁徳天皇　十七世　古事紀下巻仁徳紀曰　大后石之比賣命甚多嫉妬天皇十七世使看吉備海部直之女名黒日賣其容

姿端正嚥上而使也然畏其大后之嫉逃下於本国久之恋之天皇恋其黒日売欺太后
曰欲見淡路島而幸行之時坐淡路嶋遙望歌曰　[illegible]

○履中天皇　日本紀巻十二　去来穂別天皇履中五年秋九月乙酉朔壬寅天皇淡路嶋ニ狩シ玉フ
是日河内ノ飼部従駕ニ事リテ轡ヲ執リ飼部ガ黥未差ズ時ニ島ニ居玉フ伊弉諾尊託シ
リ曰血ノ臭ニ堪ズト因テ是ヲトフ兆ニ云飼部ガ黥ノ気ヲ悪玉ヘリト故ニ是ヨリ頓絶ニ飼部
黥ズシテ止ム

○允恭天皇　同巻十三曰允恭天皇十四年秋九月癸丑朔甲子天皇淡路島ニ猟シ玉フ時ニ
麋鹿猨猪莫々紛々山谷ニ盈大火ノ如ク起リ蠅ノ如ッ散ル然氏終日一獣ヲダモ獲玉ハズ是ニ於テ猟
止ヌ是ヲトヒ玉フニ嶋ノ神祟リテ曰獣得ザルハ是我ガ心之赤石ノ海底ニ真珠アリ其珠ヲ我ニ祠ラバ
則悉獣ヲ得ベシト茲ニ於テ更ニ処々ノ白水郎ヲ集メテ赤石ノ海底ヲ探ラシム然ニ海底深シ
テ底ニ至ルヿ能ハズ阿波ノ国長邑ノ海人ニ男狭磯ト云者アリ諸海人ニ勝レタリ腰ニ縄ヲ
繋テ海底ニ入差須アリテ出テ曰海底ニ大ナル蝮アリ其処光レリト諸人皆善ヘラク嶋神

十七

ノ請玉フハ殆此蝮ノ腹ニ有ントテ又入テ探ルノ度ニ男狭磯大蝮ヲ抱テ浮出タリ乃チ息絶テ波
ノ上ニ死ス又陀ニシテ縄ヲ下シテ海底ヲ測ルニ六十尋アリ蝮ヲ割シカハ実ニ真珠蝮中ニ有其
大サ桃子ノ如シ則島ノ神ヲ祠リテ猟シケレハ多ク獣ヲ得タリ○島ノ神釈記ニ伊弉奈岐
神トス又曰男狭磯カ海ニ入テ死シタルヲ悲ミ玉ヒテ墓ヲ作リテ厚ク葬シ玉フ其墓今在リ
【常盤】云長(ナガ)邑ハ旧事紀長ノ国造云ト有今阿波国那賀郡或名方郡ナト成ヘシ男狭
磯墓海辺ニ有ヘシ未其処ヲ得ズ【島同図】播磨名処図画ニ曰男狭磯ノ塚赤石光源寺月
見寺（無量光寺 月浦山）ノ南源氏ヤシキ月見ノ松ニ並ヒテ一株ノ松残レリ是昔ノ塚ノ跡ニトゾ

○（才三世）安寧天皇ノ御孫和知都美(ワチツミ)命ハ淡道(アハヂ)ノ御井(ミイ)ノ宮ニ坐(マシマ)スト云々
（三原）尚三原郡榎田邑産ノ宮ノ条下詳ニ

○（十六世）應神帝ノ皇女ヲ淡路三腹(ミハラ)郎女(イラツメ)ト号ケ玉フ

○（十九世）反正天皇淡路宮ニ生レ玉フ
是又産ノ宮ノ条下詳ニ

○（四十七世）廃帝天皇諱大炊王天武帝ノ孫舎人親王才七子之【本朝通紀】曰天平宝字甲辰八年
冬十月上皇孝謙廃帝之位為親王遂遷ニ淡路ニ配嶋天平神護元年乙巳秋九月廃帝崩ニ
（年契ニ為十一月）

于淡路注曰帝在配所不勝幽憤踰垣而逃佗自病称助椽高屋連（高屋村ニ住ス為性乎高屋其程不遠之）等率兵邀之帝
還崩于院中或云被弑時壽三十歳○帝母妃共配淡路【續日本紀】云帝母當麻氏名
山背上総守従五位上山背老女也舎人親王妃也【紹運録】母本夫人山背上総守當麻老女【皇胤】
當麻山背性ト名ト且父女ノ名共ニ紛々○紹運録系図ニ帝ノ弟御原王（正二位中務卿）有按ルニ帝淡
路ニ遷セラレ玉フ時帝母當麻氏ト共ニ配セラレテ其郡名ヲ執テ御原王ト称セシニヤ

【皇胤】曰高瀬○可考由良生石川口ノ北海中ニ高崎トス礁石或ハ茲ニヤ○早良（郡名ニ）上御霊

早良太子（桓武帝同母弟）延暦四乙丑年廃早良太子放淡路【本通】曰太子怒在于路（同国高瀬）断
食薨同十七戊寅三月遣僧五百枝于淡路奉迎早良親王葬于大和国八嶋陵
○不破内親王（聖武帝子孝謙妹塩焼王妃也）【本通】（巻四十七）（後三）延暦元国正月氷上川継（塩焼王子也）事覚配豆州其母不
破内親王及姉妹悉流淡路【續日本紀】（前十）詔曰氷上川継（塩焼王之子）潜謀乱事既発覚據断罪
合極刑其母不破内親王反逆近親亦合重罪以諒闇（光仁）之始山陵未乾哀感之情不忍
論刑宜免其死而処之遠流不破内親王并川継姉妹者移配淡路国【日本後紀】（巻十三）桓
武天皇延暦十四年十二月乙酉配淡路国不破内親王移和泉国【皇胤】曰紹運録ニ川継流豆州不破配淡路

○山背王　〔常磐〕紹運録曰長屋王之子山背王流ニ淡路〔皇胤〕紹運録系図ニ長屋王
之子ハ桑田王ト有テ流罪ノコト不記父長屋王ハ依ニ謀叛ニ自殺トアリ一ニ長屋王ノ子膳
夫王ト有又厩戸ノ皇子之子ニ山背大兄王アリ予ガ所見ノ紹運録ト異本乎不審
○美濃国村国連要人　〔日本後紀巻四〕曰延暦十七戊寅年二月朔村国要人配ニ流淡
路国ニ以下停ニ病群盗ニ侵ニ掠百姓ニ也
○平維衡　〔今昔語巻〕今ハ昔前一条院（六十六世）ノ御宇ニ下野守平維衡ト云兵アリ是ハ
陸奥守貞盛ト云ケル兵ノ孫ニ（孫当作子）又其時ニ平致頼ト云兵有ケルカ共ニ兵ノ道ヲ挑ミ
合ケル間互ニ悪キヤウニ聞スル者共アリテ敵ト成ヌ各領国ニ在シガ致頼進ンデ維衡ヲ討ン
トシテ（時長保元年ニ）合戦ス数月ニ及テ子孫伴類郎等眷属討死スル者甚多シ然ドモ勝負
未ダ分タズ此事朝庭ニ聞ヘケレバ維衡ヲバ左衛門府弓場ニ被下致頼ヲバ右衛門府ノ弓
場ニ被下テ共ニ勘問セラルヽニ皆進ンデ咎ニ落ニケル各助ケラルヽニ極リテ明法勘ヘ申テ曰
襲ヒ討ントシタル致頼ハ罪尤重シ速ニ遠キ国ニ流スベシ請戦ヒタル維衡ガ罪軽シ郷ヲ移シ一

年汁リシテ免サルベキカト云ニ依テ公家宣旨ヲ下サレテ致頼ヲハ遠ク隠岐国ニ流サ
レ維衡ヲハ淡路ノ国ニ移郷セラレヌ

○藤原資定　東鑑九巻 曰文治五年己酉五月十七日被召返流人藤原資定（淡路国）

○實弘上人　仁治四年（改元寛元元年）二月高野山実弘上人淡州ニ諭セラル是根来ト諍論
ニ依テ之道範上人ト同船道範ハ淡路ヨリ陸行シテ撫養ニ渡リ讃州ニ流サル

○足利義植（室町十代将軍）　大永元年出奔于淡路称ニ嶌公方ニ詳之　叓跡古各部中島村大屋ノ条下

各所

村々其方地ニ中テ記スヘケレモ或ハ（古哥ニ淡路ト斗リヨメル者并）一名二処三処ニ跨テ論有モノ牽合捜索ニ
煩シケレハ一処ニ約メ次テ々見安カラ令シコヲ要ス且古人ノ哥詠ナキ者ト虽
叓跡古キ者又ハ奇トスル者ノ類ハ後ニ並挙テ釈シ各々ノ処地ハ僅ニ其名目ノミヲ誌

○淡路嶌（嶌山附）　——潟　——ノ浦　——ノ迫門　——沖　等古歌ニヨメリ

日本紀十巻 淡路ハ海ニ横リテ難波ノ西ニ在峯巌紛ヒ錯テ陵谷相續キ芳草薈蔚リ
長瀾潺湲ル又麋鹿鳧雁多ク其嶋ニアリ 常盤 此国ハ滄海ノ中ニ在テ山川秀テ美
々住吉ノ松間浪花ノ浦頭ヨリモ遠ク望ムニ煙雨風雲ノ景朝タニ変リ夕ベニ改リテ

十九

誠ニ奇キ観ナルベシ此故ニ古今ノ人歌ヒ詠詩賦リテ是賞ムヿ左ノ如シ

日本紀 曰應神天皇二十二年春兄媛吉備ニ往ヌ天皇高臺ニ居シテ兄媛ノ船ヲ望テ
歌テ曰　阿波施辞摩。異椰敷多那羅珥。阿豆枳辞摩。異椰敷多那羅珥。豫呂辞
枳辞摩之魔。儺伽多佐例阿羅智之。吉備那流伊慕塢。阿比瀰菟流莫乃

釈紀ニ曰弥ニ並ト八淡路島ト小豆島ト相並ヘルヲ云厚顔抄曰タカタサレアラチシトハ一句ノ義未詳推量
スルニタカハ誰カナルベシタサレハタハ助字タワスル、タトホミト云如シサレハ去乎アラチシハアラシ、ミテニ島ノアハ
ヒヲ誰カカク隔去テアラシ、ト宣ヒテ兄媛ト敵慮ト能叶ヒ
タルニ今別レサセ玉ヘル名ゴリヲ喩サセ玉フナルベシ

萬葉集三巻 羇旅哥 二首　柿本人麻呂　粟路之野島之崎乃　下略野島ノ下ニ全記ス

海若者。霊寸物香。淡路島。中尓立置而白浪乎。伊与尓廻之座待月。開乃門従者暮去者。
塩手令満明去者。塩手干。塩左為能。浪手恐美。淡路島　下略浅野ノ哥之枕辞邑紅葉ノ滝ニ全備ス
坐待月ハ明石ノ枕詞也

同集四巻 下筑紫時作哥　丹比真人笠麻呂　天佐我留。夷乃国辺尓直向淡路乎
過粟島乎背尓見管　上下略

同集六巻　御食都国。日之御調等。淡路乃　上下略野島ノ下ニ出

同反歌　朝名寸二梶音所聞三食津国　下略

同　名寸隅乃船瀬従所見淡路島　下略出 松帆浦

同　過敏馬浦時作哥　山辺宿祢赤人御食合淡路乃島二直向三犬女乃浦能奥同　真梶貫吾榜来者淡路乃　上下略後ニ見ユ

部庭深海松採浦回庭名告藻深見流乃見巻欲跡莫告藻之已名惜三間使裳不遣而吾者生

友奈重二　敏馬ハ摂津国菟原郡ニ在

同集巻八　摂津作哥　作者未詳　難波方塩干

丹立而見渡者淡路島尓多豆渡所見　続古今雑下ニ八　タヅ鳴ワタルトアリ

荒礒超浪乎恐見淡路島不見哉将過幾許近乎

住吉乃崖尓向有淡路島柯怜登君乎不言日者無　古来風体ニハ日ソナキトアリ此哥於遺集十五恋五柿本人麻呂哥

同　還来筑紫海路入京至播磨国家島時哥　五首

淡路嶋雲井尓見奴家作之毛　作者未詳　吾妹子乎行而早見

同集巻十七　天平二年庚午十一月太宰帥大伴卿　旅人　被

任大納言　兼帥如旧　上京之時傔従等別取海路入京於是悲傷羇旅各陳所心作哥

淡路島刀和多流舟乃可治間尓毛吾者不忘伊敝乎之曽於毛布　新古今恋五家ヲ君ニ作ル赤人ノ哥トス

古今十七雑上　わたつ海のかざしにさせる白妙の波もてゆへる淡路嶋山　読人不知

同　十二巻　悲別歌　三十一首ノ内

同　羇旅作哥　作者未詳

二十

同集　淡路島冬日かされの浪の上に結ふる海士の袖や涼しき　従二位家隆

同集冬　[illegible]鳴きさえつる浦千鳥も淡路の寝覚にかよふなるらん　[illegible]

同集冬　淡路島迫門の塩風さえし夜は妻呼千鳥たちさわくなり　前参議雅[illegible]

続千載　秋下　年中住吉社十首　あかし潟浦よりをちの月影に淡路も見えて[illegible]　前大納言為氏

風雅集　雑上　淡路の海も[illegible]まも霧晴て[illegible]ゆる淡路島山　前中納言定家

新千載　秋下　久方の月も淡路にわたりて浦風寒しいそちかき哉　後照念院関白太政大臣

同集　雑中　幾代の[illegible]の秋の[illegible]ぬる淡路島山　前大納言公蔭

新拾遺　雑中　難波潟淡路をかけて見わたせは入日のこれるあかし島山　花山院御製

新後拾遺　淡路島むかひの雲の村時雨染もおよはぬ住吉の松　前中納言定家

同集　[illegible]　権中納言為重

同集　旅　淡路島迫門の長浜[illegible]　読人不知

同集　雑上　[illegible]の海よりをちは淡路島山　津守国冬

廿一

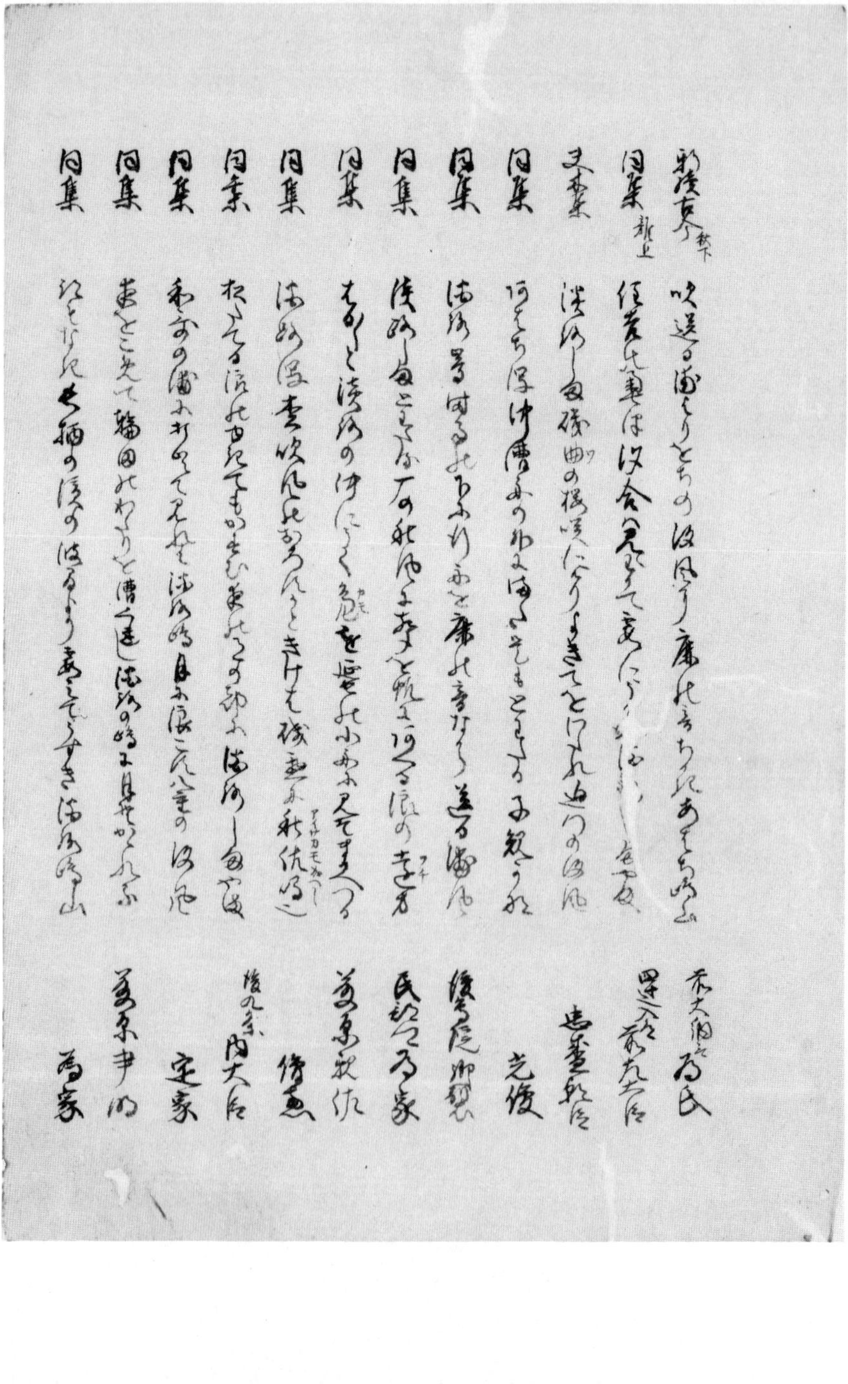

同　千鳥　　淡路島とわたる千鳥の心をは波風たえし浪のうへのゆくすゑ

同　細素哥合 十首中　海辺千鳥　　淡路島ちとりなく也暁のこゑもさやけし住吉の浦

同　海路　　よする舟へつゝ晴わたるあかしの方は淡路しま山

同　百首内 題ノ中　浦辺鶴　　淡路島千鳥声する朝なきにおれて新を拂ふ

同　雑 五十首中　　淡路島うき寐の床の住吉の松風さむみ夜半の友

同　秋　左将軍御詠へ 十首ノ中　　久しきや淡路にうつりけふのまさるさ

同　百首ノ中　　入るかたのハ淡路の嶋波まに人をみせりそよぎや

壬二集　寄海雑　　淡路島離なき野分て久しくセハ波のいろはのまゝ　家隆

トキハ 按ニいろはハ字母(イロハ)之行てハ葦手(アシテ)我国者体ノ中ニ葦手書アリ叙行誉ノ記ニ見ヘタリ

同集　　淡路島吹こゆる秋の浪風にたく小舟のかけさ

同　秋山月　　時わかれも雨のはれて月ともにす淡路しま山

同　住吉 卅首 冬五首ノ中　　住吉の松もゝ流れなき冬の海原にわかつる淡路嶋山

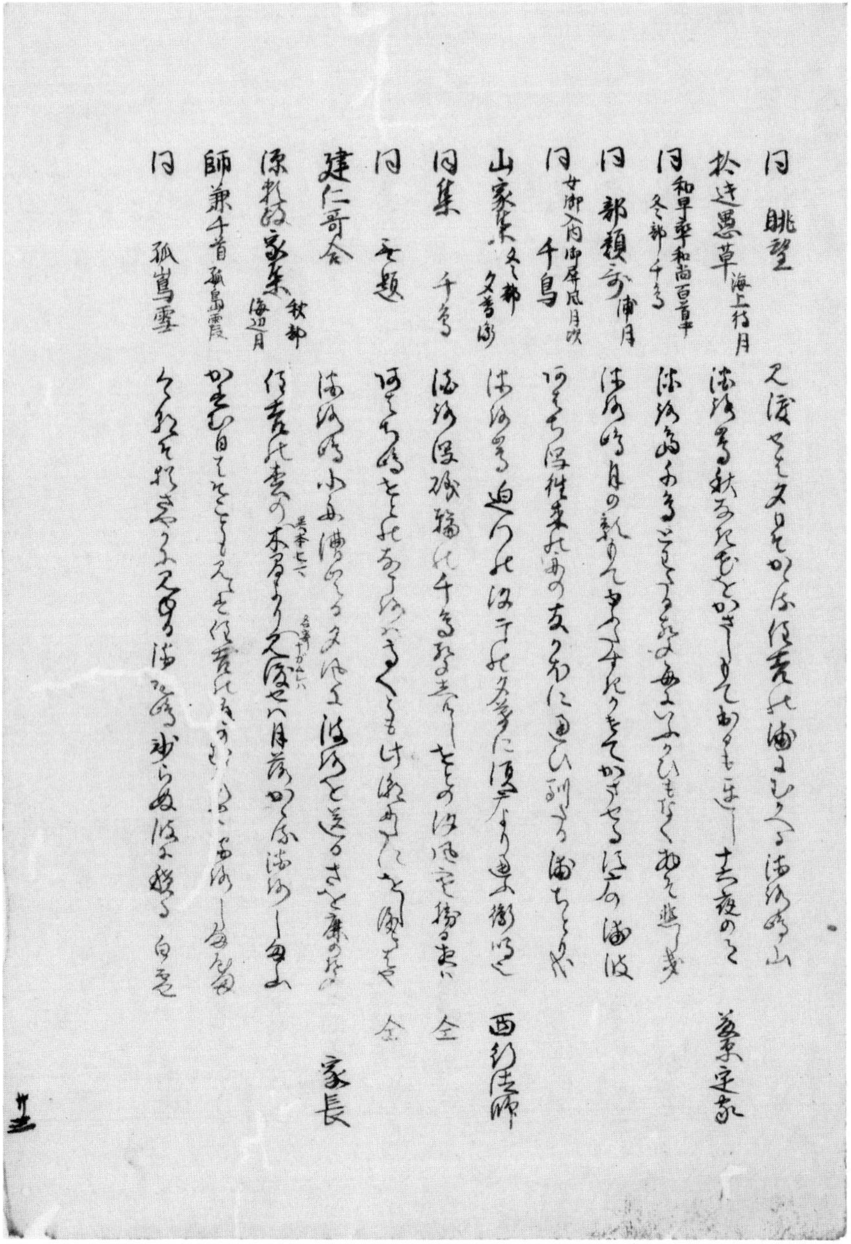

萬代　秋風の音かときけは淡路島 [illegible]　長方

堀河百首 下 海路　大嶋（大坂）や淡路のせとの [illegible] 片帆かくらん　中納言匡房

新葉集 十七 雑中　住吉の浜松か [illegible] 淡路島山　前中納言 [illegible]

同集 雑中　[illegible] 淡路島山　前大納言宗房

同集 雑中　[illegible] 淡路島山　前左近大将 [illegible] 母

同集　[illegible]　後村上院御製

同集　[illegible] 淡路島 [illegible]

同集 秋上　住吉の沖を [illegible] 淡路島 [illegible]　従三位国量

奥義抄 七種査体中 雑會体　借我山岑漕舟濃薬師寺淡路乃島農犂倍良（カスガヤマミネコグフネノヤクシテラアハヂノシマノカラスキノヘラ）　資人久米廣足

三部無名賢注　住吉の向ひの浦をはなれてや [illegible] 島山　忠峯

秘蔵抄 躬恒作　淡路島 [illegible] の梶音を [illegible]

續松葉集　淡路島 [illegible]

同集　淡路島迫門の汐さゐ何てこす舟人月之行らん

同集　阿ちち島てふやさえて友千鳥阿波の迫門に鳴て行覧

源氏物語明石巻　日た月花やかにさし出たるに淡路島を見やりて阿波の遥かにとのたまひて

阿波と見る淡路の島のあはれさへ残る限なくすめる夜の月　源氏

同巻風光　めくりきて手にとるはかりさやけきや淡路の島の阿波と見る月　源氏

井蛙抄　廣田歌合　漕離れ淡路を隔て淡路島渡てよそに渡る舟　季吉

同抄　播磨潟漕く舟それのふも見てこゆる山そ淡路島かも

草菴集　御子左大納言家四季百首ニ恋　淡路島離漕まよふ舟人の苦しと今は人を知らんや　頓阿法師

同集　冬部　浜千鳥　淡路島迫門の汐合寒くと波路隔て千鳥鳴也

同集　雑部　雨後眺望　峰と雲と見るそてるちきはテの浦や名の晴れるの淡路島山

同集物名部　草ノ名十　朝なさな磯路や淡路潟浪たゝにゆくかもいかゝらん
（麻　菜　薄　粟　茅　水桃　萩　藻　蒲　蘭）

同集連歌　むろふもすみ浦てそ帰れト云句ニ　須もしの浦にまかすむ淡路島山

廿四

柏玉集　須广の浦の家もあれしか淡路島波路も遠く千鳥啼也　後柏原御製

同集 雑八 夕陽映嶋　住吉や松のこずゑに夕日影[illegible]淡路嶋山　實隆

雪玉集　名所山　なくて世の霞よりあまのはるかにみえて淡路嶋山

草根集　思ひ入る淡路を行つて伊勢[illegible]すまの浦[illegible]　正徹

紫野沢庵和尚百首　眺望　詠れは淡路のせとふを行くところともなひけり

新明題集　何となくみよるゝ波の淡路嶋六十余りみかの[illegible]　基熙

笈の小文曰淡路嶋手にとるやうに見えて須磨明石の海右左にわかる呉楚東南の詠もかゝる所にや

物しれる人の見侍らはさまさまの境にもおもひなそらふるへし　芭蕉翁

[illegible]あいこえを始淡路へは来ませす丸枯尾花集に須广明石の夜泊淡路嶋の眺に杖を曳きしといへとも其島へ此嶋にて淡路の画[illegible]を何方と眺むるなるにやあらし

[illegible]かりて淡路へ[illegible]汐干かな　言水

のぼり帆の淡路離れぬ汐干かな　去来

イヨ桑山　張六

あれさけ音の京ゟ何そちし白

文化中の秋ふ京より海ふさ迄ふ船の本を漕きて　茲ニ並ベクモ有ネ共古今秀句ノ堪感衆シク拙ヲ忘テ記ス

棹しめ京何き乃本任海路かも　月石

由縁ある人さへ色濃任の放の都より任つるをちりて好みて作る

月も入るうかさひ海路をわすれ白　仝

○名勝詩集住吉八景ノ中淡州落月　桂州因

月落星稀暁霧晴

浦舟横去櫓無声　蒼茫極目前洲島　十里金波一様清

○同集尼崎八景ノ中淡路朝霧　鵜飼石斎

淡路島浮南海辺

朝々月霧遠相連　想看吾国初開此　渾沌猶存大古前

○同集陶器十景ノ中淡路残月　羅山子道春

南海水面生一漚

来域寂初淡路洲　渾沌氣洩草[illegible]路　滴々凝結億萬秋

今夜金盆映波浪　天光雲影照雙眸　應是玉兎出岩巖

廿五

可惜王母鏡欲收　吾聞乾坤生諸子　此島元是同胞肸
錦繃忽被曉風脫　姮娥浴後向西洗　住吉松間誰眺望
爭如身裏十二樓

○詞林意行集　梁南和尚 尾張惣見寺前住　從尾州熱田迄藝陽廣嶋路行詩中　淡路島
朱甍碧瓦聳雲間　突兀城樓誰敢攀　住吉松原霧晴近
難波葦浦浪清閑　朝賑漁屋颺煙火　暮留客舩病水灣
此景畫工可抛筆　月懸淡路島高山

同集　石川左近山材 丈山 藝陽道中詩中　過淡路瀬戸　一望千里一扁舟
高掛征帆過淡州　逆風洄波曾不起　天風吹送海門秋

○同集　和石川山材藝陽途中詩中　淡路灘 羅山子道春 寛永十年　回首風潮送客舟
猶望日本最初州　彦名飛下過斯地　廢帝遷来度幾秋

○同集　和石川子藝陽途中詩中　過淡路廼門 菅玄同 得菴　如泡嶋峙霧耶舟

資始丈秦六十洲　逆浪怒潮兵百万　英雄山立月明秋

○済勝具　諾冊二神降居磤馭慮島即淡路洲日本開闢之地見神代巻古史作淡道

送人之淡路二首　合籬[illegible][illegible]

淡道煙波遠　猶能一望通

指點蒼山小　征帆入此中

磐古降神地　君才足壯遊

行當見初日　日本是初洲

○同詩　淡路島　新井璵源君美

萬歳幽宮冈　孤洲積水回

風雲天柱壯　煙霧海门開

瞥色波间動　潮声月裏来

蒼梧南狩後　落日望中哀

自注曰太古伊弉氏之地定天柱于此亦造幽宮而隠事見国史

○名家詩選　淡路嶋　室直清

淡荒地拆海门開　中在微茫仙嶼回

鼇背日蒸金闕出　竜宮潮起雪山来

蒼梧惨澹帝陵樹　絲石動揺天柱臺

舟揖未因真訣決　坐看飛鳥入烟埃

○道之記　道範上人紀行中仁治三年仲春十日の[illegible]淡路の[illegible]迎見[illegible]義

廿

淡通 淡路評叙 并五言律吟十首

南海之一洲六国之中央山吐朝霞而気分盈矣張皇錦帳焉帆含暮山嵐而望洋焉奈何要津矣嘗観淡国之風物則漁人侵曉樵丈帯霧幽寂之情苦辣之態不堪使人感慨頽虽有穫而不輟荷蓧而芸者不見聖哲之質誰計風花雪月之咏還在臭鰕麋鹿之郷将丈子細看意則不為無風流或雇汀息渚沙鷹水鳥海月雲岫朝暉夕陰碧波長天多景千変夙夜看之而亦未定是故詞人才子無不為眺望詠吟蓋拾淡国之古歌而沈吟則歌風分品矣就中家隆之嘯浮雲（壬二 玉葉集冬 淡路島遥見ル浮雲モ須广ノ関屋ニ時雨来ゝ）為氏之歌月影（続千載集住吉奉納中 難波潟 浦ヨリ遠ク月影ニ波モ隔ヌ淡路嶋山）凝眸騁懐者也定家之題驟雨（新後拾遺集 淡路潟向ヒノ雲ノ村時雨染モ又住吉ノ松）国々之於朝夕（同集住吉社 摂津守氏 朝夕ニ見ル八ヨソ有住吉ノ浦ヨリ遠キ淡路島山）具状飽看者与人丸赤人之慕題人也賦思寄言為重

雅言之吟詠也有此有與此外王公貴蓋騷人墨客又有探頤薀憤其奇言朗吟鏘々然鳴于朝野皆有詔而無不編集矣自非平昔老筆硯富風雅豈有如此之詠艸哉時々手之口之則率忘寢食因為之叙詩贅於紙端者也

詠淡路洲五律十首

○遊目一洲島　滄茫不可方　山原黄犢路　江海白鷗郷
南向和歌浦　東臨住吉塘　就中明月夜　吟望與偏長

○海中容品物　奥鼇与黿鼉　可有神竜潛　不逢鵬鳥過
風流多濳泊　世味半鹹鹺　勘破漁翁意　雨晴下網羅

○東海神仙国　其初発一漚　天浮橋上月　淡路島山秋
不假嫦娥薬　豈求庾亮楼　疑遊無可有　放曠泛虚舟

○杖藜馳眺望　春溢海山新　若有題歌客　何無翫月人

森羅非外物　品彙悉家珍　舸艦發漂泊　未曾知要津
○昔賢歌淡国　汀墅及煙雲　句底清於水　詞華艶有文
詠無分白屋　題豈限朱憤　勅撰沈吟子　冬窓何不勤
○望中多改観　風物具難欣　海月垂天象　山雲画石屏
鳶飛霄漢晩　魚躍水濱腥　速我滄浪客　如同遊洞庭
○逍遥雨後天　緑艸遠相連　山有采薇者　里無辞米賢
魚塩元駁雑　麋鹿自駢闐　満目皆漁撫　輸詞人釣去
○一洲飛在海　山水直傾々　雲霧吐天日　煙霞遶石磯
遊魚争餌戯　鳴雁啄苔肥　晩景無窮趣　漁舟載月帰
○海山何不楽　春色両眉中　霞旌疑無嶋　浪號覚有風
○巌花紅爛熳　江月淡朦朧　何似白鷗意　舟人任転蓬
○和靖西湖楽　棹舟浮水湾　中心皆法界　満目是家山
○僧者茶三服　漁翁竹一竿　生涯曾不似　晤語伴幽閑

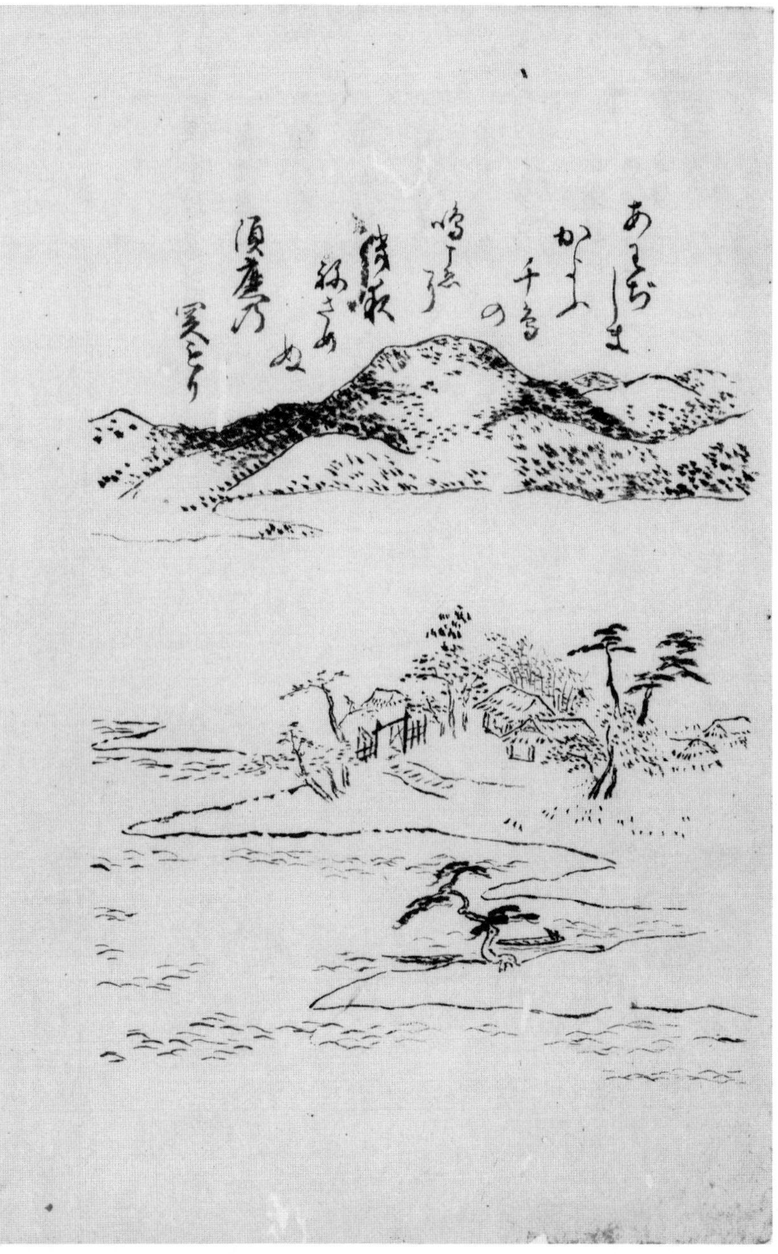

あはちしま
かよふ千鳥の
鳴こゑに
いくよねざめぬ
須磨の
関もり

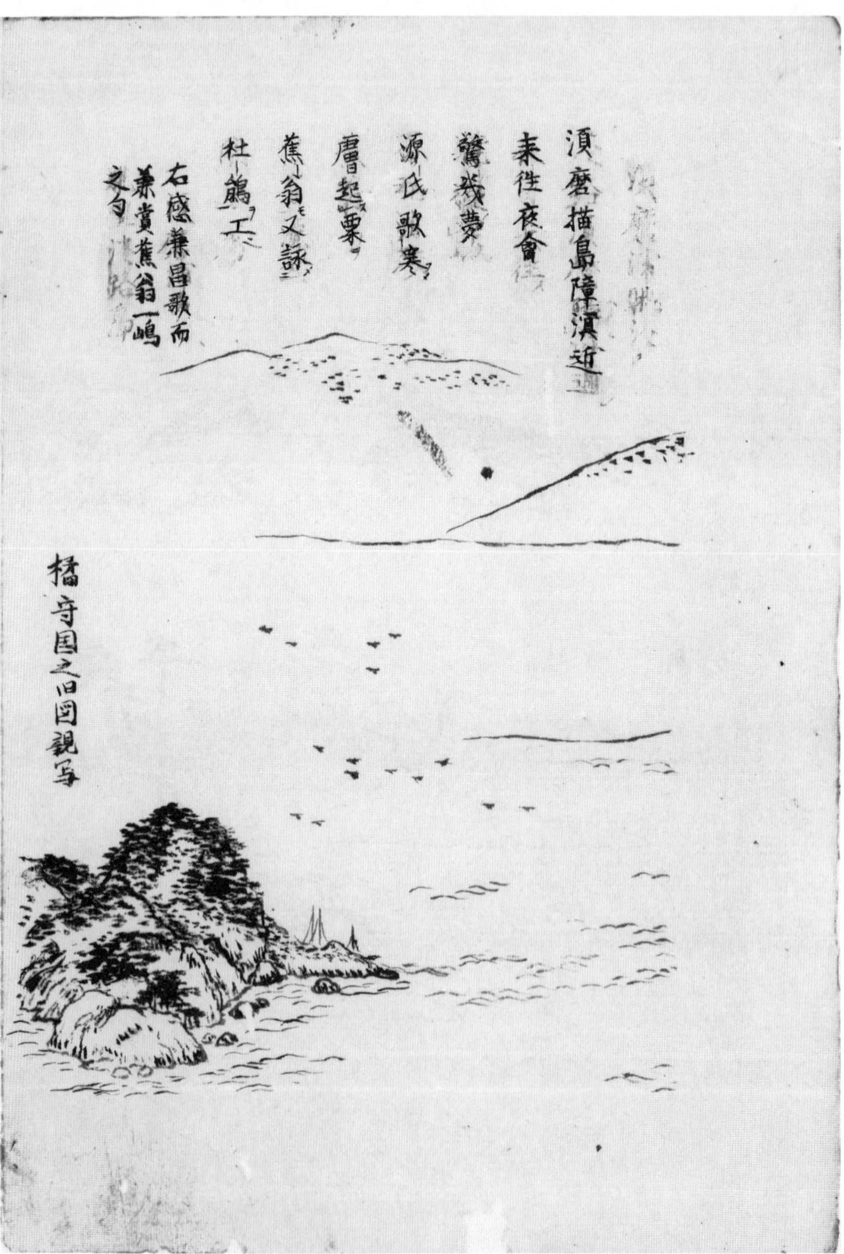
須磨播島隣須近
来往夜會
驚幾夢
源氏歌寒
暦起粟
蕉翁又詠
杜鵑工
右感兼昌歌而
兼貴蕉翁一嶋
之句
播守国之旧図覩写

大倭島
天地大神宮
画嶌
鶺鴒嶋
磐櫲樟神社

○道之記　道範上人紀行曰仁治四年仲春二日の暮方淡路の石屋に着て巡見するに巖の形緑松の枝碧潭の色晩景殊におもしろく感に堪て勝絶を忘れたり彼絵嶋の明神は漁人の法施法楽の勝にかくなん　あはれけりいかに海人画に写すとも神もこゝに住まさ　此石屋を立て炬口に至る海路七里余西に淡路嶋見えひかけたる奇岩も見けり山の消えゆく東は千里望あふるあたり眺望これまたゆゑありて東北前にまた石屋を山亦のえてうし山門あり峰おとなひちれ秦之てあきりへこれ見せる処海岸海しほさと海人のこゑ淡路の中の者をよそたふれにかく見るかとそいつとせめて聞れまるたのしみあるともけふありやそん旅のそそさん　同日無りけるく陸行三里淡路の常宴の国府に至り中一日を経たり是国府といは淡路の配流の人同じ昔に世々のまるとゆりて歴其所あり伴の人は炬口に止まりぬけれど前より只同朋一両輩のをみて舞振のないをぬし　さらぬさにまそおなるに枕見をて哀をと吹く風か　かく隔てさびしさを送りたる日にも別れも国府を立て三里福良の泊りに浩りけれど雨風烈しくて三日滞留せりしく竟此所に寄りて

吹いりて海士の苫屋の傍に我衣に吹て又夢みれも　御はかなく鳴る日あす
経て習ぬ旅に出て神仏　何事も我身に行なくて変を嘆くは物いふく
ら無し　よろしく仏神に祈り来れをこそ絶まや　此波かさなり十日に稲されつ
備より船にのりて阿波の鳴門を見て松島住田に到る浦に三里計島に入
にくの気色に心をまかせ限りなし

野峯古徳傳曰道範ハ泉陽船尾人也高野山八傑之一也建仁二年入住宝光院後移正智院仁治四年春坐根嶺之事竄讃州建長元年逢赦帰山在南海凡七年其流宮之履歴記傳

常盤　仁治ハ四條院八十六世年号之四年寛元ト改元ス後嵯峨院八十七世元年也頼経将軍ノ世北条経時時頼兄執権ノ時ニ根来寺ノ訴論ニ依テ高野山衆二十余人京都ノ官廳ヨリ国々ヘ配流セシ時ノ紀行ニ淡路ニ配流ノ人トハ実弘上人ニ當国ハ小笠原氏守護ノ時ニテ養宜ニ官府有シナルベシ道範帰山ノ時モ阿波ノ鳴門ヲ渡リテ福良ニ着加集ニ宿シテ由良ヨリ紀国ニ渡リシ

○細川幽斎道ノ紀　天正十五年三月廿日神博陸殿下九州大友路は我の弥猶をとゝめ

廿七

らるへきかたの遊女のまうち息あつ布日文書え来津に上荒を逃れ入たせし
ありなまをも休まれとまても知りしをもるかたるの浦の様をいふうなる国と
え尚きの地くは月十あるふ舟をとえ然るに本郡（領国冊後之郡名之）さらく出で（中略）是分（高砂浦之）
松帆の浦見あやんと七月九日の晩東よ満やそり上のろのとおり此風を待帆よ
かけくをかくと淡路島みまりて　同あれ遊やき舟ふ付し浮き帆よ月代
をむけてそ見る　梅香帆の浦近くなれと舟をとよやそ見すふ眺てやれと彼みう
うひくえてる　風吹松帆の浦わ霧をれて浪より寺むる所に月
又淡路島をそ磯をえ少に山のかきありく眺めあれと　同義定とも浪路たりうり
たてあそ山やゆうしふ淡路島なりけむ　須广ノ浦ニテノ哥已下文ニ預サル故畧之

○礒取盧山［秋寐覚　和爾雅］嶋共云日本最初山也［国巻万葉　日本鹿子］都テ當国ヲ指テ云リ當島国ノ惣
名之［常盤］藻塩草ニ淡路ノ惣名之ト云ハ非之○自凝島社三原郡下八太村圓行寺川ノ側
ナ四山ノ小丘ニ在青松ノ茂林ニ小社立リ伊弉諾伊弉冊尊ヲ祭ルト云［常盤］按ルニ礒

馭盧島山ノ名ヲ假テ此回山ニ移セル也（嶋曰）常磐草ニハ沼島ノ一峙ヲ以テ是トス其論下ニ
詳也ハ大和名類聚ニ幡多和名波多ト有此或ハ肌字ノ訓ニ云二神彼嶋降居シテ始テ夫婦(ミトノマク)満
(バヒ)合シテ肌ヲ合セ玉ヒ洲国及諸神ヲ産玉フニ就レハ爰ニ号ケ祭ルモ摽ナキニシモ非ル力且近郷ニ
(ウブ)産ノ宮産湯ノ池産所等ノ名アリ按ニ列(エナミ)モ又胞埋ノ訓ノ中略ナラン乎皆生産ノ縁アリ
日本紀ニ其矛ノ鋒ノ滴レル潮凝テ一ノ嶋ト成ル是ヲ号ケテ磤馭盧嶋ト云ト（嶋曰）此深意
ノ愚考有ト雖モ妄ニ古史神紀ヲ言訐(アバカ)シコトヲ恐レテ筆ヲ閣(サシオク)（常磐）曰按ニ瓊矛ハ神代巻
小注ニ瓊ハ玉也此曰努(ヌ)ト有努ノ呉音ヌ也古事紀ニハ沼矛ト書タリトホコト讀ハ誤也
古ハヲノコロ島ト云シヲ沼矛(ヌホコ)ノ滴(シヅク)凝テ成ル島ニト云説ヲ取テヌホコノ島ト云ベキヲ省テ
ヌシマト後世号ケシナルベシ釈日本紀引公望私記曰問此島有何意名之乎答是自凝之
嶋也猶言自凝也今見在淡路西南角是也云俗猶存其名也按ルニ西南之角ト云説多ク
違ハズ沼島ハ国ノ南ニ在俗猶存其名トアレバ公望ノ比マデハ自凝島ヲ能知タル人有シ也釈紀
又曰或説今在淡路国東由良駅下又曰或説曰淡路紀伊両国之境由理（由理ハ由良ノ誤ナリ）駅西方

廿八

小島ト云々然而彼淡路ノ坤方小嶋于今得其名也拯ル二上略由良ノ駅ノ五里許西ニ沼
嶋アリ　日本紀纂疏　曰磤馭盧島舊説和州之宝山也一曰江州之磨山ナド有ハ神紀
ノ文義ニハ合ハヌヤウ也○上立神島ノ南磯海中ニ在高十余丈ノ石直立シテ柱ノ如シ○下立
神高六丈許ノ石之柱ノ如ク挺立ス立神ト称スル意ヲ考ルニ是又神紀ノ言ニヨリテ名付
タルニヤ　神代巻　曰磤馭盧島二神於是降居彼島云々便以磤馭盧嶋為国中之柱而陽
神左旋陰神右旋分巡国柱　又一書曰二神降居彼島化作八尋殿又化竪天柱云々
即将巡天柱　皇国曰　自凝嶋又有新説○窟浦ニ在画嶌之ト明和庚寅摂州上宮神官
大神氏日向守貫道又自号竜雷神人　自凝嶋日記　明和七年ヲ編メ曰　神代巻口訣　曰磤馭盧嶋自凝島也在淡路
西北小島也ト此説能支跡ニ叶ヘリ纂疏ニハ在淡路洲之西南小嶌具ニ今得其
名ト有ハ恐クハ西北ノ書誤ナルベシ中略斯島ハ淡路洲ノ西北ノ隅ニ在胞島是也蓋　神代巻
曰以磤馭盧嶋為胞生淡路洲ト云本文ニ因リ其地方ニ鶺鴒嶋アリ二神交道ヲミ
ソナハシ玉フ跡ヲ残セリ其辺ニ磐樟ノ神社アリ岩窟ノ内ニ二神ニ姪娶ヲ合祭ルニ

皇国云　ハ太ニモ
又鶺鴒石アリ

尊始メ蛭子ヲ産玉ヒ磐樟船ニ載セテ流シ玉フト云ル古跡ヲ残セリ其東南ノ方ノ山ニ天地
大神宮ノ鎮坐アリ国常立尊諸冊二尊三坐在シマス其摂社ニ八十万神達各神像
鎮坐ナラセ玉フ自凝嶋ノ南ニ一嶋アリ大和嶋ト名付

明玉集 又夫木集
うみちかや をのころ嶋のあれて我すむかたの代そ久しき　中原師光

哥枕名寄
淡路なるをのころ嶋をとりもなく神そ父母ととめ道を　兼成

上十八 あることとりすてゝとりまするの写撰すや

こむさいぬ禰染れとのこゑしぬ　三千風

自高因 三千風ノ句ハ八太ニテノ吟ナル ヲ説共ニ出セル先ニ

島云 先ニ云産ノ宮ハ榛田村ニアル淡路ノ瑞井ノ宮也 産水 社傍ニアリ 穢ノ池トモ云 産衣ノ池トモ

古事紀 上巻三原ノ巻産宮ノ下全文ヲ挙 和知都美命 懿徳同母弟ニ 八淡路ノ御井宮ニ坐ス 御井宮ハ瑞井ノ宮ニ可同也

又曰 品陀和気命天皇 應神 品真若王ノ女弟日売ヲ娶テ御子阿具知能三原郎女ヲ生ム 首書曰 具 當作波

日本紀曰 瑞歯別天皇 反正 淡路ノ宮ニ生ル 茲ニ井アリ 瑞井ト云 則汲テ太子ニ洗シメツル時ニ多遅比花落テ井ノ中ニアリ因テ太子ノ名トス 多遅花ハ今ノ虎杖

二十九

ノ花之故ニ称ヘテ多遅比瑞歯別ノ天皇ト云 姓氏録 曰大鷦鷯天皇御皇子瑞歯別尊誕生淡路宮之
時淡路之瑞井ノ水奉レ灌御湯ニ于レ時再枝花飛入御湯ノ瓮中ニ色鳴宿祢称ヘ天
神寿詞ヲ奉レ號曰ニ多治比ノ瑞歯別ノ命ト乃定ニ多治部ヲ諸国ニ為皇子ノ湯沐ノ邑ト
即以ニ色鳴ヲ為ニ宰ト令レ領ニ丹比部ノ戸ヲ号ニ丹比ト遂ニ為レ姓 古事紀 下巻曰大雀命ノ天皇
娶ニ葛城ノ曾都毗古ノ女石之日売ノ命ヲ娶リテ蝮之水歯別ノ命ヲ生ム 又曰 為
水歯別之御名代ニ定ニ蝮部ヲ淡路国三原郡也 天書 ニ曰及レ沐有ニ泉湧出ニ虎杖花並
出ニ泉中ニ名曰ニ瑞歯天皇 産宮社説 ニ産宮ハ天照太神生レマセシ処ト云
常磐 神代巻ニ伊弉諾伊弉冊尊淡路洲ヲ胞トシテ大八洲ノ国々ヲ生玉ヒテ天
ガ下ノ君タル者ヲ産サランヤトテ日ノ神月ノ神ナドノ神々ヲ生玉ヘルトアレバ淡路ニテ
天照神ノ生レマセシ理リ無ニシモ非ズ 篙曰 新ノ如ク古ノ天子淡路ノ瑞井ノ宮ニ
生レ玉ヒ及ヒ皇女ナドモ茲ニ生レ玉フト見エレバ先ニ云校列郷村ノ名舊胞埋ノ
訓ナルコト右ノ諸説ニ符合セリ エナウヅミ中畧シテエナミ又エナウメ約メテエ

十ニト云カメトニト通音ニ淡路嶋ヲ以テ胞トスト云ヒ二神肌ヲ合セ玉フ波多（自凝）
郷ニ在ル自凝島ト云ヒ旁以甚據アリ〔古事記〕仁徳天皇紀上畧欲見ニ淡道島而幸ヒ
行之時坐ニ淡路ニ遙望歌曰（寄沼島ノ条下ニ出ス故ニ畧ス）〔書言〕沼島条下ニ厚顔抄ハ淡路ノ坤方ノ島ハ叡
覧ニ入ラズト云〔帝王編年〕沼島ハ粟嶋（伊加嶋在アハシマモト シキヲ云之）ト共見サルベシ彼十六坤方嶋ト幸モ叡覧ニ入ルベシト論アリ然レ共
入ルベカラズノ論ニ不拘此御歌遙望トアレバ於志氐流夜〔八雲通〕十二八ノ枕詞ニ一説十二八ノ崎ハヲシ出シタルヤウナレバ押出ルト云也又説アレテ
ルハウシホ出ルヤト云也トモ云尚口傳アリト 那尓波能佐岐由伊傳多知底ヨリ佐氣津志摩義由〔ミデヘ〕ハ一目
中ニ見渡シ玉フ六ニ非ザルベシ譬ヘバ舟行ノ紀行ヲツヾルニ初メ纜ヲ解テ出船ノ地
ヨリ先々嶋山ノ羨泊々々ノ哀次才ク目ニ觸ルニ任セ其景色ヲ伸ルニ非ズ
ヤ是其路程ノ始末ヲ一時ニ見渡スニ非スシテ漸々行ニ随テ跡ハ遙ニ遠
ザカリ隠レ先ハ近ク見ユルヲ千里ノ長途モ一筆ニ書列ヌルガ如シ幸行ノトキ
坐ニ淡路島ニト有カラハ八太ナル自凝嶋ヲモ叡覧有シ亊明之尚又再
擬スルニ幸行之時坐ニ淡路嶋ニトアレバ難波ヨリ舟行眺望ノ御詠ニハ
非ルベシ淡路ニ居〔マシ〕テ四方眺望ノ御製ナルベシ難波ノ崎ヲユハヲリナルベシ意

サヌノ二

出立テ我国（十二八成ベシ）見レバ粟嶌自凝嶋阿遅摩佐能嶋モ見ユ先ツ嶋見ユ
難波ノ崎ヲ出テ此淡路ニ来リ遥望スレバ我国ノ十二八、八重霞ニ立隔見モ分カズ
近ク目ニ遮ル島々ハ粟嶋（トキ八）（加太淡島ノ社旧伴ガ嶋ニ在ト云然レバ伴島ノ淡島ナルベシ）自凝島アヂマサノ嶋
其外先々ノ嶋ナドモ見ユルト云義ナルベシ阿遅摩佐ノ嶋（日本紀）人ノ名ニ檳榔ヲアヂマサ
ト点セリサレド嶌ノ名ニ聞及ズ名ノ変リタルカ（奮園云）或ハ沼島ノ古名ニヤ指タル嵜ノ処ハ遠ケ
レド沼島ノ磯辺ニハ水鳥ノ多クムレアツマル処ニアヂマサハ若ヤアヂムラニヤ（マトムトサトラト共ニ音通ズ）
崎々ノ嶋近クハ鳴門ノ辺ニ裸島飛嶌綱干嶋等岩屋ニ画島大和
嶋（俗大画島トモ云）有リ遠クハ家嶋小豆島抔モ見ユ扨亦画嶋ヲ自凝嶋ト云合
説アリ文政十一戊子南紀本居氏適遊ニ当洲画嶌ヲ見テ自凝嶋
是之神代巻口訣ニ在ニ淡路ノ西北ニ小島也ト画ハ胞ノ略訓ニ亘ハ海中ノ離嶋
ト雖其地脉全本洲ニ接續セリ云々当時豪傑ノ新説是モ又糜難シ
併ナカラ凡慮ヲ以テ一決シカタシ常磐州ハ博覧強記当洲近世ノ
宿儒ニシテ其論皆神書古史ニ因テ敢テ私ノ誣言ニ非ズ尤明説ニ
然レドモ八太郷ニ在処ノ自凝島ハ何レノ時ヨリカ称シ来リケン年古ク

祀リテ国俗一丁字ヲ知ザル者モ普ク自凝嶌ト云傳ヘテ爰ニ詣ルノ
徳アリ然レハ沼嶋ヽト云ハ諸神書古史ニ牽合シ近世ノ書ト雖名家ノ
言ハ撰ズ悉執テ交ヘ考ヘ其理ニ恊ヘルノ発明ナレ𪜈此説ヲ見テ文字ニ志
有者ノミ知テ俚俗普ク知ザルノ損アリ又岩屋ナル画嶌ト云ルモ素
ヨリ其職タル大神氏神代ノ巻口訣ニ因テノ朙説ナレ𪜈是又同断弥
前説ニ後ルヽノ損アリ沼嶌岩屋共ニ衆人自コロ嶋タル事ヲ知ズ故ニ
沼嶋画島各其理ヲ知テ人々好ム処ニ任セナガラ先ヅ世上通用ノ八太
ノ小丘ヲ実トシテ世俗ニ従フベキ歟淡路ノ惣名ト云ル説ハ鉄炮ノ
的ノ角ヲキソガ如シ黒星ニハ的中セズ𪜈丸デ外ルヽヿナシ結句是非黒
星ニ中テントセバ一方ハ必ズ廣遠千里ノ差出来ヌベシ神代ノヿハ云々妙々
ニシテ凡慮ヲ以窺フベキニ非ズ竜雷神人ガ画嶋ノ奇石ニ感シ自凝
嶋ヲ以胞トシト云神書ノ文義ニ因画ト胞ト訓ノ通ヘルヲ以爰ヽト見
極メ仲埜翁カ上下ノ立神石ヲ以テ天ノ御柱ト決定スルモ古史ニ西

廿九ノ三

南ノ隅ト云。因ヒハ共ニ癈弃シ難シ。鄙吏ノ磋云ナガラ是ヲ近ク凡人ノ上ニテ云ハヾ
名家ハ其盛ナルニ衆シ姓ヲ分ッテノ分家多ク賈商モ至テ富栄ナルハ諸方
ニ出店多キガ如ク自凝島モ真跡ノ本家ハ八太画嶋沼嶋ハ属家ニシテ
真境ノ余勢ナルベシ然ラバ何レ非ニトシ難シ猶熟考スルニ天ノ御柱ト云深
理ハ天地ハ陰陽ノ二気ヲ柱トシテ立リ其天地ノ間ニ孕ル物皆此二ノ気ヲ
具セザルハ無シ二気ヲノ具セザレハ立コ能ハズ其二ツノ柱実ハ諾冊二尊ニ
故ニ二柱ノ神ト称シ奉ル其二柱モ又陰陽ノ二根ヲ以真ノ御柱ト
ス初メ陽神ハ御柱ヲ左ヨリ旋リ陰神ハ右ヨリ旋リテ同シク一面ニ
會ヒ玉フト云モ陰陽婚媾シアナニヱヤ美シ少男ニ遇ヌ美シ少女ニ
遇ヌト宣ヒシ处ガ天下万世ノ根基ニ陰陽和合ヲ以其元トシ約メ
テ和ノ一ニ帰ス我国ハ和ヲ尊フカ故ニ国ヲ以和国ト称シ国道ヲ
和哥ト号ク是アナニヱヤノ言ヲ敬ヒ和哥ノ起リトス夫婦ノ間ハ
勿論朋友ノ交リトテモ兎角和ヲ貴フ和スレハ自信アリ

足賀集郷ニ生子村アリ

粤ニ私ニ惟ルノ一考アリ自凝島ハ淡路ノ西南ノ隅ト云西北ノ隅
ト云古史ノ説々互ニ表裏シテ是非シ叵シ愚考スルニハ太ノ近
里ノ地名神世ニ據アル者多シ先ツハ太ハ前ニモ云如ク舊ト肌ノ和訓
ナルベシ二神自凝島ニ降臨夫婦満合シテ互ニ肌ヲ合セ玉フノ意ニテ
名ツケルナルベシ其隣邑榎列ハ（則ハ太ニ接續スル処ニテ今自凝島ヲ預リ祀ル巫女此村ニ居住）是二尊日神ヲ始
一女三男ヲ産玉ヒシ其胞ヲ埋シ処ト見ヘ（近里ニ産処ト云村アリ）又同邑ニ葦原国ト
号ル処及ヒ天ノ浮梁ト称スルアリ（田畔ノ溝ニ架スル石矼也）是等神代ノ物ニハ非ルベ
ケレド手久ク云傳ヘシ神世ノ余波トスベシハ太ニ神本ト称スル処（續日本紀ニ神本ノ駅家
トアリ古名ナルベシト云リ）トキハニ村中ノ則神代寺アリ拯田邑ニ産宮社傍ニ産湯ノ池アリ
社記ニ天照太神アレマセシ処ト云代々ノ皇子皇女多千爰ニ生レ玉ヒ即
水ヲ以産湯トセシアリ且此地ニ住セ玉ヒ故ニ郡名三腹ヲ以テ名ケ玉フ
モ多シ畧云臆説ナガラ櫟田ハ舊一覚ニヤ二尊爰ニ一女三男ヲ産玉ヒ
シハ覚上断ノ卦ノ象之因テ邑ニ号ルニヤ神稲郷（和名抄ニ和名久萬之呂今ノ神代ニ作ル神）

二十九ノ四

代和名抄ニ糈米和名久万之称ニ離騒経注ニ曰糈ハ精米可以享レ神也
蓋久万之称ハ供米稲久万之呂ハ供万代ノ義ニト奇書ノ注ニアリ
［トキ八］中嶋村ニ神世稲ヲ
作リ始シ田打始ノ庄司 田打始ノ庄司ハ倉稲魂命ノ子孫ナラシカ 淡路国御百姓ト称シ子孫相生国
大屋或ハ王家臣アリ 九郎兵衛宅地ノ跡ト云有 倫旨朱印願書等古書ノ部ニ詳ナリ 実モ淡路ノ古名ニ
粟路。穂挟別嶋。御食向淡路。御食津国。ナド已上ノ数名万葉
集ニ見ヘタリ皆各食穀ニ因ルノ名ニサレバ日本寂初ノ国ナレバ稲ヲ作リ
始シ祖モ無シハ非シ神稲神本等ノ地名能神代ノ事跡ニ合ヘリ郡名
ヲ今三原ト云モ和名抄ニ美波良日本紀ニハ御原ニ作ル［トキ八］古ハ此辺ヲ遊猟ノ地トシテ
應神仁徳履中允恭ノ諸皇モ行幸シ玉フ
サレバ天子ノ遊幸シテ止リ玉フ処故御原ト号ル歟
古事紀ニ水歯別天皇反正ノ為ニ蝮部
ヲ定メ品陀天皇応神ノ皇女ヲ淡路三腹郎女ト号ケ玉フ皆地名ニ［トキ八］三腹 蝮御原共ニ
三原ニ蝮ヲ美波良ト訓スルハ波ハ美ノ古語ナルベシ波美ハ他蛇ニ異リテ腹大ナレバミカハラト云ヲ
約メテミハラト古語ニ云ナルベシ三原ト語ノ通ヘルヲ以借用ヒタルニ［皇ニ云］元御腹ナルベシ蝮ニ
通用スルモ冊尊已ニ娠ナラセ玉ヒ御腹ノ脹ルヽニ比諭シタルナラン
尚又思フニ身孕ノ訓ノ下略ナルベシ同訓ヲ借テ正字ヲカクセル歟
サル程ニハ太ヲ以テ実
境トスル證アリ先年明和八辛卯年伊勢御影参リ大ニ流行シ凡日本ノ
内ハ邊境僻土ニ至ルマデモ男女老若群リ詣羇シカリシニ今又天保改元文

政ノ末庚寅春ヨリ発テ月ヲ亘リ年ヲ越テ今年天保二辛卯還暦ニ
當ッテノ尚参詣絶ズ処々太麻銭ナドモ降其余奇事多シ然ルニ去
歳ノ秋ノ比ニ至テ當州彼ハ太ナル自凝嶌モ大ニ流行シ日々参詣夥カリ
ケルニ依圓行寺川原表ニ数十軒ノ仮茶店軒ヲ列子テ立並ヘ施行ノ
品々モ多タク馬駕ニ至迄モ伊勢路杀ノ風情ニ彷彿タリ若徒遊人ハ太鼓
三絃ヲ和シテ囃シ立テ賑シク詣人絡繹トシテ蟻行ヲナシ近隣ノ国ヘモ
其聞傳ヘテ灘辺々々浪花ナドヨリモ参詣輩笠ニ御影参ト書記シ合
柄杓ヲ携ヘ袖ヲ列子語ヲ成ス処々ヨリ献上ノ品々モ多クノ神前ニハ金数封ノ
幣ノ光ヲ磨キ境地狭シト幟ヲ立列子テ風ニ靡セリ巫女某美濃神楽ヲ
奏スル姿嬋娟ニ天冠ヲイタヾキ朱ノ裳ヲ飜シ白妙ノ千早振鈴ノ音モ潔シ
詣客鈴ヲ戴シト前後ヲ争フテ処セケリ茲年辛卯ニ至テ猶止ズ斯
レバ仮立ノ茶店モ追々数軒ノ常茶店ト建改リ芝居ナドモ興行
アリテイト賑カリキサレバ伊勢ト云自凝嶌ト云是人力ノ及ベキ処ニ

二十九ノ五

非ズ正シク神明ノ爾ラシメ玉フナルベシ是ヲ以是ヲ思フニハ大ヘナル旧地ハ
自凝嶋ノ真境ナル事疑フベクモ非ズ二神諸人ノ惑ヲ憐ミニツキハ其
疑ヲ解暁サンカ為ニ蒼生ヲ自導キ蒙昧ナル賤民ノ心ヲ感動
セシメ発興スル処ナラガシ又按スルニ自凝嶋西南西北ノ論ハ古人
舊史選述ノ時淡路嶋ノ姿其時々改変有シナルベシ自凝嶋ハ素
ヨリ今ノハ大ニシテ古今旋轉ノ異ハナシト虽淡路嶋ノ方角ニ増減アリ
テ或ハ淡路嶋ノ西南ヘ久テ東湾ニ倍加スル時ハ自凝嶋ハ西南ノ隅ニ在
又西北ヘ久テ南灘ノ濱ニ加ル時ハ自凝嶋西北ノ隅ニアリ乾坤ノ濱洲
交ヽミ久テ選者其時々ノ姿ヲ見テ記スルニ依テ自ラ異アルナル
ベシ其ハ増減ノ證ハ本朝通紀琵琶湖冨士山同一夜ニ凹凸スルノ条下ニ羅
山先生ノ考述ヲ挙テ曰開闢之時洪荒之代土壌之聚凝未必無遷
速故山上有螺蛤殻者是水沫凝固也后世伊豆海薩摩海或生
嶋嶼者史之記不可誣也或昔無今有有古而今没或古今与天

地倶在者有焉或前則丘而後為瀦或沢而潤而一旦枯作阜不待
人之築鑿也（中略）而為山岳焉為河海焉由是推之湖水不湧于開闢
之初而湛于後世士峯不出于洪荒之昔而見中葉是又未可知
也況其所謂新山初見於貞観之年者（貞観者卅六代清和天皇年号）都氏之記亦既
有之乎（都氏者都言道也又云都良香菅烝相之師也都氏作富士山記）皇高云亦遥後年至宝永中
富士峯一ツノ贅瘤ヲ吹出シテ新山トナル是ヲ宝永山ト号ク
如斯古今変転ノ例アレハ仮令旧史ニ出ズト雖其理ヲ
推セバ自淡島ノ変改モ無キトシ難シ仍テ猶其変改ノ姿ヲ後ヘ
二図シテ童蒙ヲシテ暁シ安カラシム

二十九ノ七

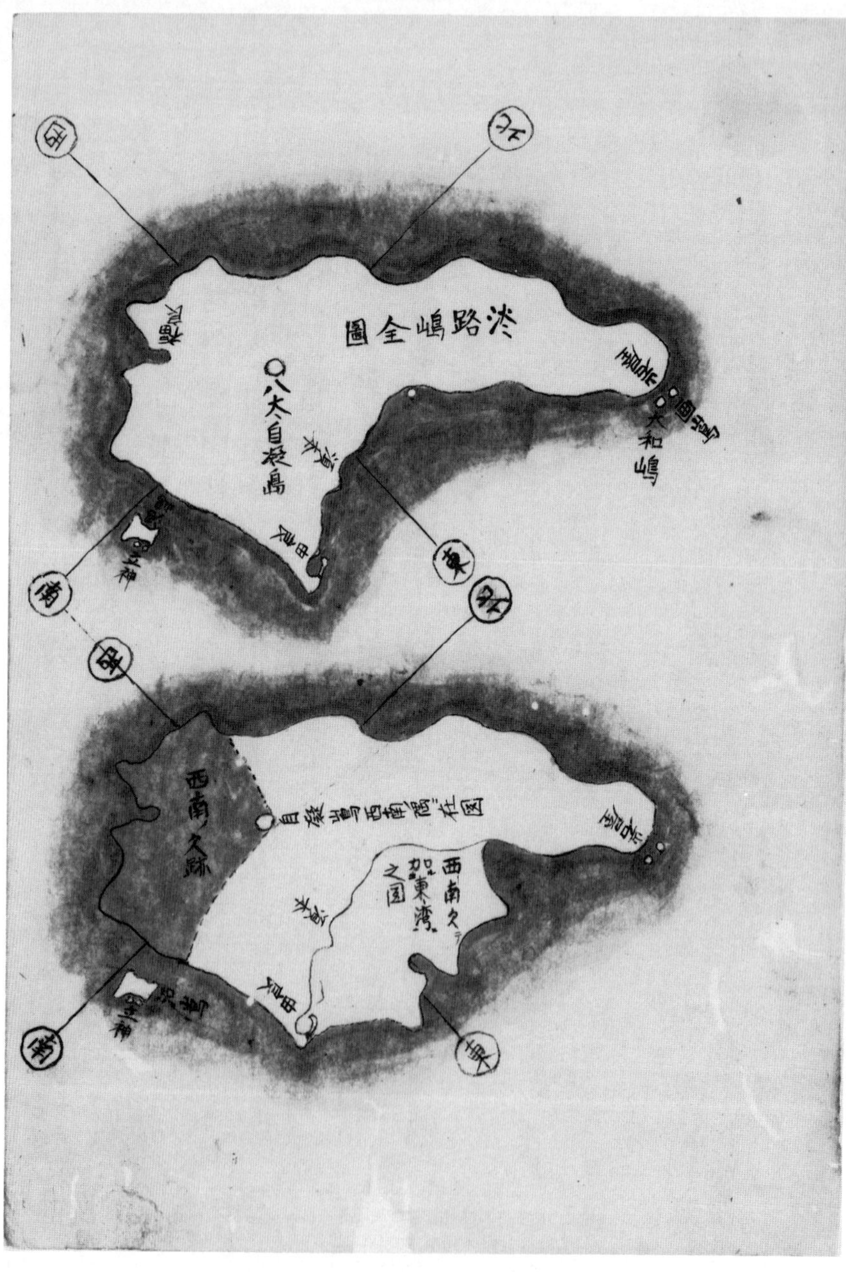
淡路嶋全圖
大和嶋

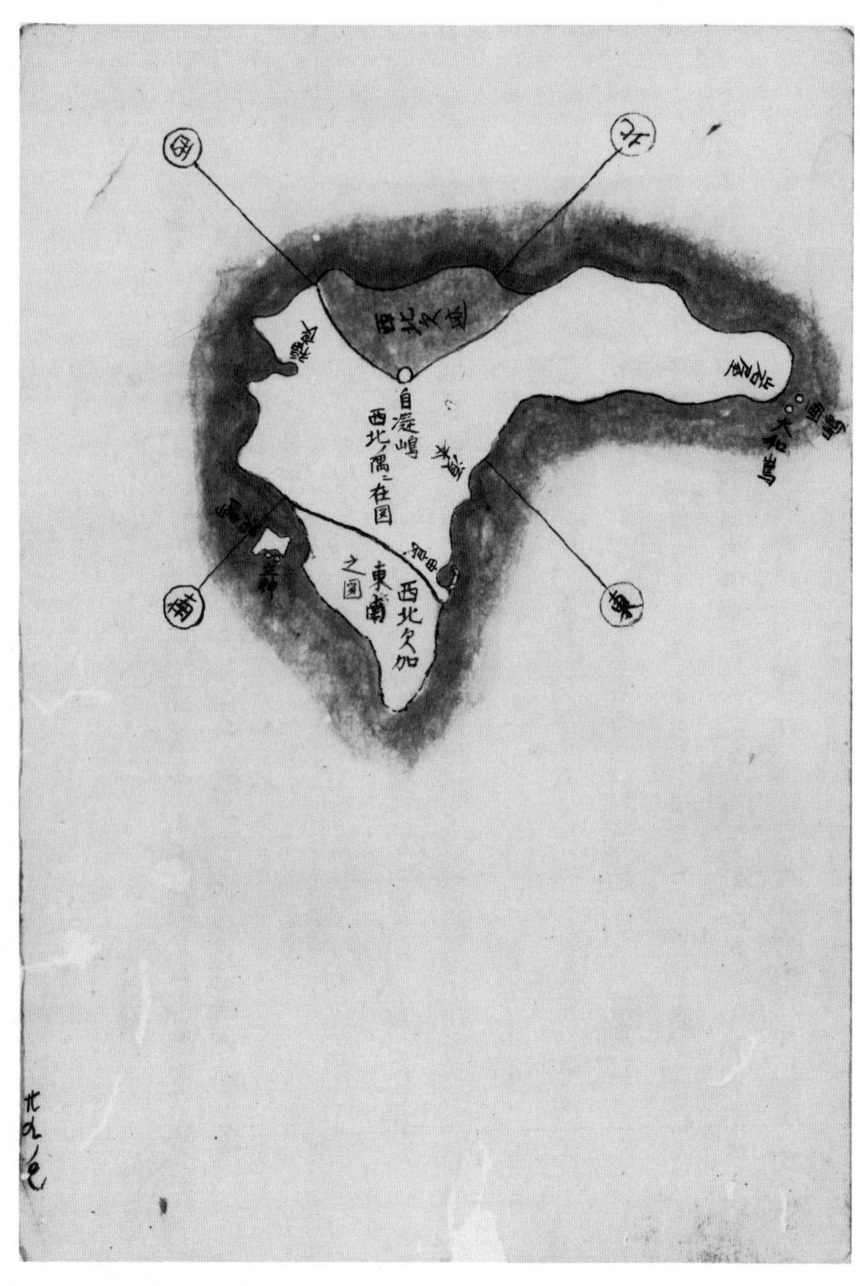
自凝嶋
西北ノ隅ニ在図
西北久加
東南之図
大和島

○画山島　岩屋ニ在　和泉雅秋宿覚　浦崎磯ノ継云　春秋の月日の画ある碧も
自淡島日記　名にしおふやまとの島の見えけれは上　竜宮城かとも見え

○大和嶋　岩屋繪嶋ノ南ニ在大画嶋ト称ス哥ニハ大和嶋山トヨム　常磐曰大和嶋ハ
古ヨリノ名処ニハ非ル乎万葉集等大和嶋ト詠ル哥多クハ大和国ヲ指テ云ルヤウニ　播ノ
風土記曰楠生於吉備日下蔭淡路嶋夕日下蔭大和嶋根ト云ルモ大和国ヲ指テ云ナルベシ
万葉集巻三　笠ノ金村朝臣　明けてあひつ大和の根へと　同集巻十五　上略　佐婆ノ海中忽遭逆風
漲浪漂流経宿而後幸得順風到着豊前国下毛郡分間浦於是追怛艱難悽惆作哥
作者未詳　海原の沖辺に灯し漁る火は明して灯せ大和島見む　同集　柿本人丸
名くはしき稲見の海の沖つ浪千重に隠れぬ山跡島根ハ　印南ノ沖津浪重リテ
大和ノ故郷ヲ見ズトシ右何レモ大和国ヲ指ナルベシ　皇高曰　大和ハ山跡ト書一国ノ名ニシテ
又日本ノ惣名ニ故ニ大和島ノ哥何レモ淡路ノ倭島ニ非ス大和国ヲ詠ミシナランニト云ル乎

○［淡通］柳嶋ノ名ヲ得タルヿ徒然ナラス彼ニ神夫婦和合始ノ処ナレハ之ヲサレハ日本ノ總名ヲ大和ト云リシ皇ハ此処ヨリ云始リト古老ノ曰号万世ニ云傳ヘリトツ嗜ニ手カ男フ処ニ合セリ

然レ𪜈予按ルニ安部仲丸ノ如ク異域ニ在テ我国ヲ慕ヒ三笠ノ山ニ出シ月カモ等ナドノ如キニ
云ハバ尤也我国ニ居テ其惣名ヲ指テ慕ヒ詠スルヿ余リバツトシタルモノ也又大和ノ一国
ヲ指ナラバ日本ノ中央ニ在国ヲ島根トハ云ベシ異邦ヨリナラバ日本一洲ノ島根也且金村
ノ哥ハ日本島根ト萬葉集ニ書タル故大和島ノ哥何レ𪜈淡路ノ倭嶋ニハ非ズト云ル
乎然レ𪜈日本大和何レノ字ヲ書シ迚モ訓義ハヤマト也淡路ノ大和島是素日本ノ惣名ニ
基ツキ其訓ヲ仮此シテ号ル処ナラン乎尚思フニ日本最初ノ国ナレバ大和ノ国ノ名ハ却テ此
嶋ニ取カモ然ラハ淡路ハ本邦最初ノ国云況ヤ瓊矛ノ滴ノ自凝嶋モ此国ニ在ヲヤ別シテ明也
テ灯セ倭島見シノ哥ハ是目先キノヿ也日本一洲或ハ大和ノ一国ヲ漠大ヲ明シタリトテ何ゾ見
尽スヿ能ニヤ夜陰舟中ニ火灯セハ其手元ハ鮮ニ見ユレ𪜈遠山遠水ハ其火輝ニ奪レ却テ
火無キニ劣リ今迄幽ニ透シ見ヘシ山々モ忽カキクレテ見ヘズ其舟行ヘキ方ヲダモ弁ヘ亘キ
モノ也此歌ハ明石ノ舟行ニ淡路ノ倭嶋アタリニ漁スル火ナルヿ著明也是淡路ノ大和嶋ニ
動ザルモノ也支書ノ中ニ追想艱難ハ人丸間ノ浦ニ居ルニ非ス艱難ヲ經ツヽ漸々ニ大和島山ニ近

三十

寄シニ寂早古郷近キ大和島ナレハ是ヲ見レハ同シ名ノ我フル里モ同然ナレバ安心セントノ意ナルヘシ
万葉三 并新古今「天さかる夷の長路を恋来れは（シ古今ニ漕）明石の戸より倭島見ゆ」宗祇ノ説此哥ハ
淡路ヲ指羇旅中ノ遠望ニシテ袖中抄ニハ長途郷ヲ懐ヒテ明石ニ至ル忽大和ノ遠山ヲ見テ故郷
ノ近キヲ喜フ之ト按ルニ後説勝レルニヤ 皐曰 後説故郷ヲ思フ意ハ尤深シ然モ明石ノ戸ヨリ大和嶋
見ユト其序次淡路ノ大和島ト見ヘタリ増テ宗祇ノ説有ヲヤ是モ金村ノ哥ノ如ク赤石ノ
戸ヨリ同名ノ大和島ヲ見レハ故郷モ寂早程近シトノ意ニ見ナラン乎前ニモ云如ク日本
一塊洲ヲ指ナラバ嶋共云ヘケレド大和一国ヲ分テハ島トハ云回シ且前ニハ紀泉摂ヲ隔テ海
サヘ遠キニ非スヤ 新勅撰 土御門御製「明石潟大和嶌根もみえさりきかきくもりにし擬
の浪ふ」 常盤 此御哥ニハ明石潟大和嶋根トヾケサセ玉ヘバ淡路ノ大和嶋ナルベキニヤ土御門院
サスラヘサセ玉フト明石潟ノ舟中ニテ此アタリノ地名ヲ舟子ニ問知玉ヒテ詠ミセラレケルニヤ且ハ
其名ニヨリテ畿内ノ遥峯ヲモ顧望シテ郷思ヲ述サセ玉ヒシニモ有ヘシ憂憤ノ御情
感慨多シ 皐曰 明石潟大和嶌根ノツヾキハ印南ノ海ノ沖津浪千重ニ隠ル丶大和嶌根ハ

并ニ明石ノ戸ヨリ大和嶋ナドモ全シコヽ然ルニ此哥ノヽ淡路ナルベキニヤトハ如何又風土記ノ
朝日ニ蔭ニ淡路嶋夕日ニ蔭ニ大和嶋根ト云モ朝日ニハ淡路ノ東根ニ影サスベク夕日ニハ淡路ノ
西ヨリ倭嶋根アタリニ影サスヘシ大和国ノ余リ遥ナラシヨリ相應スヘキニヤ【續松葉】一首あるより
明石の海をわたりあれわのくみたる倭嶋根そ【皐高曰】此哥ハ右御製ノ後ニ次テ、
無ヲ欠タリ淡路ト落着セシニヤ右大和嶋ノ数首不肖ヲ顧ズ愚意ヲ以明哲ノ説ヲ
誣如スルニ似テ其憚リカラス過當ノト虽是吾ガ神洲ノ名區ヲ惜ミ偏ニ神恩ニ報セン
トノ素意ニ乞諸君吏是ヲ寛恕セヨ

○松帆ノ浦　岩屋浦北濱ニ在世俗松尾崎ト云【常磐】按ニ三原郡湊浦近キアタリヲ
俗松帆浦ト称ス故ニ国人皆松帆ノ浦ト云名処ハ三原郡ニ在ト思ヘリ因テ按ルニ松
帆浦ト和哥ニ詠ミ始タルハ笠ノ金村朝臣ニ岩屋ナル松帆ノ浦ハ往来ノ舟人ノ常ニ
行通フ処ニテ其名高ク聞知レバ印南野ノ道中明石潟ヨリ近ク望ミテ嘯詠セシヽ
三原郡ハ遠クシテ目路ノ及フ処ニ非ス二位法印玄旨モ岩屋ノ浦辺ニテ松帆ノ浦

卅一

ト詠玉ヘリ證トスベシ○幸ニ於播磨国印南野ニ時作哥　笠金村　「淡路嶋松帆の
浦に朝なきに玉藻刈つゝ夕なきに藻塩焼て海人乙女 上下略 岩屋ニ入 ○幽斎紀行 摘要
淡路嶋よりて松帆の浦近くなれ共舟をとゞめて見る又淡路嶋といふ所を見る ○定家の
こぬ人をまつほの云々　是全浦ニ收ム　按ルニ或曰三原郡ノ江尻塩濱高屋ナドノ地ニハ近世マデ
鹽戸多クシテ塩ヲ焼リ和哥ニ藻塩焼トヨメレバ松帆浦ハ三原郡ナルヘシ岩屋浦ニハ塩焼
海人無ケレバ古詠ニ合ハズト此説非也藻塩焼ト云ハ昔ハ海濱ニ寄来ル藻ヲ掻集メテ
灰トナシ垂レデ塩トスルヲ云藻塩草カキ集ルモ塩タル丶藻塩焼ナドヽ云ハ皆其事ニ岩屋ノ海人モ
其業ヲナセルナルベシ今モ海濱ニ有莎藻ヲ藻トイヒテ乾シ焼テ籃ニ盛リ潮水ヲ滝テ其水ヲ鍋
ニテ煮レバ塩ト為ルト云リ近来焼塩ノ法ニハ晢ルヘシ今讃播備等ノ諸州ヨ塩濱多クシテ白塩ヲ買
求ルニ容易ナレハ何クモ藻塩タル丶海人モナク其製ヲダニ傳ヘ知ル者ナケレバ松帆ノ浦ニモ藻塩
ヤカズ成ニキ岩屋ハ名処ノ松帆ニ非ズト人ノ謂ルモ宜也○三原郡古津路村松原ヨ人カミ十
ヘテ慶野ノ松原ト呼フ其ハ地慶野村ニ相接スルヲ以テ称ス近世ノ人此地ヲ松帆ノ浦ト称ス

列人モ皆名処ノ松帆浦ハ此地ト思ヘリ古人ノ詠吟セシハ岩屋ニ有ヲ正トスベシ此地ヲ松帆ト称スルヿハ委文郷松尾山感応寺ヲ移シ（今俗称叶ノ堂）来リショリ後ノ人ノ誤テ呼来シナルベシ

○浅野ノ原　三原郡鮎谷村ニ在名処ニハ浅野ノ原ト有滝ヲ云ズ哥ニハ多ク滝ヲモ詠入又滝ヲ結サルモ有国俗鮎谷ノ滝ト称ス地景其条ニ詳之【常磐】和哥ニ滝ノ上ノ浅野ト詠シ此処乎今ノ人浅野ノ滝ト称ス然ルニ万葉集ニヨメルハ磯辺ニ舟ヲ繋テ滝ノ上ノ浅野ノ雉子（キヽス）ノ立騒ケルヲ聞タル由ナレハ物部郎ノ海ヲ去ヿ二里許奥ニリタル山里ナレバ其ハ詠哥ノ意ニハ合ハヌヤウ之滝ノ上ノ浅野ハ野島（ノジマ）冨嶋（トジマ）ノアタリニ求ムベキヤウニ思ハル思ヒヨレル荒増モアレモ未定カナラ子バ里人ノ云古シタル侭ニ万葉已下ノ古詠ヲ交ニカヒツク

○紅葉ノ滝　津名郡机南村西濱ニ在高四五丈許楓（カヘデ）ノ紅葉滝ノ上ニ有故ニ名トストゾ或曰名処ノ浅野ノ滝ハ是之ナラニト【皐高曰】或人ノ云ル如ク名処ノ浅野実ハ是ナラン乎常磐草ニ未是ヲ見ズ猶後日ニ考フベシ又鮎谷ノ下ニ云ル滝ノ上ノ浅埜ハ野島冨嶋ノアタリニ求ムベキヤウニ思ハルトハ交ナルベシ則冨嶋ハ机浦ニ在テ程近シ野島モ又近里之浦蟇実モ

常磐草ノ説ノ如ク鮎谷ハ万葉ノ哥ノ地景ニ合ヒ難シ拠ルニ浅野ノ古名ハ戦国ノ為ニ久ク埋レ
テ世ニ知人ナク紅葉ノ滝ハ後世其処ニ楓樹ノ有ヲ以自然ニ呼馴シナルベシ万葉ノ哥ハ目
下其地景ニ対シテノ詠ナルベケレ𪜈已下ノ集中ノ哥ハ何レモ題詠ニシテ世々ノ詠人都ニ居ナガ
ラ浅野ノ名処ヲ詠ミシナルベケレバ鮎谷𪜈机𪜈其差別ハ非ズ只先詠ヲ姿ニシテ詠ミシナル
ベシ後人浅野ノ名ヲ慕ヒ鮎谷ハ殊ニ猛ケキ滝ナレハ爰ニ其名ヲ採リ索シナルベシ而シテ国人鮎谷
ヲ浅野ト呼古シタレハ今テ更ムベキニ由ナク何レ𪜈是非シ難ケレバ名処ハ一ニシテ其地ハ二処トシ
万葉ノ哥ノ々ハ紅葉ノ滝ノ下ニ附シ已下ノ哥ハ鮎谷ニ残シ収ム各其下ニ見ルベシ

○藤野浦　三原郡下南灘ニ在　明雲僧正寓居ノ庵ノ跡也西行此ヲ経過ノ時僧正ニ謁セシ処
然レ𪜈其説三邑ニ有テ決定シ難シ　撰集抄（巻四西行ノ著書）曰以往淡路の国にまかりて徘徊し侍りしかは
そまえ侍りき侍りし美路の浦とかや侍りおへ南向の海際にさして侍るも有侍る
水山峻嶇かくく今にさかりき処侍り侍るそのて子細とさりて侍る処侍りぬけに
と人の申すを尋ね侍れとも美路とはいふのたとなく暁くえて侍りしかは

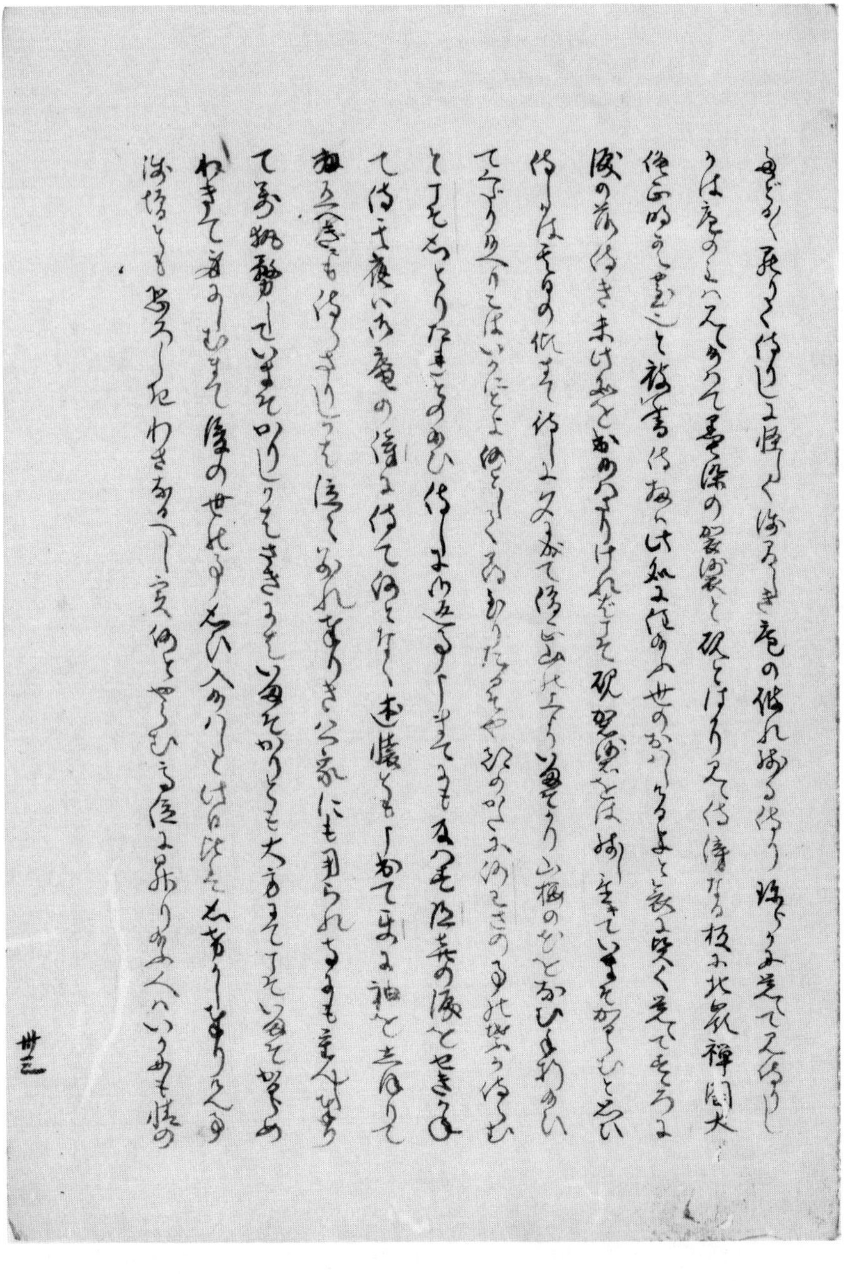

よりなくて心なしともいひきることよ　トキハ 明雲僧正ハ久我太政大臣源雅実孫顕通子ニ梶井
才九世天台座主トナル蓋当時平家ノ乱ヲ避テ淡路国ニ
隠レシナルベシ寿永二年木曽義仲一乱ノ時法住寺仙洞ニ伺候シ矢ニ中リテ死セシ事盛衰記ニ見ヘタリ徒然草
ニモ此僧正ノ事有才五巻十下詠哥ハ千載集ニノセタリ西行ハ鳥羽院下北面佐藤兵衛尉範清ニ保延三年八月出家シテ円位ト
称シ後ニ西行ト改タリ
出家ノ後諸国ヲ修行ス　淡国一覧 曰藤野浦ハ地野村ノ濵辺ニ在冨士ノ山ニ似タル丸山ニ西行ノ古跡ニト
淡国通記 曰汶崎ヨリ傳ヘル灘浦土生ノ邑ニ藤ガ谷房主谷ト云処アリ恐ラクハ藤野ノ浦ナ
ラン乎西行筆記ノ文勢ニ依リ見レハ土生ノ邑ヨリ南海ハ渺々トシテ辺際ナキガ如シ今藤
野ト云浦邑知タル人ナシ絶ヘテ数百ノ星霜其名ヲ唱失テ定カナラズ 常磐草 曰芳野浦
即吉野村ニ接ル撰集抄ニ藤野浦ト有藤ノ字ハ芳ノ訛ニ藤野ト云名ノ何トナク睦ク
テタドルヽ能ハト有然レバ藤野ノ名サヘ雅名ニモ非ズ芳野ハ花ノ名処ニテ其名ノ
同シキヲ慕ヒテ見ニ行シナルベシ今ノ吉野村ノ事ナルベシ 嶌高 曰阿万東村ト仁比村
ト間ノ海ヘ出タル岬潮崎ト云西行山家集ニ「小鯛引網のうけ縄よりくめり
うきしわざある汐崎の浦・ 通記ニ従是沿テ濵而到ニ藤野浦乎　嶌高 按ルニ
一覧ニハ地野邑トシ冨士山ニ似タル丸山ト云 碧湛禅者ハ藤ノ溪坊主谷ノ名因テ土生ナ

ウシ平ト云仲野氏ハ芳野ノ訛ト見テ吉野村ニ定メ區々班々タリ予又地野邑ト
云冨士ニ似タル原山之上云ニ就テ愚考アリ地野邑西行ノ經行セシ比迄ハ冨士野浦
ト云シナルヘシ冨士ハ三国一ノ名山ナレハ誰カ豈慕サランヤ撰集抄ニ藤野トアレ氏按ルニ
素西行草稿ニハフジ野浦ト仮字ニテ記シ有シヲ印行淨書ノ氏筆工ジノ仮名
ノギト句(ドキ)全キ故藤ト思誤テフジノ仮名ヲ剰藤ノ字ニ改メ書写セシモノ某今地野
村トナリタルモ撰集抄ノ藤野ノ訓ヲ上略シテ地野ノ字ニ成タルモノ乎然レ氏是僻説ナ
ルヘシ物換リ星移テノ暗案ナレハ決定スル事能ハス

辨舊陵及勅建舊寺謬傳

○廢帝天皇陵

常磐 三原郡賀集中村ニ在今天王森ト称ス（或杉尾森ト云）山陵周廻三百七十間
其東面ハ山ニ沿(ソウ)テ池アリ界内丘上ニ廢天皇ノ神祠アリ今牛頭天王ト称ス按スルニ廢帝
天皇ノ陵ナルヲ以天皇ノ森ト呼来リシヲ終ニ牛頭天王ト誤レル之陵下ニ神宮寺アリ修驗ノ
真言僧（妻帯ニ非ス）之ニ住メ神祠ヲ守レリ大般若經ノ闕書写本二百八十巻アリ幣(ヌサ)清水トテ神供

廿四

○皇高云荷前ノ使ト云ハ【叢鑑輪】曰荷前ノ定ハ諸是ハ荷前ノ御使トテ吉日ヲ送シデ十陵八墓ヘ勅使ヲ遣サル、其役ヲ今日定メラルヽヲ云ヽ是朝賀ノ御為ニ【江次第】三十陵トハ天智天皇ノ山階ノ陵光仁天皇ノ田原ノ陵和州　桓武天皇ノ柏原ノ陵稲荷南野崇道天皇ノ八島ノ陵和州
島田是ハ始淡州津名郡下川井邑ニ殯殮奉リ後和州八島ニ迎ヘ遷シ奉ル処也

ノ氷アリ南ニ寂高処アリ高ド場云則尊柩ヲ蔵メ奉ル処ナルベシ丘陵縁樹茂ル【延喜諸陵式】曰
淡路陵廃帝在淡路三原郡ノ兆域東西六丁南北六丁守戸一烟遠陵【帝王編年紀】曰
廃帝御年三十二（本朝通紀三十三）奉葬淡路三原郡　按ルニ陵墓ノ事ハ日本紀孝徳天皇ノ紀及喪葬
令等ニ見ヘタリ兆域トハ陵ノ境内ノ事守戸トハ陵ヲ守ル百姓ノ事遠陵トハ陵ニ遠近アリ淡
路陵ハ皇都ヨリ路遠キ故ニ遠陵トスルノ事昔ハ年毎ニ使ヲ立サセラレテ幣ヲ奉ラシメ玉フヲ
荷前（ノサキ）ノ使ト云是ナリ○　又淡路陵ハ野辺ノ宮ノ地ト土俗ノ云習ハシタル説モアレド其地ニハ山陵
トモ云ベキ形モナシ凡此前後ノ天子皆山陵非ルハナシ惟リ廃帝ノミ山陵無カルベキヤ殊ニ光
仁天皇宝亀三年ニ至リテ八年ヲ経テ改メ葬セ玉ヒ其後山陵ト称セサセ玉ヘバ疎カヽ成
ベキ事ニ非ズ凡三原郡ニ山陵ト云ベキ処ナシ加集ナル天王ノ丘ニ山ヲ築湟ヲ穿ル形陵墓
ノ古製ヨク合ヘリ此地必淡路ノ陵ナル事地形ヲ見テ知ベシ疑フベカラズ【續日本紀巻三十二】光仁天
皇宝亀三年八月甲寅従五位下三方王外従五位下土師宿祢和麿及六位已下三人発帝ヲ
淡路ニ改メ葬ル則當界ノ衆僧六十口ヲ屈シテ斎ヲ設ケ行道セシム又當処ニテ少シテ浄行

仁明天皇ノ深草ノ陵城州　光孝天皇ノ鳴滝ノ陵城州　醍醐天皇ノ醍醐寺ノ陵城州　皇太后宮ノ隠子ノ宇治ノ陵城州
皇太后宮安子ノ中宇治ノ陵仝　皇太后宮茂子ノ今宇治ノ陵仝　以上等　又其年ニ依テ此陵ノ中易ルヿ有ト云説アリ
八墓ト云ハ大職冠鎌足公ノ塔ノ岑ニ初忠仁公仲野ノ親王葛野ノ當宗ノ社（宇多帝ノ外祖父之）昭宣公小野ノ大臣同宮道公宇治ノ内親王等ノ墓処ヘ幣帛ヲ進ラセ玉フヲ荷前ノ使ト云之荷ノ字ヲノイト唱ル公事根源ノ読クセ之

右者二人ヲ廃シテ常ニ墓ノ側ニ廬ニシテ功徳ヲ修セシメ玉フ［同巻三十五］宝亀九年三月己巳勅スラク淡路親王ノ墓ヲバ山陵ト称シ其先妣當麻氏ノ墓ハ御墓ト称スベシト近処ノ百姓一戸ニ宛テ是ヲ守ラシムベシ［郡家古跡帖］曰廃帝天皇ノ陵ハ下河井村高島ノ丘ニ在此処ニ先年ヨリ小祠アリ且尼堂ト云廃帝御建立ノ寺有シヲ郡家中村ニ遷ス則今ノ妙京寺是之其跡ヲ寺丘ト云［皇高曰］是早良太子ノ陵ヲ混シ誤之猶後ハ崇道天皇ノ陵ノ条下及妙京寺ノ下詳ニ辨ス

○當麻氏ノ御墓　同郡鍛冶屋（治冶ノ音論由良川ノ下記）村ト筒井村ノ境馬目ニ在［延喜式巻二十二］諸陵寮曰淡路墓當麻氏在淡路国三原郡兆域東西二町南北二町守戸正丁五人［續日本紀］曰當广氏名ハ山背ト云上総守従五位老ノ女之舎人親王ノ妃廃帝ノ母之天平宝字八年當广ト共ニ淡路ニ配ス［常磐］馬目ト云小丘ハ天王ノ森ヨリ五町モ南ニ在丘下ニ池アリ廃帝ノ陵ニ近キ処之御母ノ御墓是ナルベシ

○野辺宮　在十ヶ所村［常磐］惣社十二明神ノ東ニ小祠アリ淡路廃帝ヲ祭ルト云畏

卅五

内七百歩許有テ苣竹生タリ 按ルニ是又惣社ノ界内ナルヘキニヤ或ハ廃帝淡路ニ配流シ玉フ時国府ノ側ナレバ幽居マシヽス一院有シ処ニテ其処ニ祠ヲ立テ祭ルニモ有ベシ国史ニ謹ナケレバ其支知巨シ 【皐高曰】予廃帝ノ舊跡ヲ探ル事有テ文政癸未冬ヽ野辺ノ宮小祠ノ辺ヲ尋シニ近キ比京師ノ人某此旧跡ヲ尋来リ爰ニ叩首(ヌカツキ)開扉シ侍リシニ祠内ニ廃帝ノ尊容木像ヲ鎮坐ス御尺一尺八寸許御冠ハ絹ヲ以テ製シ古代ノ製作ト見ヘイト殊勝ニケレハ其人大ニ感嘆セシトハ 按ルニ野辺ノ宮ノ称号野辺送リナド云下様ノ諺アレバ

○土俗云廃帝陵中嶋村ニ陵標有今僵伏ノ老杢アリ下リ松ト称ス周回垣ヲ結野辺ニテ御葬式アリト十ケ処村ノ条下ニハ丘ノ松ト有同木ナルベシ

初ノ殯殮ノ地ニヤ○丘ノ松 【トキハ】野辺ノ宮ノ少シ東ニ二百歩許ノ林叢アリ少シ小高キ処ニ古松アリ里人ハ廃帝ノ陵ト云或ハ山陵未築ザル先ニ殯葬シ奉ル処ニテモ有ベシ按ルニ山陵トモ云ベキ形モ無ケレハ廃帝ノ陵ト云ハ誤ナルベシ別考加集中村天王社記 【皐高按】野辺ノ宮ノ地ニ葬式ノ御営アリ尊骸ハ此処ニ埋葬シ奉リ後改葬シ奉リ築ク処ノ山陵ハ仲野氏ノ考ノ如ク中村天王ノ杜ナルベシ

○崇道天皇ノ山陵

在津名郡下河井村土俗其処ヲ高嶋ト称 松生タル円山ニ小祠アリ里人淡路廃帝ノ陵ニト

称シ毎歳正八両月ヲ以テ神祭ヲナス〔淡国旧記〕崇神天皇ノ陵ト記ス〔常磐草〕曰按ルニ
廃帝ノ陵ト称スル俗説蓋謬伝シ廃帝淡路ノ陵ハ延喜諸陵式ニ三原郡ト記シテ文
明白ナレバ郡家ニ非ルコ必セリ　松下西峯翁〔前王廟記〕ヲ著シテ謂テク淡路陵或曰在
神宅（カンヤケ）之東二十町許ト記セリ神宅ハ多賀ノ一宮ノ地ヲ云陵ノ松有処ニ近シ是松下翁
里巷ノ説ヲ聞テ斯記シタレド俗伝ノ誤シ證トスベカラズ早良太子ノ陵ハ国史ニ地名ヲ
記サズト雖津名郡ニテ陵戸ヲ付ラレタレバ川井ニ在ル古陵崇道天皇ノ山陵ナルコ
疑フベカラズ猶国史ヲ考テ知ルベシ〔皇高曰〕国史ハ續日本紀日本後紀ホト長文繁多ナレバ譲常磐艸不贅之　猶按ルニ此処ヲ高
嶋ト称スルコ廃帝ノ陵ト云ニ據アリト雖是ハ廃帝ノ陵ト誤リ伝ルヲ以テ後人高嶋ト号
ル処ナラン高嶋ハ或ハ今ノ三原郡中島村ニモ云十一ケ処村ノ隣邑ニシテ野辺ノ宮モ近シ〔淡堀記〕
王屋殿ノ跡中島村ニ在相伝廃帝遷居ノ跡ニト竹林ニ青石ノ五輪塔アリ蓋侍臣ノ塚歟
〔トキハ〕古墳石碑石竹ノ基ナド分裂シタルアリ大屋氏ノ墓ナルベシ〔皇高曰〕按ルニ王屋トハ廃帝ニ據
テ云ルナルベシ非シ諸本皆大屋ト記ス大屋ハ吉田村ノ始ノ庄司　相生国氏トモ大屋廃帝ノ才三子ヲ継子トス此ノ帝ハ十一ケ処ニ在ス
旧記ニモ十一ケ処ニ住玉フ崩ハ
三原郡ト云古跡帖ハ誤伝乎　蓮池アリ天皇御遊ノ玩物乎〔皇高曰〕早良太子ノ陵ハ後大和ヘ移スコ後ニ詳シ

卅六

○常隆寺　在津名郡久野々村ニ号栗村山

傳説曰淡路廃帝天平宝字年中天皇ノ父崇道盡敬天皇ノ為ニ草創セラレシ七堂伽藍三門。仏殿。法堂。厨。僧堂。浴室。登司。謂之七堂見和尓雅有シ処ト云古キ棟札諸堂ノ礎石残レリ此寺住持ノ僧ナレ十七區ノ末院ヨリ供養勤行ス其十七區ハ釆馬村西念寺。仮屋浦上品寺。全勝福寺。全潮音寺。小田村法輪寺。白山村妙観寺。全法導寺。浦村福意寺。楠本村本願寺。上山村福萬寺。石田村生福寺。斗内村妙應寺。室津村海福寺。蟇浦村真仙寺。机畑村宝蔵寺。育波村常楽寺。机浦興久寺。已上興久寺ハ［下キ八］ニ常楽寺末ト記セリ楽ハ隆ノ誤カ或ハ育波村常楽寺ノ属寺ニテ総末寺カ［常磐］曰按ルニ廃帝ノ父崇道盡敬天皇ハ舎人イエヒト［島曰］舎人ハ字諸書或ハヤド或トネリ又イヱヒト、訓ヲ付テ區々タリ按ルニトネリトハ官名ノ熟字ナル故誤ナラン諱字ニハイヱヒト正訓ナラン親王ノ諡號也然ルニ廃帝淡路ニ仏寺ヲ建玉フ事国史ニ不見恐ラクハ桓武天皇御宇崇道天皇ノ為ニ淡路ニ勅創シ玉フ寺ハ則此常隆寺ナルベシ崇道天皇ハ桓武天皇ノ皇太子光帝光仁ノ皇子帝ノ子也立太子早良親王也年久クシテ常隆寺ノ記録モ亡失シテヨリ両皇ノ尊諡崇道ノ二字同キニ依テ誤レルナルベシ［淡舊記］曰桓武天皇ノ御宇崇道天皇ノ為ニ延暦二十四年乙丑正月勅創シ淡路ニ寺ヲ建玉フ［島按］延暦廿四年ハ乙丑ニ非ス乙酉也二十八行文字四年カ然ラハ此支干ニ合フ然レ氏日本後紀六巻延暦廿四年乙丑正月トアリ［年契］ニ延暦廿四乙丑年廃早良太子放于淡路［本朝通紀］太子怒在于路断食薨［小野小町行状記］延暦十四年春桓武

○陵ハ在古市。

帝御不豫陰陽博士葛文ニテ死霊怨恨ノナス処ト奏ス俗ハ早良太子ノ憤怒猶祟ヲナス故ニト淡路国ニ大寺ヲ建立有万部ノ法事ヲ修行シ其怨霊ヲ慰セラル〔皇高曰〕此説ニ依ハ廿四乙丑ハ或ハ此十四乙亥ヲ誤ルカ〔本朝通紀〕曰同十七年戊寅三月遣ニ参ニ僧五百枝王ヲ淡路ニ奉迎ニ早良親王ノ霊ヲ大和国八島陵〔常磐〕曰按ニ淡路ニ寺ヲ建玉フヿ桓武紀ニ明白ナル上郡家郷ニ在早良太子ノ山陵ノ地モ育波郷ニ近ケレバ其勅創ノ寺ハ此常隆寺ナルヿ疑フベカラズ〔皇高曰〕常隆寺ニ廃帝陵ト著スルヿ誤ヲ受傳ヘテ後人ノ所為ナルベシ改タキヿハ崇道陵トセバ何レヘモ通ゼテ苦レカルベシ

○飯山寺　三原郡則在飯山寺村邑因寺号

〔淡舊記〕曰往古ハ飯山寺ト云伽藍ニテ寺家ハ宇有勝蔵坊。勝義坊。圓満坊。室光坊。荒神坊。池坊。如意坊。大坊。等ニ〔常磐〕曰皆廃シテ今室光寺一院ノミ残レリ　室光寺ハ即飯山寺ノ遺址ナリ　又金堂浴室ノ跡アリ熊野社役氏堂ノ外昔ハ拝殿。[illegible]段。[illegible]珠。鐘楼。鼓楼。休処。本地堂大門。ナドモ有シトゾ霊山　片田南村ノ下ヲ家山　同村ノ後山ニ飯山寺村ニ亘ル　霊山廃寺山中ニ在仏院ノ址アリ山巓ヲ霊山ト云　ハ奥ノ院ト云　加集山ノ記ニ飯山寺御堂供養トテ舞楽ノ法會有シヿ見ヘタリ　此隣村ニ小大ノ古仏像多シ皆此寺ノ像ナルベシ成相寺ノ実弘　〔皇高曰〕実弘ハ仁治四年讃州ヘ配流ノ高埜山道範ト共ニ当国ヘ配流ノ人ニ道範ハ後逢赦皈山ス実弘ハ当州ニ終焉ス　此寺ニ住リト云　墓此村ニアリ　又大ナル錫杖アリ弘治年中香鑁上人持タル由銘アリ〔飯山寺縁起〕曰桓武天皇早良太子ノ為ニ精舎ヲ淡路飯山ニ建テ阿弥陀釈迦両像ヲ置勅シテ飯山寺ト号ス八院

卅七

僧口三時ニ讀經シテ太子ノ追福ヲ祈ル〔常磐〕曰此説非ニ又村ノ南道祖谷（サイノタニ）ト云所ニ小丘アリテ小祠アリ是早良太子ノ山陵ニヤト寺僧云リ此説又非ニ別考前常隆寺ニ辭シ道祖谷ハ道祖神ヲ祭リシ小祠ニ其ハ下ヲ公文（クモン）免ト云昔公文（クモン）ノ小吏ニ与ヘタル免田ノ地ナルヘシ熊野社ノ後ノ山ヲ飯（イ）山ト云其形飯盛タルカ如シ依テ号ク飯山寺ノ号モ是ニヨレリ〔皐高曰〕思フニ星霜久キヲ經テ寺記モ坊舍ト共ニ廃亡シ終ニ其元ヲ失ヒ宝光寺ハ適桓武紀ヲ見テ日本紀ノ道事ヲ取テ是トシ常隆寺ハ却テ我事実ヲ弃テ廃帝ノ事蹟ヲ取リ互ニ混乱メ実トシ傳フル事可歎事ナレモ誤来ル事久キニ至テハイカンモシ叵シ

○妙京寺　大勝山

在津名郡郡家中村ニ寺記ニ曰淡路廃帝天平神護中（孝謙重祚称徳年号）勅創法華戒壇之後光厳院（九十九代）御宇大覚僧正〔皐高曰〕博物筌ニ曰大覚僧正ハ始学教大覚寺ニ八十七歳日像ニ親炙シテ精微ヲ究ム貞治三年寂ス日像ハ日蓮九老僧ノ其一ニ庚永元年寂ス宗門弘通ノ為西国ニ赴キシモ此寺ニ来リ住持僧智暉阿闍梨ニ謁シテ宗旨ヲ討論ス是ニ於テ智暉法華宗ニ帰シ名ヲ日通ト改ム永正（百五代後柏原ノ年号）中

郡家ノ領主田村左馬頭春良伽藍ヲ営與ス此時ノ住侶常立院日慈ト云大永二
年左馬頭ヨリ寺領百拾石寄附ス アリ 勢書 皇高曰 田村氏ハ坂上田村将軍ノ遠裔ニシテ舊
信州新井荘ニ居城ス曾テ日蓮上人東国ニ法華宗旨ヲ弘メ本国寺ヲ鎌倉ニ創ス
後移京師 是ニ於テ東国ノ諸人其宗門ニ帰入スル者殆多シ田村氏モ又上人ヲ帰依シ壇
越ト成ル中興ノ祖弘安中田村仲実勅ヲ奉シテ淡州一ノ宮ノ祭祀職ヲ兼司ル 所謂大宮司ニ
淡路ニ移リ郡家郷ニ居住ス上人モ又弘安五年寂スト然レハ妙京寺以前ヨリ法華
愚考見堂之ノ下ニ記之 田村代々ノ禅之將簿等妙京寺存在セリ文政七甲申七月廿三日春
良三百遠忌ニ正當追福ヲ修セリ因ニ云或曰日蓮上人竜ノ口御難ノ比鎌倉建長寺
大覚禅師管領ニ訴ケル八日蓮カ説ク処邪法ニ非ス嘗テ死ニ當ルノ罪ナキ旨申宥メケルニ
依テ上人其刑ヲ免ルト按ルニ蘇ニ云大覚禅師ハ大覚僧正ト同名異人乎博物筌
建長寺ノ注曰建長五年建之開山蜀ノ道隆大覚禅師云混誤セザランシ為ニ記之 勢書曰
当所御寺為寺領之百拾石任先例不可有相違者也仍如件

卅八

今寄附之外若可依例有之廃帝天皇御近之已来住
之判如件也
大永二午年二月十六日
藤原田村　在京氏　押花
（皇高日田村在家之ハ後陵ノ霊帝ノ裔ニ上云リ然ニハ藤原トハ自別姓ニ之藤原ト為ニ記スルヿ不審）
郡家郷妙寺事之院主老

○尼堂　郡家古跡帖曰廃帝勅創ノ寺ハ旧高島ノ丘陵ノ地ニ在テ尼堂ト云シヲ後今ノ妙京寺ノ地ニ移ス云々〔淡路記〕曰崇道天皇ノ丘陵下川井村ニ在延暦十七年大和国添上郡八島陵ヘ移スト〔皇高日〕廃帝ノ陵ハ既ニ前条加集中村ノ下ニ詳ニ論セル如ク此処ト云ハ非ナリ按ルニ妙京寺ハ元ヨリ法華ニシテ今ノ処在尼堂ハ別ニテ此処ニ早良ノ陵ヲ守ル寺院ニシテ智暉阿闍梨支ニ在テ大覚僧正ト宗旨ヲ討論シ改宗ノ後妙京ノ一院ニ合セルナルベシ廃帝ノ勅創ト云モ覚束ナケレド若サモアラバ其地ヲ使リニ早良親王ヲ葬奉リシモノカ廃帝ハ天平宝字八年甲辰十二月淡路ニ配流セラレ在七翌天平神護元九月崩御淡路ニ在スヿ僅ニ一歳ニ不満其幽居ノ御身ニテ一寺

草創ノ御企叡慮ニ任叵カルベシ忽テ垣ヲ逾（遁）ニトシ果サズ院中ニ還御翌日崩御
或ハ弑セラレ玉フト云程ノ事ニシ天平宝字御在位中モ僅七八年ノ間ニシテ淡路ニ遷
刹ヲ勅建シ玉フ由縁ナシ況ヤ国史ニモ不見田村氏ノ営奥ハ中レリ

○内裏跡　在多賀村　古跡帖 廃帝天皇ノ旧趾ト云傳テ今猶其処ヲ内裏ト称呼ス
三反許陸田ニ成圃中ニ森アリ是ヲ崇敬ス

○御后邸（ヤシキ）　在同邑　古迹 唯今人家ニ成レリ然レドモ産婦屋内ニテ出産ヲ禁ス
今ニ至テ外ニ出［…］臨産ス　舊記 王代系図曰廃帝ノ御妃ハ粟田ノ諸姉ト云

○王地　在同邑　古迹 田地八反許アリ廃帝ノ供御ノ料田ト云傳

○御衣塚　在同邑　古迹 廃帝崩後御衣ヲ蔵セシ処ニト云
常磐 内裏御衣塚共ニ謬傳ナルベシ廃帝ノ遺跡ハ三原郡ニアリ　舊記 右内裏已下
廃帝ニハ津名郡ニ可因所縁ナシ按ルニ應神帝十三年淡路ニ行幸遊猟アリ同
廿二年春帝ノ寵姫兄媛（エヒメ）吉備（キビ）ノ国ニ行ヲ天皇高臺ニ登テ其舟ヲ見送リ淡路

卅九

島ノ哥ヲ作リ玉ヒ同秋淡路ニ遊猟シ玉フ仁徳帝吉備ノ海部ノ直ガ女黒日賣ヲ
恋テ后ヲ欺キ淡路ニ行幸アリ夫ヨリ吉備ノ国ニ迂幸シ玉フ履中帝五年淡路
ニ狩シ玉フ𪜈一宮ノ神伊弉諾尊祝部ニ託シテ告玉フコト有允恭帝十四年淡路ニ
狩シ玉ヒ明石ノ海底ニ蝮ヲ取其珠ヲ一宮ノ神ニ祠リテ多獣ヲ得玉フコト有斯古ノ帝
王往々淡路ニ遊猟シ玉フコト侍レバ其時仮御所ノ有シ処ニヤ天子遠ク行幸シ
玉フニ宿御ノ行宮無ンバ有ベカラズ別シテ允恭帝ノ遊猟ハ容易ノ御催ニ
非ジ上代ニハ兼テ其設有ケレ𪜈年久シケレバ只内裏ト〻云傳テ耳馴タル廢
帝配流ノ叓跡ニ混誤シ傳ルモノナラシカ供御料田モ右ニ全シカルベケレ𪜈是ハ廢帝
ノ供御料田タリ𪜈何レノ処ニモ有ヌベシ御后郷ハ應神帝ノ兄媛仁徳帝ノ黒日
賣等ノ吉備ノ国ニ往還シ𪜈其往返ノ交ニ宿留有ケルヲ云傳ルモノニヤ常盤瑞井
宮ノ条下ニ上古ノ天皇淡路ヲ遊猟ノ地トシテ行幸ナド有シカバ安寧懿徳ノ比ヨ
リモ此処ニ行宮ヲ建置セラレテ淡路ノ宮瑞井ノ宮ナド名付玉ヘルニヤアラン其比ノ

天子行幸ノ事国史ニモ見ヘ侍ラ子共史ノ闕畧モ有ヿナレバ量リ知ベカラズ鹿神ヨ
リ仁徳履中允恭ノ行幸ハ古史ニモ見ヘタリ其后妃ナドモ御駕ニ従ヒ又ハ由有テ
此行宮ニ来リ住セ玉フヿ無ニシモ非ジ 皇高曰 是様田ノ産宮ハ淡路ノ宮ノ古趾ナルヿヲ
云シナレ氏例シテ郡家ノ后邸ニ引證スルニ足レリ履中允恭二帝ノ遊猟ハ共ニ一宮ノ
神ノ事侍レハ必郡家郷ニ行宮有シナルベシ又御衣塚ハ崇道天皇ノ御衣塚ニヤ

未得其所名所　能因哥枕云　淡路国　めさしノ浜

いそやノ杜 トキハ 石屋ニ杜ノ杜ナルベシ　衣の里　あくれノ里 皇高云 志知川ニモヤ 俗呼七川ト云ハ本呼ナラン　ことちノ池

トキハ 廾ノ内ニヤ妙鹿寺ノ下ナル池ヲ云ニヤ

山城名跡志 曰新熊野(郡)領諸国ニアリ　院廳下　新熊野所司等云云當社領
諸国庄園弐拾捌箇所云云　淡路国三入庄　此三入庄今未詳其処
養和元年十二月八日

貼込一　六ウ（本書一四頁）

勇也今有纏餘之暦録何其不續之哉再三安慊不止公素非無
其意更亦含毫兀々窮年幾䌓成脱稾云々鴫按初予聞其書号人
皆普呼淡嶋記適得其書而閲之号淡国通記亦常磐草安雄翁曰
予未見常磐得淡嶋随筆者而以畧引書於常磐草編中矣是應
為嶋記之草稿也云々彼書一冊有多号也回禄旁教回毎記可所假号焉

堅磐草

一ノ下

一ノ下

日本斟洲　淡島温故録

三原郡之部　標目

○賀茂郷　上下加茂村　桑間村　上下内膳村　奥畑村

○廣田宮村　山添村　納村○　○宇原村　○池内村

○廣田郷　○池田村　○木戸村　○木戸新村　○大野村　○金屋村

○前平村　○鮎屋村 滝　徳原村　中筋村

○養宜郷　上中八木村　入田村　徳野村　野原村　新庄村

国分村　○鳥井村　○立石村　○寺内村　大久保村○

馬廻村○次相

○倭文郷　倭文中村　庄田村　安住寺村　土井村　長田村

流川原村　神道村　上下堺村

○幡多郷　○上下八木村 二ノ宮 自凝島　○榎田村　○掃生寺新村　○掃守村　○高田村

○宝明寺村　○榎田村 二ノ宮　○榎生寺新村　○掃守村　○高田村

江尻浦　北家村　丸津村　慶野村　古津路村

志知川浦　西路浦　塩屋村　湊里村 浦　脇田村　高屋村

大小榎並村 加治比 公国　西川村　善光寺村　十ヶ所村　徳長村

○榎列郷　新村　三条村　冨田村　喜来村　黒道村

浦壁村　社家村　円行寺村　青木村

○小井村　市村○

三ノ一 ○神稲郷

○国衙村、○難波村、○片田北南村、○野田村、○佐礼尾村、○飯山寺村、○牛内村、○松本村、○鳴河内村、○地頭方村、○志知北村、○伊加利村、○中島村、○釣村、○津井村

三ノ二 ○賀集郷

○宂賀村、○加集中村、○鍛冶屋村、○内ヶ原村、○八幡村、○福井村、○長原村、○立川瀬村、○筒井村、○伊加野村、○西山北中南村、○新田北中南村、○福良浦、○生子村

三ノ三 ○阿萬郷

○下上本庄村、○地野村、○油谷村、○白崎村、○塩屋村、○土生村、○山本村、○来川村、○吹上村、○城方村、○吉野村、○沼島浦、○阿万西東村、○田実村、○惣川村、○仁比村、○拂川村、○黒岩村ヲソハ

(十三) 延喜式内名神舊社之標示

(三) 三十三処観音順礼之序次

(四九) 四十九薬師拝礼順路序次

(廿一) 上下南十ケ灘分大師巡り之序次

(八八) 四国八十八ケ処一国遍路之序次

日本對洲　淤島温故録　　月杏　渡邊皜　揖録　　三一五

○三原郡　和名類聚曰和名美波良　国ノ西ニ在テ下郡ト称ス津名ヲ上郡ト
云ニ對ス大抵上郡ハ山谷多ク水東流シ下郡ハ平原多ク水西流ス
古事紀ニ水歯別天皇ノ為ニ蝮（ミハラ）部ヲ定メ品陀（ホンダ）天皇ノ皇女（ヒメミコ）ヲ淤路三腹（ミハラ）郎女（イラツメ）ト
名ツケ玉フモ皆此地名之日本紀ニハ御原（ミハラ）ニ作ル常盤三腹蝮御原氏ニ三原之蝮
ヲ美波良ト訓スルハ波美ノ古語ナルベシ波美ハ他蛇（コトヘビ）ニ異リテ腹大キナレバ。ミカハラ
ト云ヲ約メテミハラト古語ニ云シナルベシ三原ト語ノ通ヘルヲ以借用ヒタルニシ俗説ニ曰
郡中ニ三ツノ高天原アリ一ハ中嶋一ハ神稲（クシロ）一ハ産（ウブ）ノ宮ノ地之此故ニ三原ト云思フニ郡郷ノ
名義今ニ考ヘテ知ラレザルコ多シ強テ解スベキニ有子氏因ニ記ス古ハ此国ヲ遊猟ノ地ト
シテノ應神仁徳履中允恭ノ諸皇モ行幸シ玉フサレバ天子ノ遊幸シテ止リ玉フ処ヲ御原
ト名ケヌルヨリ郡ノ名トハ成リニシニヤ御猟（ミカリ）野ノ原ノ意ナルヘシ日本紀ニ御原ト書シ正字ニテ語ノ

通ズレバ後世三原ト呑レナルベシ三ノ原ノ説ハ非ナラン［日本紀十巻］應神天皇二十二年春天皇
幸難波居於大隅宮登高臺而遠望時妃兄媛（エヒメ）侍之望西以大歎（兄媛者吉備臣祖御友別之妹）於是
天皇問兄媛曰何爾歎之甚也對曰近日妾有戀父母之情便因西望而自歎矣冀還
之得省親歟爰天皇愛兄媛篤温凊之情則謂之曰爾不視二親既經多年還欲
定省於理灼然則聽之仍喚淡路御原海人八十人為水手送于吉備

○賀茂郷（和名抄津名郡賀茂和名加毛）今三原郡ニ隷ス郷廃シテ上下加茂村存

⊙下加茂村　宇山ノ西三木田ノ南

鴨河　鮎谷川ノ下流ニシテ宇山ヲ経テ塩屋川トナリ海ニ入　桑間ニ至テ内膳加茂ノ二水相合

○加茂祠

［鳥(?)曰］延喜式内加茂ノ神社ハ上加茂村ニアリ不可混

○八幡祠　社領若干

○宝泉寺　真言宗大覚寺末

⊙上加茂村　下加茂ノ西ニアリ

（十三）○賀茂神社　延喜式内当国十三社ノ一ツ　昔ハ祈年国幣ニ預リ玉フ　延喜式ニ曰津名郡賀茂

神社今郷村ト共ニ三原郡ニ領ス　［山城国賀茂旧記］ニ欽明天皇御宇六十余国加茂ノ神田一処ヲ置ト（肥後国記ニ引）

［常磐］淡路ノ加茂モ神田ノ有シ処ニテ賀茂神社アルニヤ本社ハ山城愛宕郡上社ハ別雷

神下社ハ御祖ノ神　○八幡宮　社領若干

○松林寺　長蘭山旧名西光寺　真言宗大覚寺末

三

一

◎来間村　加茂ノ南川ヲ隔テ隣ル鮎谷川ノ下流来間ニ至リ加茂川ニ入ル蛇渕アリ水深シ鮎鯉住　[淡通]銘之曰　水不在深　有竜則奇　里不在廣　有賢則和　竜矣賢矣　其出以時

○暑兒ノ寺　泉徳寺アリ　辻本京都六条万泉寺

◎下内膳村　先山ノ巽麓上加茂ノ西ニ隣ル　[日本紀]巻ノ十五　清寧ノ紀曰白髪武廣国天皇清寧二年春二月天皇恨無子乃遣大伴室屋大連於諸国置白髪部舎人白髪部膳夫白髪部靫負冀垂遺跡令観於後　[常盤]此地白髪部ノ膳夫ヲ置玉フ処ニテ内膳ト称スル乎

末社ニ八幡祠天満宮ホ有　○住吉社　栢丸ニアリ　三月十日村人桜花ヲ挿頭テ舞踏ストテ云又御田種ノ式アリ昔ハ獅子舞田楽アリトソ獅子頭今ニアリ　[高日]桜花ノ舞踏八郎御田植也其式月令篇ニ詳之

○盛光寺　西北山真言宗仁和寺末　○歓迎堂　先山坂口ニ在　先山登詣ノ人往返此処ニ憩息ス

傍ニ茶店アリ鳥肉ヲ裂テ酒肴ヲ沽ル

◎上内膳村　下内膳ノ西ニ連ル是又先山ノ麓也　○蓮光寺　右同宗末十一面観音　(八八)札七　配花神ノ峯

○岸河神社　延喜式内十三社ノ一也当処隣邑二処アリ其論首巻之十三社ノ下ニ詳　○牛王水　先山ノ麓ニアル清泉旱漫変セス　昔ハ牛王堂有シト云

○石田三成カ碑　当村岸川祠社前ニアリ　三成カ妾建之妾ハ納村ノ産也尚納邑ノ下ニ詳記ス　[高晴]ニ此碑モ旧跡ノ地ニテ岸川社下ニ今上内膳ナリ

◎奥畑村 先山西麓ニ　○白山社 〔淡通〕白山妙理権現ト記セリ　○福蔵明神社

○正遍寺 真言先山末 本尊薬師 （四九）才廿六

○廣田郷 和名類聚曰津名郡廣田郷 和名比路多　賀茂廣田ノ二郷昔ハ津名郡ニ隷セシ

之今ハ三原郡ニ隷ス郷廃シテ廣田宮村等ノ名遺ルサレモ今モ其辺境ヲ私ニ廣田郷ト云

〔常磐〕古ヘ山河ヲ隔テヽ国郡ヲ置玉ヒシニ廣田郷ト養宜郷トハ一山嶺ヲ隔テ両郡

分界ノ勢アリ廣田ノ津名ニ隷スル事冝シ

◎廣田宮村 郷ノ西山下ニ在 八幡宮アル故ニ名ク　○廣田八幡祠 封田若干廣田郷十四邑ノ祭ル処也　○大宮寺 別当 （八代）七十一番

〔東鑑淺〕寿永三年四月廿八日丙申平氏在西海之由風聞仍被遣軍兵為征討無

事御祈祷以淡路国廣田庄被寄附廣田社其御下文付前斎院次官親能上洛

便宜可被遣神祇伯仲資王云云　寄進スル　廣田社神領ノ事

在淡路国廣田領一所　右為増神威殊存祈祷寄進如件

寿永三年四月廿八日　正四位下源朝臣 頼朝之

〔常磐〕按スルニ鎌倉ヨリ頼朝私

二社アリ後世岸河神社ヲ移セル之今山王権現ト称ス昔ハ祈年国幣ニ預ル（玉フ）神之
【延喜式】曰淡路国津名郡岸河神社 今三原郡ニ穎スルヿ己ニ郷首見ヘタリ 又岸河ノ支論アリ首巻十五社ノ下ニ詳之

○準胝堂廃址 納ノ岸ノ岡ノ下由良岩屋官道ノ分ル処ノ逵側ヲジユンレイ堂ト称ス
【常磐】昔ハ準胝仏母観音ノ堂アリシ処跡ナルベシ順礼堂トスハ誤ナルベシ

○石田妾墳墓 慶長五年石田治部少輔三成謀叛敗軍ノ氏其妾ハ当村ノ産ニテ三成ノ嬰児
ヲ懐テ旧里納邑ニ忍フ十月朔日京都三条河原ニテ三成梟首セラレシト聞テ妾是ガ
為ニ碑ヲ建 上内膳村岸川社ノ辺ニ其碑今尚存 世ヲ憚リテ姓名ヲ記サズ婦終ニ尼トナリ宗心ト号ス嬰
児ハ児ニ授ク今ニ其処ヲ石田ト称シテ則其子孫之トゾ尼ハ二十年許経テ身マカル
其墳納村山下ニ存セリ　法名月徽宗心禅定尼　元和四午年七月五日

◎宇原村 物部ヲ寅卯ニ小丘ヲ隔テ隣リ大野ヲ西ニ隣ル　宇原川 前平池田ノ二水池ノ内ニ至テ合流シ宇原ヨリ下物部ヲ経テ物部川ニ入

○香椎祠 当邑ニ在小祠也本社ハ筑前糟屋郡ニアリ　○清水寺 真言宗大覚寺末　○傘松 邑ノ中央ニアリ

夕立の去るもし 立寄つ[illegible] 松の陰　家隆

基氏　【一覧】見淡陽記ト有

三
四

〔皇高曰〕哥一首ニ二名ヲ並吝ヿ不審疑ラシハ今一首アリシヲ吝感セシカ家隆ノ哥ハ淡路嶋又野嶌等ノ哥数首アリ　基氏ハ浅野ノ哥一首アリ　〔和譜拙記〕左兵衛督基氏　園ノ祖皇大后宮大夫正二位弘安五年薨ス

◎池ノ内村　郁原ノ南之邑ニ大ナル池アリ故ニ名ク歟。

○観音寺　本尊十一面観音　〔八〕四十八番　配ニ豫州西林寺

◎池田村　鮎谷ニ隣ル南山下之

◎木戸村　木戸ハ城戸ノ轉文之後山ハ猪鼻ノ古塁ニつゞけり其城戸有シナルベシ此村舊ハ椚(クヌギ)林ニ炭出セリ今新墾ノ田圃ト成〔皇高曰〕當邑都テ陸田ヲ専ラ粟黍豆ナドヲ作ル木戸原ト云リ

◎○住吉祠

◎木戸新村　木戸池田宇原大野ノ中間ニアリ

○和靈社　本祠ハ豫州宇和嶋ニアリ領主伊達遠州侯ノ室老山頼(ヤンベ)清兵衛ノ霊ヲ祭ル其来由長ケレバ神社ノ部ニ譲テ茲ニ畧ス

◎大野村　宇原金谷ノ中間ニ挾ム　古ハ由良ヨリ福良迄ノ間ノ駅宿之　〔延喜式〕曰淡路国驛馬大野五疋

○白髭社　近江志賀郡ニ白髭社アリ猿田彦ト云此神ヲ祭ルベシ　〔淡通〕廣田庄惣鎮守之

三

三

口碑ニ曰表前路若不ニ下馬一則神罰如レ矢其神境年古松老威厳高貴矣

○宝蓮寺　高野西南院末　(八)才六十五十一面観音配ニ伊豫三角寺一

◎金屋村　大野中條ノ中間ニ挟ム　○新宮祠　熊野新宮ノ神ヲ祭ルナラン　○東北山観音堂　(三)才二番

東北山千福寺ノ廃址ニアリ寺家ハ一条院。福蔵坊。東坊。西方寺今モ其址ノ処多ク西方ト呼　阿弥陀坊。

茶師坊共ニ七坊皆廃シ今観音寺ト称スル寺アリ　(八)十番　賀集山ノ記ニ金屋供養舞楽ノ法

會アリシトゾ　○観音寺　真言宗仁和寺末　阿弥陀。茶師。地蔵。大日ノ四像弘法ノ作ト云

◎前平村　鮎谷ノ滝ノ上東ニアリ

◎鮎屋村　鮎谷ノ轉文ナルベシ鮎ハナマヅナレド和俗アユト訓ズ　中條ノ東南ニアリ○鰛谷河(アイヤ)　鮎谷ノ奥ヨリ瀑布(タキ)ヲ経テ中條大野ノ間過テ納ニ至ル

○鮎屋滝　高五丈石崖滑ニシテ飛泉雷響キ竜躍ル夏日膓寒ク骨ニ徹ル傍ニ不動閣

アリ瀑上ノ原野廣平ニシテ鷹狩ニモヨキ鳥立(トダチ)ナルベシ中世ヨリ新墾(ニイハリ)シテ里トナル前平村

ナド云和哥ニヨメル滝ノ上ノ浅野トシ今ノ人浅野ノ滝ト称ス〔常磐〕萬葉集ニヨメルハ磯辺

ニ舟ヲ繋テ滝上ノ浅野ノ雉子(キヾス)ノ立サハケルヲ聞タル由ナレバ其処物部郷ノ海ヲ去ル二里許リ

五

奥ニイリタル山里ナレバ其詠哥ノ意ニハ合ハヌ様ニ滝ノ上ノ浅野ハ野島冨嶋ノアタリニ求ムベキヤウニ思ハル思ヒヨレルアランヽシモアレド未定カナラ子バ里人ノ云フルシタルヽニ古詠ヲ茲ニカイツク

[鵠向曰] 杣ノ南村ノ紅葉滝ハ野島冨島ヒモ近ク万葉ノ哥ノ意ニ合ヒヌレバ万葉哥及ビ一二首ノ古詠ヲ其処ニ収メ其ノ余ノ哥ハ海濱ニ拘ルコトナケレバ此処ニ残シ収ム

続後拾遺 春　見そくかさくら色滝の上の浅野の葉草今そつらし　光明峯寺入道前摂政左大臣

同集　滝の上の浅野の雉あけぬとてさこそ鳴くなれそもや妹か　藤原隆祐朝臣

新拾遺 雑上　君かよるも浅野の雉なくなくも忘れもせしものを　左衛門督基氏

新続古今 冬　風寒みおとしみせし滝の上の浅野の雉の声さえぬる哉　左大臣公教

同集 恋四　いつみてん思ひきれとも立ちかへり浅野の雉のあかぬ音をのみ　よみ人しらず

草菴集 秋 野花　いつ滝にたちてよそに見し滝の上の浅野の萩の花盛りかも　頓阿

同集 連歌　滝の上にまくれては立てる野に見えらん　ト云句ニ

さてなに浅野にしるその雉の

三五

三十八

寺ヲ再興シ其後松帆浦ニテ水定ニ入テ終ルト云而後国分寺朽損シ唯古大像ト礎石トノミ
有正保比僅ニ一院アリテ僧快尊住ス大像ハ草堂ニ在寛文五年僧昭運寺ヲ建テ住ス
貞享元年本堂ヲ建立シテ古像ヲ安置ス丈六釈迦ノ古像行基作ニ寺ニハ弥勒恵心毘沙門
聖徳太子ト云伝フ但シ古像ノ仏工何レノ作トハ定メ叵カルベシ今ノ本堂ハ金堂ノ跡寺ハ講堂ノ跡大日堂ハ
宝塔ノ跡ト云毎年四月仏誕生会士民多ク聚ル　暦応三年釈迦大像ヲ修理ス［像中ニ記］有曰
淡州国分寺本尊釈迦像一躰敬白暦応三年歳次庚辰三月辰〇手斧始同四月廿七日庚戌本開眼四
年歳次辛巳六月廿五日辛未御安座祈祷聖人僧乗〇識円房同寺住大願主僧盛尊尊忍房当寺住　女大施主
海氏女　大仏師兵部法橋僧命円観地房昔者洛陽住今阿州名西庄第十蓮福寺住結縁細工番匠僧流泉戒忍房〇光寺住
僧盛弘良忍房上田八幡住僧重信性円房当寺兼住　信心結縁衆僧〇〇道賢房阿州名西庄中島郷延福寺僧平光久治部
允藤原近実〇〇〇僧禅尊　若盤〇〇〇　［常磐］記文磨滅シテ見ザル処ニ圏ヲ加フ
記文ヲ見ルニ暦応三年古像ニ擬シテ新像ヲ造刻シタルナルベシ或ハ古像ノ破壊シタルヲ修補
セシカ悉得叵シ［畠田］戒忍房ハ大〇光寺ハ下八大廃願光寺ナルベシ上田八幡ハ社家村ニ
大永五年乙酉八月沙門俊泉淡州国分

【續日本紀巻廿二】右ハ於讀後巻ニ出ス【仝巻十三】【仝後紀八巻】【延喜式巻十二】【東鑑巻】己上圖内ノ書證常磐

寺本堂再興勧進ノ【疏一巻】有其畧曰聖武帝於六十六箇国建立国分寺本尊一丈六尺座像釈迦行基菩薩之作也本堂五間四面之伽藍荘厳巍々世及澆季寺社供料隆落仏閣朽損爰六十六部之聖某至于此歎伽藍之敗壊有志興復於是勧進云云

大永五年沙門俊泉敬白　今寺中礎石多シ境内一町許アリ寺家皆廃毀シテ其名ノ遺ルハ。西蓮房。宝幢坊。弥勒坊。神宮寺。法界寺。十輪寺。法蓮寺之（法界寺ハ寺家ノ首ト云其寺延宝中廃ス）

按ルニ今ノ大日堂ノ有処ハ日本紀ニ所謂所納金光明経七重ノ塔ノ址之【續日本紀】二十巻 孝謙天皇天平宝字二年七月勅シテ。（朝廷安寧天下太平ノ為ニ）国別ニ金剛般若経三十巻ヲ写シテ国分僧寺ニ二十巻尼寺ニ十巻ヲ安置ス恒ニ金光明最勝王経ニ副テ並ニ轉讀セシム【又曰】。（天平十九年十一月己卯詔シテ曰）去ル天平十三年二月十四日天下諸国ニ詔シテ曰国別ニ金光明寺法華寺ヲ造シム其金光明寺各七重塔一區并ニ金光明経一部ヲ写シテ塔裏ニ安置ス天平勝宝元年（孝謙）七月諸寺ノ墾田地ヲ定ム諸国金光明寺各別一千町【トキハ】續日本後紀ヲ按スルニ金光明寺ハ国分僧寺ノ一名也法華寺ハ尼寺也又按ルニ今ノ国分寺中塔跡。ニ礎石アリテ其上ニ小堂アリ大日ヲ安ス元禄年中造営セリ是金光明経ヲ納メシ七重塔ノ古址也金光明経ハ即最勝王経也金光明最勝王経十巻唐ノ三蔵沙門義浄訳ス【續日本後紀】八巻 国分二寺一ハ則名付テ金光明護国寺

三八

トシ一八則名付テ法華滅罪トス 上下略名 [延喜式] 巻二十六主税上曰淡路国国分寺料五千束

○竜馬石 寺中ニ秘蔵ス 馬蹄ニ似タル石紋アリ [常盤草] 九足ノ馬出テ後ニ石ニ名ヅク

タル歟 九足ノ馬ノ下ハ別ノ条ニ出ス ○春日祠 国分寺境内ニ在 ○金剛寺 真言宗仁和寺末 昔ハ金剛

寺ト標並ノ威光寺ト三原郡中ノ両門主ニテ門下ノ寺多カリシト云傳フ薬師像行

基ノ作ト云又異様ノ古圓鏡一枚此寺ニアリ ○廃成就院 ○八幡祠 [淡通]ニ出

[皇高図] 史略 全文ハ繁多ヲ厭多クハ省略ス常盤草ニ見ベシ

◎鳥井村 旧名藪田ト云成相ノ通リ道ニ入口アル故ニ号ク 是ヨリ成相寺ヘ十八丁 ○古邸 二區アリ名墨濠（ツイヂホリ）有テ廣シ

一ハ嶋田氏 五郎右エ門ト云 一ハ岡加賀ト云傳フ栗原ノ嶋田氏ニ屬シタル地士ノ簀地ナルベシ

○顚松 [淡通] 口碑曰不依風而動故得名矣今其地曰鳥居邑 ○薬師堂 [八] 井田邸ニ在リ 同寺

◎立石村 福良ヘノ官道ノ挑在 ○鎗石 昔小栗某ト云者雨夜ニ義婦ノ灯ヲ挑ケ

ナ行ニ逢ヌ小栗鎗ニテ突ケバ石ノ立ル之其鎗ノ跡今ニ遺レリ因テ村ノ名ト成

リト里民云フ其石駅程ノ路畔ニ直立セリ

三　九

○寺内村

[舊蹟曰]此村社家村ノ北ニ接セリ社家ニハ昔上田寺ト云大廈ノ仏刹アリテ上田堂供養トテノ舞楽ノ法會有シテ加集山ノ古記ニ載タリ寺家又多ク有ケレハ或ハ其寺家ノ此処ニ有ケル故寺内ト名付シ歟

○観音堂　㈧　有八十配讃州国分寺

[舊蹟曰]當州国分寺中ニ観音ノ堂有シニヤ同ノハ国分寺ニ配シタキナリ

○大久保村　寺内ノ東北ニ隣ル　[古殿]邑小久保村小窪ト淡陽誌ニ見ル云

○門前池　廃安国寺ノ門前ニ在故ニ名付（寛永年中の築造上之）

○廃安国寺址　語録曰栖賢山

門前池ノ東ノ谷ニ在寺山ト称ス淡路寺師氏春大道禅師ヲ招テ創建セシ処也池傍ノ平地ニ門ノ跡アリ仏殿祖堂僧堂等ノ跡山谷ノ間ニ遺レリ是棲賢山安国寺故址

[或記]曰暦應二年毎国建安国寺　[扶桑禅林僧寶傳]四巻　古山源公左武衛令天下各州建安国寺上半略

[トキハ]古山ハ左兵衛督源直義　法名恵源号古山尊氏ノ弟也　[本朝高僧傳]巻三十二　釈一以号大道京兆南禅沙門以備曰中略雲州島根縣人康永元年夢窓国師請住阿州補陀送以偈曰。竜渕通徹白花涯。南海潮音震法雷。莫把烏藤軽靠壁。他時必有善財来。数歳之間威儀棟々禅風大振寓寄書称義謝事退居于淡州太寺源ノ氏春悦然致所居宅為安国寺請以為始祖衆又随集未周三載大雄之殿

三

九

○幡多郷　和名類聚曰三原郡幡多　和名波多　八太ニ作ルハ省文ニ従フ之秦氏ノ居タル処ニテ郷名ト成リシニヤ　古語拾遺曰秦氏所貢絹綿軟ニ於肌膚故訓秦字謂之波陀郷ト　郷廃シテ上下八太アリ　畠高曰　幡多ハ肌ノ字ノ訓ナルベキコ　愚考首巻自凝嶋ノ下ニ記ス

三　十五

○下八太村

○八幡祠　社領若干　神本（カワノモト）ノ八幡ト称ス

○廃願光寺址

○神本寺　和光山　真言宗大覚寺末　地名ヲ以テ寺ニ名ヅクルニヤ

○神本駅　村中ノ古名ナルベシ　今モ神本ト称ス　続日本紀巻二十九曰高野天皇神護慶雲元年三月南海道使治部少輔従五位下高向（タカムコ）朝臣家主言淡路国神本駅家行程殊近乞従停却詔許ス　古ヘハ大野ノ駅ヨリ神ノ本駅ニ至リ国府市村（桜利）ヲ経テ福良駅家ニ行シナルベシ大野福良ノ間ニアレバ行程近クシテ無益ナル迚神本駅停ラレシナラン

○自凝島　円行寺河ノ側ナル円山ノ小丘ニアリ青松ノ茂林小社立リ諾冊ノ二神ヲ祭ルト云ノ

自凝島下八太沼島ニ画嶋三処ニ論アリ首巻ニ約メ出ス

○上八太村　下八太ノ東ニアル村ニシ

○秦川（ハタ）　八木川入田川ノ下流上八太ニ至リ松田ヲ経テ榜寺川ニ入

○岩淵　村ノ下ニアリ奇石多シ崖上ノ岩穴

○八幡祠　岩淵ニ在社領若干　河東ニシ

○岩淵寺　里淵山河西ニアリ真言宗大覚寺末　奮ハ岩淵ノ辺ニ寺アリシニヤ

二役氏ノ石像ヲ措リ

岩淵ノ二字通シテ訓読ス

（八八）才六十大日　配ニ豫州横峯

○大和国魂神社（十三）　若干　秦山ニアリ二ノ宮ト称ス封田国君ヨリ殿舎ヲ

営建シ玉フ此神ハ延喜式内當国十三社ノ内名神大社ニテ昔宮中名神祭及祈年国
幣ニ預リ玉フ之 〔延喜式〕 三原郡大和国魂神社名神大 又曰大和国山辺郡大和坐大国魂神社名神大
此社ト同神ナリ 〔神名帳頭注〕 大和社者大国玉ノ大歳ノ須沼比賣 下略 〔舊事紀〕 素戔嗚尊娶大山祇神女大市姫生大歳神ト大己貴ノ神等 此神娶ヲ
須沼比ノ神ノ女伊怒姫ニ生ム子五柱 兒ハ大国魂ノ神 大和神之 次ニ韓神次ニ曽富理ノ神次ニ白日ノ神次ニ聖ノ神 〔文徳實録〕 巻三 仁壽元年十二月詔以淡路国大
和社ハ大国魂ノ神ノ列ニ宮社ニ ラレ玉ヘリ 〔下卅八〕 宮社之宮當作官 大和社ハ令ニテ謂レアル神ナレハ古ハ宮中ニモ祀ヒ皇女ヲ以テ祭 此故ニ淡路ニ在フモ斯官社ニ列子サセ玉フハ崇敬ノ至リナリ
〔延喜式〕 巻三 十六 祈年祭上曰 淡路国大和大国魂神祭料八百束 〔同巻〕 名神祭 中略 大和大国魂ノ神一座 淡路
国 座別云云 〔日本紀〕 上略 天照大神和ノ大国魂二神並ニ天皇大殿ノ内ニ祭ル然レ氏其神ノ勢ヲ畏レ
玉ヒテ共ニ住玉フコト安カラズ此故ニ天照大神ヲハ豊鍬入姫ノ命ニ託テ倭笠縫ノ邑ニ祭リ 〔書曰〕 今ノ伊勢ハ後援称スト云
日本大国魂ノ神ヲハ渟名城入姫ノ命ニ託テ祭リ玉フ然レ氏渟名城入姫髪落體痩テ祭ルコト能ハズ
淡路大和社ニ毎年季春十日此神ヲ祭レリ此日士民群集シ宴遊シテ櫻花ヲ賞ス是ヲ二宮
ノ櫻會ト云昔ハ舞楽ナドアリテ盛ナル祭礼有シト見ヘタリ此事賀集山ノ古記ニ見エ又賀
集山護国寺ニ蔵ル処ノ元久ノ廳宣ニ二ノ宮法華櫻両會ノ舞料田ヲ寄ラルヽコト見ヘタリ

三

十五

三 十六

己ニ津名郡一宮ノ下ニ詳ナレハ爰ニハ畧記シヌ又大和社司古鉄印一枚ヲ蔵ム其文曰

大和社印 図ハ首巻十三社ノ条下ニアハラヌリ 此印久シク土中ニ埋レテ有シヲ神社ノ界内ニテ近世掘出セルトこ

社家ノ傳記 二ノ宮ニ十號アリ 豊蘆函 鼻子山 トキハ ニハナコト讀ヘ カネズウイゴト讀ベシ 衣那山 瓊鉾山

里深山 秋津島山 淡路島山 陰陽山 獲滄山 自凝嶋山 トキハ 論アレモ有

○薬師 （四九）才二 ○大和社寺 大和社ノ界内ニアリ 修験ノ僧守リテ祭事ニ与カル

昔ハ七坊アリト云寺地ハ松田ニ隷ス ○鼻子山観音堂 社ノ境内ニアリ 松田村ニ隷ス （三三）才十二

當社ノ界内上ハ大、松田二村ニカヽレリ

◎松田村 舊ハ下八木ト云シトゾ戦国ノ時分来郷混乱シタルナルベシ松田ト中間入田ヲ接隣タル八松田八木縁アシ混誤シテ云傳ルナルベシ 書同曰 上中有テ下ナキ謂ナシ按ルニ下八木ハ入田ノ古名ナルベシ中八木ト

○八幡祠 社領若干 里俗ノ説ニ毎年神無月ニ出雲ニ行玉フ時国中ノ諸神此社ニ集リテ衣

冠束帯シ玉フ故ニ冠着ノ宮ト云トゾ俗説ム奇シ ○長福寺 冠山真言宗大覚寺末

観音阿弥陀勢恵心ノ作ト云

◎戒壇寺村 邑ニ戒且ノ故址アルヲ以テ村ノ名トス ○戒壇薬師堂 薬師ノ像ハ行基作地蔵毘沙門ハ弘法作ト云

（四九）才三番　傳記曰此地ハ弘法大師結縁灌頂ノ処ニ其後叡山ヨリ戒壇ヲ置圓頓ノ戒ヲ授ケ戒壇寺ト称ス伽藍ハ兵燹ニカヽリテ廃スト又一説ニ養宣ノ戒壇院ヲ移セリ氏云或曰當州ニ昔ハ天台圓頓ノ教盛ニ行レシ故戒壇アリ処々ニ山王及八王子ノ祠アルモ此故ナド

［常盤］孝謙天皇戒壇ヲ大和東大寺下野薬師寺筑前観音寺ニ建テ東国中国西国ノ受戒ノ者ニ便リシ玉フ其後延暦寺ニモ戒壇ヲ築クト義堂ノ空華集ニ云諸国ニモ戒壇アリヤ未考ヘズ　○山王祠　社領若干

◎掃守村　カモリノ語ハ古語拾遺ニ蟹守ノ略ト云　此村ニ羽柴秀吉淡路征伐ノ時濫妨ヲ禁ズ書有

○掃守河　秦河圃行河ノ下流掃守ヨリ塩濱ノ高屋ノ間ヨリ江尻ニ至ル　掃守川濱鰻石伏ノ類多无絶名産之

○蒲田池　掃守ニアリ　○掃守社　○十日社　［トキ八］此社号ノ処ニアリ稲荷ノ音訓轉シテ十日明神ト称スルナルベシ

○八幡祠廃址　岡山ニアリ高村ニ移ル　○栄福寺　（六八）才手四不動尊當州延命寺　真言宗大覚寺末　薬師像　行基作ト云　舊名放光寺ト云

○廃長楽寺址　岡山ニアリ東西二寺アリト云　○岡山観音堂（三三）才十三

◎高村　高字音讀ベシ　［書曰］此村カウト音讀スルヿ鴻ノ字ノ轉ヒタルニヤ此近村都テ寉雁類多シ

三　十六

○法華寺観音堂（三）才十五　才六十九

友嗅カハス邑　昼夜■■

○八幡祠　社領若干　北方江尻掃守ヨリ祭ル故地ハ掃守岡山ヨリ移スト云

境内北方村ニカヽル北方ノ支邑ニ大鳥居ト云アリ鳥居ノ有シ処ト云　…八幡在高屋

◎室明寺村　寺ハ廃シテ村名遺ル

◎櫟田村

○淡通　社中明鏡二面アリ是大日尊月弓尊神躰カ

国君ヨリ宮建シ玉ヒテ　社領若干　○産木　社傍ニアリ産衣池氏櫟ノ池共云

○八幡祠　社領若干　孕婦此池ノ苔ヲ取テ服スレハ産時安

淡之ト云安産ヲ祈リテ験アリシヨリ故ニ産宮ニ詣来ル人多シ　○淡路瑞井宮　今産ノ宮ト称シテ神社アリ寛文中

玉手見ノ命河股毘賣ノ兄殿延ノ女阿久計比賣ヲ娶テ師木津日子ノ命ヲ生リ此命ノ　古事紀曰師木津日子

一子和知都美ノ命ハ淡道ノ御井ノ宮ニ坐ス　玉手見命ハ安寧天皇ニ磯城津彦命ハ懿徳天皇ノ同母才ニ和知都美命二女アリ

兄蠅伊呂泥亦ノ名ハ大和国阿礼姫才名ハ蠅伊呂杼ト云　古事紀曰品陀和氣命天皇応神品真

共ニ孝昊天皇ノ妃ニ御井ノ宮ハ瑞井ノ宮ト同シカルヘシ

若王ノ女弟日賣ヲ娶リテ御子阿具知能三原郎女ヲ生ム　首書曰具當作波和名抄曰淡路国三原郡幡多(?)波　日本紀

巻十二　瑞歯別天皇ハ去来穂別天皇履中ノ同母弟ニ母ハ磐之媛　天皇初淡路宮ニ生生歯ハ一骨ノ如シ

三七

容姿美麗ハ云ニ井アリ瑞井ト云則汲テ太子ニ洗シニツル時ニ多遅花落テ井ノ
中ニアリ因テ太子ノ名トス　多遅花ハ今ノ虎杖花之故ニ称ヘテ　ヽウレテ多遅比瑞歯別ノ天皇ト云
瑞歯別尊誕ニ生淡路宮之時淡路之瑞井ノ水奉ニ灌御湯ニ于時再枝花飛入御湯　【姓氏録】曰大鷦鷯天皇御皇子
瓫ニ色鳴宿祢称ニ天神寿詞ヲ奉号曰多治比ノ瑞歯別命為ニ定ニ多治比部ヲ諸国ニ
為皇子湯沐邑即以色鳴為宰令ニ領ニ丹比部戸ヲ因号ニ丹比遂ノ姓【古事紀】下巻曰大雀命天
皇應仁葛城曾都毘古之女石之日売命ヲ娶テ蝮之水歯別命ヲ生ム【又曰】為水歯別命
之御名代定ニ蝮部ヲ【首書】曰蝮訓美波良　淡路国三原郡也　【又曰】反正天皇御身之長九尺二寸半御歯長
一寸広二分上下等斉既如貫珠【天書】附曰皇生有亀歯法非常及沐有泉湧
出虎杖花並出泉中名曰瑞歯天皇ニ【産宮社説】ニ産宮ハ天照太神ノアレヽ也
シ処ト云【常盤】桜神代巻ニ諸冊二神淡路洲ヲ胞トシテ大八洲ノ国々ヲ生玉ヒテ
天カ下ノ君タル者ヲ生サフンヤトテ日ノ神月ノ神ナドノ神々ヲ生玉ヘルトアレハ淡路ニテ
天照神ノ生レヽセシ理ナキニシモ有子ド古書ニサノミハ其事ヲ記サズ因テ又桜花ニ産

三　十七

三　一八

宮ノ傍ニ産ノ水トテ小池アルニ又社近キワタリニ松本ノ水𪜈塩清水𪜈云ヒテ名水有ヲ以テ
思フニ此宮ハ反正天皇ノ産地ナルベシ天皇淡路ノ宮ニ生（アレ）セシ時淡路ノ瑞井ノ水ヲ汲テ沐（ユアミ）
セ奉リシ歟塩清水ハ即瑞井ナルベキ歟其水ノヿハ瑞井ノ條ニ（江尻浦ニアリ）記シ侍レハ爰ニハ畧ス
侍レ又和知都美命御井宮ニ坐（マシマ）ストアルモ瑞井ト同シカルベケレバ此地ナルベシ淡路
三原ノ皇女モ爰ニ生レ玉ヒテヨリ斯ハ名ツキ玉ヘルニヤ思フニ上古ノ天皇淡路ヲ遊猟ノ
地トシテ行幸ナド有シカバ安寧懿徳ノ比ヨリモ此処ニ行宮ヲ建置セラレテ淡路ノ
宮瑞井ノ宮ナド名ツケ玉ヘルニヤ有ン其比ノ天子行幸ノヿ国史ニモ見ヘ侍ラ子ドモ
史ノ闕畧モ有ヿナレバ量リ知ベカラズ應仁〔神〕ヨリ仁徳履中允恭ノ行幸ハ古史ニモ
見ヘ侍リ其后妃ナドモ御駕ニ従ヒ又ハ由有テ此行宮ニ来リ住セ玉フヿ非ジ産宮ノ
地ハ淡路ノ宮ノ故址ナルベキ歟又按ルニ淡路宮ハ日本紀ニ淡路ニ在𪜈記サザレバ若クハ難
波ニアル宮名ナルモ知ベカラス　〔皇高曰〕予難波村高屋村ニ歩シ思ヒ當リシ愚考其次ニ記　然ルニ生于淡路宮云云於是有（コヽニ）
井曰瑞井トノルニ姓氏録ニハ淡路之瑞井ト云ヒ古事紀ニ蝮（タヂヒ）之水歯別命ト記セルヲ

併セ考レハ淡島宮ハ淡路ノ三原ニ在ト聞ユルニ必産宮ノ社地ナルベシ猶右ニ記セル
古書ノ文ヲ見テ考知ベシ　○願海寺　真言宗 竜王山 淡通　薬師観音ノ像ハ慈覚大師ノ作ト云
（八八）才十二虚空蔵 配阿州焼山寺 縁記曰空海入唐帰朝ノ時 延暦廿三年遣唐大使藤原葛野ト同舩渡唐甲申三年唐
元和元年 日本大同元年之 八月遣唐判官高階真人遠成ト同舩帰朝ス 偶舟ヲ慶野ノ濱ニ繋キ岸ニ上テ遊覧スルノ间心身朗
然タリ是ニ於テ一寺ヲ剏建シ名テ願海寺ト云寺後ノ小丘ヲ阿弥陀峯ト云
陀ト称ス 日光寺ノ奥ノ丘上ニ阿弥陀古銅像一軀ヲ露立ス 聖徳太子ノ作ト云 丘下ノ小池 属慶野村 ヲ見阿
弥ノ池ト云 丘上ノ仏像ノ影常ニ池水ニ移リ涵ス故ニ見阿弥ノ池ト号ス空海池辺ニ徘
徊スルニ自影モ又水上ニ阿弥陀ノ影ト共ニ並ヒ浮メリ空海是ヲ望見テ其感激ニ手
自自己ノ像ヲ彫刻シテ寺中ニ遺ス故ニ又此池ヲ見並ノ池ト云 二影ヲ並見ルノ意ニ 昔年贋僧
其像ヲ偷去テ高野山南院ニ納ム 今南院ニ在水鏡ノ像是ニ 頼教法印願海ニ住持タル時南院ニ
登リ其故ヲ説テ像ヲ乞ヘ共不許与依テ頼教佛工ニ本像ニ模刻シテ帰リ願海寺
ニ傳フ 論曰 縁起ニハ大師自ラ影ヲ池水ニ移シ見テ真像ヲ刻ス見並ト八身ト影相並ヲ謂ニト 淡通 及 常磐 見阿弥ノ池ト記セルヲ併セテ今茲ニ記ス

十八

三ノ二七

ノく曰 十之邑
福永恵社
愛顧神主
廿川豊後守

宣ストアレバ其比迄ハ国司館ノ留守処有シニヤ武家ヨリ守護処ヲ置テヨリ国府ハ漸
停廃セシナルベシ国学醫官ナドモ国衙ノ近キ処ニ有ベキシ　○恵社 今ノ市場ニ在 社領若干 恵ノ社ハ
事代主神ヲ祭レルニヤ昔ハ毎月三八ノ日毎ニ市ヲ立テ物ヲ賣タリト云今モ処ニ市場ノ
址アリ市ヲ立テ有無ヲ交易スルハ古ヨリノ良法也此法廃シテ今ハ城市ニノミ賣也
藻塩草ニ市場ニ祭ル神ヲ市姫ト云ト侍リ此社モ舊ハ市姫ニヤ今十二月廿八日士女
輻湊シテ厄拂トテ市餅ヲ買ヒ身ヲ摩テ是ヲ捨去ル救除ノ遺意ニヤ市餅ヲ
買フハ昔ヨリ有ケル　山槐記ニ治承三年正月六日東宮安徳御五十日イカ也早旦市餅ヲ買
シムトアリ　暦日ニ牛馬同日美濃国ノ人京ニテ赤子ノ事ヲイカテト云シヲ都ニテ聞馴サレハ通セズ
ニテ笑フ人モ有ケレバ子生レテ五十日ヲ五十日ノ祝ト云フ源氏ニモ見ヘタリ古ヘノ言葉ナリ
○宝蔵寺　浄土宗禅林寺末　八代　○五十三阿弥陀配豫別迎賜寺　○中原 支邑 離レテ沛野ト社家中間ニ在

◎小井村　○小井祠　社領若干

○神稲郷　和名類聚抄曰三原郡神稲 和名久萬之呂　郷廃シテ今ハ地頭方
村ニ神代ヨリノ遺ル神稲ヲ今神代ニ作ル和名抄ニ粳米 和名久萬之称　離騒経注ニ云粳ハ精米所

以享神世トアル盖久万之称ハ供米稲ノ義久万之呂ハ供米代ノ義ニ代ハ十代田五百代田ナド云代ノ一代ハ一町ト歌書ノ抄ニアリ此郷ニ神社ノ封田アリテ名ケシナルベシ神稲ノ字訓意得カタキ故ニ委ク注ス東神代西神代アリ賀集山所蔵ノ元久聽宣ニモ東西神代郷ヲ出セリ神代ハ即神稲ト同義ニテ俗用ノ便利ニヨリテ省字ヲ作ルノ

○国衙村　支邑ニ領家　久度ナドアリ　国衙ヲ今国ケニ作ル　常盤鎌倉ノ比武家ヨリ守護地頭ヲ置テ国務ヲ掌ラセシカバ北條氏ニ至リテ公家ノ故府ハ漸ク廃シタリ此比国衙村ニ新官府ヲ置テ領家ノ庄園ノ事ヲ掌ラセタルヲ国衙ト称セシ也此村ニ領家ノ地名アルモ此故也地頭方村此村ニ隣レリ公家ヲ領家ト云領家方地頭方ト公武ヲ分チテ役処ヲ置ルノ今ノ三原郡中ノ神奈饗庭ノ名ニ領家坐地頭方坐アリ武家守護以来ノ名目也地名ヲ俗ニジヤウチナト呼ハ領家ノ転訛也

○国衙河　牛内ヨリ出テ長原ヲ経テ野田国衙ノ間ヨリ立川瀬ニ至リ福井川ト合流ス

○(圭)久度神社　支邑久度ニアリ

延喜式内淡路国十三社ノ其一也昔ハ祈年国幣ニ預リ玉フ也今社地僅ニ二十歩許小祠有

三ノ二　八

皇国 此神社戦国ニ破壊シテ其地ノ知叵カリシヲ碧湛禅者探リ得テ再興セリ 淡通
ヲ与伊勢外宮神職中西氏捜索之相議使村民建小社是也 延喜式 曰三原郡久度神社
三代實録 八巻 清和天皇貞観六年二月五日授淡路国正六位上久度神従五位下 同 巻四十 陽成
天皇元慶八年乙月廿一日授淡路国従五位下久度神ニ従五位上 延喜式 八巻 久度神ヲ祭ル祝詞
ヲ載タリ 公事根源 曰平野社第二ノ御殿ハ平氏 廿二社次第 曰平野第二久度神仲哀天皇
平家ノ氏神也 ○延命寺 竜護山 真言宗高野山金剛峯寺末 八八 才二十 地蔵 配ニ阿州鶴林寺
古鐘アリ永和中見阿上人与藤井光寺道行所鋳 近年新鐘改鋳ル寺ハ村西ヨリ
久度山ニ移ス ○辻御堂 廃址薬師堂アリ 四九 才十六 ○讓葉社鳥居
此村ニアリ是ヨリ 二之八 山頂ニ至ル丁五十八町 ○花取池
○原村 此辺ノ廃里ノ名
◎野田村 ○観音堂 八八 才七十 頭馬 配ニ讃州本山寺
◎牛内村 ○若宮祠 社領若干 畏内池畔ニ瑞祥庵アリ 又宗像祠アリ 称弁才天

◉地頭方村　国府三条ノ中間ニ連リ、坤ニ亘テ長キ村也　右ニ記スル如ク武家地頭ノ役処アリシ処ナルベシ　支落ニ
経処　榜示川ナドアリ　榜示川ニ木偶ヲ弄スル者アリ　○神代寺　法性山真言宗高野末　所名ヲモテ名ケタル寺是也
○持明寺　上同宗同末　○経所　支邑ノ地名也　昔伽藍アリシ塔ノ址トテアリ　皇高曰　経蔵ナドノ有シ処ニテ名クルニヤ有ン
○長月観音　トキ八　釣月庵ナドノ転訛ニヤ　如意輪像アリ　○閼伽瀬ノ清水アリ　○八幡祠　社領若干　称神代宮
毎年八月十三ノ日神祭ニ角力アリ　泣宮ノ角力ト云　此日多ク八雨アリ　因ニテ云ナルベシ
○薬師堂　四九才十五
右国衙地頭方等ノ諸村ヲ東神代ト称ス　大屋記曰　西神代庄　福良。西山。難波。炬口。志知。西路。片田。河内。阿那賀。八幡。中島。左礼尾。松本。志知川。湊。飯山寺。猪鼻。津井。已上十八処ト云

◉中島村　皇高曰　廃帝配流ノ高嶋ハ此村ニテ中八高ノ転訛共云　○八幡祠　社領若干　○十一明神社　皇高曰　大屋記ニ所謂
鎮守者明神恵林院公ガラ祭ルト云ハ是ナラニヤ　十一ケ処ノ惣社十一明神ニ混シ称スルカ
○常楽寺　瑠璃山　真言宗　大覚寺末　八八　ヤシマ寺六配　阿州安楽寺　旧名竹條ノ坊ト云ヒトゾ　神鷹寺巷明寺ト共ニ長寿院ヲ移シ名ル
処ト云　皇高曰　常楽号ヲ瑠璃山　神鷹号ヲ瑠来山　共ニ因ニ開祖長寿院宥怡之権　後見
○大屋　当邑ニアル地名ナリ　相生国氏ト名　神世耕作ノ開祖ト云　田井始ノ庄司ト云　淡通　王屋殿ノ跡ト名メ曰相
伝フ廃帝遷居ノ御跡也ト　蓮池アリ　是天皇御遊ノ玩物乎　碧湛題詩曰

三ノ二

八

三ノ二　九

寂寥ル殿陛跡猶存ス　行テ詣竹林ニ又入ル園　時向テ蒼生ニ尋ト往事ヲ

松風蘿月豈ニ史言ヤ　林叢ニ古墳アリ石碑石籬石竹堂ナド分裂シタルアリ

淡通 侍臣ノ碑ニ記足利恵林院義稙ノ塚云々トキハ大屋氏ノ墓ナルベシ廃帝ノ陵ト云説アリ非ヘ

皇国 義植ノ遺息義正ノ墓乎或ハ義正父ノ墓塔ヲ后ニ摸スルモ謂レ無キニ非ズ

○高天原　松ノ村立ル処之神代ノ事ヲ以テ名ケタリ　淡通 相傳フ此原ニテ衣冠ノ翁ニ逢ヘバ断魂ストエリ牧童多ク蔓ノ

華不浄ヲ致セハ神罰的當タリトナン　五歳内ニモ同名アリトス　神代巻曰於是素戔嗚尊請曰吾今奉教

将就根国故欲暫向高天原与姉相見而永退教許之乃昇詣於天也

右中嶋ヨリ西ヲ西神代ト称ス中嶋ニ佐礼尾。鑑。飯山寺。伊加利。阿那賀。ノ仏寺六區

諸法會ヲ共ニス是ヲ西神代結衆ト称シ来レリ

⊙難波村　難波渓黒道ヨリ善来地頭方新村ヨリ難波ニ至リ松本ヨリ稲カ崎ヲ経テ

小榎並ノ西ヲ過志知北村ニ至リ松本河ノ下流ニ入　○薬師堂㊃九才六

⊙佐礼尾村　礫丘ナド書ベキヲ假字ヲ用タルナラン後山ノ朋山峻シキ小砂山

之因テ名ノ〃。○八幡祠　社領若干　○神應寺　雁来山真言宗大覚寺末（内）弥陀才平七　配当所八坂寺　寺領若干　此寺ニ阿弥

陀ノ仏頂アリ昊山ノ本尊ト云又毘沙門ノ古像観音ノ古像共ニ堂アリ

淡嶋随筆曰長寿院宥怡諱栄傳有智行学徒懐ク風ヲ住ス三原郡明山山寺ニ矣　淡通　後有由而移ニ院ヲ於ニ幡村ニ今之邑

明寺是也乃用ニ者怡為ニ閑墓　家山師平日語人我臨終ノ白雁正可来一日白雁已来師告ニ諸徒曰平昔所善

之白雁也我當ニ逝ク乃安坐シテ寂ス其ノ所居ヲ号ニ雁来寺　淡通　往昔世尊涅槃ニ雁林ニ怡師預メ諾白雁事　時者乃是表示ス雁林ニ以告ニ滅度ヲ播ニ化ヲ於後昆ニ

欤嗚呼是為ニ高観完城之老宿誠可知耳　宥怡ハ櫟田村ノ人也某年月廿日寂スト　○明山長寿院廃址

目シ村ノ後山明山ニアリ　志知城主野口孫五郎長宗天正中昊山ノ仏陀ヲ明山ノ絶頂ニ移シテ寺ヲ

建タリ僧宥怡住持スト云其寺廃シテ礎石遺レリ

⊙松本村　松本　鎰　志知北　此三村ヲ志知庄ト称ス　蟇（ヒキ）渕池　稲ガ崎溪　市場ノ跡ナドアリ

○松本河　福井河国衙河西山河ノ下流中嶋ヨリ雉左礼尾ノ間水無カ瀬ノ歩渉ノ処ヲ過テ志知河

山王橋ノ下ヨリ西路ヲ経テ江尻ニ至リ八木河掃守河等ノ下流ト合流シテ古津路叶堂ノ

渉口ヨリ湊浦ニ至テ海ニ入

二ノ三

九

三ノ二　一〇

○伊勢明神社　社領若干　祠中ニ棟札アリ曰天正四丙子年仲冬七日野口孫五郎長宗建
トアリ　相傳フ文禄中朝鮮ノ役加藤嘉明出陣渡海ノ首途當社ニ詣テ功名ヲ祈ル
若立功アラハ食禄三分ノ一ヲ献シテ報賽セントス云シ時社中ヨリ小蛇出タリト云
○志知城蹟　同シ村ニ　アリ　城塁方一町許四方壕アリ有二ノ壕ハ田ト成テ壕跡アリ東ハ松本
河西ハ鈔河アリ　トキハ　菅氏代々志知庄ニ居城シテ後野口ト改称セシト聞ユ足利氏ノ世
郡国戦争ノ時ニ至リテノ城砦ヲ構ヘテ居住セシナルベシ　皇高曰　始菅和泉守築城而居
之至十六代野口孫五郎長宗開城　天正九年　其跡黒田官兵衛居之次加藤左馬助嘉明居
天正十三年移入城　野口氏開城ノ時ノ事ニテ今農哥ニ志知ノ郡城ハ夜半ニ落ル栗原ニ陣開キ　栗原ハ社家
村ニ一云浦壁ノ城跡ニト　慶長六年石川紀伊守退ニ叶堂観音ヲ於北松原移築志知城ヲ於其跡ニ　凡
年石川氏移于豊後国　今傳謳農歌　叶堂ノ城ハ横ナキ様ヲ建コシラヘテ居リモセズ
野口氏系国傳記ハ別巻古墨跡部ニ詳之　加藤ノ後三宅丹波守　秀吉代官　暫ク志知城ニ
入ルト云　志知城辺ニ嘉明ノ家老堀部市右エ門長勝宅地ノ址アリ　○[illegible]

○手水鉢臺石　松本村里正天羽氏　近世東川口ニ古彫石ヲ得テ庭前手水鉢石トシテ楽リ

銘曰　熱田相墩　白盛仲　貞和二年八月十五日　[鳥居図]　墩字玉篇ニ不見尚可考其次ノ字又磨滅シテ白氏白氏巨分　貞和二ハ光明天皇ノ号南朝後村上正平元ニ當ル文政丁亥今四百八十一年ニ及

○志知北村　片田西路西ニ志知川ヲ東ニ東西川ニ挾レテ相隣レリ　○組橋　松本川ニ架スル土橋也

○鑪村　本ノ間ヲ流レ志知北村ニ至リテ松本川ノ下流ニ入　支邑ニ竹生（タカフ）中道（ナカミチ）ナドアリ　○釣河　奥口河内ヨリ出テ口河内ヲ経テ飯山寺佐礼尾ノ間ヨリ釣松

○邑明寺　明山　舊名松林坊　真言宗仁和寺末　㊇才八古千手配讃州八嶋寺ハ　此寺ハ明山長壽院ヲ移スト云聖觀音ノ古像アリ　淡通　聖徳太子ノ作　涅槃像ノ古画アリ又五大尊金胎曼多羅三鋪ハ唐繪ト云傳フレ氏左ニハ非ズ背ニ天文十七年新ニ図盈シテ西神代ノ三社ニ寄附ストアリ開眼導師ハ国分寺ノ鏡智院主施主中島村篠坊云ミトアリ古鏡鉢アリ朝鮮製ナルベシ　淡通　古刹而靈宝中有法華一部是後鳥羽院隠岐之遷居深宸銅版三部之一数也此外之宝物依兵燹散失年久惜已上皇困於而寂寞愁欝之御詠使人感激不少就中依隠岐判官女之所望而所詠示之三

三ノ二　十

三ノ二　一一

首ニ云古之錦之戸張引替而海人之苫屋者月裳多麻羅（古下略書）上皇遂ニ発心剃染経典書写之（上中下略書）

◎片田北村　○廃国清寺址アリ今西路ニ移リ国清庵アリ

◎片田南村　此村ニ土器作ル者アリ初篇ニ記ス　○八幡祠　社領若干

○妙泉寺　慶遊山　法華宗本興寺末　○家山　村ノ後山ノ飯山寺村ニ亘ル　○霊山廃寺　山中ニアリ

仏院ノ址アリ山巓ヲ霊山トイフ　〔飯山熊野社記〕曰昔役小角淡路鳴門ニ到来リ海神ヲ召テ海中嶌石ヲ呉山ノ頂ニ集メ其石上ニテノ祈ニ方ハ天神出現シテ白我伊弉冊尊之ト則竜形ヲ現ス今モ呉山頂ニ海石アリト云役氏ノ像今飯山社側ニアリ呉山ノ仏院ハ野口氏明山ニ移ス已ニ前ニ記ス鳴門ノ行者岳ニモ又役氏ノ奇説アリ後其下ニ記ス

◎飯山寺村　○飯山　飯山寺熊野社ノ後山形円ニシテ飯ヲ盛タルガ如シ因テ名ク　俗ニ家山飯山ヲ混同ス非也形ヲ以テ称スベシ

〔飯山熊野社記〕曰神代ニ神供ノ為ニ飯ヲ炊キ始シ処ニテ飯山ト云ト〔トキハ〕附会ノ説也形似ルヲ以テ名ツクル也　○熊野権現社アリ

○宝光寺　真言宗大覚寺末　（八八）才廿八日大配ニ土州

大日寺ハ　宝光寺ハ即飯山寺ノ遺址也此寺昔ハ八院アリ　勝藏坊　勝義坊　圓滿坊　宝光坊
荒神坊　池坊　大坊　如意坊　ト云皆廃シテノ今宝光寺一院ノミ遺レリ又金堂浴室ノ跡
アリ熊野社役氏堂ノ外昔ハ拝殿舞殿長床鐘楼鼓楼休処本地堂大門ナドモ有シトゾ
其山ハ奥院ト云加集山ノ記ニ飯山寺御堂供養トテ舞楽ノ法會アリシヿ見ヘタリ此隣
村ニ小大ノ古仏像多シ皆此寺ノ像ナルベシ成相寺ノ僧実弘此寺ニモ住リト云又大ナル錫杖
アリ弘治年中香鑁上人持タル由銘アリ　○實弘上人ノ墓　此村ニアリ　［飯山寺縁記］
日植武天皇早良太子ノ為ニ精舎ヲ淡路飯山ニ建テ阿弥陀釈迦両像ヲ置勅シテ飯山寺ト
号ス八院ノ僧口三時ニ讀ノ経シテ太子ノ追福ヲ祈ル　［常盤石］　此説非ナルベシ別考津名郡ニ記ス
［島田］　飯山ハ久野々常ニ此寺ノ起原ヲ取テ縁記トシ常陸ハ又我本旨ヲ捨テ三原郡ナル廃帝ニ冀ヲ求テ本ヲ発セリ首巻廃帝陵ノ下ニ詳ニ論ス　釈迦像ハ熊野社内ニアリ行基ノ
作ト云　又村南道祖谷ト云処ノ小丘ニ小祠アリ是早良太子ノ山陵ニヤト寺僧云リ又非之道祖
谷ハ道祖神ヲ祭リシ処也小祠是也其下ヲ公文免ト云昔公文ノ小吏ニ与ヘタル免田ノ地ナル
ベシ　○薬師　四九　育十番

三ノ二　十一

三ノ二

◉口河内村（カウチ） 飯山寺ト奥河内トノ間ニ接ス

◉奥河内村 此村ノ内竹生谷（タカフノタニ）ト云処ニ小石室アリ古ヘ宅居ノ跡ナル歟口河内人家ノ間

共全処々ノ村里ニ多シ 氷雨（ヒノアメ）ヲ避シト云俗説皆此タグヒ也

○八幡祠○児守社 二社ノ社領若干 [常磐]児守ハ水分（ミコモリ）ノ略訓ナルベシ畿内処々ニ水分神社

アリ河内村ハ渓間ノ水源ナレバ水神ヲ祭シナラン乎○大将軍社アリ 平安ニ同名アリ石長姫ヲ祭ルト云

[日吉記]ニ此神ハ大山祇ノ女也夫婦配匹ヲ守ルトアリ此社モ同神ニヤ

○釈迦堂（八八）才七十三配讃州出釈迦寺 ○曲瀬（クガセ）池 ト云アリ

（ハ）伊加利村 舊ハ猪狩ト書ルト云 支邑ハ 山口 柚ノ河 中野 畔原（アゼガ）ナドアリ

○猪狩溪（カハ） 伊加利ノ要水 至テ海ニ入 津井ニ ○八幡祠 社領若干 永正九年壬申四月伊賀梨

庄八幡宮再興上梁牌（ムナフダ）アリ 大般若経六百軸奥書ニ至徳二年十月廿五日以葛原八

幡宮御本一校了トアリ 神庫ニ蔵リ ○山王祠 山王山下丸山ニアリ ○大年社 東本ノ田間ニアリ

○愛宕小祠 山口愛宕山ニアリ ○妙雲寺 松嶺山真言宗大覚寺末 界内ニ ○薬師堂（四九）才十土

十二

旧記云橋本隼人佐伊加利天文中起其男主水正永想者退去于参河国

奮鑿王山ト称ス此故ナルベシ村ニ廃寺ノ跡多シ○導化寺址ニ地蔵小堂アリ柚川ニ○等成寺ノ蹟　村ノ西ニ○西墓寺ノ址西御堂ト称ス阿弥陀小堂アリ其南ニ○大門池アリ寺門ノ前ナルニヤ中野ニ○平等寺ノ蹟ヘ阿弥陀小堂アリ仏ノ原ニ○古石地蔵アリ

○古塁　村ノ東ニアリ　城ノ山ト云田ノ字(アザ)ヲ堀ト云城山ノ懸崖大石アリテ地名石津女(イシヅメ)ト云林叢ニ道祖神(サヘ)ヲ祭リ城主レレズ近キ処○橋本氏ノ邸地トテアリ邸中ニ○金井ト云古井アリ　○雩岳(アマゴヒノ)　村西竹生山(タカフ)ノ最高処旱年ニ里民雨ヲ祈ル処ナリ其北竜棲山(オフスミ)　隷ニ津井村ニ接ス○鵄帽峯ハ輪木山ノ最高処形似タリ其山中ニ○讃岐岩アリ讃州ヨリ来リテ祭ヒリト云傳レド謬説ナルベシ讃岐ノ能見ユル処ナレバ名クルナラン

○焔岩　柚川ノ山岸ニアリ其辺リ焔気アリテ草ヲ生セズ硫黄ノ伏セルニヤ

○化岩(バケ)　中野ニアリ　人ヲ媚惑セシトテ今モ地名トナル　○新羅谷(シラキ)　山口ニ在

○大唐原　山中ニ在　古ヘ投化ノ蕃人ヲ居キタル処ナルベシ○大人ノ足跡二アリ一ハ大唐原ニアリテ田ト成一ハ村西ニアリテ池ト成皆形似タルヲ以テ名ケヽラシ○晴明塚　村ノ北ニアリ

三ノ一　十二

三ノ二　十三

安倍氏カ封シタル処ト云ド謬傳ナルヘシ山園ニテ北ノ窐タルヲ忌テ築塞キシナルヘシ一疏
ニハ端牛ニ鋤鍬ヲ携ヘ出タル者ヲ取テ埋メタル処モ云ド是又謬シリ田间ニ小墳アルヲ
イグシト称スルモノアリ五十籤（イグシ）タテ水口祭リシ処ニヤカヽル処村里処ニ多クアレバ因ニ
愚案ヲ記ス　○比丘尼池　柚ノ川ニアリ　○清水　全処ニアリ　冷泉アリテ地名トナル
○筋渕　山ノ野ニアリ　蛎ノ付タル石アリ今ハ埋レタリ

㊀津井村　内原　中津浦　河尻　庄司丸　等ノ支邑アリ　○牛頭天王社
○春日社　二社アリ社領若干　村ノ南ニ古宮ト云処アリ　昔ハ猪狩津井阿那加三村
ノ社アリシヲ中世各処ニ分チ祭スト云　○隆泉寺　法華宗本興寺末　○雁子崎
海畔ノ岬ニ　○燧河原　全ツ小船ヲ泊ル処ナリ　○竜棲山（タツスミ）　村ノ西ニアリ　神竜ノ棲遅スル処ト
云村南ノ山頂ニ○薬師岩アリ　又○寂黙谷アリ　隠者ノ菴居セシ処ニテ寂黙
菴ナド云シ処ニヤ

㊀阿那加浦　トキ八　網長ノ仮字ナルヘシ　南風ノ比阿波ヘノ渡口ニ

○薬師ノ像ニ古碑アリ當氏ノ家老大粟善左エ門ノ碑ト云尚古碑部ニ詳ス

旧記曰武田山城守久忠住阿那賀養子小八郎其子彦五郎其子弾正ハ細川家ノ長臣ト云

支邑 伊比 鳴石 桜谷 草香十ドアリ ○綱長濱 邑ノ山中ヨリ出テ海ヘ
○河蜷池 浦ノ東ニアリ ○春日祠 界内ニ牛頭社大年社アリ 社領若干
○春日寺 真言宗高野末 千手観音 （八八） 才八十三 配讃州一ノ宮 日輪上人開基薬師像
○薬師像 （四九） 才十二 春日ノ作ト云 春日仏工稽文會首勲ニヤ 涅槃像古画アリ 鮮
明ニ唐画ニヤ 此寺旧地念仏堂ヨリ横林ニ移 ○正圓坊 浄土真宗 永願寺
ト称ス ○奥御堂ノ故址 在浦ノ東ニ今其傍ニ 古石仏アリ ○古墨 東南ノ山ニアリ 傳説ニ武
田氏世々此浦ニ居住シテ阿那加殿ト称ス武田山城守其子彦五郎其子弾正
ト云其間ニ兵ヲ出シ引田陣ニモ行シカ天正中ニ至リテ弾正ハ由良城ニテ
害ニ遭ヒ家廃スト云傳フ 常磐 武田氏ハ十人衆ノ列ニテ三好氏ニ従属シタル人ニテ
天正九年秀吉淡路征伐ノ後翌年領地没収セラレシナルベシ武田山城ハ武家
ノ礼式ヲ能知レリト云傳ヘテ其傳書ト云モノアリ春日祭ノ式モ此人ヨリ傳ヘタル
トテ幣帛ノ授受饗食坐ノ飲饌献酬ノ式モ他ノ村里トハ異ニシ揖拵ハ儀ノ容

三ノ三　十二

〔貼込 二〕

ア其矢
ハ矢箆
[illegible]
屏風岩

ニ奉射百手的アリ今礼容失弊スレモ多古儀ヲ存セリ是等モ其人ノ傳ナルベシ
里人ノ傳説ニ綱長ノ海辺阿加池ニ一蛇妖媚シテ美婦トナル武田是ヲ悪テ楚雲ノ盟
ヲナセリ其時ノ腰掛石トテ池辺ニ有ト云モ怪訣信シ難シ ○草香ノ丸山 北ノ海濱ニ嶋
アリ一ハ囗山ト云一ハ沖ノ嶋〔高日〕国中ニ此沖島ヲ弁天島ト云ト即弁天祠有ト云沖ノ島ハ伊比ニ嶋有テ共ニヲ云 其北ニ鵜巣ト云海中ノ平嵓
アリ丸山ハ諸船ノ泊ル処也後山ニ屏風岩ト云懸崖アリ草香濱ノ後山ハ志和川山西路山ト云傳説
ニ武田氏ノ時釆地志知川西路ノ里氏ヲシテ綱長ノ泊ハ船ト処ヲ修築セシメタル賞ニ薪ヲ取処ヲ
与ヘタルト云其山間鰻渓ニ○数丈瀑布アリ又南ノ山間ノ懸崖ニ継子淵アリ ○判官兄ト云
小丘アリ其故ヲ不知〔高国〕継子淵ハ土俗ノ口碑ニ昔一婦兄才二人ノ小児ヲ伴ヒ
此淵ノ辺ニ行淵ノ嶮崖ニ躑躅花ノ色能ク咲ルヲ見テ母継子ニ手折ベシ
ト命ズ継子何ノ意モナク山巌頭ニ攀登リ淵ノ上ニ臨テ花ヲ折取ントス時
ニ継母後ロヨリ継子ヲ突放チ淵ニ沉メテ帰リシトゾ又判官兄ハ九郎判
官源義経平氏ヲ矢嶋ニ追討ノ時此浦ニ軍艦ヲ泊メ爰ニ上リ甲冑

○稚子其時両手ヲサゲ岩壁ニ取付ントセシ其手痕岩面ニ印メ今猶存セリトゾ

二奉射百手的アリ今礼容失弊スレモ多ク古儀ヲ存セリ是等モ其人ノ傳ナルベシ
里人ノ傳説ニ綱長ノ海辺阿加池ニ一蛇妖媚シテ美婦トナル武田是ヲ恋テ楚雲ノ盟
ヲナセリ其氏ノ腰掛石トテ池辺ニ有ト云ヘ怪談信シ難シ　○草香ノ丸山　北ノ海濱ニ嶋
アリ一ハ円山ト云一ハ沖ノ嶋（国中ニ此沖島ヲ弁天島ト云ノ郎弁天祠有ト云沖ノ島ハ伊弉ニ嶋有テ其一ヲ云）其北ニ鵜巣ト云海中ノ平嵓
アリ丸山ハ諸船ノ泊ル処ノ後山ニ屏風岩ト云懸崖アリ草香濱ノ後山ハ志和川山西路山ト云傳説

二継母後ヨリ継子ヲ突放チ淵ニ沈メテ帰リシトゾ又判官丸ハ九郎判
官源義経平氏ヲ矢嶋ニ追討ノ氏此浦ニ軍艦ヲ泊メ爰ニ上リ甲冑

○稚子其所両手フサケ岩壁ニ残斤シトセシ其手ノ痕石面ニ印ヒ今猶存セリトゾ

○兵庫名所記ニ湊川ノ上烏原村願成寺内ニ此君塔有通盛ノ一ノ谷ニテ討レ玉フヲ後寿永三年二月十四日舟ヨリ身ヲ投果玉フ所縁ノ者爰ニ建シ碑タリト云々
皇嵩按入水有シハ堂ノ浦ニシテ阿那賀ノ碑ハ埋葬ノ真跡ナルベシ後ニ寺アリノ者カノ寺中ニ碑ヲ立シナルベシ

シ玉ヘル処ナリト云傳則小社ヲ建テ祀ル今竹叢ノ中ニ在トゾ
○局原ト称スル小丘ニ古碑二三基アリ土人ノ口碑ニ往昔此邑ノ海濱ヘ
何某ノ局トヤラノ死骸流寄シヲ取揚葬シ塚ナリトゾ并其侍女ノ碑ナリトゾ
皇嵩按小宰相ノ局ノ塚ナルベシ平氏西海ニ亡ビシ時女院（建礼門院清盛女高倉妃安徳母）及ビ
二位尼（清盛室）懐幼帝（八才）入水アリ其外陪従ノ諸官女ナド入水セルモ多
カルベシ中ニ小宰相局（越前三位通盛ノ妻藤刑部卿範賢女）入水シ其ノ死骸潮ニ任セテ遙ニ漂流シ来ニ
ヲ其折柄平族撫養并福良阿那賀等ニ隠レ忍フ者モ往々ニ
有レバ是ヲ見付テカシコニ葬リシナルベシ。淡通云一ノ谷落城ノ節ノ
仲春疾風暮雨ノ時分ナレバ平氏ノ門族漂泊流浪メ不安ニ方角ヲ
漸々ト阿波淡路ノ浦々ニ風ニ任セ浪ニ随ヒ思々ニ此コ彼コニ浮ビ着
テ其後要害ノ好キ処トテ讃州屋嶋ニ構アリシト聞ユ是ヨリ前ニハ
大半ハ阿波ノ撫養堂ノ浦辺ニ留滞メ源氏今ニモ寄来ランナトテ軍

三ノ二　一四

贅ニ甲冑セシメ埒揃アリシ処ヲ冑ガ岳トテ堂浦ナル小山之小宰相ノ局ハ水有レモ
此堂ノ浦ノ内鳴川（イニ嶋戸川トモ有　鳴戸川ナルベシ）也トゾ淡路ノ浦々并阿波ノ浦山掛テ平氏ノ士卒
残居テ其余黨右ノ堂浦ヨリ讃岐路ニ傳ヒ行ノ路条ナル櫛木粟田（アハタト今ニゴリテ云）
ト云際ニ平家ノ侍ノ残類今ニ至マデ浦人ト成テ奥責ヘ出ル詞ニモ奥ヨ責ヘイト官栖ニ
匐ル如キ昔ノ余党コソ衰ニ落泊セリトゾ然レバ小宰相局ノ死骸遠ク矢嶋ヨリ爰ニ漂流シ
来ルニモ非ズ則間近キ堂浦ノ辺ナレバ穴河（アナガ）ニ流来ルヲ必セリ残族又此地ニ隠レ住バ見皆テ彼
小丘ニ葬シテ著明ス右継子ガ渕判官九月原ノ三条ハ皇嵩ヲ遁其ハ地ノ一女字
ニ會メ観ノ是ヲ聞処ニ　○鐙崎ノ港口ノ出崎ニ腰甲ノ形ニ似タリ　○伊比島　全ノ南ニアリ二島アリ沖ナルヲ沖ノ島陸ニ添タル地ノ島ト
云鳴門ニ近シ　○鳴門崎　浦ノ南ニアリ　福良阿那加ノ間ニ阿波国ヲ距ツ海程十余町許其間
ヲ阿波ノ鳴門ト云中ニ数百歩ノ平嵓アリ中瀬ト称ス潮汐生スレバ浪立起リテ海面
ヒタ白ク舟ヲ通セズ潮和キ海平ナルニ及テ海人小舟ヲ指出シテ藻刈釣スル者多シ磯曲（イソワ）
ニ峨シ岩奇石畳ミ列リテ尤奇絶ノ磯辺ニ海藻貝螺多シ裙帯菜（ワカメ）殊ニヨシ　著聞集二

○鐙崎ハ義経鐙ヲ脱テ收シ処ノ由其処ニ右ノ岩戸アリ白高西附会ノ説成ヘシ

鳴門ハヨキメノ上ル処ヨアリ阿波ノ方ニヨリテ飛嶋裸島網干(アボシ)嶋鳴門ノ海ニアリ大毛孫崎里ノ
鳴門崎目下ニアリ南ヲ望メハ阿波椿泊ノ湯島山紀伊ノ日ノ御崎北ハ讃岐路小豆嶋ナド
見ユ凡鳴門ハ潮ノ差引強クシテ汐時他処ニカハレリ古書ニ淡路ノ鳴門モ云

後撰集　鳴戸より移かれし舟よりも我ぞよるへなき心ちせし　滋幹

新古今　満ちて阿波ナとわたり月のあはれを不知かりつらむ　躬恒

○伊勢道星ノ行脚文集ニ曰貞享三年十一月吉吹良刈藻ニテ
鳴門へ流れてほせの松ぞゆもあり

済勝具　題粟門図　日本紀伊弉諾尊乃往見粟門云云　合離
鳴門逆浪蹴長天

四国難行九国船　當奪振鱗三有級
還騎起病七成篇

紀藩之人敬英字世昌号玉洲謂曰鳴門在阿淡之間而獨非可称阿波之

鳴門其詩曰　題鳴門石壁　敬英
阿淡鳴門渡海難

不唯孤艇畏波瀾　図中遂容秦時禁
幾許李斯教膽寒

カヽル荒磯ニヒトリナラデ乗シサルイトサヽベカナル舟ヲ浮メテ坐シナガラ片手ニハ櫓ヲ遥シ片手ニハ釣ヲ垂アルハ海松メカリテ世ヲ渡ル者アリ此舟ヲカンコト号ク

兎角ある鳴戸のあはれかんこ舟毒しかる藻の舟も無さそ　三芥轉森

又帆ニ含ム嵐ニ信セテ鳴戸ヲ過ルヲボタンヌケト云ト或俳叟ノ語リキ

ふ杜丹鳴戸よゐしく帆数の秋　月石

三ノ一

十四

淡州 淡島温故録　月右　渡邉嵩撰録

三ニ　一五

○賀集郷　和名類聚曰三原郡加集和名加之牟　郷廃シテ加集中村ニ其名遺リ

○加集河　筒井ノ山中ヨリ出テ鍛冶屋加集中村ヨリ八幡ノ橋ノ下ヲ過西山南中北ヲ経テ中嶌ニ至ル

○賀集中村　嵩曰中村古テ上下無シ称ルニ往古福井ハ加集或上東鍛冶屋ハ加集或下西ナド云シヲ廃郷シテ已来新ニ福井鍛冶屋ト名ケ

○淡路ノ陵　此村ニアリ今天王森ト称ス或ハ杉尾森ト云トイヘリ山陵周廻三百七十間許其東面ハ山ニ沿テ池アリ畏ガ内森丘上ニ●淡路天皇祠アリ今称牛頭天王廃天皇ノ陵ナルヲ以テ天皇ノ森ト呼来リシヲ星霜ヲ経テ天皇ハ牛頭天王也ト誤リシモノヽ 首巻山陵ノ条下ニ詳ニ論ス　○神宮寺 陵下ニアリ 修験ノ真言僧守レリ （八八）才五十薬師配豫州繁多寺 寺中大般若経ノ内晉写本二百八十巻アリ　○常清水 神供ノ水アリ

社南ニ最高処アリ高塲ト云則尊柩ヲ蔵メ奉ル処ナルベシ丘陵緑樹茂ル 延喜式 諸陵式曰淡路陵廃帝在淡路国三原郡東西六町南北六町 帝王編年紀 曰廃帝御年三十三奉葬淡路国三原郡ニ　○加集氏ノ古邸并碑　元禄十三年八月末孫三十六人共ニ勠力テ建ル処ト云

嵩曰或記ニ白河刑部住于鍛冶屋村ト云或此中村ノ古邸カ今里正姓為白河ニ

⦿八幡村 幡庿アルニ因テ村ニ号ク 支邑 忌部アリ 忌部ハ八幡村ノ旧名ナルベシ
○八幡橋 八幡祠前ノ加集川ニ架スル官道ノ板橋也 ○八幡祠 加集八幡ト称ス 社領若干 殿舎 国君ヨリ営建シ玉フ
境内殺生禁断也 八幡祠ハ源義家ヨリ以来源家ノ尊重スル処ニテ鎌倉ニ隺岡アルニ
効ヒテ天下諸国是ヲ慕フ武家ヨリ守護職ヲ置レシ初加集八幡社ヲ営建セシナ
ルベシ養宜細川屋敷ニ至リテ殊ニ当社ヲ崇敬アリシト見ヘタリ当国八幡祠ノ始ハ当社ナルベシ 推徳山ヨリ勧請歟
当社ノ古図一幅アリ本社摂社拝殿舞殿長床護摩堂多宝塔二王堂神宮寺僧坊
十四區等アリ礎石遺ル今本殿摂社拝殿鐘楼二王門等アリ近馳道ノ左右ニ桜ヲ
植テ花ノ時尤壮観ニ 賀集山古記曰細川師氏入国ノ時当社ニ祈願シ鏑箭ヲ申オロシ
テ矢合ニ捷ヲ得タリ因テ宇原兵衛入道カ遺跡ヲ寄附セラル其後修理料僧坊料楽
料斎料等ノ田地ヲ寄ラレ毎年神馬太刀等ヲ献セラルヽヿ見ヘタリ貞和ヨリ文亀年
中ニ至テノ古文書多シ猶護国寺ノ下ニ記スベシ ○丹生明神 八幡ノ摂社ニアリ 旧福良浦水神ト
云バニ有シヲ爰ニ移シ来ルト云 ○賀集山護国寺 社側ニアリ 真言宗 大覚寺末 所謂寺家十四區ハ

三ノ一

十五

沙坊　如意坊　北坊　周遍院　地蔵院　中坊　奥坊　金剛院　ナド云今廃ス　残リ六區ハ其名モ不遺カ
護国寺ハ本坊之皆八幡ノ社僧也　昔毎年一切経供養四季陀羅尼不断経及舞楽祭
礼等アリ僧坊料田十四町修理料八町楽斗三十町斎料五町一切経会料等アリシヿ
文明中ノ文書ニ見ヘタリ　當寺ニ什宝多シ大日像宝塔本尊弘法作　不動護摩堂本尊智證大師作
毘沙門縁起ニ上同作ル　阿弥陀本堂安行教作　十六善神画像唐絵　五大尊画像弘法筆之行教和尚持来ノ物ト云リ
尊勝曼多羅金画　画側ニ金字賛アリ　曰　八幡震金毛　九尊画銀絹　是卍歳霊室
密蔵秘中尊　釈行教拜書花押アリ　又縁起一軸アリ行教作ト云　其略曰　淡路国三原縣加
集山本社八幡宮丹生大明神鎮護国家之神竈也云云豊前宇佐郡為本山始奉崇宇
佐八幡大菩薩賀集山護国寺本社八幡大菩薩阿弥陀丹生大明神大日弘法大師彫刻像也　貞観元年
七月十五夜有御託宣吾近京又可渡日本最初国即拜請八之幡飛空下留繋松依之
移當山者也而即同年八月移男山然則賀集山男山全是同境而已夫當山寺社中一
二大明神八幡宮左若宮太神宮拜殿神宮寺護摩堂多宝塔二王堂輪奥並豊

宝前有御多羅枝池是放生池恒河漲前後石清水流異有表顕如意宝珠按牛頭
天王亦東者大野大明神上下大日金胎両部起興之矣余行教再来当山而且寓居
勧興之国王宰臣大成之寄寺社領以為鎮護国家所者也云云仍号賀集山護
国寺　貞観三年辛巳年冬之　行教　尊勝曼陀羅及縁起［トキハ］ニ有評説者脱之
［淡通］口碑曰神従ニ空ニ佐飛行于空中奏ニ絲竹之音楽ヲ憩ニ息於讃州其処ヲ謂ニ弾琴八幡
従是移ニ於淡路国賀集ニ矣此社中有ニ土御門院之勅書是故ニ八幡宮寺号ヲ勅ニ並院護国寺
也［昌曰］土御門院庁宣已ニ津名郡一宮ノ下ニ挙ル故茲ニ略其庁宣当寺ニ有リ八一二宮ノ舞楽
ヲモ当社ノ伶人勤ルヲ以テ之賀集山古文書中ニ○淡路国諸寺諸山供養注文

加集供養　弓絃葉供養　千光寺供養　志筑天神供養
廣田金屋供養　安養寺供養　上田堂供養　飯山寺御堂供養
一宮毎年一切経供養如是　二宮毎年御会式如是　加集山八幡宮毎年一切経供養
右賀集八幡宮楽頭国中ノ楽頭ニテ候ヲ安国寺一切経供養ノ為別ノ伶人ヲ召レ候様ニ

三ノ二　十六

三ノ二　七

如形目安進上仕ルトアリ○文明元年六月陳夫ヲ免サレンコトヲ請フ状ニ曰賀集神宮寺大破
ニ及造営ヲ企ントスルニ毎月一人陳夫ヲ出ス故一山迷惑之云云卅町ノ粲田等綸旨置文モ
荒野トアレハ及別二斗三斗ノ土貢之彼下地以一二宮ノ両會舞童毎年一切經其外諸
粲入目大義ノ寺役勤かたきニ陳夫歎き入云々トアリ　常磐　文明ノ比ノ陣夫ハ應仁ニ細
川勝元山名宗全合戦ヨリ以後争乱不止シテ処々出陣有シナルヘシ此時ハ淡路屋
形ハ成春時之○加集山所蔵ノ文書ノ中ニ○嘉慶二年四季陀羅尼社僧番割ノ書
是ハ御屋形滿春ノ時之○應永十四年九輪ヲ鑄タル日記アリ屋形滿俊ノ時ニ塔ヲ造之
タルニヤ○應永廿六年粲礼勤行造営ノ事無沙汰不可有ト仰アル由氏守在判ノ書○同
卅三年滿俊在判加集山三箇條掟書アリ　滿俊ハ屋形才四世之氏守ハ其ノ長臣ナルヘシ　○文明二年護国寺結番
定書アリ　一番野田村高萩村寺方正井殿下総殿　二番西山村西田殿河田殿　三番
法華寺村牛内村久米殿伯耆殿土居殿　四番鍛冶屋村中村西殿栗井殿北島殿
五番忌部村立川瀬村加集殿　六番福良トアリ　○文亀元年十一ヶ処雨乞ニ

御屋形御出有ベシト加集衆徒ヘ云遣ス春能在判ノ書簡アリ（尚春ノ誤ナルベシ）○三好
越後守長尚書簡アリ（屋形絶ノ後ナルベシ）又寄進状多シ○應永四年ノ加集庄高陞親忠
同年中村氏成　同六年（地頭方　領家方）粟井太郎左衛門入道（本家方）肥田弥三郎政俊藤原親氏近藤
孫四郎　同七年（地頭方）政氏同年南條春時同年平平四郎同十八年近藤次郎左衛門入道淨圩
長禄二年加集美濃守公文粟井千若丸　近藤助四郎秀吉福良藏人大夫政貴久米四郎左衛
門入道道珎吉川民部丞經信海老名加賀入道道昌帯刀先生親經左近大夫将監親量兵部
大夫道陸同廿九年久米四郎右衛門尉家守文正元年福良勘解由左衛門政幸文明三年加集美濃
守高陞安親公守之（應永已下将軍義教　義政等ノ時代ニ）○又名ト花押トヲ記シタル簿アリ上下金砂（スナゴ）ノ料紙（ケイカミ）ニ
交名ノ者ニ貼紙（ツケカミ）シテ氏ヲ記ス曰　細川淡路守　細川民部少輔　細川駿河四郎　同土佐守　同治部少輔
同摂津守　同丹波守　同仙千代丸　同刑部少輔　同五郎　左衛門督　左衛門大夫　島田兵庫助
次郎左衛門尉　吉川左衛門尉　吉川常陸介　加賀守　[illegible]備後守　吉川弥六　石見守　平左衛門尉
梶原平次郎　河内守　平左衛門尉　遊佐右衛門尉　四郎左衛門尉　石黒左衛門尉　進士石見守

二ノ三

十七

三二 八

千頭丸 平田長門守 高棟 大舘 刑部大輔 大舘 治部少輔 伊勢守 伊勢 因幡守 ナドヽアリ

此名簿何ノ為ニ設ケタルヤ知ラズ煩ハシケレド記シテ後考トス ○又馬太刀目録アリ

御屋敷并ニ少輔殿 上田殿 西殿 谷殿 向殿 廣田大法師丸 トアリ

淡通 父老傳説曰中世阿淡刺史欲聞賀集山八幡宮之由緒召郷老乃一老父應召赴

於阿府途中而逢翁行語至于八幡之由緒翁曰我能知其事故請筆記我所語列坐于

阿波国木津神浦 書曰今ノ和津ノ辺ナルヘシ 而記之已畢不見翁之所去也呈此旨於刺史刺史感信

以為翁ハ是乃八幡神矣仍寄良材造宮不日而大成今八幡境内畫国百翁所語之

国乃写之者也 ○東光坊 寺部ニ在 真言宗 護国寺末 旧名五福寺 ○大日堂 同処ニアリ下ノ大日ト云 淡通 与上大日同作ナリ

（ ）立川瀬村 福井河国衙河当村ニ至テ合流シ邑ノ堅サミ川原有ル故名ヲ設ルナルベシ ○大野社 支村大野ニアリ

⊙西山北村 支村 砂河アリ 西山諸村瓜ヲ産ス ○岩神社 山間ニアリ

⊙西山中村 書区 ○沢角アリ

⊙西山南村 ○石神社 山間ニアリ ○南辺寺 山ノ顛ニ地蔵堂アリ 越智泰澄作ト云 八 第十九配ニ阿州

竝江寺　山頂ノ古松林遠里ヨリ見ユル也　四方拝趨ノ人多シ

◎福良浦　本郡ノ南隅ニアリ　港中廣クシテ諸船泊ム前後ノ山相對ヒ煙島洲崎海口ニ並ヒテ中間湖水ノ如シ阿波国板野郡撫養ヲ距ル海程三里ノ渡口也商家漁戸数坊アリ裙帯菜ヲ鳴門ノ海ニ采リ海鰮ヲ鰦鯆トシテ福良鯷ト称ス海参ナドアリ支邑中山　潟上　鳩　苅藻　砥阪　ナドアリ　国君ノ行邸アリ　◎福良駅

延喜式曰淡路国駅馬福良五足　浦ノ東潟上ノ官道ニ馬宿ト称スル処アリ是ハ昔ノ駅家ノ故址也駅ヲムマヤト訓ス

◎原田川　浦ノ北山ヨリ出テ港中ニ入　◎煙嶌　港中ニアル小島也　緑樹蓊欝トシテ嶋上ニ宗像ノ社アリ　弁才天ト称ス　○[illegible]網業ノ指揮處　三千尺

◎敦盛塚　在煙嶋　淡通　口碑曰摂州一谷城ニ於テ熊谷直實ハ平氏敦盛ノ首ヲハ大将義経ニ奉リツ仁心ノ余リニ如何ニモシテ死骸ヲ父公経盛ノ方ヘ送ラバヤト支度ニシケルモ源氏ノ兵卒未タ退散セサレバ密ニ送リ船ヲ急ニ淡路ノ南浦ノ儍ノ傳ヒニ漕セケル熊谷ガ下知ニ任テ水手共漕行ニ釣舟ノ者風聞セシハ淡路福良ニモ平家ノ公達坐スル由也シカバ父公経盛卿ハ敦盛ノ行程ヲ無覚束門連枝ノ後ニ留滞シ伺ヒ待シケル間殆行逢死後并送リ状ヲ捧クルニ父公落涙ノ下ニモ熊谷ノ仁情ヲ感悦限リナク即送状礼酬ヲ厚クシテ

三ノ二　十八

返船ヲ帰シ浦ノ僧ヲ雇ヒテ煙嶋ニソ無常ノ煙ト成シ玉ヒケルトナン今ニ至ル迄塚塔并菩提寺ノ礎石トテ浦人傳ヘ悲リ昔ヨリ浦人ノ傳唱ル和哥アリ　義れ哀つゝむ人せなや波路なる梅くんの浦曲の浪の枕を　是ハ平氏ノ公達此浦ニ漂泊シ羇旅徒然ニ詠リトナン評曰信濃前司行長が筆記ニ敦盛ノ死骸ヲ屋嶋ニ送ツル文意ハ只大凡ノヽ記セリト見タリ其故ハ一ノ谷落城ノ節ハ仲春疾風暴雨ノ時分ナレバ平氏ノ門族漂泊流浪シテ不辨ニ方角ヲ漸々ト阿波淡路ノ浦々ニ風ニ任セ浪ニ随ヒ思々ニ此ヨ彼ヨニ漂シ着テ其後要害ノ好処トテ讃州屋嶋ニ構城アリシト聞ユ是ヨリ前ハ大半ハ撫養堂浦辺ニ番宿シテ源氏今ニモ寄来ントテ軍勢ニ甲冑セシメ勢揃アリシ処ヲ冑ガ嶽トテ堂ノ浦ナル小山之小宰相局入水有シモ此堂ノ浦ノ内嶋ガ川、〔昌臣〕一本鳴川ト有案スルニ鳴戸川ナルヘシニトゾ淡路ノ浦々并阿波ノ浦山掛テ平氏ノ士卒残居テ其余黨右ノ堂浦ヨリ讃岐路ニ傳ヒ行路傍ナル櫛木粟田昌臣往年其処ヲ過ル土人粟田アバタト呼フト云際ニ平家侍ノ残類今ニ至マテ浦人ト成テ魚賣ニ出ル詞ニモ魚ヲ買ヘヽト官柄ニ寫ル如キ昔ノ余声コソ哀ニ落涙スル有

弔敦盛塚二絶云　碧湛

行年十七少英雄　埋在海山松竹中

追憶紅顔横玉笛　餘音惹恨暮江風　又　挑李春風李節推
奪花容色使人悲　綾羅錦繍雖埋没　未尽芳声玉笛吹
口碑曰春秋ノ濛々タル雨夜ニハ絶妙ナル笛ノ音幽ニ聞ユル折モ有トナン是幽魂ノ名残青葉ノ秘曲ノ
余声ナラメト覚テ最哀レ也此煙島ノ竹林ニ好キ音出ル笛竹有シヲ今ハ代荒テ只篠原ト成ヌ又ハ
無下也彼塚ノ下壇ニ苔班ニ石ノ見ヘタルハ敦盛ノ塚寺ノ嶋ノ房跡タリ近キ比マデ福良ノ漁家ニ
回リテ彼冥供粮ヲ乞タル嶋僧有ツルト故老傳ヘ侍リシ平家ノ由縁立置レタリシ香木ノ塔婆
ニヤ有ケン近世海童等拾ヒ来タル爪木ニ交テ炉中薫郁シタリシヲ老翁共吟味セシニ最早焼
尽メ残恨不鮮限ナシツトナン猶尋ヘシ　○洲崎　烟崎ト並ヒテ港中ノ砂洲ニ里人古詠ヲ傳
白砂蒼松其奇勝愛スヘシ
前ニ見タリ　洲上ニ蛭子社アリ又諸船ノ出入ヲ改ル関所アリ　○蛇鱗　光吞隷吹上ト云ハ非也属塩屋也　洲崎ノ
東ノ海濱ノ山沿ヒテ長ク出タル白濱也竜蛇ノ水ニ浮ヘル如ク洲崎ニ連接スル勢アリ松樹列立テ
天ノ橋立ナド想像ラル又近キ比ヨリ港中ノ干潟ニ塩竈ノ煙立ソメテヨリ引汲揺平シテ
ハ塩尻ニ富士ノ山ヲ摸セルモ浦ノ景気ヲ添ルノミナラズ民用ヲ助ルワザナルベシ

三ノ三

○新羅 浦ノ西ノ海辺ニ在地名之 古ヘ投化ノ韓人ヲ居シ地ナルベシ　○八幡祠 市場ノ東ノ岡ニアリ 社封若干
（八八）第六十八配ニ讃刕琴弾八幡　○春日祠 八幡ノ峯ツヾキ一町許東ニアリ　○牛王殿 浦ノ西ノ丘上ニアリ
八幡神華ノ処トス故ニ神符ヲ製シテ施セシ亭舎ノ蹟ナルベシ今小祠アリ諸社ノ護符ヲ俗ニ
牛王ト称ス蓋シ佛語ナルベシ 皇高旦 牛王ノ字義或ハ璽ノ字ノ艸名或生土ノ二字混シテ延縮変轉
シタルナド、其諸説區々タリ朱紫ニ引谷響集曰牛王ハ仏ノ異名ニ涅槃
經第七曰大海門人中牛王人中ノ丈夫ト名ツク宝印トハ仏ノ種子
梵字ヲ割ニテ是ヲ印ス故ニ牛王宝印ト云此義元十一面神咒經起云々 俗説ニ傳ルハ阿万城主郷備前ト
云人アリ細川氏之阿万郷ニ住セシ故郷氏ヲ称ス嘗テ沼嶋ノ梶原氏ヲ襲ヒ伐ントセシガ謀洩レテ
梶原遮テ寄来リ阿万城ヲ攻タリ備前兵挫ケテ徒士離散シケレバ細川單リ身逃出テ阿
万河内ノ僧房ニ隠レヌ寺僧了海曰爰ハ敵地ニ近クシテ保シ難シ福良ニ遁レ行バ免ルヽヿ有ト
云則諾シテ去ヌ梶原跡子索ルヿ急ニ福良ノ浦人其隠ルヽ処ヲ告ヌ因テ備前自殺ス死ニ
臨テ浦人ノ無情ナルヲ恨ミ怒レリ其年行疫アリ里人郷殿ノ祟トシテ祠ヲ立テ祭リヌ
因テ郷殿ノ杜ト云トゾ此傳説誠ニ事実ナルベシ一故事ニ備フベシ然ルニ傳説ノ如クナラバ
憂死ノ窮将ノ祠前ニ八幡大神ノ鳳輿ヲ駐ムベキニ非ズ因テ思フニ牛王殿ト郷殿ト音訓

三ノ二　二〇

相近キヲ以限同ノ誤有ベシ郎殿ノ遇宮処ハ此牛王殿ノ地ト異ナルベシ

○水神 浦ノ東ノ海濱ニアリ 昔水神ノ社有シガ比目ノ異ニ乗テ飛行八幡村ニ移リ玉フ其旧地ヲ今モ
水神ト云 加集山八幡ノ摂社丹生ノ神是ニト

○櫟社 中山ニアリ

○神宮寺 万年山 真言宗 大覚寺末 八幡祠ノ山ニアリ則社司之[淡通]才來

○慈眼寺 福聚山 右同宗末 [分]才八土三十千配讃州派末寺 大士堂護摩堂[医]王堂輪蔵二王楼門等アリ十一面像ハ鳴戸ヨリ出
現ト云 淡通 監司之宥智得ニ奇夢ニ矣 観世音放光言ク我在鳴門之上ニ焉天明之ヲ手鳴門之磯ニ而見則十一面尊像厳然立ニ於石上ニ乃宥智拝念抱来テ供養 本堂本尊 蓋聞高野山道範上人讃州配流時暴
風被阻三日滞宿于福良ノ聴所則得ニ渡海ヲ着于姫田而旅宿其処
有股痛憂悩者今ニ彼参詣慈眼之本尊則即日除悩安身ト云

○報身寺 浄土宗知恩院末 淡通 阿弥陀ニ像一遅慶作共有其

○真光寺 浄土真宗西本願寺末

○重恩寺 上同宗東本願寺末 鳥旨 文化年中境内ニ在処ノ老樹ヲ伐テ割
本トス中ニ屋字ノ黒点鮮明ノ寺僧奇トシ秘蔵メ什器トス石亭先生寫之戯ニ曰屋字
ヲ分テ二字ト為セハ尸ヲ至ノ寺ニハ是吉祥ノト 本朝通紀 曰天平宝字二年二月大和神山
蛤藤樹根ニ而生ズ王大則ト并ベ天下ノ人此内任ス大平臣守ヲ昊年之十六字上ノ例アリノ

○煙島ノ観音 淡通 中世泊于福良浦ニ数十船阻ニ風而一月余不能発船矣待順風其声如

三ノ二 二十

忽焉ト海陸自然唱曰其船中偸ニ煙島観音者由有之而不得ニ発船ニ須下是早ク奉還シ着中本坐ニ

○皇高此ニ登見ニ今観音ニシ老人ノ孤島故供敬ノ疎ナル故ニヤシハク祟リ有テ善眼寺ニ移シ在トゾ

其時偸人発露懺悔シ以テ尊像安ス于煙嶌ニ則数十船即日懸帆皆恣ニ千里ニ歓乃相楽云

○廃摩尼山紅蓮寺　皇高曰 紅蓮寺及烟嶌観音弁才天ハ共ニ淡路冠者義久ノ建立ス義久六条判官為義子住福良西海辺ニ有城跡或記曰義久曽テ勧請弁才天於烟島ニ建立祈禱所ヲ而号摩尼山紅蓮寺ト及造立観音堂云云　義久尚古塁ノ条下詳略之

○上樹里　皇高曰 小松重盛賜義久ニ于福良上樹里百町ヲ略書全上　○鶴島古塁　港口ノ海辺ニ在元歴元源氏要害ヲ構シ処ト云

平家物語 平家一ノ谷ヘ渡リシ後ハ四国ノ者共一向随奉ラズ中ニモ阿波讃ノ在廳等平家ヲ背テ源氏ニ心ヲ通ハシケルカ流石昨日今日マテ平家ニ随奉タル身ノ今日始テ源氏ヘ参リタリ氏ヨモ用玉ハジト平家ニ矢一ツ射懸奉テ丈ヲ哀ニシテ参ントテ門脇中納言教盛越前三位通盛能登守教経父子三人備前国下津井ニ在スト聞テ兵船十餘艘テソ寄タリケリ能登守大ニ怒テ昨日今日マテ我等ガ馬ノ草薙タル奴原カ何シカ契ヲ変スルニソ有ンナレ其義ナラバ一人モ洩サズ討ヤトテ小船共押浮ヘテ追シケレバ四国ノ者共人目バカリニ矢一ツ射テ除ントコソ思シニ能登殿ニ余リニ手痛ク攻ラレ奉テ叶ハジトヤ思ケン遠負ニテ引退キ淡路国福良泊ニ着ニケリ其国ニ源氏二人有ト聞ヘケリ故六条ノ判官為義ガ末子加茂冠者義嗣淡路

二ノ二　二

○教經力石

〔淡通〕雀島ノ海畔ニアリ石面ニ教經ノ弓勢大石ヲ射切矢ノ跡ニトテ半石ハ磯ニアリ半ハ落テ潮中ニアリ

冠者義久ト聞ヘシヲ大将ニ頼テ城郭ヲ構テ待処ニ能登守殿押寄テ散々ニ責玉ヘバ加茂冠者討死ス淡路冠者ハ痛手負テ億勇ニコリセラレケレ残リ留テ防矢射ケル者共一百三十余人カ首斬懸サセ討手ノ交名記テ福原ヘコソ参ラセラレケレ〔鳥嶋曰〕茲ニ能登守ト云ハ可非真ノ教經　牛馬問曰一ノ谷落城ノ氏門脱ス大納言教盛卿ノ息能登守教經兵庫ヨリ二十町坤駒林ニ落シヲ安田遠江守義定カ招キ返スヲ射落シ首ヲ取ントスル処義定カ甥一條九郎忠頼カ為ニ討ル平軍傳聞テ暗夜ニ竹ヲ滅スルガ如シ時ニ教經ノ次才アリ幼齢ノ中唖ナルカ故父教盛僧ト為シト其臣紀ノ太郎楼ク太郎子トシ養テ紀ノ小四郎景望ト号後十歳ヲ経テ能言語スルニ至此人カ量面貌及音色教經ニ鏡影ノ如シ宗盛惟盛密ニ謀テ即時能登守存在ト称ス依之教經戦死ハ偽トナレリ後ハ島山ニテ継信ヲ射タリシハ此能登守ニ云々委クハ本書ニ見ヘシ茲畧記拵ル二福良辺ニ徘徊セシハ蓋此能登守ナルヘシ或曰義久与阿万ノ城主阿万六郎宗増一志而築當城居之又曰子孫福良氏数世住福良〔松花曰〕暦應中福良浦雀島ノ城主福良勘解由ハ六条ノ判官為義ノ十三男淡路冠者義久五代後胤ト

○貞享二年乙丑霜月十三日伊勢ニ平風刈藻ニテノ句アリ鳴門ノ句故宗雅鳴門条下ニ収ム

○刈藻島〔刈藻ノ海辺ニアリ〕又潜岩ト云テ大石ノ中ニ竅路アリテ人馬往来ノ径トスル処磯辺ニアリ

○行者嶽〔砥取ニアリ鳴門ニ近シ〕峻崖数十丈海ニ臨リ絶頂ニ役氏堂アリ相傳テ曰役小角鬼神ヲ駆使シテ此岳ニ来リ鳴門ノ海逆浪険ニシテ舟人ノ艱メルヲ見テ阿淡ノ間ヲ陸道トセントテ祈リケルニ数珠ヲ貫ル緒ノ達磨ノ間ヨリ断テ乱レ落ケレバ其功ナラズシテ空ク止ヌ是千載ノ遺恨ナリト語ル人アリ因ニ記シテ一場ノ茶話ヲ助ク〔淡通〕其所ニ捩切之数珠一顆毛成ニ小島山謂之飛嶋是也且

三ノ二　廿一

丈行者置笈之処今傳之曰笈御 其蹤如凹字而窪也或諳曰此言恐忘記也不足称之 三ノ三
曰唐武宗時道士与禅師較神力而忽地折伏道士之支跡見于傳記矣蓋上古者此処 甚大 二二
洪濤震動天地如裂山岳行者念呪之後海岸浪静矣今亦雨氣之浪声則如雷鳴之
聾耳也若又有争之者汝為汝我為我若論神妙不測則冷齋夜話曰客舟渡湘水中
流而舟不行故以多物投水中而不動 既而又沉金釜而亦如前乃書滁州西澗之詩
沉之則舟行忽通 其詩見三體詩 〔鼇頭〕三体詩巻一絶句曰 滁州西澗 韋應物 独憐幽艸澗辺生 上有黄鸝深処鳴 春潮帯雨晩来急 野渡無人舟自横
日本ノ詠哥又往々有是等類以偏見小量不可論之 蓋初女媧補天之缺矣小角類之
欲合二国而祷不得 大勇而不遑等中 数珠忽断 ○或記曰福良石見政俊住于福良

（一）鍛冶屋村 宗長名ノ鍛工居住スル「有テ村ノ名トナル 嘉吉二年加集庄宗長鍛冶
畠雖免鍛冶刑部知行スベキ旨福良石見融通賀集次郎左衛門康貞久米但馬明珠連署ノ
状アリ 享徳二年宗長名鍛冶免畠ノ目録道隣花押アリ 永正壬申年同ニノ鍛冶屋敷
ノ事海老名加賀入道宗須石井弥四郎国久菅境上使乗楽連署ノ状アリ又正中二年

相模守修理大夫連署ノ状アリ 【憙曰】已上ノ諸状ハ皆室町時代也曾テ聞其子孫今六波羅ノ官廳ヨリ直書ノ田園ノ眷吞ヲ持傳ヘリト追テ写シ加フベシ

〇古墨 村ノ西南ニアリ 墨塹（ツイヂホリ）アリ城野右近居ストモ云傳フ 【憙曰】今里正加集氏茅背地ニアリ

〇古墨 村西竈山ニアリ 加集右近ト云 宅地ハ加集中村ニ有テ壕築墻アリ 【憙曰】此地ニ今社日ノ神碑ヲ建在処之城ノ腰ト云 疑ラクハ城野右近ト云同人ナラ方又萬福寺前ニ備後土居ト称スルアリ是三吉備後入道印斎 旧領備後国三善郡故号 居住地之印斎ハ加集右近ノ父之阿波三好氏ト同訓ヲ避ケ其郎名ヲ用テ加集ト改ム今里正加集氏ハ即其末裔之ト云系図ハ古墨ノ部ニ詳之

〇加集氏第地址 村ノ北ニアリ 嘉吉中ニ加集二郎左エ門康貞アリ應永ニ加集庄高陞親忠アリ長禄ニ加集義濃守公文アリ文明ニ同義濃守高陞安親アリ賀集木工之助盛政天正十一年賀集郎ヲ去テ北国ニ赴ク年月ヲ石ニ彫テ遺セリ 青木村ニアリ 又書留シ一通アリ曰

某[illegible]

[illegible]

三ノ二

廿二

財産等譲り与へ以て先祖の恩を報すへきこと　天正十一年八月二日　藤原朝臣賀集盛政判アリ　二ノ二　二三

賀集彦三郎殿へ

又藤原朝臣賀集美濃守公文書判一通アリ　皇尚曰三種ノ直判トハ是ヽナルベシ子孫三人ヘ譲リ与ヘシ其一ヲ盛政傳テ又廣之丞ヘ譲リシナラン

常盤　賀集氏ハ世ヽ賀集郷ヲ采地（チギャウシ）ニ居住ノ地士ト見ヘタリ但シ高陞ト藤原トハ別姓ナルニ混雑セシハ不審シ　足利ノ代ノ末ニ至リテ三好氏ニ降リテ舊地ニ居住セシガ信長ノ時天正九年秀吉當国ヲ平治セシ時地士ノ采地ハ皆没收セシ此時盛政モ他国ヘ立去シナルベシ

皇尚曰　備後入道印斎ニ男　右近三世主馬某漂去テ其子勢左衛門盛長ニ至テ當邑ノ宰ト成甲冑及鎗穂又鎗一條并ニ筋立今猶家ニ傳フ　加集氏別考古塁部ニ見ヘシ

○萬福寺　真言宗大覚寺末　三善備後守石碑アリ賀集盛政兄ト云　皇尚曰邑宰ノ系図ニ因ル時ハ不尓諸説紛ヽタリ

加集代々ノ石碑此寺中ニアリ　古碑ノ部ニ出ス　八　千才五十八配ニ豫州佐礼山

○薬師　万福ニアリ　咒　才十四　淡通　霊仏篇曰　加集荘中村ニ有ニ幣太輔者ニ永禄年中避ニ兵乱于紀州而郎當矣（タリ）寓居之地ニ有ニ薬師尊ニ晨夕詣拜ス祈ニ帰国ニ逮ニ于兵事漸治而依ニ復

船而着故国阿万荘東村之汐崎矣所依頼於紀州之仏像先于太輔而放光於磯頭尋太輔感歎仏恩之甚深涙襟難忍即時奉荷負帰郷而供養尊信雖富之間雖故園荒廃墜民間今也数代之子孫相続不失至誠者也其尊像寄附于鍛冶屋村万福密寺而参詣絡繹矣

○當麻氏御墓　鍛冶屋村ト筒井村トノ境馬目ニアリ

延喜式 巻二十一 諸陵寮曰淡路墓當麻氏在淡路国三原郡兆域東西二町南北二町守戸正丁五人

続日本紀曰當麻氏名山背上云上総守従五位上老ノ女舎人親王ノ妃帝ノ母也天平宝字八年當麻氏廃帝ト共ニ淡路ニ配ス光仁天皇宝亀九年三月勅シテ當麻氏ノ墓ヲ御墓ト称セシム

下十八 此馬目ト云小丘ハ天王ノ森ヨリ五六町モ南ニアリ丘下ニ池アリ廃帝ノ陵ニ近キ処也御母ノ御墓是ナルヘシ

○福井村　支邑法華寺　高萩ナドアリ

○福井河　新田北村ノ奥山ヨリ出テ美女廃池ヨリ生子ニ至リ福井ノ真幹池ニ入テ福井ノ里中ヲ遍リテ野田賀集中村ノ間ヨリ立川瀬ニ至ル

○法華寺　真言宗大覚寺末　舊ハ此処ヲ法華寺村ト称シテ一村也今福井ノ支邑タリ近年寺ヲ大日寺界内ニ移ス

○大日寺　賀集山　大日ノ古像アリ衆民詣来テ群ヲナセリ此堂ヲ上ノ大日ト称ス忌部ニ在ヲ下ノ大日ト

三ノ二　廿三

二ノ二　二四

云ニ對ス此堂前ニ楠ノ枯木アリ此樹ノ節穴ヲ洒ヘハ痘瘡軽シテ多ク小児ヲ誘ヒ来ル

（八）才四番 配阿州大日寺 淡通 雩テ尊前ニ無不有雨沢毎月廿八日雲集ス如市其會日

入堂通夜人充満ス矣境内有ニ 熊野権現 天満天神祠 通夜婦女一朝出堂帰時忽

ノ男子将テ堂後之林中ニ而密ニ交合ス交リ了テ而二身如釘不脱離日既ニ三丈高猶未得離ルコト

同友拓離テ溪水ニ為彼等懺悔念児則チ天得テ免離ヲ ○真幸池 大日ノ東ニアリ

○納涼ノ松 淡通 福井ノ野外ニアリ 傳称ス中世官吏將ニ掘去ント此松聳千年之翠可祝万歳之栄

棟梁樹也其精神知之一夜ノ中変化蚤蟠不能掘去ル 枝葉垂于四方而蔭或大蒼莽

隔ツ暑日ヲ 是故ニ擧国称納涼松

筒井村

古井アリテ村名トナル

○牛頭天王祠　○講堂社 講堂ノ東ニアリ　○筒井 村中ニアル古井之 淡通 筒井ノ清水

○薬王寺 真言宗高野山 報恩院末

薬師像ハ行基ノ作ト云 除厄ヲ祈ル人多シ （四九）才十七

新田北村

○地蔵寺　（八）薬師 才七十六 配讃州金蔵寺

○美女池　山中ニアリ上下二池アリ今共ニ廃ス

◎新田中村

◎新田南村　○廃法輪寺址　今草庵アリ　皇國曰　古書ニ出タリ三原ニ立真言宗トアリ

○阿弥陀寺　八　才七番阿弥陀配ニ阿列十楽寺

◎生子村

◎内ケ原村　○柞田　又長原アリ　皇國曰　長原村ト云テ別ニ一村然レ氏内原長原共ニ野田村ニ兼帯シテ司之

◎伊賀野村　○穀内山　山中ニ牛頭天王祠アリ

五，二

廿四

日本淡洲 淡嶌温故録　月石　渡邉嵓揖録

○阿萬郷　和名類聚曰三原郡阿萬　和名則如字　郡ノ西南ニアリ郷廃シテ阿万東西二村ニ名存ス　［嶌曰］阿万ハ海士ノ轉ナルベシ

◎上本庄村　支邑河内　佐野アリ　○本庄溪（カハ）　新田ノ山間ヨリ出テ伊賀野上本庄ヨリ塩屋ニ至リ西村川ト合シテ海ニ入

○亀岡八幡祠　社領若干　阿万郷中ノ祭ル処之里人ノ説ニ昔贅亀背ニ乗テ出現スト云　［常磐］謬傳ナルベシ武家ノ世以来領主地頭ノ士鎌倉雀岡ニ摸倣シテ亀岡ト名ケタルヽ之社地モ又亀甲玄武ノ象アリ　［嶌曰］三門ニ署ガ備カンレリ

［ノ八曰］受領　受領神主前川石見守

亀岡八幡宮ト名ス　前ノ慈眼寺越生ノ筆之　［淡通］中世兵火焼ニ失神殿畫棟朱欄悉回禄之時神殿ニ有ル畫像ノ不動尊一忽地飛ニ入于林中ニ而嚴然故ニ称ニ不焼（ヤケズ）之不動ニ　○神庫ニ奉納ノ佛経多シ華嚴経五十七巻　大集経卅巻　涅槃経三十九巻　般若経三十一巻　日月藏経二十一巻　法華経七巻　梵網経一巻　瓔珞本業経二巻　像法決疑経一巻　観普賢経一巻　無量義経一巻　已上十一

部百九十一巻一函ニ入函ニ記シテ曰元亨四年甲子五月十四日奉入之願主淡路大吏判官入道
沙弥密建トアリ又法華経八巻観普賢経一巻無量義経一巻右三部紺紙金泥一函ニ入
函ニ記シテ曰永亨八年丙辰卯月寄捨阿万本庄八幡宮沼嶋住人梶原越前守平
俊景トアリ　(異国日)東鑑ニ寿永三年為レ追ニ討平氏一梶原平三景時当時在ニ彼国一ナリシトアリ于千有ニ追討平家一後氏族留沼島カ　又大般若経函ニ記シテ曰宝徳
二年庚午卯月願主橘正時藤原久長栂田寺長宥賓宥傳トアリ
○河内社　○御鍬社　村邑中ニ在　○亀岡山神宮寺　亀岡ノ下ニ在亀岡社僧也真言宗高野発光院末寺領若干
○清潮寺　上同宗同末　○号慈聚寺観音堂(三)才九番　○萬勝寺　上同末
○薬師堂　葛原山ニアリ　施主平監物兼友仏工善慶作ト云　○廃千手坊　河内ニアリ
○古塁　村ノ北山ニアリ　何レノ時営構セシヤ知ズ里老ノ説ニ細川彦四郎居城スト云
傳フ一説ニハ(一称郷丹後守重朝中八木細川ノ氏族也)細川丹後守其子備前守相紹テ居スモ云　(卜キ八)初ハ彦四郎ト称ス系図ハ八木屋敷成春モ
ニ見ヘタリ備前守沼島梶原カ為ニ害セラレシト云傳説ハ郷殿ノ条ニ記セリ思フニ細川氏守護職タル此
ニ阿万ニモ氏族居住シテ地頭タリシナルベシ應仁乱後ヨリ争戦絶サリシト三好氏起リテヨリ当
国ノ細川氏ハ皆消礫セリ沼島梶原モ　(異国日)太平記平家物語鎌倉要記等ニ出タル阿万六
三好ニ与力セシナルベシ　郎宗益ノ了交ニ畧シテ　トキハニ譲ル　住于上本庄

三、三

一

◎下本庄村　○清水薬師（六）ノ才七十五配ニ讃州善通寺ニ　○櫻井　薬師堂ノ前ニ有清水ニ

◎塩屋村　津名郡ニ塩屋アル故阿万ノ塩屋ト云　支邑ニ　佐野　弥出アリ　○瀉田　廣キ囲斥アリ近年海畔ニ大ニ
水閘ヲ造リ潮ヲ防キテ田トナシヌ略曰尚其残リ阿万ノ泓ト称シテ大ナル沼アリ従来塹田ニ測レ𪜈
為スヿ能ハズ然ニ文政初ノ比ヨリ志筑浦桑名屋某塹田ニ願ヒ中間ニ土堤ヲ築キ水ヲ堰キ縦
横ニ溝ヲ通シ舟数艘ヲ造リテ其中ニ浮メ傭人数百人ヲシテ土砂ヲ舟ニ積運ハシメテ埋リスルヿ
年ヲ亘ノテ不弛今既ニ十六町ヲ開終シヌ水溝ノ両側ニハ葡萄ヲ多ク植テ溝上ニ棚ヲ架

○光明寺　真言宗高野発光院末　阿弥陀ハ安阿弥作ト云

◎吹上村　○田尻崎　吹上ノ西ノ出崎之鼻ト云　海中ニ半瀦長瀦ナド云岩アリ吹上塩屋ノ海濱
白砂青松景佳之葦生濱ト云略曰予一時此処ニ遊ブ向フハ撫養ノ里延ニ小松島ナドノ
海濱簇レル松ハ筭フル斗鮮ニ見ヘテ近シ此濱沙ノ麦蕈他ニ勝リテ甚大キク纖刻シ
蕎麦麪ニ擬シテ尤佳之トゾ吹上ノ濱ノ東岩間ノ砂礫ノ中ニ矢ノ根石ト称スルモノ稀ニ
アリトゾ予ガ遊シ時尋子探リ侍レ𪜈得ザリキ然レ𪜈塩屋　氏ノ秘蔵スルヲ予ニ投与
セラレキ色玄クシテ矢ノ根ニ似タリ大サ寸許　淡通
碧湛六言長篇曰　平沙漠々無限。絶境冨四望函。於異哉銀世界。嗢然歎不堪遊。漁翁

三ノ三　二

皷枻莞尓。画餅充饑豈優。公羨言猶未尽。予聞撃缶而謳。智仁是楽山水。愚昧飽懐

膳饈。彼大洋之廣博。若河伯奈何箸。汝為汝我為我。嘯八紘任自由。白々濱中杳々。風

吹雲布江頭。忘機疑在三島。非假翼翀十洲。嘗憶得胡夢。飄々乃似荘周。杖藜見

物華秀。不用求車与舟。賢哲倘吟此景。身安心足悠々 ○大日堂 八八 才十三 配阿州

一宮 淡通 天照大神 坐子 大日殿 鎮衛アリ

◎阿萬西村 西村川 上本庄ノ奥ヨリ出テ下本庄ヲ経テ西村ヨリ海ニ入 ○別當 八八 才廿 弥陀 配土州一宮

◎阿万東村 東村川 東村ノ奥中ノ河内ヨリ出テ西村川ト合シテ海ニ入 ○妙観寺 真言宗 高野 発光院末

薬師像 行基作ト云 四九 才十八 ○観音堂 八八 才八十六 配讃州志度寺 ○猿丸休所

淡通 東村ノ山中ニ猿丸大夫休跡トテ言傳ル処アリ 数多ノ国 休処ト云処アレモ 実処定カナラス

蓋此人ハ橘ノ継家ノ子ニト是等ノ智々ク ラノ人ハ何レノ処ニモワイ居テ心ヲ澄スベケレバ一隅ニハ不可限

基全摘 日或系図曰用明天皇―聖徳太子―山背大兄王―弓削王 経清丸又両人ト共ニ官姓時代寺不知之ト云

博物 先仁帝ノ父 祐基王ノ子之世ニ 天武帝ノ子ト云ハ アヤマリ也

○中ノ河内 村ノ東ニアリ 是ヨリ土生ヘ越ル嶺道アリ 茅草山嶺ト云

◎仁比村 是ヨリ己下ヲ下灘ト云 ○潮崎 阿万東村ノ間ノ海ヘ出タル岬之 山家集 西行法師

小鯛引 網のうけ縄 よりくれて うきしわさある 汐崎のうら 選集抄ニ西行淡路

三ノ二 ニ

〔貼込　三〕

ノ南ノ海辺ヲ經過セレヿアリ其トキノ詠ナルヘシ是ヨリ濵ニ沿テ藤野浦ニ至ルカ

◎地野村 トキハ 青野ノ轉文ナルベシ 皇國 冨士野ヲ 一覧 此処ノ濵辺冨士ニ似タル禿山アリ
上略ジチ通音ノ訛ナランカ

ソコヲ藤野浦ト云西行ノ古跡ニ 皇國 藤野ハ古名ニテ有シニヤ今南灘村之ノ中ニ藤野

ト云ナレ 淡通 ニハ土生ニヤト云 常磐 吉野ナルヘシト云三処ノ論首巻ニ併セ挙

題藤野
隠ハ知隠者幽遁尋　多有藤蘿幽谷深
明雲避世思甘心　若不西行嘉蹤渉
碧湛
ト云ゾ

◎土生村 沼島山ヘノ渡リ口ニ　支邑大川
内田村ニ支邑土生アリ土生村ニ内田有モ竒ニ　津名郡

淡通 撰集抄四巻其略文淡路ノ国ニ徘徊ス藤野ト云処有前ハ南向海漫タリ後ハ北山峡険ニ渚ニソヒ

テ汐ノ干潟ヲ守リ彼処ニ至リ侍ル破タル庵ニ墨染ノ袈裟衣ト硯トバカリ見ヘ侍リ傍ナル柱ニ

北嶺禅円大僧正妙雲室ニト書付テ侍リ哀ニ覚ヘテ日頃ノ〆テ待タリシニ夕ヘニナリテ

僧正山ノ上ヨリ山桜ノ花ヲ手折テノ下向リ玉ヘリコハイカニトテ落涙其夜ハ庵ノ側ニ

侍リ述申シ出シ互ニ袖ヲ絞リ泣々別レ奉リキ　灘浦ノ土生ノ邑ニ藤カ谷房主谷ト云

三ノ三　三

ノ南ノ海辺ヲ經過セシヿアリ其時ノ詠ナルヘシ是ヨリ濵ニ沿テ藤野浦ニ至ルカ

◎地野村　[トキハ]菁野ノ轉文ナルベシ[畧曰]冨士野ヲ　[一覧]此処ノ濵辺冨士ニ似タル禿山アリ
上畧ジチ通音ノ訛ナランカ

[illegible]古跡也[畧曰]藤野ハ古名ニテ有シヤ今角離村ノ中ニ藤野

[illegible]

○ゴソリ石　[一覧]地野村ニアリ高二尺許巾一尺五寸底入知難シ[illegible]シキノニ[illegible]ト云トゾ

継ルヤ否ヲ未至リ試ズ阿万東村ヨリノ街道山中ニアリト

◎土生村　沼島ヘノ渡リ口也　支邑大川アリ　[畧曰]又内田ト云地名アリトゾ津名郡
内田村ニ支邑土生アリ土生村ニ内田有モ竒也

[淡通]撰集抄四巻其畧文淡路ノ国ニ徘徊ス藤野ト云処前ハ南向海漫タリ後ハ北山峻険也渚ニソヒ

テ汐ノ干潟ヲ守リ彼処ニ至リ侍ル破タル庵ニ墨染ノ袈裟衣ト硯ト汁リ見ヘ侍リ傍ナル柱ニ

北嶺禅円大僧正妙雲室也ト書付ラレ侍リ哀ニ寛ヘテ日頃ソコニテ待タリシニ夕ヘニナリテ

僧正山ノ上ヨリ山桜ノ花ヲ手折テノ下向リ玉ヘリコハイカニトテ落涙其夜ハ庵ノ側ニ

侍リ述申シ出シ互ニ袖ヲ絞リ泣々別レ奉リキ　灘浦ノ土生ノ邑ニ藤カ谷房主谷ト云

処アリ惣ノ八藤野浦ナランカ西行ノ筆記ノ文勢ニ依リ見レハ土生ノ邑ヨリ南海ハ渺々ト
シテ辺際ナキカ如シ今藤野ト云浦知ル人ナシ　題藤野碧滝　隠知隠者必追尋
多有藤蘿幽谷深　若不西行嘉跋渉　明雲避世昌甘心
○真観寺 真言宗高野 妙楽寺末　行基開基阿弥陀像ハ則作之上云（八）才八十八 薬師配讃州大久
保寺 大師（廿一）才十三ゟ又下堂真観寺　彼寺より[illegible]
○高見山観音堂 古昔次トアリ（三）才七番　○大師西宮観音堂（廿一）才五番　[illegible]
[illegible]
○城方ノ支邑　本村ハ田実払川油谷三村ヲ隔テ在上城方ト云　○高岸社　社領若干（八）才六十四 配ニ与州前神寺
○圓實村　○観音堂 大師アリ（廿一）才十 [illegible]
○拂川村　桜川ノ転文ナルヘシ　○桜川　邑ノ山中ヨリ出テ海ニ入
○観音堂 大師アリ（廿一）才十西　[illegible]
○油谷村　油谷ノ転訛ナルヘシ　油谷溪　山間ヨリ出テ海ニ入　○一宮　二宮　妙見社アリ

三ノ三

三

○長谷寺 来迎山 真言宗 仁和寺末 (廿一)才廿 [illegible]

○阿弥陀堂 大師アリ (廿一)才十二 我昔所造諸悪業と唱へ [illegible]

◎城方村 [illegible] ○薬師堂ノ大師 (廿一)才十六 [illegible]

◎出本村 ○薬師堂ノ大師 (廿一)才二 [illegible]

◎吉野村 吉野川 後山ヨリ出テ吉野ノ海ニ入 ○四社明神社 堂ノ谷 常光寺末

(廿一)才十九 [illegible]

常盤 摂集抄ニ藤野浦トアル藤ノ字ハ芳ノ訛之藤野ト云名ノ何トナク睦クテタドルベク一カルト有藤野ノ名サノミ雅名ニモ非ス芳野ハ花ノ名処ニテ其名ノ同シキヲ慕ヒテ見ニ行ミナルベシ吉野村ヨリ惣川黒岩ヲ隔テ元吉野ト云処アリ今ノ吉野ノ支邑之元吉ニ大嶽ト云処アリ昔大和ノ吉野ヲ摸シタル処ト云 高日 西行ノ古跡藤野浦ハ地野土生吉野三ヶ所ノ考説首巻ニ詳ニ係セ出セリ ○吉野渓 後山ヨリ出テ海ニ入

◎惣川村 惣渓アリ古今断ノ ○地蔵堂ノ大師 (廿一)才四 [illegible]

見れたる所も有ある松の下朶　君はそのいくそめ

○元吉野　吉野村ノ支邑　○閼伽水大師堂㉑才十七

植を罪のよはひ落せし即ち菩提心

（　）黒岩村　海畔ニ黒色大石羅立ス因テ名ク　○楼字若大師堂㉑才三　[illegible]　○地蔵寺　真言宗高野功徳聚院末　大師アリ

㉓才二十　[illegible]　㊇師番才四十配縁列

観自在寺　○神仙寺観音堂　ユヅリ葉社ノ内ニ在　㉓才第八番　○観音堂ノ大師㉑才九番

[illegible]　○譲葉山

邑ノ北ニアリ南海ニ臨メル高山之山ニ弓絃葉権現社アリ　国君ヨリ営建ノ処ナリ

賀集山臣記ニ云弓絃葉供養トテ舞楽ノ法会有シヿ見ヘタリ　昔ハ譲葉ノ頭トテ大饗アリシヿ云

傳フ　畠山曰此頭ノ行ナルヿハ洋中ノ幽船ニ至ニテ招キ留テ饗食セシトゾ　福良浦十一屋某此頭ヲセシヿ今ノ世ニ普ク云ツタフ　大永六年沙門省尊ノ所記論鶴羽山再

與ノ募縁疏曰淡州論鶴羽山元曰多々積峯人王九代之時天竺摩訶陀国ノ神乗鶴羽来止此

山因名論鶴羽山権現天智之朝播日本無双之嘉名天暦之年振威夷狄降伏之異威云云　下略

三、三　田

此蹟所蔵ニ於賀ト集山護国寺ニ〔常盤〕神集ニ雀羽来ル因テ名ヅクト云踰雀羽ノ字義ムツカシ山ニ樸ノ木多シ因テ名ヲ得
タルナルベシ天智ノ嘉名天暦ノ昊感未考　康正二年丙子論雀羽山〔註文〕曰一證誠大菩薩一社二間一面
二両所権現一社三間一面　三若宮王子一社五間二面　四五躰王子一社五間二面　五四所明神一社四間二面　六満山護法一社　七地主神一社　八護法神一社　九常行堂
一字三間四面　十経蔵一字三間四面　十一長床一字七間四面　十二舞殿一字五間四面　十三鐘楼一字二蓋　十四大門一字二蓋　十五三面回廊并渡廊　十六
不断如法道場一字三間四面　十七金堂一字七間四面　十八湯室一字三間四面　以上十八字　諸社道場皆廃シテ今本社拝殿有
界内ニ古石碑多シ文字漫滅シテ見ヘズ　弓絃葉ハ熊野同神ト云然ハ伊弉冊尊ヲ祭ル
カ〔神社考〕〔啓蒙〕等ニハ伊弉冊尊。事解男。速玉男ヲ所謂熊野三社ト大〔日本紀〕曰伊弉
冊尊生火神時被灼而神退矣故葬ニ於紀伊国熊野村。又曰伊弉諾尊与伊弉再尊
盟之所唾之神号曰速玉之男次掃之神号ニ泉津事解男凡二神。〔延喜式〕曰紀伊国牟
婁郡熊野早玉神社是等ノ説熊野ノ神ナルベシ　天竺ノ神トハ習合家説ナルベシ
〔皇曰〕諸神本懐集及舊事大成経等長文ヲ厭テ畧之常盤草ニ見ヘシ
〔淡通〕曰毎年除夜従熊野海中ヨリ竜灯飛来終夜熊ニ神殿ニ至元朝ニ是皆衆

人之所見無忘詑者也又此山下有二石函口碑曰神宝在此中緘合不啓
非凡眼之可窺覬者也　又山下牟内邑有三神泉称御供水此処有本
二所権現及王子権現　予登踰窟羽山題曰　終日長吟遊翠岑
杖藜渉険趣尤深　一双宝石憶神造　三処清泉鑑仏心
或是猿啼山寂々　况又鳥叫聲爽々　依稀踏断天台路
雲掩中峯無処尋
中世俗民数輩登踰窟羽山而酒餅遊山戯敬神扉則金像之八大
竜神忽成大身白虵而躍出金眼赤舌怖畏不可避失魂倒伏而惘
然良久発甦来各々驚走帰家到今攅眉懺悔不少神威不違枚挙
一日山下浦壁邑人擺出三金像号八大竜神一躯長可七寸餘金甲束帯
左掌載宝珠右拳握宝剱頭上載大竜首又全身有七竜頭忿相威
厳八大竜神不可疑衆人無不悲懼其外二者　宗佑八幡一座像長可五

寸衣冠安座　夜叉神一体長ヶ可リ六寸乱髪怒身其形如鬼面之勢也
料識皆是踰窪羽之守護神乎展轉来而今合殿于浦壁之兒守
勝手ノ社中ニ矣

○白崎村　白崎末川ノ間礒傳ヒノ路高スナゴ有テ行人悩メリ○白崎溪邑ノ後山ヨリ出テ海ニ入

淡通 白崎明神トアルハ同社ナルベシ

○大崎社

○阿弥堂ノ大師 廿一 才十六　濁るとも恵みそえよしめぐりあて　くるくるとはかせまうさせ

垢離川ノ轉文ミヤ俗ニ水ニ浴シテノ身ヲ清心ヲ垢離トス被河ト同義ナルベシ

◎来（コリ）川村

訓近キヲ以テ来川ト書ルベシ　常磐　仁比ヨリ来川迄十三村三原郡ニ隷シテ下灘ト云畑
田ヨリ東三村津名郡ニ隷シテ上灘ト云対ス来川ヨリ後山ノ嶺ヲ踰レバ養宜郷ノ成相谷
ニ出畑田ヨリ後山ノ嶺ヲ越レハ廣田郷ノ鮎屋谷ニ出養宜ト廣田ハ昔津名三原両郡界ナル
故如此分テルナルベシ上下南洋ノ村里田圃少ク男ハ耕種ヲナサズ婦ハ女功ヲ知ラズ唯薪ヲ
樵テ治生トス山民嶮隘深谷ニ住テ猪鹿獼猴伍ス本郡中原ノ郷邑ニ遠キ故ニ風俗モ
又全シカラズ月次ニ壽長ト云テ里人集リ土器取ニ謳ヒ舞フテ戯遊ストス又元服ノ烏
帽子親ヲトリテ其地ノ社前ニ行ク加冠ノ翁樽ノ陰ナルハ誰ゾフト問フ冠者曰某今日
元服ヲ乞フト翁柄ヲ抜タル杓ニ緒ヲ付テ冠者ガ首ニ加ヘテ白真額（クツカウ）シヤリハウタト丈ヨ
リ親友酒斟カハシテ帰ルト云當世冠礼ハ廃シタルニ僻地ニ猶古式遺ルカ如シ

○常楽寺　廿一 才六　我悩をと焼てそまとまりは　あれも仏のさましかりけし

二ノ二

〇沼島浦　南洋ノ海中ニ土生ヲ距コト一里ニアリ嶋ノ周回二里許西北ニ漁商ノ家多シ浦ノ北ヲ泊リト云船ヲ泊ル処ノ南ヲ流河ト云奥鰕多シ或ハ伊勢ノ海對馬ノ海ニ行テ釣漁スル者アリ沼島ヲ太平記ニ武島ト呂ルハ沼武音訓近キヲ以テ訛レルノ紀貫之土佐日記ニ阿波ノ水门ヲ渡リテ寅卯ノ時バカリニ沼嶋ト云処ヲ過テトアルハ即此地ノ〔鳥曰〕嶋中凡千戸酒肆一屋ニシテ他ノ倍商ヲ不許之茶随其酒ハ志筑浦島屋ト云造酒家醸成シテ運漕シ来ル処ノ島屋ノ家号元是ニ因ルナルベシ

〔萬葉集〕巻三覊旅哥　柿本朝臣人麿

三津埼浪乎恐隠江乃舟榜公宣奴島尒

〔名勝詩集〕阿波津田八景ノ中沼嶋帰帆　頑叟

一島煙晴七里ノ東　帰帆卻勝畫圖ノ中ニ
瀟湘ノ遠浦甲ニ天下ニ　添得鳴门白浪洪

〇鳥曰自凝島八大ノ岩屋沼嶋三処ノ説々紛錚首巻ニ詳ス

〇磤馭盧嶋　今沼島ト称スルハ即自凝島ノ之考證左ニ記ス〔日本紀〕曰伊奘諾尊伊奘冊尊天浮橋ノ上ニ立シテ共ニ計テ曰底下ニ国無ランヤト宣ヒテ即天ノ瓊矛ヲモテ指下シテ探リ玉ヒシカバ茲ニ滄海ヲ獲玉ヒキ其矛ノ鋒ヨリ滴瀝ル潮凝テ一ノ島トナレリ是ヲ號ケテ磤馭盧嶋ト云二神コヽニ彼島ニ降居シテ共ニ為夫婦シテ洲土ヲ産ント欲ス即磤馭盧島ヲモテ国ノ中ノ柱トシテ陽神ハ左ヨリ陰神ハ右ヨリ旋リテ同ジク一面ニ會玉ヒキ

常盤 瓊ヲハ神代巻小註ニ瓊ハ玉之此曰努トアリ努ノ呉音ヌ之古事記ニハ沼矛トアタリトボコト讀ハ誤之古ハヌノコロ嶋ト云シヲ沼矛ノ滴凝リテナレル島之ト云説ヲ取テヌホコノ島ト云ヘキヲ省キテヌシマト後世ニ名ツケシナルベシ 釈日本紀ニ引公望私記曰問此嶋有ニ何意ニ名之乎答是自凝之嶌也猶言自凝也今見在淡路島西南ノ角ニ小嶋是也云俗猶存其名也 トキハ 西南ノ角ト云説多ク違ハズ沼島ハ国ノ南ニアリ俗猶存其名アレバ公望ノ比ニテハ自凝嶋ヲ能知タル人有シ之 釈紀又曰 或説今在淡路国東由良駅下又曰或説云淡路紀伊西国之境由理駅之西方小嶋ト云云然而彼淡路坤方小島ニ于今得其名也 トキハ 由良駅延喜式ニ出タリ南海道ノ渡口ニテ紀伊国ニ近シ由良駅ノ下五里許西ニ沼島アリ由理ハ由良ノ訛之 古事紀 仁徳天皇紀曰天皇聞ニ看吉備海部直之女名ハ黒日売其容姿端正喚上而使也然畏其太后之嫉逃ニ下本国云云於是天皇恋其黒日売欺ニ太后曰欲見ニ淡道ノ島而幸行之時坐淡路島遥望歌曰 於志弖流夜那尓波能佐岐由伊傳多知底和賀久迩見礼婆阿波志摩淤能碁呂志摩阿遅摩佐能志

三ノ三

六

麻母美由佐氣津志摩美由 トキハ 由良ノ駅ト紀伊国トノ間ノ海中ニ伴ガ嶋アリ伴ガ嶋今俗苫ガ嶋ト云

ノ向フノ濱辺ニ海部郡加太ノ淡嶋ノ社アリ此社舊ハ伴ガ嶋ニアリシト云然レハ伴ガ嶋ハ舊名淡嶋

ナルベシ此御哥難波ノ崎ヨリ出立玉ヒテ伴ガ嶋ヨリ沼島ヲカケテ見渡シ玉ヒ其余ノ嶋々ヲ

眺望玉フ意ニ伴嶋沼島ノ間近ク見渡サルヽ処ニ釈ノ契沖ガ厚顔抄ニ粟嶋紀伊ニアリ又ノ

コロ嶋日本紀私記云々公望ガ執シタル説ハ今ノ御哥ヲ能心得ヌ故ニ誤レリ淡路坤方ノ嶋ハ

叡覧ニ入ラネバ詠セ玉フベキニ非ス粟嶋ニツヾケテ宣セタレバ二ノ或説ノ中ニ正義アルベシトアリ 按スルニ

坐淡道島遥望歌トアレハ淡路ニミユキノ舟行ノ中ニテノ御製ナルベケレバ坤方ノ嶋トテモ叡覧

ニ入マジキニ非ズ 沼嶋ハ粟嶋ト共ニ見渡サルヽ処ナレハ必叡覧アルべきし 鳥曰 是今ノ粟嶋ヲ云ニ非ス旧地トモガ嶋ヲ云ナリ

アチマサノ島 日本紀人ノ名ニ檳榔ヲアチマサト点セリ 檳榔嶋ノ名ハ聞ヘズ名ヲ更メシナルベシ

サキツ嶋 此島亦詳ナラズトアリ 按スルニ崎々嶋々ノ意ニヤ

明玉集 又夫木集 うなりやそのころ時わかれて我をみきのみよそ久乾 中東師之

哥枕名寄 瓊矛たれとのこと時よとりおく神を父母にとうあれを 藤波

アリニセルノ写誤ニヤ

上ノ三 七

[illegible]　三千風

○流河　浦ノ南溪ヨリ出テ海ニ入　○天神祠　大寺ノ境ニアリ　里人天満宮ト称ス

[トキ八]天神社ハ菅神ニハ非ズ自凝嶋ノ説ニヨリテ昔人諾冊二神ヲ祭リテ天神ト云ルナルベシ

又紀ノ一書ニ二神降居彼嶋化作八尋之殿トアリ其八尋ノ殿ニ擬セルニモ有ベシ

○八幡祠　社領若干　上梁筒ニ天文二年癸巳大檀那梶原景時トアリ又一箇ニ天正八

庚辰大檀那梶原秀景トアリ　○神宮寺　竜灯山真言宗　仁和寺末八幡社司　大日像　恵心作　薬師（四十九）才十九

○地藏堂（八八）才五十六配　豫州大山寺　○西光寺　海照山浄土宗　知恩院末　阿弥陀像　海中ヨリ出現ト云

舊地大寺ヨリ移来ル寺ニトゾ　○蓮光寺　浄土真宗　泉堺慈光寺末　○観音堂　泊リニアリ（三）才六番

○弁天島　小島山ニ弁才天祠アリ　○平波倍　嶌ノ南ノ磯ノ海中ニアリ　長四十丈廣サ十四五丈ノ大石ニ石面平

坦ニ毎年六月三日海神ヲ此嶌上ニテ祭ル神楽読経アリ　此時一亀海ヨリ出テ嶌上ニ遊

必定レルコトト云　磯ニ差出タル石ヲ方言ニハヘト云　○上立神　平ハヘノ北ノ磯ノ海中ニ在石ノ名ニ高十余丈アル奇石ニ　直立シテ柱ノ如シ

○下立神　平ハヘノ西南ノ磯ノ海中ニアリテ　高六丈許ノ石ニ柱ノ如ク挺立ス　[常盤ニ]立神ト称ニ来レル意ヲ考ルニ是又

三、二

七

神紀ノ言ニヨリテ名ケタルニヤ〔神代巻〕曰云云磐馭盧島。二神於是降居彼嶋云云便以磤馭
盧嶋為国中之柱而陽神左旋陰神右旋分巡国柱〔又一書〕曰二神降居彼島化作
八尋之殿又化竪天柱云云即将巡天柱　○屏風巌　縦横数十丈ノ石崖屏風ヲ立タル
ガ如シ仏堂或ハ釜茸嵓ト云半腹ニ緑青ヲ生シテ丹彩スルカ如シ崖下ヲ岸ノ海ト称ス洞穴アリテ水深シ
其餘嶌ノ前後ニ大小ノ奇岩数ヘ難シ　烏帽岩　蟇波恵　鎧波恵　具足波恵
篭波恵　薬研波恵　屋形波恵　等ハ形ノ似タルヲ以テ云ヒ　赤波恵　麹塵波恵　青波恵ハ
色ヲ以テ云フ　鏡石ハ方丈許ノ白石滑ニシテ鏡ノ如シ其濱辺ヲ鏡浦ト云　又温石溪間ニ
アリ焼テ痛処ヲアタヽメ彫テ硯トシ爐トシ石印トシ或ハ獣類ノ象ヲ刻テ錺具トス　又氷柱
石アリ形似タリ　○政穴　ト云岩窟アリ　〔一覧〕昔政ト云乱婦此洞穴ニ入テ不出三年後
洞中ヲ見ルニ其尸有テ旧象ヲ損ハズ石ニ化シタルモノ乎ト云伝フト又〔図会〕予曽テ聞ル処ハ
少シ是ニ異ナリ政女一小女ヲ遺シテ此洞中ニ入テ不出コト三年人其行処ヲシラズ三歳ヲ
経テ帰リ来リ遺ス処ノ女子ヲ携ヘテ再ヒ洞中ニ入テ終ニ不出ト口碑ニ伝フ煉ネズシ

自然仙骨ヲ得タルモノ乎支奇ナル哉　○廃大寺ノ址　舊天神社界内ニ寺アリ
テ西光寺ニ移ル今大寺ノ火災アリ里人ノ説ニ尊良王ノ妃御息所沼島ヨリ漂流セシヲ浦
人傳(カシヅ)キテ大寺ニ居ラシム汲テ進(マイラ)セシ清水アリ　淡通　今称御水浦　近キ処ニ御息所ノ　○腰掛石　流江ト云処ニ在　一間半ニ二間許
土壇ニ巾一丈五寸ニ三尺許ノ赤岩也　○衣(キヌ)掛岩　右岩ノ下一間許海辺ニアリ　御息所緋袴ヲ掛玉フト云傳　太平記　巻十八日　一ノ宮　尊良親王中務宮ト云　後醍醐天皇第一皇子　土佐ノ畑ヘ
流サレ玉ヒシカバ御息所　御匣殿(ミクシゲ)ト云右大臣公顕ノ女也　ハ明ルモシラズ歎キ沉ミセ玉フ海山ヲ隔テヽ互ニ風ノ音信ヲダニカキ絶タリ
宮モ公(キミ)ノ御事御身ノ悲ヒ一方ナラス晴ヤラヌニ又御息所ノ御名残是ヤ限ト覚召晴ル間モナキ御
嘆喩ヘテ云ン方モナシ御有様ノ痛シサヲ見奉リ御警固ニ有ケル有井庄司何カ苦シク侍ヘ
キ御息所ヲ忍テ此ヘ入進セラレ侍ヘトテ細々(サイサイ)ニ沙汰シ進メケレハ宮限ナク喜ヒト思召只
一人召仕ハレケル右衛門ノ府生秦ノ武文ト申ス随身ヲ御迎ニ京ヘ上セラル武文急京都ヘ
上リ嵯峨ノ奥深草ノ里ニ隠サセ玉ヒケルヲ尋子行連下リ進ラセ先尼崎ニテ下シ進ラセテ
渡海ノ順風ヲソ待ケルカヽリケル折節筑紫人ニ松浦五郎トエケル武士此浦ニ風ヲ待テ
居タリケルガ御息処ノ御形ヲ墻ノ障ヨリ見進ラセテ奪取テ下ラバヤト思ヒケル夜既ニ

三ノ三　八

深テ人定ル程ニ成ケレバ松浦カ郎等三十余人物具菱々ト堅メテ續松ニ火ヲ立テ蔀遣
戸ヲ踏破リ前後ヨリ打テ入武文ハ強盗入タリト心得テ枕ニ立タル太刀ヲツ取テ中門ニ
走リ出テ敵三人ヲ切臥タリ松浦ガ郎等武文ニ切立ラレ傍ナル在家ニ火ヲ掛テ喚テ
ノ騒タリケル武文心ハ武ケレ𪜈防ベキ様ナク先御息所ヲ掻負向フ敵ヲ打払テ澳ナル
舟ヲ招テ何ナル船ニテモアレ女性暫ク乗セ進ラセテタビ候ヘト申テ汀ニ立タリケル船ニモ
コソ多カルニ松浦カ舟渚ニ漕寄ケレハ武文悦テ屋形ノ内ニ打置奉ル松浦ハ適我舟ニ女房
ノ乗タルヿヲ限ナク悦ヒ眷属百余人皆此舟ニ取乗テ渺ノ澳ニ漕出ス武文驚キ呼𪜈
招ケ𪜈見モ入ズ御息所ハ只夢ノ心地シテ泣沈セ玉フ松浦免角慰レ𪜈順ヒ玉ハズ其日ノ
暮程ニ阿波ノ鳴門ヲ通ル処ニ俄ニ風替リ塩向テ此船行ヤラズ梶取船底ヨリ這出テ
此鳴渡ト申ハ竜宮城ノ東門ニ當テ侍フ間何ニテモ竜神ノ欲シガラセ玉フ物ヲ海ヘ沈メ玉ヘ
此上﨟ヲ沉テ百余人ノ命ヲ助サセ玉ヘト云松浦モ情ナキ田舎人ナレバ扨モ命ヤ助ルト小舟
一艘引下サセ水主一人ト御息処ト乗セ奉テ波ノ上ニソ浮ヘケル松浦カ舟ハ西ヲサシテ

行漸波静リ風止ケレハ御息処ノ御舟ニ乗ケル水主甲斐〻〻シク舩ヲ漕寄テ淡路ノ武嶋（冨高曰 沼島今モ凡俗ハ多クムシマト呼フ俗習ノマヽヲ記セシモノ乎）ト云処ヘ漕着奉ル此島ノ体タラク回リ一里ニ足ヌ処ニテ釣スル海士ノ家ナラデハ住人モナキ嶋ナレバ障アバラナル葺ノ屋ノ憂節滋キ栖ニ入進セ浪ノ立居ニ御袖ヲ絞リツヽ今年ハ此ニテ暮レ玉フ明ル年（冨高曰 和漢年契ニ慶元年春三月高時遷帝于隠岐同三改元建武元年帝復位）諸国軍起テ六波羅鎌倉九国北国ノ敵亡タリシカハ先帝ハ隠岐ヨリ還幸一宮ハ土佐ノ畑ヨリ都ヘ入セ玉フ一ノ宮ハ唯御息所ノ今世ニ坐ズヿヲ数思食ケル処ニ淡路ノ武嶋ニ未生テ御坐有ト聞ヘケレハ急御迎ヲ下サレ都ヘ帰リ上ラセ玉フ斯テ又中一年アリテ一宮ハ越前金崎城ニテ御自害アリ御息処ハ御思ヒノ積リニヤ御中陰ノ日数未終サルニハカナクナラセ玉フ（淡通 口碑云沼島之匹丈奉ニ介保之故ニ聖運開之後召匹丈ヲ於京華ニ賜官名為橘本修理到今末孫有之）

○増鏡ノ異説譲常盤草ニ畧之

○武嶋女奥　里俗ノ傳説ニ御息処島ニ在ヿ三トセノ後京ヨリ迎ウル此時浪風ニ阻ラレテ舟ヲ発スヿヲ得ズ御息所思ヘラク海神我姿色ヲ惜ミテ留ルニコソトテ自ラ醜キ貌ヲ画テ海ニ投シヌ是敢悪クシテ惜ムニ足ザルヲ示スト之ヨリ風和テ舟出タリ其画像化シテ奥ト成是ヲ沼島女郎ト云他処ニナキ奥之ト（冨高曰 王昭君ハ醜ヲ画キ却テ胡国ノ妃ト成テ悲ミ今御息所ハ醜画ニ依テ竜神ノ惜ミヲ免レテ愁眉ヲ開クヿ幸ト云ベシ）

三八二

三ノ三　十

皇高曰　淡通記ノ説小異アリ予曾テ聞ケルモ又是ニ全シ曰御息所漁家ニ在ノ間船客其美色ニ愛デテ
艶書ヲ送ル者少カラズ御息所其玉章ヲ悉海中ニ投ス化シテ魚ト成故ニ沼島女郎ト呼此魚ノ秋ニ至テ醜シ

若蓮　弔匣妃詩二首

顰眉ノ釣叟説来由ヲ　宮女當時此ニ淹留ス
追憶ノ胡國明妃ノ恨　客情今古令人ヲ愁ヘ
又
天女一朝落島中ニ
蜘蹰玉貌獨玲瓏　不容ニ船客通書戯ヲ
貞節亭々再入ル宮ニ

○沼島苔ノリ　又神仙苔ト云　紫菜ヲ細ニ砕キ薄クシテ干タルヲ　和名抄ニ阿末乃里ヲ神仙菜ト名タルハナルベシ

○古壘　浦ノ北ニ泊リトノ間ノ尾崎ニアリ今多クハ畠トナレリ

太平記 巻二十二 服部刑部卿義助 暦應三年四月 南朝ノ勅命ヲ
蒙リ四国西国ノ大将ヲ奉テ伊豫国下向ス紀州田辺ノ宿ヨリ熊野人共兵船ヲ調ヘ淡路ノ武
嶋ヘ送リ奉ル爰ニハ安間志知小笠原ノ一族共元来宮方ニテ城ヲ構ヘテ居タリシカハ様ニ
ノ酒肴引出物ヲ尽シテ三百余艘ノ舟ヲ揃ヘ備前ノ児嶋ヘ送奉ル 常盤 按スルニ阿万
志知ノ人々始テ沼島山ニ塁柵ヲ構ヘケルニヤ 皇高曰 或記曰天慶中伊豫掾純友ノ臣武島五郎秀之始テ武島ニ郭ヲ構ヘ往来ノ舟ニ入海賊ヲナスト然ハ
其塁址ハイト舊カルベシ阿万志知ノ人々モ其古址ニ拠テ構ヘタルナルベシ 此時鎌倉ノ時ヨリ阿波淡路等ノ守護職タリシ小笠原氏
ニ従属シタル兵士モ猶未国ニ遺リテ官軍ヲ援ケテ北軍ヲ防禦セシニ其比京都将軍

ヨリ細川淡路守師氏ヲ下シテ淡路ノ守護職トス師氏国中ヲ征伐シテ平治セシト
聞ユ加集山ニ有細川ノ時ノ名簿ノ中ニ梶原平次郎アリ梶原氏ハ沼島ニ居住セシナルベシ永享中
沼嶋住人梶原越前守平俊景アリ阿万八幡ヘ納経ノ筥ニ記リ大永享禄ニ至テ三好氏兵権ヲ握リテ威名ヲ振ヒ
永正ノ比養宜ノ細川氏ヲモ殺害セシト聞ユ阿万ノ細川郷殿ト称スモ梶原氏ノ為ニ害ニ遭シトモ云
其比ノ事ナルヘシ梶原氏モ三好ニ与力セシト見ヘタリ天文ニ梶原景時沼島八幡棟札ニ在時益誤天正ニ梶原
秀景棟札ニアリ播磨守天正九年豊臣秀吉淡路征伐ニ至リテ梶原氏ノ家廃セシナルベシ
皇高曰天文中梶原景時或記ニ播磨守景節ト記セリ尤宜キ乎思フニ時節同訓ナル故誤テ先祖ノ
字ヲ冒スル乎先祖景時東鑑ニ寿永三年為追討平氏梶原平三景時当時在彼国淡路之下略
廣八社ノ詳トテ挟ルニ平氏追討ノ後梶原ノ氏族猶沼嶋ニ留テ茲ニ数代ヲ経ルカ本朝通紀
正治二年庚申正月鎌倉二世頼家時景時ヲ誅伐ノ兵ヲ遣スコアリ和漢年契建仁元正治三改元
ノ年三景時誅トアリ沼島ニ在者余族ナルベシ　○島山公方室町ノ将軍源義植之管領記曰大永元年三月
七日公方義植細川高国御中不和ニ成京ヲ出サセ玉ヒ淡路ノ武島ヘ御渡海アリケレバ京ニハ細川

三ノ三　十

右京大夫七月六日播磨ヨリ若君義晴御上洛アリ【京都将軍家譜】上略大永元年三月二十五日
義植京ヲ去テ淡路ニ出奔シ嶋ノ公方ト号ス十二月廿五日将軍職ヲ罷ヘリ同三年四月
前将軍源義植阿波国撫養ニテ薨シ玉フ恵林院巌山道舜ト号ス天文四年太政大臣従
一位ヲ贈ラル全文ハ常磐草ニ見ルベシ【常磐】初ハ細川及三好等将軍義澄ニ党シテ義植及義興大内
ヲ歒トシケレ氏義植細川高国ト不和ニナリ細川三好モ高国ト不和ナレハ此時ニ至リテ細川三好
ヲタヨリテ淡路ヘ来リ玉フナルヘシ沼島ニ寓居シ玉フ故島ノ公方ト云ケラシ【後太平紀】義植
嫡子義冬ヲ淡路ヘ伴ヒ行阿波ノ公方ニ居置【トキハ】義冬ハ阿波細川屋形ノ姻族ナル義植薨去ノ後呼下シテ阿波ノ平島庄ニ居リ其子孫平島殿ト
云テ今ニアリ皇高日世俗阿波ノ御公方様ト称セリ播来記【皇高日】隠徳太平記曰足利義植公細川澄元三好長輝父子等世ヲ去テ
上下安キ意ナシ加旃（シカノミナラズ）関東ニハ両上杉北条長尾等鼎ノ如ク峙テ弱ヲ呑小ヲ併セントス播九
州ニハ大友少弐島津菊地等彼ヲ亡シテ是ヲ倍シ或ハ右ニ属シ左ニ背ク中国ニハ大内尼子山
名赤松等攻城戦野処トシテ静ナルコトナシ徒ニ心身ヲ労センヤトテ大永元年三月七日夜
前家譜ニハ廿五日トス潜ニ都ヲ出玉ヒケルヲ諸人肝ヲ消テ尋ケレ氏其行方知ザリケルニ泉州堺ノ南ノ

座ニ暫クノ程御坐ヲ居ラレケレバ四国ノ兵士駈集テ警衛ス同十日淡州ニ御渡海有テ洲本
ナル処ニ黒木造ノ御殿ヲ建ラレ甕牖縄樞ノ御住居中ニモ御心安ク見ヘサセ玉フ昨日ハ総師ノ上ニ
坐マシ玉ヒシ御身ナレモ今ハ丈ニハ引替テ外面ノ小田ニ草取賎男後ノ岡ニ木ヲ伐薩男（サツヲ）ノミゾ巳自
御阿辺（アタリ）近ク通ヒ馴タレバ物言カハサセ玉フ類ヒトハナレリケル知ヌ人ノ行衛ノ空ナレド馴玉ハヌ萱ガ軒
端ノ月ナドヲ御覧ゼントハカケテモ思シ召レシヤ柴結廻セル大垣ハ蔦カヅラ処ヲ得良ニ葺（ハヒ）ニツヒ
東西ノ門ハ八重葎生茂リタレバ定ニワカレズ芽屋ニ傳フ男麻栗林ヲ守ル猿ノ舞ノ朝昏ニハ
御心ヲ傷シムルモ亦哀深クゾ思シ召レケル其後イカヾ思シ召レケン阿波ノ国ニ住居改メサセ玉ハントテ
供トスル人一人二人シテ御船ニ召レ漕渡ラセ玉ヒケルトテ纜ヲ暫ク鳴門ノ磯辺ニ繋タルニ何
ナル者ノ処為ニヤ有ケン一首ノ狂哥ヲ書テ磯ニ立タリケレ
たゝそやけ鳴門の沖に御所めくを何と定めん流れ公方かな
夫ヨリ撫養ト云処ニ住セ玉ヒケルガ下畧［須府昔談］曰吸江寺ノ東家中屋布ニ御屋敷ト称スル処アリ
此趾ナランカ［見聞録］曰将軍義植政務ヲ廃テ淡路洲本ニ退去シ其後居ヲ阿州ニ移ス

五ノ三

十一

三ノ三　　十三オ

嵩曰　平島ノ系統ニ説アリ今其家ノ記ト真顕ノ評トヲ併考テ右ニ系スル処之
然ルニ当平嶋殿ニ至リ文化二乙丑ノ年ニ当テ天ノ命数時至レルニヤ病気ト称シ
累代ノ旧館ヲ引払ヒ茲年秋阿州ヲ退去シ京都金閣寺ハ先祖造営ノ地
ナレハ其因ヲ以テ鹿苑院ノ属寺ニ入玉フト聞曾テ平葦公〈平葦ハ其号之〉讃州善通
寺ノ住侶ト歌道ヲ以テ交ヨシ退去ノ砌ヨミテ贈リケル　　善通寺

行末はさらしいそくれいさつて何とおなしき宿ハ久しきと

返し　　平葦公

底もなき金気さへ口なく子音のゆかりとおもひやらむ

末主平島又太郎仲才源二郎其才ヲ右京ト云伯叔ハ容貌玉ノ如シ仲ハ少シ荒
振タレド才器ハ殊ニ秀タリト云〈其才却テ害ト成退去ノ 仲才進テ頻ニ催促有シト聞〉退去ノ砌平島近郷ノ里民
久シク其恩沢ニ浴シ徳ニ懐キタル者共名残ヲ惜ミ書ヲ求テ守ットセンコヲ乞フ者多シ
依テ印帛ヲ謹書ス当州ノ者モ是ヲ求得テ秘蔵スル者有テ予親ク是ヲ

見侍りヌ　茲ニ図ス　阿州　足利家

清和源氏出後

三ノ三

十三

日本磐洲温故録

月亭　渡邉嶋撰録

○僧朝慶 朝字[ト本八]作重而曰一作潮 [捜古集]男山惣持院法印重慶 [淡通]淡州鳥飼八幡宮司職朝慶是密宗之粹也老後謝人事書于大般若經有年寒暑不絶焉文暦天福正嘉之年間六百軸之功既成矣亦是不徒然登石清水而与撿校別當行清上人及南都諸碩徳毎巻三校正焉其功畢而後存置于鳥飼別宮之宝庫矣賛曰慶上人年齢七十有九而六百巻之具文書写之了実大上々根之人也嗚呼如此功徳昭々于經論傳記矣或給筆墨便硯滴亦有餘潤熏能況自筆之人乎假令文字可消其道苗徳実豈如何亡滅哉矣[捜古集]鳥飼中村別宮八幡宝什之内有一筆大般若經男山惣持院僧侶法印重慶一筆之其奥書曰文暦

二乙未年七月八日重慶自筆　文暦二ヨリ文政十二ニ至テ五百九十四年ニ及フ

○皇国改元ハ仁治四年二月廿六日之道範紀行ニ春ト言トアレハ未改元之事ナリ。仁治ハ四条帝ノ年号也。将軍藤頼経。寛元元ハ後嵯峨帝ノ初年也。

○実弘上人　野峯名徳傳ニ曰、実弘号ス定月房ト。不知何レノ許ノ人ナルヲ。少ニシテ登ニ当山ニ鑽仰年尚シ矣。住ニ悉地院ニ、有ニ嘉誉ニ、与ニ道範ニ善ミ、禅話常ニ忘ル坐ヲ。仁治四年由ニ根嶺之変ニ配ニ流ス淡州ニ。一年不ニ幾クナラ滅ス。屡有ニ霊異ニ。州人相欽テ立ニ路寝ヲ也。廟而奉ス尊号ヲ実弘宮ト。若有ニ祈ル者則無シ不ルコト応セ。常磐草　按ルニ仁治四年ハ改元有テ寛元元年ニ也。鎌倉ノ時小笠原氏淡路ノ守護ナルベシ。守護ノ処ハ養宜ニ在シ也。高埜根来ノ諍論、寛保延ノ后百年ヲ経テ不息。仁治三年ノ秋、又根来ヨリ謀訴アリ。六波羅ヨリ此時高野衆徒二十余人ヲ召テ京ニ向フ。其比根来ノ一寺火災ニ羅ルヲ高野ノ所為ト定ラレテ、明年正月皆国々ヘ配流セシトゾ。道範ハ讃岐ヘ、実弘ハ淡路ヘ配流。淡路ニテ同船、炬口ヨリ上リ、道範ハ養宜ヲ経テ福渡海口ニ至リ、其紀行ニ淡路ニ配流ノ人同道件ノ人ハ炬口ニ止ルトハ

異説曰杜ノ小神子千鳥去者ニテノ疾妬ノ恨亘止沉身于此川為地身ト云々

二

実弘人ノ㕝之実弘ハ飯山寺ニテ終ヲトゲタリトテ彼処ニ実弘ノ墓ト云傳
ルアリ　決通　寓成相之山中ニ構宇号成相寺暑中密観修錬中義婦
人来聴誦経有日矣師問姉ハ是何人ゾ答曰妾是竜身沈淪于此
渓源ニ日尚シ矣願クハ上人慈悲救済師曰是我力之所堪何辞哉只有力
量之不堪者山中盤石塞渓口之水而横流浸寺境故往来不安
姉使渓水通則恩幸莫大於尋婦人諾曰我自在於水乃約去夜
未究轉匍匐于渓水則盤石断壊而渓水得直流翌朝婦来謁ス
師曰姉於我恩渥亦何不報叮嚀説化又告曰望今須帰本形婦人
忽変竜身其長数丈師投獨鈷於竜頂則鱗角悉脱落全身立ニ
蛇而不知所之其夜夢曰我依師道力故得脱彼身心地開朗今
生上界為謝深恩来其容姿天衣瓔珞放之飛昇去師夢覚
言在耳乃建社崇護法神見今覧其渓石則恰如竜身之屈伸

有甸匐形跡人喚称蛇研之石是也賛曰実師円示密蔵転換畜身料知衆秘密神力遊戯覚王位不可疑焉於徹斯人則不能解法又徹斯竜則不能通水呼吸唱和彼是得便者也 仁治四ヨリ文政十一マデ五百八十六年

○（僧）慶蓮 淡通

密師名慶蓮淡州津名郡人壮年為僧文安年中修法于淡及都志庄葛尾山至旅初七夜感竜燈又定中忽焉有天童来諭曰茲国阿万吹上濱有不動像是竜宮出現之尊像也汝迎来尊信則必得加被乃到尋則果得其像抱来安于浄室也然其土地無閼伽水偶登泉州槇尾山修弁才天法則夢中有感得清水帰于故山看之山境清泉忽涌沸旱霖倶無増減乃建寺于葛尾山号竜灯山竜宝寺賛曰蓮師之行法噫有速効乎忽感竜燈或得天瑞次獲清泉果非常情可謂勇猛精進行者乎 文安八後花園帝ノ年号将軍義勝ノ治世文安元ヨリ文政十一マデ三百八十五年

二

登高野山而跼勉矣学亘顕密諳内外昏壮年住職蓮華三
昧院兼帯遍照光院而后有由而被貶于下総寓佐倉恵光
院始頼慶入此院之暁天院主夢覚鑁上人入我室是故院
主迎拜曰恐師是覚鑁之後身不可疑其尊容不異夢中乃
粤四来雜沓雲集由請而講十住心論則夜々竜灯揚燭蘇
謁関東密教大発揮阿字観鈔等数篇密策草於此院遂終
焉于此云盖聞法兄観性住遍照光院憎頼慶類斂期其来
入因獄之慶師因中講阿弥陀経引化守獄者等感悲涙感
嘆曰雖為卑賤之人非人今聞法力故阿鼻城破死則從列
安養之望然乎荷恩何以報之我等為師棄命亦子許更不
惜當權囹圄使師去慶師曰善哉汝等只為我持紙墨筆硯
来彼等殖給之乃訴昏于公聞速以公議戮誅観性賜遍照

四

光院于頼慶密師矣慶長年来於安坂之密厳院為先師慶
覚招請多僧設追福供養建塔婆其木塔至今珍蔵于密厳
其文体情勝使人起孝心濺感涙不少是乃在高野山時書
之事也情学多才所製作之高野山之縁起之一巻有之実
其時之学匠今亦軽蔑之人豈有之哉

○僧聖岳

淡通 頭陀聖岳九州人也幼喪父母乃剃髪染
衣自謂棄命必克孝道撥草参玄而無定止矣然風縁在于
淡路国寓於禅流同友之菴中有年于茲矣其頃刺指而血
書于八十華厳経歴長日而不倦孜々遂終其全巻乃納之
同州先山千光寺爾後不知所之　評曰上古菩薩僧往々
為四恩謝報或為護法度上輙以皮肉為紙筆以膿血為墨
流以呑写経典載在于諸經論及宗鏡中永明問示云行願

四

地神駒争覩摩霄俊鶻座分風月燦睦州古
寺掩門名重叢林如白雲妙年出世路人望
塵而膜拜邦君夏習以前驅眷茲靈蹤鬱為
古國天神七代地神五代孰窮造化之元象
法千年末甚萬年自任宗教之重彈冠屡慶
秣馬相從
按するに悦雲禅師の安国寺に住持すると云れる辞く

鉞斧子　青原行思禅師法嗣六祖令石頭馳書徃南岳
懐譲和尚処乃云回来与汝鉞斧子去石頭到彼便
向不慕諸聖不重己霊時如何岳日子問太高生何
不向下問頭日寧可永劫沈淪不求諸聖解脱便回
原日返何速乎頭日吾亦不違信亦不通去時蒙許
鉞斧子住山便請思垂下一足使礼拝飯南岳住庵

二三

會元五○石頭　青原法嗣也南岳石頭希遷禪師於
唐天寶荐之衡山南寺寺之東有石狀如臺乃結庵
其上時号石頭和尚○圜鑑鑑叢帶浮山遠既老退
休於會聖巖因閲班固九流遂擬之作九帶叙佛祖
敎義博採先徳機語参同印證其一曰佛正法眼帶其
二曰佛法藏帶其三曰理實帶其四曰事實帶其
五曰理事縱横帶其六曰屈曲帶其七曰妙挾兼帶其
八曰金針双鎖帶其九曰平懐常實帶学者既已
傳誦人天眼目葉縣歸省法嗣也法遠号圜鑑禪師○睦
州黄蘗運悟彊齋鬱竜輿寺道縱禪師即陳尊宿
也見黄蘗造悟住高安米山寺以母
老東歸鄕草屨以給侍後住竜輿寺

○馬廻村

馬廻池

成相溪　同村にあり奥の谷深く流出て成相寺前
を通て門前池を過て八木川に入　蛇磨石より

卅三

○宇山村　炬口の西へ

御霊社　同村にあり　按るに京師八所御霊を勧請

禅林寺 寂光山　同村へ　禅宗妙心寺末　阿弥陀行基作といふ

此地と古坂路より炬口浦同じ路也

○厚浜村　炬口より北の海辺へ

諏訪社　厚浜にあり　按するに信濃国諏訪郡の祭

南方刀美神社也

正法寺　同じく真言宗 先山末寺　地蔵阿弥陀弘法作といふ

○内田村　中島より北の海辺にあり

内田社　内田にあり

○由良浦　洲本府城を距(サル)こと三里東南海濱にあり
紀伊國海部郡を去こと海程三里之北汀海に臨く
港中廣く諸州の海船来り泊ることを多し　國君
の置邸あり漁家商家軒を存ね大なる饒實ありて
港井よ東注すれとも港を利して人を害することを適
と云漁子ハ多く魚蝦をとりて諸廣邑に衒(ヒサ)ぎ
海婦ハ大石花(イギス)を夏熟して國中に鬻(ウ)る　艸菊石花

貼込 二　一九オ（本書一五七頁）

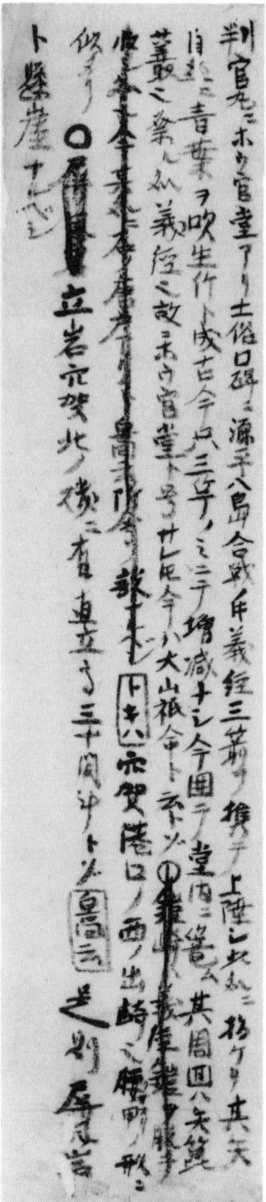

貼込 三　三三オ（本書一八六頁）

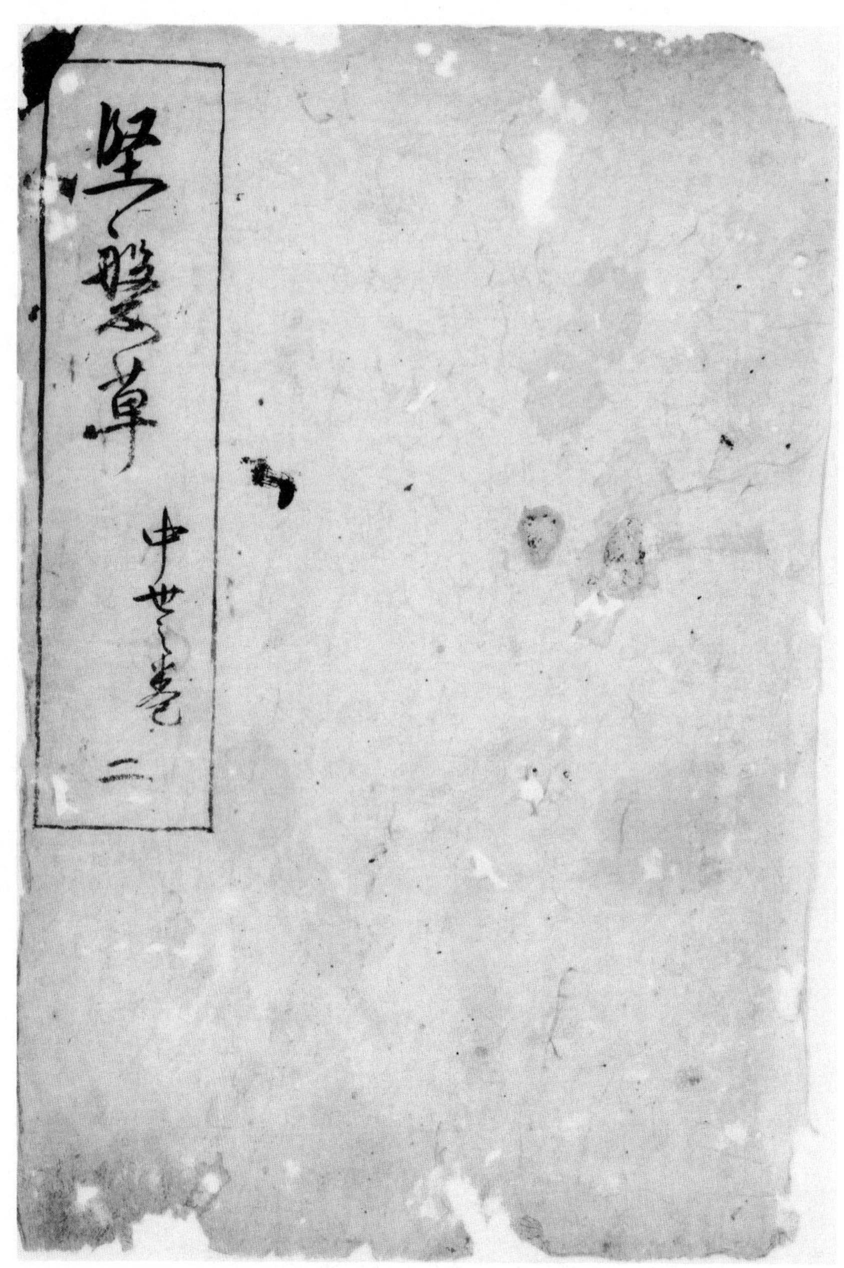
堅磐草
中世之卷
二

日ヽ
鮮洲　淡嶌温故録　　月斎　渡辺晧拝録

本朝将軍紀原

○本朝将軍ヲ置テ叛ル者ヲ討ヒヽヲ治シメ玉フ初ハ天照太神ノ御時
○經津主命 又ハ齋主神ト云下總国香取明神是之 神代此御神ヲシテ葦原ノ中津国ヲ鎮玉 ○健雷神 武甕雷神ト同ク降臨シ玉フ常州鹿島大明神是之 人皇ニ至テ神武東征ノ日ハ○物部氏ノ祖道臣ノ命将帥タリ 古ハ武士ヲ称シテ物部ト云 △崇神帝ノ四道将軍 ○北陸 大彦命 西海ノ吉備津彦命
○東海 武停命 ○丹波ハ丹波道主命 △景行帝ノ御時○日本武尊
○武日命 ○武彦命ヲ左右ノ将軍トス 副将軍此ニ始ル △桓武帝ノ御時
○坂上田村麻呂 △平城帝ノ御時 ○文屋ノ伯田麻呂 和田ヒヨリ始ル定ル
△将門ノ乱ノ時 ○藤原忠文 征夷将軍 ○六孫王経基 副将軍 ○平貞盛
其後世々ニ将軍アリ ○平貞盛 ○木曽義仲 号朝日将軍 ○源頼朝

名可正

淡洲淡島温故録

淡州中與武家守護年次微考

月亭　渡辺島　揖録

昔ハ武官ハ在京シテ朝家ヲ守護シ（フヰフニ源平ト藤橘四姓ノ祖ハ元王孫ニシテ姓ヲ賜リ就中藤氏ハ人臣ニ具ハ武官ト成テ朝廷ヲ衛ル中ニモ源平ノ両氏ハ互ニ其悖ル者ヲ）討テ替ルヽ禁闕ヲ守レリ（先生［　］曰昔ハ国々ノ郷士常ハ在処ニ居耕シ若帝都ニ乱逆アル時ハ急ニ馳上テ是ヲ防キ静メ乱治ル時ハ又国ニ皈リ耕スコト唐土モ又是ニ同ジトゾ）公家ハ今ノ諸侯ノ如ク諸国ヘ任国シ国司ト成テ各国ニ下リ其国ヲ治メ司リ任限充テ（［本朝通紀］曰履仲帝十六世四年秋　月始置国史於諸州ニ四年ヲ為任限又曰孝謙帝四十六世憐ニ民労ヲ天平宝字二年増為六年）又京師ニ帰リシヽ事ヨリ往古ハ国造ト称シテ置之皇政ヲ掌ルト云［舊事紀］国造本紀云淡路国造難波高津朝十七世御世神皇産霊尊九世孫矢口足尼ヲ定賜ニ国造［皇高国］国造ト称スル者徒ニ国政而已ニ非ズ其国ノ神祭ノ事ヲモ兼行シメ玉フナルベシ是　本朝ハ神国ナレバヽ往古ハ朝政神祇官拾別ニ非ズ同ク朝廷ニテ行ヒ玉ヒ伊勢太神宮ヲモ禁中ニテ祭セ玉ヒシトナリ伊勢ニテ祭セ玉テモ昔ハ斎宮ト称シテ皇女ヲシテ仕ヘシメ玉フ（加茂又斎院ト云）今ノ御コラゴト云ハ其遺風ニヽ国々ノ国造漸廃シテ今其名ノ遺ルハ紀州日前宮ノ国造紀氏（其国ヲ以姓トスルモ知ラルベシ）

（頭注）職原鈔諸国条下日成務天皇四年始定国造国造乃国司名後改云国守也閣斎注曰上古以国守皆云国造皇極天皇時始設国司至文武天皇改国司曰国守但国造名自神武時有之諸国立国造自成務始也詳見日本書紀

出雲大社ノ北島千家ノ両氏凡テ今存在スル処此三国造ノミ之思フニ是等往古ハ
神職而已ニ非ス其国ノ政事ヲモ兼行ヒ給シナルベシ然レ𪜈皇極帝（卅六世）ノ御守国造
ヲ改テ国司トシ玉フ時諸国造廃シ紀伊出雲ノミ神職ニ引分レテ今ニ其名ノ存スル也文
武帝（四十二世）ニ至テ国司ヲ又国守トシ玉フ国府ヲ三原郡ニ置国司館ヲ建テ年限ヲ以テ
交替セリ凡国ニ四職アリ守介掾目ノ大炊帝（四十七世）ノ御時佐伯宿祢淡路守タリ同高
屋連並木淡路ノ掾タリ【続日本後紀巻八】仁明帝（五十四世）承和八年二月御輔（ミスケノ）朝臣真男
為淡路守ニ【三代実録巻一】曰清和帝（五十六世）天安二年七月伴宿祢益友為淡路守【同巻二】曰
貞観元年正月三善宿祢氏吉為淡路守【同巻七】曰同五年二月縫殿助時統宿祢諸兄為
淡路守ニ【同巻十四】曰同九年二月善道朝臣継根為淡路守【同巻十七】同十二年正月淡路守善
道朝臣根莚為伊豆守【[illegible]曰】根莚者継根之子而至玄孫転作乎【同巻三九】陽成帝（五十七世）元慶元年正月伴連貞
宗為淡路守【同巻十五】光孝帝（五十八世）仁和三年二月佐伯直清氏為淡路守ニ【作者部類】延喜二
十年正月（晦日）凡河内躬恒為淡路権掾ニ【淡通】曰先祖是宗許蓋日本紀天津彦根命之苗裔凡河内氏姓直之遠孫乎【[illegible]曰】凡直氏延喜式ニ見ヘタリ大書

ネ伊大ヲ司ジ人之【基箭】曰古傳云先祖不見甲斐小目御厨子所預延喜七年正月【夜撰和哥集】巻五十一
十三日任ニ丹波権大目任淡路掾祇注行氏が孫讃利子之九ハ姓之又甲斐小目良高云て
雑部一曰淡路まつりことの人の任をへてのほりまうてきてのころ兼輔朝臣の粟田の家にて　躬恒
粟田ハ拾芥抄ニ神楽岡ノ北トアリ

「ひき植し人はむへこそ老にけれ松のこたかくなりにけるかな

【延喜式】曰大嘗祭　語部　凡物部　門部　語部　右九衛門府九月上旬申官預令量程参集云云
語部云云淡路一人【トキハ】語部ハ氏之【日本紀】注ニ天武天皇十二年九月門部ノ直語部ノ造等三十八氏
賜姓曰連凡直氏語部等ハ祭事ニ与カル官人ニや【常盤曰】是守護職ニ与ルコトハ非ベケレド大嘗祭淡路ノ
因ニ茲ニ記且云物部モ氏姓ギ今物部郷上下物部村ト云モ其人ノ住セシ処ニや淡路ノ浪人物部ノ冬
男ト云アリ今モ物部ノ姓アリ己ニ徂来先生ハ荻生ト虽姓ハ物部ナリ　○巖山安覚寺　在津田村　記曰一條院六十六世永祚年中藤原兼家
【年契】ニ永祚二年太政大臣ト有和譜ニハ不見之族藤原成家為淡路国司代　○武家守護職　【常盤】皇綱

頼朝自後白河法皇預政務補任日本惣追捕使【年契】文治元冬十一月以頼朝為天下総追補使始置守護地頭

漸解ケテヨリ後ハ源右将頼朝六十餘州ノ惣追捕使ト成リシヨリ国毎ニ守護ヲ置
テ国主二人トナリ公家ニハ国司ト云ヒ武家ニハ守護ト云リ鎌倉ノ代佐々木小笠原氏
相續テ此国ノ守護トナレリ　皇威倍振ハズシテ国守ノ職廃シヌ足利氏起リテ
室町ノ代細川氏ヲシテ淡路ノ守護タラシム此時諸国分崩割據シテ戦闘止ミ
ぐ細川教世ノ後三好氏ニ併セラレテ其ハ族人此国ニ居レリ　安宅氏織田ノ命ニ随ヒ

豊臣氏ニ帰降セシヨリ仙石脇坂加藤池田相續テ国ヲ領ス

○文治二甲（丙）午三月以佐々木次郎経高（盛綱高綱ノ舎兄）為淡路之守護令居於三原郡中八木村大土居（是大土居館号之権輿也）執行国政経高有過而正治二年八月退於江州【東鑑】（巻十六）正治二年七月廿二日六波羅書状等到来佐々木中務丞経高（法名経蓮）乍為帝都警衛人数奉軽朝威悠々也加之今守護淡路国之間蔑如国司令妨国務云々所行之企奇怪非一早可達関東之旨及勅命云々八月二日佐々木経高蒙御気色淡路阿波土佐以上三箇国守護職已下所帯等被召放之

○正治二庚申年横山権頭時広代佐々木経高為守護其子右馬允時兼父子二代相継為守護十四年間建暦三改元建保元癸酉横山時兼以与于和田小太郎義盛之謀叛没収所領以小笠原弥太郎長経代之【東鑑】（巻二十二）建暦三年三月五日義盛時兼（横山右馬允）以下謀叛之輩所領美作淡路等国守護職横山荘以下為宗之処々先以収公之云々　○建保元年小笠原弥太郎長経【武林伝】曰義久四男小笠原弥太郎長経為淡路等守護

二

トキハ武 後タイゴノ年号　此ニ至迄猶小笠原氏守護職タリト見ヘタリ其後ニ至リテ細川氏ニ属セシナルベシ　来住于大土居執行国政然鎌倉三代
而断絶此故在勤于諸国之守護職悉帰東国依無国宰補人諸国一統為乱
是太平記之乱也　其後及足利尊氏定世細川氏世々為淡州守護
○暦応中細川頼春兼領阿淡舎弟淡路守師氏来於今平治当国住於八木大
土居称屋形歟　尓来細川氏世々為守護至永正中 自師氏至尚春七世凡百七十年為守護
○永正四丁卯五月廿三日師氏才七世淡路守尚春卒而細川氏終之是阿州勝
瑞 勝瑞在渭城坤二里許　細川氏之宗家其臣三好之為亡同時当州細川又共亡尓来安宅
氏随三好自然為守護其頃国中所々諸氏各寄城塁者上安宅冣甲一州故
独執権而自大永中至天正九数代為守護　猶安宅系譜下載其余下十一月為淡下系淡征 己猶記曰安宅系由良系宅系
○天正九辛巳　真顕 十一月十七日秀吉渡海攻由良城安宅冬一開城而乞降
常盤草 羽柴池田淡征而安宅降于織田自秀吉真島彦太郎置岩屋領三千石
天正軍記 真島兵衛尉 太閤記 右兵衛尉 豊臣家譜 天正十四年秀吉築大仏殿使間島彦太郎
寺副監 南海記 天正十五年秀吉征島津時間島彦太郎有後備之頭中 太閤記 朝鮮進発

（人数帖名護屋在陣衆中同右）【十二 十四】羽柴臣仙石権兵衛今之居住於洲本城同年黒田官兵衛者移于

淡州志知城【皇高曰】（仙石移于須本城或曰十年或十一年思九年者當時依為空城淡征後直令居之所賜者可為十年猶可見次ノ十年ニ也）

○同十年壬午 仙石秀久賜須本城【十ノ十四】（令領五万八千石 或云三万三千石 後改越前守）【高曰】【卜キ二】（出九年又出十一年 後改越前守）【皇高曰】或説云十一年 諸説【區】

也然以十年可為正歟猶南海記之説足為正【南海記】曰去歳（天正十年八月）長曾我部元親

攻三好存保之阿波勝瑞城存保走讃州入水主虎丸之城先之存保乞羽柴秀吉

援十一年正月秀吉命須本城主仙石秀久援存保云云【常磐】讃州水主ノ僧語テ曰

虎丸城ヲ存保及安富氏守リ長曾我部師丸ヲ攻得ズシテ引田ニ攻懸ル此時城兵引

田ノ翼山ニ遠見シテ居ケルガ長曾我部ガ兵威ヲ聞怖シテ山ヨリ倒レ落テ死スル者多シ扨

中山ノ今ノ新池ノ辺リニテ仙石ガ出張ノ勢ト土佐勢ト跳ミ合フ時仙石ガ将士木次権平（歳十七）

先登シテ名有者ノ首ヲ取ル木次権平ト名乗リ帰テ此由ヲ権兵衛ニ告ケレバ甚悦ビ何

トテ仙石権平トハ名乗ズヤトアレバ直ニ取テ返シ塩屋ノ方ヲ乗テ西ヘ通ル土佐勢ハ山ノ方ヲ東ヘ

廻リテ中ニ取込テ終ニ権平ヲ討取タリ此後ハ引田勢シドロニ成テ引ケルトゾ（権平墓ハ中山ノ道ノ上ニアリ法名）

三

向月宗薫ト云先年権平カ女与田ノ虚空蔵院主増性法印ニ託シテ幡ヲ乞フ因テ華幡ヲ見セシカバ是ニハ非ズ陣旗ニトシ云即望ノ如ク旗ヲ製シテ手向シトゾ此説委シクハ有記ス

○同十一癸　須本再営仙石権兵衛秀久仕秀吉有軍功天正十一年秀吉賞諸将之功令秀久居于淡州須本城［皇高曰］十一年ハ非カ已ニ前ニ記ス又曰同年依四国征伐之功仙石賜讃高松移住ス［皇高曰］轉封之事或十二年或十三年諸説區々之［トキ八］十三年トシ太閤記将軍家譜武林傳等雷同トスリ按ルニ四国征伐ハ真顕記ニ十三年之為ニ十一年依四国征伐之功ト云恐久有保ヲ後シ混誤カ

［南海記］正月秀吉令須本城主仙石久令援存保　已ニ見ニ前年ニ　［天正記］秀吉公賞諸将之勇令真島兵衛尉居淡岩屋　已ニ前十年ニ詳ニ幸合スベシ　［武林傳］［太閤記］［将軍家譜］共ニ曰西国太平記ニ仙石氏間島氏天正七年ヨリ淡路ニ在陣ストアルハ非ニト［皇高曰］按ルニ七八素ト十一ノ左爪掛シテ士如此七ノ字ト成タルヿ明ケシ［或記曰］同年服坂中務少輔　初称甚内　安治自和州高取来住于須本　皇高曰非之

○武鑑和州高取　天正十八年服坂中務少輔安治ニ世　後信州飯田　不合此説不審

或記ニ曰十三年［国花］全之　之宜仙石移高松之後詳攷　或云令服坂加藤両人守淡州　猶詳于十三年　［或云］服坂自慶長十至同十三乃四年間領一圓淡州　猶譜　［皇高曰］慶長十者天正之誤　其説而合算之者　［常磐］封地四万八千石　或云四万九千石　［国花］三万三千石

秀吉公御治世慶長四諸侯分限改曰淡路須本服坂三万石云々　同年　或説云十三年　日本秉子全之　加藤左馬助　初称孫六　嘉明入国住志知松本ニ知行一万七千石　［トキ八］記一万八千石　外ニ有二千余石遊知而与服坂争論竟賜加藤此遊

知者服坂氏奪集論雇羽山及賀集山護国寺成相寺国分寺一宮二宮十一社明神
千光寺等其餘諸寺社領而所私收也云云　皇高曰今俗説服坂氏臨轉封之期而焼却大地之寺社御監等而退去云云蓋謬傳乎
此擧疑後石川氏有似之行猶詳文祿四之下可參合矣加藤入国是又或十四年或文祿四年等有説々可共非愚按仙石氏轉封于讃州之跡蓋両侯可所分知之
服坂加藤真島三人之封知凡七万二千石外加遊知三千石也　皇高曰三千石者二千余石之大数也
○同十三乙酉　仙石権兵衛平治四国賜讃州移于高松　常磐　太閤記将軍家譜武林
傳等皆此年也ト　皇高曰移高松曰前十一年説混誤按十存保平以十三年可定　同年服坂中務少輔安治自和州高取来住于
須本　皇高曰是仙石移封于高松跡　同年加藤九馬助嘉明入国住志知松本又曰秀吉以服坂加藤両人令
守淡州　征伐四国之支記此次　同年　年契曰夏四月秀吉遣兵定四国　十四二　秀吉公為退治長曾我部之親備
前美作兵二万三千人軍将浮田八郎秀家検使一名官悍略黒田官兵衛尉孝高発向于讃
岐国　皇高曰黒田先天正九年居志知加藤入城之時交代而往他邦者　十四三　土佐七郡而上世有七人郡司其下有七十二人国人士
昔頼朝卿御時香美郡之住人夜須七郎行宗有源家于忠故賜香美長岡二郡而
為鎌倉殿之仕義掌国中之成敗行宗以同郡之曾我部為臣為居香美郡香曾我

四

居長岡長曾部　九二長曾我部　其祖出秦川勝云々

○同十五丁亥　自天正十五忠雄在城于成山六年間　皐高曰天正者慶長之誤之十五又非之

○同十七己丑　或説由良成山始築城　皐高曰非之慶長十七ノ誤之猶可見慶長十七年ノ下

○同十八庚寅　或記曰池田三左衛門輝政移成山　皐高曰是又非之天正蓋慶長之誤

○文禄元壬辰　年契　春三月平秀吉遣小西行長加藤清正等伐朝鮮取之　皐高曰此時松本城主加藤嘉明共諸将征朝鮮七月七日舟子卅六人為鮮兵被焼討

○同二癸巳　加藤嘉明移豫州松山　四年十リ　皐高曰非之　其後秀吉之代官　加藤ノ代官カ　皐高曰或以三宅丹後守暫置　四至慶長九　皐高曰是又自文禄

○同四乙未　藤堂和泉守高虎在勢州阿野津而預守于淡州　或説泉州候預淡州也自文禄四十五年間云云　皐高曰藤堂家預淡州為此年者大非之　有慶長十三四之間猶可見其年下　○同年加藤嘉明文禄元朝鮮征伐ノ役依軍功移封于豫州松山十二万石　一日十万石　皐高曰詳碑部可見千草村竹原ノ碑下　初自天正十今至文禄四凡十一年間在城志知　○石川紀伊守　大閤記鮮征勢揃記中有此名或曰住古津路城加藤嘉明之老臣　三宅丹後守　皐高曰石川為加藤之臣則三宅又可為同臣

又有石川同老臣堀部市右衛門長勝者其宅在志知城傍云云両人勤加藤之跡代官自文禄四乙未（或云三年ハ非之）至慶長元辰十箇年（一曰十一年此説宜き乎）【高按】加藤嘉明転封旧領如元有御加賜而石川三宅之輩者従加藤之代官乎

○同年岩屋城主真島彦太郎被召上所領三千石【高曰】朝鮮役有罪及此否

○慶長四己亥　脇坂安治移於豫州大洲此間凡十五年間【高曰】慶長四者十五之脱字乎（早十五年間者合于脱字之四年之筭之）

此以後藤堂氏勢代官凡十五年間【高曰】共誤也慶長十三年決然也猶詳于下

○同五庚子　【常盤考】脇坂安治洲本在城至今年此時加藤嘉明居志知城【高曰】非之加藤ハ文禄四年移于豫州【常盤考】同年池田輝政（勝入之息）自播磨兼領于淡路六万三千石【国花全之】【播州名所図画】又相同之

【高曰】是元十五年之落字乎一大吹虚一万大伝ハ実之謂也

○同六辛丑　石川紀伊守退叶堂（本字感応堂以叶字通用）観音于北松原移築志知城於其跡

今之叶堂者後年再所復営於旧地也且今叶堂者以土井村松尾山観音堂所移此也今観音之基樹者即旧城之石壁也云

○同八癸卯　池田三左衛門輝政蒙淡路代官置之舎才備前宰相忠継卿【高曰】才作叔乎

五

鍇アレカロ 鈦カニ未ダシ

今司国政凡六年【皇高曰】池田所領者藤堂之次也況此時猶服坂任中也按為八年者蓋十八年之脱字乎然輝政家代官ノ年暦猶未詳中以十五年可為正乎或曰六年
大的當矣　同年石川紀伊守移豊後【皇高曰】此時止代官自是服坂氏全領一国乎　後又終于但馬豊岡曽石川為代
官時撓却弓弦羽之伽藍取塔上金刹之九輪至重者未而為鍇鈦而責庶窮民于
不能納済者云云【皇高曰】前云服坂之悪説恐誤傳于此石川苛政之所行歟

○同九甲辰　石川三宅両人加藤之跡勤代官自文禄四至慶長九凡十年間或曰
十一年間

○同十乙巳　自此年至同十三年凡四年間服坂氏全領淡州一圓【皇高曰】此年非初来自是之一国全領

○同十三戊申　服坂安治移于豫州大洲始自天正十三至茲年凡廿四年間【下キ八】須本御城安治
之時再築城塁云々傳説曰治世坐經營城塁移封云々　其後元和三丁巳自大洲又移于信州飯田此間十ケ年自二世淡
路守安元至三世中務少輔安政凡五十六年而寛文十二年自飯田移于今之竜
野五万千八十九石余　轉封于大洲一説慶長四【國花集】同十五年【皇高曰】以十三年可為正其故自慶長十四藤堂家所関守護也是服坂轉封之跡且正之于【武鑑】曰伊豫大洲慶長
十三服坂中務少輔安治云云【國記】曰服坂須本居城凡十五年間云云【皇高曰】十五之上脱二歟【下キ八】
曰慶長五年移豫州須本居城二十五年間云云廿五年間者恐是為慶長五年則合于或説

之十五年間、然非也、以廿五年間可為正、常磐両説齟齬者、挙于二処、並期後勘欤、自天正十至慶長十三、當二十五年間、脇坂氏今之播州竜野居城者、万治元以後中絶之処、寛文十二年継之、脇坂侯代々領之、見武鑑

○同十四己酉　藤堂和泉守高虎在於本国勢州安濃津而預守淡州、及翌十五年〔書云〕可稍孫于前、十三年乎、一説自文禄四元十五間之〔皇高曰〕此説大非也、已詳論於前文禄四年下

○同十五庚戌　池田三左衛門輝政之息勝入領淡州、六万三千石、〔国花〕同之、或慶長五年或八年〔皇高云〕共非也、已前詳論于各其年下、故不復贅、同年脇坂移豫州大洲、六万三千石、〔日本武鑑／或記勘同〕〔皇高云〕此説又大謬、此間不知藤堂侯預守而自此年池田家為領之

○同十七壬子　輝政附属淡州于三男松平宮内少輔忠雄卿、任宰相

○同十八癸丑　〔常磐〕曰、今又分領當国六万三千石于忠雄、〔国花〕同年、同年由良鳴山城成、一説天正十七〔皇高曰〕是慶長之誤也、始慶長十七年、終同十八年、平鳴山成山、通各俗伝曰、由良旧為城府、故以今之成山称城山、寛永中移府洲本、而以須本城地称城山、於是之由良城者去土窟而改称成山、此説似有謂、且洲本生宗為城府津田村之地也、今本邑僅存百姓街、架于其傍橋号農人橋〔皇〕、寛文中須本古国今之漁師街、阻海而洲渚也、洲本之名因之欤、同年〔常磐〕夏六月輝政割封地分賜於其三子、挨播磨于伯利隆、備前于仲忠継、淡路于叔忠雄、初号新二郎忠長、生於姫路、称宮内少輔、任宰相、神君賜松平姓、又曰、慶長之役有軍功、利隆卒後賜備前于忠雄、此年輝政又卒〔皇高曰〕元和元為城代乾平左衛門居城

○同九甲寅　至茲六年間忠雄卿所務淡州、〔国花〕元和元移備岡山

淡州古塁

○由良城 有三処 其一者成山 其一者古城山也 所謂成山城者慶長中十八年備播淡三国太守池田三左衛門輝政所築也 其三男松平宮内少輔忠雄卿在城之云々 寛永八年 八年者十八年之脱字乎 天下国々依一国一城之御制禁破却之云 皇高曰 曽聞肥前島原乱後破却于諸国空城而可為一国一城旨依之令破毀之 所謂島原乱天野太郎者語曾耶蘇宗徒 窺領主松倉長門守在勤于江府之空虚聚其領内農民籠于天草空城而為土寇イツキ 自是宗門御改至弥厳重 依之松倉家終被改易 此乱発于寛永十四丁丑冬十月而翌年落城至静謐 然則一国一城之御制禁為寛永八年者蓋十八年之脱字乎 猶可考

○其一古城山者由良北在官道西一町許小山也 対于成山新城名也 安宅氏所築之本城也 或曰自上古在 大永中安宅甚太郎信康拒口落城而住由良西山城云是也 天正中摂津守冬康及其子河内守冬一居之 曰 皇高云 安宅氏之統道春羅山諸説録記 在屋油良之城而居油良城 皇高曰 安宅統道譜記 [illegible]

○安宅木河内守秀一 諸書皆作安宅二字 将軍家譜独副木字為三字 二字者アタキ アタカ多訓也 カキケ共通音 副木而宜易讀

應永中始築須本城と云 七ノ十ウ 元亀元淡州安宅河内守秀一 皇高曰 元亀八誤ニ不[illegible] 秀一者冬一ノ誤乎

應永元ヨリ永正之ニ至凡百十年之此間二代程有ベシ

秀興

監物　永正中在炬口城　一ニ天正トスル者永字ヲ誤ル　先山鐘銘ニ監物アリ永正十六年ト有
一説其子冬宗ニ炬口城ヲ譲テ安乎ノ下村ニ隠居ス【畠曰】信康ノ誤也冬宗信康共ニ甚太郎
ト称ス故ニ後ノ甚太良ニ混誤セシ也【淡旧】甚太郎信康ハ大永ノ比トアリ【トキハ】炬口城一説ニ大
永ノ比安宅二郎三郎入道一説ニ安宅監物一説ニ安宅甚太郎ト云由良安宅ノ氏族ナルベシ
【畠曰】二郎三郎実名ヲ欠疑ラクハ秀興ハ同人カ不ラズハ父子ノ間ナルベシ

信康

甚太良　大永中炬口落城シテ住由良西ノ山城　今ノ古城山ト云是也
一説永禄十二年春篠原右近進長房安宅甚太郎信康等属信長在淡州

冬康

摂津守　実ハ三好実休弟継安宅家　永禄中　永禄三年冬康築岩屋城　今ニ二男康盛居
【南海記】冬康ハ由良ニ在テ須本岩屋ト三城ヲ持リ【六卅】安宅摂津守冬康
淡州ノ主ニシテ須本岩屋油良三城ヲ兼持テ油良城ニ居ス【全　四卅】天文二年三月之長
入道喜雲ガ長子筑前守元長入道海雲泉州堺顕本寺ニ於テ一揆ノ為ニ自殺
ス其子三好筑前守長慶幼ヨリ深ク憤テ一度天下ヲ逆ントト欲ス父海雲没テ其家
ヲ継ギ兵ヲ起シテ王畿ニ出テ四方ニ発向シテ戦テ不勝ト云コトナシ竟ニ洛ニ入テ天
下ノ成敗ヲ宰リ国家ノ権柄ヲ判ス弟三人アリ彦二郎之相後ニ号豊前守義賢
是阿波屋形ノ執事タリ後ニ号物外軒実休三弟ハ安宅摂津守冬康淡州安
宅ノ家ヲ継淡州ヲ守ル哥道ノ達人也又賢徳ノ名アリ四弟ヲ又四郎ト云一作【畠曰】後太平記ニ
ノ細注ニ実休ノ一名豊前守トアリ
豊前守之席トスルハ誤リ又四郎ニ混シテヤ二ルカ【鷹田家譜】ニ
是十河左衛門督一存之讃州十河ノ家ヲ継大剛ニテ
大力ノ故ニ鬼十河ト云又容貌猛ナル故ニ世人是ヲ真似テ面体ヲ作ル是ヲ十河額ト云
【一主】十河首領十郎兄弟神内三谷ト共ニ来属清氏細川公賜食ニ檜扇ヲ三本
居テ出ス十河塞ヲ立テ公賜食ヲ受取兄両人ニ一本宛遣シ其身ハ公賜食共ニ持
退テ頂戴ス清氏曰十河ハ庶氏ナレ圧惣領ノ挙動也トテ十河ヲ以テ惣領ト
ス兄両人ニハ檜扇ヲ紋ニ許十河ニハ公賜食ニ檜扇ヲ紋ニ許ス

後太平記曰永禄三庚申年三好義賢（長慶ノ才実休）織田家譜曰一名豊前守之康（闇高曰）
実休ト号ス和泉岸和田ニ城ヲ築テ安宅摂津守冬康（実休ノ才）ヲシテ守ラシム是畠山紀　應仁記曰豊前守之康後義賢改名物外軒（二混シ疑ルカ）
伊守（一記尾張守）高政紀伊国ニ起ルヲ以テ之義賢泉州久米田城ニ敗死ス　或記永禄三年三月五日畠山紀伊守ガ
為ニ中流矢ニ泉州久米田城ニ死ス年卅五法名竜音院殿以徹実休大居士　南海記此時夢想ノ和哥アリ（出）後ノ八作書ニ永禄七
年長慶ノ才冬康叛心アリト松永ガ讒ニテ五月九日飯盛城ニテ冬康ヲ誅ス七
月廿四日長慶モ病死ス　南海記曰長慶卒シテ後三好ノ氏族等左京大夫阿
波屋形ニ冬康ヲ讒ス（中略）是ニ於テ義詰（左京大夫）長治（阿波屋形）大兵ヲ催シテ淡路ノ由
良城ヲ攻タリ（中略）冬康兵ヲ出サントスル間ニ表八句ノ連哥ヲ催セリ其才七句
（異ニ芦ヲ荻作ルアリ）萱生ニ落の[illegible]　才八句　古沼の浅き方より野となりて
ト有テ暑刈（中）門ヲ開テ突出シテ大ニ戦テ死セリ　八六九　永禄頃（長慶卒後）三好氏集
議シ左京大夫并ニ阿波屋形ニ讒シテ曰冬康天下ノ執事タルベキ望アル故ニ阿波淡路
ノ兵将ヲ懐ケ諸国ニ睦ヲナレ義継（一作義詰）長治（屋形ナリ）ヲ饒シ申ス間不日ニ謀ヲ運ラ

不止給ハ後難タルベシト相通ズ故ニ義継長治ヨリ大兵ヲ催シ淡州由良ノ城ヲ攻ル冬康是ヲ聞テ愚昧ノ者共ハ悪業ナレバ諭スト分別スベカラズ三好家ノ滅亡近キニアリ先祖累代勲功ヲナサシ興起セシ當家ヲ愚昧ノ氏族共ガ集リテ破滅スルコソ無念レサラバ黄泉ノ道ニ立出ベシ今生ノ思出ニ連哥ヲ催サントテ表八句ノ連哥アリ（其句略ス）冬康此句ヲ自吟ヒテ大ニ悦ヒ是迄ナリトテ城門ヲ開テ突出シ遂ニ戦死シ玉フ三好家滅亡ノ瑞相ニヤ智能ノ子孫不生シテ愚蒙ノ氏族充満シ我門葉ノ鏡タルベキ冬康ヲ失ハセケルコソ浅猿シケレ　常磐　冬康ノ讒死両説何方実ニケン　南海記曰三月四日夜（永禄三年）実休夢ミラク細川持隆枕上ニアリテ吟シテ曰　草枯る霜も今日又はてゝ報ひの罪そ逃れさりけり　夢覚テ実休心楽マズ冬康素ヨリ哥ヲ善スルヲ以テ此コトヲ告遣ケレハ冬康哥ヲ以答曰　因果とも遥車の輪の外めくるもとしみよしの春　ト是実休ノ夢ヲ慰ム實休果シテ五[illegible]矢ニ中テ死セリ　常磐　冬康或年十月松虫篭ヲ實休ニ贈リ人身養生ノコニ寄遣ス（其哥ハ本書略）又曰或時述懐哥ニ　古と遠やる文の跡もろしきさへいはる世とて去まし

八

按ルニ此哥冬康詠トハ非之後水尾院御集雑部用書知昔　いかつとも見えし昔よ[illegible]
なら[illegible]　きのふハ今日　世とゝもにと　此御製ノ哥ヲ誤リ記スル之
又曰因ニ記ス予モ三吟百韻ノ連哥一巻家蔵ス才一句
[illegible]　冬康
才二　[illegible]　長慶
才三　[illegible]　宗養

耳底記　烏丸光広卿著　雑談ニ云旨云安宅冬康カ連哥ハグワトアキラス突逕ス様ナル連哥之修理大夫連哥カニモ素シテシタル連哥之ニシ　又曰亜相云安宅連哥ト修理大夫連哥何レ勝リ侍ルヤ答安宅ハ有花トシタルコハ有シガ付落シ有之修理大夫ハ遅々ニハ有シガ能習タル連哥ニテ品ヨカリシナリ

一説　天正五年三月廿八日三好実休ガ子彦二郎長治討死ス　阿波国別宮浦ニ於テ自害ス生年廿五法名長国

寺殿ト号ス【畧高曰】安宅氏モ初彦二郎ト云父ノ名ヲ止ルナルカ 長治ハ愚将ニシテ叔父安宅摂津守冬康ヲ亡スト云 此説南海ニ合
【淡旧】又一説アリ天正十年由良ノ城主安宅摂津守冬康羽柴久吉ニ放逐セラル志
知ノ城主野口孫五郎長宗秀吉淡征ノ手引ス此氏三原郡ノ地士両人秀吉ニ謁
見ス同時加集田中右衛門【畧高云】加集郡ニ畢ト云支邑アリ其住人カ 湊手向ノ助掃守源大夫榎並権助大夫
市村山口彦五郎等ヲ（各草役ヲ賜）【畧高曰】冬石三原ノ地名ニ八中ニモ榎並権大夫其子孫ニ音曲ヲ能スル者アリ則権助大夫ト称ス一時大坂ノ座ニ出坐シテ大ニ寵ヘリ老後国ニ帰リ須本称名寺ニ於テ音曲ノ會アリテカナ年此ニテ觀ヲ是ヲ聞リ【又曰】秀吉淡征ハ諸説多分九年ニ且一説冬康ハ甥彦二郎長治ガ為ニ討ル其長治ハ天正五年討死ストモ云リ【鷹仁記】ニハ永禄七年冬康松永ガ讒ニ依テ戦死スト云リ何レノ説ニ依テモ天正十年冬康秀吉ニ放逐セラル事アルベカラズ按ニ河内守ニ混誤カ【洲肯総】宝暦中洲本細工町ニ村瀬屋某ト云商人アリ元祖ハ由良城主安宅摂津守冬康ノ家長村瀬与助某冬康戦死ノ後由良ニ潜テ民居ス数世血脈不絶今ニ残レリ傳来ノ名簿器物等有シガ心蓮寺ニ奉納ストニ云

冬長

野口氏ノ家ヲ継【畧高曰】冬康冬長共ニ実休ノ弟タルヲ以因ニ茲ニ記ス
【織田家譜】曰淡路ノ安宅野口ハ三好ノ族也又曰冬康ガ弟冬長野口ノ家ヲ継【畧高按】野口九衛門佐実通ノ養子ナルベシ

冬八

河内守【或曰】冬康ノ子カ【畧高曰】予カ考モ略ニ合ス　天正中ノ人【七条ヲ】淡州安宅河内 元亀元年云云
【日本康子】当国ハ天正ノ初安宅河内守ノ領也【太閤記】【東鑑記】【両國太平記】共ニ曰冬八ハ由良ノ城主也ト【須本旧記】須本ノ城主也又曰八王子祠ハ冬八ノ鎮守也城内山ノ半腹ニ今猶存ス【畧高曰】安宅ハ由良ニ居テ須本岩屋三城ヲ兼保ト云バ本城ハ由良ナルベシ炬口千草ノ塔巣其外処々属城ノ氏族多シ皆由良安宅ヲ宗トスルナルヘシ
【土岐】三好家ノ安宅河内守ノ居城由良ノ城ヲ攻シトス安宅降シテ治平ス須本ノ城ヲ仙石ニ甘与セ元

九

〔十九〕天正九年〔両国太平記八年十一月攻ル卜云誤也諸本皆九年〕信長公ノ命ヲ以播州衆淡州ニ入安宅河内守
野口孫[illegible]郎篠原自遁〔鼻曰自遁此氏在郡家中村田村経春ノ実父也故ニ去撫養而寄ス云詳中村ノ下〕等和親ヲナシ阿波国ヘ入ラントス
〔将軍家譜〕天正九年十一月信長使秀吉池田勝九郎之助伐淡路秀吉之助即到淡路
攻安宅木河内守由良城囲之安宅木力屈而降之助携安宅木到安土使謁于信長秀
吉直帰姫路〔太閤記〕曰信長公ヨリ淡路可退治ノ旨筑前守秀池田勝九郎之助両人ヘ被
仰付シカバ天正九年十一月十五日令渡海〔真顕記九年十一月十七日秀吉淡路ニ押渡ル者〕安宅河内守ガ居城由良
城ヲバ八重十重ニ打囲ミ弓鉄炮ヲ射入打入凱歌ヲ発シ山海響渡テ喧シケレバ城中ノ
女童ナドハ悶ヘ悲ミケル安宅思フヤウ行ク迚モ運ヲ開クベキ便モナシ唯降人ト成テ
信長公ノ幕下ニ属シ武功ヲモ励ミ見ント思惟セシメ〔阿ノ集名略〕伊木清兵衛尉ヲ以テ
羽柴殿池田殿ヘ申ケルハ向後対信長公可存忠功之条以御取成預御宥助
候ヤウニ偏ニ奉願旨之両人ヘ兼リ其望ニ於テハ城ヲ被相渡候ヘ於其義ハ信
長公ヘ奉伺候ハント有シカバ即渡申ベキト之其旨以飛脚而窺ケルニ能ニ可相計之

吉被仰出タリ然間城ヲ請取池田ハ安宅河内守ヲ安土ヘ同道シ御礼申上サセ候ハント船ニ乗シ秀吉ハ播州姫路ヘ帰城シ玉フ安宅安土ニ参着シ御礼申上ナバ安堵ノ御教書ヲ頂戴シ十二月二日帰国セシ 畠曰冬一織田ニ帰降ノ上安土ニ於テ徳義ノ安堵ノ御教書ヲ得テ十二月二日皈国セシトアル太閤記ノ説ヲ以テ見レハ安宅タトヒ本領ハ全知セズ氏微ニタリ氏其家ハ立ベキ筈ナルニ其已来子孫アルコヲ聞ズイカヾ成行シヤ卿令斗リニシテ漂流セシト見ヘタリ按ルニ安宅其後隣国紀州熊野ノ奥ニ至リ農民ト成シカ近キ頃由良ノ由良里人五左エ門ナル者熊野詣シテ其山里安宅村ト云処ノ一民家ニ投宿ス亭主曰客ハ淡州由良ノ人ト聞ケバ先祖ノ昔ヲ思出テ寂懐敷我祖ハ往昔由良ノ城主タリシ安宅氏ニ天正ノ比落城ノ後家人モ思ミニ分散シ我祖冬一妻子ヲ携ヘ紀州ニ渡リ此山里ニ分入弓矢ニカヘテ鋤鍬ヲ取テ耕シ耘リ乗馬ニアラヌ野飼ノ牛ニ馴賤ノ手業ニ漸世ヲ渡リ農夫ト成テ子孫ノ今ニ至レリ故ヲ以テ邑名ヲ即安宅村ト名ケ玉ヘリ先祖姓氏地名ニ遺ルヲ規摸トセリト語リヌトゾ可憐冬一ノ父冬康ハ弓矢ハ素ヨリ家ノ道歌連哥ニサヘ冨テサシモ一州ニ宗タリシモ其子冬一ニ至テ其妻子共ハ世ニ有シ昔ハ貝合セツイ松ナドノ遊ニ日ヲ暮セシモ今更刈穂ノ庵ノ御製ニ我衣手ヲヌラサントハ思ハザリケメ 因云 由良ノ里長卜田氏ノ先祖ハ安宅氏ノ老臣ニテ卜田牛之助ト称シテ洲本ニ住セリ 其住処ヲ牛之助丸ト呼テ今猶城中ニ其名存ストゾ即其傳来略記ニテ家蔵セリ又納氏ナル人モ其家臣ノ末ト云傳ヘリ

冬宗

甚太郎 永禄元亀中 須本城 安宅河内守其子甚太郎山上ニ常居ス 或説 炬口城主永禄中ニ安宅監物秀興 永禄中ニ其子甚太郎冬宗 天正中 其子市之助正行三好ニ属ス 畠曰 冬宗ヲ秀興ノ子トシ又ハ信康ニ混誤セリ甚太郎ト称スル者二人アリ一人ハ甚太郎信康大永中ノ人 是秀興ノ子ナリ 一人ハ甚太郎冬宗元亀中ノ人之年暦遥ニ相去リ同名二人ナルコ明之 或説 天正十年羽柴秀吉炬口城ヘ滞留ス

【トキハ】甚太郎ハ冬康ノ子ニヤ【愚曰】孫之丞甚太郎信康ハ冬康ノ養父之
【須府昔談】曰河内守其子甚太郎ト記スルハ冬康ノ宗ナルベシ
【應仁記】永禄九年安宅甚太郎冬康宗ニ淡州勢ヲ添松永方ノ摂州布引ノ滝山
城ヲ攻取【又曰】六月灘ノ滝山城ニ松永孫六郎居タルヲ淡路ノ十人衆ニ播州三木等
ヲ加テ攻ル【愚曰】是又同時ノ事ニシテ十人衆ハ安宅モ其列ナラン【信長記】元亀元年八月三好山城守笑岸同日向守
等摂津ニ蜂起シテ埜田ニ要害ヲ築キ安宅甚太郎等ヲシテ福島ノ要害ヲ
守ラシム信長大軍ヲ将テ囲之【本朝通紀】ニモ取之記せり

正行 一作正之 市之助 天正中 住安乎下村 腰白ト云ル之トゾ
【三好記】天正五年九月八日細河真之ノ時一宮長門守成助【織田家譜】阿波ノ一宮ハ三好ガ族之
三好氏ト阿波勝瑞ニ戦フ一説高嵜村 淡路ノ兵将セ安宅市之助正行淡路勢ヲ率シ
テ阿波ニ渡海シ三好陣ニ加リ三好方ニ在シガ敗北せり【トキハ】正行ハ由良安宅ノ族ニヤ未考【愚曰】前冬康ノ宗ノ系傍ニ注せり
【十ノ三】天正年淡州安宅市之助正行於阿州延明ニ伊豫住人目取メシトリ或香妻鳥ヒ又女鳥ヒ
【愚曰】異本ニ記日高ノ者目取之字ヲ見誤ル 采女亮友春ニ鉄炮ニテ打ルノ【愚曰】鉄炮ニテ打ルトハ鉄炮ニテノ打モノ自誤カ後説ニ牽合スベシ

一説天正五年ノ九月八日日高（皇高曰 目取ノ誤ナリ）（如前云）釆女亮ガ杉ヲ討テ高名ス于時箕輪甚右衛門近光馳来テ正行ト組テ差違ヘテ死ス

康盛　紀伊守　永禄三年冬康築岩屋城令二男康盛居之

或説曰由良安宅ノ一居之傳説ニ由良安宅ヨリ播州押ヘトシテ岩屋ニ築城郭ニ以其ノ一族ニ令居其後永禄ノ末年ヨリ元亀中マデ秀吉以真（真）島氏ニ爰ニ令居（皇高曰 永禄ノ末ヨリ真島ト云ハ大ニ非也按ルニ元亀中ニテ康盛居スルナラン）諸説皆真島ハ天正中ヨリ居之

冬秀　九郎左衛門　天正中　白洲城主（或安宅九郎左衛門居スト云）常盤作ニ白巣ニ属三野畑ニ三野畑括下宇谷栢埜四村ノ堺ノ村ニアリ下不祥

天正九年秀吉乱入ノ兵火ヲ以テ当城ヲ陥ル冬秀入ニ其焔中ニ死（皇高曰 系統未詳 冬ノ字ノ通名ヲ以テ見レハ冬康以下ノ親子兄弟ノ中ナランカ暫ク冬一ノ昆弟ニ系ヲ引又天正中千草村稲島ニハ城主安宅志摩守同時湊里村ノ住人安宅二郎等アレ共其実名ヲ欠系道可疑処ナシ各同族タルベシ）

十二

○炬口古塁　永正中安宅監物秀興築之居　蓊系図ノ下ニ委見

○宇山古塁　トキ八　禅林寺ノ条下ニ曰此地モ古城之炬口ニ全キ歟

○安乎下村全　腰白ト云処ニ居　安宅市之助正行　或曰姓名未詳一説安宅監物秀興其子
外ニ五郎是也　ト云塁址アリ何人カ居ケン
冬宗　略日　信康　ノ親也　前見ニ譲　炬口城ニ隠居之

○千草猪鼻古塁　天正中　安宅志摩守　略日　次ノ木只九郎左エ門ノ下ニ注ス

○白巣古塁　三野畑　文字谷村ノ山中ナリ　時代不詳　トキ八　三野畑塔下字谷柏埜四村ノ堺ニアリ　トキ八ニ三ノ畑ノ下ニ出ス
塁西ニ立岩アリ　北ニ鑿盤石其量ノ形ニ彫タルカ如シ又厚幅三丈許ノ
石アリ事実詳ニ不知　或ハ安宅九郎左エ門居スト云
或曰木只九郎左衛門住三野畑　須磨昔語　曰下郎吸江寺ノ山下ニ木只郎
ト称ス処アリ九郎左エ門ノ真跡ト云傳　南海記　曰仙石権兵衛
援存保時至讃州引田家臣木只九郎左衛門ヲ峯山城ニ入シム仙石勘解由同覚
右衛門同権平等ハ引田郡中山ニ兵ヲ伏テ敵ヲ待初戦ニ勝ヲ得タリ　トキ八　仙石権兵衛家
士仙石権平或ハ木只九郎左エ門カ子ニシト云　諸家大秘録　前集曰毛利周防守高定ノ先祖由緒ヲ尋ルニ其説
区ニシテ不詳一説ニ曰天正十年十州大守毛利大膳大夫輝元ヨリ豊臣秀吉公ヘ家
臣木只某ガ世忰ヲ人質トシテ上洛ス是ヲ後ニ毛利民部ト改メ輪高敬ト云木只名ハ木只ナレ

氏毛利家ヨリ人質ニ来ル故世人毛利氏ト唱ヘケル故ニイツトナク表ニ毛利ニ改ル由又一説毛
利高敬ハ天正ノ比中国ニテ九郎左衛門ト云テ隠レナキ盗人ニテケルガ或夜忍テ人家ノ壁ヲ毀チ
右ノ腕ヲ入レ内ニ在財宝ヲ盗取ントシケル処主知テ脇指ヲ抜壁ト腕トノ間ヘ詰ニ入ケレバ腕ヲ抜ント
トスレ氏不叶故左手ニテ脇指ヲ抜右腕ヲ切捨テ逃ケル是ヨリアダ名ヲ乱妨九郎左衛門ト
申ケル其後何ナル縁ニヤ秀吉公ヘ召出サレケルトゾ此両説何レカ実ナラン偖朝鮮征伐ノ時ハ
毛利民部大輔高敬大目付ト成テ行ケル家臣戸倉六郎兵衛朝鮮ニテ比類ナキ働アリケ
レバ高敬感状ヲ与ントト思ヘ氏右腕ナキ故筆ヲ執コト不叶藤堂佐渡守高虎ニ筆ヲ取セ高敬
文ヲ好テ認メ与ヘケルトゾ是ヨリ毛利家段々相続シ当毛利周防守高定迄勤候専ト云々
当毛利駿河（高周防之誤乎）守高定ノ養父毛利駿河守高久妻女ヲ取戻サレ玉フ分ケアレ氏深秘
録等ニ見ヘタル故爰ニ不記ト云々（別記）曰安宅九郎左衛門冬秀白洲城主住三野畑村（事跡前見）
（安宅氏系図下）（高）同時同名同処ノ住不審　按ルニ二名全キニ混誤シテ白巣或來九郎左衛門住スト云或
安宅九郎左衛門ト云ナラン何レカ是非ヲ正シ冬秀ハ冬ノ字安宅ノ通称ニシテ冬康冬一冬

長冬ノ宗等ノ系統ナルベシ

○湊里村古塁　安宅二郎居城ト云　由良安宅ノ族ナルベシ十人衆ノ列ニアリ　傳説ニ湊ノ安宅氏志知ノ野口氏ト片田ノ下ニテ数戦シテヒシガ野口氏ノ子終ニ戦死ス野口ノ宰人林四郎右エ門ト云者安宅ガ請ニ應シテ野口氏ヲ毒殺セシト云何レノ時ナルヤ不詳　安宅二郎モ天正年領知没収ナルベシ

○岩屋画島ノ岡城址ト云或記ニ東ノ古城同処ナルベシ　永禄三年安宅摂津守冬康築岩屋城令三男康盛居之　傳説曰自由良安宅為播州歴築城郭於岩屋令其一族居之其後自永禄末年至元亀中秀吉令真島彦太郎居之　皇周曰　自永禄末年真島居之トハ非之秀吉淡征後天正十三年ノ事也其年下可見　或記曰丹地太郎兵衛尉居城于画島ノ岡　後太平記　曰天正元年将軍義昭与信長有隙而下于備後毛利應令率軍将ニ上京　幾内中国之兵應令者丹地太郎兵衛尉神野加賀守小林民部少輔将三百余兵ニ攻入于淡州山岩屋取之援ニ将軍及門跡ニ篭兵粮于大坂　皇周曰　石山本願寺合戦此時之画本信長記ニ詳之　トキハ　毎ニ丹地等ハ毛利方之可為ニ兵将此時岩屋ニ安宅可為居城　安宅ノ家ハ数軍敗　或記　曰東ノ古城天正ノ初義昭将軍与織田信長闘戦于城州真木島ニ義昭敗北奔于西国備後ニ頼毛利小早川ニ再催ニ軍ニ依有可上洛ニ風聞

信長籠兵于淡播摂之諸城而為令警衛時ニ毛利等遮テ築淡州岩屋城ヲ副舟地神野
小林等ニ于三百余騎ヲ令稽籠其後猶為増城装安芸国住人長屋右近大夫卒八百余騎
加都合千百余騎箸之【常磐】傳説ニ池田忠雄卿在城ノヤウニ云此説未審（イブカシ）岩屋ハ西
国要害ノ地ナルガ故ニ服坂氏ニモ池田氏ニモ授ケラレズト聞リ秀吉ヨリ城ヲ役補シ真嶋
氏ニ守ラシメタルナルベシ

○同浦俎板山城址　源平ノ頃　大宮藏人実春（六条判官為義末男）居此城ニ【鎌倉実記】曰大宮藏人実春
ハ松帆ノ浦ニ居リ是モ叛平氏者也【或記】曰実春ハ義久（義久ハ住福良）ノ弟也実春以其子百太
郎ヲ為養子此時重盛（【盛衰記】重盛福良浦ニ船ヲ繋ク時ナルベシ福良ノ条下ニ可考合）以百太郎ヲ賜平教経ニ後有一年余而百太
郎為法師ニ（【別記】ニ云実春子百太郎其ノ世ニ没落為出家）称義専坊住居於讃岐客山器厳寺（後真島彦太郎住之ト云）

○福良西山城　或記弦島　淡路冠者義久（或記淡路前生源義久ハ実春ノ兄也共ニ六条判官為義之子）住福良西海嶋
有城跡義久曾勧請弁財天於烟嶋（【トキハ】記宗像祠）建立祈祷所而号摩尼山紅蓮寺及
造立観音堂ト云云　小松重盛自鞆浦赴和田岬ニ時繋舩于淡路ニ淡路冠者供雑

十三

餉重盛賞之賜福良上樹ノ里百町ヲ領者云々［皇暦曰］義久（或記ニ）ハ六条判官為義ノ十三子也［松花曰］十二子（嶋按ニ三子ハ十二ノ傾竪点也）能登守教経ノ鋭箭ノ為ニ亡云云［武家系図傳］曰淡（義久）路国福良泊ニ城郭ヲ構ヘ能登守教経ニ攻ラレ痛手ヲ負ヒ生捕テ首ヲ討其兄加茂ノ領者義次モ淡路ニテ戦死［皇暦曰］此能登守非真教経（牛馬向ノ説出三原ノ巻福良畧之）［或曰］義久与河万六郎宗増一心而築当城居之于時能登守自福原発兵船襲来陥其城義久終自害子孫福良氏教世住福良［松花曰］暦応中福良浦弦島城主福良勘解由（六条判官為義十二男淡路領者義久五代後胤）喜吉（カ）長禄寛正中迫春福良蔵人大夫政貴（長禄二年護国寺寄進帖名列ニアリ）嘉吉康正中福良石見守融通　文正文明同薄福良勘解由左衛門政幸　天正中福良安藝守某（羽柴氏淡征ノ後追討乎未詳）

○阿万城址（在上本庄村）　寿永中阿万六郎宗増（一作益）与領者義久合意築当城居之　又曰宗増同意源氏而叢当城能登守教経自福原襲来陥福良城次攻当城宗増開城乗舟遁経泉州而至洛属義経陣（建長中）監物平兼友アリ先代ノ城主之ト云　上本庄河内薬師願主監物平兼友仏師善慶建長元年トアリ　太平記ノ頃細川ノ師氏中八木ニ居城後令

其門族細川彦四郎某居ニ於上本庄城ニ　其子　丹後守　其子　備後守　其子　丹後守　以上四代居ニ此城ニ世々称ス
郷殿ト　第四代郷ノ丹後守某、自ニ応永ノ初居ス。永享中沼島城主為ニ梶原越前守平俊之ニ落城逃ニ
福良ニ自害

○沼嶋城址　天慶中伊予掾純友ノ臣武嶋五郎秀之始テ搆ニ郭ニ入住シ来ノ船ニ海賊ス　梶原氏数世住　書曰寿永ノ頃平家追討ノ為ニ梶原平三景

太平記ノ頃官軍ノ徒当城ニ籠ルコト見タレド不レ知ニ其姓名ニ

時当淡州ニ在シコト東鑑ニ見タリ其時ヨリ氏族猶沼嶋ニ残リ留ルカ　梶原越前守俊景自ニ永享中ニ至ニ宝徳ニ　俊景亡ス阿万本庄城主郷ノ丹後守此氏

俊景書写大般若経一部奉ニ納上本庄八幡宮ニ収ニ宝蔵箱ニ記ニ有ニ姓名ニ　梶原播磨守景節天文

中居城之　書曰或記ニ景時者時節以同訓誤、恐ラクハ蓋シ合時者訛　天正中梶原播磨守秀景三好之為ニ亡サレ梶原氏至テ之ニ尽ク　或曰大永

中塩飽三郎某居ニ城之ニ　書曰梶原氏自ニ永享中ニ至ニ天正中ニ数世綿綿居ニ城之ニ然則塩飽三郎者梶原氏為ニ実否可ノ考歟

○志知松本城　書曰志知トハ今別村之城址ハ松本ニアレ氏諸記志知城ト称ス。是ニ松本ハ志知ノ属邑ナルベシ　トキ八松本鈔志知北此三村ヲ志知ノ庄ト号ス　菅氏代々志知ノ

庄ニ居シテ後野口ト改称セレト聞ユ。足利氏ノ世郡国戦争ノ時ニ至テノ城塁ヲ構テ居住

セシナルベシ　トキ八野口氏ノ系図或人ヨリ伝写セシヲ爰ニ記ス

十四

○始祖道忠　菅和泉守始築志知城居之子孫相續〔皇嵩曰〕異記道忠作道正者誤写乎
　真豊　山城守
　豊延　大膳亮

延真　玄蕃允
　實忠　河内守
　忠重　修理亮
　實之　織部介

元忠　民部少輔
　忠行　但馬守
　行則　紀伊守
　實邦　志摩介

實則　右馬助
　實通　野口九衛門佐　或云実則子実道改埜口〔皇嵩曰〕別記通作道
　則守　埜口肥前守　或云弘宗父自則守改氏埜口　天文九一本作十年病死于阿波〔須府昔談〕野口氏者河州遊佐之一族也

天正中
弘宗　菅若狭守　幼名万五郎　病死于摂州有馬温泉〔皇嵩曰〕父肥前守改氏于野口而又復舊姓其故如何　且曰別記有弘宗作弘景　思是宗与景以其字脚相似誤之乎　其子孫五郎以号長宗可知為宗字著明〔皇嵩曰〕當州齋寺毎歳五日三時法會讀誦于仏供施主之各名　其席先讀上于此人名恒例而及永世今尚尓　曰菅若狭守菅新助称此二名　毎二新助者孫五郎先之名乎　予曾幼童時聞故老傳説　菅氏以胡麻十石供養于其會〔一覧曰〕此法會淡州有十八會　菅氏毎一會供施于米十石　菅若狭守同新助者炬口城主ト云　真言宗故始之建理趣經大日經ト云〔皇嵩曰〕炬口城主云八盖誤十乎
〔織田家譜〕曰淡路安宅野口者三好之族也　又曰冬康之弟冬長継野口家　冬康冬長共ニ実休之才也〔常磐草〕冬長不見于野口系　則守同人歟〔皇嵩曰〕或冬長後改名弘宗乎　時代相応矣　弘宗法諱拳于古碑　在碑于志知川光明寺　鬼籍社家寛住寺

長宗

野口孫五郎。（属ス豊臣秀吉之伊豫ニ）　松本村伊勢明神棟札記ニ天正九年冬ニ野口孫五郎長宗建立ト

弘宗ノ子至テ口孫五郎長宗ニ属秀吉天正九年秀吉淡征之時為郷導

或曰秀吉淡征之時野口孫五郎長宗与湊里村住人安宅次郎ニ戦テ片田

村其後浪人林四郎右衛門者依安宅次郎之求而毒殺野口ニ一説長宗

随秀吉ニ天正十二年往伊豫国於彼地生三男子云〔名高曰〕林四郎右エ門〔下キ〕ハ野口ノ宰人トアリ宰宰ノ二字能相似タル故混

誤セシナルベシ宰宰ハ何レニモアレ林ハ野口ガ為ニ安宅ヲ毒殺セシナルベシ

〔十二九〕天正九年以信長公ノ命ニ播州衆入テ淡州ニ安宅

河内守野口孫五郎〔名高〕篠原自遁（自遁北戸部釜口村ニアリ）等為和親持テ阿波国ニ〔十二由〕天正九年黒田

官兵衛移ニ淡州志知松本城〔或曰〕加藤左馬助嘉明住志知松本城〔名高曰〕是野口

氏降而開城之跡黒田来住黒田又去他邦ニ而後加藤在城歟今農哥ニ謳フハ此

時ノ事歟　志知ノ郷城ハ夜半ニ落ル栗原山ニ陣開キ　栗原城ハ社家村之一日浦ノ望ノ城ニトテ天正中嶋田大隅守居ス

天正十三年加藤左馬頭嘉明入国而住志知松本城

慶長五年石川紀伊守退叶堂観音寺北松原ニ移築志知城于其跡ニ同八年石川移于豊後国　今農哥ニ傳謳フ

叶堂ノ城ハ様ナキ機ヲ建コレヲヘテノ居リモセズ

長恒　松太郎

長延　松二郎

恒宗　松三郎

三子共ニ生於伊豫

十五

〔貼込 四〕

○山田原古塁　天正ノ比　菅越後守 一作越前 是非如何 同若狭守相續住山田原天正九年秀吉
淡征之時被放所領〔囂曰〕志知野口氏ノ可為同族然若狭守不可若同時同姓同名
之同族愚按志知野口尤衛門佐実通也祖皆菅姓也実通已来雖改野口惟実通之
孫至若狭守又称菅姓可有故其子孫五郎又野口也若狭守一人而已復舊姓猶
熟考之実通有長女而以冬康安宅之弟冬長 冬康冬長共三好実休弟也 娶之為養子令継野口
家令実男越後守継于菅之舊姓乎志知野口系菅若狭守与山田原菅若狭守同
人而以野口之為正統混收于野口系歟假設其系図于茲

○野口尤衛門佐實通　実通始改菅于野口 娶長女以家為氏　実通養冬長

実通実子
菅越後守　一作越前　住山田原

菅若狭守弘宗　住山田原　幼名万五郎　病死于有馬温泉

野口肥前守則守　実三好実休才安宅冬康才冬長故名則守乎〔トキ八〕曰冬長不見野口系図 同人乎云云〔囂曰〕田村経春之舅父乎 経春室記野口備前守女者恐肥備清濁可誤

野口孫五郎長宗

〔囂曰〕弘宗一有作弘景以宗景両字其字脚相似蓋作景者誤乎

○釜口村古城跡 菅加賀守元重 皇高曰大平記曰天正元年将軍義昭信長ト隙有テ備後ヘ
下ル毛利ガ厲ヲ令テ率軍上京セシメントス此時畿内中国ノ兵ヲ招キニ應スル者丹地太郎兵衛尉或云丹地ハ岩屋画島
ノ間ニ居城スト神野加賀守按ニ菅ヲ神野ト呼テ相全シ蓋同人カ已ニ前画嶋圖解ニ○又一城址村西ノ山ニアリ 上キ八城主年紀等不詳 皇高曰田村長助宣春ニ称ス家男ハ左馬頭ノ系下ニ参考ヱ
○志筑濵村塁 菅土佐守 皇高曰此二村ノ菅氏皆志知ノ野口山田ホハノ菅氏同族ナ
○浦村古城 二階堂将監 常磐向井将監ト記セリ時代不知 皇高曰二階堂ハ其本姓ナルヘシ
○小田村同 小田将監永禄十二年 常磐小田小家ト記 皇高曰是里俗ノ云ヘ名ノ便ニ呑シナルベシ将監ノ音韵自然ニ縮テシヤウケト轉訛ヱ
松花已ニ将監ト記セリ此人ノ住地太サ九竹林ノ中ニシヤウ云傳ル農哥アリ曰
小田ヘゴザラバ言傳シテマシヨ大竹ヤブノシヨゲサニ
○志筑中田古塁 常磐郡家醫人日外氏説曰後花園院ノ御子日外親王淡路ニ来テ
子アリ内藏助ト云志筑中田城主ノ贅夫ト成テ其家ヲ継リ内藏允ノ子ニ至テ城
陥テ家滅ス天正ノ比ニヤト云此説イブカシ日外ノ字モ珎シ安居院ト同訓ニヤ皇子
ノ説ハ謬傳ナルベシ 皇高曰土俗ノ口碑ニ中田村ニ御処ノ後ロト云処アリ安居院親王ノ御住
処ノ跡ニ〻ト且親王ノ石碑及位牌同村妙安寺ニアリトゾ

十六

○古津路古塁　感應堂俗約云叶堂ノ地是ニ　慶長六年石河紀伊守志知ノ城碪
ヲ壊テ其石ヲ取テ築シトゾ石川卒ノ後同八年舊処ニ復シ再興スト云　常盤艸曰古文書ヲ按ルニ加藤
嘉明伊豫国ニ移リシ後豊臣太閤ヨリ石川紀伊守三宅丹波守ヲ下シテ
淡路ノ代官トストニ　皇高曰或石川ハ加藤ノ臣ニト云説アリ按ルニ加藤ノ所領タリシ中ヨリ石川ハ田租ヲ司リ有シ故財ヲ残シテ三宅ニ加助セシメタルカ国督ト蛍田地祖税ニ在職ノ臣ハ跡ニ残シ置刀法ニ氏留リ
相傳フ紀伊守曾テ弓絃葉ノ伽藍ヲ焚テ塔ノ金剎ノ重キ
モノヲ取来リテ里民ノ税ヲ斂メサル者ヲ掩テ悉シメタリト云残忍ナル人ニケ
ラシ紀伊守ハ感應堂ノ城ニテ卒去セシト云説アレ氏或説ニハ紀伊守ハ豊後国ニ
移リ居玉ヒシヨリ又但馬ノ城崎郡豊岡ニテ終レリト云

○来馬村　三沢駿河守　由来記ハ釜口ノ城主トアリ　来馬村ニ住セシカ子孫三沢理左衛門某ノ石碑
當邑ニアリ正保元年三月十三日
理左衛門ノ子孫今由良浦ニ存在ス即三沢理左衛門ト称ス　生石津口監之　駿河守ノ子三沢
小次郎親経釜口村妙勝寺ヘ田地寄進ノ眷書　妙勝寺ニ所蔵ス

寄進申下地之事

合田一反六斗代坪ハ稲守土居之内

右三浦殿何も致義圓文安二年二月晦日内名津之人合戦ハ之内討死ホニ依

為後生菩提永代寄進申処実也毎月晦日法事ニ無懈怠一不留為元

結縁也仍後々の子孫何れも　不孝可為者也

文安五年八月吉日　　三浦小次郎　親経

妙勝寺衆徒中

【皇高曰】本朝通紀ニ正治二庚申正月鎌倉二世頼家時誅梶原景時其兵中有三

沢小治郎ニ可為親経之先祖

○吉田村　或記ニ云高田日向守住吉田村天正ノ頃領五千石ト云々【皇同按】此日向

守ハ鮎原天満社華表ノ傍ニ在（碑古ノ郡ニ残ル）慶長年高田孫八郎（父備後守）ノ裔孫十ラン方且吉田村ヲ

里長鮎原組魁首高田氏ハ日向守ノ子孫ニテ（寺）延宝三年吉田村ヨリ内田村ヘ轉住

ノ郷士旗鎗隊吏卒長高田氏ハ吉田村里長同流之定紋ヲ内ニ弁弁ニテ同紋之

○内田村　内田志摩守茲ニ住初祖ハ尾崎氏東国ヨリ来住姓名ヲ改子孫阿州無美裏ニアリ

又十五乙

〔貼込　五〕

○宮原古塁二ヶ所 其一ハ村ノ東ニアリ 河合藤内 天正ノ比ト云 同一ツハ疇田左馬允 是モ
天正ノ比也 此人善射スト云 藤内ハ其老臣也 五郎重照ハ泉州ノ河井氏ヨリ養子ト成
来レル人也 藤内ハ有人トシテ淡州ニ来ルト云 農哥曰 疇田五良殿ハ西国陣デノ墓
処ハ撫養ノ宮山ヨ 藤内居館ノ跡古碑アリ 村民傳テ曰 藤内ノ墳也ト 古碑ノ部詳

鳥高云 然ニ異説アリ 下司村里正塩田氏家傳口碑ニ云
○先祖 塩田五郎重道 先祖ヨリ下司ノ住人 城ノ瀬ト云処居館跡在
二代左馬允 五郎 実ハ泉州ノ住人河合左馬頭ガ養子ト成来 天正中撫養ニ戦死 墓ハ同村覚王寺前ニ在 邑俗五郎塔ト称ストテアリ
三代嫡子 和泉「猪允」 天正中ノ人
四代嫡子 猪人 慶安中ヨリ里正ト成
五代嫡子 安左エ門 寛永中也 以来連綿 畧之

鳥高按 疇田左馬允 塩田左馬允 相似テ別也 河合五郎重照 塩田
五郎重道 又相似タリ 泉州ヨリ養子ト成来 其事モ又彷彿トシテ
別事トハ見ヘズ 正偽紛々トシテ 是非ヲ辨シ巨尚シ按ルニ 泉州左馬頭
ガ左馬允トハ兄ガ 同名モ珎シ 僅ニ頭ト允トノ異有ノミ 両説ヲ並挙テ
後勘ニ備フ

四男十八息（今ハ正路谷ト云フ、是非ノ辨ハ同郷菅沼ニ泉州在馬頭
五郎重道ノ相分ケ泉州ニ養子ナリ、其息孝太ノ御菅ナリト云
[略記]菅田右衛門尉分菅田右衛門分相分ケ息〔一〕河合五郎重照　菅田
[illegible]安[illegible]一門[illegible]ニ及ビ東[illegible]男谷ノ内
[illegible]
○[illegible]祖　菅田五郎重道　[illegible]
[略記][illegible]不同[illegible]
[illegible]　五郎　[illegible]入　[illegible]天正中[illegible]河合右馬頭

○斗内古塁　寛平ノ人　城主ハ細川遠江守源光輝　文明三年辛卯卒去ストモ云　木主及石塔アリ
八木ノ細川ト同族ナルベシ　其後牧主東重光住ス　大内義興周防紀伊細川
○脊波古塁　伊具志摩守　伊具或伊久氏　[南海記]曰永正十五年大内義興周防ニ還ル　近年細
川ノ家臣淡路ノ伊久志摩守淡路ノ渡ニテ西国ヨリノ運輸ノ軍資ヲ奪取シカバ
義興帰ルサニ是ヲ攻取　[略記]曰　伊久ハ伊久波ノ下略ナルベシ
○柳沢古塁　柳沢越前守　領五千石　天正九年秀吉淡征ノ時被没収所領
○蟇浦古塁　姓名不知　大永中ト云或曰梶浦氏之炸口ノ安宅ヲ攻取　共云
○草加中村高畑塁　城主大膳ト云　其事蹟不知　[略記]曰　或云桃川邑ノ伊香氏ニ高畑城
主片山　ト結婚ノコト記セリトゾ、大膳モ　片山手

○都志古塁　都志与七郎春家　松老曰 都志本村中ノ限トス処ニ大石ヲ磨タル
櫃一箇アリ城主ノ宝器ヲ入置キ梃之ト云傳其姓ヲノ不詳
○郡家中村城趾　古跡志 田村氏城塁ノ址ニトゾ　常磐 下大町ノ南山ニモ古塁ニアリ姓名時代已
レズト　島固曰 是モ疑ラクハ田村家従属ノ城地ニヤトヲボシ　○古邸址 在中村 田村氏世々居住
スト云邸地ニ築地有テ二重ノ壕アリノ今モ大土居ト云花圃ノ跡ナドアリ左馬頭曾テ更
科ノ木賊八橋ノ燕子花ヲ移シ植タリトテ今モ外壕ニ残レリ　古跡 邸地一町許今里長ノ居トナル花圃ノ跡ハ四五丈許ニトゾ
傳云曩祖坂上田村麿十二世ノ苗裔中興ノ祖田村仲実弘安中奉勅賜淡州一宮
祭祀職之綸旨始自信州新井庄来往於淡州郡家郷ニ兼司于一宮二柱ノ尊年向七十
五度之祭式ニ子孫綿綿勢之而至天正中所謂大宮司是也　因云弘安中日蓮上人弘法華宗門於東国而開基本国寺
于鎌倉ニ後年於于京師 凡東国諸人無貴ク無賤靡然トシテ入其ノ宗門ニ死如帰草于風於之田村氏与従族帰
依上人ニ為檀越然後上人弘安五年寂田村氏亦奉勅下向于淡州ニ
石上遺書 社領及田村氏采地郡家郷志筑庄播州満ノ口明石大倉谷泉州佐野河内国
等也云云　臣伊藤氏末葉口碑曰郡家郷ニ十三村及播州加古川等云云

十七

田村氏曩祖贈従二位前征夷将軍坂上田村麿其先者後漢霊帝之裔也［姓氏録］曰後漢霊帝男延王之後［続日本紀］曰後漢霊帝曽孫阿智王之後也 誉田天皇応神 ［小町行状記］江文波著 田村氏系図之略也

帰字帰化来朝世人傳称毘舎門化身来護我国

○犬養 正四位 —— 坂上苅田麿 大忌寸従三位兵部卿右京大夫 左京大夫 ［本朝通紀］右衛門督 贈大納言 為陸奥鎮守将軍或為丹波伊豫等国守 延暦五丙寅正月薨 年歳

二男 坂上田村麿利仁 正三位坂上大宿称中納言兼右大将征夷将軍贈従二位 弘仁二辛卯 ［年表］三年壬辰 ［将当］九年より 五月薨于粟田別業 五十四歳 葬于山城栗栖野

延暦二十年春奉勅追奥州達谷窟賊于駿州清見関而迫于奥州誅魁首高麿及悪路王于神楽岡世謬傳之而為勢州鈴鹿山鬼神立烏帽子詳本朝通紀依奥州平均之功同冬十一月勅授従三位又［博物筌］利仁有声而重身則二百斤軽則六十四斤平城帝有童稚心嵯峨帝令利仁于防之討大将藤原仲成仲成之勢数万而如山河動揺世云討鈴鹿山之鬼神者附會之説也又［画本力草］曰坂上田村麿利仁其子利宗奉勅討勢州鈴鹿之鬼大竹丸鬼持大通連小通連之両鉄故不克殺于時鈴鹿明神化美女謀近大竹之而授利宗於之得殺云云是亦異説也

広野丸　大内記右兵衛従五位下

中葉祖　田村丸十一世裔　田村仲実　弘安中自本国信州新井ニ始而移于淡州郡家

田村某　不詳　諱明應三甲寅四月三日卒　法謚源廓院殿感月居士

春良　永正比　左馬頭　大永五乙酉年七月廿三日卒　法謚春良院殿天山日住居士

盛春　左馬助　一作頭　永禄二己未年三月十四日卒　謚是雲院殿晴岳日應居士

村春　修理進　一日外記　天正七己卯十二月十七日卒　謚本信院殿清山日眼居士

筒井村里正田村氏其家牒ト云

経春　次郎兵衛尉　実篠原自遁子（阿州木津城主）一説阿波屋形三好長治子ト云ハ非ナルベシ　天正九辛巳三月十八日信長ノ得悪自尽て家系滅ス之謚自覚院殿宣道日真居士

已上碑石及鬼簿在妙京寺中　因云天正十年九月自遁開城于木津来往郡家中村【暠曰】按口系図不見備前守　疑肥前守乎　肥備清濁ノ轉訛ナルベシ

是足ノ證経春為自遁之子　経春室野口備前守女

老臣　石上壱岐守　伊藤但馬守　渡辺大隅守　砂川左門　等　其余河合氏子孫住ミテアリ

釜口城主　尚春　田村長助

釜口仏勝寺ニ尚春ノ願書一通アリ

【常盤】釜口村民説ニ釜口城主ヨリ篭ウル願書ト云　愚按ルニ尚春ハ細川淡路守源尚春ナルベシ淡路守護養宜大土居ノ主ヲ六世ヲ成春ト云　文明十七年卒ス尚春ハ成春ノ子ナルベシ　明應中成相社ノ棟札ニ淡路守尚春トアリ　其比ヨリ三好一族五畿南海近国ニ威ヲ振ツテ淡路ノ地士モ皆三好ニ従属ス　故ニ尚春其飛ヲ避テ出奔シ釜口ニ篭城セシナルベシ【暠曰】此説非ナリ　郡家田村ノ同氏族田村長助尚

十八

春之安雄翁田村尚春有ヿヲ聞ザリシヤ田村家従来法華宗ニテ尚春妙勝寺
ヘ願書ヲ籠ルヿ故アリト云ベシ郡家同族長助尚春ナルヿ明ケシ松花又長助ト
云リ願書ニ曰　此度妙[illegible]
[illegible]
十一月十日　尚春　判

「
在城之処名不相知
康廣　田村志摩守　天正十年［南海記］為十一年八月廿七日戦死于阿波勝瑞
天正八年九月三好存保為攻一宮長門守成助駈催紀州勢三千余騎淡ノ田村
康廣ニ百余騎九月一日攻寄一宮城ノ成助告急于土州依之久武彦七郎親秋
率二万余騎馳来存保方聞之引揚責口同月十日成助為迎久武具二千余騎
出中島ノ三好方篠原自遁見之以二千余騎自勝與寺表駈ケ合戦成助敗北自遁
進追討之終得首二百級日暮土佐勢来三好方見之引軍勢同十年八月廿七日元親具
二万騎責勝瑞三好敗北宗徒三百余人雑兵九百七十三人戦死存保ハ城引退讃州此
時康廣共戦死焉　［土太］　天正九年七月淡州ヨリ田村志摩守康廣ニ百余兵率シテ
阿州ニ来リ三好存保ニ与カス　［南海記］　天正十一年正月秀吉須本城主仙石秀久ニ令援

〔貼込　六〕

三好存保長曾我部元親ニ破ラレ存保讃州ニ走リ秀吉ニ救ヲ乞ヒキ　存保ハ実休ノ二男也十河一存ガ養子ト成テ十河孫六ト云　南海記　同時元親ハ与田ノ野ニ在ラ…ト聞
兵ヲ出シテ戦フ仙石勘解由仙石権平村田志摩守等討死　川田陣ハ五月ハ権平ハ秀久従才年十八又十七ニ説　康慶戦　十年ト上年　西説ニ
天正十年九月阿州勝瑞城破却ノ時撫養木津山城主篠原肥前入道ハ才メ元親ニモ服セズ三好
ニモ同心セズ自立ノ志アリ其後織田信長ヲ後楯トシテ居タリシガ信長薨シテ後元親弥力ヲ
得テ四国ヲ横行スル故自遁ハ木津ノ城ヲ闕テ淡州郡家中村ニ退去シ宅亭ヲ営住ス去
十三九　撫養ノ内木津山城篠原自遁城ヲ明捨淡州ヘ還去ス　九月廿一日　皇高曰　退去　皇高曰　淡州ノ諸城天
正九年秀吉ノ征伐ニ悉陥没追逐セラル康慶独敵逐ヲ追シ秀吉淡征後引田陣ニ戦
死セシハ康慶素ヨリ同氏族ニ離レテ秀吉ニ意ヲ通シ居タルモノ歟

○宇原村　暦應氏　宇原庄司入道承真ハ　五瀬由来　暦應ノ頃赤松足利之令者多手国々淡
路国ニモ宇原庄司入道承真首徒ト成テ国中ニ下知ス　下畧ハ木犬土巻ノ下詳

○加茂山ノ城　暦應年中宇原庄司入道承真大埜村ノ良兼間村ノ息モル加茂山ノ
城ニ住ス細川淡路守師氏ノ為ニ亡ブト云

十九

三好存保ハ長曾我部元親ニ破ラレ存保（存保ハ実休ノ三男也十河一存ガ養子ト成テ十河孫六ト云）讃州ニ走リ秀吉ニ救ヲ乞フ【南海記】ニ時元親ハ与田ノ郷ニ在テ是ヲ聞
兵ヲ出シテ戦フ仙石勘解由仙石権平村田志摩守等討死（引田陣ハ五月ニハ権平ハ秀久従才年十八又十七ニ説　康慶戦十年ト十一年両説ニ）
天正十年九月阿州勝瑞城破却ノ時撫養木津山城主篠原肥前入道ハ初メ元親ニモ服セズ三好
ニモ同心セズ自立ノ志アリ其後織田信長ヲ後楯トシテ居タリシガ信長薨シテ後元親弥力ヲ
得テ四国ヲ横行スル故自遁ハ木津ノ城ヲ困テ淡州郡家中村ニ退去シ宅宇ヲ営住ス去
【十九】撫養ノ丹木津山城篠原自遁城ヲ明捨淡州へ退去ス九月廿一日【皇高日】退去【皇高日】淡州ノ諸城天
正九年秀吉ノ征伐ニ悉陥没追逐セラル康慶独敵逐ヲ遁レ秀吉淡征後引田陣ニ戦
死ニハ康慶長八ヨリ国氏族ニ離レテ秀吉ニ息ヲ通シ居タルモノ欤

○

○納村　大平記曰代　納氏某　【皇高日】五瀬由来ニ云ハ木細川ノ臣納与五郎ハ此子孫ニヤ

○山添古塁二処　一処【ト十八】云舟越氏不詳　一処村北ニアリ加茂主殿助（一作賀茂ト藤トハ字形相似正誤不知何加茂ノ住人ニヤ）天正九年淡征ニ亡

十九

〇廣田宮村古塁 西南ノ山ニアリ 中田越中守 土佐一条家ニ属シ長曽我部元親ニ従仕シ或三好家ニ仕テ阿州勝瑞城ニ出勤セシト見ヘタリ 天文中中田孫十郎 永禄中中田雅楽助等アリ或云其末葉宮村農丈助左エ門所持古書四通アリ古書ノ部ニ出ス

〇浦壁栗原城 天正中 島田大隅守 島田氏ハ中八木細川氏当国守護タラザル以前ヨリ当城ニ居ス太平記ノ時代足利尊氏ニ属スト云 或云島田氏ハ右大将頼朝卿ノ時代地頭トシ累世住之尤強テ所領トスニテモ無之由ニ

〇島田兵庫 実朝世 建保六年戊寅三月十四日卒 聚徳院精高崇心禅念居士 栗原前城主 島田遠江守父之

島田源太兵衛 後遠江守ト改ム 貞應元年壬午五月八日卒 南勝院智長得仙信全居士 称源太兵衛 島田允進父之

允進 宝治二年戊申十月十三日卒 尭岳院貞庵舜仙居士 島田木工頭父之

木工頭 死年不分 自木工頭大隅守ノ間数代有ベシ

大隅守 文明中ノ人之

遠江守時儀 文亀元辛酉中河ノ塁ニ入 天文八年己亥十二月十三日卒 瑞巌院玄通大居 遠江守 島田大隅守父之

島田大隅守 天文十五年九月十日卒

右ハ社家村覚住寺ノ鬼簿ニ見ヘタル分ヲ写之ニ然レ氏多ク脱闕アリ諡号ノナキ分ハ愚考ヲ以補益スル処ニ 文明天文ハ足利義輝ノ時ニテ三好氏強盛ノ頃ハ嶋田野口ナドノ名ノ皆地士ニテノ所領モ多ク地頭タル人ナルベシ 地頭ハ今ノ番頭与頭ナド云如ク地士ノ与力多カルベシ国郡戦争ノ世ニ及テノ采地ニ塁柵ヲ構タルト見ヘタリ

〇中河ノ塁

里老ノ説ニ島田遠江守時儀 已ニ系図中ニ見ヘタレハ茲ニ ハヽ

○島井村古邸　二區アリ各壘塹（ツイホリ）アリ廣シ一ツハ島田五郎右衛門ト云一ハ関加賀ト云傳フ栗原ノ嶋田氏ニ屬シタル地士ノ第地ナルベシ

○仁治四年道範紀行ニ八木国府トアレバ是已前ヨリ八木ノ国府アリシト見タリ仁治ハ師氏初テ大土居ヲ営与セシ暦應ヨリ九十余年前ニ

○中八木大土居　中八木旧名小野（フ）佐（サ）ト云［一覧］南小野佐村ニ　鎌倉ノ世文治中佐々木ハ経高次ニ横山小笠原等守護ト号多居ト聞ヘズ其後足利ノ世ニ至テ細川刑部大輔頼春阿淡兼領ノ時舎弟掃部介師氏令ヲ請テ暦應三年當国ヲ平治メ養宜大土居ニ住ス　称ニ屋敷［淡旧］其旧跡東西六十間余南北百二十間余四方ニ湟アリ　是ヨリ世々相續シテ弟七世永正四年ニ至テ凡百六十八年當国細川ノ守護タリ

［五瀬由来］曰此頃未ダ足利ノ命ニ従ザル者国々ニ多シ淡路国モ又足利ニ属従セズ自立シテ威ヲ振フ者十四人宇原ノ庄司入道永真首徒ト成テ国中ヲ下知ス時ニ暦應三年四月阿讃ノ太守細川頼春足利三代義満ノ命ヲ請テ　［皇嵩曰］暦應元ハ尊氏治世初年之應安三ノ誤ニヤ［再考］暦應ハ宜シ義満ノ命ハ非也尊氏也師氏ハ義満ノ治世ノ初年應安元ヨリ廿一年前貞和四年卒セリ　舎弟師氏ヲシテ淡路ヲ平治セシム阿讃ノ兵八千余軍艦六十余艘鳴門ヲ渡ス福良浦弦島ノ城主福良勘解由　六条判官為義ノ十男淡路冠者義久五代後胤　一番ニ降リ迎ノ為兵船ニ乗我館ニ請ス勘解由郷向（コレヨリ下）是ニ淡征ノ由ヲキヽ源氏同流ノ好身

タルヲ以テ阿波勝瑞ニ廻札ヲ以テ郷導ノ先陣ヲ乞シモノ之扱受ニテハ駈引自由ナラズ
ト翌日忌部ノ山下（今ノ八幡也）ニ陣ヲ取テ福良渡海場ヘノ通路ヲ開キ立川瀬ノ川原ヲ前ニ
受テノ扣ヘタリ　其勢一万二千余騎　宇原入道ハ此由ヲキヽ急ニ国中ノ城々ヘ催促シ立川
瀬ノ川ヲ隔テノ對陣シ闘戦数度ニト雖勝劣ヲ不分然ルニ或夜師氏陣外ヲ見白羽箭飛鳴
シテ光ヲ放チ敵陣ノ方ヘ行ヲ見テ奇異ニ思ヒ此辺ニ神祠ヤナキト村民ニ尋ラレケルニ往
昔大社タリシハ八幡宮ノ朽廃ニ及ヒ草中ニ埋レ有トキヽ師氏扱コソ源氏ノ守護弓矢神ノ応
瑞ナルコト疑ナシト儀ニ奉幣シテ勝利ヲ祈リケルニ果シテ翌日師氏ノ近士ノ箭頭ニ入
道永真貫カレ大将亡ビケレバ従兵忽降参シ一国平均ノ上師氏城地ヲ點撿アルニ小野
佐ノ古城（中八木ノ古名也）ハ東ニ小山アリ西ニ川アリ能要害之殊ニ鎌倉ヨリノ守護職タリシ佐々木
已下ノ居館ノ跡ナレバ弥可然ト再興アリ周囲ニ堀ヲ構ヘ南方ニ橋ヲ架シ東西ニ門ヲ設ケ
宗徒ノ家宅四方ヲ廻リ東ニ武田二郎巽ニ額田彌五郎北ニ彦負右馬ノ介南ニ岩見藏
人坤ニ小山田小次郎乾ニ安条喜兵衛ナド云ル家士列居シテ館ヲ守護ス古ヘ叶ふ巍

然タリ此牛賤婦ノ春諷ニ　月ハ東ニ昴（スバル）ハ西ニ御館様ハ真中ニ　此唱哥今猶言称ス
月ハ東トハ一門武田次郎ガ宅ヲ比セリ家士随一タリ昴トハ西ニ當リノ家臣ノ居宅列居スルヲ
云リトゾ今ニ其辺リノ畝号（ホノチ）ニ此姓名ヲ以テ呼モノ多シ　文忌部ノ神社ヲ再興シ宝塔ヲ
建坊舎十二區ヲ構キ田領若干ヲ寄テ加集山八幡ト称シ細川家世々ノ崇神トス斯テ
師氏淡路守ニ任ジ以来細川代々淡州ノ守護タリ　中ハ木村大土居城址田ノ中ニアリ四方高二間半ノ土堤アリ東西ノ両方ニハ屋舎跡ノ外
形アリ土堤ヨリ外側ニハ幅二間程ナル堀アリ此廓東西ノ長サ六十間余南北八百廿間土堤ヨリ
内ニテハ八十間ニ四十間之入口ハ東西南ノ三方ニアリテ北手ニハナシ昔ノ本門ハ南ノ方ニ在テ橋掛リ
有之由之此廓内七千六百坪ニテ二丁四反ノ田地トナル廓内ノ中央ニハ東ヨリ西ヘ土堤ツヾキ藪
有ハ反アリ土堤ヨリ北ニ薬師堂アリ

○義季　足利陸奥判官義康二男　細川次郎　［下九三］三郎

俊氏　細川八郎

頼直　［下キ八］作公頼　細川八郎四郎

頼貞　細川八郎二郎　［下キ八］作八郎太郎　号白毫寺

顕氏　細川小四郎従四位下陸奥守引付頭人

定禅　若宮別當律師宮内卿　四国兵将属細川定禅　［一五］建武二乙亥

直俊　細川帯刀

和氏（カズ）　細川弥八郎阿波守執事　頓死四十七号補陀東陵

廿一

清氏（従四位下相模守管領 有良将器顕武功）貞治元七月廿四日於讃岐為頼之被討

○康安元年細川清氏叛将軍義詮至南朝相儀楠正儀将襲京都時細川氏晴率淡路軍勢浮船八十艘至摂津追退敵兵翌年正月清氏赴四州時氏晴具三百騎渡讃岐与伯父頼春子（皇国旧写無頼春子）等頼之共戦与清氏終討最

清氏○貞治元年壬寅正月細川清氏管領将軍義詮之為執事依佐々木道誉（道誉者佐々木太郎定綱四男信綱四男四郎氏信対馬近江守号桐谷弘安七年四月四日出家道善承仁三年五月三日死七十六号清竜寺佐々木京極甲斐等祖京極三郎[illegible]左衛門尉佐渡守弘安二年十月四日卒男京極三郎左衛門尉応長元年出家賢観嘉慶四年七月十六日卒六十一其子佐々木京極四郎左衛門尉佐渡判官従五位下入道々誉也自建武項随尊氏将軍其威勢越万人号勝楽寺）之讒蒙疑奉于南朝勅為平治于四国押渡讃岐従才細川兵部大輔（氏春）率淡州兵三百余騎馳加（皇国旧写兵部大丈法師氏氏春之誤也師氏自是十五年以前貞和四年卒）○清氏為頼之被討

伊賀掃部助貞治元年七月廿四日（年契曰壬寅二年清氏死）○龙馬助（清氏ノ弟）掃部助（氏春之才 皇国上与掃部助同名別人歟）依被討清氏（皇国旧写作氏春蓋誤）引退于淡州此州又聞被討清氏而依変心又渡泉州○頼之下統於四国京都将軍家為股肱臣

龙馬助（共之清氏渡讃岐）

八幡太郎義家九代後胤　細川源蔵人刑部太輔讃岐守侍所引付頭人

頼春

観應三[壬辰]年改元[文和元]　閏正月戦死于京四条大宮[通記曰二月戦死]　[一云]延元二丁丑細川頼春継定禅之跡任四国大将軍、安居阿波勝浦郡勝瑞、文和元壬辰二月戦死於鳥羽縄手

頼之

右馬頭従四位下武蔵守入道常久管領輔佐幼君天下大治[ハンシ之応永十六年卒]　頼死六十四

[下キ八]明徳三年卒、号永泰院常久、[日本應子曰]至徳元年細川頼之建立法府寺于淡州、開山絶海和尚

淡州八木大土居、第一世

師氏

細川掃部助兵部大丈　貞和四年戊子五月廿三日卒、豊財院殿雲林浄公

此人始而為淡路守護、暦應中以来守護九年、子孫世々相続居大土居

第二世

氏春

細川左衛門佐兵部大輔正五位下淡路守　南方退治陣于摂州尼崎、○應安六年三月氏春為攻于南方、具四百余騎陣于摂州尼崎、高名○永和四年細川氏春請将軍義満之厳命、以三千余騎攻紀州之官軍橋本正時、正時開城奔他邦、嘉慶之年丁卯十月十九日卒、松柏院殿泰山安公、守護三十九年○氏春弓馬達者不劣于父祖、且執心歌道、載後選集、其歌雑蔑題不知

[illegible]

其外員名不哥多之

掃部助信氏

清氏将討四国時、氏春ト氏二清氏ヲ援ク

才三世
満春　細川淡路守左馬介　應安七年□月将軍義満退治九州菊池武政時細川満
春為先陣率二万余騎経豊後路而入南海同九月菊池兵尽降北朝
将軍即帰○明徳二年十二月山名氏清叛将軍之命義満怒令満春々人之戦於内野氏清
戦死○應永六己卯六月（三）十二月廿日病死　諡宝珠院殿太載地公　守護十二年此時天下[illegible]号遵叙

才四世
満師　後改満俊淡路守文安三丙寅年九月十日病死
諡心香院殿無翁源公　守護四十七年

才五世
持親　中務少輔改隠岐守寛正六乙酉年十二月十二日卒
諡瑞雲院殿久峯長公　在職十九年

才六世
成春　彦四郎後改淡路守又改隠岐守文明十七乙巳年五月十五日卒
諡南陽院殿成伯栄公　治国二十年　○宝徳元年将軍義政
卿的始之時以成春被定御相手其後被令御師範多年在勤
于京都且被許大追物之射習而営射場於居城西常與之令其旧跡遺于
野原村称大馬場○文明十二年細川成春被加将軍御供衆之列此時改隠岐守
尚春又任淡路守（二八下ノ六行）應仁元丁亥細川淡路守之信淡路之兵士云々是成春

才七世
尚春（ヒサ）　初之信
父成春任隠岐守時尚春任淡路守永正四丁卯年五月廿三日三好殺害
法諱桂堂院殿以久傑（傑作何久之共疑）（三）文公（皇篇曰）以久寛寺傳筆同進斷像贊録
守護廿二年以上七世年数凡百六十八年（等于覚住寺鬼薄依）【五瀬由来】細川尚春應仁乱与山名
宗全屡戦于京都有軍功【通紀】曰應仁元二月勝元細川集兵以欲攻宗全計起兵
其觀族及細川一族摂津丹波土佐　安千　淡路三河備
（上キ八）○勝元ハ義視ノ独ス

中和泉等之国兵属等　永正四年九月廿三日細川尚春阿波細川本家ノ家老三好筑前守
長輝入道希雲長慶ガ祖父之ガ為ニ自尽ス曽テ希雲阿波館細川家ヲ毒殺シテ
其領地ヲ大集ヒ淡州ノ尚春モ其別家ナレバ一時ニ亡シテ領知ヲ併セバヤト企ッ併乍ラ
淡州細川ノ先祖師氏巳来馬廻村成相寺ヲ再興有テ大殿数多ヲ建並ベ伽藍
ノ精舎ト成セシモ実ハ敵若シ大軍ヲ以テ養宜ノ館ヲ襲ントスル時ハ急ニ此寺ヘ入テ本陣
トシ甃ノ細道両山相迫ル処ニ大城門ヲ構ヘ両山ノ巓ニ物見ノ屋倉ヲ構テ落シ矢ニ
防ガハ山深クシテ石崖高ク水流シテ道細ク馬蹄ヲ運ブニ自由ヲ得ズ一騎討ノ処
ニシテ年月ヲ経テ攻續ルモ落マジキ要害ヲ頼ミ兼テ内議シテ伽藍ヲ建立
セシモノ之希雲年頃肝膽ヲ痛ルハ是之ニ只敵ヲ小引出シテ不意ヲ討ニ如シト
軍艦数十艘ヲ艤シテ撫養大毛ノ海濱ニ押ヘ今日ヤ渡ン明日ヤ押寄ントト日々
ニ三丁押出シ鳴門ノ辺ヲ徘徊シ汐時風ノ順逆ヲ伺フ体ヲ見セケレバ福良ヨ
リ是ヲ遠見シテ館ニ急ヲ告ケルハ三好三千余騎ト聞ヘ猶モ伊豫土佐ノ加勢

ヲ待得テ渡シトスルノ結構ニ此多勢ヲ国内ニ引請バ何カハ以テ堪ベキ片時モ
福良ニ出張シ船ヲ海濱ニ寄セジト一国ノ一族阿万ノ郷殿阿那賀殿ヲ始城々
ノ主十六人各家士ヲ残ラズ福良ノ渡口ニ馳湊ヒ鳴鳥取藻（新）ノ濱ニ屯シテ敵船
寄来ラバ横矢ニ射崩サント待掛タル其勢凡三万二百十余人トゾ然ルニ三好希雲
ハ思フ図ニ敵ヲ小引集メ夜ヲ待テ兵船六十余艘ニ八百余騎ヲ従ヘ小鳴門
ヲ漕出シ阿那賀浦ニ押渡ルヤ否相図ノ狼煙ヲ揚ケレバ追々ニ馳来軍艦幾
ト云数ヲ知ズ阿那賀ノ城主武田大和守モ福良ニ出張シ留主居ノ家来等夜
陰ノ不意何カハ以テ涵ルベキ暫時ニ切並ベ夜半ノ比直ニ養宜ノ館ヲサシテ
襲来ルニ近習衆徒ノ人々皆福良ニ出張シ城中ニハ婦人勝ニテ防クベキ勇士モ
無ク漸外サマノ武士二十人許有合命限リニ防キケル内大将尚春ハ六歳ノ
若君二歳ノ嬰女ニ乳母カシヅキノ士網与五郎ヲ副テ宻ニ東門ヨリ鮎屋ノ
奥ニ忍バセ其身ハ自害シテ敵ヨリ大箭ヲ放チ館ニ火掛リケレバ兵因ヒ八中

へ走入テ死セリ先祖師氏暦應三年始テ居城セシヨリ七代世々淡路守ト
称シ一国ノ守護タリシモ此時ニ至テ滅尽セリ扨若君達ハ納与五郎傅キテ
鮎屋ノ滝ノ奥五ノ瀬ト云処ニ至リ隠レ忍ビ若ヤ合戦勝利ヲ得バ迎ヲ越スベ
キトノ事故安否ヲ待居ケルニ敵方ヘ捕ハレシ雑兵共若君息女達ノ行衛責問レ
白状セバ助命スベキ旨命惜サニ白状ニ及ビ五ノ瀬ニ案内シケルニ若君達ハ迎ニ
ト案ノ外ナレバ納与五郎乳母諸共抜合レテ防キケレモ争テカ切尽スヿヲ得
ベキ与五郎ハ物ニツマヅキ倒タルヲ群寄テ寸々ニ切若君達モ終ニ首ヲ
取ラレ玉ヒケリ案内シタリシ者ノ子孫今ニ納村ニ百姓ト成四軒ニ分レ居ケ
レモ代々兎角其者共祟リ多レトゾ　其頃山賊ノ哥ニ
或御山
小山桂よ西やまも谷よ辛ニ中よへ一　椎の本よ川
是若君達ノ隠レ忍ヒシ処ナル由其在処ヲ訴人セシヿヲ哀哭シテ其頃
諷シケルトナン今ニノ世ニモ其唱哥備レリ

廿四

八幡太郎ヨリ義季マデ右ノ系常磐艸ニ載ス鑑名ハ混アリ両図ヲ並ヘ挙テ参考参合ニ備

常磐○源義家 八幡太郎 頼義 鎮守将軍 ― 義国 足利式部大輔 ― 義康 足利祖上野介 保元戦死 ― 義清 仁木細川祖足利太郎 寿永戦于水島

― 長男 義重 新田大炊助 号大光院殿上西 ― 四男 義季 徳河四郎

― 義實 廣沢判官代 ― 義季

武鑑○義家 伊豫守頼義長男 八幡太郎 陸奥守 ― 三男 義国 式部大輔 新田足利両家祖

○上八木村古塁　村ノ東南栃谷山中ニアリ大久保龐安国寺竜梟岩ノ上方ニカヽル城主ハ武田万之丞ト云傳フ阿那賀武田ノ氏族ニヤ三好與黨ノ人ナルベシ或曰阿那賀ノ城主武田久忠ノ一族ニ又中八木御土居ノ老臣トモ云時代不詳

○八木安井義作古邸　［須府昔談］八幡馬場先薮ノ中ニアリ周囲ニ幅三尺許ノ溝ヲ構ヘタリ今其跡ニ農家一軒アリ又須本吸江寺ノ地モ元其子孫安井善之丞ノ宅地ナリト云リ細川淡路守師氏ノ老臣安井義作ノ後胤ニ義作ノ子モ義作ノ子モ善之丞ト称セシトゾ

○阿那賀古塁　武田氏世々住称阿那賀殿　應永中武田山城守久忠　或云久忠ハ八木氏族カ

養子小八郎【トキ八】小八郎無シ　其子彦五郎　其子彈正住由良浦而死【ト】[illegible]由良浦ニテ害ニ遭家廃ト云
傳三好ニ屬従シタル人ニテ天正九秀吉淡征ノ翌十年処領没収セラレシナルベシ　武田山城ハ武家ノ礼式ヲ能知レリト云傳ヘテ其傳
書ト云モノアリ春日祭ノ式モ此人ヨリ傳ヘタルトテ幣帛ノ授受饗坐ノ飲饌献
酬ノ式モ佗ノ村里トハ異ナリ猪狩八幡ノ祭奉射百手的アリ今礼容失弊スレドモ多ク古
儀ヲ存セリ是等モ其人ノ傳ナルベシト常磐草ニ云リ【松名曰】武田ノ家老大栗善九衛門阿那賀
浦ニ止リ庄屋ヲ勉今為ニ商家

○上八木　古塁アルヲ　安田伊之助正明住ス或云中八木細川ノ家老ナリト云安田武田ハ共ニ清和源
氏ノ末裔細川氏ノ同流ナレバ恐クハ皆中八木ノ老臣ナラン方阿那賀ノ武田氏モ又中八木ニ屬セルナラン

○社家村古塁二処　其一ツハ村西ニアリ　上田殿ト云覚住寺ノ[illegible]簿ニ上田院殿天秀等
俊俊公居士永正九年壬申七月晦日卒【トキ八】上田殿ノ法名ニヤ法名ニ公ノ字アルハ八木
細川ノ通リ字ト見ユレバ同姓ノ氏族ナルベシ　○其二ハ村東ニアリ未詳【皇嵩曰】又同族ナルベシ

○福井村古塁アルヲ　三条亀之助　一曰三條亀[illegible]　時代不知【皇嵩云】亀殿トハ亀ノ名ヲ敬称ス、

廿五

○猪狩村古塁　村東ニアリ城ノ山ト云旧ハ塹ヲ堀ト云城山ノ懸崖大石アリテ地名石津女（イワツメ）ト云城主シレズ近キ処ニ橋本氏ノ邸地トテアリ邸中ニ金井ト云古井アリ是ニヤ［舊記］橋本隼人佐伊賀利ニ住ス天文年中ニ死其男主水正永想者（才）三河国ヘ立退ト云

○委文庄田村船越氏故邸　村西ニアリ壕築墻（ホリツイヂ）ノ跡残リテ大ナル邸ナリ大土居ト云今田トナレリ［舊記］曰駿河国住人船越左衛門尉定氏（［舊曰］永正ト云ハ誤ナルヘシ此地文明ヨリ卅年許後ノ年ナリ此時親秀尚領主タリ）永正ノ頃当国ヲ受領シ慶野浦ニ着船シ其浦人ヲ郷道トシテ委文ノ館ニ至リ先領主藤原親秀子孫ヲ追討シ其領知五千五百石ヲ自領トス之（［トキハ］感應堂鐘銘ニ文明中細川成春守護ノ時藤原親秀領主タルト永正ノ説ニ見タリ［舊曰］感應堂今ノ古津路ニ非ズ土井村ニ在シ時ノコト）傳説曰船越氏奕世委文庄ヲ領ス左衛門尉ニ至テ蛇害ヲ除ケリ（或曰文明六年慶野潜沙（ノバスガ）池ノ大蛇ヲ射テ其身モ不日卒ス）

［舊記］定氏ノ子花（後曰右衛門尉定俊）其ノ子彦之進（後曰孫太郎景倫）其ノ子五郎右衛門尉景直マデ連綿トシテ委文庄ニ居レリ景直ハ豊臣太閤ニ仕フト（舊記及庄田加地氏家記北方村長家記）併セ記ス又上堺ノ木里長ノ家ニ傳ル船越氏系図

○左衛門尉定氏――右衛門尉定俊――孫次郎景倫（旧記作孫太郎）――五郎右衛門景直

伊豫守承景――三郎四郎正景――左門為景

或記曰天正十年秀吉炬口城ニ入テ定氏カ子孫五郎右衛門尉景直ヲ召レ先祖定氏ノ武勇感悦有テ御盃ヲ賜ヒ景直ヲ具セラル此時左田城ヲ去テ関東ニ赴クト云

淡通曰舩越左衛門佐藤原定氏者領淡州三原郡委文庄矣仁孝武威振海内一日領民咸謁曰大蛇隠處於慶野之池掠害婦老及牛馬家々甚畏之農業失時禾穀無執殆及凍餒伏冀殺蛇安民業定氏不堪忍之乃騎駿馬以執矢弓率一家僕而到蛇窟大発声喚起曰我是縣主也汝害人民欲伐其暴逆来焉若有霊則可出焉時二尺余小蛇出浮池上定氏睨視曰汝平素作害也何以其敵須彰本体小蛇入池底而再出大身可二十丈也定氏黙祷射之舎矢如破物中而從左頤及貫右頬則飄然暴雨轉倒草木飛散破石定氏策馬趨奔如飛忽速帰宅焉起来逐趾将踰門定氏間不容髪射之矢貫舌頭遂殪旁倒臥不能敵焉其尾敲地而死矣其穴所敲変成池定氏所觸蛇毒不得除之経三日後卒逝矣又僕馬被當毒氣共先死ス

廿六

○入交隼人長曽我部右エ門太郎盛親入道支夢ノ家臣也

于時文明年中之也国民鎮称揚而不已矣　賛曰　赳々丈夫勢出于孟賁之上挙
夤于后羿之彀奇哉恵民之陥於死地而使我軀先死可謂仁人君子也今聞廣誉
傑烈勇剛人焉屢哉所謂為淵敺魚者獺也為叢敺爵者鸇也蓋為人敺蛇者船氏之功ニ
而執之乎比有哉　又曰口碑曰天正十五年秀吉公入于淡州狢口城而召五郎衛門景直曰汝ガ
先祖定氏武勇我聞之久矣今逢汝ニ如聚大牢開ク大奉如之乃賜ニ芳饌酒盃且
逮ニ予数盃献酬ニ遂ニ相卒而入ニ花洛ニ矣又景直其後之于東関云　南海記　天正十五年
秀吉公島津氏ヲ征スル時御供弓鉄炮頭ノ中ニ舟越五郎右衛門アリ又　太閤記　朝鮮進発
人数帖名越在陣衆舟越五郎右衛門尉百七十五人トアリ　常磐ニ舟越蛇ヲ射タル一件
○当高曰安永五年将軍日光御社参行列ノ記ニ舟越五郎左エ門アリ左右各与頭一騎ヲ従ヘリ今ニ至テ連綿タルカ
鳥舌二鍬ノ国アリ委文庄々田村八幡宮へ奉納ス或曰慶長十九年入交隼人ト云人淡
路ニ寓居ノ時神許ヲ得テ彼二鍬ヲ待来レリ　入交住居于住吉安立町　隼人ガ女子浅井道韻ニ適リ
道韻ハ木下道円ガ子也　是ニ依テ鍬ヲ挈道韻ニ贈ル其子玄得持傳ヘタルヲ京ノ白稲葉丹後守乞テ見
玉フトニ　南海治乱　曰入交蔵人ハ長曽我部ノ家人也トアリ隼人ト同人也　淡通ニ又国アリ曰舟越定氏射殺毒蛇之矢印皆上而所携

写之画図之此矢之二根者定氏住処委文（シトリ）庄庄田村八幡宮所珎蔵也時世展轉メ盖在京華ニ平村
上隨流直視メ図写シ来ラ矣
○納氏第址　全シ村ニ在　大手記綱目良忠大塔宮ニ高氏ノ叉心アルコヲ告テ曰同意ノ多カラム
阿波ニ小笠原一党淡州ニハ鳥田藤田納古川等トアリ
○加地氏故邸　全シ村ニ在　壕（ホリ）築（ツイヂ）墻アリテ尤広キ邸地也加地日向石見ナド云人ノ故第ト云天文
中八幡ノ毛記ニ左京進六郎兵衛トアルモ其子孫ト云今モ加地氏世々故邸ニ家ス　其孫斎ト云
或云加地納モ共ハニ舟越ノ室老也ト常盤必然リト不可云嘗テ東鑑ヲ検（サクル）スルニ建久建武
ヨリ文應弘長マデノ間ニ加地次郎宗季加地五郎兵衛尉義綱加地七郎左エ門尉信朝加地太郎
実綱加地五郎次郎章綱加地七郎左エ門尉氏綱等其外数人ノ事跡間断ナク載タリ越後
国加地ノ庄ノコモ彼書ニ見タリ和名抄ヲ考ルニ加地郷ハ沼垂（ヌタリ）郡ニアリ舊其地ヲ領シタル人ナルベシ
委文ノ加地モ其氏族ナルベシ船越氏モ文治二年船越三郎等摠崎ニテ梶原景時ト戦テ功
アリ建長二年ニ船越右馬允アリ皆東国ニテ名アル士ト見ヘタレハ鎌倉ノ代又ハ

廿七

室町ノ比ヨリモ安文卿ノ釆地ニ来住セシ「有ベシ傳説分明ナラザバ其ノ履歴知リ難シ當国守護細川氏衰廃セシヨリ諸氏皆三好氏ニ服従シ織田家ノ比舟越氏ハ羽柴氏ニ帰降シ加地ハ此郷ニ留寓セシカ

○古塁　村ノ東山ニアリ城ノ腰ト云姓名知レズ

○鍛冶屋村古塁　二所　其一ハ村ノ西南ニ墨壍（ツイヂホリ）アリ城野右近居スト云傳

○二ツハ西ノ山ニアリ（舊山ト云）加集右近ト云宅地ハ加集中村ニアリテ壕築墻アリ鍛冶屋村万福寺前ニモ備後土居ト称スル畠地アリ［トキハ］應永中ニ加集ノ庄ノ高陛親忠アリ嘉吉ニ加集二郎九郎門康愛有長禄ニ加集美濃守公文アリ文明加集美濃守高陛安親アリ　天正十一年加集木工之助盛政賀集郷ヲ去テ北国ニ赴ク年月ヲ石ニ彫テ遺セリ（青木村ニアリ）又書留シ一通アリ曰　某こ義来氏加集美濃守公文を未保之後々加集美濃守三種の香利三管の子孫今に至まで去とて去にしちる人ノ大君ニ従て紀よりけ文不沙汰あ候の手利并に家宅成歳米

譲り与へ以て先祖の恩を報せしむべき也　天正十一年八月　日　蜂須賀彦右衛門
[illegible]　蜂須賀彦右衛門尉　加集木工之助盛政　印判アリ

又藤原朝臣加集美濃守公文書判一通アリ　按ルニ賀集氏ハ世々加賀集郷ノ采地ニ居住ノ地士ト見ヘタリ　但シ高階ト藤原トハ別姓ナルニ混雑セシハイブカシ　足利ノ代ノ季ニ至テ三好氏ニ降リテ旧地ニ居住セシガ信長ノ時天正九年秀吉当国ヲ平治セシ時地士ノ采地ハ皆没収セシニ此時盛政他国ヘ立去シナルベシ　又万福寺中ニ三善備後守石碑アリ　賀集盛政兄ト云　[高曰]　備後守ト盛政トハ別系ナラン　愚考後ニ記ス

○[博物筌]　高階ハ光仁帝宝亀四年高市皇子ノ後胤治部卿安宿ニ高階ノ姓ヲ賜ル

[松七著]　木工之助盛政略系図

○三善備後守 ― 加集出羽守（別記ニ法名印斎）

○盛政中村之碑ニハ美濃守安親ノ嫡子ト記ス

- 加集刑部　[高曰]　或記ニ仕脇坂安治住福良ニ後仕　国君ニ賜二百石
- 加集盛政　[松七曰]　仕脇坂安治　脇坂没封予州時随行　子孫今猶有脇坂家　[高云]　盛政ヲ為此系ハ非之
  - 二男　加集盛之丞政氏　（高云　盛政ノ事ハ愚考後ニ詳ニス）
- 松田主水
- 加集右近　[高曰]　或記築ニ鍛冶屋村城而後住ニ中村城　鍛冶屋ノ里ハ此子孫ト云リ　（天正初落城　西ノ山ニ城址アリ）

廿八

篠原七郎右衛門　皇高曰　撫養篠原ノ家ヲ継シモノニヤ

加集平九衛門　以上数箇各有子孫

又鍛冶屋村里正家ノ系図曰

○初祖 三吉備後入道印齊

生国累祖備後国三善郡（和名抄作三次即同郡通用乎）ヲ領シ尼子孫四郎幕下ニ属シ其後故有テ毛利元就ニ降合ス又本領ヲ放チ淡州加集庄ニ居住ス三吉姓阿波三好ニ紛憚之故加集二世右近迠居城跡鍛冶屋村西麓山尚加集中村鍛冶屋村堺ニモ有同村万福寺前ニモ備後土居ト字スル畠地アリ　法名月相宗法　永禄元年六月十八日　五倫石塔在万福寺中

皇高曰　前記之累系已有備後守而有其子出羽守印斎、似混誤于備後入道印斎、愚考従備後国初来者備後守而茲云入道印斎者蓋備後守出羽守後薙髪改備後入道印斎乎故為死年永禄者二代之備後而可為与出羽守同人也矣

二男　前ノ刪系四男ト見
二代　右近某　遊月宗雲　天正九年四月十三日　已下石碑各万福寺中

三代　主馬某　月清宗久　慶長十三年三月六日　自主馬至盛長二代浪人
具足鎗穂箭立鎗一条至子孫今持傳之

四代　盛長　惣九衛門　苍月宗栖　慶安三年二月廿八日
此代始而為之鍛冶屋村里正子孫絣綿

五代　法名　華室宗覚　寛文六二月廿日　[illegible]定某
法名　亀月永照　延宝五年月十[illegible]日　[illegible]

皇高曰　加集氏ノ系図又別記ニ備後守ノ上ニ高陸親忠（○寄進帖）應永四年二郎左衛門（○鍛冶春）康曼嘉吉美濃守（○寄進帖）
文明 文禄　同高陸安親三（○寄進帖）等ヲ系シ以上ノ人々ハ護国寺寄進帖及鍛冶刑部宗長居仏眷書ニ

アリテ古時代古ヒ鍛冶屋村里長ノ系図ハ以備後ノ為ル祖備後ノ丸年ハ永禄之ニ然則

右前後同姓ニ流而混シタルモノナルヘシ木工之助盛政ノ子孫ト云モノ今市郷ノ内

西三家アリ其中ニ上卿稲田君ノ家士ニ近世加集木工平ト云者ノ住（須本）刀劔飾具

金工ニ名ヲ得タリ（今遁世物其彫並出此時八人年テ）ニ世三則（淡州鍛人）又木工助盛政青木村ニ碑ヲ立

置テノ天正十一年服坂氏豫州ニ所替ノ時随行トハ誤ナリ所替ハ慶長十三年之天正十一

ハ服坂氏和州高取ヨリ当国ヘ移リ来ル年ナリ然レハ大君ニ随テ佗ニ行トハ服坂ニ非ズ大

君トハ何レニヤ疑フラクハ秀吉公ナルベシ（上ハ信州カ下ニ見）盛政北国ニ行ノ後其子廣之丞父ノ譲リヲ得

テノ田リ服坂氏ニ仕ヘシナルベシ何レ服坂ニ仕シハ天正十一已未ナラン

（年契）天正十一亥四月秀吉取越前勝家敗死五月秀吉取美濃信孝走死

（鳥高田）盛政ノ系愚考記茲　◎加集庄高陞親忠（應永四年）（此間四十一年）　加集康愛（嘉吉二年）

（此間十七年）加集美濃守公文（長禄三年）（此間二十年）加集美濃守高階安親（文明三年）（此間百十二年）

加集木工之助盛政（天正十一年）　加集廣之丞政氏（盛政ノ子トスルコ非ニ再考後系ニ詳ニ）

按ルニ松花カ著ス処ノ系盛政ヲ以右近ノ兄トスルコ非ナルベシ右近ノ父ハ備後入道印斎之

廿九

其父三善備後守初テ当国ヘ来住ト聞ユ盛政ノ祖ハ公文之公文ノ上ニ亙カ愛親忠ア
リテノ年古ク加集庄ニ住居ト見ヘタリ然レハ備後守トハ別系ナルベシ又中村ノ碑ニ盛政
ハ安親ノ嫡子ノヤウニ見ヘレドモ此間百十余年ヲ経タレバ此間ニ数代有ベシ彼中村
ノ碑ハ元禄十三年子孫卅六人勠力シテ建ルヨアリ子孫傳聞ノ脱漏也印斎ノ
子右近ノ上ニモ加集刑部加集盛政松田主水等ノ連枝アリ鍛冶屋村ノ家系ニ近ヲ
印斎ノ二男誌セリ盛政ヲ此系ニ省ケバ能符合セリ松田アレモ佗姓ヲ継シト見レバ
二男ニ当ル之

再考［懐古集］中村城址ニ石碑蔵アリト云恐クハ是ナランカ

［淡通］加集木工助盛政従先祖住于加集中村尚矣焱之舊園并加集殿
池馬場猶存蓋聞近世先祖美濃守石標出於林中乎［愚曰］石字下蓋有脱字仮補于標字是盛政所建青木村之碑乎要爾
非美濃守碑ニ中村之碑者子孫勠力元禄中所建也　盛政赴信州時聚郷黨之長幼而設酒宴謝別而去乃彫姓名
于石安壇上其石標今在于青木村駅程之路畔是数世之雄士也同名備後守家園
在中邑陣境鍛冶屋村ニ其処ヲ謂城腰而四方構堀帯竹林矣況深水湛要害甚堅
焉其素姓虽為三善河波三好実休領四国淡路五畿内并中国之内故避三好殿之

威名ヲ政之為加集備後守ノ石塔在ニ鍛治屋村万福寺ニ乎　皇高巳見ニ此記ニ備後守於政為別系ニ著明也

○或記ニ七人衆ノ中白河刑部　鍛治屋村ト記セリ不レ記時代ヲ

○上御稲田君ノ家士ニ近世加集木工平ト云須本ノ住人在刀剣ノ飾具ノ金工ニ名ヲ得タリ今

〆二く畠ヤ物ニ其彫タル器ニ出セル八人二世モ有（口稲田氏ヘ入ル八洲）木工平ト称ス存在セリ傳来ノ

系図有シカモ同氏ノ人ニ借ヱシニ終ニ返サズトゾ此家ヤ木工ノ外盛政ノ正統十

ラメト思ヘモ系図失ケレハ先祖ノ統道ヲサグルニ由ナシ

高七尺　横三尺一寸

現世安穏　天正九年辛巳

淡州三原郡賀集木工之助

妙法蓮華経為逆修

藤原朝臣盛政　㊞

後生善処　八月吉日

是盛政躬所立

青木村之碑ノ

福良往還之

官道路傍ニ

今尚存

三十

賀集氏系譜考

賀集氏本ハ助盛政と淡路国村里正の[illegible]後の今[illegible]称[illegible]
二流とみて有り[illegible]ハ縫殿ニ二[illegible]次家ハ後て淡路国村ニ来れりと二家の系譜
見えて有り　来住ハ天文中なりと見へし　本ハ助八年古ツ数代賀集の代々先祖の歴々後の士と見て
有り賀集ハ淡路ニ古ヘ不[illegible]の旧記中ニ見えたる数氏の[illegible]後ニ以今もて急考もし
系譜を撰する

○賀集左近将監親忠　応永四年寄進状ニ之　応永四より長禄二迄都合四十一年　賀集[illegible]慶　嘉吉二年　都合十七年

賀集美濃守公文　長禄二年　都合二十年　賀集[illegible]守隆安　文明三年　天正　十二迄百十二年

安親ヨリ盛政迄ノ間四五代有ベシ

文明二年讃国[illegible]寺[illegible]日一[illegible]
[illegible]西井[illegible]下[illegible]二[illegible]西[illegible]村西[illegible]
法華[illegible]村[illegible]村久[illegible]伯[illegible]土[illegible]
[illegible]村中村西[illegible]
村立川[illegible]賀集[illegible]行り

嫡子　賀集本之助盛政

二男　賀集慶之丞政氏

古郭の縦跡は子孫の営建せし碑面とハ見る時ハ盛政所とハ是青と云て青政氏ハ隣居し其地を去と見てたり又按ニ碑面ニハ盛政ハ安親の嫡子の孫と見れ夫年数を追百有余年を隔すり然れども此碑ハ世経たりと見へ盛政子孫の友人ハ助力して此碑を立るにて盛政の父の名を伝へ残せず隣居の和と云事し且盛政ハ他所に去りぬれども物故とも知らさるへけれバ青政氏ハ安親を残在後に住居せり未歳三年寄人の内にハ其子孫も立置此事を伝へ残せしハ秘て奏旧文字の残氏と改略しと見えたり

賀集美濃守安親
嫡子　加集木工之助盛政
賀集美濃守公文元遇後去同氏ハ尊霊
俗名二男　加集廣之丞政氏
法蓮院果得居士

是元禄十三年八月末孫
廿六人助力して加集氏変
より嫡世盛政を祀るの後
賀集中村の古郭の跡に
立ん為の碑しと云

鍛冶屋村里長ノ祖ト盛政ト別種タル證ハ此碑ニモ二鈒酢漿草ノ紋ヲ彫付タリ邑長ノ定紋ハ三重菱也且長ハ代々真言宗ニテ同邑万福寺檀家也此碑政氏ノ法名法蓮院ハ正ク経名ニ因也加之盛政青木村ノ碑ニ妙法蓮華経ト彫付タリ盛政経宗ナル事疑ナシ然レハ同姓別種タル事著明也其先祖木姓高階ニシテ地名ヲ以呼備後ハ遅ク来テ三好ト同訓ヲ悍避テ加集ニ改タリ

○或記ニ七人衆ノ中ニ白河刑部鍛冶屋ト記セリ不記時代

○上本庄村　城主郷ノ丹波守重朝　永正中　先山順礼[illegible]ノ下ニ見
上本庄ノ条下ニ郷ノ丹後守[illegible]相中八木細川ノ氏族トアリ丹波トスルハ誤
ナランカ　本姓細川ナルベシ

仙・白氏ヲ洲本ニ置リ
恐クハ天正中ノ河内

△炬口浦城主　安宅監物秀興　永正中 家記曰天正 盖永正ノ誤ニ 皇高曰 天正中ノ
甚太郎冬宗或ハ市之丞正行ナルベシ
守冬ニ一ナルベシ

△浦壁村栗原城主　島田大隅守　天正中

△釜口村城主　田村長助尚春　自大永至天正住釜口

△志知松本村城主　野口孫五郎長宗　天正中

△阿那賀浦城主　武田山城守久忠　応永中 皇高云 子孫天正中ノ武田弾正ナルベシ

△沼嶋浦城主　梶原播磨守景節　天文中 皇高曰 天正中ノ播磨守秀景ナルベシ
十人ノ列ハ都テ天正中ノ人ナルベシ

△千草村猪ノ鼻城主　安宅志摩守　天正中

△郡家中村城主　田村外記村春　天正中

△山田原村城主　菅越後守　天正中

常盤 柳沢村柳沢越前守十人衆ノ列ニト記セリ 皇高按 加柳沢ハ八十人ニ余セリ茲ニ省テ

○上本庄村 [illegible]

○淡路国十人衆　此十人衆者皆細川之家人也［下キ八］傳説ニ天正十年仙石氏ヲ洲本ニ置リ
此内十人衆ノ知行ヲ公収スト云

△由良浦城主　安宅摂津守冬康　天正中［皇高云］冬康ハ永禄中之恐クハ天正中ノ河内守冬一ナルベシ

△炬口浦城主　安宅監物秀興　永正中或記曰天正蓋永正ノ誤ヽ［皇高曰］天正中ノ甚太郎冬宗或ハ市之介正行ナルベシ

△浦壁村栗原城主　島田大隅守　天正中

△釜口村城主　田村長助尚春　自大永至天正住釜口

△志知松本村城主　野口孫五郎長宗　天正中

△阿那賀浦城主　武田山城守久忠　應永中［皇高云］子孫天正中ノ武田弾正ナルベシ

△沼嶋浦城主　梶原播磨守景節　天文中［皇高曰］天正中ノ播磨守秀景ナルベシ　十人ノ列ハ都テ天正中ノ人ナルベシ

△千草村猪ノ鼻城主　安宅志摩守　天正中

△郡家中村城主　田村外記村春　天正中

△山田原村城主　菅越後守　天正中

［常磐］柳沢村柳沢越前守十人衆ノ列ニト記セリ［皇高按］加柳沢此ハ十人ニ余レリ茲ニ省テ

次ノ七人衆ノ闕ヲ補フ

○同七人衆

△山添村城主　加茂主殿助　天正九年秀吉ノ淡征ニ亡　〔覧〕加茂作加藤

△鍛治屋村城主　白河刑部　不記時代

△同村城主　加集右近　天正中落城ト云

△加集中村城主　加集木工之助盛政　天正中

△岩屋浦城主　真嶋彦太郎　天正中

△小田村城主　小田将監　記ニ永禄元亀頃ノ〔嶌曰〕元亀已ニ近ニ天正ニ

△柳沢村城主　柳沢越前守　天正中〔嶌云〕常磐草ニ十人衆列之ト記セリ然レ圧是ヲ加フレハ十人ニ余レリ或記ニ在七人衆中ノ故ニ七人衆ノ員ニ充

〔嶌云〕右十人衆七人衆都テ多クハ天正中ノ人也適遥ニ古代ノ人ヲ加ルアリ其子孫皆天正中ノ人アリ先祖ヲ引テ天正当時ノ名ヲ畧セシ且可称十七人衆而分十ト与七如何其意私曰十人者細川ノ家人七人者之ニ属ス羽柴[illegible]其中ニ淡征ニ亡ル者或初ハ随ヒ後叛ク

廿一

貼込 四　一七オ（本書二五七頁）

○竹谷村里長菅太郎兵衛先祖ハ菅相公ノ末裔ニ而菅原道行正慶（九十四代[illegible]年号）中ヨリ爰ニ
住ス道行九代ノ孫菅太郎左エ門山田原ノ城主菅越後守天正中落城ハ嫡子安吉太郎
左エ門ニ寄食同姓ノ由緒ヲ以養子ト成其家ヲ嗣後又太郎左エ門ト改名ストイ其家ノ口碑
【愚按】然レバ代々ノ菅氏ハ何レモ皆菅原姓ニヤ

【兵庫記】花熊城（神戸村ノ上ノ一村ナリ）永禄十信長ノ命ヲ受テ
荒木摂津守村重[illegible]家臣野口与一兵衛ヲ奉
行トシテ築キ元亀中ヨリ天正五年迄荒木[illegible]
村正預リ居ル村正故有テ芸州毛利家ニ加ル其後ヲ
与一兵衛一ケ年守[illegible]此間ニ大坂門跡籠城ノ兵
粮ヲ西国ヨリ運送ス信長此口ニ[illegible]是ヲ攻ム其
船軍ニ[illegible]口ハ討レヌト也【愚按】此口ノ野口ノ舌リ
ニヤト後勘ノ為爰ニ記ス
【下キハ】岩屋ノ条下ニ 後太平記ニ曰ク天正之[illegible]将軍
義昭信長ト不和[illegible]義昭備後ニ下リ又毛利ノ[illegible]
座シテ軍ヲ率メ上京セシトス此中[illegible]中国ノ
兵招キ在座スル者多シ[illegible]小林
民部少輔三百余兵ヲ以テ淡路岩屋城ニ攻入是
ヲ取テ将軍及門跡ヲ援テ大坂ニ兵粮ナドヲ
[illegible]

貼込五　一九オ（本書二六一頁）

皇嵩云 然ニ異説アリ下司村里正塩田氏家傳口碑ニ云

○先祖 塩田五郎重道 先祖ヨリ下司ノ住人 城ノ瀬ト云処居邸跡在

天正ニ戦死 墓ハ同村宝生寺前ニ在 邑俗五郎塔ト称ストテ云リ

二代左馬丞 五郎 実ハ泉州ノ住人河合左馬頭弟養子ト成来 天正中歿

三代嫡子 和泉門 播丞 天正中ノ人

四代嫡子 播人 慶長中ヨリ里正ト成

五代嫡子 安左エ門 寛永中之 以来連綿略之

皇嵩按 畤田左馬丞 塩田左馬丞相似テ別之 河合五郎重照 塩田五郎重道又相似タリ 泉州ヨリ養子ト成来 其事モ又彷彿トシテ別事トハ見ヘズ 正偽紛々トシテ是非ヲ辨シ叵シ 当按ルニ泉州左馬頭弟左馬丞トハ兄弟同名モ珍シ 僅ニ頭ト丞トノ異有ノミ 両説ヲ並挙テ後勘ニ備フ

貼込六　二一ウ（本書二六七頁）

○加茂山ノ城 暦応年中宇原左司入道永具大杜村ノ良来同村ノ東ナル加茂山ノ城ニ住ス細川淡路守師氏ノ為ニ亡ブト云

貼込　七　三四オ（本書二九三頁）

○上本庄村　城主郷ノ丹波守重朝　永正中　先山頂礼堂勧ノ下ニ見
上本庄ノ条下ニ郷ノ丹後守ト用中八木細川ノ氏族トアリ　丹波トスルハ誤
ナラン　本姓細川ナルベシ

挿入紙片（四六％）　五オーウの間（本書二三三－四頁）

堅磐草

清名之巻下
三

日本淡州　淡島温故録　津名之巻下

渡邊晧撰録

○物部郷

〔下キ八〕郷廃シテ上下物部ニ其名残ル此郷ノミナラス諸郷モニ混淆シテ古昔分ツ処ノ郷未詳蓋建武ノ後南北戦争シ應仁已来諸州豪雄邑里ヲ侵掠シテ割拠セシヨリ郡郷ノ地界錯乱スルナルベシ今是ヲ考索シテ正スヿ能サル故ニ和名抄ニ記セザル郷名ヲ取テ各郡ノ下ニ載セ其近キ村ヲ其間ニ記交ヘ侍ル〔皇高曰〕常磐ニ此郷ニ前ニ記スル処ノ津名郷ノ各村ヲ列子記シ上ニ同郷トス今那津名郷ヲ其内ヨリ取分ツテ二郷トスルヿ已ニ前ニ見タリ津名郷ヲ此内ニ取テ二郷トス已ニ前ニ記セリ

○上物部村　府西南ニ在千草川ノ下流邑ノ半ヲ裂テ下物部ニ至リ府ノ郭外ヲ

廻リテ加茂乗間ノ下流ニ接シ塩屋川ニ合流シテ海ニ入川西ヲ本邑トシ川東ヲ支
邑間秋ト称シ津田邑ノ間秋ニ接續セリ ○伊勢社 本村ニアリ天照太神ヲ祭ル故ニ名ク八月十一日神祭ノ角力アリ
○後駿千壽院 三法院派在本邑 庭前桜樹数株アリ開花ノ比洲府ノ遊客花下ニ宴ス
○貝石 本邑ノ小丘ニ在 文政初年始テ知之山嶺砂礫ニ交テアリ色赭ニシテ即其土砂
ト同色ニ大サ五分已下 其比日々交ニ群シテ是ヲ拾フ予モ至リテ四五顆許
得タリ 然レトモ日々群シテ之ヲ採ル故終ニ拾ヒ尽シテ今ハ得匠シ其始ニ得者
具ノ秘人全備セリ ○碧湛禅者住庵ノ跡 碧湛ハ淡国通記ノ作者元禄中ノ人 下物部境佐野氏ノ
門前道ヲ隔タリ即名地ニ元禄十二年ノ上物部村検簿 本村下田十二歩ノ高三斗一升二
合 畠 碧湛 上下田一畝九歩 同二斗八合 同人 中下畠三畝九歩 同二斗六升二合
同人合セテ四畝廿歩ニ碧湛師ノ住処何レ邑トモ定カナラズ常磐ニハ須本ノ禅者トアリ
一覧ニハ塩屋西来寺ニ住スル由ヲ記セリ 然レトモ著作ノ通記ニ曲碑云 此寺鴬甞禅刹ト有
ヲ以看ル碧湛ノ比ハ寂早密院ナルベシ 然ルニ予往年上物部ニ客タリシトモ検簿中ノ名

ツ廿五

ヲ見テ文ニ住セシニヤ思ヘドモ常磐ニハ碧潭トアリ大体字義ハ相似タレドモ異人ニヤト疑惑シガ去秋偶淡通記ヲ借得テ其序ニ湛字ニ自記セルヲ見テ彼撿簿ニ符合スルヲ以テ疑ヲ解リ　○村神祠　在間秋傍ニ　里人白碑ニ洲本八幡宮舊地ニト云即須本八幡ノ下ニ詳之　○竜華菴　同在官道西　街並ノ民居ニ軒ヲ列子テ挟キニ随テ奇巧ヲ尽シ棟梁斧匕主僧某比丘共ニ肺肝ヲ煉テ建立ノ梵宇ニシテ甚奇麗之　本尊　又三十三処観音ヲ安置ス　洲本千福寺ノ隠居地之
公道ノ側木間ノ封疆ヲ越レハ則府城ノ地火器隊街ニ入之

○下物部村　洲本府城ノ郭外也物部川ヲ渉則直ニ府ニ又外街ノ本條ニ達ス

○阿弥陀庵　物江川ノ橋西ニ在　毎歳六月十四日夜祭會参詣人夜涼ヲ兼テ橋上ニ屯シ川原ニ雲集シテ夜闌ニ及菓品翫物争フテ市ヲナシ児輩ハ沙上ニ群テ花烽ヲ放チ賑シ凡當月中ハ府内寺町及郭ノ中外諸神仏ノ交祭夜々間断ナシト雖就中此夜月又望ニ近ク乞壮観之　○阿弥陀庵ニ隣テ啄風斎アリ
医生小泉氏ノ邸地之小泉氏ハ和州添下郡小泉ノ領主片桐侯ノ支流之ト云因テ姓ヲ小泉ト称ス是故又相人全之

齋中より眺望の八勝あり天友生斎主人をして八勝の詩歌をそへて扁とし
あけて望上と称[皇高]私に是を引とりて曰

藻江水畔有吸風斎々懸扁々面併書詩賦与国風是時騒人歌
客之筆題所迎来於吸風窓裡之八勝而所讃之也矣屋霞復茸雑
竹杉席展鋪班蘭莚屏障咸聚粘于名家之書画其墨色濃淡
自如精艶於丹青一刷之朱筠（淡墨緑竹者虽常当時流行文異茲謂其所親見也）因此君銜盃片楮
之玄亀為主翁献寿猶凭欄邊回首廣挟之古庭断續前後間々栽
埜々疎枝密葉屈伸曲直得自然勢且種幽處于蘭菊而常吸香風
是似李有秀有芳之意尚有梅竹豈足義四愛之雅称乎況不疎三愛
之神處也或愛花而不泥于王母方朔之實楽閑而無専芳嶺竜川之錦
樹間数基之燈石参差不一象各数千載苺苔長緑矣坐間僅轉
望則同眼更異思諸想像于一日之内一宮之間而季候不齊之佇又
坳下点多歩石宛髣髴于見仙碁踏之徘徊則自不能無爛柯之

香中間穿井琢玉甃是宛可為利烹茶之用其清味勝於金沙泉忽堪念暁天初放轆轤邑之勺連于齋而設賞茶客膝之處其廣或二疊或三疊閑此窗隔彼閑曾不讓維摩之室豈減壺公之楽哉登未沼島海底而以胡水沙塗之甚奇雅也坐辺並錆陶之茶具皆各古代名器也主人恒探陸羽之旨慕千氏之幽而以所為楽也雨夜會賓厚舊交情雪晨破緘賞新茗芳矣亦主翁素有起鶩術應鍊不死藥矣所謂八勝者閑庭櫻花卜春風媚色蓮華山月傑秋天凝朋藻江釣客如季子凌態寒洲鴨會似破閑吏夢板橋行人踏虹涉城市炊煙作雰朧受宕晩鐘聞鯢吼長堤翠松見竜翻景何不玆哉名曰啜八勝光風亦無不藏也頻莫不富於四時之觀嗚呼壯哉此啜風齋也者焉

閑庭櫻花

〇元識芳櫻墜庚梅　啜風齋畔手自栽
閑辺似鮮家翁癖　勺引茶人酒客来

柏信言

風すにもさんの静けき庭をしも雨と咲るや梅かな　誠之

△蓮華山月　○蓮山之下結茅茨　飽喫松風意自適
容望何時景尤佳　光明寺畔月中夕　恒斎保
新たくのに蓮もるも清く白うるびの月そ添にそよ　拾月

△藻江釣客　○藻江水畔故人家　暇日鮒尋興可知
斜見長堤垂釣客　緑陰拋餌立多時　橘井田勝
みるさき藻江の川に糸たれて釣する人を浮世よそんや　殷卿

△寒洲千鳥　○東牕夜静水禽鳴　雪裏洲沙唯有声
應是須磨江上至　非鴎非鷺一群衡　竹二暢
あせこよ霞の志ろ浮の川に為浪せるるしもおよそ人のる　謚覚

△板橋行人　○板橋百尺物河中　絡繹行人蹑彩虹
落日村歌何處唱　酔帰田舎両三翁　一指
せをそるるもわかれしを橋のゑそわかる人の行てはて　竜田

△城市炊煙　○叢南洲城海水涯　南山近遠炊千家

望中時有炊烟起　日夕凝成一抹霞　槐窗殖徳

市人のよりくるもわかるまてかゝる煙はまたなかりけり　李實

△愛宕晩鐘　○水南水北乱飛鴉　橋畔独帰人手華

暝色望迷山腹寺　鐘声響到藻江涯　園維則

笑なんそともなしやおとつれぬ阿とこれのみ入あの鐘　全宗

△長堤翠松　○一除煙水長堤隔　帯翠前松涵影深

且喜清風明月夜　依欄静聞合奏琴　藤容信

わかみもかれぬ松の並の葉やちよやと限りさそくし　致孝

冬日訪嘯風主人不遇

爐辺人去自寒灰　空腹生残品字梅　如今不厭斜陽極

可見炭花待主開　渡辺昌

○小泉氏南隣邑宰郡主佐埜氏ノ邸宅アリ大度之

○荒神庵本尊 支邑中島ニ在　女僧守之
○御前ノ杜神祠 支邑
○毘沙門石像 支邑山崎ニ在 淡通 弘法ノ作 霊仏之部ニ詳之 正月元朝
寅刻ヨリ三ケ日ノ間市郎ヨリ群詣ニ競フテ吉兆ノ笹ヲ求帰ル
○修験持明院 全処ニアリ 三法院派
○亀谷庵 支邑亀谷ニ在 近世天山ト云禅者茶師堂ノ廃址ヲ
再興スト云 茶師札処 十五番 四九 口碑ニ曰旧創ハ当国守
護細河淡路守之ト云
○祇園祠 亀谷ニアリ
○津名三原郡界標石 両郡ノ疆域山崎ノ岩端官道路傍ニ立
加茂郷ノ桑間村ニ界ス加茂郷ハ旧津名郡ニ属ス中世頴ニ三原ニ

此処ノ河崖ニ石仏ヲ多ク彫タリ。且パコ垂地藏ト土俗ノ称スルアリ。按ルニ早来誰地藏ナルベシ此街衆ハ三原ニ往返ノ公道ニシテ本藩渭城ニ渡海旅客又之ヲ経ル故ニ終日人跡絶ズ殊更近郷ノ里民市店ニ物ヲ求メ馬ヲ牽歯ヲ擔ヒ友ヲ呼連テ帰路ヲ急ク者多ク又ハ両郡ニ郷ノ界ナレ日暉西ニ迫リヌ早来ヨ誰々モト催促ノ常詰終ニ路傍石仏ノ名ニ呼馴テ早言轢ク聞ユル者ナラニカ　○園橋　本邑ヨリ中島ニ架スル官道ノ橋也此橋斜メニ架シテ美女形ノ板橋也大サ方丈氏公営也　○太良池　隣邑字下原村ニ跋ル平丘ノ下ニ在国中ノ大池ナレハ是ヲ次ギニシテ呼処之池中連アリ又鯉多シ此池水上物部江ノ田（モカシ此地ハ下物部也）

○鑄冶師　本邑中御制場ノ辺ニ在一国一人ノ職也　此家ニ泊庵ト称スル一時人ノ画者也行状人物篇ニ詳

○兆殿司　物部郷ヨリ出タル画僧也何レノ村ナルコヲ未詳其傳同篇ニ挙

物部太郎
二郎
三郎
四郎

○物部守屋　一覧曰守屋ハ産淡路国物部。皇嵩按ルニ崇神紀曰物部大連元欲去餘皇子等立穴穂部皇子為天皇及至於今望因遊猟而謀替立使人於穴穂部皇子曰願与皇子将馳猟於淡路謀泄云云守屋物部ノ産タルコ未聞サル処也然レ氏崇神紀ニ拠テ考ルニ或ハ物部郷ハ守屋代々ノ采地ニシテ便ヨキカ為ニ之ニ之ヲ謀ニトセシカ氏ヲ物部ト称ス

皇嵩云
○古ハ武士ヲ物部トモノヽヘト云シトソ今モノヽフト云ハヘトフト音通也

ワ　廿六

〔貼込 八〕

ルモ其ハ菜地ノ名ヲ取乎然ラハ守屋茲ニ生ルヽコモ有ニ歟　○物部冬男　三代実
録曰清和天皇六代辛卯貞観三年淡路国浪人物部冬男闘殺錦織（ニシコリ）廣人国司断而
言上処遠流　暠曰　是決シテ物部郷ノ人ナルヘシ　○物江川迅速（ジンソク）奥名品ノ又鮴（ゴリ）ア
リ下流塩屋川ニ至テハ鮒（フナ）鮠（ハヘ）鯥手長鰕（エビ）等アリ鮎モ折ニ鰡稀ニアリ
○千草村（延喜式千草ニ作ル）上物江ノ南郷ノ邑ノ南山ハ内田由良山ヨリ續キ上下灘村々ノ背ノ嶺（ツヾキ）
川ハ支邑指鼻竹原ノ二流合シテ上物部ニ至
○八幡社　社領ハ若干千草一村ノ氏神也　金口（ワニクチ）古器也銘曰奉掛築佐郷八
幡宮宝前施入金口一面事（延慶二乙酉年平氏初若女敬白（花園院年号也　天保二ニ至テ五百二十三年）　里民此社ヲ上ノ
社ト云　築佐神社ヲ下ノ社ト云
⑬　○築佐神社（在支邑野田）延喜式内古神富国
十三社ノ其一也昔ハ祈年国幣ニ預リ神也今諏訪明神ト称ス　紅葉ノ木アルト云
暠云　和爾雅ニ信州一宮南方刀美（ミナカタトミ）神社（在諏訪郡）跡ニ諏訪大明神今在記ニ云上諏訪ハ
建御名方富命　博物筌云大己貴命ノ子也　下諏訪ハ八坂入姫命
中世堂隣ニ有ニ釈像異行者塗畫其上乎此像尚将ニ推破忽一女子発狂曰汝穢我相好故可殺

ルモ其菜地ノ名ヲ取乎然ラハ守屋茲ニ生ルヽヿモ有ニ歟　○物部冬ヽ男　三代実
録曰清和天皇六代貞観三年淡路国浪人物部冬ヽ男囚殺錦織廣人国司断而
言上処ニ遠流　嵩曰　是決シテ物部郷ノ人ナルベシ　○物江川迅速奥名品之又鯏
リ下流塩屋川ニ至テハ鮒鮠鮮手長鰕等アリ鮎モ折ニ鰡稀ニアリ
○千草村 延喜式ニ六名鉄作 上物江ノ南郷之邑ノ南山ハ内田由良山ヨリ續キ上下灘村ミノ背ノ嶺ツヾき
川ハ支邑猪鼻竹原ノ二流合シテ上物部ニ至
○八幡社　社領若干千草一村ノ氏神之　金口古器之銘曰奉掛筑佐郷八
幡宮御前急人金工一面事延喜五乙酉年平氏印若女敬白　里民此社ヲ上
建御名方富命 大己貴命ノ子ニ云大 下照姫ハ大夫人姫命
嵩云 味耜高彦根ハ一宮 南方刀美神社在 諏訪郡 社ニ詣ル大明神ニ今在リト言云ニ上下諏訪ハ
○満泉寺 高松山 真言宗 大覚寺末 不動愛染像ハ弘法ノ作阿弥陀ハ恵心ノ作ト云寺ハ
八幡社司之　○馬頭観音　在猪鼻山下諸人疱瘡ヲ茲ニ祈ル　○鮹薬師 四
観音向ヒ在称鮹薬師不知其故 嵩按ニ蓋諸人祈病苦於茲而乎欲得幸多故多幸薬師乎 淡通
中世堂隣ニ有ニ郡修異行者塗ニ畫異ナル手此像尚将摧破忽一女子発狂曰汝穢我相好故可殺

洲ガ女子乃腹ハ痛叫喚ハ而内絶矣ハ父老驚愕シ拝伏洒水濯尊像則
三日而止ト因之思ニ盗奚兵土時或以葷臭腥肉等者穢之歟故ニ称蛸薬師ト　カモ　○猪鼻ノ古墨（大河内ト云）
安宅氏ノ城地ト云此山從年ニ方（且老参アリ）遠方ヨリ能見　○上人塚　猪鼻近キ山間ニアリ石塔文字磨滅ス天正三年七月ノ字見ユ
○支邑上田原（ウエダ）　○竹原アリ　柏原ノ山下本邑ヨリ東南ヘ入ヿ半里程ノ由谷ニ内田由
良皆ニ横リ灘中津川相川ノ嶺頭ニ至川ハ本邑ニ至ニテ猪鼻川ニ合シ上物部ニ流（此谷ハ未審シテ鶯駒鳥ナド多シ好ム人ハコヽニ来テ籠中ニ飼春時ノ弄声ヲ楽リ　○加藤権左衛門墳カトウ後ノ氏族ニ傳ハ古碑部ニ辞ス）
○柏原山　千草奥ニ有高山也　昔ハ深樹良材多カリシト云今モ老杉多シ里人ノ農哥
ニ由良ノ湊ニ唐船造ル檀原山ノ大鋸（ヲガ）ノ音ト謳フ　皇高按　豊太閤朝鮮征伐ノ時其軍艦
此処ノ材ヲ伐出シ由良ノ湊ニ於テ造ラシメ玉フナルベシ
○滝水寺　号延葉山　十一面観世音ノ像ハ弘法ノ作ト云　皇高　因罪ヲ拝セシニ手ニ陶ヲ持玉フト覚　當列之
卅三処順礼才四番　此観音ノ諸會満泉寺及由良心蓮中ツ川安養食相川常楽共ニ参
會セサレハ行フヿ不能　當山南ノ嶺頂ニ登レハ海山遠望ノ景佳　本邑坂口ヨリ
観音迄登ルヿ五十丁　由良観音ヨリ七十丁　内田ヨリ四十丁許近シト虽道悪シ
毎歳六月十七夜踊　竹原灘三村由良内田等ノ男女貴賤夜詣シテ通宵踊ヲ催

ワ廿七

○三木田村 在宇山村西　飯山熊野社記ニ伊弉許尊軻遇突智ヲ斬テ三段トナス其地
今先山ノ麓三木田邑是ニ 常磐 三木田ハ和田ノ轉訛ナルベシ和泉国大鳥郡ニ和田 和名爾木多
郷アルヲ今美木多ト称シ上神郷 和名美和 アルヲ今ニ和ト称スル類ノ如シ　○大日堂
七月十日夜踊アリ 好事ノ少年ハ須本等ヨリモ行　○地藏堂 石仏之岩屋ハ官道宇山村ノ界ニアリ
○市原村 先山ノ北麓　○大歳ノ祠 大歳神ハ素戔嗚尊之子ニ　○稲荷社 歌殿ノ森ト称ス
稲荷ノ本社ハ山城ノ国紀伊郡ニ在祭処三坐大山祇ノ女。倉稲魂。土祖神。ト云 然ルニ近
世都鄙ニ野狐ヲ祭リテ稲荷ノ神トスルハ誤ニ 歌屋 常磐 相傳フ市原ノ女因幡
国ニテ狐付郷ニ帰リテ松栄寺ノ僧頼真ニ託シテ稲荷社ヲ建タリ一首ノ神哥ヲ唱フ
此哥渡海ノ護符トスト云 豐高曰 狐ノ付シ事ナカ聞処異ニ又歌殿ハ往昔此処ニ冨戸
雅楽人ト云ル武人アリ 其人ノ宅地ノ址ニト故ニ号テ哥殿ノ森ト称ス又傳フ石見
國ノ女諏訪女ナル者恐ヒテ二人ノ夫ニ逢ヘリ 妊娠程ナク出産スル時ニ何レノ胤ナル
事ヲ詳ニシ回ク各互ニ譲リ争フ或カ云水ヲ以テ其胞ヲ漸ゲハ自夫家ノ紋ヲ見

乃試ルニ果シテ爾リ其汚水ヲ辺ニ捨ニ誤テ狐窟ニ入依テ狐崇リヲナシ訝
訪女ニ附託シテ爰ニ来ル処之今祠ヲ建稲荷ト崇メ祭ル其アタリニ雅余人ノ
墓碑アリケルヲ舊墳鋤シテ田ト成例近キ頃石碑ハ異丘ニ移シテ素ノ跡
ハ田ト成シリ碑ハ其長ヶ六尺許之ト其邑人語シリ　○湯ノ谷薬師 四九 才四十九 和泉 行基ノ作ト云
清水アリ故ニ湯ノ谷ト云。淡記ニ薬師清水ト有 此処昔ハ七堂伽藍ニテ医王山涌水寺ト云傳フ近キ処
ニハ谷ノ坊。御門谷。善應寺。閼伽水。堂ノ岡。三室寺ナド云処アリ今薬師堂ノミ在
○松栄寺 平谷山真言宗先山 国廿五番ヤクシ阿波キヨミ寺 薬師ノ像ハ傳教ノ作　不動。観音ハ恵心ノ作　毘沙
門ハ弘法ノ作　○庚申堂 像ハ大宮仏工定朝作ト云 淡通 自四天王寺請来司職松栄寺
通記庚申諸説 常磐艸之梅説 等各譲其書淺茲　年中庚申ノ日毎ニ四方ヨリ群詣ス
○王子ノ窪 常磐 瓦直氏ノ居処ナルベシ王子瓦音訓通スル故訛ル欤。延喜式由伽
物ノ条下ニ瓦直氏アリ 見于首巻 常磐 右
○安坂村 是モ先山ノ麓之 庄下釜ト云テ茶ヲ煮ル古キ鑵子処々ニ有 此釜ノ尻鋳ヘツ何レモ皆一文字ニ

ツ　廿八

昔能キ鋳物師此村ニ在テ鋳ケルトニ、感應堂鐘ノ銘ニ大工安坂藤原貞吉ト有
モ此処ノ冶工ナルベシ　常磐　庄下ノ庄ト云テ此辺ノ村々ヨリ炬口ナドニ至リテ称スル
「アリ安宅氏ナドノキ分チタル庄ノ名ナルベシ　○明神祠
○松亀寺　密厳院　真言宗嵯峨末寺大日像　安阿弥作ト云　通記　曰此開基僧祈山居之
処夢中有仏陀之尊諭曰正月元朝霊亀可出其地汝ノ所求之梵境也矣元朝窺之
則果メ霊亀含松葉来乃由是之感ニ祥瑞ニ為寺号ト焉　○又曰頼慶密師　津名郡山田産　受四
度行於密厳院慶覚　上中略　慶長年来於安坂之密厳院ニ為先師慶覚招請多経設
追福供養建塔婆　其木塔至今珍蔵于密厳ニ　其文体殊勝使人起孝心溅感涙
不少是乃在高野山時之事也　下略　生涯ノ行状詳人物篇摘其要　○閼伽井寺　真言宗先山末
常磐　曰右三木田市原安坂三村ハ加茂郷ナルベキニヤ　加茂郷今多クハ穎ニ三原ニ故ニ
隣並ナルヲ以テ安呼郷ノ末ニ収ム　鳥曰　今物部ヲ割テ津名郷ヲ取故ニ右三村ヲ
物部郷ノ末ニ収ム　其論前津名郷ノ名ノ下ニ見

〇先山千光寺　真言宗安永中再建アリ　寺領五十石　釆地ハ安坂村ニアリ

東麓下内膳村ヨリ山ニ登ル事十八町（此毎丁有立石）道ノ左ニ狩人忠太ノ墓猪ヲ射タル矢豪（ヤガウ）ノ

（四此辺車貝ト云モノ有蝸牛ニ似テ平タシ安産ノ母ト成ト云諸人皆尋求ム）

血竹アリ天ノ岩戸ト称スル処アリ　一茶舎艸秀ノ句碑アリ曰　秋[illegible]

史ヲ挙テ右ニ寺アリ尚石階登レバ左右ニ常茶店アリ右ハ柳屋左ハ鍋屋此坐敷

ヨリ遥ニ三原郷ヲ目下シテ絶景ナリ右ニ曲リテ石階ヲ登リ二王門ニ入レハ右ニ三層

ノ塔 二間四面 文化元再興　同八年九輪[illegible]　[illegible]　弓羅　正面ニ本

堂アリ　本尊千手観音　涌出ノ像ト云　当国卅三処順礼才一番　或カ曰当国順礼ノ濫觴ハ永正

十年上本庄ノ城主郷ノ丹波守（書写波ハ後ノ誤ナルベシ）重朝ノ内室和哥ヲ好ミ其頃八木ニ尼秀善ト云者久々鳥

井家ニ仕ヘテ哥道ヲ得故郷ニ帰テ薙髪シ専和哥ノ師範シテ城主方ノ許ニ出入ス重

朝ノ内室此尼ト謀リテ卅三処ヲ順礼シ哥ヲ詠ミテ卅三処ニ掛タリト云　同十三年ノ比薬師

四十九処ヲ定メタリトゾ　近年掃守ノ茶師　宮村ノ薬師ヲモ加ヘテ五十一処ト成タル

通記巡礼篇　碧湛著作卅三尊各処ノ偈頌アリ略之　同書曰僧亜岳血書華厳経納先山　傳評于人物篇

ツ　廿九

○護摩堂　千松丸公ノ御影掛リ千手馬頭 正観音不動愛染皆古仏之　(八四)八番 先山護摩堂 配ニ阿州熊谷寺

○鎮守祠二區一ハ伊弉諾伊弉冊両尊一ハ天照大神八幡大神ト云　山麓ノ諸村ニ門下ノ寺

十三區有　安坂ノ関併 奥畑ノ正遍 市原ノ松釆 中川原之船 全ノ正法 古宮ノ常釆 安平ノ東山 全村小川 ニツ石ノ大照　殺生禁断之

昔ハ千光寺供養トテ舞楽ノ法會有シト賀集山ノ記ニ見タリ

與源院殿ノ御時寺領高五十石ノ采地寄附シ賜ヒ

南濵院殿ノ御時諸堂再興シ給フト云今本堂祖師堂経藏護摩堂鐘楼

僧房二王門等之東ノ別峯ヲ三上ノ岳ト称ス［常盤］三上ハ即先山ノ舊名ナルヘシ

［天地麗氣記］曰豊受大神自天降於淡路国三上嶽三十二神従之後遷丹波国与

謝郡眞井原宮春秋二百九十万六千百七十年也倭姫命又移坐之伊勢度遇

宮ニ［神代系図］曰伊弉諾尊ハ淡路国三上ノ社ニ［下ヨリ八説］有異名之［先山縁記略］此界未開ケザリシ

先ニ伊弉諾伊弉冊尊天上ヨリ海底ニ大日ノ種子現セルヲ照覧シテ降リ天浮橋ヲ

立テ逆鉾ヲ下シ探リ玉フ鉾ノ滴リ凝テ島ト成ルヲアハヂヨト宣ヒシ故ニ国ニ名

名
田氏ヘ八メ在ニ
秋妙背ニ一
己ア白仁
事ヲ記セリ
六主ヨリ先ニ此
ニ八数巻

ケテ淡路ト八号ス人寿四万歳ノ時外宮豊受皇太神当山ノ東面三上嶽ニ移リ三十二ノ大眷属ヲ率ヒテ五十五萬五千ノ春秋ヲ送リ其後処々ニ遷住玉フ彼旻峯ニテ役小角聞持ノ法ヲ修セラル当峯ハ日域出現ノ最頭ニテ御長六尺餘ノ千手千眼ノ像等シク涌出ス南面山腰ニ岩戸アリ二尊此旻窟ニ入定シテ慈尊三会ノ暁ヲ期ス其山中ニ四十八ノ峦窟アリテ四十八願ヲ表シ弥陀仏南岳ノ傍ニ天然出現ス阿観不二ノ哲約シ東北山隅ニ小泉流ル伝ヘテ白旻童来テ彼水ヲ汲テ曰青等山〔トキハ〕説アリ首ヲ文ニ灌頂受法ノ閼伽水ニ掬スト粤ニ延喜元年播磨国上野ニ為篠王ト云猪長三丈餘横一丈ナル許背ニ篠生タリ一人ノ猟師アリテ是ヲ射ル猪其矢ヲ負ナガラ当国机ノ海ヲ渡リ此山中ニ入其跡血流シテ錦ノ如シ猟師跡ヲツナギテ此山中ニ分入血ノ留ル処ヲ見レハ大杉ノ洞中ニ千手像アリ先ニ射ル処ノ矢胸間ニ立リ猟師驚テ悲泣シ涙ヲ押ヘテ彼矢ヲ抜テ則弓ヲ折髻ヲ截テ菩提道ニ趣シ寂忍ト法名ス此旻験世ニ満テ延喜帝伽藍ノ宣下ヲ諸国ニ下シ玉フ寂忍法師勅許ヲ蒙リ千里ノ檀門ヲ扣テ造ル処ノ精舎ハ金堂三重ノ宝塔一重ノ鉄塔講堂大羅蔵食堂鐘楼仁王門鎮守伊弉諾伊弉冊尊天照太神八幡三処熊野三山白山金峯北野天神満山護法神等ニ　延長八年二月十八日謚之千光寺縁記トアリ

〔貼込 九〕

ケテ淡路ト号ス人壽四万歳ノ時外宮豊受皇大神當山ノ東面三上嶽ニ
移リ三十二ノ大眷属ヲ率シテ五十五萬五千ノ春秋ヲ送リ其後処々ニ遷住玉フ彼
旻峯ニテ役小角聞持ノ法ヲ修セラル當峯ハ日域出現ノ最頭ニテ御長六尺
餘ノ千手千眼ノ像等湧出ス南面山腰ニ岩戸アリ二尊此旻窟ニ入定シテ
慈尊三會ノ暁ヲ期ス其山中ニ四十八ノ窓窟アリテ四十八願ニ表シ弥陀仏南岳ノ
傍ニ天然出現ス阿観不二ノ誓約之東北山隅ニ小泉流ル傳ヘテ白旻童来テ彼水ヲ
[illegible]水ニ掬スト粤ニ延喜元年播磨国上野ニ（一説上國）
[illegible]隣生タリ一人ノ猟師アリテ是ヲ射ル猪其矢ヲ
[illegible]ニテ錦如シ猟師跡ヲツナギテ此山中ニ分入血ノ留処
[illegible]間ニ竟リ猟師驚テ悲泣シ涙ヲ押ヘテ彼矢ヲ抜テ
[illegible]旻験世ニ満テ延喜帝伽藍ヲ草ス諸国[illegible]
[illegible]延喜八年二月十八日[illegible]
堂[illegible]持仁王門[illegible]天然[illegible]三山白山金峯[illegible]

イ三ノ猟一子ア
章三[illegible]
行モ射之共[illegible]
伏猪塔ニ称[illegible]
鉄見文[illegible]
入海[illegible]

四三十

○鐫塔　皐高曰予文政七申冬ニ先山ニ詣シ鐘ノ銘及鐵塔ヲ親シク見侍リシニ鐵塔ノ銘文ハ
星霜ヲ久キヲ積ヿ十六鏥滅シテ字正見分叵キマヽ二写シ侍リヌ

上三字ハ淡路国歟

如法ノ外不分

上一字九共見ユレ𪜈大ナルベシ下三字
大体字形ハ分リタレ𪜈不解

上一字不分下ハ字形明ニ

淡路国一十冬
溪沉如法並嚢

鐫塔ニテモ可有歟

茂武塔一采
大旦那繁昌法分月
開盃故勧進如右

文保二ハ花園帝譲位ノ年ニ之
天保二ニ至テ六百余年

文保二年戊午八月日

平弦成乎
弦ナリ

大工　平弦乞

上或ハ藪乎外ニ似タル有レ𪜈姓字ニ相應ナルナシ
下二字ハ弘具ナルベシ其上不分

藪□弘真

中二字ハ金剛乎下二字不分假名ナルベシ

勧進金剛□□

上ハ国ノ字ニヤ

□如上座

押花ナルベシ

（花押）

ワ卌一

〇堂鐘楼仁王堂鎮守伊弉諾伊弉冊尊天照大神八幡三社熊野三山白山金峯北野天
神満山護法神等之　延長八年二月十八日認之千光寺縁記ナリ　始中終少略

先山鐘銘曰　淡路国　日本最初先山之鐘也　願以此功徳平等施
一切現世无比永後生生極楽　弘安六癸未二月十八日奉鋳之　大工平貞弘
本願主　仏士忍阿弥陀仏　當願主　別當忍聖　助成沙弥妙徳
比丘尼西阿弥陀仏　當国一乱時此鐘既可下賣定畢爰安宅秀
興成本願買留奉寄進所也　永正十六己卯六月十五日

常磐　弘安ハ後宇多院代九十ノ年号之鎌倉時代之大工貞弘ハ安坂ノ冶工ナルベシ永正ハ後柏原五百
院代百五ノ年号京都義植将軍ノとき之當国一乱ハ三好氏ヨリ叔奪ノ時欤安宅秀興ハ炬口
ノ城主ニや　皇暦曰　弘安六ヨリ永正十六迠二百卅七年ヲ経之至文政十ノ今五百四十五年　〇銕塔　前ニ詳之

登先山　八洲魁岳路羊腸　石磴斜回叅兩行
直到山巓暫植杖　遥看萬頃御原郷　渡邊暠

○本条下内膳ヨリ登ル両側並松アリ又奥畑并安坂等ヨリ登ル路アリ此峯ハ両
郡ノ界ニシテ東麓ハ内膳安坂市原西ハ塔下奥畑也当国ノ一山ニシテ年间風雨霜雪
ノ日ト雖詣人絶テ無ト云コトナシ春秋ハ尤詣客多シ

○平安郷　和名阿恵加　郷廃シテ今安呼下村等ノ名遺ル　平安ヲアヘカト讀

「ハ古語ニ妻ノ平易（ヤスラカ）ナルヲアヘカニト云シ也源氏物語ナトニモ有詞也」呼ノ字寛政ハ令有テ篇ヲ省キ今安乎ニ作ル

○安乎下村　安乎窟　称岩戸　下村ノ海濱ニアリ石窟高一丈餘幅三丈長六七丈弖手（ヒダリ）ニ
窗アリ甚奇ナル石窟也内ニ岩戸権現祠アリ　或ハ天照太神ヲ祭トモ云（六月十六日祭日）　濱畔白沙広漠ニシテ
頗佳景也春時友ニ舟ヲ廻ラシ沙上ニ坐シテ遊望スレハ帰ルコトヲ忘ル　平王（ガ）浜安濱中河原村
水原（ミナモト）シテ岩戸ノ側ニ至テ海ニ入　○修験僧　岩戸ニ添テアリ彼神祠ヲ護ス

○八幡祠　封田若宮　○山口社　○東山寺　海油山　真言宗先山末

○小川寺　同宗同末　○古塁　安宅監物居城ト云淡路十人衆ノ内也天正十年公収セシナルヘシ　○稲畔石（イナグロ）　享濱界ノ海汀ニ在長一丈許直立シテ如稲塚

○塩田里村　塩田溪　山田原ヨリ出テ塩田ヲ経テ安乎川ニ入　宮原　○春日祠　封田若宮法華経一部光明皇后筆跡ト云紺紙金泥般若経一巻茎

ワ卅二

徳太子筆ト云大般若六百巻於大鳥山各写之本　常磐　春日本社在ニ大和国添上郡ニ所祭四坐武甕槌尊斎主命天児屋命姫太神　○春日寺　真言宗高野山西南院末　○法性寺　同宗同末　○古墨　姓名未詳

○塩尾村　在下村北ノ海濱ニ塩尾浦一邑而兼名田裡ノ一ニ八村ト各常ニ八浦之　文政乙酉船繋ノ大波戸築　郡志高田屋加兵ヱ償費金

○住吉祠

○大悲山観音堂　号普門寺　卅三処ノ才二十　○橘崎　接安乎濱出崎之

○下司村　云ニ塩田下司ニ　下司溪下司ヨリ出テ塩田川ニ入　○覚王寺　八八　八十七番十一面観音配サスキ長ク滝　五智如来大像五躯行基ノ作ト云又聖天尊アリ　本堂　俗赤堂ト　角力アリ　縁記ノ説ニ聖武天皇勅創行基菩薩開基ト云又建久七年大永七年再興ノ化蹟アリ此寺久ク廃セルヲ元禄中高岩比丘興建シテ律院ト成　通記　行基奉詔勅向日陛下須造営寺像于日本最初淡路国越帝創覚王寺安毗盧之大像　上下略寺記ノ按スルニ　攝春日社ニ為鎮守ニ右多品之寺室略之　常磐　續日本紀ヲ按スルニ天平九年詔曰毎国令造釈迦仏像一躯挟侍菩薩二躯兼写中大般若経一部ト上トアルハ元亨釈書ニ八是国分寺ノ権輿之ト云又天平十二年令天下諸国毎国建七重塔又勅畿内七道諸国ヨリ国別造観音菩薩像一躯高七尺ナド、有此外処々ニ精舎

仏像ヲ多ク作ラレタリ　○古塁　邑ノ西野ニアリ　姓名不知

○宮原村　○蓮華寺　真言宗大覚寺末　邑ノ高処ニアリ近歳当住再営ス甚奇麗之大寺ニ比スルニ非スト雖郷中ニ於テハ壮観之庭砌ノ樹々愛スベシ二重ノ多宝塔鐘楼等皆新営之

（八）二十九番千手観音配土佐国分寺　○古塁　邑ノ東ニ在　壇アリ又隆通要ス永禄六年三月十三日又ノ塀名ナルベシ　河合藤内天正ノ比　○古塁　同時町田左馬　射ヲ能スト云

○山田原村　○真浄寺　法華宗元本妙寺末此寺先年ハ真言之シカ氏故有テ属本妙ト云　文政十京本能尼崎本与末成

○古塁　邑西ニアリ　天正ノ頃菅越後ト云

○古宮村　○常楽寺　真言千光寺末

○中田村　志築ニ中田有故安平中田ト云且清濁ヲ以別之

○北谷村　○薬師堂　（八）三十三番配土佐カウノ寺或云雪渓寺

○二ツ石村　岩屋浦ヘノ官道之路傍ニ両断ノ大石アリ因テ名リ　○道祖神杜

道傍ニアリ　常磐　道祖神処々ニ多シ昔ハ幣袋ニヌサ切入テ幸ノ神ニ手向シト云文モ路傍ナレバ道祖アルヘ　鳥高白　菅菰抄曰祖ハ道途ノ祭名ト云首途ノ祭ナリ

ツ　卅三

黄帝ノ妹累祖ト云人遠遊ヲ好ミ終ニ途ニテ死ス因テ以テ岐ノ神オスト云日本ニテハ猿田彦ノ命ヲ衢ノ神トス神代ニ天津彦彦火瓊瓊杵尊下土ヘ降臨ノ時迎ヘ道ヲ導キ玉フ神ニテ日本紀ニ詳ニス後世仏家青面金剛ヲ附會シ庚申ト称ス道路ニ庚申ノ像ヲ建テ巷ノ神トスルモ是故ニ

○大照寺　無量山称大寺　真言　先山末　［三十二処オ二］

○光照寺　真言宗　先山末

○薬師堂　馬落　（四九）　廿四　十八

○正法寺　同宗　日末

○中河原村

○トウゾウ坊　（八八）　四十六番本尊薬師ノ配伊豫海瑠璃寺

○志筑郷

津名郡ノ東ノ海辺ニ添タル郷ニ和名抄ニ和名志津奈　［トキ八］志津奈ト有ハ不審ニ奈ハ支ノ訛ナルベシ　郷廃シテ今ハ志筑浦志筑濱村等ノ名遺ル此郷ハ平氏ノ世ニハ平家ノ領セル処ト見ヘタリ　［東鑑　巻十二］

建久三年壬子十二月十四日壬子一条前黄門呑状参著以亡室遺跡廿箇処譲補男女子息為塞将来之乖違去月廿八日申下宣旨是平家没官領ヘ云々淡路国志筑庄云々已上廿ケ処先日被奉譲黄門室家　［トキ八］将軍ノ姨母卿妹［頼朝御記］　昆保[illegible]頼朝姉也

○志筑浦　湊戸ノ商家多

後奥勝ノ夥鰊ヲ出ス此浦ニテ製スル故志筑ト名ル之

○志筑濱村　相接志筑浦　○天神社　支落田井ニアリ　常磐ニ是ヲ延喜式内
筑（志）筑神社トシテ曰里俗ハ天満天神ト虽謬傳ナルベシ菅神ニハ非ジ王子村王子権現ヲ志筑
神社ナルベシト云説モ有氏更左證ナキコトシ昔ハ志筑天神ノ供養トテ舞楽ノ法會有シコト加
集山ノ古記ニアリ　祈年国幣ニ預リ玉シ神之此社地尤古雅之　已ニ前巻十三社ノ下詳之
皇尚曰　常磐ノ説理アリト虽之當時称スル処ノイミニ叓ニ記ス八月申日神祭ノ角力アリ　世人申ノ宮ノ角力ト称ス
○珠林山天神寺　天神坊ト云　真言宗　高野山安楽院末　此寺ニ静御前ノ長刀アリ　刄二尺五寸忠吉全之　總長一間半无銘
○只洲社　山城国下賀茂ニ只洲社アリ其神ヲ祭ルナルベシ　○比叡御前社　日吉山王ト同神乎　○八幡宮　社封若干
○八幡寺　竹林山八幡別當之　天神坊同宗同末　○引接寺　不退山　同宗同末　通記曰本堂（此寺阿弥陀）回禄ノ氏昇仏龕
而移于外地則虽龕底素脱落仏像不墜于壇上嚴然於龕中焉人皆称歎霊瑞
○圓満寺　薬師　同宗同末　[illegible]年七　通記曰有奇験之薬師ニ飯依則盡得安産云　下畧　寺中ニ僧明方（沢）画
不動アリ　常磐　朋沢ハ妙沢ナルベシ　益史曰　妙沢和尚諱周沢号竜湫夢窓国師弟
子也住天竜寺寿寧院写不動像云云其霊験甚多密家特称妙沢之不動

ツ　卅四

○福田寺 在支落田井上同宗末　○静前塚 在田井 淡通 有二石塔一蓋母礒前司塔並
建者也中世託于田家之婢曰我是礒前司之静前也我等石塔在汝主之田疇而埋
没矣汝祭之則大幸也田主曰嘗聞君是舞妓之達人也乞試舞焉婢乃乞扇而舞也恰
如春柳之靡風其婀娜屈伸之容長幼皆驚歎之即日掘田中則有石塔二乃洒掃
祭之其母子之冥入田主之夢来謝無限有称礒殿屋敷之地如合符節因尋其遺
蹤而弔之以七言律曰
東関失子恨多少　聞説淑姫葬此郷　塔前佇立更悲傷
西海別君意渺茫　作舞何慚飛燕輩
擅情写出大真粧　山雲似惜嬋娟質　淡畫蛾眉八字長
口碑云右大将源頼朝卿之妹見静之風操而憐其流落故置於志筑之所領而令
彼母子休焉因終于志筑此言不荒唐乎按東鑑志筑荘有頼朝之妹君嫁于
公家之領地也如合符契矣於戯神魂之不朽矣後昆何不祭祖宗
常磐 古石塔二ヲ置リ里民ノ説ニ是ハ源義経ノ妾静女ノ墓ニテ死シテ其骸ヲ

春日過静塚
九層孤塔臨池上　乗霽徘徊多少人
況又桜桃争色日　憐看静女舊時春
渡辺皓

○荒唐
国 唐ノ字注ニ子ナシコトハ本訓ヲ有大言之
又荒唐ハ広大無垠畔也
又莽蕩ノ貌

ト注セリトス、心モナイト云位イカ又椿ノ釈注ニ[illegible]椿ハ有且ノ兎又吉不足ニトト注セリ且ノ釈注ニ有且ハ早ニド率ニカリソメ

ウツホ舟ニ乗テ流レ来ルヲ葬サルト云此石塔ニ觸ル者ハ必祟ラレテ病アリ
或ハ野女ニ托シテ我静カ墓トイヒ或扇ヲトリテ舞ケルナド云傳ヘ或説ニハ
静女ハ元志筑ヨリ出タル女ニテ故郷ニ帰葬ストモ云　旧傳ニ静ハ北白河ノ妓女ニ
母ヲ礒禅師ト云静生レテ容色アリテ歌舞卓越ス源義經是ヲ寵シ豫州出
京ノ𪜈従テ出タリ吉野山ニ至ル𪜈僧徒山中ヲ探シ索ム義經ハ山ヲ踰テ去ヌ又人
ヲシテ静ヲ送リテ京ニ帰ラシム明年ノ春召ニ赴キテ母ト𪜈ニ鎌倉ニ至ル詰問スレ
𪜈服セス本郷ニ放チ還サル夫ヨリ髪ヲ截テ尼トナリ歳餘ニシテ憂死スト云静
ガコトハ東鑑ニモ見ヘタリ貞介ナル義婦ニ憐ムベシ　皇高曰　下ニ挙ル処ノ静塚ノ縁記及
牛馬同等ノ諸説ヲ牽合スルニ悉異同アレ𪜈大体其趣ハ相同シ何レ據ナキニハ非ス其中ニ
里俗ノ云霰歎舟ノ説ハ不足取或云志筑ハ元静塚（シヅカ）ノ轉シ静ノ塚有ニ因テ名クルニト是
其事ニ能合ヘリト雖志筑ノ郷名ハ往古ヨリノ名称ニシテ已ニ東鑑ニ能保卿ノ領
地志筑トアリ郷ノ室家静ヲ憐テ爰ニ置玉ヘルニ非スヤ何ソ事ヨリ先ニ其名有ンヤ

ツ
卅五

本朝通紀曰一條中納言能保頼朝之姉夫也　高曰姉妹之間是非如何　知譜拙記不見黄門能保卿其末系断絶乎只摂政良経及相国公経両公之簾中見為黄門能保卿之女而已

田井福田寺中所蔵静女墓碑縁記　此事諸書ニ甚アリ　其記曰

抑静御前者二條ノ帝永萬元年ニ生レ其容貌麗ニシテ世ニ隠レナキ美人之治承三年十五歳にて源義経公へ仕へ[illegible]文治五年[illegible]

[illegible]一條中納言能保卿に[illegible]

[illegible]静女剃髪し尼となりて名を再性と改[illegible]

の[illegible]静[illegible]の地を定め[illegible]建[illegible]

七歳にて[illegible]頼朝公の妹君[illegible]

[illegible]頼朝公の妹君の御夫中納言能保卿の[illegible]

此の[illegible]先祖[illegible]

[illegible]静の[illegible]一[illegible]

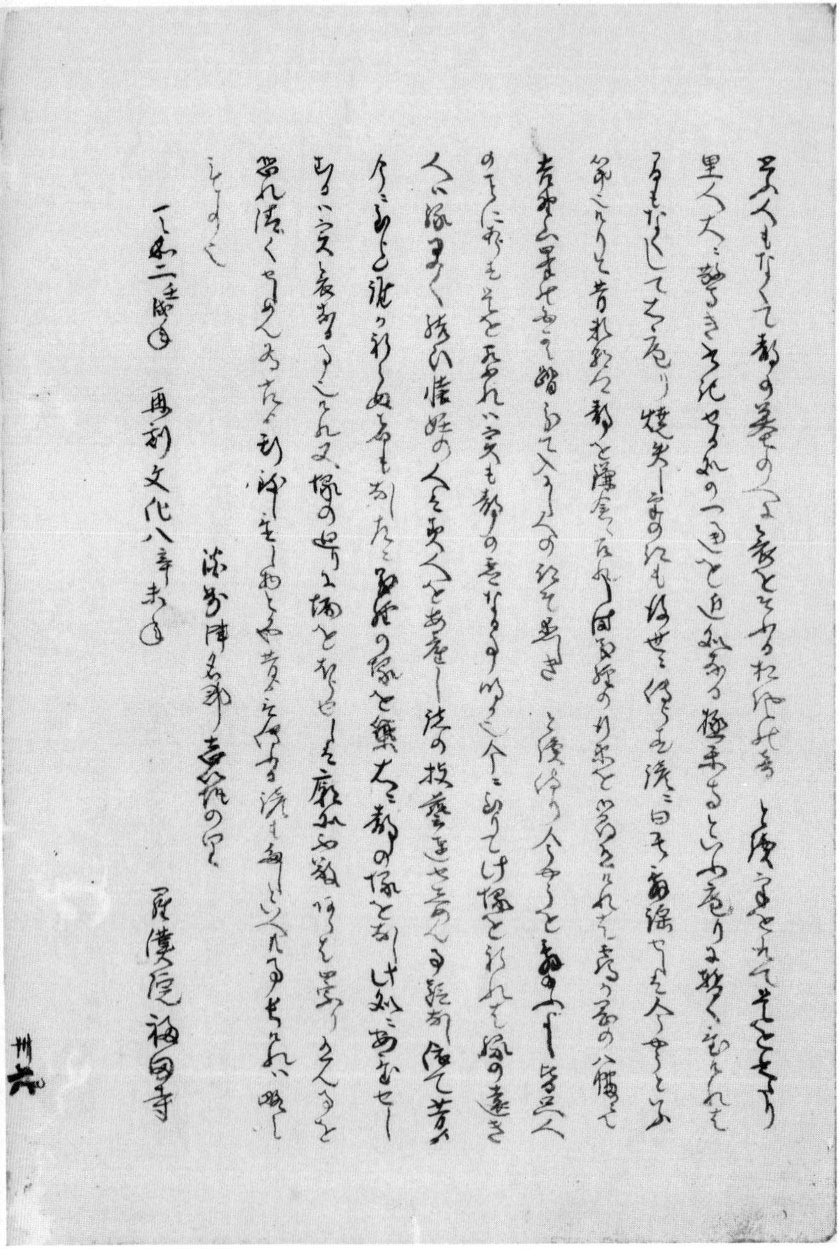
享和二壬戌年　再刻文化八辛未年

皇簡 牛馬問（新井白峨著作） 夫ニ小異アリ塚ノ四面木ヲ植テ籬トス其木ヲ（中略）或牛飼ノ男是ヲ切テ家ニ帰リヌ其夕ヘヨリ
口走リテ心常ナラズ人ニ向フアレハ我ハ是静也此即墳ニ我塚ノ木切取狼藉ニト咎ク里人ノ望ニ依テ舞謡セシトナニ
哥モ同クモナクテ静ノ墓ナルニトアリ　又日各驚歎シ是ヨリ静カ古塚ナルコヲ知レリ是近代ノコニテ今ハ段
々聞傳ヘ彼地ニ行者ハ尋テ至ルトナン

○淡通 志筑七社　日吉神（比叡ト同意也）　大歳神　只須社（タヽス）　天神　石上（已上濱邑分）
杉尾神（大国魂千未審）　若一王子（已上王子邑之）　○碁石山　塩尾ノ濱ニ接スル磯山之

○臨池庵　里俗訛謬シテジンチヤト呼　此庵池汀ニ臨ムヲ以テ号ク　庭際九層高一丈三尺
余ノ古石塔アリ　銘字磨滅シ幽ニ嘉元三（下ト巳）年八月十五日ノ字見ユ　淡通記　右十三層之石塔
記嘉元年中志筑之僧等之十余字矣　署（中）何等僧名耶磨滅而只有僧字而已未審之矣
桃李不言松風蘿月若有風雅人則寄言歟　志筑荘長忍城（島尻城ハ頂ノ巣之）寺氏瑞仙
宮石像之五智仏而再與其ハ廃址者也其ハ古石塔上層分散今只有九層耳矣

○畑村　志筑畑ト称スル所ニ又畑村アリ　故ニ各其上ニ冠セシム

○竹谷村　○廣生寺　真言宗高野西南院末　八代七十九番阿弥陀　配讃岐白峯（崇徳天皇）

○中田村　志筑中田ト云、志筑ナルヲ田ト濁　安乎ナルヲ田ト清テ別之　○妙安寺　法華宗本與寺（尼崎）末　此寺ハ

外親王及内蔵助香花ノ寺ニテ其位牌并石碑アリトゾ

○古塁　郡家監人曰外氏説曰後花園院（百三代）ノ御子曰外親王淡路ニ来リテ子アリ内蔵助ト云中田城主ノ贅夫ト成テ其家ヲ継リ内蔵介ノ子ニ至テ城陥テ家滅ス天正ノ比ニヤト云　〔常磐〕此説不審シ謬伝ナルベシ　〔鳥曰〕皇胤紹運録ノ王代系図後花園院継太子ノ外皇子ナシ

○薬師堂　（八八）〔知〕〔第〕廿三番配阿波薬王寺

○長尾山観音堂万福寺　〔卅三処才廿一番〕　志筑川中田ヨリ出テ志筑浦ニ至テ海ニ入

○池ノ内村　是又木戸池内村有故ニ志筑ヲ冠ラシム

○地蔵寺　真言宗高野山安楽院末

○古塁　城ノ腰ト云山ニ在姓名不知

○王子村　王子権現アル故ニ村ニ名ク

（主）○若一王子権現祠　〔淡通〕少彦名命　社司井内若狭守

淡島随筆引王子社記曰若一王子自熊野乗五色雲来于淡路国茲有国人名井守令見王子稽伏曰我見神尊則霊妙威徳可以保国土幸此所有霊井其色如瑠璃味如天酒浴則潔神飲則長齢願進之王子飲之曰恰如天之甘露

ウ卅右

朕由是倍得長壽而治天下護萬歳矣汝宣作新宮安朕焉井守命美之作

宮晨昏供給（ツカヘマツラシム）子孫相嗣　嶋曰今延喜式内志筑神社トス常盤艸ニ是ヲ難解

スル事首巻十三社ノ下ニ詳ニス　○杉尾社淡通大国魂手束宮　山王社又在　○多門寺　真言宗高野山西南院末

淡通有大像多聞天甚有霊験　八六十三番　配伊豫吉祥寺　○王子溪　池ノ内ヨリ出テ王子ヲ経テ志筑浦ノ海ニ入

○大谷村　○八幡祠　那智山　社封若干　○向月寺　東光山真言宗高野山西南院末

○地勝寺　トキハ関山派禅刹也　江国寺末（スモト）　嶋曰近頃其寺号ヲ桃川村ヘ乞請テ法華宗ト成シ一寺ヲ興立セリ其址薬師堂アリ

○薬師堂　當国八十八ヶ処道標ニ地勝寺ト記セリ　四九先置六　薬師ハ禅刹タリシ時ヨリノ本尊ナルベシ

○中ノ内村　生穂中ノ内トス　◎　○四社明神祠　淡通胞胎ノ婦人祈則安産云　社領若干　春日　加茂　貴船　白髭　此四社ヲ祭ルト云　猿田彦ノ事見日本紀

○三笠松　淡通津名郡生穂ト室津トノ界域乎　生穂之社記云室津八幡与生穂春日大明

神約會宣極劃限而出逢処可為境内之界然則八幡騎牛春日騎鹿而行逢牛遅鹿速

八幡之境狭少矣八幡請于春日明神曰願今度発箭其箭之所至為疆域施与

於我春日明神應諾則八幡神発箭忽中于釈迦堂之棟矣此処有松名三笠従此松

◎ノ乀日　受領神主大川能登守ハ此社司タ

根東南為其限域焉是春日明神之松也号三笠松之擬標也八幡宣自今以後我境
内之品物又何惜之當任公之所意由是春日明神六月祭礼者生穂之人始離于
室津之海濱而折樹枝採砂石等皈依前約也是社記之写附于此生穂神摂四神乎

○浄土寺 真言宗西南院末 [淡通] 有五智如来像古仏也此寺密刹而在生穂中内山中高滝
寺之隣近実山居密観之勝境乎 ○高滝寺 室珠山上同宗末 舊名圓明寺改
称シテ高滝寺ト云後山ニ滝アルニ因ル寺領若干アリ薬師像ヲ安ス （四九）才四五
[淡通] 曰有薬師之异像矣池田輝政在城于播州姫路而兼知淡路時眼病酷悩不堪
医療禱於神祇日尚焉一夕金色像入夢来白爾眼病業病也百薬何治之我是
為爾所領之淡路国生穂円明寺本尊之薬師今唯帰依于我則速疾可得安穏
夢驚使家士詣于淡邑之仏前則使者未帰得安身由是眼病平愈之後自粛
詣於像前而礼拝供養為報荷恩之甚深寄附燈明田供養粮乃覧後山之滝
而改高滝寺又同邑人一朝不堪腹痛断魂在于閻浮冥路之中間而念高滝之本

ツ卅六

尊ニ於テ戯奇哉本尊迺入ニ室藥ヲ于口中ニ其甘味珍飡更非ニ人間之有ニ乃嘗ニ之而忽蘇
活矣餘瑞畧之　○掘切ノ藥師　高滝寺受持　㊇オ十八番配ニ（○母養山ヲ）恩山寺ニ　此処名飛
泉アリ　○栄玄寺　上同宗末　○善福寺　上ニ仝　○西明寺　上ニ仝
○中寺㊂廿八番　則上西明寺ノ本堂之
○野田尾村　〔トキ八〕此山ノ奥ニ斑竹有ト云　○摩耶山観音堂　号重峯寺　高山之
㊂オ廿七番　由良ノ湊伴ガ島ヲ目下ニ見和泉ノ洋ヲ遠望シテ甚致景之
○生穂浦　生穂川　野田尾ヨリ出テ生穂ニ至リ海ニ入
○佐野村　池田川　円城寺ニ水原シテ城山ノ下ヲ巡リ下流シテ海ニ入又支邑小井
ト釜口トノ界ニ川アリ是ハ奥隆寺渓ヲ水原トス
○城山トテ云アリ古塁ニヘトゾ未詳ニ姓名　○浄満寺　月融山真言宗高野山功徳聚院末
極原○薬師堂㊾才四四
阿弥ヲ安ス〔常盤〕盧舎那翻ニ浄満ニト名義集ニアリ此寺昔ハ釈迦仏ヲ本尊トセシヤ
○八幡寺　同上　八幡社司之　○八幡祠　佐野ハ元生穂ト同氏邑ニシカモ争論シテ引分
此幡廟ヲ創ストゾ
○圓城寺　斎山院　本尊観音　〔皇円回〕本堂鐘楼梁上花鳥人物等ノ彫刻甚異ニ皆施ニ五彩ヲ中興
忍頂ト云住侶ノ再営ニトゾ本邑ノ奥ニアリテイト景色佳
㊇四十四番配ニ伊豫スガウ山大宝寺

此処ヨリ海ヲ望メハ両山ニ障ラレテ秋扇面ノ如シ因テ騒人雅士シテ扇海ト名ク庭ニ垂糸
桜アリ［淡通］型観音在佐埜邑円城寺為秘仏矣延宝年中丁巳夏亢陽蒸天地而
旱魃無処避之稼禾焦枯百姓将及飢渇時闔郷共議延衆僧于観音之堂前来虽
為秘仏啓緘扉而繙素一志供養祈願則大悲感通雨沢洒下如箭即日水十
合遠近聞之称雨之観音　○支邑興隆寺谷アリ（寺ハ廃シテ邑名ニ遺レリ）　山中ニ分入テ一里許○権現祠アリ（六月十日祭）○何物滝
アリ（里民不知其名）故有文化壬申三伏ノ日茲ニ遊フ其名ノ殊ニオカシケレハ尋至リテ深樹ノ中ニ岩壁ヨリ
洒キ落タリ　何ものと人語しき流の音　月石　頃日沙弥八馬牛ヲ山中ニ放テ飼フ　登ノ香谷ノ戸ヨリ峯ノ月ヲ詠ルニ例ノ野飼玉兎トモニ雲間
ニ遊フハ寿星ノ乗ルニモ銀河ヲ呑テ嘶フラシト怪シル　牧の若菜の名を告よ　仝　其時ノ感興ヲ思ヒ出シ臭ヲ忘レテ茲ニ囲ム
○鳥取石　在山頂　○蛙𧋶岩　在釜口界嶺頭　巨石ニ貝殻生テアリ
○佐野浦　浦辺ニ大石多シ皆御影石ニ類セル石理ニ

ワ　卅九一

日本魁洲 淡嶋温古録　　渡邉嶋揖録

○来馬郷　在志筑郷之北濱　和名類聚抄ノ日津名郡来馬　和名久留萬
郷ニ伊勢久留麻神社アル故ニ名ツケシヽ

○来馬村　郷廃シテ郷名此村ニ遺ル　(十三)○伊勢久留麻神社　伊勢ホ沢ニアリ　伊勢明神ト称ス
祈年国幣ニ預リシ神也　延喜式曰津名郡伊勢久留麻神社　常磐　伊勢奄藝郡
久留真ノ神社式ニ載タリ　此社古ヘ伊勢ヨリ移セルナルベシ　井内光教曰吉田神官臼井
竹祐説ニ淡路国久留麻社ハ敏達天皇三十一代ノ御宇伊勢ヨリ鎮坐ストスシトソ　初巻十三社ノ下ニ已ニ挙
○西念寺　真言宗常隆寺末　薬師(四九)才四十二　○三沢小次郎親経孫葉同苗理左エ門某ノ碑アリ　法山浄信禅定門　正保元年三月十三日
親経妙勝寺ヘ寄附ノ春書古書部下ニ詳也　今子孫由良浦ニ三沢氏有テ此碑ニ香花ヲ供ス

○假屋浦　楓谷ノ轉訛カ　此浦ニ高須賀ト云処アリ　漁戸商家軒ヲ並テ繁栄ノ浦也
○上品寺　真言宗已下三寺共常隆寺末也　(八四)才二番本尊阿弥陀配阿州極楽寺　○勝福寺

○潮音寺中庭前ニ有ニ鳥石ニ石面ニ鳥形文有三ツ故号一ツ者似ニ鳥トゾ

○潮音寺　本尊観音平　○蛭児祠　○八幡宮　○此浦ニ網ヲ以多ク蝛蜐ヲ取俗ニエボシ貝ト云烏帽子ニ似タル大ナル貝也○又寸余許ノ比目魚ヲ並乾シテ木葉鰈ト称ス鰈ノ草履ニ似テ美シキモノ也色黄也

○下田浦　摂仮屋ノ北　仮屋下田ノ漁人冬春西北烈風ノ間上灘中ツ川相川ノ濱ニ筵ヲ覆テ仮屋ヲ結ヒ市街ノ如ク軒ヲ並テ漁リシ昼夜我家ニ皈ルコトナシ仮屋ノ字再考スルニ是ニ因ルカ

○下田坊　法華宗

○釜口村　此辺三立崎ノ庄ト云　[書曰]本字ハ御太刀ナルベシ　支邑野田村アリ　釜口溪カハ

○八幡祠　社領若干　○妙勝寺　御太刀山　法華宗　本能本興両末寺　或曰足利尊氏西国ニ赴ク時船ヲ釜口浦ニ泊ム山上ノ燈ヲ見テ其処ヲ問里人妙勝寺ト答フ尊氏妙勝ノ名ヲ喜ヒ軍ニ勝ヘキ前兆トス則岸ニ上リテ寺ニ至リテ太刀一腰寄附ストニ云フ又尊氏ノ願書及當春ノ願書三沢親経ノ寄附巻等アリ共ニ古書ノ部ニ出ス　当寺ノ門下ニ。宮坊。小井坊。野田坊。奥坊。皆当邑ニアリ　[書曰]下田坊モ属寺ナルベシ

○[トキハ]建武三年二月八日尊氏兵庫ヲ発シテ筑紫ニ没落ス此時ノコトニヤ

○当寺ニ造ル豆豉ナトウ佳品也御献上ナル也

○庭際ノ夏蜜柑是又名品也　又濫妨禁書二通アリ

禁制　妙勝寺

一 当手軍勢甲乙人濫妨狼藉事　一 剪採山林竹事　一 放火事

右條々堅被停止訖若於違犯輩者速可被處厳科者也仍如件

ツ二

一

永禄十三年二月日　此年四月廿三日改元為元亀　右京進橘判

禁制　淡路国三立崎庄　文辞同右畧之　元亀三年十二月日　右京進入道判

〔常盤〕永禄元亀ノ比ハ三好一族京都ニ乱入シテ将軍義昭ヲ圍ミ或ハ三好笑岸山城守等摂州野田福島ノ要害ヲ築テ安宅甚太郎等ヲシテ是ヲ守ラセ織田信長ノ兵ヲ防ノヤウノ砌ナレハ淡路ニモ処々ニ要害ヲ構ヘシナルベシ右京進ハ三好方ノ士ナルベシ又先領主池田忠長寄附状アリ

○古城跡　在邑西ノ山城主年紀等未詳〔島田〕郡家田村左馬ノ族尚春云々

○清水寺観音堂　無染山在後山　〈三〉才二十九

○月山観音堂　清光寺則在月山　〈三〉才卅番

○薬師堂（大福寺）〈四九〉才四十三

○谷村

○小田村　此村ニ竹林アリ小田ノ大藪ト云〔島曰〕往昔ノ農哥ニ曰小田ヘ行ナラ言傳シマヨ大竹藪ノ将監サヘ人手指訊

○古墨　永禄十二年小田将監云々トソ

○法輪寺　真言宗常隆寺末

○連久（レンきう）寺　〈八六〉七十二番千手観音配讃曼陀羅寺

○河内村

○薬師堂　〈八八〉廿二番配阿波平等寺

○中持村

○白山村　村ニ白山社アル故ニ名ク　支邑ニ長瀬アリ　○白山社（四）六十二番配ニ伊豫一宮　常磐神名

帳加賀国石川郡白山比咩神社アリ　一宮記ニ伊弉並尊菊理姫　○妙観寺

○法導寺　二寺共ニ真言　常隆寺末　ノ八日　受領社司田村大和守

○浦村　浦川　仁井　小田　河内　ノ山中ヨリ出テ白山ヲ経テ浦ニ至テ海ニ入　○八幡祠　社領若干　○地賀知祠

○福竜寺　仏光山常隆寺　○万行寺　暦応ノ寺ニ京都六条万泉寺　末本

○古塁　向井将監ト云履歴不知　一説二階堂将監ト云

○楠本村　支邑別処アリ　○本願寺　薬師像ハ聖徳太子ノ作ト云　真言宗常隆寺末　（八）本尊薬師　十五番配阿州国分寺

○湯槽蹟　山間ニ昔温湯ノ有シ処ニテ湯槽ノ跡ト云　其処ヲヌル湯ト云　享保ノ比ニヤ此処ニ従温泉湧出シトテ近列ノ人来リ浴ス　今ハ絶ニ近頃風塵ニ没ス　温ク浴セシコトモアリ

○塩清水　ト云アリト　○薬師堂　別処ニアリ　（四九）才甲土　国高云　玉葉集ニ出テ　アリ　　ニ淡路ノ方ヘトカリトハ是ナルベシ　尚画シテノ下ニ詳之

○岩屋浦　洲ノ北極ニテ播磨ノ明石横津ノ須ナニ向ヘリ　延喜式ニ石屋ニ作ル浦ニ大ナル石窟アルニ因ヒリ画島ノ

浦松帆ノ浦ナドモ此浦ノ異名也　此浦一大亀アリ海上ニ浮出レハ必雨アリト云　漁戸多シテ諸魚ヲ

網ス又海ノ深キ処ニ亡鉄又ヲ差下シテ魚ヲ見ズシテ突取ヲ亡目突ト云魚多キ故ナルベシ又岩

ツチ　二

嵩高曰六角堂如意輪ノ「淡道」引歌番ハ何処云異也可尋事也

屋ノ海ニ別當汐トテ和泉ノ堺ヘ行潮條アリ潮勢強クシテ此汐ニ入タル舟ハ柁ノ力及バズ
シテ一方ニ引レ行ク別當潮ト云ハ此浦ニ寺アリ別當坊ト云昔其寺ニ猛狗アリテ
日々ニ泉ノ堺ヘ行此犬至レハ堺ノ諸犬畏縮シテ動止スルヿヲ得ズ海渡ニトスルニ先渚ニテ
木ヲ流シ試ルニ堺ノ方ニ流ルヽヲ能潮時トシリテ槎ニ乗テ其一潮ニ渡リシトゾ別當坊ノ
犬ノ作リシ汐時ナレバ別當汐トハ云トゾ〔太閤記〕ハ物語ニ播磨洋ニミテ其風ヲ請帆ノ開
合ヲ以テ別當汐ノ波ノウチカヘヲ見分ケト有ハ此ヿ也〔續古事談〕曰六角堂ノ如意輪観音ハ
淡路ノ国岩屋ノ海ニ唐櫃ニ入テ鎖ヘ子指テ打寄タリケルヲ聖徳太子明テ御覧ジテ本
尊トシ玉ヒケル○烽　岩屋ノ浦ハ須广明石ヘノ渡口也岩屋ノ迫門淡路ノ迫門ナド云也
渡リノ為ニ岩屋ノ濱ニテ火ヲ焼テ逢火タツト云験ノ煙ヒ云也〔續日本後紀〕八巻　仁明天皇承
和十二年八月辛巳淡路国ト明石ノ濱ニ始置舟并渡子以備往還〔袖中抄〕八巻曰摂津国ノ
須广ト淡路ノ岩屋ト云処トハ渡リニテアルニ淡路ヘ下ル急キノ便船ナケレバ須广ノ浦ニテ火ヲ
焼シソレニ淡路ノ岩屋ノ濱ニ火ヲ焼テ合スル也扱迎ヘ舟ヲ遣ストゾ申ス其由ヲ焼ヲ逢火

立フト云ヽ又毛火上グ氏云ヽ［鼇高曰］是ニ異説アリ　哥道垣根梅云昔明石ノ浦ニ人ニ宮仕スル女アリ［按ルニ女ハ淡路ニモヤ住ケンナルベシ］又同処ニ是モ人ニ仕ハルヽ男ヽケルガ彼女ノ許ヘ常ニ舟ニ棹サシテ通ヒ侍リシニ互ニ奉公ノ身ニテ隙ヲ知ザル中ナレバ約シテ云ルハ我隙ノ時ハ淡路ノ島ニ煙ヲ立ベシ其ヲ験ニテ向来ルベキ由男ニ契リテ逢侍ルガ或時女煙ヲ立ルニ男来ザリケレバ次夜モナク煙ヲ立侘テニヤ有ケン其浦ニ身ヲ投空クナル男或時隙ヲ得テ煙ヤ立ト詠侍レ氏印ノ煙モナシ其時彼男淡路ニ行テ其里ノ人ニ問侍ルニ恨テ身ヲ投死タリトキヽ大ニ驚キ同ク水底ニ沈テ果タリトゾ其処煙ノ浦ト云傳テ淡路有トゾ其コヲ印ノ煙立侘テト讀ルヽ定家卿モ此コヲ踏ヘテヨメリト口傳侍リシゾ此コハ殊ノ外秘事ゾトゾ［按ルニ］新勅選ノ是ヲ詠侍ル哥垣根ノ梅ニ記セルトハ少異アリ

淡路潟(?)島かよの(?)煙立テ(見せ)侘てあとゝいふまよの浦人(舟人)　右垣根梅　左新勅撰　前内大臣

猶按ルニ淡路ニ煙カ浦聞及バズ煙ガ島ナラバ福良ニアレ氏是又大ニ方角違ヘリ

夫木集　淡路ト云ヘ(?)詠ヘ若ス(?)　いかにせん飛火も今ハ立侘ぬおもひハ猶淡路(?)のそめ山　故六條太宰北殿(?)

正治百首　淡路島通ふ(?)声も立煙夜ハにすゝのよ頃(?)の眠(?)　寂蓮法師

○石屋神社　（十三）延喜式内名神　当国十三社ノ内也　今天地大明神ト称ス又ハ岩屋明神氏画嶋明神氏云　（六八）五十五番配祠年別宮

画島ノ南ノ海濱ニ在社領若干首巻十三社ノ下ニ詳ニ論ス茲ニ略記ス

○山岩楠明神　画島ヲ去コ五十歩許天地明神ノ北ノ海辺古城山ノ崖下石窟ノ中ニアル小社也　右二社共ニ論アリ首巻ニ見ルベシ

ワ二ノ　三

○八幡祠　北ノ支落長濵ニアリ　安宅紀伊守創建此社云　○別當坊　号観音寺真言宗　高野金剛三昧院末

此寺ノ古金口（ワニグチ）　寛永中八木中山テ掘出ス銘ニ岩屋別當ト有　即返シ与ヘテ今當寺ニアリ　四　○四国標ニ當寺ヲ三角寺ノ奥院本尊　伊豫阿波　弘法大師ノ尊像アリ

○東光寺（トウクハウ）　薬師　四九　才四十　○圓徳寺　浄土真宗西本願寺末　○開鏡山観音堂　観音寺ノ本堂ニ　是田ニ在　真言宗

三　三十三番順礼終ニ　岩屋ノ溪間ヨリ攀躋シテ行コ三十町許観音堂有処ヨリ山上ニ

登リテ眺望スレバ松尾崎ヨリ須广ノ明石見ヘ渡リテ海山ノ景氣ヨニシ岩屋ノ後山潔浄

ニシテ水精葡萄石ヲ生ス　○繪島　石屋神社海畔ノ磯辺ツヾケリ一塊ノ丹石ニテ

赤珠ノ凝聚レルガ如シ石紋自ラ人物鳥花ノ象アリテ彫ガ如ク画クガ如ク玲瓏トシテ

愛スベシ海ヨリ寄クル波ニ石面ヲ磨シテ画文ヲ成セルニヤ島ノ頂ニハ一石塔ヲ置リ緑樹

数株アリ直峭（スルド）ニシテ攀登リ叵シ島ノ根盤（メグリ）ハ平カニシ席ヲ設タルカ如ク海潮ニ臨テ

潔シ雪月ノ什ナド賞ヘ遊スベシ　日本奇跡考ニ播广ノ海渚ノ石繪アリ故ニ繪島ト云　常盤

播广ハ淡路ノ訛ニ播广ニ家嶋アリ混スル勿レ　鳥岡曰　家島訓讀シテ上略シテヱジマト呼故ニ画

嶌ニ紛レ安シ本島ノ訓清濁ヲ以テ別ツベシ家嶋

ハ濁画島清ニ家嶌ノ訓上略ハ和哥ニ

水ノ上ヲミヅノヱナド云ル類ノ如シ其例多シ　磤馭盧嶋日記　曰神代巻曰以磤馭盧嶋為胞生淡路洲

ト云本文ニ因テ画島ハ胞嶌ニトシ又云此嶋ノ岩ニ丸ク玉ノ如ク湧出シタル石幾千ト云数ヲシラズ中略
是全ク瓊矛ノ滴瀝分散シテ凝リタル物也其産盥釜杓子ナド云ル世帯道具ノ形皆
自然石ニ現レ嶋ノ風景樹木ノ色岩滑沢ナル事何レ繪ニモ昼ニモ覩ル所ニシテ又曰嶋中奇石不落ト
多クハ現ニ男根女陰之状奇形怪状不可勝数矣 鼈曰 其余或ハ甲冑弓箭武器之類
森羅萬象探覩ニ随テ尽ル事ナシ 淡通 古老のいへる、諸冊の二尊天地の初、国を創造し
給ひし此島に[illegible]より給ひ此嶋の姿あてやかにて世にためしなき景色なりとて、しはらく
心を着させ給ひ[illegible]
[illegible]あれ、[illegible]更るまて[illegible]し 別記云昔画島ヨリ落ル岩窟ノ山アリ画島明神鎮坐有シカ中世別境ニ
今天地大明神ト祝奉ルキ 平家物語 海原の新嶋[illegible]
沖の[illegible]の[illegible]

ワニ

四

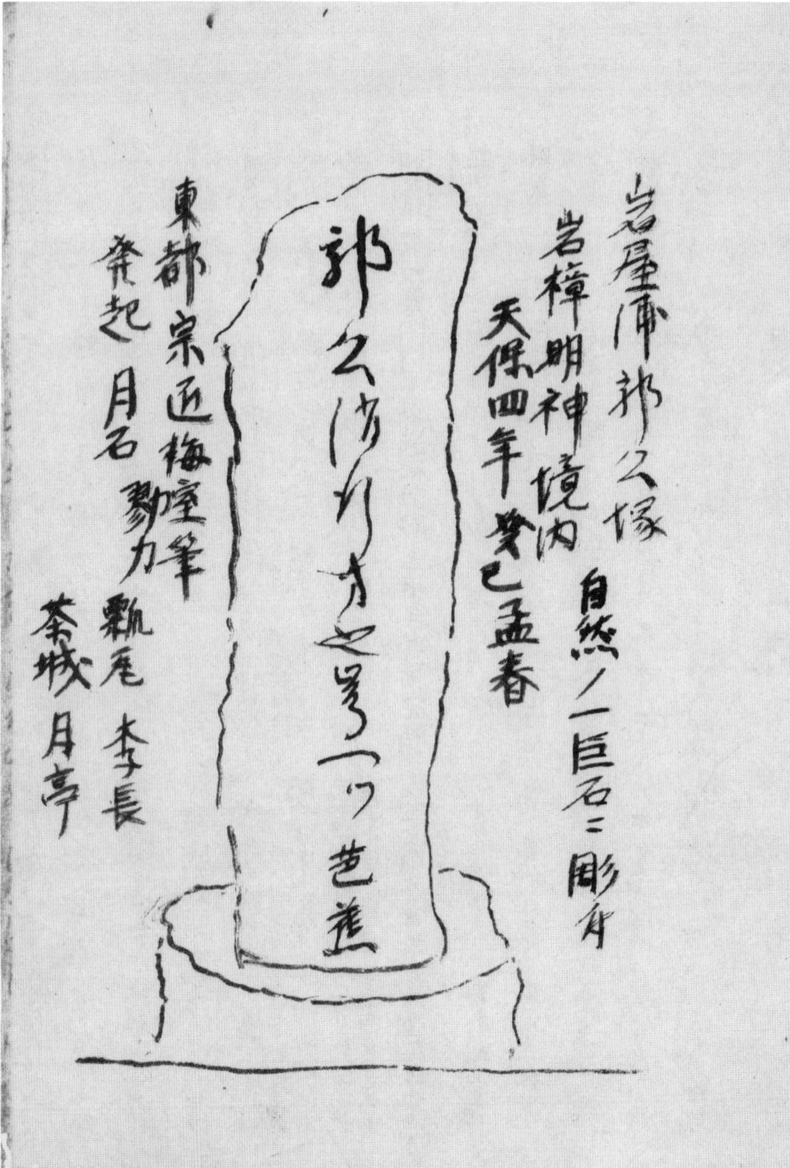
岩樟明神境内
天保四年癸巳孟春
自然ノ一巨石ニ彫ル
芭蕉
東都宗匠梅室筆
月亭

撰集抄八 [illegible]

列女傳賛曰黄門行平忽起忌兵戯言出思和哥発情不邪不淫有才有名画島風韻全非鄭声 [illegible]

千載集 雑上 [illegible] 前参議親隆

同集 小夜千鳥吹飯の浦に音つれて絵島か磯に月傾きぬ 藤原家基

全集 [illegible]

新勅撰 雑五 [illegible] 後徳大寺左大臣

続古今 春上 [illegible] 皇太后宮大夫俊成

玉葉集 羇旅　[illegible]　雅有

夫木集　[illegible]　仲正

トキハ 報ル二塩湯有ㇾ氣モ此浦ナルベシヤ 鳥高曰 前ニ見タル楠本ニ塩清水アリ又ヌル湯アリ 若ヤ塩清水ト云モヌル湯ノ了カ又別ニ有ヤ汐湯アㇾ二トハ楠本ノ湯ヲアㇾ二行ㇾナルベシ

全集 卅三　[illegible]　為家

同 十二　[illegible]　勝[illegible]法師

同 廿二　[illegible]　慈円

同　[illegible]　参議雅経

山家集　千鳥鳴く絵島が浦に澄む月を波にうつして見る今宵かな　西行

[illegible]葉集 千五百番 名寄　[illegible]　仲正

同集 千五百番　[illegible]　[illegible]法師

同 千五百　[illegible]　歌阿

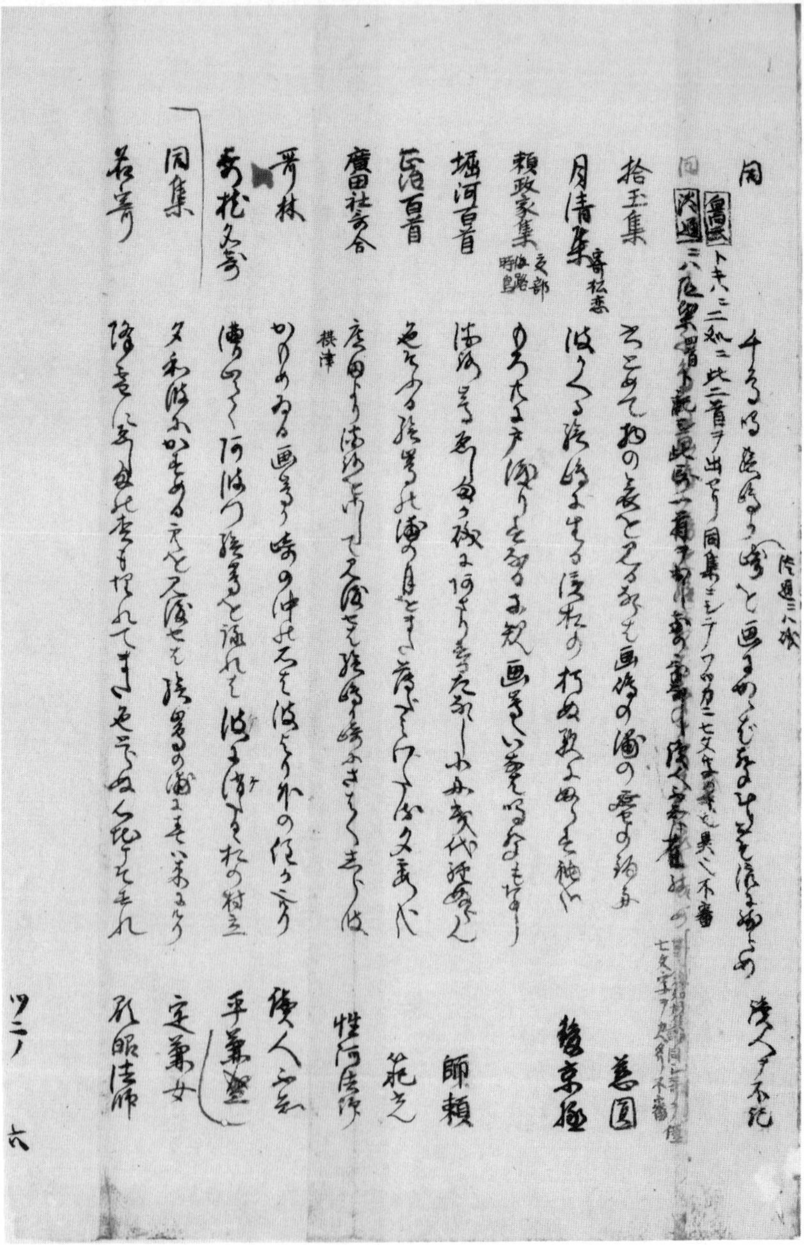

続草庵集雑部

完讃法印に絵をあつらへて作りしを
つきて送り作り返すとて

難波津の花もみぢをも見ていまや画かける浦の浪をかくらむ　頓阿法師

吹風にみなとの海のたゆたひし絵をよくみかける月のひつき

続松葉集

淡路島あまたの世の木の葉に入日もそれはさながら

正徹千首

庶幾集　雑部画島をえがきて

備への浦にこぎ果てもよる浪の春を絵島に浪の花とも　乗阿

幽斎紀行

画島といふ所をとほりて
山も見ずまでゆきて時もあれと

貴賤とも淡路のとふかたに出ちの画の

源至信公　中務句

草も花やさとも咲き尽しうつりゆく

同

青きを春と見えしの画島の部

名勝詩集　明石八景ノ中

絵島晴雪　弘文院林學士

雪後島幽凝遠望　猶如設色有餘雅　此時吟了湘江暮

作霽描成蕪氏堂　同集同題　林春常

積雲堆々初日明　粉粧依様自描成　晴雲添色素為絢
何問工家不繪清　同集同題　人見友元
碧波涌出水精宮　繪島雲晴千頃空　江南雲閑誰後素
松間帰棹一蓑翁　石川丈山詩集　泊繪島記観詩曰
傍岸来船聚　隅江茅屋連　漁児争餌釣　樵婦采薇還
黄麥登山蓺　青苗長澗田　愛無風浪患　島裡一壺天
淡通 阿陽竹林鉄崖老禅偶到斯境題五絶曰
昔聞斯繪島　今見是蓬莱　李杜百千口　至茲争得開
全書 画嶋銘詩并引
観夫島之為形也或薄黒色或緑紅紫班々妙盈自然鍾成矣
黼黻之有文也言語之有辯也豈可得而形容潤色哉蓋
昔人之作歌頗有神助与白碑曰此嶌每波浪相激其畫
摸古今変化而益新鮮宜哉実是称画嶋因造之銘曰

四二　七

石之有文　五綵何尽　摩詰抛毫　羲之豈印　天然画図
造化行　此嶌如珠　磨而不磷　又題五言律曰
維綃勝境晩　沙鳥叫沈々　遊客何無感　古人多費吟
海山非一様　水月政千金　島峙微茫処　嘯天忘夜深

同七言絶句五首

一嶌團欒峙海濱　激濤和月益成新　満眸景象咸神造
難語未遊斯境人、　歸発棹歌一葉舟　天然益様備風流
虽當不用呉剛斧　桂月磨珠嶋上秋、　執人遊此不忘飯
眺望怪巌奇石間　漁叟不知風境好　心非海月又非山、
最愛月明離海嶠　棹舟遊島意迢々　岩頭妙益神蹤古
浪洗風磨更不消、　江山風月價千金　駿馬登高又及深
若使嚴陵遊此地　偶然忘却釣竿心、

鳥　文政庚辰　秋播灘舟行　繪嶋夜泊

画島秋天星乱花　灯函知不遠漁家　夢和微波猶未熟

蓬窓更闌犬声譁　同　夙発岩屋　明石浦辺纔促艤

舞濱描嶋尚朦朧　堪懐神詠当時趣　来往布帆朝霧中

○矛嶋 画島ノ傍ニアリ 淡通ニ 海濱に指出たるを矛嶋と云 郷里の口碑に天地二神

の神教治せ給ひて後ホコを建玉へる神跡と称し来れる處なりと云り 自遊日記

け神をよみて詠ける念かしこまり一心を致ひて鉾とゐて瓊矛置を記さる

拔初すり ○鶺鴒嶋 同巻ニアリ 淡通 陰陽の神初て和合なし給ひし 掲焉神 イ本記キ

後之尊卑夢覚まてきこえけらしや 上下巻 神代巻 将ニ合交ニ未ニ知ニ其術ニ時有ニ鶺鴒

飛来揺ニ其首尾ニ二神見而学之即得ニ交遂ニ云 或云 故ニ此鳥ノ異名 妹背教鳥ト云 淡通 予竊古

風而歌之歌曰

鶺鴒有丘　其尾悠々　頡矣頏矣　二神好逑
天孫天子　万歳千秋　鶺鴒在礒　首尾依々
何不和楽　二尊于帰　陰陽資始　孰又知哉
有鳥徘徊　高低在崔　二神慣見　和樂笑開

淡路島通フ千鳥[illegible]

陽水近。夜會[illegible]
[illegible]
源氏哥異[illegible]
起東。[illegible]
[illegible]

○大和島　在同浦画島南石屋神社之祠前。称大画嶌。此島神笑ノ棲息スル処トテ嶌上ニ登ル人ナシ

萬葉集　巻三　笠朝臣金村角鹿津乗船時作哥曰

懸而之努拖日本島根乎

同集　巻十五　遣新羅使人等佐婆海中忽遭逆風漲浪漂流経宿而後幸得順風到着豊前国下毛郡分間浦於是追怛艱難悽惆作哥

宇奈波良乃　海原　奥部尓等毛之伊射流火者　明而止毛世大和島将見

萬葉集　巻三　羇旅歌　又新古今旅

天離夷之長道従戀来者　自明門倭嶋所見　人丸

新古今集

同集

下筑紫時海路作哥　柿本朝臣人麻呂

名細寸稲見乃海之奥津浪　（ハリマニアリ）

千重尓隠奴山跡島根者

新勅撰集　旅

ゆふ暮大和島根をみてざりし[illegible]旅の空よ　土御門院御製

続松葉集　青海よりゆるの海とかよふともなほのこる大和嶋根に

新勅撰　四　久方の雲の通ひ路より見えし大和嶋根と知るも知れ　内大臣

淡通　大和島吟三首

吹笛江山風月中　扁舟駕浪近幽宮　二神資始大和嶋

不許人間凡俗通　此島古来日本基　海濱突兀現神威

何須別覓蓬莱岙　和楽天孫於緝熙　二尊何代降此郷

品物流形徳沢長　萬歳垂栄松翠直　大和嶋上占風霜

淡通　按ずるに嶋山の名を負へる事、徒然草を撰、二神夫婦和合の始めの名

なれば、之をもて日本の總名を大和と云へりしは此訳からなりけると

古老の口碑等の世にも伝へり

○松帆浦　在岩屋浦海濱北辺今松尾崎ト云西列ヘ上リ下リノ海船常ニ舟ヲ繋テ風ヲ待観ノ観ル処ニテ磯山ニ生ヒ列ル松ノ緑波ニ移リテ清ク須ノ明石ヲ目ニアリテ風景殊シキ処ナリ　常磐　松尾ノ尾ハ帆ノ訛ナリ松帆トツヾクル時俗ニ帆ト尾ト通呼ヒテ和訓ノ音便カハラザル故ナリ此処ノ名ニヨリテ惣名ニ被ラシメテ岩屋浦ヲ松帆ノ浦トモ云ナリ絵島ノ浦ト云ト同義ナリ松帆崎ノ西ニ並ヒテ江崎村アルモ江ハ画ノ転訛ニテ絵島カ崎ノ略称ナルベシ皆岩屋瀬海ノ惣名ナル事知ヘシ

萬葉集　六巻　神亀三年丙寅九月十五日幸於播麻国印南野時作哥

名寸隅乃船瀬従所見淡路島松帆浦尓朝名藝尓玉藻苅管暮菜寸二藻塩焼作海未通女有跡者雖聞見尓将去餘四能無者丈夫之情者梨荷手弱女乃念多和美手徘徊吾者衣恋流舟梶雄名三

反哥

[illegible]

徘徊雖見将餘八名寸隅乃船瀬之濱尓四寸流思良名三

又

玉藻苅海未通女等見尓将去船梶毛欲得浪高友

笠朝臣金村

續日本紀　神亀三年九月多治比廣足村国志賀真凡等十八人為造頓宮為将幸播磨印南野也冬十月行幸（神亀ハ聖武帝ノ年号ナリ）

淡通　不肖想像遊人之情擬テ笠朝臣金村之短哥反哥而不堪於不言深毫云

滄溟之廣矣　舟楫可西東　中心之深矣　舟楫豈推窮

采藻芼之矣　江斐与海童　無心義景矣　啻知波又風
錦衣玉食矣　不如彼擧空　或歌或笑矣　楽只勝狂松
君子閑之矣　夙夜飲和醺　碧天白浪矣　想望恨何終

新勅撰　恋部二　こぬ人をまつほの浦の夕なきに焼くや藻塩の身もこかれつつ　藤原定家

文永集　廿五丈　千五百番　津の国の松帆の浦に焼く塩のからくも人をこふるころかな　藤原為家

同　二十五丈　寄枕　待ちまちきく人を松帆の浦に寄る更行波よるもとし留　能雄

続拾遺集　淡路島味ありやといさといそむ松帆の浦の番乞女とも

百卅番歌合　漕き出し松帆の浦を詠めつつ月見て渡る秋の小夜なかの　左近衛中将　師経

細川幽斎紀行　天正十年の春松帆の浦見西せんとて七月廿二日の夜舟漕せて行くにて遊くを片帆にかけてゆくと漕き出して明石の岸に寄せて片帆に月或そ見えける　独り松帆の浦によくなれも舟をも寄せて見るにつけても涙の自は添ふて舟の松帆の浦に齋わかれて渡るよりも見えるかな

苔衣曰　昔侍従君ト云義童アリ

岩倉ノ宰相法師ト云者ト男色ノ睦アリ時ノ相国ノ子侍従君ヲ懸想シケレ氏聞入ザリケレバ
宰相法師ヲ淡路国松帆浦ニ流ス法師此浦ニテ病出シテ　[illegible]
[illegible]　侍従君松帆浦ニ
吊下リテ　[illegible]　我と侍人ト詠ミ之　鎌倉実記　琵琶法師
傳ヘ引テ白在暦ノ中大宮蔵人実春（淡路府者 或久ノオ之）ハ淡路国松帆浦ニ居シリ是モ平民ニ背ク者也

○竜松　在松帆崎近海畔　大ナル古松巌ニ蟠リテ蟠屈スルヿ活竜ノ勢アリテ古枝頭ノ甫ノ
如ク厚皮鱗甲ニ似タリ　御伽婢子　[illegible]
常磐草　淡路に [illegible] 若ハ [illegible]　秋通　[illegible] 天錫
松竜ノ説恰髣髴ニ於此竜松之勢矣故吾之使人擬此松者也

夭矯挙空海上来　蜒々脱骨老莓苔　紫髯夜温南山雨
鉄甲春驚萬岳雷　影動欲龍平地起　邑貅如捲怒瀬回
蜷枝冷掛巌前月　猶似挙珠照九垓

○題竜松　恰若蒼竜起九淵　錯沙銅石勢夾然

鱗根帯雲蜿々動　鬣葉梳風颯々鮮　隠覩霧中疑入海
屈伸雲裡怪騰天　秀才題後傲高節　千歳争名君子邊
評曰物之変化不可測竜化為松乎松化為竜乎　聞説老松生海湄
化竜今也使人疑　一朝若假木雲力　恐是飛昇不在斯

三千風行脚集

風も吾も雲生野とやゝしけり　三千風　荒木田守武 伊勢神官

嵩云　往シ安永六ノ冬過此ニ至リ聞及ニシ竜松ヲ見侍ニ竜形全ク備リ巌頭ニ倚テ四肢ヲ張リ雲間ニ沖ント欲スル勢風ニ吟ジテ活動スルガ如クニシモ惜哉近歳終ニ枯木ト成テ僅ニ其名残ヲ見ルヿ千載ノ恨ナリ然圧未其歌ハ失ハズ三千風ノ生髭ヲ亙シ鳥ト吟ジケルモ今ハ槿花一日ノ栄ヲ羨ムベシ

風に竜松貴とさゝしけり　月石

按スルニ三千風ハ檀林時分ノ俳客ト見ヘタリ

自淡島ニテ　貴をさそひぬ淡路の島ゝの名の有る松ても在らし

扇抄

老も御路の旅楽八昔にて神自激と寓ると天降せして
何れうれしと海しとゝめ又重起
あかくましらかし松とそ不浮ひぬ

廿

是を俳諧の哥と申す也 新く式白砂人集共ニ仝 又連歌も又是を始とん 二条良基公ノ筑波問答ニ見 古代ハ和
歌俳諧の差別なし 紀貫之古今集撰判の時 人王六十代醍醐帝ノ奉勅 心言葉の優なる
を本哥とし心きゝたる類の俗言を交へたるを俳諧と分ち二流の唱へ流ハ俳諧ノ体哉
なり明應の比 百有四代後土帝 宗祇法師俳諧百韻をなせり是俳諧の鼻祖也
八幡の神ニあて　鳴けや鹿あまたの波を萩の花　宗祇
文亀 百有五代後柏原帝 の後ニも俳諧を専ら句と詠みする事も多く連歌清吟の
後奥ニ出て花紅の錦を張る(?) 栄旦(?)　秋の野をさながら庭に(?)　仙家(?)
ワキ　手拍子の迎へよひの秋の文(?)　宗長 才三　山の端よ白皿(?)秋の月見哉(?)　宗祇
○天文 百有六代後奈良 の比荒木田守武 伊勢神官 俳諧にもて独吟千句世に高首(?)
其の名を著し後世俳諧の祖とん
飛梅やかろがろしくも神の春　守武　[illegible]や文字草の花の種　仝
山崎宗鑑犬筑波集を選て俳諧今の道とん
手をつゐて歌申あぐる蛙哉　宗鑑　[illegible]し[illegible]や一[illegible]　仝

○長短葉松（ハカハリノマツ）　在松尾崎ニ　一枝ハ葉長ニシテ細ク一枝ハ葉短クシテ太シ　淡通　元是一根ヨリ
分ニ二枝者也国之名木蓋称相生ノ松乎　○水無瀬山　日本麻子　淡路ヨリ部ニ出ス　国花万葉集　在淡路乎　此在摂津　○禊川　在松尾
一覧　在岩屋ニ容丸ク樹木繁茂盛山也　○窟社（イハヤノヤシロ）　能因哥枕ニ淡路ニ出ス　下ニ出　天地明神ノ社是ナルベシ
○岩屋礫（サレ）　此浦ニ色々ノ砂石アリ小黄砂ハ庭砌ニ鋪ニ宜シ岩屋砾（サレ）ト云海山ニ大小石多シ
日本紀　神功皇后紀ニ麛坂王忍熊王播磨ヨリ淡路島ノ石ヲ取テ山陵（ミサヽギ）ヲ作ル　常磐　今モ仲
哀天皇ノ荒陵明石郡垂水ニアリ然ノ人ハ五色塚ト云此山陵ヲ岩屋ノ石ヲ以テ築ルト云
皇高曰　此陵ヲ造ルコト神功皇后三韓征伐有テ御帰陣ノ道ニシテ生ル誉田天皇ノ麛坂王聞之為
弑皇后　其才忍熊王ト謀テ明石ニ先帝ノ陵ヲ築ト称シ船底ニ兵具ヲ隠シ岩屋ニ日々
運シメシト　○古城蹟　二ケ所アリ一ハ浦ノ南ニアリ傳説ニ安宅紀伊守居ルト云　南海記ニ忠良ノ安宅氏
居岩屋城ヲ持トアリ　後太平記　天正元年将軍義昭信長ト隙アリ義昭備後ヘ下リ又毛利ニ令
ニ應シテ軍ヲ率シテ上京セントス此時畿内中国ノ兵招キニ應スル者多シ丹地太郎兵衛尉
神野加賀守小林民部少輔三百余兵ヲ引テ淡路岩屋城ニ攻入是ヲ取テ将軍及門跡ヲ
擁テ大坂ニ兵粮ナド篭タリ　トキハ　此時岩屋ハ安宅ノ居城ナルベシ安宅敗軍セシニ歟天正九年羽

十三

柴秀吉池田之助次ヲ征シテ安宅氏織田信長ニ
降リ又秀吉ヨリ真ノ島彦太郎ヲ岩屋ニ置ト云　○古城跡　在浦東石龕ノ後ノ山ヲ穿チ
築テ塁アリ石壁今猶遺リテアリ［常磐］是又安宅氏ノ築ル所ナルベシ

○国君ノ里邸アリ

○育波郷　在郡ノ海北濱ノ郷廃シテ今育波邑育波浦等ノ名残ル
［和名類聚］和名以久波［常磐］以久波ト云古語ハ日本紀景行紀曰天皇到ニ的（イクハ）邑而進食（ミヲシス）
云々今謂ニ的ノ者訛也昔筑紫俗号ニ盃曰ニ浮羽（ウキハ）トアリ的邑ハ筑後国ニアリ

㈠育波村　在斗ノ内室津両村中間　○八幡祠　社領若干　○常楽寺　松林山　真言宗常隆寺末［鳥曰］須本常
楽寺ト同山号不審前写須本常楽寺ノ山号ヲ混誤シ記スルカ可正　○窪薬師（八）二十六番　土佐西寺　○古塁　姓名不知　自高極大ルニ［トキハ］
斗ノ内の条下に云ぬの伊久志ナるの磯也かゝもと云姓ともにかや

○育波川　黒谷ヨリ出テ育波の海に入

㈡育波浦　育波ノ邑ニ連ル海濱ニ

㈢室津村　室津浦共ニ育波ノ南隣ニ　○八幡祠　社領若干　○木船社　小社ニ　本社山城愛宕郡ニ在

高龗神ト云　○天戸社　室津山滝野ニアリ　○三笠ノ松　同村山中ニ在室津八幡神ト生穂春日神ト行逢テ此松ヲ神地ノ界トスト俗傳前穂ニ謎

○海福寺　潮音山真言宗　常隆寺末　○室津湊　畑村田尻村ノ水大坪村ヘ至リ合流シテ室津海ニ入

(四)室津浦　即室津邑ニ重リシ海濱ニ

(十)畑村　執畑氏塔ノ畑氏云昔ハ塔有シトソ伽藍ノ跡アリ　○刑吉明神社　斗内城主細川遠江守河内国戸田ノ新明神ヲ勧請シテ創立ストモ傳フ遠州宅地ノ跡モ長傳ト云処ニアリ　常磐石　河内ニ戸田ト云処未聞猶可尋　○宝蔵寺　常隆寺末　此寺細川遠州室家ノ建立ト云傳フ其室人ノ墓トテ寺中ニ在

(九)大坪村　室津ノ東奥ニアリ

(八)田尻村　大坪ノ南隣

(十一)黒谷村　育波ノ東奥　○古墨　姓名不知　○白鳥大神社　皐曰　四国道標ニ常隆寺ヨリ四丁南ニ有ト云黒谷ナルベキカ尚可正

(十二)斗内村　在育波北ニ　常磐　十市或ハ遠市ナルヲ訛テ斗内ト呑ルニヤ　○遠市ノ池　能因哥枕ニ淡路トヲチノ池トアリ妙應寺ノ下ナル池ナドヲ云ニヤ

三　十四

○河上神社（十三）（旧号河内明神今各神淡路国十三社ノ一トス　延喜式内）河内社ハ細川遠江守建立ト云伝フ【淡路神社】
【祀】（王子社司井内氏著）曰津名郡河上神社延喜式ニアレ氏在処不知疑ラクハ斗内ナル河内社ニシテ河上ノ
社号河内ニ轉セルカ【常磐】此説ヲ非ニトシテ考説アリ初巻十三社記詳ニ弁合スベシ
【皇国】神社記ニ河上社ト定シ以来国人普ク河上ノ神社トスル故近俗ニ随テ茲ニ河上社ト記ス

○妙鷹寺（常隆寺末）此寺モ細川遠州建立ト云則木主及石塔有文明三年辛卯卒ス

○古塁　城主ハ細川遠江守源光輝ト云養宜細川ト同族ナルベシ【南海記】永正十五年大内
義興ハ周防ニ還ル近年細川家臣淡路ノ伊久志摩守淡路ヘ渡リニテ西国ヨリ運輸ノ
軍資ヲ奪シカハ義興ハ帰ルサニ是ヲ攻取【常磐】（伊久ハ伊久波ノ訛カ細川氏育波ノ采地ニ居ル人伊久波ヲ以テ称号トセシニヤ）

（十三）汁ノ内浦　斗ノ内邑ニツヽク海濵

（五）尾崎村　室津ノ南隣く

○尾崎溪　遠田ヨリ出テ尾崎ノ海ニ入　○長泉寺（真言宗長沢東山寺末）

○本門寺（久遠山法華宗本興寺末）　○八幡祠（社領若干）　○枯木明神（在海辺）昔浮査アリテ波ニ
漂フ邑人採来レハ大ニ祟ル因テ神トシ祭ル故ニ称ス

㊅遠田村 在尾崎之水原 支邑新村アリ ○正福寺 高野山西南院末 ○真正寺 同上

○東山寺 平生山真言宗 遠田長沢両村ノ堺山腹ニ在 （三三） 才廿六

○廃萬福寺跡阿弥陀堂アリ ○薬師堂 在鵜木ニ （四九） 才卅六 ○白里明神

㊆長沢村 室津田ノ尻ノ水原 此村ニ長牛蒡ヲ出ス ○蔵王社 ○大将軍社 山城国西京大将軍社有

⑭机南村 机浦ノ南濱ニ並 此辺ノ村里ヲ俗ニ机ノ庄ト云 ○馬墓 薬師堂（四九）才卅七 ○鞍塚 野老ノ説ニ

昔播广ノ猟者猪ヲ追テ海ヲ渡リ先山ニ入騎処ノ馬茲ニ斃レタルヲ蔵メタル冢ニト云伝フ

○浅野ノ滝 在西濱今ハ古名ヲ失フテ称紅葉滝 西濱ニ 楓樹滝ノ上ニアル故名トス 常磐 未見定猶考後日 皇朝 按ルニ浅

野ノ滝ハ是ナルヘシ其論ハ首巻ニ出ス国俗久ク三原郡鮎屋ノ滝ヲ浅野ト称シ誤 上廿八 鮎谷

ノ下ニモ滝ノ上ノ浅野ハ野島冨島ノ辺ニ索ムベキヤウニ思ハルトハ茲ナルベシ此処野島冨嶋ヘモ程遠

カラズ萬葉ノ哥ニ能合ヘリ依テ萬葉ノ哥ハ此処ヘ出ス キヌスノ哥一二首ヲ除其余ノ哥ハ舟路ニ拘ルナケレハ鮎屋ニ出セリ

萬葉集 三巻 羇旅哥 山部赤人

海若者霊寸物香淡路嶋中尓立置而白浪乎伊与尓

廻之座待月開乃門従者暮去者塩乎令満明去者塩乎干塩左為能浪乎恐美淡

路嶋礒隠居而何時鴨此夜乃将明跡待従尓寐乃不勝宿者滝上乃浅野之雉

いノ二　士

開歳立動良之率兒等安倍而榜出牟尒波母之頭氣師尒波母云々海和ナリ
又哥
島傳敏馬乃崎乎許藝廻者日本恋久霍左波尒鳴
夫木集 又現在六帖
　[illegible] 個院左大臣
又
　[illegible] 衣笠内大臣
㊆久野々村 札石田ノ源流ニ在
○常隆寺 号栗村山 栗村ニ在数ヘ 桓武天皇ノ御宇延暦年中早良親王ノ為ニ勅建ノ寺ト傳説ニハ廃帝ノ御建立ト謬レリ 其論首巻廃帝ノ陵論中常隆寺ノ下ニ詳ニス 七堂伽藍有シ処ト云 古キ棟札諸堂ノ礎石残レリ 此寺住持ノ僧十ニ十區ノ末院ヨリ供養勤行ス 今観音堂ニ千手十一面ノ像ヲ安置ス 行基ノ作ト云
㉝才卅一 十七區ハ 来馬ノ西念 段原ノ上品 仝勝福 仝潮音 小田ノ法輪 白山ノ妙観
仝法導 浦村ノ福竜 楠本ノ本願 上山ノ福萬 石田ノ生福 斗内ノ妙應 室津ノ海福 墓浦ノ真泉
札畑ノ宝藏 育波ノ常楽 札浦ノ与久 皇間 与久寺ハ常楽寺ノ末ト記セリ 楽ハ隆ノ訛カ 或ハ育波常ホデ孫ソカ
○普濟寺觀音堂 ㉝才卅二

(十八)仁井村 久茂ノ巽ニ隣

(十九)長畠村 札石田ノ北

(廿)石田村 札ノ東隣 ○八幡祠 社領若干 ○生福寺 桂光山 真言宗 常隆寺末 ○本圓寺 法華宗本興寺末

(廿一)上山村 岩屋。江井。平林。大川。裏木。墓浦。長畠。小田。中持。浦村。楠本 以上十一村周回ニ擁シ包テ甚廣長ノ山里ニ支邑舟木ハ墓浦長畠ニ挟テ細ク西濱ニ貫リ

○萬福寺 常隆寺末 ○城ノ脊山 因ニ記ス予文化癸酉ノ春故有此里ニ旅寐スル事十日バカリ一日城ノ脊テフ山ニ登ルニ峯高カラズサカシカラズ平ラカニオノ晴テ其アタリハ一ト木ノ茂レルダモナク真青ナル芝生ハサナガラ青氈ヲ布キノベタルカ如シ四望濶然ト開ケテ眼ニ障ル隅モナク東ニ頭ヲ廻セバ伴ガ島ヲ始トシテ紀泉摂ノ灘ニ列リ遠リ住ノ江ハ霞ノ裏ニ朧ナレド和田ノ岬ノ松原ハ海ノ面ニ指出須磨ノ浦舞子ガ濱ノ名モ流石ニナツカシク摩耶カ高峯鉄枴ガ嶺鵯越ナド重リ聳ヘテ手ニ取ヤウニ見ヘ西ニ返リ見レバ明石ノ浦ハ仄々ナラデ指昇ル日影ニ鮮シ尚委キヲ究メント遠眼鏡ヲモノスルニ松ノ緑ヲ分ル層城ノ白妙ハ残ンノ雪カト過タレ市井ノ甍簇續キ濱辺ニ繋ル舟ノ数々モ只目ノ下ニ見ヘ渡リ曾根高砂ノ濱ハ響ノ灘ニ平カニ昏写法華山ハ雲ノ絶間ニ秀タリ赤豆島ハ四国ノ嶺々ニ連リテ

是ヘ家島ハ九国ノ海原ニ向フテ浮フ其余播備豫讃ノ島嶼ハ算フ氏尽ヽシ画ノ唯鏡面ニ通ル
夕如シ釣スル蜑小舟ハ嶋ノ間ニ々漕ツレテ纔モ盆中ニ胡麻ヲ点スルニ似タリ明石门ヲ渡レル千帆
ハ沖津鴎ノ浮カフニ等シ與ニ隨シテ須臾時ヲ移ス中金烏西溟ニ浴シテ猶紅ヲ[illegible]遠ツ
国ノ山々島々近隅ナリ見ヘ渡リ吾等ノ景色ノ是ニ古法眼カ筆ノ跡モ兼テ孫嶋ヲ胞トシテ弘法モ妙画モ及（実ニ春宵一刻千金ノ價ハ）（クダクシケレ氏其中ノ景色今モ目ニ浮フ一ト吾カ子テ歎ス）
ノ神功（カンイサクシ）矢九ヲ賢ニ奉リテ　春庵し終よ夢の一滴　月石

㊄札浦（西北ニ向ルノ濱ニ築江ノ轉シタルニヤ）［トキ八］此辺ノ浦辺ニテ壷ヲ縄ニ聯子テ海潮ニ沉ム是ヲ鮹壷ト云
時ヲ移シテ引挙レハ壷毎ニ章魚一頭ヲ得ル此処ノ比目魚（カレイ）モ名品也（小ナルヲ鮑トシテ木葉鰈ト文雅ニ）又近里ヨリ
多ク駒ヲ出ス當州ニ産スル駒ハ蹄硬クシテ沓ヲ着（ツク）ルコトナシ　又文札ト云地アリ　○札溪（ガヘ）（石田ヲ水原トス）
○八幡祠
○興久寺（真言宗常永寺末［高田］常隆寺属院十七區ノ中歟）　○薬師堂（同浦濱ニアリ興久寺司之）　（八八）五十一番配伊豫石手（イシテ）寺

［常磐］播磨奥住ノ泊（今ノ奥巻ナルベシ）ヨリ津国大和田泊（今ノ兵庫）迄一日行ノ間ニハ船ヲ泊（トマ）ムヘキ処少ナシ
東南ノ風アラキ時岩屋ノ迫门衆過シ回（ガタ）キニハ冨島野島ナドニ舟ヲ泊メテ風ヲ待ヘキ
処也此故ニ昔ハ冨島野嶋ノ海濱ニ堤防ヲ築テ船ヲ泊ル処ノ入江ト成ヤシナルヘシ因テ築ッ

江ト名ケタルヲ杁ト訓通スル故ニ後世省文ヲ以テ杁ト書誤タルナルベシ其堤防イツノ世ニカ風波ニ破レテ富島野島ノ名ノミ遺レル事ハ大和田ノ泊破壊シテ築島ノ名存スルガ如シ再與修復シテ舟人ノ漂没ヲ救ハヽ大ナル仁恩ナルベシ　○富嶋　昔ヨリノ名ニ而昔山辺ノ赤人此辺ノ浦ニ船ヲ泊シト云伝ル

玉葉集　島つたひあはちの瀬戸を漕出けは大和のかたは遠さかり行　山辺赤人

金葉集 冬　風さむみあはちの瀬戸を漕ゆけは冬の浪まよりしほ鳴なり　神祇伯顕仲

同 恋下 題不知　世をうみの袖のかはかぬ我恋や淡路の磯によるしら波　藤原仲実

續千載集 旅　あはちなる島を出る磯の海人もかちこきて世わたる道やさそふ　前太政大臣

新古今集 文治六年女御入内屏風歌　風ふけは淡路の磯の村千鳥たちゐは波の心なりけり　正三位季経

夫木集　あはちなる淡路の磯の沖つ浪よせてや皆ひとつきき　藤原家隆

同集　都より淡路の島の千鳥のなく声を聞て旅のよそ人哉　大蔵卿行宗

同集 又正治百首　何ゆへ吹かぜ淡路の浦の入江に友呼千鳥月に鳴なり（元師ハ西北風也一本西吹）　喜多院守覚法親王

續松葉集　旅ゆかはあはちの島の磯千鳥しほひの浦のなみにこそなけ

草庵集（折タチトセウス）　千鳥鳴みぬめの礒の松風ふくらし浦しくもさめる月の夜
【常磐】萬葉集ニ敏馬ト書ルヲトシヘト訓シタル本アリ誤之敏馬(ミヌメ)ハ三犬(ミヌ)
女(メ)ト訓スルガ正訓之摂津国八部郡ノ海辺ヲ敏馬(ミヌメ)浦ト云延喜式ニ八部
郡ニ汶賣(ミヌメ)ノ神神社ヲ載タリ敏馬(ミヌメ)汶賣(ミヌメ)同訓之【萬葉集】巻四
過ニ敏馬浦時作哥　山部宿祢赤人　御(ミ)食(ケ)合(ムカフ)淡(アハヂ)路乃(ノ)島(シマ)ニ直(タヾ)
向(ムカフ)三犬(ミヌ)女(メ)乃浦(ウラ)能奥(ヲキ)部(ベ)庭(ニハ)深(フカ)海松(ミル)採(アサリ)下略淡路島〈ノ下ニ見ヘタリ〉ト詠リ此哥ニテ
音訓共ニ分明之　　〇机浦ノ沖ニ中ッテ康ノ瀬ト云浅瀬アリ
諸魚ノ多ク集ル処ニシテ机ノ漁人就中棘鬣(タイ)魚ヲ漁ルノ網代
ナリ或記ニ曰延喜元年播磨国上園〈先山縁記ニハ上野ト記ス〉ニ豊廣ト云
猟人白猛猪ヲ射ル白猪矢ヲ負ナガラ直(ナ)ニ海ニ入テ淡路ヲ
指テ海キ机浦ノ岸ニ着其矢傷ヨリ湧リ流ル、処ノ血凝モ海
中ニ錦ヲ引ガ如シ凝テ終ニ浅瀬ト成ル是ヲ猪ノ瀬ト号ク其猪ハ

行〻先山ヘ入豊廣其血痕ヲ慕ヒテ分入見レバ猪ハ洞中ニ入テ千手観音ト
顕レマス豊廣ハ驚歎シテ眉間（象老ニハ胸間）ノ矢ヲ抜捨テ自ラ髻ヲ絶テ寂
忍ト法名ス是先山ノ本尊ニ（象老ノ上首ニ斧合ス其上首ヲ茲ニ畢ヲ云委クハ本書ニ見ベシ）皇曰今ニ云麻ノ瀬
ハ此説ニヨレバ猪ノ瀬ノ轉訛ニヤ又摂津風土記ニ云処ノ夢野ノ麻淡路
ニ通フ海上ニテ射ラレシモ此説ニ彷彿タリ共ニ怪説ナガラ古ノ云傳ヘシ
事実ニ此ニヨラバ其麻此浅瀬ヲ使リニ渡リシ故其処ヲ麻ノ瀬ト名
付シト見ニモ可ナランカ又日本紀ニ應神天皇淡路ニ遊猟ノ氏播广
ヨリ御渡海ノ舟中舟子ニ麻皮ノ白衣ヲ着タル者アリ天皇
怪ミ玉ヒソチハシテ彙ハ何ゾト問セ玉フニ麻子（カコ）ニト勅答ニ奉ル
故ニ水主ヲ号ケテ麻子（カコ）去事是ニ濫觴ストゾ由良祝人宮川
氏曰此舟行ノ一事麻ノ瀬ノ辺ノ事ニシテ向来其処ヲ麻ノ瀬ト
呼カト此説モ又靡叵シ何レニ依テモ麻ニ縁アリ

草庵集 折句チト　千とり鳴みぬめの浦の松風[illegible]

常磐 萬葉集ニ敏馬ト書ルヲトシミト訓シタル本アリ誤也敏馬ハミヌメト訓スルガ正訓也摂津八部郡ノ海辺ヲ敏馬浦ト云延喜式ニ八部郡ニ汶賣神社ヲ載タリ敏馬汶賣同訓也 萬葉集 巻四

過敏馬浦時作哥　山部宿祢赤人

御食合淡路乃島ニ直向三犬女乃浦能奥部庭 六 深海松採 下略 淡路嶋ト詠リ此哥ニテ音訓既ニ分明也

(廾)

蟇ノ浦村　札浦ノ北ニツヾケル海辺也 海中ニ真栗ノ礁アリ

○蟇浦溪　水原上山也

○八幡祠　社領若干

○真泉寺　真言宗常隆寺末 号海紅山

○観音堂　千手 (八八) 十六番配ニ阿波観音寺

○野嶋薬師　野島ニアリ (四九) 才卅八

○古塁　姓名未詳大永中ト云或ハ梶浦氏也ト炬口安宅ヲ攻取ト云

○野島　海辺ニ在古キ名処ナリ　里人ノ曰昔ハ一二町モ澳ヘ出テ高ク平ラカナル野有シト云傳フ波ニ崩レテ今ハ無シ古松ノ松立ル汀ヲ野島ト云 常磐 冨嶋ノ条ニ云シ如ク昔ハ海濵ニ堤防ヲ築テ舟ヲ泊ル処廣クシテ西刹往来ノ客舩要津トセシナルベシ明石高砂ナドモ近ク見渡セテ景ヨキ処也 皇高曰 文政癸酉春敝友鳴鳳子ト共ニ遊先同及シ埜嶋カ崎ノ砂上ニ踟蹰シテ詠セシハ蒼ニ非ス紅葉ニモ非ス只何トナク其景色凡ナラス慈ニ於テ鳴鳳一絶ヲ賦シテ曰

野嶋国風萬葉傳　綿連帰乎映春天　岸頭杳埜能言語
為向古来招發賢　予又乗興不忘噤口次ニ其韻曰
埜島岸頭鐘韻傳　彩霞遥掛夕陽天　更見軽風微瀾趣
詠歌千載慕先賢
野島ニ蹟アル鵜多シト雖此程ハ見ヘズトゾ　常磐

名処哥枕ノ諸書ニ野島同名ノ名処淡路近江安房三処ニ載タリ範兼ノ童蒙抄
ニハ野嶋ヲ淡路トス（本文ハ哥ノ後出ス）日本書紀ニ淡路野島ト記シ萬葉集ニ淡路ノ野島ト詠リ
凡萬葉ニ詠ルハ皆淡路ノ野嶌ヲ詠シト見ヘタリ又アハミチ（淡路）アフミヂ（近江路）紛シ安キ
ヲ以テ近江路ト心得違ヒテ近江路ノ野嶌ト諸抄ニ誤テ記セルモ有ベシ淡路ノ野
島ハ古ヨリ名ニ著レタル名処也　又或説ニ野島ヲ（ハ沼島）乃ト奴ト通スル故也ト此説然ルベカラズ
萬葉ニ辛荷島ヲ過ル时赤人ノ哥ニアハミチノ野嶌モ過ギイナミツマ辛荷ノ嶋ノ嶋间ヨリ
ト詠ル淡路ノ北野島ヲ過テ播广ニ有ト云辛荷ノ島トツヾケタル序宜シ南方ノ沼嶋路
ヨリ過タルヤウニハ聞ヘズ然レバ蘆ノ浦ナル野島正當ナルベシ又夢野ノ鹿ノ野嶋ニ通ヘル古實

ワ二　十四

耳底記 光廣同云野嶋ノ涫浊イカヾ云吉答曰ニゴルベシ

モ夢野ハ兵庫ノ背ロト云ヘハ明石ノ渡リハ一里ニモ足ラヌ処ニテ游ギ着程ノ間ナレバサモ有ベシ野
嶋ノ海ニ鹿ノ瀬ト名付タル浅瀬モ此故事ニ因レルト思ハル然レバ野嶋ハ墓ノ浦ニ在ヲ云ベシ

〇日本紀 履中紀長文故上下略 有ニ數十人執兵追来者太子遠望之曰其彼来者
誰人也何歩行急之若賊人乎因隠ニ山中ニ而待之近遣ニ一人問曰曷人且何処
往矣對曰淡路野島之海人也阿曇連濱子為ニ仲皇子令レ追太子又曰履中
天皇元年夏免ニ死從ニ濱子野島海人等罪役ニ於倭蔣代屯倉

淡路 同集三 羇旅 三津の崎浪をかしこみこもりえの舩の君か[illegible] 同

同六巻 神亀二年乙丑冬十月幸ニ難波宮時作哥 山部宿祢赤人

天地之遠我如日月之長加如臨照難波乃宮尓和期大王国所知良志御食都国日之
御調等淡路乃野島之海子乃海底奥津伊久利二鰒珠左盤尓潜出船並
而仕奉貴見礼者

反哥
朝名寸二梶音所聞三食津国野島乃海子乃船二四有良信

〔貼込　十二〕

[illegible]

○日本紀[illegible]

耳底記　光廣同云野嶋ノ清濁イカゞ云ト答曰ニゴルニ

○萬葉集一巻　往紀温泉　御歌　　中皇命

吾欲之野島波見世追底深伎阿胡根能浦乃珠曽不拾（紀伊ニアリ）

同三巻　羇旅哥　　柿本朝臣人麻呂

珠藻刈敏馬乎過而夏草之野島之崎尓舟近著奴

同集之曰

一又一本　万葉十五遣新羅使人等海路処誦古哥　珠藻刈処女乎過而夏草乃野島之崎尓伊保里為吾等者（摂津処女墳）

淡適　同集三　羇旅

[illegible]

同六巻　神亀二年乙丑冬十月幸難波宮時作哥　　山部宿祢赤人

天地之遠我如日月之長加如臨照難波乃宮尓和期大王国所知良志御食都国日之御調等淡路乃野島之海子乃海底奥津伊久利二鰒珠左盤尓潜出船並而仕奉貴見礼者

反哥

朝名寸二梶音所聞三食津国野島乃海子乃船二四有良信

天皇元年夏四月[illegible]海人[illegible]

注文[illegible]淡路野嶋[illegible]海人也[illegible]

[illegible]

○日本紀[illegible]

[illegible]

耳底記　光廣問云野嶋ノ清濁イカゞ玄旨答曰ニゴルト

○萬葉集一巻　往紀温泉　御歌　中皇命

吾欲之野嶋波見世追底深伎阿胡根能浦乃珠曾不拾（紀伊ニアリ）

同三巻　羇旅哥　新於道旅ノ部ニモ

珠藻刈敏馬乎過夏草之野嶋之埼尓舟近著奴　柿本朝臣人麿

又一本[illegible]

同集又曰

粟路之野嶋之崎乃濱風尓妹之結紐吹返　同

淡通　同集三　羇旅

三保の崎浪をかしこみこもりえの舟の君かりかそのすり　同

同六巻　神亀二年乙丑冬十月幸難波宮時作哥　山部宿祢赤人

天地之遠我如日月之長加如臨照難波乃宮尓和期大王国所知良志御食都国日之御調等淡路乃野嶋之海子乃海底奥津伊久利二鰒珠左盤尓潜出船並而仕奉貴見礼者

反哥

朝名寸二梶音所聞三食津国野嶋乃海子乃船二四有良信

又過辛荷島時作歌　山部宿祢赤人

味沢相妹目不数見而敷細乃枕毛不巻櫻皮纏作流舟二真梶貫吾榜来者淡路乃野島毛過伊奈美嬬辛荷乃島之島際従吾宅乎見者青山乃曽許十方不見白雲毛千重尓成来奴許伎多武流浦盡往隠島崎崎隈毛不置憶曽吾来客乃毛長弥

味沢相ハ首ニ味之妹目不数見ハ美好キ妹ガ顔ヲシゲク見ズシテ也桜皮纏ハ舟ヲ彩ル也桜ノ皮色ノ如シ也伊奈美嬬ハ否ト云妻也難面エヘ我心辛苦アリ因テ辛荷ノ発語ス吾宅乎見者云々今故郷ノ大和国ヲ望メハ白雲千重ニ隔シト也許伎多武流ハ舟ヲ榜廻ル也隈毛不置云々トハ思ハヌ隈モナク恋慕フ旅情哀ヘシト也

千載集 雑上　眺みても野島か崎にさゆる夜は葉に吹ぬらむ　源俊頼

（淡通）俊成家百首　同集 旅　何と途ある野島か崎の庵りにて袖に涙もかゝりけり　俊成

（淡通）法性寺家歌合　同集 恋三　玉藻刈野島の海人も いとかく袖は濡るゝものかは　（淡通）入道前太政大臣　源雅光

新古今 秋上　こととはん野島か崎の海人衣浪と月とにいかゝしをるゝ　七条院大納言

続後拾 秋上　浅路に遠しくなひく尾花の野島の浦に秋そ来ぬらん　大蔵卿有家

萬代　路の野島か崎のいそつたひしも来るに浪もかへるを　朝忠

ワ二　十五

続古今 旅　浪かゝる野島か崎に袖ぬれて[illegible]夜半[illegible]　前大納言為家

新後撰 旅　玉藻刈野島か崎の友千鳥人もすさめぬ（不嗜好）音をこそなけ　藻壁門院少将

続後拾遺 旅　[illegible]野島か崎の[illegible]波こさぬ夜も袖そぬれける　後鳥羽院

新続古今 旅　打なひく野島か崎の[illegible]潮風そ吹　中務卿宗尊親王

夫木集　[illegible]　法[illegible]

同集　[illegible]　衣笠内大臣

同集　[illegible]　法印幸清

同集　[illegible]玉藻刈る[illegible]　法印定[illegible]

同集　[illegible]　後嵯峨院

同集　[illegible]　家隆

同集　（本 猪名崎）[illegible]　同

同集　[illegible]　信実

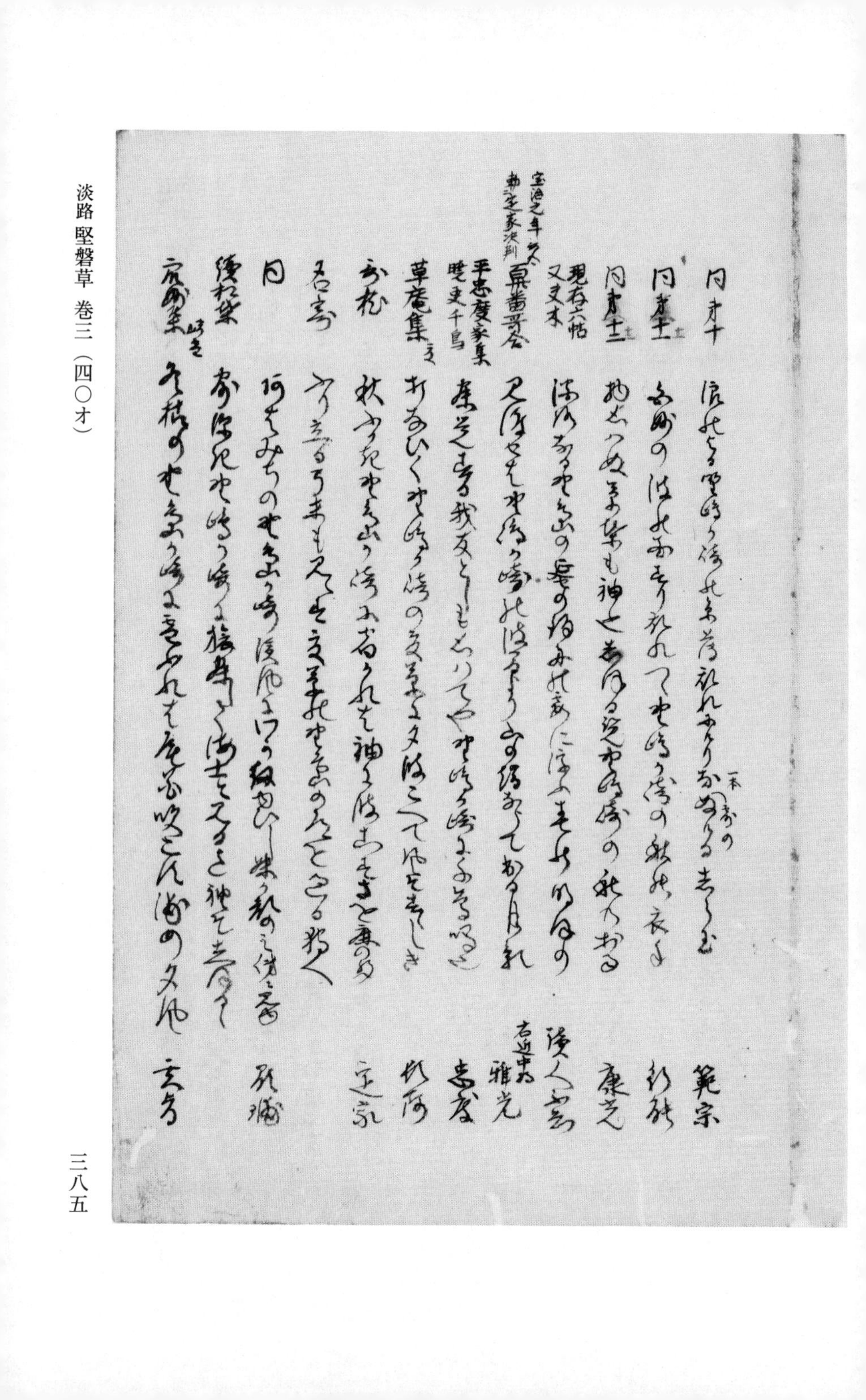

日本紀履中紀曰大鷦鷯天皇八十七年春天皇崩皇太子中履自諒闇出之未即尊位之間以羽田矢代宿祢之女黒媛為妃納采既訖遣住吉仲皇子而告吉日時仲皇子冒太子名以姧黒媛爰仲皇子畏有事将殺太子密興兵圍太子宮太子乗馬而逃之則急馳之自大坂向倭至于飛鳥山遇少女於山口問之曰此山有人乎對曰執兵者多満山中宜廻自當摩徑踰之聆少女言而得免難則更還之発当縣之兵令従身自竜田山踰之時有数十人執兵追来者太子遠望之曰其彼来者誰人也何歩行急之若賊人乎因隠山中而待之近遣一人問曰曷人且何處往矣對曰淡路野島之海人也阿曇連濱子為仲皇子令追太子於是出伏兵圍之悉捕

又曰履中天皇元年夏免従濱子野島海人等罪役於倭蔣代屯倉

○鹿瀬　蟇ノ浦及机ノ沖ノ海中ニアル浅瀬ノ名ニ漁人棘鬣魚ヲ網シテ此瀬ニテ取之鹿瀬トハ常磐風土記ノ説ヨリテ海ノ瀬ヘニ名カシナルベシ先山ノ鹿ノ説モ此故事ヨリ出タルナラン先山非鹿稽ナリ

摂津風土記曰雄伴郡ニ夢野アリ父老傳ヘテ曰昔刀我野ニ牡鹿アリ其婦牝鹿此野ニ居リ其妾牝鹿淡路国野島ニ居リ彼牡鹿屢野島ニ往テ妾ト相愛ルヿ比ナシ既ニシテ牡鹿来テ婦ノ処ニ宿ス

明ル朝タ牡鹿其婦ニ語テ曰今夜夢ラク吾背ニ雪零置リト見キ又一本ト草生タリト見キ此夢何ノ祥ナラムト云其婦夫ノ又妾ノ処ニ往ベキヿヲ悪ミテ即詐リテ相シテ曰背上ニ草ヲ生スルハ矢背上ヲ射ルノ祥之又雪フルハ海中ノ白塩宍ニ塗ルノ祥之汝淡路野島ニ渡ラバ必舟人ニ遇テ射死サレナン謹テ又往ヿ勿レト云其牡鹿感恋ニ勝ズシテ復野島ニ渡ル海中ニテ行舟ニ逢テ終ニ射死サレヌ夫ヨリ此野ヲ夢野ト号ク世ノ諺ニ刀我野ニ立ル真牡鹿モ夢相ノマニマニト云リ　釈日本紀ニ引（夢野ハ摂津ノ矢部郡ニ今モ夢野村ト云）

（卌二）真木村　蟇浦ト大川トノ間ノ海濱　此村ヨリ煙草ヲ出ス

（卌三）大川村　平林ノ南ニ接スル海濱之　○三瀬鼻　○高松社　在大川而自平林祭之　○塩井　山谷ノ中ニ在塩水之此処ヲ大野ト云蛎螺ノ着タル石アリ

（卌四）平林村　江崎ノ南隣ノ海辺之　平林川ハ上山ノ下流　○平林石　名品之　草木ヲ植ルニ能水濕ヲ上テ生長シ易シ清閑石ニ類ス假山石氏云好事ノ人ハ水盤ニ置テ愛玩セリ　○沖ノ磯

（卌五）江崎村　岩屋浦ノ松帆崎ニ隣シ西濱之　［常盤］繪島崎ヲ中略シテ繪崎ト云シヲ繪ノ字江ニ轉シ名ルニヤ　○八幡祠　社領若干　○桃村寺　禅宗妙心寺末　○薬師（常示寺）　（四九）才卅九

○高栖山揖下 ○揖取川　○猪ノ寄　等アリ

○郡家郷　【和名抄】曰和名久宇希　郷廃シテ郡家濱郡家中村ヲ遺ス

○郡家濱村　郡家浦一村ニシテ尾崎ヲ北ニシ多賀村ヲ南ニ接スル海畔ニ大家群居シ実ニ群家ニ名兼帯ス

呼ベキ富邑也　○濱ノ宮　一宮ノ別宮ニシテ祭ル所則ニ柱ノ神也社若干リ　国君ヨリ御造立ニシテ
本社。神楽殿。拝殿。神門ナドアリ

【淡通】中世濱宮ノ神像六區飛在于海濱其明年二将争国殺一将時々有先表瑞異

讃神徳曰　神之格思昭々焉載而在簡篇矣必不可疑或飛行自在石壁無礙者神之洞然通

徹而所以不暗也故曰聖人不行而知不視而遂此等之謂歟　○最妙寺　法華宗妙京寺末

○多賀村　南江井浦ニ隣ル　【常磐】村ニ多賀社アリ神宅（カミヤケ）ト云舊紀　紀ニ淡路ノ多賀トアレバ古ヨリ

ノ地名ナルベシ　【鳥日】近江ノ多賀社ハ淡路ヨリ移セシト聞リ

○伊佐奈岐神社（十二）　一宮多賀ノ社ト云　古ハ宮中名神祭及祈年国幣ニ預リ玉フ丁式ニ見ヘタリ

今モ殿舎等　国君ヨリ造立シ玉ヒ封田若干　【延喜式】曰淡路国津名郡淡路伊佐奈岐

神社名神大　又三巻曰名神祭二百八十五座淡路伊佐奈岐神社一座国淡路　名神大ト八社ニ大小アリ此社ハ大社ニシテ名神十

四二　大八

レバ宮中ニテモ殊ニ大祭ノ官幣ニアヅカリ玉フニ一宮ノ名ハ上代ヨリ有コヲ聞ズ中世ヨリノコナルベシ一宮記アリ或記ニ崇神
天皇ノ置玉フ天社地社ヲ一宮ト云ヒ垂仁天皇ノ置玉フ国社ヲ二宮ト云ト又ハ大社ヲ一宮ト
ニ地社ヲ二宮ト未詳　三代実録二巻曰清和天皇貞観元年正月廿七日中略奉授淡路国无
品勲八等伊佐奈岐命ニ一品　多賀社記云本社ハ諾冊ノ二尊摂社ノ四社朋神ハ天照神。
月讀。蛭兒。素戔嗚尊。末社ハ惣神。楠ノ神。根ノ神。荒神。鹿島神。閻神。拝殿。讀誦殿。廊輿殿。御供
所。鐘楼。毛馳工所作　東門。南門。西門。楠下ノ板橋境内七町許。神主ハ石上氏　和泉社僧大坊寺　妙京寺アリ
○連理榊　本社ノ東瑞籬ノ中在結婚神ト俗傳根本ヨリ数株立テ繁茂ス　○子生椿　同所ニアリ木ニ瘤アリ無子者此木ヲ懐抱スレハ有子ト云傳　○粥様　毎年正月年ノ豊凶ヲ試ル式アリ月令ニ詳出
○法華會　二月十日ノ祭事ニ　元久ノ廰宣一通賀山護国寺ニアリ其文曰

廰宣　留守所

可令早引募一二宮　一ハ岐宮法華會ニ二ハ太ノ二宮神會ニ　法華両會舞楽料荒野拾町事

右両會舞楽料田荒野拾町可引募東神代八木両郷之由去子年雖被成下
御廰宣件郷等無催促之田代云云早令開発標列并西神代之荒野可引募

彼料田之状仍執達如件　留守所宜承知敢勿違失以宣

南門院年号ナリ　元久二年四月　守藤原朝臣　判字アリ

常盤 廳宣ハ検非違使廳ノ宣ニ〆留守所トハ国守ハ在京シテ助掾ナド国司館ニ留守シテ国事ヲ掌ルヲ云ベシ　一二三宮法華桜両會トハ伊弉諾神社ヲ一宮ト云二月十日ニアル祭礼ヲ法華會ト云大和社ヲ二宮ト云テ三月十日ニアル祭礼ヲ桜會ト云蓋此両會ノコトナルベシ又賀集山舎記ニ一宮ニ毎年一切経供養トテ舞楽ノ法會アルコトヲ云リ是則法華會ノコトナルヤ別ニ一切経會モアルヤ未聞ズ　日本書紀曰伊弉諾尊神功既ニ畢玉ヒテ霊運當遷玉フ是ヲ以テ幽宮ヲ淡路ノ洲ニ構リテ寂然ニ長ク隠レマシキ　又曰伊弉諾尊功既ニ至リヌ徳亦大ニ於是天ニ登リ報命玉フ仍テ日ノ少宮ニ留宅マシヌ　旧事紀 幽宮ヲ淡路州ニ構リテシヅカニ長ク隠レマシキ亦淡路ノ多賀ニ坐ス　神代巻直指抄ニ引ニ秘説草記曰淡路国伊佐奈岐神社幽宮之遺址ニ　常盤 或説ニ石屋神モ伊弉諾尊ニシテ幽宮ノ遺址ニト云又或説ニ弐ニ載タル近江国太上郡多賀神社ハ伊弉諾尊ニシテ日ノ少宮ト云因テ思フニ皆後人ノ臆説ナルベケレモ近江ノ多

ウ二　十九

賀ハ古ヘ淡路ノ多賀ヘ伊佐奈岐ノ神ヲ移セルナルベシ然レバ淡路ノ多賀社ヲ日少宮ト云シ
コト宜之石屋社モ石窟アル処ナレバ幽宮ニ擬セシコト據ナキニ非ジ〔釈日本紀巻〕引ニ天暦ニ曰
允恭天皇十四年行ニ幸淡路ニ祠ニ伊弉諾大神〔日本紀〕ニ見ヘ履中帝及允恭帝淡路ニ猟シ玉
ヒ諾尊ノ神託アリシコトハ已ニ首巻十三枚ノ下ニ詳ニ挙ケタレハ茲ニ畧ヒス　○紺紙金泥法華経一部　聖徳太子筆　其外宝器略之
○宮坊　一宮界内ニアリ法華宗妙京ノ属寺一宮神式惣司ハ妙京寺ナレ氏平日ノ祭祠ハ宮坊ニ司ラシム　○神主石上和泉守　○神子　已上皆神境ノ中ニ家居ス
○東坊　法華宗妙京寺末　本尊釈迦多宝宮坊又全之　○賀茂明神上下二社　在ニ松林中ニ　○楠毛明神祠　○大木明神祠
○御石郎　今里人ノ居地ト成ト雖世々傳ヘテ其家ノ婦人ハ月内ニテ産スルコヲ禁シ必外ニ出　○王地　田ハ又許廃帝ノ飲料田ノ地ト云傳今其地ヲ王地ト称スト也　○御衣塚　廃帝崩御ノ後御衣ヲ埋ト
○郡家中村　多賀村ニツヾク　○若宮八幡　○妙京寺　大勝山法華宗本門派尼崎本興寺京都本能寺両末寺家若干
○卅番神　本社。拝殿。大黒殿。鐘楼。大門　○田村氏廟　界内ニアリ　寺説曰廃帝天平神護中勅創法華戒壇之後光
厳院御宇大覚僧正宗門弘通ノ為西国ニ赴シ氏此寺ニ来リ住持僧智暉闍梨ニ謁シテ宗
旨ヲ討論ス是ニ於テ智暉法華宗ニ帰シ名ヲ日通ト改永正年中　後柏原年号　郡家領主田村

左馬頭春良伽藍ヲ営興ス此寺ノ住侶常立院日慈ニ大永二年左馬頭ヨリ寺領若
干石百十寄附證文アリ　○郡家五ケ村故跡帖ニ曰弘治元年乙卯四月十三日淡州一宮本門法華
宗開眼　沙門本寿院日秀　地頭田村左馬助盛　○萬福寺　妙京寺末
○古塁　小丘ニアリ田村氏ノ城地　○古邸址　田村氏世々住居ノ地ニ方一町許築地アリテ二重ノ壕アリ今モ御土居ト称セリ今里正ノ宅地ト成苍圃ノ跡ナドアリ左馬頭曽テ
更科ノ木賊八幡ノ燕子花ヲ移シ植
タリ迚今モ外濠ニ遺レリ　其傳ハ古城主ノ下ニ詳ニス
○北山村　濱村ノ東ニ隣ル　○八幡祠　杜中ニ在社領若干アリ郡家八村ノ祭ル処ナリ　神楽殿　拝殿　ホアリ
末社荒神　○賀茂神社　杜ノ中ニ在賀茂鎮守ノ神ト云ヒ神像ハ鬼子母神ナリト云リ　○毘沙門天王　鬼子母神ノ厨内ニアリ
○大歳明神祠　○郡家川堰堤溪ノ水中村ニ至テ川堰上下ノ水合シテ多賀北山ノ
間ヲ流レ濱村ニ至テ海ニ入
○下川井村　トキハ　川井ハ川堰ノ轉文ナルベシ　○崇道天皇山陵　松ノ生タル四山ニ土俗廃帝ノ陵ト訛リ高島ノ丘ト称シ小祠ヲ
立毎歳正八月九日神楽ヲナス廃帝陵ト云ハ誤ナル事首巻ニ詳ニ論ス　古跡帖　尾堂ト云廃帝勅建ノ寺有シガ中村ニ移シテ妙京寺
ト號ム其跡ヲ今テ寺丘ト呼　皇嵩曰　崇道天皇ハ早良太子贈号ニ早良ノ遺跡常盤州下川井ノ下ニ詳

ワニ　二十

○上川井村　北山ヨリ與ニ下井上井トツヽギタル村也　○木本社

○井手村　（トキ八）堰堤ノ轉文ナルベシト云リ　中村ノ南ニ隣ル村也

堰堤溪　上畑ノ水檜下村ニ至リ鮎中村川ト合流シテ井手ニ至リ郡家川ニ入

○下大町村　○大歳社　○古塁　南山ニ在姓名時代不知

○上大町村　○西光寺　川ノ西山ノ半腹ニ在 法華宗妙京寺末　○赤子石　郡家官道路傍農家ノ園端ニアリ不見ノ藤疱五指高低ノ形全ク鮮（大サ方三尺半許石上ニ）備リテ甚奇也予壮歳ノ比其名来往ノ次観ク見侍リキ近曽其カク遇リ尋レ㐂不見一農人白家主行路人ニ同寄フ頃レテ竹叢中カクシタリト以

○檜原下村　○此村ニ天正九年筑前守秀吉淡路征伐ノ氏濫妨制書并仙呂

權兵衛 名秀久後任越前守　浅野弥兵衛 名長政後任弾正少弼　ヨリ惣人数入タリ㐂居民立退ヘカラザル旨云遣ス

十一月十八日ノ状アリ　○恵日寺　真言宗高野西南院末　○安養寺観音堂　同村内芝ノ郷村ト入野村トノ堺ニ在

（三）才廿二番　山中幽閑之閼伽水石間ヨリ流レテ清シ昔ハ安養寺供養迎舞楽ノ法會有レシ賀集山ノ古記ニ見　○檜原川　上畑ヨリ出テ檜原ヲ経下大町ニ至テ井手川ト合ス

○檜原上村　○春日社　社領千　○常楽寺　真言宗高野山西南院末

○永壽寺　上同宗同末　○大御堂　本尊釈迦　（八八）才三番配阿波金泉寺

○男滝女滝　二蛇ノ滝ト云二滝ノ間一町半男滝長一町許 寛ク落ル女滝高サ丈余

○上畑村　○高倉祠　高倉山ハ邑ノ南ニ在ル㐂昔賤夫婦人安産并乳汁ヲ祈ル 山頂ニ古松叢生シ遠方ヨリ見エル

〇榊沢村　桃川ノ東ニ隣ル　〇石神（イハ）　山頭ニ在社上ニ巨石アリ其大サ方丈余高サ五
丈余直立ニシテ天ヲ指シ地ヲ抜ノ勢アリ石理滑ニシテ肌膚ノ如シ希世ノ神石ニ俗ニ岩
下ノ神社ヲ岩上明神ト云藤時平大臣ヲ勧請スト云傳フ［略曰］柳沢ノ生土神ハ時平大臣
　　菅原ノ生土神ハ菅公ナル故両郷
ノ民俗互ニ相嫁娶セスト聞及ヒヌ　〇法輪山観音堂　石神ノ傍ニ在　観音寺ト云　（三三）才卄五
〇本福寺　真言宗高埜山　西南院末　〇河上坊　法華宗妙京寺末　〇古塁　邑ノ東南ニ在
柳沢越前守居ス天正九年羽柴秀吉淡路征代ノ時亡フ代々ノ墓地古松アリ
領五千石
〇八王子森　〇古墳　櫟ノ大樹アリ里俗ノ説ニ白河院ノ陵ニト云傳フ傍ニ皇居ノ址
トテアリ［トキハ］白河院ハ鳥羽ノ成菩提院ニ葬リ奉ル此処ニハ
有ヘシキリ

〇桃川村　柳沢ノ西ニ隣ル　〇平見社　平見ノ山頭ニ在江井ノ上方海浜へ突出テ景
ヨキ処ニシ
〇普光山観音堂　法泉寺ト云　平見社ニ並リ（三三）才卄四　旧地ハ同ニ村岡ノ坊ヨリ之ニ移スト云　〇法華寺　観音ノソキニアリ
真言宗高野　西南院末　本尊釈迦（八八）九番配ニ阿波法輪寺　〇薬師（四九）才卄五
〇地勝寺　法華宗本興寺末能寺西末寺
此寺旧大谷村ニ在テ禅院タリ近歳其寺号ヲ此ニ移シテ経宗トス

ワ二　廿一

○神宮寺　山巓ニアリ真言宗　西直院末寺ニ合　○千躰地蔵

○江井浦　桃川ノ海濱ニ孕メリ背丘并　左右ノ海濱ハ皆桃川ニ　湊中廣カラ子氏往来ノ舟ノ泊ル処也

多ク諸魚ヲ漁ル鰆魚アリ腹ニ白糠ノ如キ物アリ飯鮹ト云

○藩侯ノ行邸　江井御邸ト称スト虽其地ハ桃川ノ中也　○此地ノ浦人ニ海船ヲ浮メテ西州ニ

往キ年分五島ニ在テ衆魚ヲ漁テ利スル人往々ニアリ遇古郷ニ帰リ家ニ留メ在ル

ノ日少シ

○草加北村　桃川ノ南ニ隣ル濱村　下キ八　草香ノ轉文ナルカ　○善福寺観音堂　三　才廿三

○草加中村　北村ノ南ニツヾク海畔　○八幡祠　社領若干　○西濱社　海濱小丘ノ上ニ在

○下滝　是泉ニツニ分レテ綫ク落テ一水ト成溪中奇石アリノ数丈ノ大石直立

ニテ傍ニ不動堂アリ此奥ニモ少シキ滝有ニ對シテ下滝ト云トゾ　○滝不動

八八　八十五番　配讃州八栗　観音　○智禅寺　大寶山　西南院末　真言宗　四九　才卅四　○草香溪　入野ヨリ出テ山田中村高山村ヲ経テ草香中村北村

ノ間ヨリ海ニ入　○高畑塁　城主大膳ト云其姓ト支跡ヲシラズ

○草加南村　草加中村ト深草トノ間ノ濱村也

○深草村　右次ノ海濱也　○福満寺　真言宗西南院末

○高山村　草加ノ上方ニアリ高キ処也　○山王社　峯ノ松林ノ中ニ在　○岩隈社

○勝楽寺　真言宗　四九　才卅三

○山田中村　高山深草ノ奥ニ連ナル　○八幡祠　社領若干　○神仙寺　雲竜山西南院末一ニ神泉寺トアリ

○僧頼慶　當邑ニ産ス高野山住持三昧院兼遍照光院ニ其傳人倫亀鑑ニ詳也　○古塁　邑ノ南北ノ山ニアリ城主湯谷氏ト云　○蔦蘢石　南ノ山嶺ニアリ其形ヲ以テ号ノ交合石ト云長二三丈巾一丈許ノ石二重也

○入野村　○古塁　島田氏ト云　○鳥隈森　巓比四羅ヲ祭ル遠方ヨリ見ユ

右高山以下ヲ山田ノ庄ト云トゾ草香山ノ奥ニ在山中ノ村里也

○都志郷　郷廃シテ都志浦本村宮村ナドニ名残ル和名抄ニ和名鑑也

○都志浦　本村ノ海濱ニアリ南万歳村ニ都志川ヲ隔テ隣　○都志川　鮎原川ノ下流都志宮村本村ヲ経テ都志浦ニ至テ海ニ入

此浦ニ蝦夷箱館ニ漁猟スル高田屋嘉兵衛ノ居宅アリ（本村也）甚花麗ニ倍栄勢朝日ノ昇ル

ソ二　廿二

カ如ク其名四方ニ振フ揺修造ノ年ニシテ茲年　亥四朔身命共ニ綿脱シ成テ飯泉

○都志本村　宮村米山ヲ東ニシ深草ヲ北ニ隣　万歳ヲ南ニ川ヲ限ス　○浄土寺　真言宗西南尾末　本尊弥勒（八八）才十四番

配ニ阿波常禾寺［傳記曰］菅公筑紫ヘ左降ノ時舟ヲ都志浦ニ泊メ玉ヒ浄土寺ニ入公自刻ノ十一面

観音像ヲ留メ玉フト　○菊水井　寺内ニ在　里人ノ説ニ曰菅神水ヲ乞玉フ浄器モケレバ

浦ノ大蛸壺ニ水ヲ盛テ奉ル公水ノ美ヲ賞シ玉ヒ井ノ許ニ菊花ノ咲ルヲ見テ号ツ玉フト云傳

○多門寺　真言宗西南尾末

○米山村　本村宮村葛尾深草四村ノ中間ニアリ　［ノ八曰］宮村受領神主アリ　多田筑前守

○都志宮村　本村ノ東ニ隣ル八幡祠アル故ニ邑ノ名トス　［ノ八曰］社司多田筑前守　○八幡祠　社領若干　或曰源満仲及為義ノ廟

都志ニアリ源義嗣　為義ノ子義嗣ナリ加茂冠者　義久　義嗣ノ子次郎冠者ナリ兵庫頭　祭レル之近世改テ八幡神トス［淡通］年古屋舎亡而被神号

○普門寺　真言宗西南尾末　○阿弥陀堂（八八）才七十八配ニ讃州道場寺　○神竜山古塁　在邑東南遺跡不知

○萬歳村　本村ノ西ニ川ヲ界トシテ角川ニトナル　○万歳河別ノ処ヨリ万歳ニ至リ都志河ニ入　○長林寺　同上

○平山観音堂（三）才十八　長林寺司之　○薬師　菜導寺　同如　（四九）才三十

○別処村　万才ノ東　○地蔵堂　[島田]賤者ノ病客昼夜参籠シテ自欲シ快痛ヲ期トシテ日ヲ経ルコヲ厭ハ非レハ験非ルコナシ遠近傳ヘテ痛ヲ乞ニ祈ル

○小山田村　別処ノ東　○西光寺　真言宗西南院末

○吉田村　宮村ノ東北ハ葛尾南ハ鮎原西村　○吉田河南谷下流吉田宮村ヲ経テ都志浦ト万才ノ間ヲ流ル

○田所村

○葛尾村　吉田ノ北　○龍宝寺　竜燈山　僧慶蓮創立ス　○不動堂　竜宝寺内ニ在

(八八)才四十五配ニ伊豫岩屋寺ニ　○慶蓮ハ文安中寺ヲ葛尾山ニ立竜灯ヲ感スルコ有山ニ号共傳人倫篇ニ詳ニ　竜宝寺ニ船藤嘉明ヨリ山林

寄附證文アリ　曰　一竹林之儀竜宝寺え近年令破壊之由　堅表法事依再興之遠平通之在林山竹之次山林竹木爲末令寄附候条全可有寺中之所也仍

天正十六　十二月日　堀部市右衛門尉　定

堀部市右衛門尉長勝ハ加藤左馬助ノ長臣也志知城辺ニ長勝宅地ノ跡アリ

一当寺ノ竹林并山林竹木等之儀者前々のことく可令寄附候　万一みだりに（く）きりとる者之あるニおいてハ急度可申付候也

天正十六　十二月日　市右衛門尉

ワ二　廿二

○鮎原西村　鮎原川ノ南東ハ箕畑南ハ小山田ニ隣

○南谷村　○古碑［鮎原之北山高田孫八郎　慶長三年四月十八日］菅廟華表ノ辺ニアリ守山ニ又同碑アリ姓名并北山ト云所名ハ同ジシテ阿波ト鮎原其境ヲ異ニセリ年月日又齟齬セリ守山ニ有碑ヲ土人備後塚ト傳称ス牽合スヘシ又鮎原ニ有後壟鋪ト云処アリ惣名ヲ北山ト云土俗ノ口碑ニ慶長中高田孫八郎ト云士居住ノ趾之ト其視ハ備後守精英向有ヒ

○首代塔　全島居ノ前ニ在銘并来由古碑ノ部ニ詳之

［八・日］神主○菅神廟（テンジンダウ）佐伯日向守　傳説ニ曰菅家太宰府ニ謫セサセ玉フ時都志ノ浦ニ御舟ヲ泊メテ都ニ志スト云郎ノ名我意ト合ヘリ今遠キ筑紫ニサスラフ身ニ罪ナキヲ知シメシテ再ヒ朝廷（ミカト）ニ帰ルコヲ得テホシト宣フ丈ヨリ川上ニ泝（サカノボ）リテ鮎原ノ里ニ游覧シ玉ヘリ後年宰府ニ薨シ玉フト聞ハ此里ノ人社ヲ建テ祝ヒ祭ルト［下キ四］ノ説首巻十三社ノ下ニ詳之　本社ハ菅家　中将殿　北ノ御方

祭ル処山城北野社ニ全シ　末社ハ　十二処権現　六社一社各二坐　熊野社　老松殿　玉生社

山王社　諏訪社　天照太神社　荒神社　毘沙門堂　紅梅殿　板橋等皆

国君御営構之其外　八幡宮　鐘楼　閤神　神輿舎　御供舎　廳屋

ナドアリ　祝人佐伯氏日向守　并諸村里祠官ノ属多ク大小ノ神事祭ニ八月四日大祭

之社僧ノ徒長刀ヲ振テ神輿ノ先駈トス　封田若干アリ　○延長寺　真言宗

在社傍　［十二八］延喜三年菅原右大臣道真公太宰府ニテ薨シ玉フ勅ニ其後菅神ノ祟有ト云コ有テ大内ヨリモ爵位ヲ贈リ玉ヒ二十三年年号ヲモ延長ト改メ玉ヘリ此時ノ暦号ヲ取テ寺ニ…

名有シニヤ（皇高曰）此寺及下菅相寺共菅公ニ因ル寺号ニシテ又此宮ノ条ニ顕レリ然ルニ
寺ノ処地相去コト遠シ故淡路ノ方言ニ物ノ近カラヌコトヲ云テ延長寺ト云蓋是其権輿セリトゾ

○観音堂 号神宮寺 在社傍 （三三）才十九　○菅相寺 真言宗大覚寺末　菅家右大臣ニ至リ玉フニ取レリ 丞相ハ其唐名ニ

○影向石 在菅相寺内菅神御腰ヲ掛セラレシ石ト云伝フ此神石供料若干　○御手洗井(ミタラシ) 在同処菅神盥嗽シ玉フ其水ト云伝フ

○薬師堂 （四九）才廿一　○此村ニ木偶弄一坐アリ世上南谷(ナシタニ)組ト称ス 是旧三条邑リ人ナル処ニ

本名小林六太夫　又獅子舞アリ○(獅子頭イタヾキ)淡路十三社ノ神名及伊勢天照太神ヲ始トシ日本諸

国ノ大社ヲ唱ヘ村々戸々ヲ廻リ稜シテ米銭ヲ受 其妻ハ皆梓巫女ニ

○鮎原河 塔下山中ノ水鮎ノ上村ヲ経テ南谷ニ至リ宇谷ノ水箕ノ畑ヲ経テ南谷ニ至リ 二水ハ合流ス天神ノ社前ヲ流ルヽ故ニ天神河ト云

○鮎原上村 フク 塔下ヲ南ニ隣 檜原上村北ニ隣 上畑ヲ東ニ隣 鮎中下ヲ坤ニ　○薬師 （四九）才廿二

○同中村 檜原下村ヲ北ニ隣 鮎下村ヲ南ツヽリ

○同下村 南谷東ニアリ　○大歳社　○西泉寺 真言宗大覚寺末

○塔下村 （トキハ） 嶺(タウゲ)ノ転ダヽ 安坂ヨリ嶺ヲ越テ至ル処ナヽ

○薬王寺 真言宗西南院末 （八八）才六十七 配ニ讃州小松尾寺

ワ二

廿四

○三野畑村　鮎原西村東ニアリ　墨西ニ立岩アリ　○白巣古影（シラスノ）　三野畑塔下宇谷稲田村ノ田ノ山ニアリ事実不知哉

安宅九郎左エ門居ストト云　タルロカレ　又臯幅三丈許ノ石アリ　竪横二丈許　○影盥石（カゲビタライシ）　墨ノ北ニアリ其ニ盥ノ形ニ影

○宇谷村　南ハ稲野北ハ三野畑其中間ニ在村也　○玉生社　○竜雲寺　真言宗西南院末

○廃見松寺址　補陀落山ト云近年頃廃毀ス　○廃長泉禅寺　寛文中廃ス

○角川村　鳥飼北濵辺鳥飼本下北ハ万歳村ノ濵ツヾキ也　常盤　角ハ津名ノ転文ニシテ津名郷ノ名ノ遺ナルベシ

皇簡曰　非津名郷ハ津田ト転訛シテ津田村ニ遺レナラン乎津田ノ下ニ詳也　○廃生福寺址　寛永中廃　○地蔵堂　八八　才五番

配阿別矢武村地蔵寺

○鳥飼下村　北ハ角川南ハ慶野ニ隣下村慶野津名三原両郡ノ界也　此辺リノ村里ヲ鳥飼ノ庄ト称ス　常盤　昔鳥養部ヲ置シ処ニテ　日本紀　誉津別命弄鵠遂得言語湯河板挙賜姓号鳥取造亦定鳥養部誉津部　○船瀬濵ニ　或人曰名寸隅ノ船瀬ト詠シ処ナラント　トキハ　非之万葉ニ詠シハ播广也　○閼伽水　舟瀬ニ在仏堂ノ故地也トゾ　○仏崎　昔阿弥陀ノ金像網ニカヽリテ上リシ処ト云其像同シ村ノ善光寺ト云小堂ニ安置シテ今ニアリ

○阿弥陀堂 号善光寺 [清通] 善光寺本尊中古盗賊隠之於舟矣欲盗其舟
不動恐而捨海中去仏光照徹于海中鱗族驚散而海人患無漁捕一日金像
繋於網来其処今謂仏崎再安于善光寺或曰天竺渡来像也紫磨金色必
也閻浮壇金歟 口碑曰準信州善光寺像而鋳十六躯之一数也天竺信州之二説
不知是非矣子細熟則徹底真金不可容疑實是国宝也相好端厳微見之而不
得厭足 ○實盛堂 是ハ斎藤實盛カ霊蝗ニ化スト云俗説ニ依テ農民堂ヲ
立テ蝗ヲ除クコヲ祈ルトニ云ヘシ [淡通] 曰土俗称稲梁之熟穡桑之蠹斎藤別当實盛被
錦於老身還郷死軍何為成蝗虫而毒稲茎哉或云非實盛矣種盛也昔日本
国中蝗毒于稲梁而失種穀乃淡路国有貯種子之人遍施於日本国中是故祝
種守殿而為田畠神哉 我本国皆桑之兵唱誤為實盛耳云云 [皇嵩曰] 田祈初之
庄司家記曰淡路国御百姓田祈初之庄司ハ天地開闢伊弉諾之御代五穀之種式日本ニ
賣メ捧御調物ニ（御食津国御食向フ 淡路ノ国号ニ能有合セリ）依為耕作之元祖浪須国郡ノ乱国失家退轉畢

ツ二　廿五

然悪虫ニ渡失ニ萬物ノ種事及五年御百姓ノ子孫ニ被召出テ五穀成就被ニ行度後（下略）

天平五年癸酉八月　和漢年契ニ曰天平五癸酉諸国飢饉詔救恤之トテ云々

按スルニ淡路ニ穀種ヲ貯ル人有テトハ蓋此人ナルヘシ飢饉ノ年皆能符合セリ

○明法寺　真言宗仁和寺末

○赤崖　同シ村ノ海岸ニ　此磯ノ砂石明潔ニシテ五色アリ庭中ニ撒シ又ハ砕テ盆石ノ鋪石トス他処ニモ黒白ノ砂石多ケレトモ此処ノ砂殊ニヨシ　常磐　近年或書ニ記シテ曰為薬為粮之白石淡路等之海濱多有之ト因テ按ルニ本艸綱目李時珎曰水中白石溪澗中有之大者如鵝子小者如指頭有黒白二色入薬用白小者又曰昔人有煮石為粮法即用此石也其法用胡葱汁或地楡根等煮之即熟如芋謂之石羹トアリ又赤竜血。青竜膏。引古散ナド皆煮石トソ又焦弱侯筆乗ニ曰韋蘇州澗底束荊薪帰来煮白石讀者謂其寓言耳。按晋書鮑靚為南陽太守嘗行部入海遇風饑甚取白石煮之以自濟則實有其事矣ト云リ然レハ其コトナシトモ云ヘ匠シ試ミタキコトヽ

○鳥飼中村 下村ノ東ニツヾケリ 鳥飼河。廣石河ノ下流鳥飼上中ヲ経テ下村ニ至ル

○八幡祠 社領若干鳥飼上中下三邑ノ祟神之 社説曰當社ハ陽成天皇ノ時雄徳山ヨリ勧請ス源頼朝
諸州ニ鶴岡ノ別宮ヲ置ル鳥飼社其一之昔ハ放生會法華會五部大乗経會大般若
経會佛名懺會ナトアリ神庫ニ書冊器物多シ大般若経六百巻 僧朔慶一筆ノ書寫之
五部大乗経 元永年中所書写 八幡愚童訓二軸 社官橘為久写之 八幡宮社例一軸 古筆ナリ 太刀一腰
加藤喜明所寄之 淡通 此宮寺大吉祥於杖楽伽藍記 ○宝珠寺本尊大日㊇四十二番

○地蔵霊像 淡通 鳥飼別家之神境有地蔵之異像延宝七年仲春廿四日其像
忽然失却ス郷人阿府往来之舟不意倚一島而入嶋寺礼仏有地蔵尊乃
解纜卸帆其人語于別宮之神職宝樹密寺菾雄乃聞仏相寸尺則非別
像菾雄無油滞発船則即時着岸ス矣直入嶋寺覧之不謬為失却之像
焉對院主謂テ曰須早ク還地蔵尊越院主驚動メ不能開口時菾雄笑曰我不答
憤莫綫々矣院主還像曰公若来晩則三日後既約仏工而欲改作此像于阿

ツ二 廿八

弥陀今公之来速故不改変我亦損像之罪将得免是仏縁之不浅者也
院主拝伏饗食之畢蓁雄載尊像於舟去六月廿四日辰封駕于扁舟已
封入彼嶌寺申之下封得帰院於仏縁之厚也感歎無窮尽
評曰菩薩戒中以不贖取売仏像来為犯罪何況偸像之人乎此僧
只知像仏而已不知仏性若知信豈又可損木仏哉将吏此僧知阿
弥陀之化益而未知大悲代受苦六道能化之地蔵大士甚愚迷
矣此僧為蓮社宗料知去此不遠之妙文猶是未曾夢得見十
万億程遠而愈遠歟

○子安地蔵　別宮神境ニアリ　淡通覧地蔵本願経則非唯安産救
度抜済一切之苦厄災難何以多言

○宝樹寺　光明山　真言宗大覚寺末　八幡社ノ傍ニ　鐘　貞享四年　其銘譲　箒黒書之　支那國僧

（八八）本尊大日　才四十二　配伊※※寺

臨済卅三世仏国開山老人性潡高泉敬呑于瑞竹軒

○極楽寺　真言宗大覚寺末

○鳥飼上村　中村東

○東光寺　上同宗末　本尊薬師　（四九）才卅九

○廣石下村　又枚石ニ作ル　下邑ノ林中ニ一枚（ヒトヒラ）ノ石アリ　因テ起ル里ノ名ト云　南ハ上下界村則邸ノ与ミ　北ハ牧石中北ノ二邑ニ隣　此辺ノ村里廣ノ庄ト称ス

○枚石川　栢野ヨリ出テ枚石上中ヲ经テ下村ニ至リ堺川ト合流

○堺寺観音堂　千手観音也　（三三）才十七　是両郡ノ界ナル故堺寺ト名ク　上堺村ニ相加ハセリ

淡通　邑長吉曰

ワ二　卄　文六

我邑観音十七番ニシテ卅三処ノ中尊タリ元禄十七年八月十七日巳ノ刻洪水潰レ山埋ミ堂ニ民屋
流散ス村民等修治自家而後掘出尊像厳然トシテ無損害堂宇厨子ハ悉裂破
ス其ハ前夕堂主異夢ヲ得テ避天災 [皇高曰] 此処卅三処巡礼ノ開処ニシテ今モ心不清
浄ノ徒ハ通得ズ半途ニシテ空ク帰ル者往々有ト云 ○廣石寺薬師 (四九) 才称八
○廃法冠寺址 [淡通] 曰至徳元年細河頼之建之開山絶海禅師也絶海為夢相
国師之嗣矣津名郡有大伽藍跡蓋此所乎 [皇高曰] 津名郡ニ伽藍ノ跡アリトナレ
タレモ何レノ村モ詳ナラザリシニ廣石下村ニ其礎石ノ散遺セリ今田圃ト成テ其処ヲホウ
ヅバンジト地名ヲ呼ト其隣邑ノ里正ニ丁寧ノ茲年聞コトヲ得タリ
○廣石中村 下邑ノ東ニアリ三原ノ奥畑ヲ東ニ隣レ ○八幡祠 社領若干
○鞍掛明神社 里人曰眼ヲ患ル人弓矢鞍馬ヲ供ヘテ祈レハ験アリト云 [淡通] 蓋祝鎌倉
権五郎景政矣 眼疾ニテ見之 是已之 [皇高曰] 世人皆権五郎ノ宮ト称ス按ルニ奥州後三年ノ軍ニ景政鳥ノ
海弥三郎ニ眼ヲ射ラレ乍ラ其矢抜ズシテ直ニ馬ヲ馳迫リ終ニ鳥海射斃ス弓矢鞍馬

ヲ供ヘテ眼病ヲ祈ルコト是ニ因ルナルベシ　○持明寺 松栄山真言宗 仁和寺末　本尊千手観音

(八)才八十一配讃岐白峯寺

○廣石北村　上村ヲ東ニイタヾキ下村ヲ南トシ小山田ヲ北ニ隣リ西ハ角川ヲ脚トス

○同上村　北村ノ東　○廃善竜寺址　［随筆］曰夢窓国師経過淡路

時大旱逆月国師應乞祈雨即降雨霈然国主喟嘆建七堂号善竜禅

寺以国師為開基祖今廃有礎石耳

○栢野村　上村ノ北字谷ノ南塔下ノ西小山田ノ東ニアリ

○地蔵寺　真言宗西南末　○薬師堂　(八)五十九番

［常磐］右記スル処外ニ上下堺両村アリ廣石ニ近シ昔ハ津名ニ属セルナルベシ今三

原郡ニ類ス

四五　廿七ナリ

貼込 八　六オ（本書三一三頁）

皇尚云 和爾雅ニ信州一宮南方刀美神社在諏訪郡跡ニ諏訪大明神ト今在記ニ云上諏訪ハ
建御名方富命 博物筌ニ云大己貴命ノ子也 下諏訪ハ八坂入姫命

貼込 九　九ウ（本書三二一頁）

堂鐘楼仁王門鎮守伊弉諾伊奘冊尊天照太神八幡三処熊野三山白山金峯北野天
神満山護法神等也 延長八年二月十八日謚之千光寺縁記トアリ
四三十

貼込 十　九ウ（本書三二一頁）

皇尚云 或舊記此縁記ニ彷彿トシ少シ異アリ其上下畧
一人ノ猟師アリ名藤原豊廣元淡州蔦田氏ヘ入メ在
播州国上国鷲抓ニ一子行若ヲ射之共ニ落秋[illegible]ノ背ニ
猪鷲之 戯見又射猪々直ニ入海浮ヲ已ニ[illegible][illegible]
右全書淡嶋傳聞章ト題メ書中其余旧事ヲ記セリ
三原郷サル家ニ伝来スル蔵セルヲ文政ノ初年其主ヨリ先山
奉納セル其宝ノ畧書之往事ノ紛々ヲ惟レハ数[illegible]
ニシテ更ニ雲霧ノ中ニ分入カ如シ

貼込　十一　三八オ（本書三七九頁）

○日本紀 履中紀 長文故上下畧 讓堅磐草 有数十人執兵追来者太子履中遠望之曰其彼来者誰人也何歩行急之若賊人乎因隠山中而待之近遣一人問曰曷人且何処往矣對曰淡路野島之海人也阿曇連濱子為仲皇子令追太子又曰履中天皇元年夏免従濱子野島海人等罪役於倭蔣代屯倉

貼込　十二　三八オ（本書三八〇頁）

又一本 万葉十五遣新羅使人等海路処誦古哥 珠藻川処女乎過而夏草乃野島之崎尓伊保里為吾等者 （摂津処女墳）

挿入紙片　表　九オ－ウの間（本書三二〇－一頁）

挿入紙片　裏　九オ－ウの間（本書三二〇－一頁）

淡路堅磐草 巻四

津名之巻 上

○郡　郷　名

「日本紀」巻七曰、成務天皇五年秋九月、山河を隔て、国県を分ち阡陌（路の東西を陌となし路の南北を阡となす）に従て邑里を定む。東西を日縦とし、南北を日横とし、山陽を影面と云ひ、山陰を背面と云ふ。

「常磐草」津名郡は国の東北にあり上郡と云ふ。京畿に近ければなり。広田郷と養宜郷との間、南北に亘りて山を隔つ。故に広田以東を津名とし、養宜以西を三原とすること故規に合へり。中世已来広田加茂二郷を三原に加ふるは古制にあらざるなり。又郡を県と云ふは秦漢の制に郡の下に県あれば、夫に準じて偶県と称することあるにや。「延喜式巻二十二」民部式曰、凡そ郡は千戸に過ることを得ず、若し五十戸以上のものあらば分ちて隣郡に合せよ、地勢の分つべからざるものは已むことを得ず。又国郡の名、好字を以て二字を限りて名づくべき由元明天皇の勅に見えたり。

○津　名　郡

郡中八郷、津名郡則和名、物部郷（和名毛乃倍）、平安（和名阿恵加）、志筑（和名志津奈、奈は支の訛）、来馬（和名久留馬）、育波（和名以久波）、郡家（和名久宇希）、都志（和名豆之也）

○三　原　郡　和名美波良、御原、三腹とも書す。同訓古代制也。

郡中九郷、加茂（和名加毛）、広田（和名比路多）、養宜（和名夜木今作八木）、榎列（和名江奈美今榎並）、神稲（和名久万之呂）、加集（和名加之乎）、幡多（和名波多今作八太）、倭文（和名之止里今去人扁）、阿万（則和名）両郡都て十七郷或省㆓津名㆒十六荘とも云ひし乎。

「常磐草」云ふ。庄と云ふは郷に似たり、田舎を云ふ。昔高官の人私田を何の庄と名づけられし、荘園とも田荘とも云ひて田間に荘舎を立て役処とする。其田荘にて支配する村里を、何の荘と云ふと見えたり。田荘より起って郷村の惣名のやうになりたるなるべし。其荘園を司る人を庄司と云ふ。今の庄屋と云ふもの、其の名の遺りたるなり。田庄の屋舎に居て役処を司る義なり。

「焉云」上古庄屋の政所と云ひしは過たる称に似たれども百姓を国の本とし、忝くもオンタカラと訓し、其百姓を支配する故なるべし。天正、元和中迄は政所と称せしと見ゆ。古代の書に庄屋を指て、政所と当られたるあり、今の世にも私にマドコロと称するは其遺風なるべし。

○津名郡之上

「常磐草」今津名郡中に津名といふ所なし。郷廃して其地を知らず。因て思ふに、鳥飼広石に近き海辺に角川村あり。津名の音訓通ずれば津名川転訛して角川となれるにや。都志郷近しと雖も山谷隔りて別郷の如くなれば若し津名郷の地なるにや、と暫く記して後人の改定を待つと記し、角川鳥飼（上中下）、並に栢野の八村を其郷に列書す。

「焉云」須本の天文中古書図を閲するに、今の津田村の町を津名町と記す。農人橋（津田村は農人にして市中に列居す。其処に懸りたる橋故号之）も旧名津名橋と云ひしにや。

「須府昔談」に藤の寺を（今の稱名寺内町にありし時の旧名）津名橋通りの北側半にありと記せるを以て見れば、津田邑旧津名村にありしも、星霜を積で津田と転訛したるものにやあらん。北は厚浜、炬口、宇山、南は小路谷、内田、由良、上灘皆海辺なり。此村々皆属村か。物部郷近しと雖川を隔たり郡名を用ひて郷首なれば津田村の地相応せり。尤も物部郷の内三木田中川原以北は宇山の西端を挟て縁なきに似たれ共、思ふに宇山の内高屋の官道より以西は往古物部に属する地なりしかども、後世宇山に混合するものにや。往古須本の府とならざる先は、一円に津田邑にてありしと聞けり。これ古名津名村なりしならんか。今僅に津田町のみ残り、物部川、塩屋川引廻しの川は、津田の支配なの地にあり。

り。且つ下代町筋官吏の邸宅年貢地、又舟庫町（稲田家御舟屋あるによって名あり）御水主の宅地一畝十八歩津田村

○洲　本　府（古の津田邑の内なり）

南は乙隈、高隈、曲田の山岳（嵩云、古へ府は由良にあり。寛永中由良家中の第地諸寺院商家共に悉く洲本に移せり。之を世俗由良引と云ふ。由良府なりし時、鳴山を城山と称す。洲本へ引きたる為め土偏を去て成山と云ふ。口碑ながら一理あり。且つ由良に高隈山、曲田山あり。又故あるに似たり）蓮華山などお城峯続きて東の海辺に突出し、西北は物部塩屋の川を環らして、其流れ海に入る。御城は元安宅氏の城地にして後年御再興なりと云ふ。南山に倚て山巓の古松翠を積で城楼の台榭石壁多し。山下にも壕、石壁あり。府下の中間壕門台の東を内町と云ひ、西を外町と云ふ。寛永中由良の故府を爰に移してより以来士民富庶なり。詞林意行集に那波活所の南行詩中洲本吟に曰く

近看此景古今稀　　樵子遶山漁父磯
半日倚松忘前事　　杜鵑来上莫催帰

「嵩云」淡通に碧湛禅衲国府十景の詩あり

△故塁山桜
城塁山暄緑樹新　　景光自是惹遊人
国治風静花如錦　　何愧洛陽三月春

△宮崎秋月
点波黄昏月始紅　　団々離海照長空
奈何無意賞良夜　　銀浪走珠一望中

△中浜鶺鳥
一双鶺鳥似留連　相別相哀薄暮天
夜半叫雲何処去　黎明喚友又驚眠

△郊外春興
村落春情楽不窮　老農耕得各和融
誰料乗暖牧童趣　倒跨黄牛歌国風

△塩屋朝霞
煮海為塩数十家　竈煙羃々入朝霞
恰如羅縠素紈幃　莫道村翁江斐誇

△炬口暮煙
梵鐘殷々隔江橋　送尽斜陽更寂寥
楼上声中山月淡　又逐風光欲逍遙

△漁船晩帰
汎々漁船潮自堆　避風垂釣倚巖隈
夕陽欲買三盃酔　欸乃一声帰去来

△物部河流
河水粼々堪濯纓　嗽流避暑好吟行
行人莫怪忘帰客　風度沙頭送冷声

△駅程旅行

駅程十里対江山　無限景光双眼間
可憶蓴羹鱸膾楽　行人一騎隔郷関

△先山翠色
雲霧沾衣山不乾　人言九折路行難
亭々悦目万秋境　松柏後凋透歳寒

○国府の四社

其一 八王寺社、**其二** 八幡宮、**其三** 洲本明神、**其四** 富の御前

八王寺 御城内山腹にあり。城中の鎮守たり。故に諸民此処に参詣すること能はず。安宅氏城主たりし時よりの鎮守なりと云伝ふ。八王寺は日吉七社の中にありと云ふ。此辺に上卿稲田君の観亭あり。須磨武庫の海に対して佳景なり。一とせ国主前少将敬翁此処に遊び給ひ眺望の御句あり。曰く「夕霽や又一眺め秋の海」依て夕霽亭と号す。

八幡宮 城辺の西にあり。須本惣町中津田村両物部の氏神なり。本社拝殿鐘楼闍門石華表末社三、天照大神を祀る。国侯の御経営にて封田若干あり。「常磐草」豊前国宇佐郡に祭る所の三坐、応神天皇神功皇后比咩神なり。ヒメ神は瑞津姫命なり。男山に移しても宇佐に祭るが如し。玉依姫と云ふ説は誤れる由、先輩弁あり。当洲本里には八幡祠甚だ多し。源氏の奉祠する神なる故、鎌倉の世以来諸州に祭る処多し。祭日は正月二十五日（舊云有障当時為廿七）。「淡国通記」曰く本所は巽の海浜なりしも中古高陸に遷す。今の処是なり。「同一覧」曰、人皇六十六代一条永祚二年春、藤原成家卿淡路刺史となる。正月廿五日下向の時暴風狂浪船は簸の如し。成家神を祈る。此国は二神最初の国なり、神夫哀を垂れ給へと丹誠を凝したるに、山巓に白旗の飄るを見、神の応護なりと礼拝す。忽ち風浪静まり着岸す。山根岬に小石祠あり。一老人に処を問へば宮崎と答ふ。昔廃帝此処に御車を巡され創建し給ふ処なり。我は是れ八幡な

り、声と共に消へ失せ給ふ。依て成家卿は宮殿を其郷に営建し給ひ、三木田邑にある処の常楽寺（今の竜宝院の寺号なり）を移して神務とす。松林の中なるが故に松林山と号す。猶又光明寺（今在間形）、本善寺、神宮寺の三宇を創め（天文中洲本の古図を見るに社傍に今の如く神宮常楽二寺あって光明本善二寺之に隣す、今光明は間形にあり）物部村にて百畝の供灯料田を寄附せらる。今尚国君御修理社なり。或曰、古へ此社物部村にありしを今の地に移せしなり。其旧地を村神と称して、小祠を建て今上物部にあり。「嵩云」按ずるに岡山安覚寺も成家卿の建立なりと云へば此宮元上物部にありし事其旧地の小祠と云ひ、供灯料田且此宮の祀人古来上物部にありしこと、予が目前知る処なり。旁以て拠あり。故に上物部は今に宮本なりと威張り、祭日氏下の役人拝殿に列坐して神酒を頂戴するにも、上物部の村役人上席たること慣例たり。祭日正月廿五日，六月名越、八月十五日なり。別して正月廿五日は大祭なり。此日を用ゆること成家卿は安覚寺記に藤原兼家卿の族とあり、「知譜拙記」を按するに兼家卿は東三条と号す。

洲本明神「淡通」曰、昔洲上を築て神境となす。故に此名あり。近世山伏南学院境内に隠居ありしを、推し拡げて神殿を建つ。「嵩云」昔は寺町の専称寺此処に在て明神は其境内にして、則鎮守たり。南学院の旧地は、寺町の西北の端にあって後年此処に移れり。故に今も祭祀の節は専称寺より出席して、祝詞すとぞ。常は南学院社務たり。尚毎年六月十日神前に於て十五釜以上の大湯立の祭事あり、諸人群り賽す。境内の鐘は元禄癸酉八月鋳之。

富之御前　外町第七街南入る処、浄泉寺境内にあり。口碑に曰く、往昔此処に老樟あり、これ貴家の富女夭折して此処に埋葬す、其塚の標木なりと。然るに其霊往々に祟りを為し、家々の児女を悩疫すること日を経て月に亘って止まらず。一夕其霊託して曰く、我久しく児女を悩すこと天帝に聞達し呵責を受く。然れども懺悔して其罪を許され、天命を蒙り今より後児女鎮護の神となるべし、願くは我為めに小祠を建て祭祀を為すべしと。之に於て鎮守とし児女多く之に詣て、名を祠司に請ふに、必其名頭に楠字を冠らしむ。

「淡通」大同小異なり。曰く、一老婆の塚なり、魂魄久しく樹下にあって樹神となり飛行自在なり。故に飛御前と名づく。時々行疫の神となる。参詣の人名を社職に受くるに必ず楠字を以ってす。名を得たるもの戸々皆富栄なり。故に富の御前と号す。

神宮寺（大悲山慈眼寺）八幡社の傍に接す。同寺は嵯峨大覚寺の末寺なり。近古本寺を定むべき令あって之を他洲に求むと云ふ。一洲の寺院多く此斯の如し。「淡通」本尊の観音は春日の作なり（七月十日参詣の人雲集す）。

常楽寺（松林山）本尊は阿弥陀如来。今竜院と称す。八幡の本社との間に神宮寺を挟んで隣る。境内に聖徳太子堂二層の多宝塔を建立す。近世の諸職人力を戮せ一洲の工匠寝食を忘れて妙工を争ひ禽獣花木の彫刻の善美を尽せり。毎歳二月二十二日祭会あり。洲本府の工匠連観物の賑あり。寺に続ける長宇拝所多し。裏門より入れば池中に弁天祠あり。是に並んで瑜伽権現ありて華表の数は年々添ふて多くなれり。

修験浄福院（細工町にあり）本尊役小角像は古作にして往昔大峯より分ち来りしなり。灘屋道順と云ふもの、此役尊の像を負ひ三十三度大峯へ登りしこと世に知る人多し。左右脇士は不動弘法大師なり。

蛭児祠（在漁師町）漁師町数街あり。元地新地二軒屋八軒屋苫木等専ら漁師の尊崇する処なり。

本妙寺（法華宗八品門流、京都本能寺及尼崎本興寺の両末寺なり）本尊釈迦多宝地蔵堂の南隣にあり。鎮守三十番神社は旧拝殿あるけれども、回録の災に奪はる。石華表の石額石工の妙を施し、額縁の四隅悉く金具を飾る。華表を入って蓮池に石橋を架す。両辺石欄あり。傍に大黒小祠あり。梵鐘あり、銘に曰く、一音発妙、群生脱塵、惟徳惟偉、容世伝真、門外に馬房あり又別に鐘楼あり。

吸江寺（碧岩山と号し禅宗なり。妙心寺に属す。本尊は釈迦如来、脇士文珠普賢。中興の開基は竜門和尚元禄十六年寂す）府の南背は蓮華峯に倚り、茂樹蒼翠の山根にして、寺庭巌々畳成す。自然の山水岩間より濺ぎ出て、泉色水晶よりも清く小魚の遊ぶ風情遊客を楽ましめて倦まず。背後の山腹に鎮守祇園祠あり。六月七日より二十四日に至って至祭あり。府下士民参詣雲集す。寺は江海を瞰下し実に吸江の風情あり。碧岩といひ、吸江と云ひ其号する処ありと謂ふべし。国老稲田氏の御建立所なり。寺の背岳に古碑あり。

江国禅寺（号竜棲山関山派下妙心寺に属す）稲田家の菩提寺にして、代々の霊宝寺境にあり。寺は築屋敷筋の西北にあり。層楼の鐘堂あり。明和二乙酉十一月二日鋳る。文政七年甲申十一月十六日再鋳「通記合書随筆」曰、釈大秀諱は英智、氏族を詳にせず。関山派宗の老宿なり。曽て由良の海福寺に住す。天性不覊放眩、王侯と云へども腰を折らず。禅余江山に自適し、閑に風月を吟詠し、四序万彙の遷変之を題せざるなし。大概世を遺ること斯の如し。依て其詠草江湖に流布す。四方の禅徒粮を裹んで輻輳す。一日浪華に遊ぶ。朝鮮の官使来り問て曰く、和尚日本の禅は其妙如何、答て曰く、公は異国の人我は日本の僧、即ち今相逢ふ、此外別に妙処なし、官吏唯々として去る。今海福寺を洲本に移す。大秀は開山たり。又禅師紀州の田辺に往き海蔵寺を創む。終焉に及び諸徒をして、莚を海浜に布かしむ。曰く我今日寂滅の道場に遊ばんとす、予め七日以前に汝等に告ぐべきなり、各自如来清浄の禅別伝の法灯を昧却すること莫れ。記得す、馬大師の龐居士に示して曰く、汝が一口を待って西江の水を吸ひ尽さば汝に向って云はんと。即ち今汝等此南海の水を吸ひ尽し得んや、如何に。若し吸得ば則ち白浪滔天筋斗を翻し去て転身自在ならんと。端座安詳にして化す。

浄泉寺（楠林山浄土真宗本願寺下なり、本尊阿弥陀仏。堅心太子の作と云）本街第七街の東南にあり。元由良より移す。境内に楠の宮あり。富の御前と称す。来由前に国府四社の下に詳かなり。楠樹の古株空洞の中に小祠を設く。山号も之によるなるべし。

地蔵堂（寺町西北の端にあり子安地蔵と称す）孕婦を祈らば安産すると云ふ。元今の専称寺の地にあって不動坊と云へり。延宝四丙辰の年此処に移す。又不動の尊像あり。弘法大師の作なりと云ふ。

千福寺（玉光山愛染院本尊愛染明王）真言宗大覚寺の末寺なり。古は由良浦にあり寛永中之を移す。淡路八十八所の第十番の札所あり。本尊は千手観音。阿波の功幡寺に配す。

青蓮寺（宝地山浄王院、本尊阿弥陀、安阿弥の作）千福寺と同じく大覚寺の末寺なり。別院千手観音あり。此尊像は千山の観音と同作同木にして椎木坂（千山の登山道椎の木のある所）にあり。此像伏拝観音と号すといふ。此寺元由良浦にあり安楽坊と号す。「淡通記」霊仏篇に曰く、此観世音寺と共に由良府にある時、夜陰寺財を盗まんと欲する者あり。終夜寺に入るを得ず。只壁を廻って天明に及ぶ。之を捕へて掬問すれば、涕泣して曰く、金甲束帯の人呵責して外に去るを得ず、天明化して観音となり、戸内に入るを見る。願くば赦し放ち給へ。我去って懺悔信服して、今より此観音に帰伏すべし。之を赦して去らしむと。淡路八十八番札所なり。本尊は千手観音土佐の蹉跎に配す。

地蔵寺（光珠山理正院）前二寺と同じく大覚寺末なり。第三十八番 本尊は地蔵菩薩恵心の作。旧像は再興の時今の像中に籠めて胎内仏とす。別に境内に紫銅立像（丈三尺許）露立す。此寺文化十二乙亥偶々光明蔵の三字ある古筆の木額を得之れを拝殿の梁上に懸ぐ。藤石亭先生、之を渭城の骨董店に鑑る処なり。初め何人の書なるを知らず。煤を洗へば黄蘗隠元禅師の筆跡にして、其印章殊に鮮なり。即ち玉を磨して修理を加ふ。光明実に赫灼たり。文政六年観世上人堂を建立す。本堂は享保二年十月再建し、古門は正徳六年之を立つ。今の山門は享保六年改め立つ。二王は市村支邑福永の大工勘助之を作る。境内桜塚あり（俳宗播洲山季坊青蘿門藜庵青岐之を営建す）。

称名寺（護念山）旧号応声山。専称寺と同宗、東山禅林寺、西山光明寺と両寺の末寺なり。昔年此寺に藤の大樹あり。藤の寺と云しとぞ。「一覧」曰く、此寺往古は漁師町のニガキハネより半町西方の籔中にあり。境内に藤の大樹あり。其花数色を交へ、垂るゝこと五尺余、天下兵乱あらんとする前年は枯凋す。国主国替ある年は花開かず。已に脇坂侯の前表は見はす。故に藤寺と称す。一時京都万年山相国寺伝へ聞いて、之を乞ふに依って八反帆の舟二艘に積み彼の地に送る。時に風起り白浪溺り、泉州堺浦に於て難船すとぞ。此寺元より須本にあり。中頃由良に遷す。元脇坂侯の信仰するところなりしかば、慶長十三年国替の時、木像を惜んで携へ去らんとす。津口出船の時俄に降雨車軸を流すこと一旬、博上筮して曰く、当地有縁の仏遠く離るゝを歎くなり。侯聞て、木像を海中に投ずれば、天忽ち晴れて出船するを得たり。後廿四年を経て漁網に懸り、旧寺に安還す。此像は行基の作にして小像なり。今安阿弥の作の大仏像中に胎内仏とす。別に観音堂にて西国三十三所に比し、仏像其数に充つ。此処に籠って詠歌を詠ひ信心するを居西国と称す。又鎮守弁才天祠あり。

専称寺（心念山蓮社宗知恩院の末寺なり）「淡通」本尊阿弥陀如来、春日の作なりと云ふ。旧賀集の荘西村の幽谷より出現すと云ふ。「嚞云」、寛政中火災に罹り、寺院と共に焼尽す。本堂は漸く再建すと雖も未だ満修せず。境内に焔羅十王堂あり。

浄光寺（梅林山）元 元勝寺と云ふ。本尊阿弥陀如来、聖徳太子の作と云ふ。鎮守、菅神祠あり。其縁起に曰く、管公筑紫に謫せられ給ふとき御自筆の画像なりと。元此画軸は池沢氏なる人秘蔵する処なりしを菩提寺の故を以て此寺に寄附する処なりと。

薬師堂（浄光寺南隣にあり）淡路四十九薬師の第二十三番の札所なり。

由良引 由良の府を須本へ移すことを云ふ。寛永九年より十一年に至り、諸士商家共に残らず引取る。「嚞云」天文中の須本の古図を按ずるに、安宅の城地今の処にあって城の前まで入江にして城は海中に築出せり。八幡宮又今の処と覚しく、社傍に神宮寺、常楽寺あり。光明寺（今曲形にあり）本善寺（今は廃す）之に隣す。今の中屋敷下屋敷は共に曠野にして池などあり。農人橋以北の諸士第宅の処皆野なり。予曽て聞く。往昔須本府たらざりし以前は、一円津田村なり。今の千石町老松樹のありし処は庄屋の宅にして此松に船を繋ぎしと。彼の画図に引合するに、庄屋の宅地大体符合せり。稱名寺は今のニガキと思しき処にあり。江国寺に当る処に天満宮あり（今江国寺中鎮守菅祠あり）。其馬場筋両側並松なり。祠側に天神坊あり。今薬師の処に辻堂あり。下代街辺に山伏の居あり。鍛冶街辺楠の宮あり。築屋布は沼なり。明神及蛭子は今の処に当れり。漁師町の沖に洲あり。「松花曰」洲本天文弘治永禄の頃、寺三ケ処此処かしこにあり。藤の寺、行願寺（此寺今なし）など云へり。今の菰町は町は真菰が池と云ひ菰多くありしと。

「洲府昔談」今の馬場町より東は一円の浜にて漁家まばらにあり。其辺は海賊屋敷と云ひて方三十間計り垣を結ひ廻らし、其内に物をも植えず家をも建てず。若し家を建てる時は火災盗難等ありと云ひ、後には其内にて子供の遊戯をも禁じたり。寛永八年青蓮寺由良四丁目にあって、薬師坊と号す。或は安楽坊とも云ふ。此年須本に移す。千福寺は由良にあって愛染坊と云ふ。同年移す。本妙寺、地蔵寺、専称寺、称名寺の諸寺今年由良より洲本に移す。

「昔談」曰、藤の寺は津名橋（今の農人橋なり）通りの北側半にあり。表口二十四間通行三十間、青紫白の藤あるを以て名あり。此寺は脇坂氏信仰の寺なりしと。寛永十一年江国寺及浄泉寺を由良より須本に移す。江国寺は元由良にて海福寺と号す。紺屋町の内天神町（土俗誤て天上町と云ふ）にありしなり。同所に浄泉寺の跡あり。元来海福寺は紀州にありしを天正十七年由良に遷す。寛永十一年又須本に移せしなり。

「嚣云」江国寺の旧地は洲崎にあり。吸江寺の跡は今の観音寺の辺にあり。共に其所を禅寺と呼ぶ。今須本諸士の墓碑所々にあり。子孫其処に詣づ。

「昔談」曰、元由良に禅宗の寺なし。池田侯の家士由良に住するもの禅宗多く、死亡の節、本国播磨に送らんこと難く、其頃紀州有田の禅寺海福寺の隠居、碁を好んで折々由良に来り滞遊す。池田の家士等碁席の談余、彼の僧に住居を勧め、寺を建て、即ち海福寺と号す。檀家百戸を過ぎ池田侯も田若干を寄進す。後池田侯は本国に帰り終に寛永中須本に移す。

「嚣云」所謂海福寺の隠居は通記に云ふ処の江国寺の開基大秀なるべし。古へ細工町に町会所あり。市中の参老時々此所に集会して公用を弁せし所なり。故家は総町家より修理す。後御飛脚宿となる。後野田家なるもの願の上求めて之に居る。故に今猶江府往来の御飛脚、爰に到着して定宿たり。

○津田村

（元津名村の転訛なるべし）市井に交りて村居す。農人橋の西にあり。橋の名も之に因み津名橋と云ふ。往古寛永中まで洲本の府は津田村の一村なり。寛永八九年頃より十一年迄に、由良の府を此処に引移て洲本と名づく。故に津田村の中心は残らず御年貢引となり、御家中諸士の各邸並に商賈の家宅となる。僅かに残れる処は街並の家ある津田邑なり。物部川より塩屋の引廻し、須本の土堤の外の川原は今に津田村分なり。それより上物部界の山路を登限りに、右は上物部、左は津田村の内にて曲形と云ふ。夫を南に越ゆれば小路谷邑にて津田村の属邑なり。

浄念院
山路を登る左にあり、四国八十八所の尊像各々を安置せり。是を居四国と云ふ。

五智の如来
其次にあり「淡記」曰、津田村の山下大石に刻する五像あり。人皆五智の如来と称す。弘法大師之を彫る。向ふの行詰り道の右に虚空蔵あり。其記に曰く、此本尊旧由良の庄、開鏡寺にあって安宅氏洲本の城主たりし時、城地鬼門除けの為め安置するなり。廃寺の後牛田氏の邸に祭れり。後今の処に移す。

光明寺
道の左間形山の半腹にあり。

岡山安覚寺
山巓にあり、之を岡山と云ふ。真言宗嵯峨の末寺。寺記に曰く、永祚年中藤原兼家の族藤原成家淡路の国司代たりし時、此寺を創立す。仁治四年中実弘上人再建す。
「淡記」寺記にいふ。当時の薬師は行基菩薩の作像にして山城太秦より奉迎する処の本尊なり。霊瑞多き中にも、寛仁年中淡路国革原（カワハラ）の荘司に一女子あり。疱瘡を病み夭折す。父母悲嘆に堪えず、死屍を抱いて安覚寺前に至り、一昼二夜、称名懇祈すれば不思議や、大悲感通して再び蘇生するを得たり。又成相邑に非男非女あり。十七八歳の時挙動女の如し。其後骨節稜々（カドタチ）異形なり。自ら之れを恥ぢ既に海に投ぜんとす。漁夫これを憐み諭して曰く、岡山安覚寺に霊仏あり。汝往て念ずべし。即ち詣で丶一心に転身を祈願すれば、四十九夜の夢中一天童来つて曰く、汝の前身は山城の国の男子たり、女装して浄戒の比丘尼を犯す、故に其報を受くるなり、汝今何をか恨まん。童子利剣を取って腰を斬る。後ち夢驚き醒む。翌日腰間腫気を発す。濃血臭く爛れて療法なし。堂下に倒れ臥しア丶仏力も及ばざるかと、命の終るを待つ。久しからずして其傷自然に治するを得たり。而して男相備るに至る。他は枚挙に暇あらず。

忍の滝

岡山の下にあり。虚空蔵堂の下に流れ落つ。

滝の音の忍ぶにあらぬ世の中に人の流れと水の流れと　成家
むすひしめ忍びて通ふ岡山の麓に落つる滝の白糸　隆祐

「嵩云」成家の歌は国司代たりし時の詠なるべし。

藤渓庵

（虚空蔵庵の南にあり。本妙寺の属庵なり）

「嵩云」次の不動堂を不老庵と雅称するに対し、爰を不死谷庵と呼べる由石亭先生に聞きたることあり。

不動堂

（不動の南丸山側石崖に彫りつけたり）

「淡記曰く」弘法大師之を刻す。石仏にして殿宇なし。口碑に曰く、宇を造れば利益なし。其故如何となれば、石像に濺ぐ処の雨水流れ下て、草穀虫類を霑す、之れ他益の深広なり。然りと云へども雨天の参詣人拝所なきに苦む。

石窟

（間形より上物部に下る路傍の右、畑地の丘根にあり）

高さ一間許、奥行二間許り、両側は石を畳て穿成せり。今奥に天照大神の小祠あり。世上斯の如き石窟多し。何の為めに設くるや知らず。

菰江住吉祠

小路谷薦江の海辺にあり。磐石によって社殿を設く。社背の岩は高さ二丈許り東西に横って数丈の一塊石なり。直きこと宛も削るが如し。其岩崖に沿ふて小路谷川の下流海に入る。水色清冽なり。板橋を架して須府よりの詣客に便ず。社前も亦巨巌累々として岩頂に大灯石を建つ。遠く来往の船中より見るを得べし。神境は摂の海を望んで、風景頗る凡ならず。後の川を隔てゝ白砂の浜あり。春暖に乗じて、洲府の遊客貴賤男女日々松間に群る。白砂に氈を展べ、終日酣飲絃歌して楽み帰ることを忘る。半町ばかり沖に貽磯あり。海菜貝螺の属多し。舟を泛べて之を取る楽あり。又磯根に倚て釣を垂れ厳子陵が態を学ぶものあり。若し此景地浪華の繁華に近かりせば、日々に遊客群を為し、一日千金を費して惜まざるべし。

「淡通」中古白髪の老翁、海人に告て曰く、我日向国檍原（アオキガハラ）より来る。久しく海国の舟車を守る。汝等知らずや。上筒男、中筒男、底筒男の命にして、今摂津国住吉神宮にあり。今より後此境を以て我遊吟の地となせ。其言未だ終らず、忽ちにして行く処を知らず。是より郷人相議して社を岩台に設け、其地を祭る。住吉神此に垂跡す。宜るかな寝食を忘る。双生の松あり、相生の松と称す。境内小瀑流あり、三春曲水の日予に七言不律あり。

莫言斯地在辺境　長少偸閑楽頻々
枕藉回巌遊物表　蠲除曲水得清新
行雲進席高唐浦　仁道還珠合浦浜

風景留人帰去晩　　褰裳復更賽江神

「囂云」毎歳正月元旦より、三日の間住吉詣を為す。市郷の老弱男女夜を籠て提灯を照し連ねて群集し、吉兆の笹を求めて帰ること多し。正九両月十日恒祭なり。洲本神宮寺祭事司る。村人濁醪を以て饗応す。曲形より小路谷に越る嶺頭に幸の神の小石祠あり。

「囂云」幸の神は巷の神にして猿田彦命ならん。小路谷川上流の畔の路傍に庚申堂あり。

「囂云」庚申を祭るも、仏には青面金剛なれども、神道にては猿田彦命とや、然らば幸の神と同神か。

小路谷の浜は暮春の頃より初夏にかけ当国三十三ヶ所観音の順礼する為め、阿淡其他の輩西より東より行違ひて終日絡繹たり。須府の街々より交る〳〵出張し、小路谷浜畔に幕を張り、町標の幟を立て列べ、旅客を迎へ接帯施行す、住吉境内には祢宜の家と軒を並べて旅客休息の茶店あり。菓麪酒肴を商ふ。

住吉の南浜に阿弥陀庵あり。住吉の境地に接して瓦工の旧家あり。代々利兵衛と通称す。先祖は池田侯、由良成山に城を築く時播州清水より召されしなり。故に清水を以て姓とす。其時の揚羽蝶の紋所ある幕を所持す。代々筆序拝謁を許さる。

△住吉の磯畔より宮崎の水滴を巡り御城の北浜大波戸（千畳敷と称す）迄の磯際凡て怪岩奇石峙重て、其形窟曲倒斜一として愛すべからざるなし。爰を通るもの一歩誤てば碧水に投ず。上は老松峙生て翠を積み、茂樹密葉日光を洩さず。舟中より頭を廻らして見れば眸を悦するに足る。又住吉の後の河畔に沿て御城山を越る道（登山禁止の処なり。犯すものは曲事の旨制札あり。御城山より小路谷山中の公林秋季の比多く松菌を生ず。名産なり。其味他に勝れり。封君の献物なり）東南の河崕に突出の小巒あり、皆石山なり。半腹の岩間川に臨で孤松垂生、又返り見て上天せんと欲するの勢あり。是又竜松とも云べし。

○宇山村

（洲城の西北川の向ふにあり）

△国老稲田君の別邸あり。邸内山上に鎮守稲基明神祠あり。三月九月とも十一日を以て祭日とす。庭内花木楓樹多く、四時眺望幽趣あり。

御霊社（官道の北田の間にあり）

「常磐草曰く」京師八所御霊の類乎

「嵩云」御霊は博物筌に吉備聖霊、崇徳天皇、伊予親王、藤原大夫、藤大夫、橘大夫、文大夫、火雷天神なりと。

禅林寺　禅宗妙心寺派下。本尊阿弥陀は行基の作と云ふ。風炉の谷の山巓に在り。海陸を見晴して佳景なり。爰も古城跡と云ふ。炬口同主なるか。

名号石（禅林寺の背陀仏川の河崖にあり）

直立一面の石壁には六字の名号を彫附たり。未だ其伝ふる処を知らず。例せば是又弘法の作乎。若然らずとするも凡作にあらず。其岩壁に倚添ふて拝閣を設けたり。

古霊祠（禅林寺の東麓人家の裏にあり）

近世小出氏なる人其土中を掘り、甲冑を着したる骸骨を発見す。乃ち元の如く埋めて堆く壇を築き、其上に小祠を建て鎮守とし、古霊明神と崇め祭る。掘出せし日を祭日とし、春秋二季祭三月九月の十一日なり。

○塩屋村

（古は塩を焼しにより名あり）
宇山の東北に連り、須本の市井に川を隔てゝ対す。
「常磐」中浜のあたり塩坪を造りて、釜にて塩を煮る。今塩を烹るもの少し。大根茄子を作って府城に売る。
「囂云」仲野翁の頃まで少しと云ども、尚塩を焼くもの有しが、今は絶て無し。按ずるに天文中須本の古図を見るに、昔は洲本漁師町の辺より御城の前まで、皆入江なり。是を以て考ふるに塩屋も共に中浜の辺まで、一円に入り海なりしが如し。漸々出水に水源より砂流れて浜広くなりしと見えたり。故に塩坪のあたり、塩屋川の水差入って塩を製し居たるものなるべし。塩坪の跡浅水の沼芦村となって残れり。此沼中に馬の爪と云貝生ぜり。貝甲色黒く横条あり、大さ半寸許り形円形なり。大体蜆に類して大なり。馬蹄に似たるを以て名づく。桃の日の頃は城市の児輩茲に遊んで之を漁る。
「淡通記」国府十景の詩中に塩屋朝霞の題にて「煮海為塩数十家　竈煙冪々入朝霞」と賦せり。

塩屋橋

西来寺橋筋より須本六七街の間通り津田村川原に架す。橋畔より下流に至ってあをのり多く生ぜり。之を採って売るもの、乾して板となし鶯苔など号す。
△洲本内川の水脈を隔てゝ中浜の西に隣り、松林の中に国公及び稲田君の御船庫あり。其西に連て御材木屋あり。此あたりの川条にて投網を以て鮃魚を取る者多し。

西来寺　（真言宗仁和寺末）

「常磐草」阿弥陀、観音、勢至の三尊恵心の作と云ふ。此寺旧は禅刹にて西来と名づけしにや。
「淡通記」慧心の作阿観勢の三尊者に依て此境に蝎虫（ドクムシ）の害なしと。口碑に曰、此寺古禅刹たり。祖師西来の号か。処々昔の礎石あり。今更めて密院となす。境内の糸桜見るに堪へたり。

題庭前垂糸海棠

杏艶桃嬌応倒退　占春枝葉襲人時
垂々帯雨如鋪錦　嫋々随風似操糸
無限工夫雖費尽　有余詩思作何遅
此花必不人間有　豈耐寺前向硯池

○炬口浦

（塩屋に連るの浜也）

「嵩云」焼火権現あるに依て浦に名くるなるべし。按ずるに和爾雅曰、隠岐国火焼権現今在。記曰、知夫郡にあり。延喜式曰、比奈麻治比売神社なり。海神火光を有し船を護る。詳に日本紀に見ゆ云々。蓋し同神か。口碑に舟人暗夜火を乞へば即ち火光現ると。其言相近し。世人焼荒神と云ふ。浦の北険崖の山上松林の中にあり。拝殿は遙かに浦の浜蛭子祠に隣ってあり、焼火権現と扁す。

八幡祠

社領若干あり。延喜二十一年石清水より移すと云ふ。末社に氏崇社武田明神などあり。祭日は二月初卯の日なり。本社の内陣神前に甲冑三領を飾あり。

泰雲院

（曹洞寺）炬口の山腹にあり絶景なり。近くは洲城に連なる市郷を見下し、遠くは紀泉摂の山海を眺望し風帆眸中に遮り、玉兎波を走り銀鏡海を照して、万泉一眸に尽す。

炬口の城趾

（八幡の背茂松の北に連る絶頂なり）

安宅監物秀興爰に築いて居城すと云ふ。由良安宅と同族なるべし。

△中浜沙松愛するに堪へたり。沙中松露あり。

○厚浜村

水の大師　海岸の巌頭に倚て小宇を設く。岩間より常に清水湧出するを以て名あり。前に守僧の庵あり。

（炬口の北隣なり）

○内田邑

北は小路谷に並んで駆牛山を界とす。山は西村に跨る。中間を杉檀と云ふ。平面にして老松簇る。口碑に曰く、此処に開鏡寺と云ふ寺あり。其廃なりと。地勢さもあるべし。

「嵩云」海鏡と云ふも又当れり。東海に臨んで突出し暁光朗なり。今は約めて掛牛と呼ぶ。一説に一覧に曰く、開鏡山賀慶寺本尊は観世音なり、岩屋に移すと。又津田村間形虚空蔵の記に曰く、此本尊は旧由良の庄、開鏡寺にあって安宅氏洲本城鬼門除の為めに安置する処なり。廃寺の後牛田氏の邸に祭れり。後今の処に移すとぞ。坂口に一株の老松あり。樹下に古碑あり。正徳一年とあり。下なる渓川は皆石にして水甚だ清冽なり。爰を狭谷川と云ふ。狭谷或は俗説に昔由良城府たりし時、此処にて罪人を成敗せし故、成敗谷と云しを訛伝して、セバ谷と云ふなり。又其次なる川を三つ川と云ふも三途川の意ならんと云ふ。今宇山村の山中罪人を成敗する処を、人呼んで地獄ヶ原と云へば、左もあるべけれども、いと狭き谷川なれば只狭谷と云ふなるべし。又三つ川と云ふも其水源真野谷川並に大谷滑ヶ谷等の水爰に至て合流して海に入る故三ツ川と云ふなるべし。狭谷を渉って路傍の田の岸に沿て名号石あり。峙ちたる一の巨大なる自然石に、六字の名号を下側に陽光の二字を彫付たり。年号はなけれども苔蒸して古く見ゆ。
△三つ川は則ち支邑の名なり。此川水を受けて線香を製する処の、杉粉をはたぐ水車あり（杉葉は遙に柏原山中より荷ひ出す）。川の東に突出する山の端をゆづりはの鼻と云ふ。
△村邑稼満田に内田明神祠あり。祭神大日霊尊にて尊像あり。

伊勢内外両皇太神宮

（明神界内本社の北に隣て林中にあり）
天保元年より二年に亘て、伊勢御影参り流行す。時に辛卯三月十八日、明神社拝殿へ伊勢両宮大麻四基、忽然として降臨あり。爰に於て、社を営建し内外を分て遷し奉り、唯一の式を以て祀る。明神門前華表の側に庚神像の碑石あり。

弁財天女の宮

（別名倉稲神）本邑の南岳暁光明山上にあり。弁天祠の上老松の下に
△石唐扉祠（祭神大山祇尊由良八幡宮を同祀す）猶云ふ、弁財天女御尺二尺許り坐像一身八臂剣戟弓矢宝珠等を持ち給へり。文化二乙丑三月此尊像明神社に於て開扉す。祭主藤原掃守補、助宮顕補、此時浪花より曲馬者流樋口梅吉と云、年十八の妓女来つて、糸竹に合せて馬上に歌舞す。男子も数人相共に交る。同時に浪花の柳吉と云ふ妓女も又曲馬に名あり。其美色絶世にして評判ありしも来らず、見物人は皆失望せりと。同時に沼島の観音塩屋村西来寺に出開帳し、是又男女の舞妓あり。
△地蔵堂　本邑に二ケ所あり。一は官道の路傍中津と云ふ処にあり、石仏の立なり。今一は丸田の丘上にあり。地蔵釈迦大日弘法大師の石像並立てり。
△土庄に川あり、千代谷川と名づく。水源は最高嶺秋山の谷より急流し、中程に至て磐石を彫り成たるが如き自然の碧潭に湛へ溢る。其処の部落の民朝夕汲て烹厨に供す。

△松ケ丘の笠松、千歳の古松にして枝葉四辺を蔽ひて遠く見れば山が笠を冠るが如く、故に笠松とも云ふ。秋山の嶺続きなり。其谷は峻険なり。爰を南に越れば由良の支邑天川にて其下りは寛平なり。

△千草の支邑竹原に越る峯に嫁が辻と云ふ処あり。其嶺頭に一巨石あり嫁が泣石と云ふ。土俗の口碑に昔一婦、夫の暇を得て此石を載き去って、此処に捨て置く処なり。其婦の手指の跡窪ありとぞ。蓋し妄説なるべし。

△前条に見えたる名号石の事に付、いと奇なることあり。

名号石

茲年は梅雨水無月に残りていとつれ〳〵が余り、くさ〴〵の草紙どもを引散らしつゝ寝ねけり。時維辛卯水無月四日の事なり。不思議なる夢を見侍りぬ。唐使高適なる人の船、由良の海辺高崎の磯にて難船し、資財こと〴〵く漂流し去り、高適も又没死しぬ。然るに高適の死骸、柱の如き一材と共に、内田の浜に漂着しけるを、村人見つけこれを憐み、村人集りて其死骸をあたりの田の畦に埋め、巨石に六字の名号を彫りつけて石標を遺せり。かれの死骸と共に流れ着し木は、唐木なればとて器を造り、愛翫して今尚伝へたりとぞ。夢心に思ふを三つ川なる名号石こそ唐使高適が標石なるべし。陽光の二字も高適が別号なるにや。さるにても彫成たる器は如何にやと思ひ廻らすうち、忽夢醒めて忙然たり。夢醒めて後案ずるに、かの名号石の事を思ひつゝ寝しならば、かかる夢をも見るべきに、此事は絶えて思ひも染めざるに、此夢を見ることはいと奇に覚へ、高適が漂没の死骸を埋めし標石と云ふこと、其理に叶はざるにあらず。高適は唐詩選の中に見ゑたる詩人のことならんか。

本　邑

(号竃田)　山月居に接続して海月楼あり。楼上其写字を額とす、是れ阿陽閑々師の筆する処なり。又夢伴子天祐紹果の古筆海月の二字ある一軸を懸ぐ。自ら壁書して云ふ、煙草尤難許、柴薪屋上楼、南薫従嶺落、北斗順潮流、月潔春秋海、帆軽来往舟、只乗風色去、莫忘丙丁憂。垂雲の石額あり、須府の海底より出づるものにして砂礫の集凝するものなり。

△山月居庭際に西行の自然石あり。賛にいふ「我詠んだ歌に泣きけり秋の暮」

△前海汐干にはシタダミ、小螺、浅蜊、灯心貝、嫁が皿、海参、洲蟹等あり。又海藻には竜鬚菜、海髪、海雲、青紗菜、麩苔等あり。汐干の時は児女は浮深に貝を拾ひ、磯菜を摘む。男児は章魚、藻魚、などを捕へて楽しむ。又船を泛べて比目魚、牛舌、鰈、鱸、海鰤などを鉄叉を以て突くもあり、或は小鮮を釣り、秋時には鰛、松魚、鯖等を近浦の漁船来り、海浜にて網を曳く。

△又春は後嶺に蕨、紫蕨を採り、由良の海師、洲府の遊客、貴賤来り摘む。

△中洲圃園に蘿蔔を多く作る。昔は塩屋の名産なりしも近世は内田大根の名多し。

△内田に中洲といふ処あり。口碑に曰く、往古今の大田といふは浅水の入海にありしとぞ。年数積るに従ひ次第に塡れて水田になりしものなりと。

予が邸内の南に井あり。此井を穿ちし時、底に軽石多くありしとぞ。尤も此井邸外の田の端にてもと低かりしを邸地並に築上しなり。其続きの田間に近頃（文政七甲申年）井を掘しに上は埋め上たる土と見へてねば土なり。次は黒土にて底に至って阿地藻の朽ちたるものなれば、二所とも水色宜しからず。其海沼を埋上たる田区、甚大なるため大田と称し、村の総名を内田と名づけしも、これに依るか。入海たりし時、中に洲ありければ今も其処を中洲と呼ぶ。大根圃なり。中世は此処藪にして之を開墾せしは近きことなり。即ち宝暦中検簿に中洲藪開と肩書あり。又東に菰池と字する田あり。菰の生へたる池にてありしなるべし。

昔何れの頃にかありけん。森崎采女と云ふ武人東国より始めて当邑に来り、姓名を改め、内田志磨守と号し、十箇村を領し世々居住す。子孫に至り三人の連枝あって、長は多井右衛門と称し、仲弟は源助、尚末弟あり。永禄の頃兄多井右衛門阿州撫養に移住す。爾来昆弟追々引移り、各共に彼の地に住す。其頃渭城の漂士四宮某なる人、武を止めて賈人となり、心を安んじ豊かに暮しける。彼の人娘あり。多井右衛門之を娶り、岳父の盛んなるによって旧姓を捨て、終に四宮を以て氏とし撫養に住す。後早崎の大庄屋に推挙せられ、四宮三郎左衛門と号し、子孫相続いて其職を勉め今に至て連綿たり。仲弟は内田源助と号し、撫養航船吏となり（之を十人衆と称し阿淡公用の士の渡海を司る）今尚撫養岡崎に連綿たり。祖先采女より多井右衛門に至るまで、其来由詳記して同家に伝来せりと。采女初めて来り十村を領し、子孫多井右衛門に至って撫養に退去せり。定めて乱下に旧領を失ひ漂士たりしなるべし。当国細川淡路守尚春は永正四年九月二十三日、三好長輝の為に亡びしより、由良安宅氏自然に威権を振へば安宅に背くことあって没収せられしなるべし。

○由　良　浦

古城府なり。洲本城を去ること三里東南の浜にあり。紀伊国海部郡蚊田を去ること海程三里、伴ケ島（今俗に苫が島）の間一里の迫門あり。港中広く諸州の船舶来り泊すること多し。新川は北にあり、生石川は東南にあり、漁家商屋凡千軒と云ふ。此地平家の世に池大納言時忠の領なり。平氏没落の後も元の如く管領たり。由良荘等十七所。

由良駅

昔は福良大野由良駅馬各五匹とあり、紀州加田へ渡るの駅宿なり。

由良迫門

由良の戸を渡る船人揖を絶え行衛も知らぬ恋の道かな　　曽根好忠

此歌諸書に多くは紀伊の国由良の内なりといふ。或は丹後の由良なりといふものあるも淡路なるべし。紀の由良は津にもあらず、まして迫門とは言ひ難し。此由良の迫戸は干満の汐時には諸船渡ること難しとする処なれば、好忠の由良の戸を渡る船人揖を絶へと詠じたるはよく相応せり。

「囂云」拾穂抄に丹後に任ずとあり。此歌丹後の由良といふ説丹後守に任ずといふに依るなるべし。袋草子に曽て丹後と号す。末に事ふりて曽丹と号す。此時好忠嘆じて曰く、何日曽丹と云はれしにやと云云。新古今集に「楫を絶へ由良の港による船の便も知らぬ沖津汐風」摂政太政大臣。同集に「紀の国の由良の港に拾ふてふたまさかにたに相見てしかな」権中納言長方

「囂云」此歌は慥に紀伊なれば外の歌も同名所とするなるべし。

古城趾

邑の北官道の西にあり、古城山と称す。安宅氏の本城なり。摂津守冬康は淡州の主にして、須本、岩屋、由良の三城を持ちて由良に居すと南海記にも云へり。冬康の子河内守清康に至って天正九年落城織田に降る。

天　川

天河あるを以て土地の名とす。水源は由良の西南谷より出で邑の北松崎に至りて海に入る。

山神の森

（豊紫にあり）森の中に大山祇命の社あり。

若宮の森

山神の東にあり。

光明院

（経宗の庵地なり、馬県の下御馬川辺田間にあり）馬形は（一に間形に作る）天川の内の小字なり。口碑に往古軍馬を置し所なりと。

孝子塚

（古城山公道石地蔵の後の墓原にあり）碑石に曰く、淡路国津名郡由良邑に一孝子あり。名は久左衛門。夙に母を失ふ。

独り父久太夫を養ふ。郷人之を称す。国老万松院稲田氏召して之に金若干を賜ひ之を賞す。寛文十二年九月九日父九十六にて死す。久左衛門厚く之を葬る。宗円と追号す。元禄六年五月二十一日久左衛門死す。年八十。子亦久太夫と称す。之を宗円の側に葬る。道智と追号す。孝状懶斎翁の孝子伝に詳なり。元文四年末孫久之助久五郎等碑に刻して不朽に備ふと云ふ。碑の銘文は洲本の士妻木氏之を撰む。

成山城趾

（新川の向にあり今離島たり）成山城は備播淡三国の大守池田輝政侯の築く処あり。摂州御影村より巨石を運送し之を築く。三男の忠男をして之に居らしむ。成山の地勢たるや険崖突出の孤巒にして水上に峙つ。内は良港にして数多の船を繋ぐ。外には長汀を環して幾許の松を栽ゆ。後は累々たる山岳を負ひ、広田物部二郷の平野を隔てゝ、前には杳々たる滄溟を抱きて比伊椿泊双岬の空天を望む。左には摂泉の大江を狭み、右には生石の絶壁を関す。伴島梅崎中間の迫門常に干満吐呑の急潮を走らせ四方の強敵豈能く入寇するなし。実に要害無比の堅城なり。更に池田氏在城当時の全盛を想像して、只空しく変跡を見るのみ惜むべし。曽て寛永八年天下の国々一国一城の御制禁により之を破却するといふ。府城たりし時の市井の姿は条理横に重って次第す。其一二三街は新川となって今は四街五街のみ重り存す。

成山明神

山巓城跡にあり。池田氏在城当時の鎮守なり。

八幡祠

（高隈山下にあり）「通記」末社西の御前東の御前此両宮は未だ何神たるを知らず。又天照大神、天満天神何れも境内にあり。眺望絶佳近くは友島松江浜あり。遠くは和歌吹上の景あり。煙霞の裡に眇茫たり。豈筆硯の写し得べきものならんや。

○角　崎　村

今此邑名なし。「嵩云」洲崎の中略にもやと思へども、洲崎は生石に続きし洲なれば名つけたるなるべし。猶熟考するに由良十二景の内洲の白鷗と云ふあり。これ又洲崎の行松の名目あり。然れば洲崎にあらず。今の中洲町なるべし。今中洲町は人家の群れ続きて、鷗の遊ぶべき処にあらずと云へども、古代は江郷の入江広くして其中央の洲にてあるべしと思へり。十二景の詩は元禄年間にて近きことなれども、其名称は古代より云ひ伝へしなるべし。此江郷を図記して、角崎村を考ふるに、紺屋町に鼻と称する出崎あり此処なるべし。即ち八幡の続きにして地形相応せり。

住吉祠

湊神社八幡境内末社の西端に列す。

心蓮寺

（輝光山神王院真言宗嵯峨大覚寺末）本尊阿弥陀恵心の作と云。八幡社司なり。薬師堂（四十九薬師第二十番札所）内に青面金剛地蔵焔羅十王等あり。心蓮寺再建天保二年五月十九日上棟の現住権僧都真純正人、大工棟梁三沢源三の遺弟、先の橋本杢兵衛嫡男同苗和太次、再営は文政中杢兵衛之を司る。宮前の流を宮川と称す。後嶺高隈山渓より来る。

西山徂雲翁の碑

（心蓮寺華表の側にあり）碑銘は南洋先生の筆なり。文政丙戌年門弟の人々戮力してこれを建つ。

金比羅祠

右に隣りてあり。

弁財天の小祠

紺屋町四の辺にあり。

釈迦院

（本尊釈尊）心蓮寺隠居地八幡の向ひ山腰にあり。淡路八十八ヶ所の四十九番伊予浄土寺に配す。

浄土寺

蓮社宗洲本専称寺属庵なり。

観音寺

十一面の像は弘法の作と云ふ。

蛭子祠

観音の南高所にあり。別に又四町街小路の西に一ヶ所あり。

時　鼻

成山南の出崎にあり。今トク鼻と誤り呼ぶ。池田氏在城の時報時鼓楼のありし処なり。

毘沙門堂

右山下にあり。此木像近き頃海上より流れ来り、此海岸に漂着す。洲崎の島人拾揚げて堂宇を建て尊崇す。

サイの尾

佐比を南に越ゆる嶺に幸の神の石祠あり。故にサイの尾と云ふ。

柳の水

生石の北海浜にあり。崖下の岩穴より湧出する清水なり。上に柳樹あるにより此名あり。文政四年の夏霊瑞あり。其水を汲み痛処を洗ひ忽ち癒ゆと。斯く世間に伝はるや各地より参詣人多く年を越て止まず。此年より六十一年前にも亦又此事ありしと古老は云へり。其奇験ありし事年歴篇に詳かなり。

蹇足石

紺屋町貢纛通り二丈許。汐干の時深さ二尺許りの処。此処に至れば足忽ち痺蹇む。去れば又元の如し。故に人畏れて近づかず。

陶工の跡

生石川を掘し時其土砂中に種々の壺及び磁器を製作する道具類を掘り出せり。

生石の二社

（西は生石明神東は御岬権現と云）佐比の東生石にあり。

「釈日本紀」出石の刀子淡路島に至り祠を立つ。淡路国例式に曰く、正月元日国内社朔幣を奉る事。「日本紀」垂仁天皇三年春三月新羅王子天ノ日槍来り、持来るもの羽太玉一個、足高玉一個、鵜鹿々赤玉一個、出石の小刀一口、出石鉾一枝、鏡一面、神籬一具並に七物、但馬の国に蔵めて常に神物とす。又曰く、天の日槍の船播磨に泊れり。詔して曰く、播磨国出浅邑淡路の国宍粟の邑此二邑、汝意に任して之れに居れ。日槍啓して曰く、臣の住まんとする処、若し天恩を垂れば諸国を歴視して臣が心に合ふ処を給はれといふ。即ち之を許し給ふ。但馬に至って住所を定む。日槍但馬諸助を生む。諸助但馬日猶杵を生む。日猶杵は清彦を産む。清彦田道間守を生む。又曰く、八十八年秋七月己酉群卿に詔して曰く、朕聞く新羅王子日槍初めて来る時、持来る宝物但馬にあって国人に貴まれて神宝とす。朕其宝物を見んと思ふと。即日使者を遣し天日槍の曾孫清彦に詔して献せしむ。是に於て清彦勅を被て神宝を捧げ是を献る。唯小刀一あり、号けて出石といふ。清彦忽ち刀を献らじと思ひ、袍中に匿して自ら佩たり。天皇刀を匿すの情を知らず。清彦を慰めんと宮中に召して酒を賜ふ時に刀子袍中より出て顕る。天皇之を見給ひて、親ら清彦に問ふて曰く、汝の袍中の刀子は何の刀子ぞと。清彦匿すことを得ずして、是れ献る処の神宝なりと遂に献れり。天皇神府に蔵め給ふ。然して後宝庫を開きて見るに小刀失せたり。清彦を召して汝献れる刀子忽に失せぬ。若し汝が処に至るや。清彦答て曰く、昨夕刀子自然に臣が家に至る。然るに明旦失せぬと申上ぐ。天皇惶れ給ひて又覓め給はず。是後出石の刀子自然に淡路島に至れり。其島人神なりと思ひて、刀子の為めに祠を立て今に祭れり。
「常磐」生石崎に至て遊覧するに西にあるは即ち生石明神の社なり。其東四五丈許に新社あり。これは三好の家士を祭る社なりと云ふ。之を混ずることなかれ。生石崎の辺を佐比山と云ふ。思ふに是は昔出石の神剱を祭れる社なれば、韓鉏の剱ある処なればとて佐比山と名づけしものなるべし。

御石権現社

（生石社東にあり）「三好記」曰く、淡州由良の湊の西御石崎近年海上物騒しく、潮の光渡ること夕陽の沈めるが如く、海底の鳴ること百千の車を轟すが如し。やゝもすれば往来の船に風波の悩を為し破損する事其数を知らず。浦の漁夫ども苦しむこと甚し。其来由を尋ぬるに先年阿波の屋形細川殿御代に、弓箭数多調させ給はんため、大舘主膳正有光と云ふ侍を、和泉の堺に遣し給ふ処に、有光思の儘に兵器を調へ、急ぎ船に乗って順風に帆を揚げ泉州谷川表を下る処に、和泉の谷輪の海賊淡州須本の海賊舟共主膳が船を眼がけて追い来り、御舟へ物申んと云ふ。又紀伊田辺雑賀の海賊船十艘馳せ来って、主膳の船に矢を射ること雨の降るが如し。主膳之を見て憎き奴原が振まひかな、いで物見せて呉れんずと、船屋形の内より例の強弓取出して、差詰引つめあだ矢なしに射かけければ、同く舟の内より究意の射手共数多矢を射出しける程に海賊舟には手負死人数多出来ければ左右なく近づき得ず。主膳も深手を負ひ矢種も尽きければ、船の艫屋倉に走り上って高声にいひけるは、日頃汝等は海上にて盗こそすれ、侍の最期の仕様見聞きしことあるまじ、之を見置て物語にせよ、我海底に入って欲心無道の奴原に障碍を与へんと、腹十文字に掻き切り鋒を咬へ、波の底へ真逆様に落ちて失ける。残る侍悉く腹切舟に火をかけ焼死けると也。夫より今に至るまで此海の騒しきこと止むことなきに、又近頃三好実休より桑村隼人亮と云ふ侍を、堺へ兵具調へに遣し件の御石崎表にて、海賊船数十隻に襲はれ、隼人亮も打死す。是より猶騒がしくなりて、往来の船共に風波の悩を為すこと止む時なし。故に実休の仰として貴き僧数十人供養して、六万巻の陀羅尼経を誦して、亡し侍共を権現に祝い給て此処に祭りてより今に至るまで此海静まり、往来の船に障りなしと聞く。此磯崎を御石の岬と称す。海中巨岩多し。海藻多く此巨頭に生ず。又貽貝あり。此処南海に望み、右には沼島浮み阿波椿泊までの島々を遠望し、左に伴ヶ島加太和歌山より日比の岬まで見へて、九州北国より大阪へ往来の船は必ず岩屋並に此迫門を通りて、東都への千帆眸中にあり。暴風の兆には岩穴大に鳴り漁人此処に雨を禱り日和を祈るなり。

由良十二景

由良十二景詩淡国通記篇者碧湛禅衲の賦する処なり。

○含海帯林上古祠　霊光紫秀映丹墀　洋々盈耳奏神楽　万歳千秋徳沢丕（林丘神祠）
○鐘訴松風響海瀛　上方晨夕此中明　鏗々撃破客船夢　知是寺楼報暁更（輝江鐘声）
○伐木丁々隔谷聞　山幽忘却世紛紜　樵人帰去斜陽後　帯月担薪出白雲（西岡樵者）
○一江風月耐浮槎　無限景光吟転多　檜揖松舟請各賞　秋天在水渡銀河（湊江秋月）
○城址守山臨大洋　残花猶発古風香　村童莫掃落葉尽　遊客惜春対夕陽（成山残花）
○天霽釣船泛海隅　篷茅蓑笠更蕭踈　乾坤巻在一竿上　因憶范蠡浮五湖（高崎釣舟）
○倚海張三李四郷　衡茅幾許対斜陽　支頤緘口似癡兀　煙景連雲晩眺長（茅屋晩煙）
○積水長天一葉舟　風帆杳々任周流　海山浩緲行難尽　見説人間方外遊（由良風帆）
○仏法南方飛在空　鼎峯半出白雲中　摸来兜率天宮界　遠望幽深不可窮（鼎峯起雲）
○海鷗自得水悠々　景象猶超鸚鵡洲　終日襯沙眠已熟　夢回江上復何求（中洲白鷗）
○沙松歳古翠猶深　傍海依々自作陰　若買涼風何耐賞　夏天蕭颯直千金（洲崎行松）
○島似蓬壺潜臥竜　望洋尽美夕陽春　世人競愛蜀江錦　未及余霞数行濃（友島夕照）

支邑風野

（本邑の南佐比に至る中間にあり屠邑なり）旧是穢多にあらず。中葉独住の貧民あって喪ある家毎に至り喪事を手伝って口を糊せり。人其常に死穢に染まるを忌みて配婚を許さず。故に他郷の屠を娶り自然に穢多となる。因に云ふ、津田村の支邑に丸山と云ふ屠邑あり。是亦元屠児にあらず。産物、魚鱗は更に云はず。浅蜊・沖の貝・海松喰・海扇・裙帯・海雲・竜鬚菜・鹿角・青紗菜・小麮苔・梅干苔・百足苔・浜松菜・洲崎の浜潮汐干満の界礫砂の間に生ず。他所にあることなし。

○中　津　川

由良の南海浜の山村なり。

安養寺

真言宗高野西南院末。本尊阿弥陀行基作、上下灘村弘法大師二十一ケ所巡りの内七番札所。
　見渡せば山路も野も静かなり安養国を爰にうつして

○相　川　村

中津川の西にあり

住吉祠

二十一ケ所巡りの一番札所

常楽寺

（真言宗）淡路八十八ケ所の五十二番及二十一ケ所巡り十一番の札所

○畑　田　村

相川の西にあり。「常磐草」畑田の後嶺を越れば広田郷鮎屋に出るなり。以上三ケ村を上灘と称す。共に幽谷にして田畠少し。山に猪鹿猿多し。

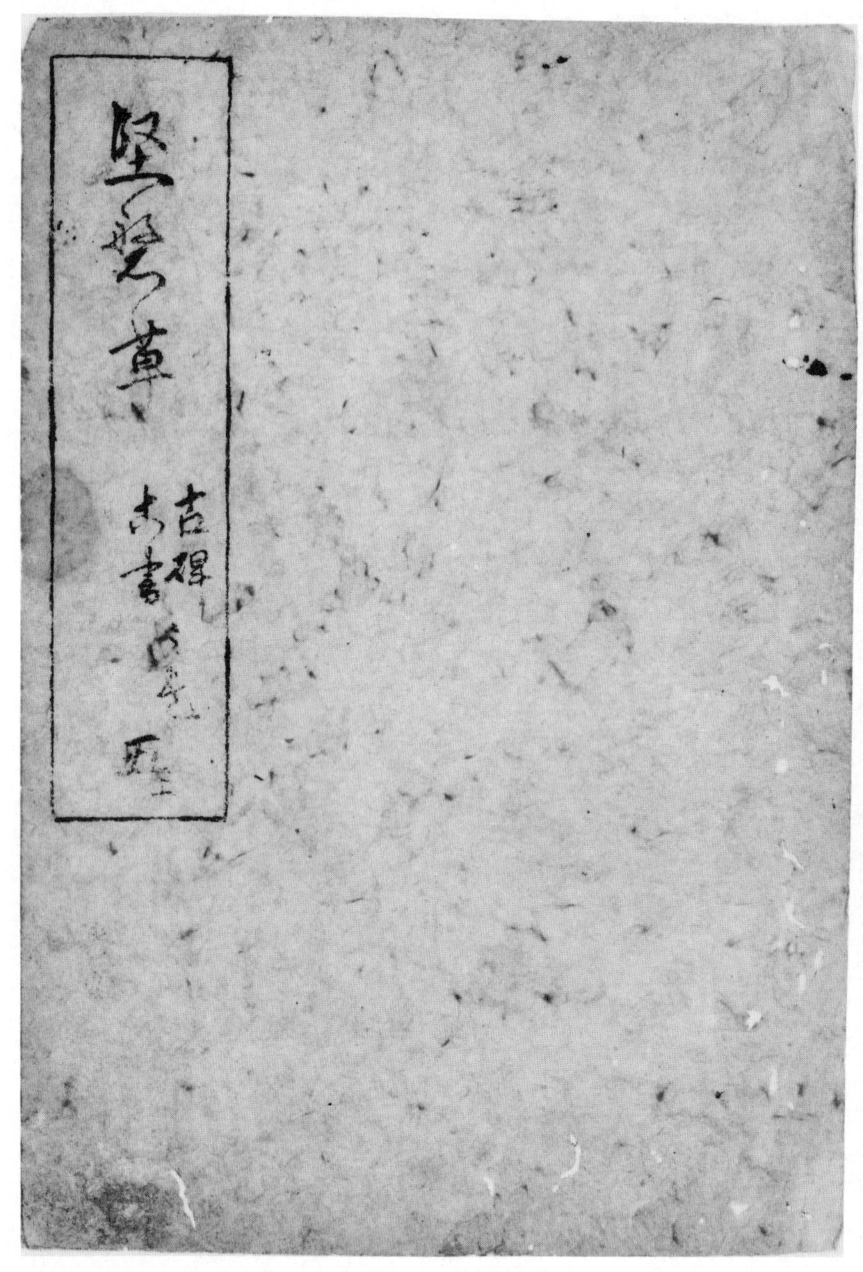
堅磐草

書中碑圖ハ叅花各処ニ至退スル処之

○西山中村　釋迦堂　古碑

高三尺五寸
幅二尺

厚六寸

天正五年丁丑
念佛講各

南無阿弥陀佛

二月十五日
一結衆

敬白

天正ハ正親町帝年号　信長時代
文政十一戊子迄　二百五十一年

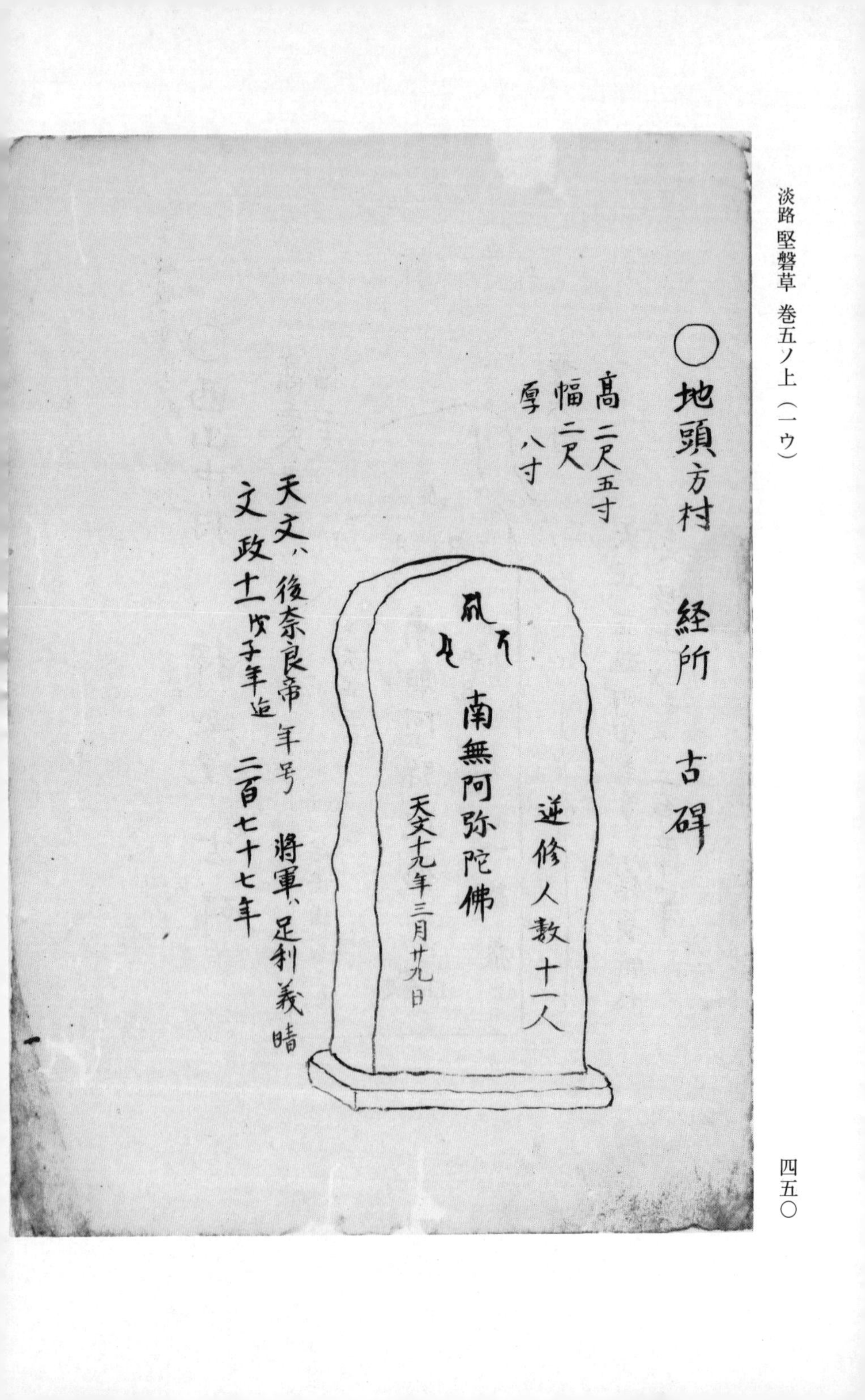

○地頭方村　経所　古碑

高二尺五寸
幅二尺
厚八寸

逆修人数十一人
南無阿弥陀佛
天文十九年三月廿九日

天文ハ後奈良帝年号　将軍ハ足利義晴
文政十一戊子年迄　二百七十七年

○地頭方村

並松街道之傍 古碑

奉供養日本○○○○○
慶長十年○○○○○
○○○○

高二尺四寸余 幅一尺八寸余 厚四寸

文政十一年マデ二百廿二年

○飯山寺村　熊野社ノ内　古碑

高三尺五寸
幅中ニテ二尺五寸
厚八寸

元亀二年辛未
三月二日

念佛講結衆
敬白

元亀ハ正親町帝年号
文政十二年マデ二百五十八年
将軍ハ足利義昭

○志知川浦　光明寺中　古碑

高三尺一寸

本堂南西の方ニ
あり字章皆
磨滅して見えん
是恐らくハ畠山
卜山入道の古
墳なるへし
畠山尾張守　尚順（ヒサトキ）ハ　政長ノ子ニ　父政長ハ
明徳年中　河州正覚寺ニ於て討死ス
其時尚順ハ　幼稚なるゆへ　仍て　家臣某　是を

畠云明徳ハ明應ノ誤ニトキハ艸巴ニ誤レリ

懐にして吉野山にのがる漸成長に及びて
其臣に及某 杉原 斎藤 丹下 貴志 宮峯 安見 遊佐 等と議して
本国河内に入り桃井一色を攻 高屋城に入り
本国を全領す 老て卜山と号す 紀州比井の浦(?)
に退居せしを 享禄年中湯川荘司直之乱
発起して稙長を 卜山これを避て淡州志知
川に来りかくれき 是所ちあり 客死せり 墓是なり(?)
或曰 志知の野口氏ハ河州遊佐氏の一族
なれハ此縁によりて卜山来住せられ
しとかや

○寛政十年八月下旬[illegible]
当貢[illegible]
群[illegible]
神掃寺村玉屋伴次ノ子文之助ノ瘧病[illegible]鳥飼下村某モ
又同病ニ悩リ或夜[illegible]武士忽然トシテ[illegible]
五ノ瀬ニ詣ナバ平ノ命又ハ下[illegible]アリト[illegible]同夜[illegible]
卜少五ノ瀬由来八木大土居ノ条[illegible]
○已下公前志知川光明寺[illegible]注文[illegible]五ノ瀬[illegible]山

［畠曰］常磐草ニ明徳トスルハ明応ノ誤也

明徳八四年ニ終ル明応元ヨリ明徳四ハ百年已前ナリ

［年契］ニ寛正元年（明徳四ヨリ六十八年后）十月畠山政長討義就于河内。又曰同三年四月政長陥金胎ノ御山嶽ヲ諸城ヲ。義就奔吉野ニ。又曰応仁元年（寛正三ヨリ六年後）正月管領政長出奔。又曰明応二年（応仁元ヨリ廿八年後）四月

将軍義植出師伐畠山義豊敗績于河州義植奔周防依大内義興

本通 明應二年四月政長畠山義豊戦河州正覚寺死其子尚順免

奔于紀州 是明四ヨリ百有一年後之享禄之也ハ百三十六年之明應二ヨリ八卅六年ハ 畠尚云 紀伊守高政ハ尾張守尚順ノ子ナ

同寺中古碑多き中五輪にて六尺余なる者
ありて其根ニ大杉を植り銘文不分明
是亦卜山の古墳也

又南西ノ方

同寺門 東ヨリ西ヘ順々

高二尺八寸余

𑖀
匡悦專誉禅定門
文禄三年
三月廿八日

高二尺五寸

𑖀

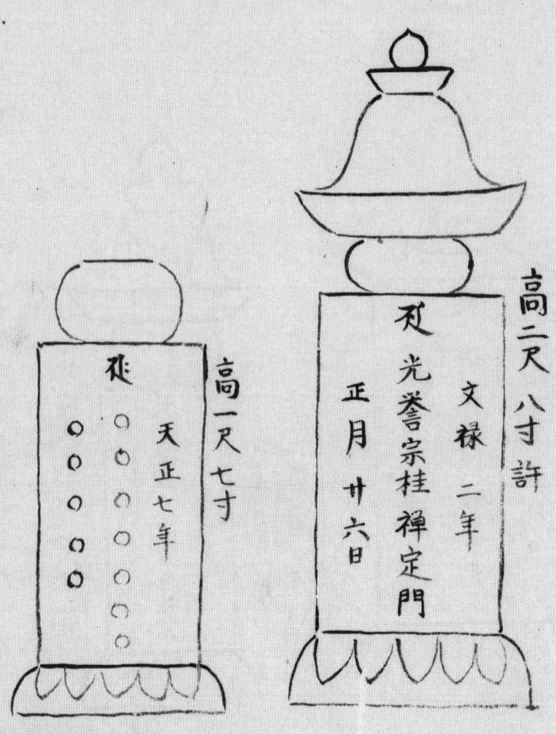
高二尺八寸許
文禄二年
光誉宗桂禅定門
正月廿六日
高一尺七寸
天正七年

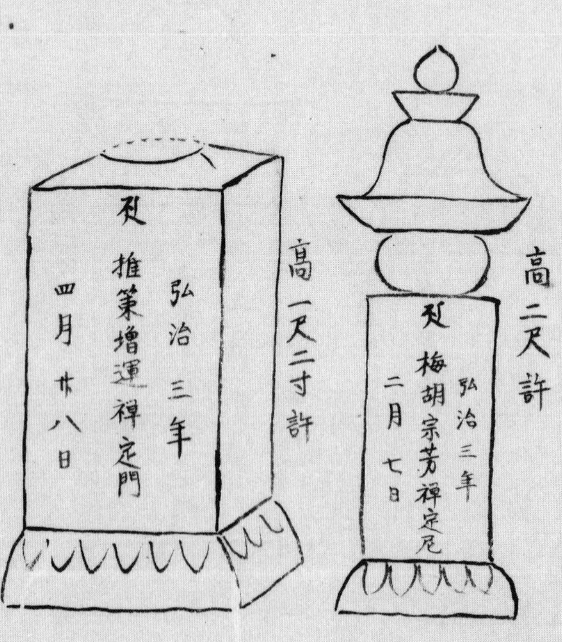
高二尺許
弘治三年
梅胡宗芳禅定尼
二月七日
高一尺二寸許
弘治三年
推策増運禅定門
四月廿八日

五

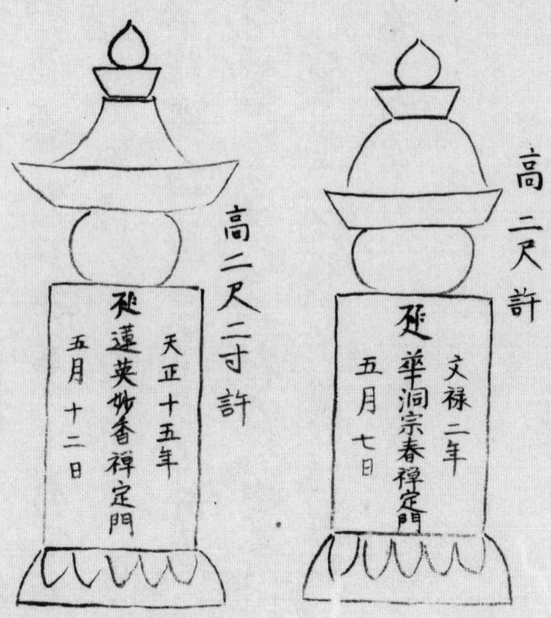
高二尺許
文禄二年
華洞宗春禅定門
五月七日
高二尺二寸許
天正十五年
蓮英妙香禅定門
五月十二日

右ハ野口氏古墳ニ 右ノ内 推策増運
とあるハ 鎮国院殿 野口推策とありて
野口若狭守弘宗の法名 梅湖宗芳
とあるハ 見塵院殿 梅湖宗芳とありて
野口内室の法名なるへし 社家村覚住
寺古実伝にも記せり 其縁の刹
墳推て知るへし

六

○江尻浦　江善寺　古碑

文禄年中志知城主加藤左馬助に従
ひ朝鮮に渡海せし舟子二十六人
異國戦の為に焼討せられ其内四人助命
して旧里に帰り碑を建て追福す
石塔高二尺八寸　幅二尺四寸　厚四寸二分
二十二人の法名を彫付たり大抵磨滅
して見えかたし　古碑の文　焼討せられし月ハ
七月七日のこと

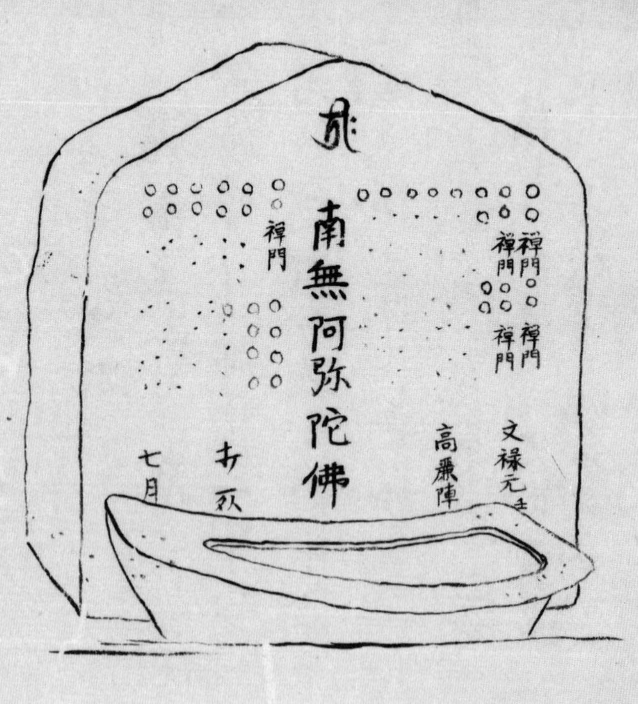

七

【増補】此件薬師ノ画像ヲ奪来リ江善寺ニ納メ什物トシテ相傳セリ涅槃像モ鮮筆之ト云リ水鉢ハ舩ノ砍之文禄壬辰高麗陣歩死七月ノ字見ユ焼討ノ日ハ七月七日之トゾ

○桃川村里長伊江氏先祖ハ江州伊々ヨリ来中興ノ祖ヨリ七代トカ三郎兵衛十八人モ又加藤氏ニ従テ至リ討死セリトゾ因ニ記播磨名処図会ニ曰加古郡高砂十輪寺中ニ水主（カコ）九十六

人溺死ノ石塔婆九十基中央ニ宝篋院
アリ高聚仏ト称ス文禄元年豊臣秀吉
公朝鮮征伐ノ時高砂ヨリ水主百人ヲ
召帰陣ノ時其中九十六人溺死依テ永
世高砂ノ地子ヲ御免許有テ今ニ尓リ
高按　加古ノ郡名此加子ニヨルニ似タリ
然レ氏郡名ハ古代ヨリノ名ナルベシ自然ニ
其意ニ合セシカ中興改リシモ知ヘカラズ史ニ正スベシ

○西光寺　古碑　北方村

當寺に長壽院宥怡上人の墓あり
此上人これハ此北方村にて多田の中にあり
此白氏の後裔にて仲尾村明か山に仙遁
を建立しける後之茲に倚に構まりて遊ぶ
故に山号を鶴来山と号く[illegible]五百三時十
八余年のとも此上人の開発せしを以て寂せる
時天乙殺いづちゆきたんかし唯空衣
のみ残りしと葉眠を数十日と経て後に
此上人にあらへ人多しとぞ仙術に入ん
きかんもあらくハ京坊の口碑にあり

高二尺五寸

天正二年
権大僧都宥怡
十二月廿日

天正ハ正親町帝年号　将軍ハ足利義昭
志知城主ハ菅若狭守弘宗之

○下内膳村　地藏菴　古碑

近年正源房回国して此庵に住す、此後敎迎の仏像を納る故に正源菴とも云、先山の末坊也

高四尺五寸　幅一尺二寸

梵字

六十六部江州一㓜

大永六丙戌十一月吉日

大永ハ後柏原帝年号将軍ハ足利義晴治世

文政十一年マデ三百二年

○下賀茂村　城墓　古碑

一名彦山（ヒコヤマ）といふ森
田の越ルの丸山くし
平地一町四方斗なる
処城跡といひ伝ふ
時代姓名不分明之
此所平地の傍ニ一石碑当社とく書有り　近年
ニ一寺社ありしよや　正保四年より文政十ニ
年ニテ百八十六年

当寺先師多門院　宥辨
正保元　申年
八月初三日

○上内膳村　岸川森前　古碑

岸川森の東二十間計りに古五輪高三尺二寸余路
旁なる者あり村老傳へて云石田治部少輔三成ヶ妾
婦當所納村の産なりし寵せられて一子を設け
慶長五年三成叛逆の時婦に嬰児を伴
ひ窃に本國に歸り忍ひし処時を得さらん
には早く上京せよといひぬくもりくて合戦利
なく終に梟首せられたり妾納村の姉家
にありてけふしをせ菩提のためにとて家に
五輪塔をいとなみ建つ三成謀反の悪名あれ

みよりて　此石を夫婦石といふや

高三尺二寸

又云　此婦その後尼となり　宗心と改め
石田ヶ兄それかしみの子ハ其兄なる残夫の
子として土民に生立けり　今もその所を
石田と称して　家居六七軒　ある処是之別

石田乃子孫此人〻　尼ハ一菴を結ひて
おゝく称名のミして夫此菩提を弔ひ廿
年ばかりありて身終りけるとし　其墳那
村の山かみに存せり

右三成ハ慶長五年十月朔日六條川原ニ而
梟首せらる　慶長五ヨリ文政十一年迄二百
廿八年ニ　元和四年ハ三成梟首より十九
年後ニ

皐増補

〇千草村　竹原ニ古五輪ありと云

高四尺余文字

磨滅スル歟

見ヘズ

〇皐高云此碑ヲ土人猿丸ノ塚ト誤称スルハ百人一首ノ哥ニ地景相應スルヲ以ナルベシ

傳説曰寛永十九年（皐曰 石井明道廿ニ十八年ト記）奥州會津加藤左馬介没落ノ時（皐云 武鑑ニ嘉明二代式部少輔明成ノ世ニ）其氏族加藤権左衛門同頼母両人稲田家ノ所縁ニ依テ淡州ニ来リ権左ハ千草ニ住シテ病死ス其墳ニ頼母ハ佐野村ニ住ス天和二年六月加藤本家二万石御取立ノ時頼母ハ江州水口ニ至リ仕官スト云

（皐高云 二万石御取立ハ石州山田ニ頼母仕官ハ此時ナルベシ水口ハ遥ニ後ニ尚後ニ詳ナリ）

（皐高曰）右没落ト云ハ豊臣家御在世武鑑曰二十万石伊豫松山内十万石近江ニテ加藤左馬助　後年奥州會津四十二万石加恩式部

大輔今ノ武鑑ニハ少輔トアリ代家老堀主水明道書ニハ記多賀主水ニ主人式部大輔叛逆ノ企有之由依テ訴
御吟味ノ処式部大輔言訳相立主水ヲ罪科ス其妻明道書ニハ二人ノ女ト記鎌倉尼寺ヘ
走入剃髪ス式部猶免サズ是ヲ捕テ死罪ス尼寺上人憤リ訴曰右大将頼
朝公ヨリ以来尼寺ヘ落入者再ヒ出スノ例ナシ然ルニ今度式部大輔理不尽ニ
狼藉ニ至ルト式部是ヲ申開難ク会津召上ラレ於ニ石見国山田ニ賜一万石
云々明道書ニハ濱ノ庄一万石ト記セリ 皐高按 此石州山田ニテ二万石賜シハ天和二年ナルベシ水口ヘハ
新武鑑ニ喜明四代孫加藤佐渡守明英ノ世天和中ニ来リ其後　所替ヘ
正徳二年明英ノ孫和泉守喜矩再ヒ水口ニ来二万五千石ヲ領ス以来世々絣綿タリ

○同村　猪鼻古城ノ辺ニ上人ノ墓ト称スル古墳アリ高二尺許リ
細銘アリシカド磨滅ス天正三年七月ノ字纔ニ見ユ是ヲ祈禱上人ノ
墓トモ云

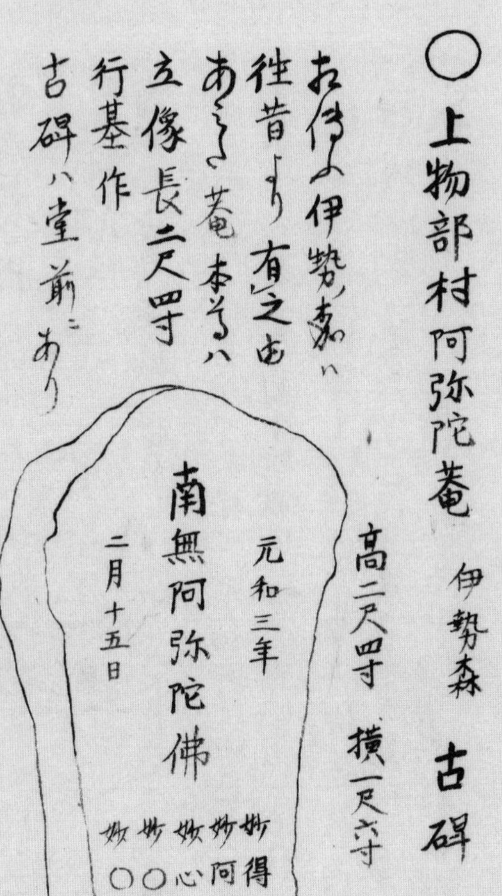
○上物部村阿弥陀菴　伊勢森　古碑

高二尺四寸　横一尺六寸

元和三年
南無阿弥陀佛
二月十五日

妙得
妙阿
妙心
妙〇
妙〇

右件の伊勢ノ森にハ
往昔より有之由
あミた菴本尊ハ
立像長二尺四寸
行基作
古碑ハ堂前にあり

○宇山村　備後塚

高三尺

遊西禅定門
○○戊午年三月十二日
阿波國北山住人
高田孫八郎道修トあり

年号磨滅　戊午ハ　永禄元　元和四　延宝六　ノ間
なるべし　恐らくハ永禄元ノ戊午ならん
往年ハ宇山坂により此処を通り往還ありて
此墳ハ則大道の傍にありしに其後今此
処に移せしなりと云　高田氏の子　不分明但し

十四

愚推考スルニ高田備後守旧阿州北山ヨリ鮎原ニ来住故ニ其住処ヲ故郷ノ地名ヲ以テ相称シ後年皆ノ字山村ニ寓居シ永禄元戊午年茲ニ客死シ其子孫八郎父ノ墓碑ヲ其葬地ニ修スルニヤ故ニ土人備後塚ト云欤又鮎原ナルハ孫八郎ノ墓ニシテ慶長三年卒シタル其塚印ナルヘシ元禄元ヨリ慶長三マテ四十一年ニ及フ

鮎原天満社鳥居の辺に古杉一株あり
もとに圓丘あり此上に古石塔ありて同名
ある者あり図のことし

高五尺

鮎原之北山
高田孫八郎
慶長三年
卒
四月十八日

如斯アとあり　然れ氏阿州ノ字鮎原ノ字混雑
し年号月日又共に齟齬せり只北山とよ
処名前ハ合せ　又按に鮎原中村の北ニ備後
屋敷とよふ所あり惣名を北山と云村人のいひ
傳ニ云ハ慶長年中ニ高田孫八郎居住の

土居に　其親ハ　備後守といふて　精兵なり
ありしとぞ　平地をへづゝに有る同所より一町
半東北丘に　二つの墓所とて　小松茂れる
中に高五尺ばかり　五輪二基立て有り
字章ハ消滅して見えず　この所北献号
名古屋と云
字山あるを備後塚といふも　二つの備後守と
いふ事なれ　いづれ同人の墓所とえてあり
後人　はまぎらしに　暁明あれかし

増
○宇山村名号石

卯山村四池の渓ニ有り数丈の石壁に六字名号を彫付けり石面剥かるゝめし土俗伝へて弘法大師の造る所なりといふ元来書躰に至て筆力を疑へり

増
○内田村名号石

支邑三ケ川ニ在名号石の北駈井阪に森の老樹の下に古碑と覆の如し二つあれとて其の方を板根に添へ並ひ居り上に日月の形を彫り其中に数字の梵字有り其下に二世安楽の六字名号を記し各々又下に菩薩屋蔵して
定かならさりし

淡路 堅磐草 巻五ノ上 (一七ウ)

又々猿渓の山河へ滞りて三ッ川の
田畔の老と添袖訣から自ら君と穴守まで
陽気の二字を彫きたり

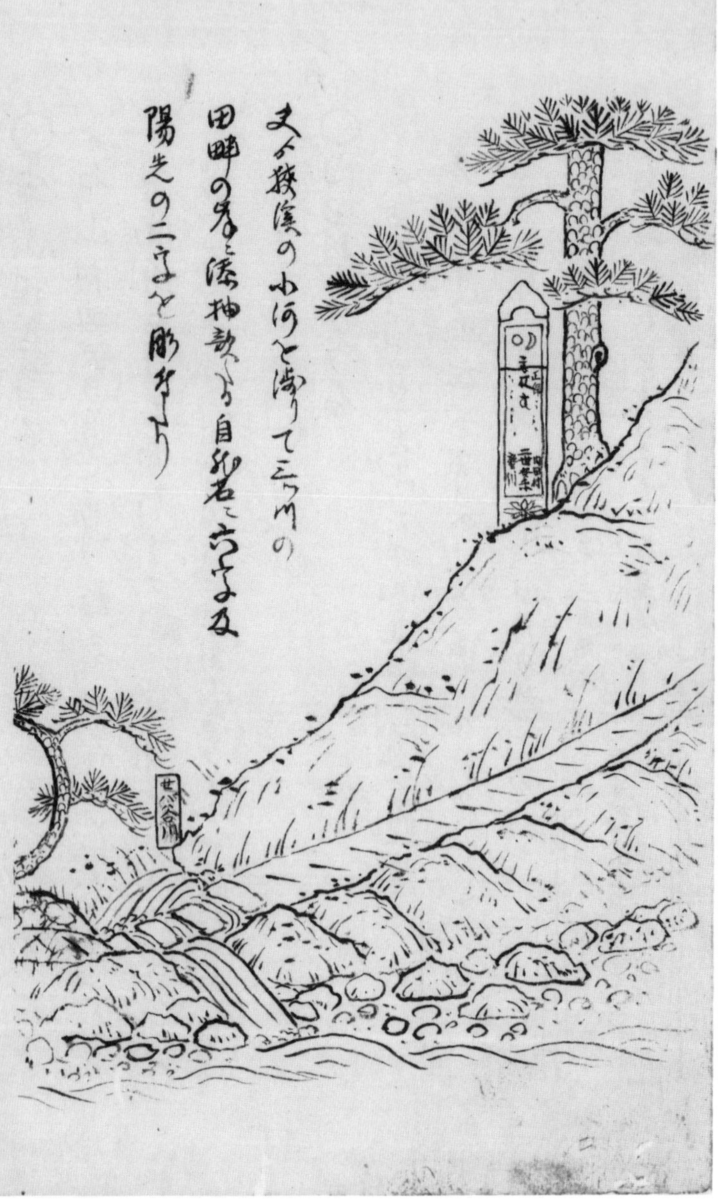

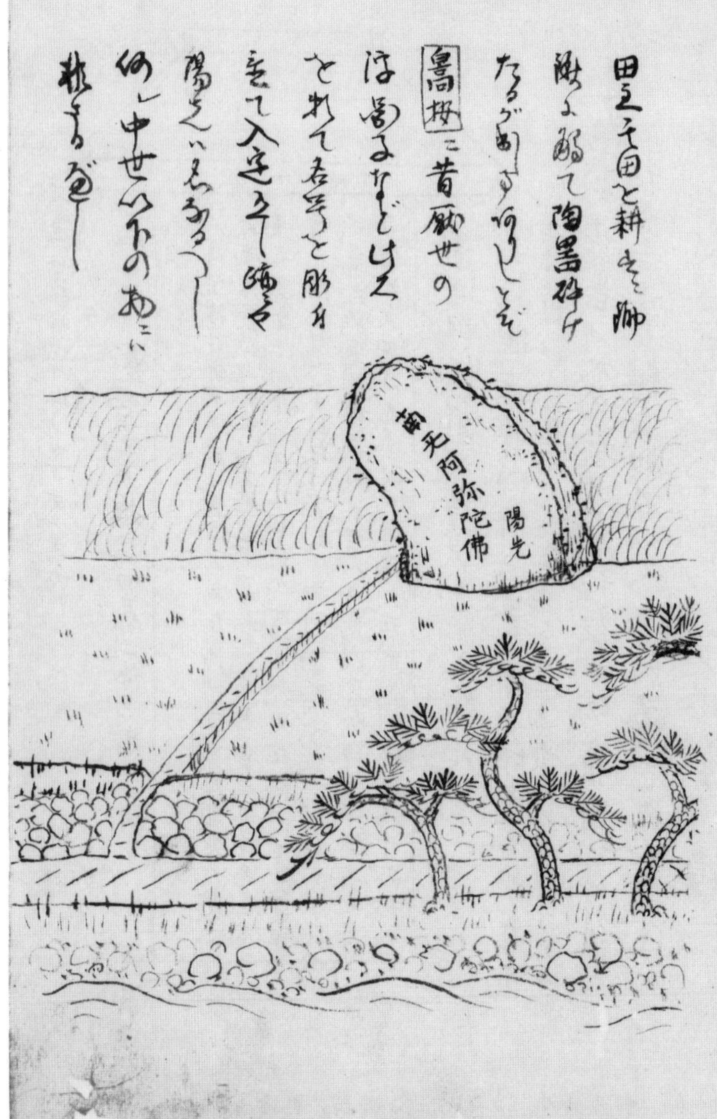
南無阿弥陀佛
陽光

田をも田と耕さぬ卿
願ふ願て陶器を掛
たるが有しをのしとそ
鳥獅二首願世の
ほ為まなどして
と祈て吾等を彫刻
きて入定之て陀々
陽光いそるる一ッ
何し中世以下のあに
枕もろうし

南无阿弥陀佛　陽光

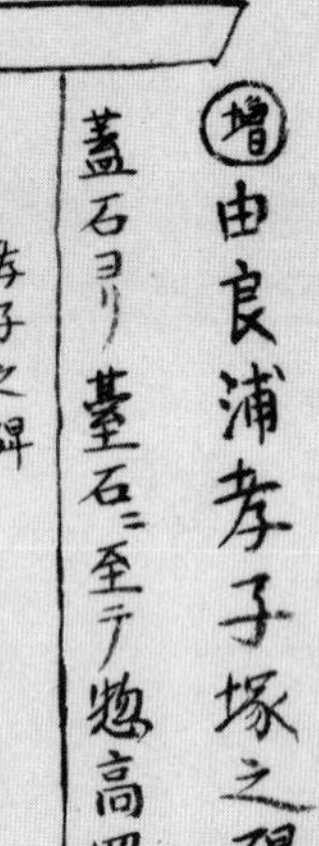

㊞由良浦孝子塚之碑

蓋石ヨリ臺石ニ至テ惣高四尺余体石高尺許

孝子之碑

淡路国津名郡由良邑有孝子名久九衛門夙喪母獨養父久太夫有深愛郷人称之　国老万松院稲田氏召食之且予金甚賞嘆之寛文十二年九月九日父九十六而死久九衛門厚葬之追慕宗圓元禄六年五月廿一日久左衛門死年八十子亦称久丈史葬之於宗圓側追跡道智久左衛門孝状詳于嬾齋翁之孝子傳元文四年已未孫久之助久五郎等刻碑而備于不朽云

畧云碑文ハ前洲府侍人妻木彦助ナル人書ストゾ

其行状藤井嬾齋先生之著述印本本朝孝子傳ニ詳也子孫所持之一巻ニハ孝子賞嘆嬾齋翁ノ字無シ〇賛小娥

賛曰

蠢伊小民　大克羞耇　行役心念　出野背負

私田告豊　祉席加衣　人皆称孝　已以為非

○鮎原南谷　首代ノ塔　菅神華表ノ前ニアリ

高七尺二寸

正保三年
淡州津名郡鮎原之内
宇谷村中尾伊勢千代卜申
者同村市木勘七卜申者
卯月七日

村民ノ曰勘七伊勢千代ハ朋友にて同年齢の
美者なり正保三年卯月七日けう場ニて
鉄炮を稽古ス伊勢千代射とらる時ニ的狙ひ
当れを勘七是を看んと的の跡に走寄時ニ

伊勢千代か鉄炮過て不慮に火移り自発
して部七を打殺し畢伊勢千代は幸息と
後悔し自罪を公ケに訴へ刑せられんと欲せしを人
兼て主二の朋友なりしなれば部七が親属なとも
又是不慮の災難にていせ千代か過にもあらず伊勢千代
刑死となりしとて部七族共にこも悲し二人の命を
失ひたるを是悲しとて内済し部七が菩提
の為とて伊勢千代の建立せし所の石碑なりと云
中尾市木なる本献号（ホノゲ）今は谷村龍のもの東柿木
西中尾ヲ千号（十）蛸壱ツ在小人か在るべし

大ノ十四

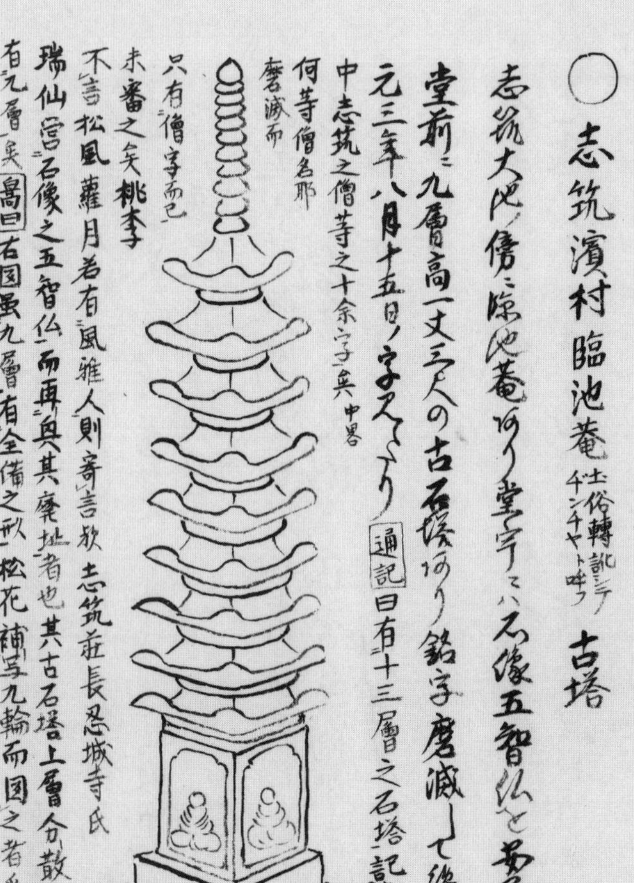

○志筑濱村臨池菴 土俗轉訛シテチンチヤト呼フ 古塔

志筑大池ノ傍ニ臨池菴あり堂宇にハ石像五智仏を安置せ
堂前ニ九層高一丈三尺の古石塔あり銘字磨滅して纔に嘉
元三年八月十五日ノ字見ヘたり 通記曰有十三層之石塔記嘉元年
中志筑之僧等之十余字矣 中畧
何等僧名耶
磨滅而
只有僧字而已
未審之矣 桃李
不言松風蘿月若有風雅人則寄言歟 志筑並長忍城寺氏
瑞仙宮石像之五智仏而再與其廢址者也 其古石塔上層分散今只
有九層矣 高曰 右図雖九層有全備之秋松花補写九輪而図之者乎

嘉元ハ 九十三代後二条帝ノ年号 将軍ハ
鎌倉久明親王治世 執権ハ北条高時入
道の時也 嘉元三年ヨリ文政十一年
マテ 五百二十三年ニ及フ

村老ヵ曰 此池往昔ハ 今の中田村の地より
あまりて 嘉元の大池と称せし 其池のあまりて
に溢れり 其時 魚類を漁る事 停止せし
ゆゑに 設る大堤也とも云
本寺の五智仏ハ各漆新之をもつて高サ四尺ニ造ル
元禄四年十月 高田村 某の建立する処と云

十五

○静女ノ墓　　志筑濱村　田井

志筑ノ荘ハ源頼朝ノ妹聟一條中将能保ノの領なりし　妹君ハ京に住給ひて　静女ヶ流落せるを憐て彼母子を此処に呼下て老母ハ先立ぬ　静女も又に在て身を終りしと云　此事諸説あれと云（?）まちまちなり（?）

今も墳地と見ゆるに　めぐりに堀あり　畑となりけり　堀の内東西三間（?）南北六間（?）寛（?）の中に　石橋をかけ　中央に　廬盧あり　廬の北中二基の古墳見えけり　其跡（?）中央（?）事ハ（?）

舊云静女ノ墳地ノ跡ハ既前巻志筑ノ条下ニ詳ニ照シ見ベシ

十七

○宮野原村古城蹟　古墳
河合美内ヵ居館の跡　畠地二反五畝計り
あり　三間斗平地あり　二間目の平丘
に石碑あり

南無妙法蓮華経　父隆蓮塋爰　永禄六年亥三月十七日

高四尺

右ノ方ニ　南無釈迦如来
左ノ方ニ　南無多宝如来
後ノ方ニ　上行○大寺

鼇同云　大寺ハ大并ノ見誤ナラン

村人傳て云　是川合兵内某ヵ墳也
兵内ハ疇田右馬介の家老也　五郎重臣ハ
阿州の河合氏より養子となりて来れる人也
兵内ハ随人として淡州ニ来りし人とも云

永禄ハ　正親町　帝年号　將軍ハ足利
義輝也　　文政十一年ニテ　二百六十五年

十八

㊉増

鍛治屋村万福寺中三番備後入道舞
已下子孫六代の位牌

月
　永禄元年
桐宗清禅門　　初祖
　　　　　　三番備後入道舞
六月十八日　　　　中務三人守

　天正九年辛巳
遊月宗雲禅門　二代
　　　　　　賀集左近
四月十二日　　　　中務後

　慶長十二年
月清宗久禅門　三代
　　　　　　賀集主馬
三月六日　　　　中務

慶安三寅年
花月宗栖禅門　罷
野集穂氏　元悦か嫡
二月二十八日　右已上か嫡
大か不同

寛文十六年二月廿九日
五代
華室宗覚居士　野集穂氏
元六人
叙職石悦

放月永照信女　穂氏の室
安永十五年五月十九日

碑文何れも苔蒸しくして全文分り難し
全く読れて得ず
以下連続して見るに列せし

○鍛冶屋村万福寺

当寺中に賀集備後守三好筑後守など
古墳あるよし行て見るに五輪石塔の者多し
いつれも不分明なる事也

高六尺

高云寛文第八年ニ非ス六ノ写損カ

寛文第五年二月廿日
華室宗覚居士
観月永照信女
延宝第五五月十九日

天○名金朕諱○○○○○○
賀集氏故武者○○○○○○○
備前○○○○○○○○○
二三子勠力建碑石永覚文母忌日也
孝子○○○○○○○○○○
孝子賀集○○○○○○○○

是ハ賀集三世ノ子孫の碑にて当村ものゝ先祖と
大系不つ房書写見らるゝ賀集三世と詳之

○賀集中村　古郭ノ碑

賀集美濃守公文より数世空政といふもの居舘跡ニ近年子孫の者一石碑を建

高五尺余

（梵字）

賀集美濃守安親

嫡子　賀集木之助盛政

賀集美濃守公文元遇後裔同氏尊昊

法蓮院果得居士

俗名三男　賀集廣之丞政氏

是ハ元禄十二年八月末孫三十六人助力して建るなりとそ

十九

○賀集中村の南鍛冶屋村境に古城跡あり
廣サ一反計り四方に塀の形残れり古老傳て云賀集備
後守なる人住の地なりと〔島高曰〕義濃守ノ混誤ナルベシ備後守ハ鍛冶屋村里長ノ先之其村ニ城跡アリ〔淡通〕云賀集荘之助盛政従先祖住于賀集中村尚矣舊園并賀集殿池馬場猶存蓋聞近世先祖義濃守石標出於林中乎又云同名備後守家園在中村ノ隣境鍛冶屋村ニ其処ヲ謂城ノ腰而四方ニ構堀帯竹林矣
入にて堅ゐの方に向ひ其又にハ
小キ地蔵ノ像彫たる碑あり
年号なともありしにや今ハすりて見れとも
文字摩滅し定かならず
〔島高曰〕是述記ニ所謂林中ニあらん処の義濃守の碑なるべし

○青木村　古碑　福良往還の路傍ニ在

高七尺　横三尺一寸

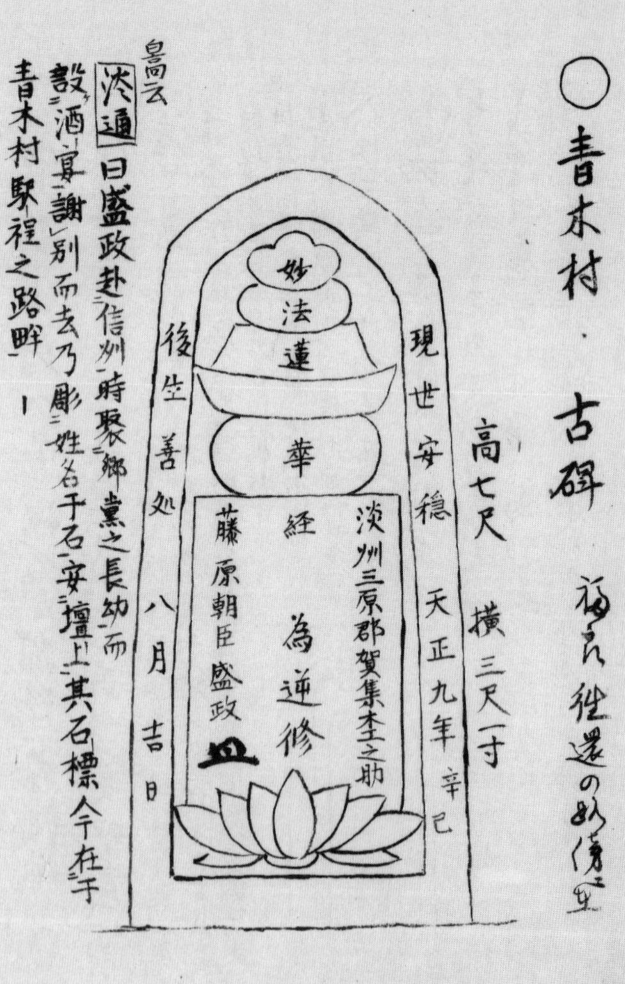

現世安穏　天正九年辛巳
淡州三原郡賀集李之助
妙法蓮華経　為逆修
藤原朝臣盛政
後生善処　八月吉日

鳥云

淡通曰盛政赴信州時聚郷黨之長幼而設酒宴謝別而去乃彫姓名于石安壇上其石標今在于青木村驛程之路畔

○鍛冶屋村の中央　こゝあと　いふ処の谷
乃中ニ三昧あり　墓の中ニ　千丈
といふ人　何人ニ為従しけりしにや
久しく浪人ニゑめて　此処ニ住し　大坂
陣ニも出て　其名を顕はせしかど
いひ伝し　其墓処ニ　大なる榎ありしが
近き頃枯しせて　其子孫の百姓ニ石ニ
先祖の二字を彫て　榎の株跡ニ建り

先祖

○福井村　女夫岸ハ古碑

三昧の北街道の左右ニ有る二ツ石の岸あり女夫岸と云この如くあり

高　三尺二寸
横　一尺六寸
厚　八寸

慶長十四ヨリ　文政十二ニ　二百十九年

慶長己酉年
右為時誦碏奥也
月廿七日
敬
白

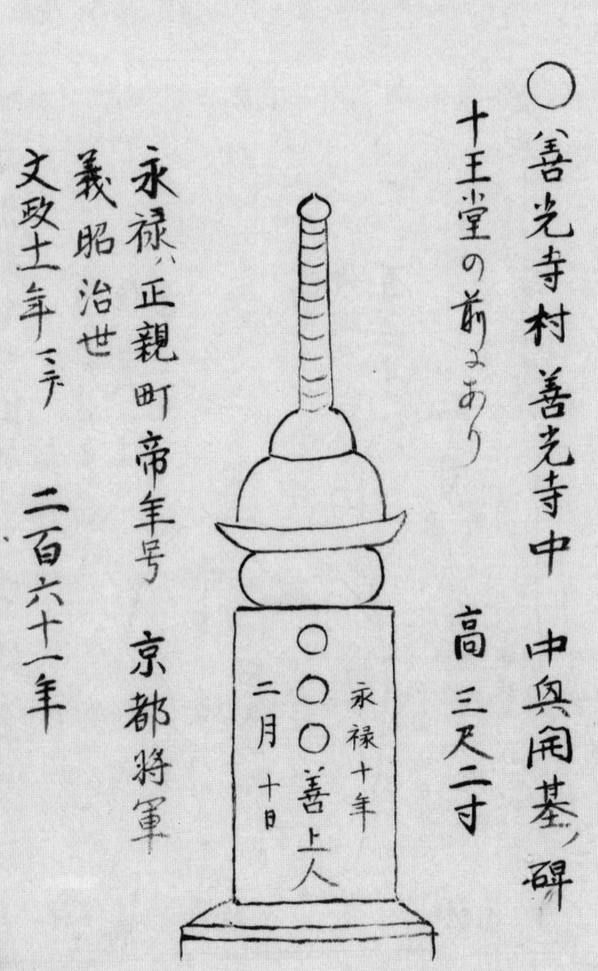
○善光寺村善光寺中　中興開基ノ碑
十王堂の前にあり
高　三尺二寸
○
○○善上人
永禄十年
二月十日
永禄ハ正親町帝年号　京都将軍
義昭治世
文政十年迄　二百六十一年

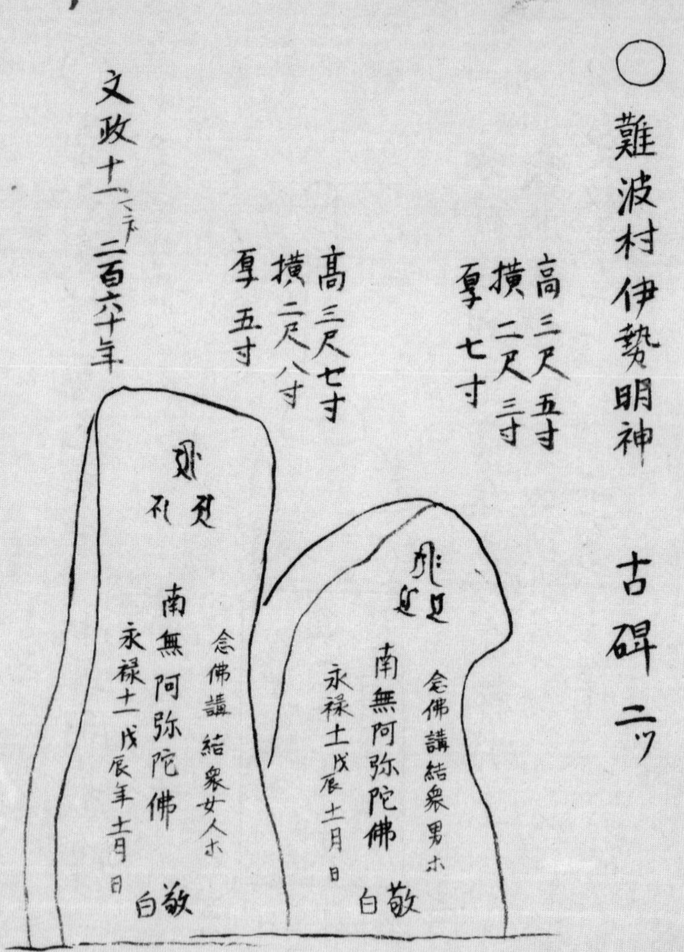
○難波村伊勢明神　古碑二ツ
高三尺五寸
横二尺三寸
厚七寸
高三尺七寸
横二尺八寸
厚五寸
文政十二ヲニテ二百六十年
南無阿弥陀佛
念佛講結衆女人ホ
永禄十一戊辰年十一月日
敬白
南無阿弥陀佛
念佛講結衆男ホ
永禄十一戊辰十一月日
敬白

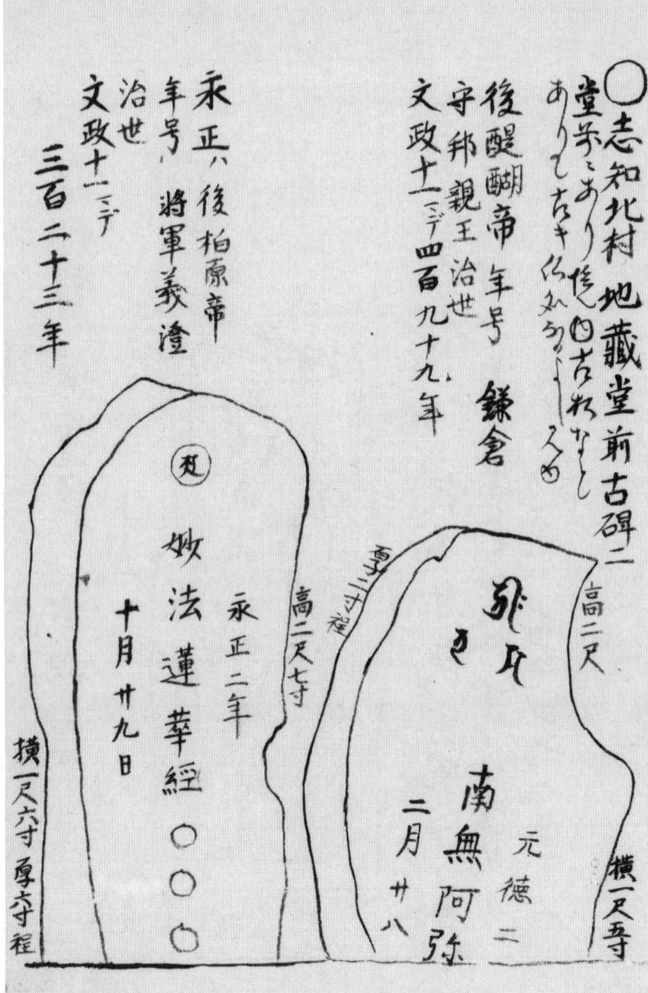
○志知北村地藏堂前古碑二
堂前にあり傍に古れなと
ありて古き仏ならん
後醍醐帝年号　鎌倉
守邦親王治世
文政十二ニデ四百九十九年
永正六後柏原帝
年号　将軍義澄
治世
文政十二ニデ
三百二十三年
妙法蓮華経
永正二年
十月廿九日
高二尺七寸
横一尺六寸厚六寸程
厚二寸程
高二尺
南無阿弥
元徳二
二月廿八
横一尺五寸

○奥畑村　地蔵堂　古碑

天正九巳年　敬白

南無阿弥陀佛念佛○○廿人逆修

十一月　六日　○○

天正九年霜月八日　筑前守秀吉軍勢を率て
淡路ニ討入由良安宅を攻平均ありし
時也　文政十一年マデ　二百四十七年

〇小榎並村　阿弥陀堂　古碑

高　三尺
横　二尺四寸
厚　九分

念佛一講結衆
南無阿弥陀佛
元亀二辛未年卯月四日

元亀ハ正親町帝年号
織田信長　叢功之時也
文政十一㐧　二百五十七年

○小榎並村　溝ませき地蔵堂内

供養石

高四尺　幅一尺一寸五分　厚四寸

南無阿弥陀佛

慶長五年九○○

慶長五年ハ関ヶ原
御陣ノ年也
文政十一年より
二百廿九年

当処小溝を以て大榎並村境とし堂ハ
溝の上ヨ建てあり 仍て溝ませきと号く
堂地ハ大榎並之 祭ルハ小榎並村より祀

廿九

○阿那賀浦春日社内

鳥居の前に一の古碑あり高一尺ばかり往年境内修擴の時山下より掘出せるよし

春日社の巽一町ばかりに古城あり足利の末の世武田山城守久忠数代居れり今此社内もその時の城中なりしなれバ必竟石碑も武田氏族の人此建るなるべし

𑖀

○○○○○○

大永七年

八月　九日

又同村薬師堂北辺三昧あり古墳多し
是れ亦年経の古墓多くして記され多り
中にも近キ天正六年の古碑一基
見へ多り

天正六。。年
亞
道〇禅定門
八月八日

武田の家老大栗
善兵衛某か石碑に
と云傳り夜泊と清とも
今に商家と成り其祖の墓に大なる
碑ありされとも茂以来多し

り

○伊加利村　妙雲寺の三昧ニ半埋ル

古碑アリ

慶長十〇〇　高砂

為念佛〇

南無阿弥陀

増　同村大泥ノ七古碑　島椒　四夷八蛮船行程　天竺国ノ中ニ長崎ヨリ舟行千六百八十里ニ大泥ト云処アリ此処ノ人或ハ日本ニ帰化シコヽニ居住シテ名ヘト名ヅケシニヤアリシ其遺碑ナルベシ伊加利村ノ下ニモネギ谷大唐前ナドト云処アリ同村ナルベシ

女墓アリ其中ニ昔源平八嶋合戦ノ時某ノ局自滅セシ其墓ニシト云傳フトゾ按ルニ平氏西海ニ滅尽ノ時二位ノ尼君等海水ニ溺没ノ人多シ其跡何某ノ局ナドモ有ルガ茲ニ滅スルヲ埋シ処ニヤ埋ノ浦ハ世人多ク讃州八嶋ト心得ル人多カレド毛長洲ナレバ其海路遥ニ或ハ死骸ノ漂流シ来リシヲ阿讃両州ニハ平家ノ残族尚遁レ忍フ者モ有ベケレバ吏等ノ輩ガ此処ニ埋メシソノ墳墳ニヤ有ベキ其余ノ六碑モ其徒ノ墓碑ナルベシ

○福良浦神宮寺　八幡山下の岡に二碑立り

元和七年
権大僧都○○
八月二日

慶長四年
道西禅定門
八月六日

（増）烟島敦盛塚　[淡通]略記烟嶋ニ今ニ至ル迄塚塔并菩提寺ノ礎石アリ彼塚ノ下壇ニ処班ニ石ノ見ヘタルハ敦盛ノ塚守嶋ノ房ノ跡也近比マデ福良ノ漁家ニ回リテ彼ノ具ノ供粮ヲ乞タル嶋僧有ツルト

（増）阿那賀狩御局原ノ墳　鳥熊考スルニ小宰相ノ局也[淡通]略上撫養堂ノ浦辺ニ滞留シテ源氏ノ今モ寄来ランストテ軍勢ニ甲冑令メ勢揃アリシ処ヲ甲冑ガ嶽トテ堂ノ浦ナル小山也小宰相ノ局入水アリシモ此堂ノ浦ノ鳴戸川也トラ云々　阿那賀ハ鳴戸ノ渡リ口ナル阿那賀ノ浦ニ賀ヘル邑ナレハ小宰相ノ局ノ墳ナルコ淡通ノ説ニ能符合せり　其辺ノ口碑ヲ聞傳フル人ハ定テ小宰相ノ局ナルヲ知ヌヘシ　予カ聞シハ宛賀ノ賤婦ナレハ詳ナルコヲ得ザルベシ

カセ

㊝鮎谷口村五ノ皆ノ古碑　今ハ中八木村ニ在

中八木大土居没落の時高貞（ヒサハル）の幼息男女二人并乳母侍士四人与
共ニ於て四人の碑は此ニ在しを安永六年酉村民ニ命じて集中
八木大土居の古蹟草堂の後ろに移して今ハここにありとなり
是ハ故ニ属の士卒己が身を遁れんとて幼息乳母侍
士女の脊ニ負て在しを取て添人ハしても士卒の子孫の子
めくしとぞ

㊝三沢理右エ門某の墳碑　来島村ニ有り

法山浄信禅定門

正保元年三月十三日

文安五年釜口村妙勝寺へ文安二年明石ニテ討死ノ三沢駿河守義田ノ
菩提ノ為ニ田地寄進状ニ有之三沢小次郎親統ノ子孫ノ墓碑之よし

㊢増 雲川碑石 雲川ハ雅名之 樋口氏通称此兵衛　府下火器隊吏之
囲碁有名兼嗜俳諧在哥以入木道教導児輩
近世卒予面識人也葦弟各勠力建地蔵
寺中躰石墨形臺石上層硯形 兼水盤
中層碁盤形

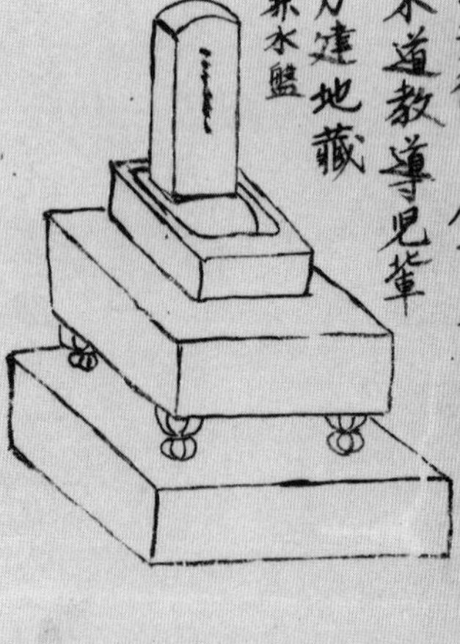

㊢増 青蓮寺中神川氏 火器隊吏之 室蓮院塔影辞世詩弱齢人也未充笄歳卒
其詩曰　天帝使我行世途。世途行尽帰天都。一領
錦衣天孫贈。軽挙飄然吾不知吾。　神川富栄
墓碑別在地蔵寺中

増 芭蕉翁扇塚之句碑 松帆村ある寺ニ在

ひらひらと揚る扇や雲のみね の句ヲ彫立 委ハ浴田村ノ下ニ詳也

増 雪中庵嵐の句碑

小榎並村八幡宮ある場先ニ建

一葉ちる咄ひとは散る風の上 蓼太

文化三年丙寅十月十三日建石

儒学教授那波績并書

増 艸秀之句碑 之山

㊇増 桜塚の句碣

須本地蔵中ニ在

方者謂之碑圓者謂之碣

高一間許圓形

白河の花をちらさる
おもひ入奥ハいま又桜の由
あかけ庵
青皮

さくら塚

白桜白桜　花前群英　山人諧歌　章々同栄
千載之后　縦歩菜羹　馨香馥郁　允諧大系
寛政十二庚申春三月庚辰　石亭　藤江秀拝撰

碑文ハ石亭先生
并筆ス　長文繁多ヲ厭テ畧之

○先山鐵塔之銘

護摩堂の前に俗に地獄の釜と称するあり
高く鉄をもりて塔の形に鋳たる物を
半解なる内へ空にして石を以て六角に刻り
六面に地獄の形をつくりしものを彫り
先山往昔の縁起にこの鉄塔大門を入て
右の方にありけるよしを記せり
今ある処高二尺二寸囲り四尺空
文字大半摩滅て見えざる処あり

文保ハ九十四代花園帝年号
鎌倉久明親王治世
文政十一年迄　五百二十一年

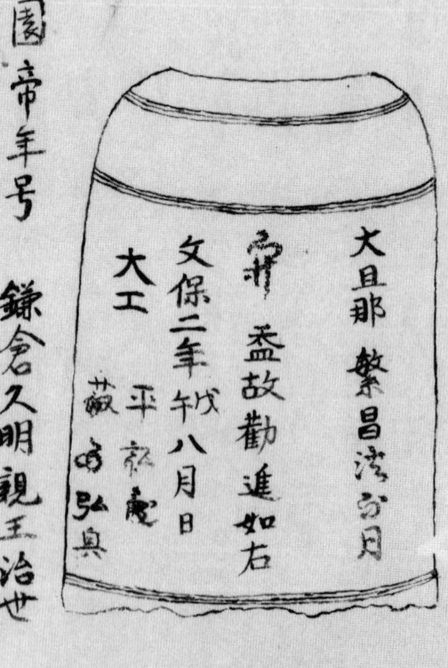

大旦那　繁昌
盃故勧進如右
文保二年戊午八月日
大工　平
弘與

㊜庄田村八幡拝殿古瓦銘 二枚

瓦ノ裏ニ彫付有り 画工誤テ瓦ノ表ヲ図セリ 見ル人意ヲ用ヒヨ

おほけら御殿ハ飛驒工匠が
造りなしと

南無大歳大明神
南無河原松童武氏
南無若宮殿天満宮
南無八幡大菩薩
南無大師遍照金剛
南無四所明神
南無大明神
南無権現造営成 就之祈祷也
天文八年三月二十一日
権少僧都　慶信

天文八年三月廿五日　筆者慶信
大工殿ハ五ゝ九之是弘淡州ノ村
本郷ミ加地右京進殿同加地
六ゝゝ衛殿　奉加そんけ候造営
多者也小六天王寺より二人
下りの時之坊　権大僧都
慶信

○島田洲字ノ下庄田ノ二字ヲ脱カ

天文ハ百六代後奈良帝ノ年号ノ足利
義晴ノ治世ノ天文八年ヨリ　文政十一マデ
二百九十年ニ及フ

○國分寺　界碑

国分寺ハ聖武帝天平八年勅願にて国毎に造立ありし処人の知る処今大に廃毀してむかしの形ちなきことゝなりし今此外園の垣に北畔ヲ以ても一の古石を見る有り天平相界の四字現に存せり是千歳の旧記なるとおもしろくなお慎めでて拓ほするぞ

天平相界

○本尊　釈迦丈六ノ坐像

寛政中ニヤ十六阿羅漢ノ像ヲ建立ス丈ヶ五尺許

国分寺　今ハ本堂ハ昔の金堂　此跡　寺ハ諸寺
の跡　大日堂ハ　大塔乃跡し　大塔の礎石
形なり　如図

輪ノ回り　三尺五寸
凸ある処　亘り
二尺一寸

是大塔心柱乃礎にて千年の
形見ありしとなれり
又新居村国分尼寺　此廃跡にも
大なる　礎石　一ツあるを見し也り
千歳に　千年余の寿品と同じく残れるも

○馬廻村成相寺石盤
本堂より二町南にあり亘り五尺余
高サ一尺許
世人石の湯釜と云
僧徒の浴盥に置て設る
とかれ異様の物也
半ハより二ツに破れたり
図の如し

應永廿三
丙申
五月十三日

大願主
院主感春
七十四

応永ハ百一代後小松帝年号に
将軍ハ足利義持ノ治世に
応永二十三年より文政十一年まで
四百十三年になる

○松本村　庄屋宅　古碑

村長天羽氏ヵ庭前ニ手水鉢の臺石とて
あり三四代已前ニ當北谷の川より川さらへ云

此処物アリテ取タル形残ル

熟田相墽盛仲
貞和二年八月十五日

高四尺一寸　幅方七寸　土中ニ入ヿ一尺六寸許
御影石也
磨滅の処ところ文字ハ

(墽)此字ニ攷ニ似タリ　畠ニハ墽ノ字　玉篇土篇ニ及手篇ニモナシ按ルニ摸ノ字乎

又下ノ字ハ(自)(白)或ハ(日)歟不詳ノ嵩守ノ字ナルベシ
疑ラクハ熱田ハ氏相撲[illegible]ハ官名盛仲ハ諱ナラン普ナラン

右賛ノ三方ハ文字
貞和ハ九十八代之朋帝年号　将軍ハ足利
尊氏治世　南北両朝闘戦ノ時
文政十一年ニテ　四百八十四年

㊔上大町邑赤子石

上大町村官道の北傍民家の門前圃畔
於路傍に有り方二尺許の石上に小児の片足
を印せる痕あり大指より小指に至る
まで其れ寓に[illegible]形ちて眼の紋鮮にして
ありのまゝ守り存す是そ昔此辺の
と来往の後にはかゝる事共伝りしか其後凡て
事を為せり此家にとゞまれ更に又其頼と為て農事なり
遂に門前に置くへき者にてこれを来往せる客
人も[illegible]の義もなく[illegible]
[illegible]の人とかくし

増 中條村堂丸ノ異器
享和二壬戌十一月土中ヨリ
金器ノ異物ヲ堀出セリ
唐金ノ如シ青錆タリ重サ
七百目
軍用ノ器トモ見ヘズ
疑ラクハ梵刹ノ仏器歟
或云飯沙（イヅナ）秘法ノ器ニト天保二年
持主洲府ノ市ニ鬻ク古器某
是ヲ買取シトゾ

上ノ図
四孔アリ

此間透通

此処ニテ高一尺二寸許
指亘シ一尺五寸余リ少シ平目
ニ挟キ処ニテ九寸許

半面ニ四孔宛アリ両平合四孔上トモ
惣穴数八孔之
鰭ノ如ク飾リアリ右ノ方ノ出入アルハ
腐リ損ジタルモノト見ヘタリ

(増)桃川村土中ヨリ出ル陣鐘

寛政初ノ頃桃川村江井崎ノ山破裂シテ飯鐘ノ如キモノ出タリ土中ニ埋レタルコト久キヲ歴タリト見ヘテ甚古ク竜頭モ損シ模様ナドモ腐消シタリト見ユ何用ノ器トモ知難シ江井浦官邸時ノ守士某曰陣鐘ノ土中ニ埋レシナランコト則里長ニ乞テ携去

(増)由良浦新川ノ古銭

明和二乙酉年由良新川ヲ堀トキ内田邑農夫久五右衛門ナル者古銭許多ヲ堀得タリ陶器ヲ二重ニシ内ナルハ黄金ニシト流聞セリ然トモ秘シテ洩サゞレバ人ノ知コトナシ外ノ器ハ銭ヲ以テ内ノ壺ヲ包詰タリ皆古銭ニシテ悉文字昏レリ予モ一百文許貰タリ其ハ中ニハ珎貴トスル者モ有シナレトモ幼童ノトキニシテ択フニ意ナク徒ニ廃リノ今貨銭ノ一穴遺レリ其余甲冑ノ錆具ノ損シタルト思シキ物ヲ掘得タル人モアリ

○八幡村護国寺　寳什

土御門帝廰宣一通　其文ニ云

廰宣　留主所
可令早引募一二宮法華
懺會舞樂料荒野拾町事
右兩會舞樂料田荒野拾町可
引募東　神代八木　兩郷之田去子年
雖被成下

御聽宣件郷等無催促之田代云云
早令開發榎列并西神代之荒野可
引募被耕田之狀仍。（嘉田）（天皇御）三字之誤落字アルカ達如件
留全所宣兼知敢勿違失以宣
元久二年四月
守藤原朝臣　押字アリ

同寺ニ古寄進状数通あり

○應永四年　賀集荘　高陞親忠

○同年　仲村氏成

○同六年　地頭方
領家方　栗井太郎左衛門入道

本家方　肥田弥三郎政俊

藤原親氏

近藤孫四郎

○同七年　地頭方　政氏

○同年　南條春時

○同年　　平　平四郎

○同十八年　進藤次郎左衛門入道浄燈

○長禄二年　加集美濃守　公文

栗井　千若丸

近藤助四郎　秀吉

福良藏人大夫　政貞

久米四郎左衛門入道　道珍

吉川民部丞　経信

海芃名　加賀入道　道昌

帯刀前生　親経

左近大夫将監　親量

兵部大夫　道隆

瑞雲院　知國

心香院　一香

○同二十九年　久米四郎右衛門尉　家守

○文正元年　福良勘解由左衛門　政幸

○文明三年　加集美濃守高陸安親

此外ニ馬太刀目録アリ御屋形。少輔殿。上田殿。西殿。谷殿。向殿。廣田犬法師丸等ノ名アリ

又名ト花押トヲ記シタル帳アリ　厚様紙ニ糸ヲ引テ上下ハ重ねありし名ノ肩ニ付紙して氏ヲ書リ

細川 淡路守　細川 民部少輔　細川 駿河四郎

同 土佐守
同 丹波守
同 五郎
島田 兵庫助
吉川 常陸介
吉川 弥六
梶原 平治郎
遊佐 右衛門尉
進士 石見守

同 治部輔
同 仙千代丸
左衛門督
斎左衛門
加賀守
石見守
河内守
四郎左衛門尉
千頭丸

同 摂津守
同 刑部少輔
左衛門大夫
吉川 左衛門尉
石成 備後守
平 左衛門尉
石黒 左衛門尉
平田長門守 高棟

大舘 刑部大輔　　大舘 治部大輔
平井 高重　　新庄司
伊勢 因幡守　　少納言 法橋
　　伊勢守

右此名簿ハ何乃ころに[illegible]
[illegible]何れも後[illegible]の[illegible]
[illegible]に記す
又御短冊一枚　貴族の詠歌とミゆ

三原郡八幡村
[illegible]
[illegible]

○江尻浦　江善寺　什物

唐物の画幅　釈迦佛　坐像　下ニ段高
背景を画きて　紙表とも　竪二尺　幅一尺二
寸余　像の上北方　金泥をもて数字
缺遠同めくなりけり　字数三百字　大蔵
庫蔵にて見しに　たしかこれ北方おしえ
章又ゆふとしくとも　全文知らず
其字章あらはし尚これなし

嘉靖乙巳正月日帷我聖烈
仁大王大明殿下爲主上殿下仁
厳入水能治○結○○○○
○、、、、

按ニ嘉靖ハ大明世宗皇帝の年号 日本
正親町帝の御宇を乙巳ハ嘉靖四十四年
ニて 日本永禄八乙丑ニ御宇也
此画軸ハ文禄年中加藤氏朝鮮征伐の
時将来りし物なりと云

○黒岩浦　別当坊

所持

檀紙二ツ折

半面ニ書之

黒岩船人共事

為坊下ハに然者

於商売仕候ニ付而

〆候　上下ニ不限ニ

候共　右　商仕候ニ

おゐて　為曲事

者也

筑前守

秀吉（花押）

天正八

九月十二日

黒岩船人中

○市村平兵ヱ所持古書
寸ハ檀紙竪一尺五分
横一尺六寸三分
是ハ旧家当家先祖
村々の村建ニせられしる
制札の文ニ
文中むかいとハ保内之
むし庭とハ六村之　市村
三条村　蔵屋村　小井村
御領村　壇村　社家村内ニ往シニ今モ段と云处アリ
已上六村之
右旧文の古札浦長并檜原
下村農ニモ所持セリ
畧云是ハ写取タルモノナルベシ
本書市村ナル丁頭ノ処ニ

禁制　むかい　むし庭　こやれ　以上

一　当手軍勢乱妨狼藉之事
一　放火之事
一　竹木伐採付人足一銭切之事
右條々堅令停止訖　若
違犯之輩在之者速可処
厳科者也　仍下知如件
天正九年十一月日　筑前守（花押）

○鈩村 聲明寺 什物 法華経八巻
後鳥羽院勅筆之赤き表帋ありしか
焼し候痕あり

奉施入 願主 寛成

奉施入 願主 寛成 ほりすえてあり

○志知川浦　光明寺　棟札

相傳テ曰天正十二年加藤氏　志知在城此時再建して菩提所とせしもの欤　住持伊傳上人之也　門ハ志知堀部市右衛門建立すといふ其棟札今にあり

天正十二甲申五月　堀部市右衛門長勝（花押）

㊫馬廻村成相鎮守若宮八幡社古棟札　其成相ノ下ニ詳之茲ニ畧ス　願主ハ当国太守細川淡路守尚春也

明應○○○文字磨滅　院主彰信院住持賢秀

堀一

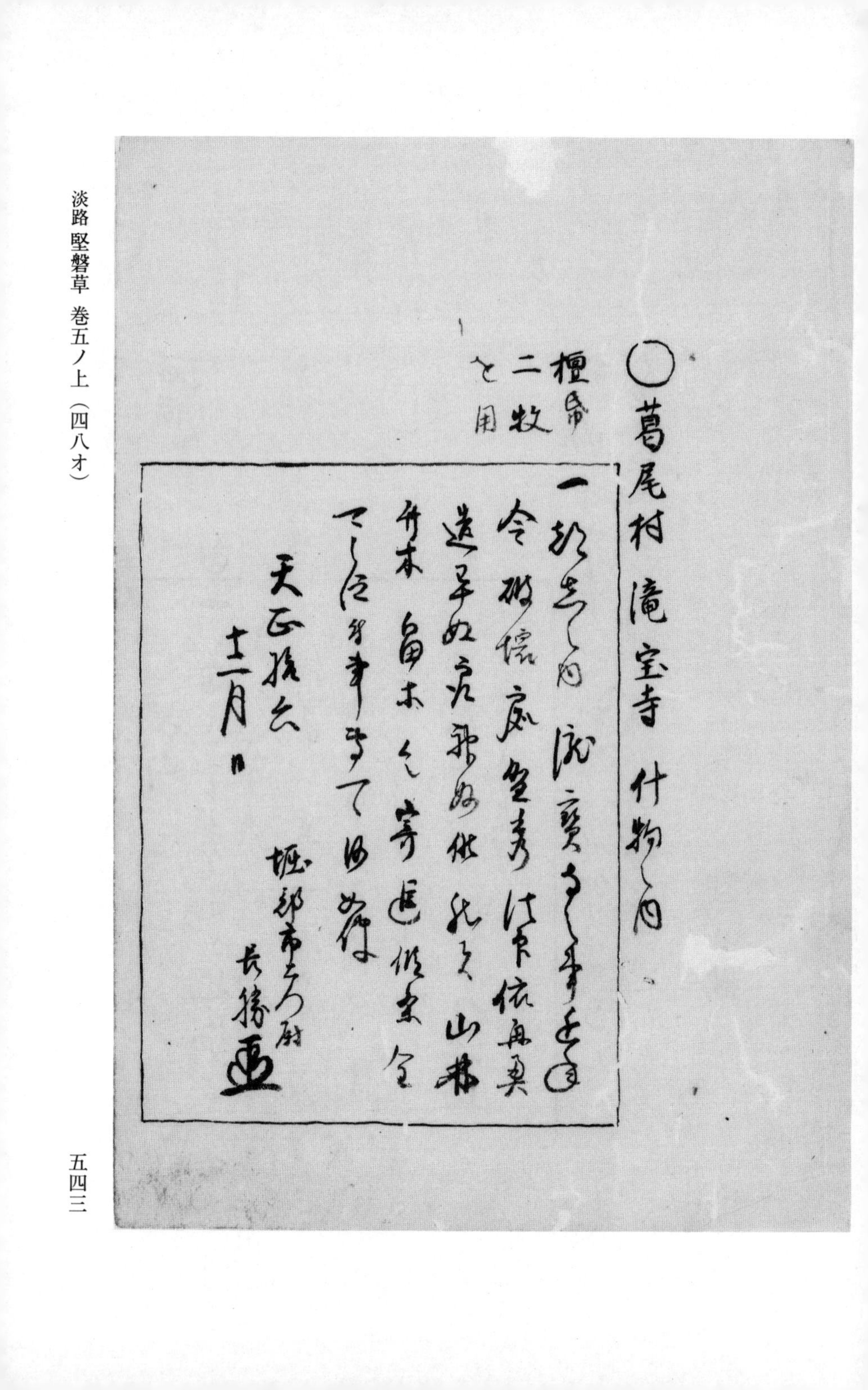

○葛尾村滝宝寺　什物之内

檀紙二枚を用

一 於当寺之内殺生之事并[illegible]
令[illegible]度魚類付依再興
遂其如先規[illegible]山林
竹木自由之寄進[illegible]
てし候[illegible]

天正拾六
十二月　日

堀部市左衛門尉
長勝（花押）

右同

定

一 当寺まへわきし山林竹木
きまんせしめ事 令停
止之 并一みたりに
きりとるもの あらハ しつしやく
越度可申付也

天正十六　　市右衛門尉 直
十一月十七日

按に堀部市右衛門ハ松帆城主かけたる外
兄く其宅地の跡今の城跡の辺に有

坤二

〔貼込　十三〕

○廣田新村農夫助九郎所蔵ノ古書
此者先祖ハ中国越中守とて当村の城主
ニて土佐の一條殿ニ属し七ケ年帝郷
之乱に従仕し或ハ三好家ニ随ひて
阿州猪隈城ニ而勤仕せしと云事あり古
書四通古キ文書に記して数通持
傳ふ村落中の者九人あり皆鍛冶ニ而
横中田古郷ハ今此八幡社ヲ備之ニ
大杉数株ニ覆はれ川面より山ニ

唐國庄之内
角田分 申
村并 保之里所
て末ら 行要ハ
ゆミを

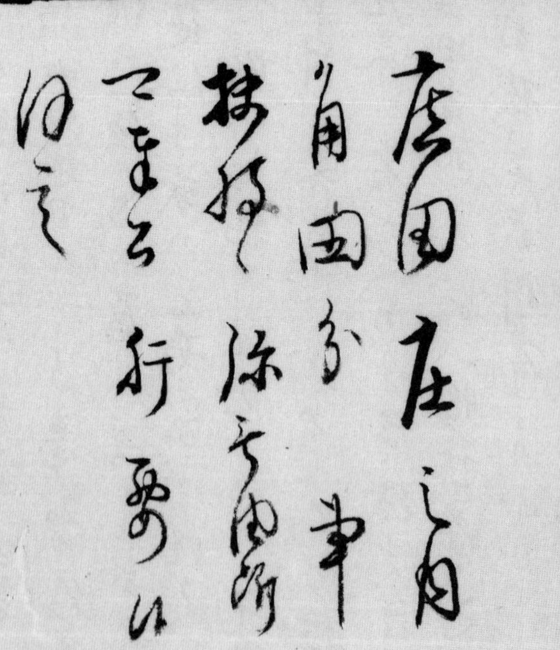

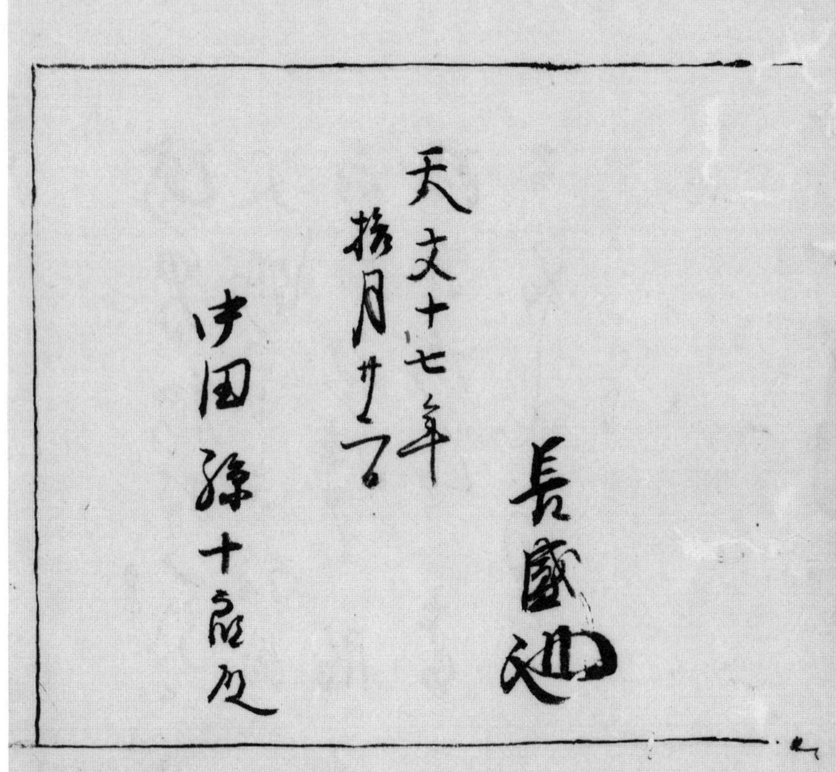

天文十七年
極月廿日
長慶（花押）
津田孫十郎殿

此男我もくに
父州申を談敵
あか松持 脇
路御詠んま
ろかし見

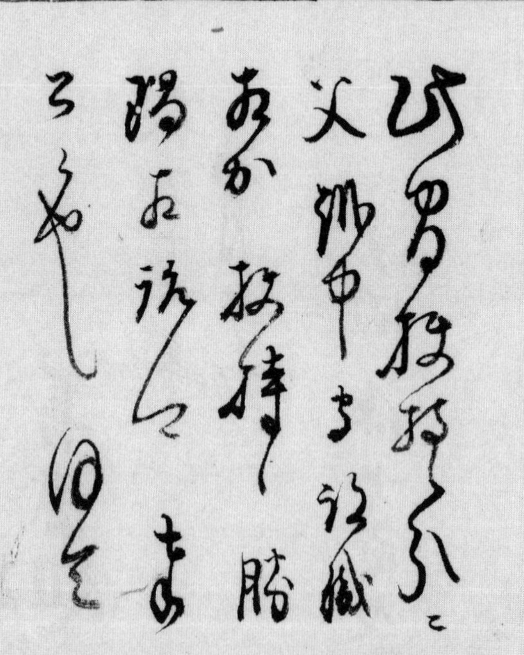

永禄二
己未
当社手向

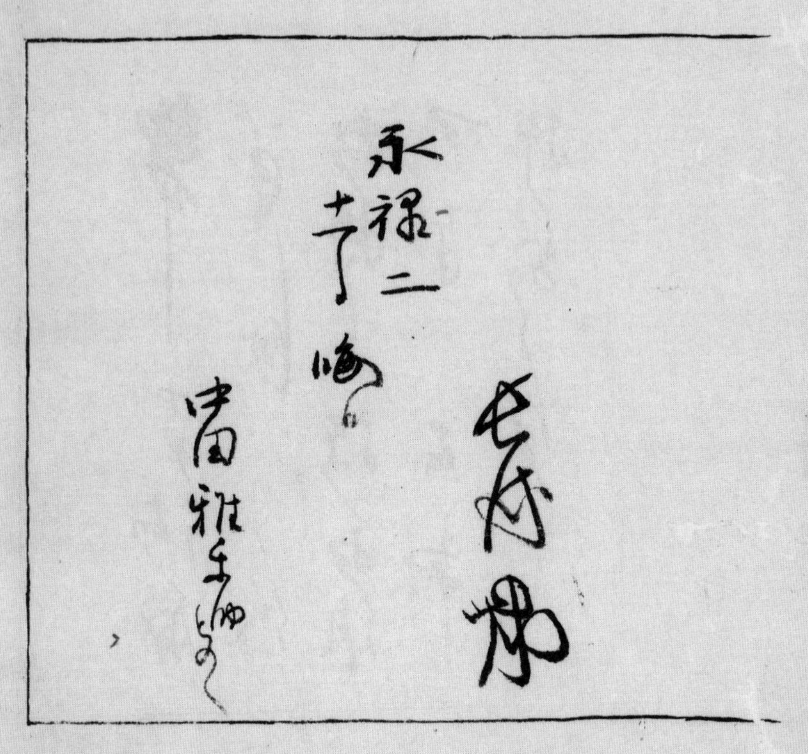

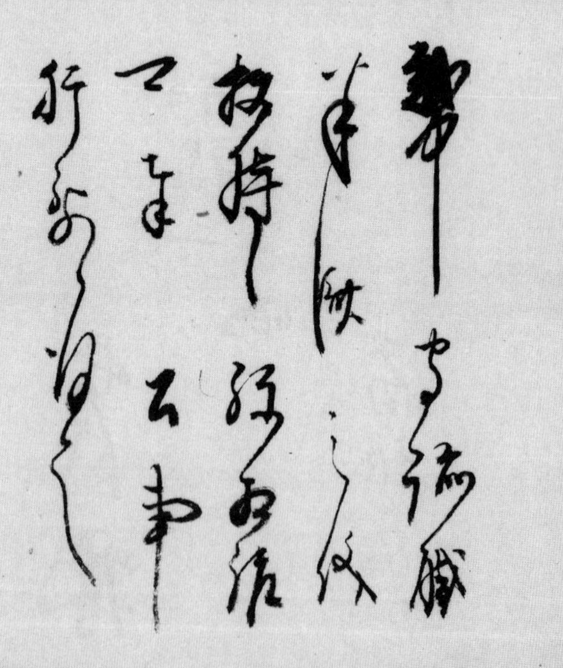

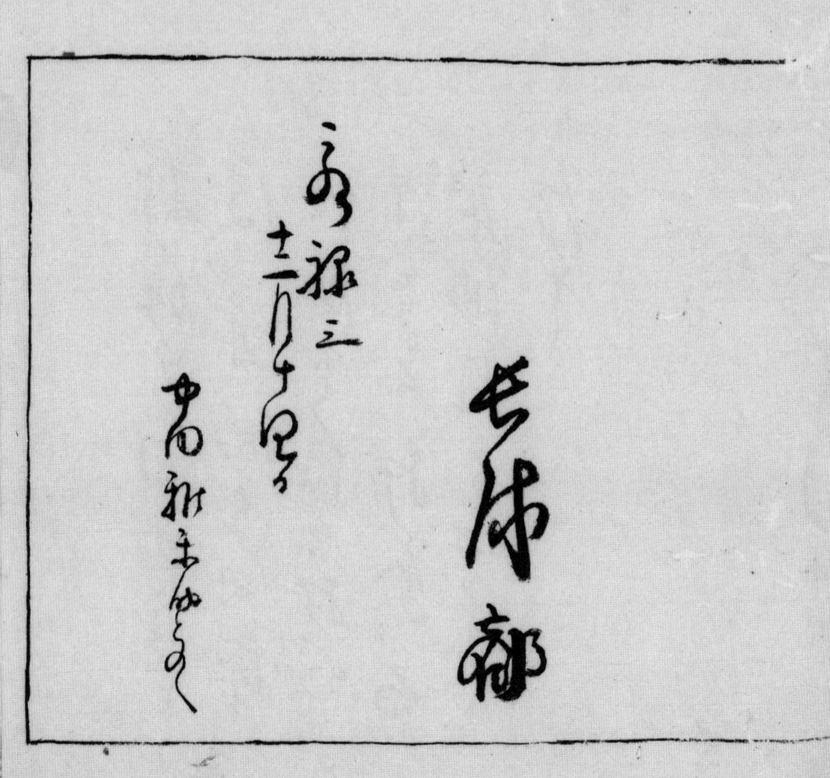

中四

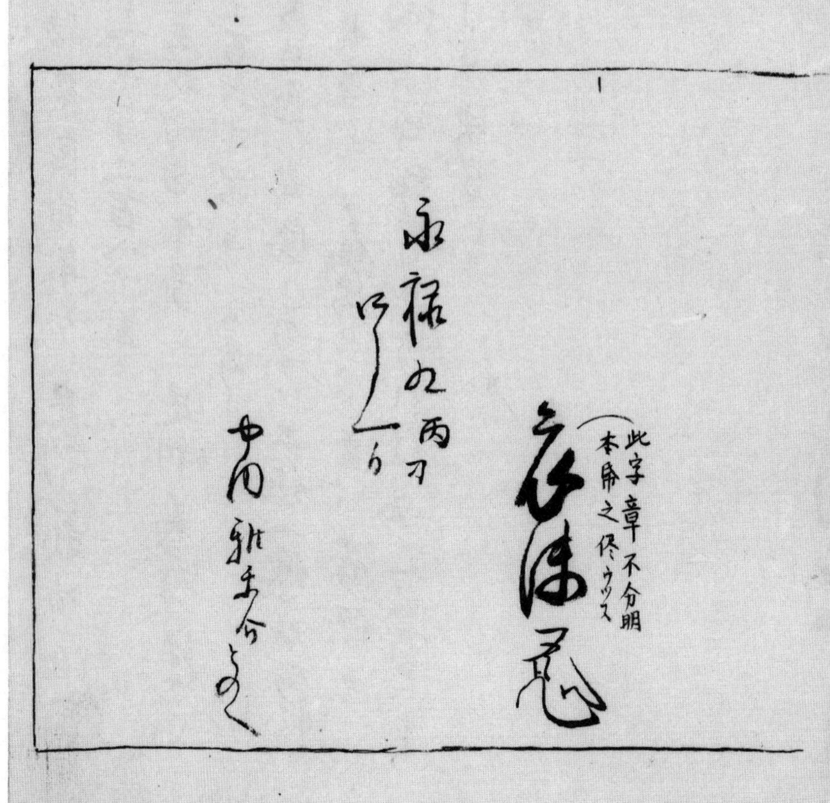
此字章不分明
本帋之侭ウツス

天文ハ後奈良帝年号　足利義晴治世し
文政十一年マデ二百八十年
永禄ハ正親町帝年号　足利義輝治世し
是亦二百六十余年ニ成る
大古文の内　長盤とあるハ土佐一條家ある也
七年ハ長慶元　名康の字　若しハ康保元
衛撰城ヨリ出勤せしとあれは必ニ此家ニ屬
候やと決定し

中五

○下司村長所持證文一通

當所奴ニ成来候事
一拾人　埴田徳介
右之代友原与左衛門
向小兵衛ニ申付候条自今久

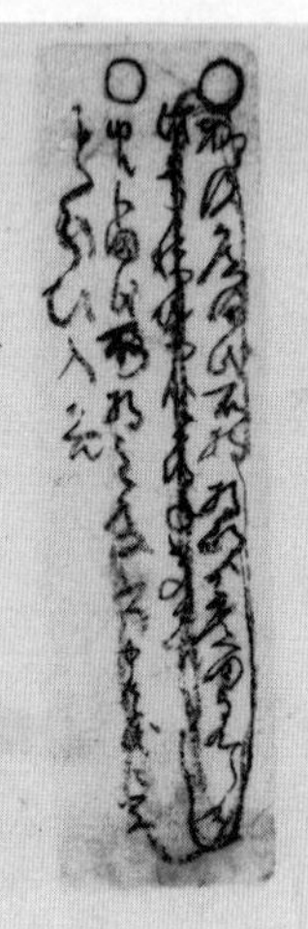

[illegible]

天正十三年　九月十四日

秀久（印）

塩田[illegible]殿

秀久ハ仙石権兵衛　後ニ越前守ト云　洲本城主也

秀久ハ仙石権兵衛
後ニ越前守　洲本城主ト云

○塩尾浦長所持着書　但一村同基

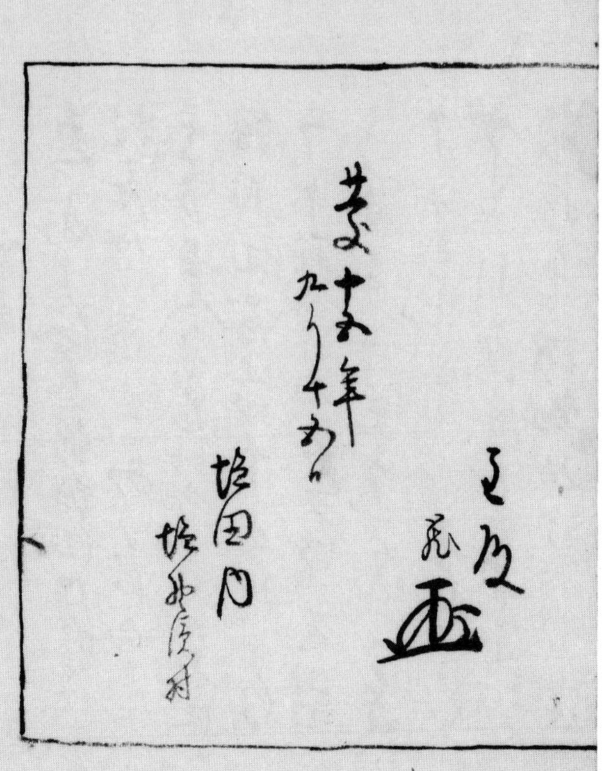

主一

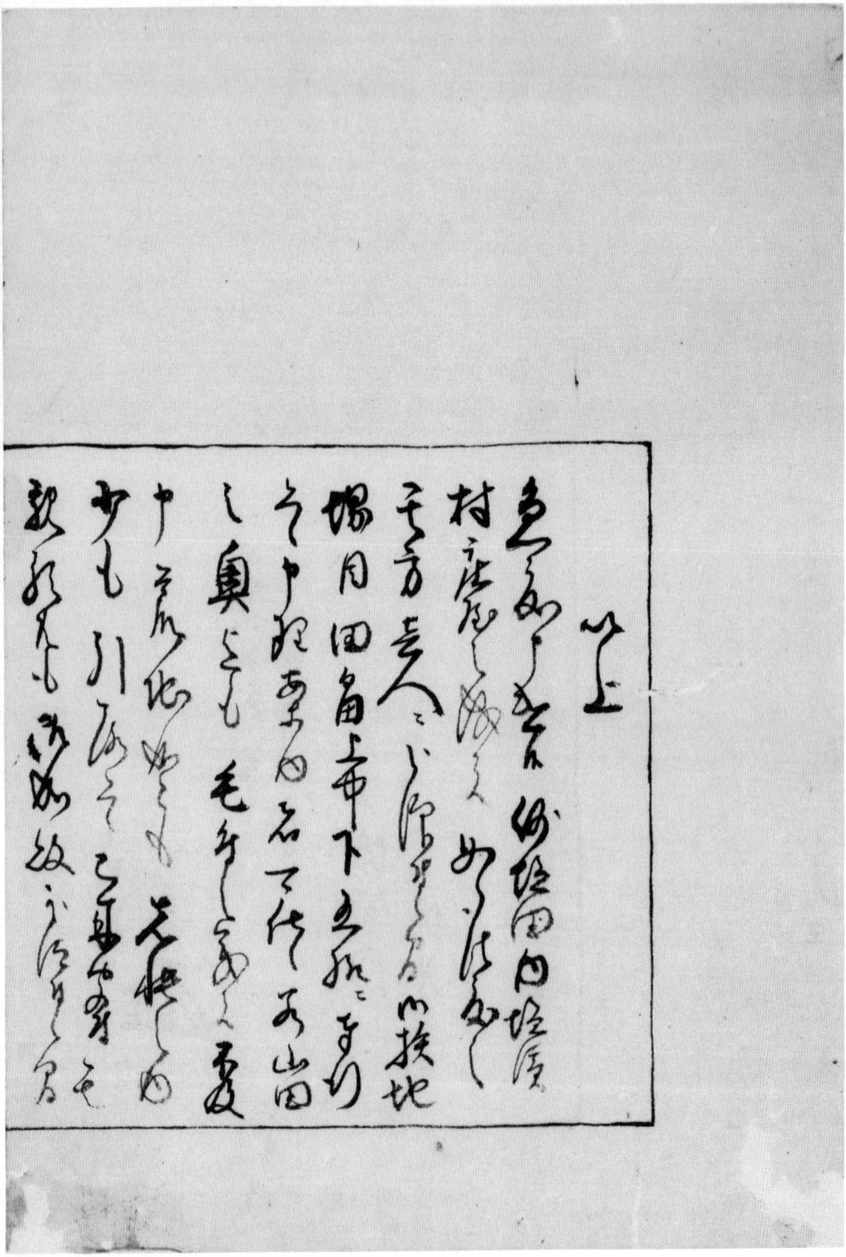

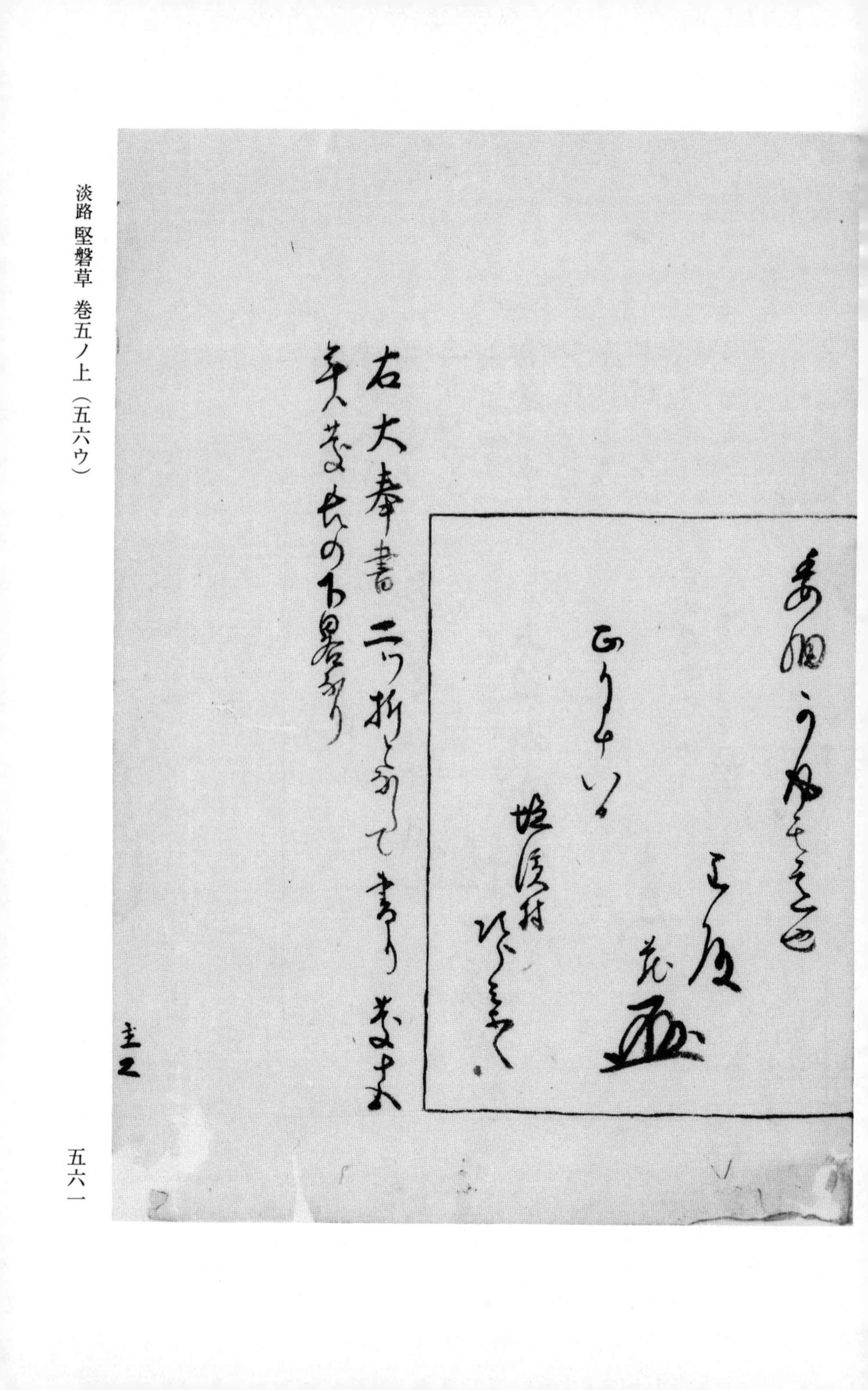

右大奉書 二ツ折にして書り 巻末
年ハ巻首の下に墨判あり

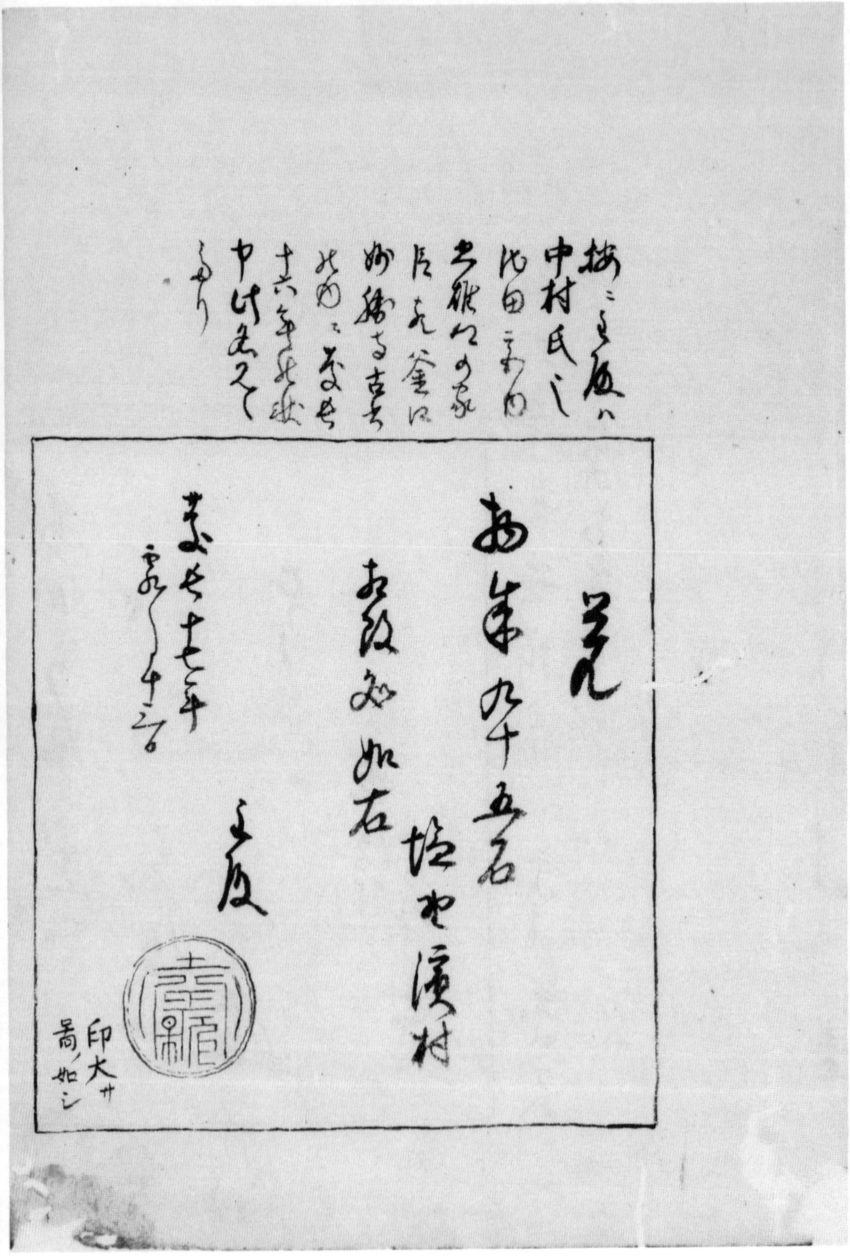

已下
○釜口村
妙勝寺
所蔵書
数通アリ

[illegible]

釜口村妙勝寺領之事
田数合　五町六反廿歩
畠数合　壱町五反九畝八歩
屋敷合　壱反六畝拾歩
右之御下知者
延文二年二月廿九日ニ
尊氏御筆探題[illegible]
[illegible]釜口郷ニ
[illegible]
[illegible]此寺八

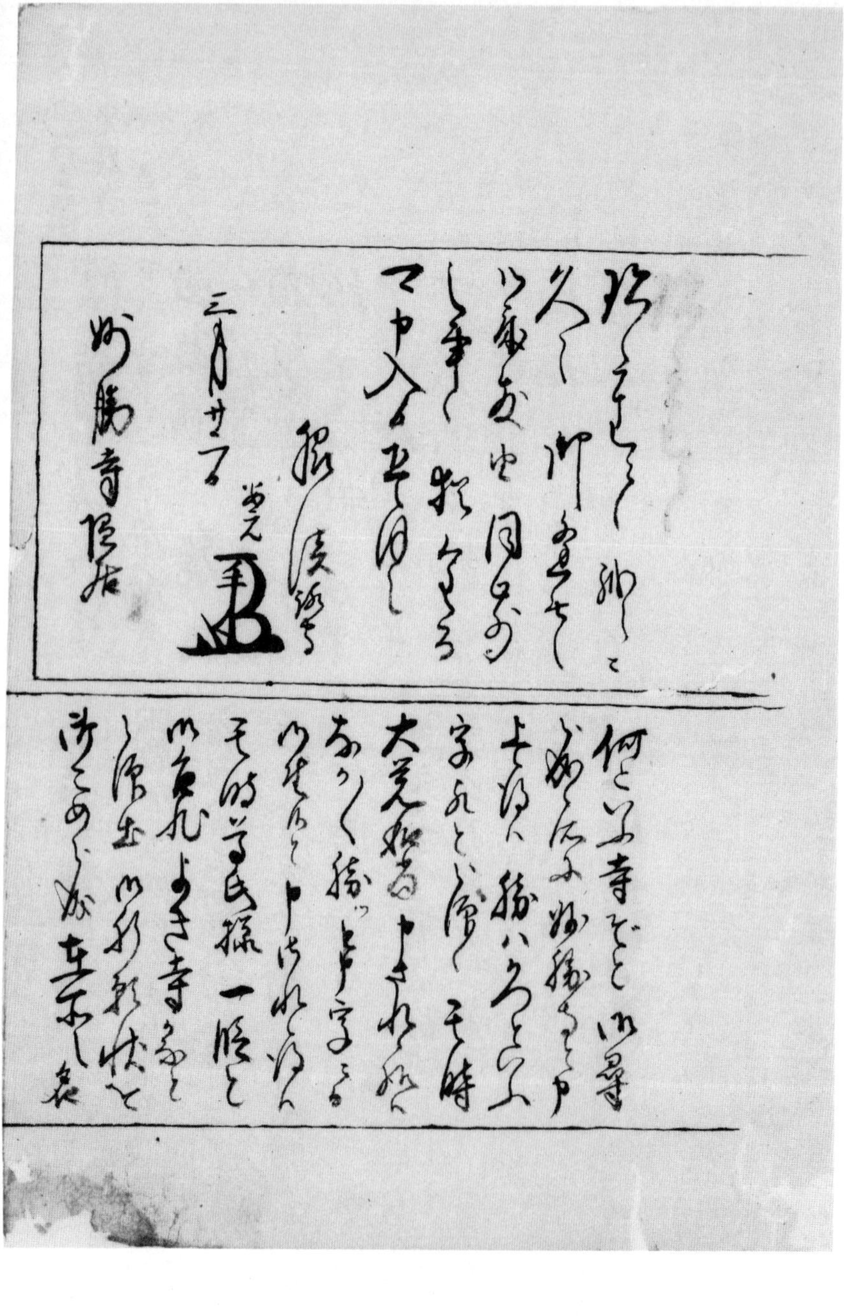

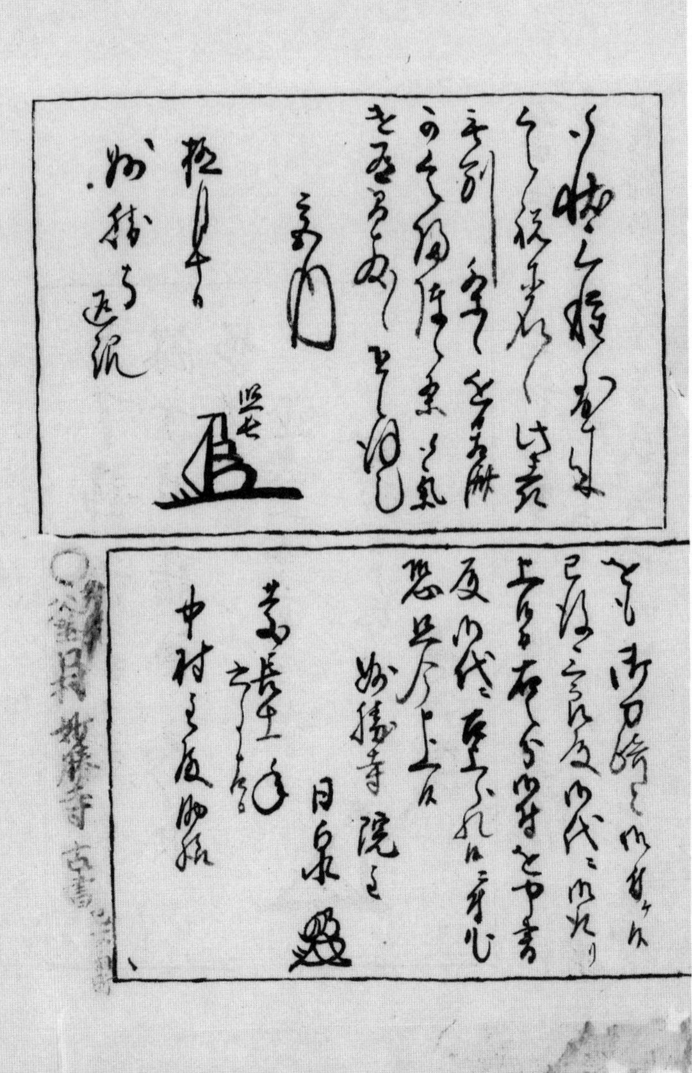

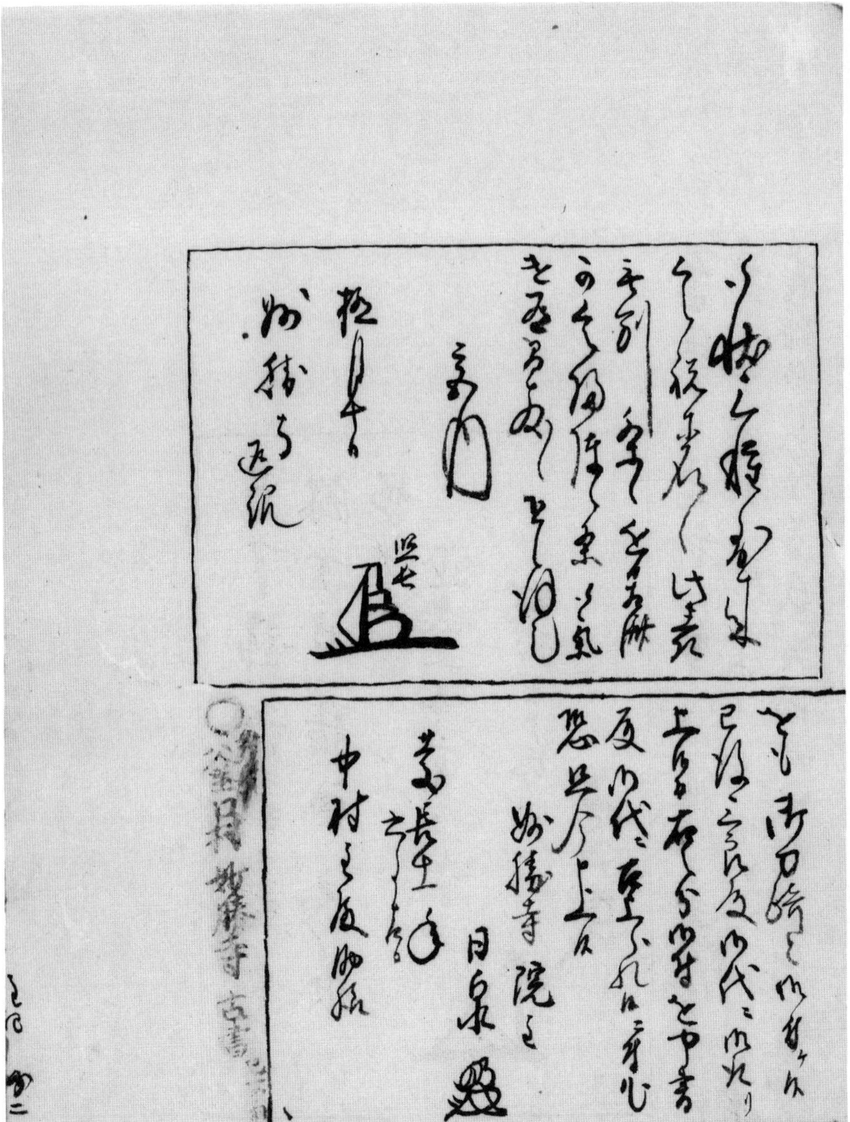

天下静謐祈祷事
殊可被精誠之状
如件
延文二年二月二十九日
妙勝寺衆徒中
尊氏

尊氏とハ足利将軍也　傳ニ云南浦ヨリ淡路
来国安路乃説ありて今もかづさきとて
古縁のことなれ　尊氏公西國下向之時付庵ニ

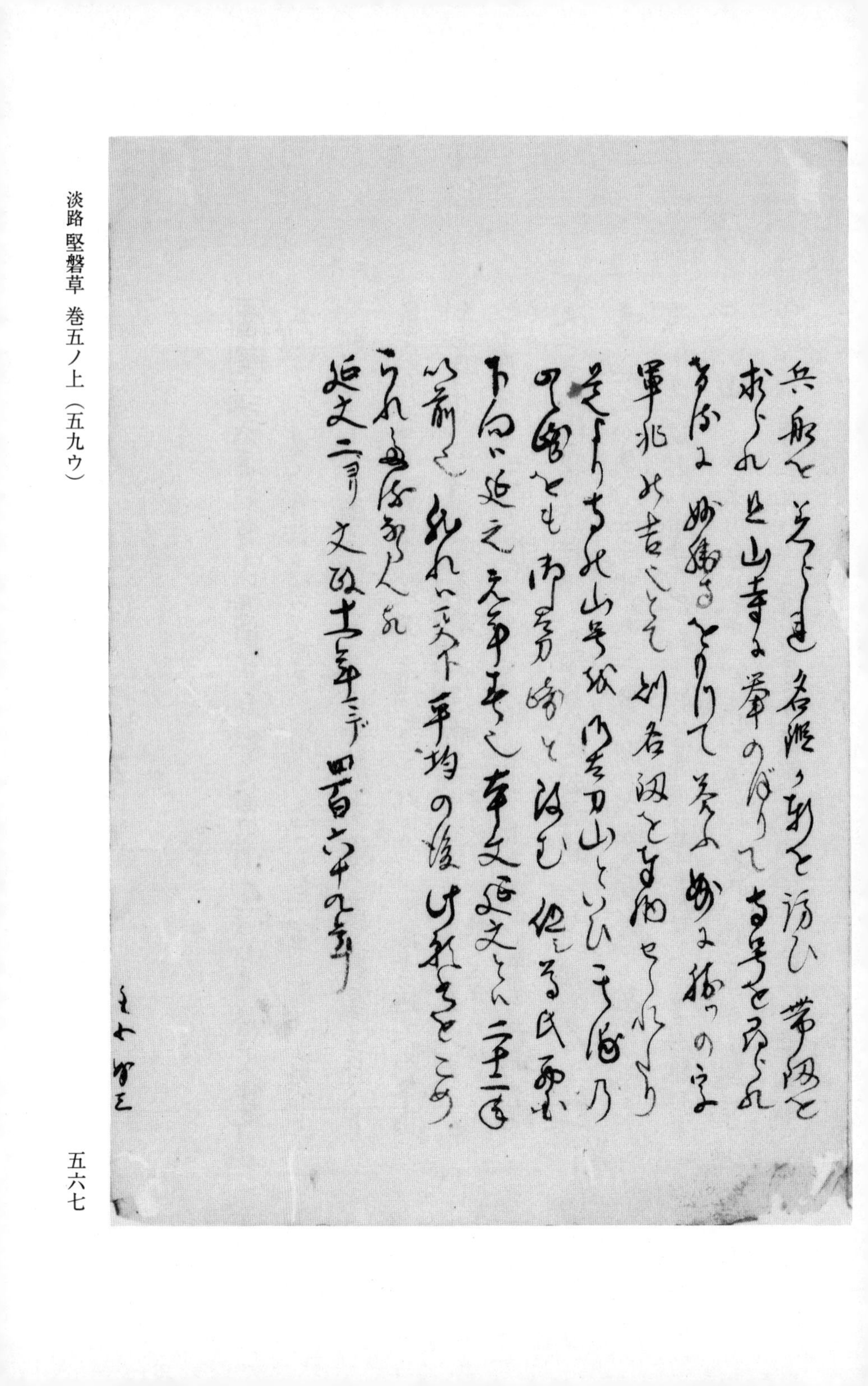

常盤　或云足利尊氏西国ニ赴キ船ヲ釜口浦ニ泊ム山上ノ燈火ヲ見テ其処ヲ問フ里人妙勝ト答フ尊氏妙勝ノ名ヲ喜ヒ軍ニ勝ベキ前兆トス則岸ニ上リ其ノ寺ニ詣太刀一腰ヲ寄附ト云按ルニ建武三年二月八日尊氏兵庫ヲ発シテ筑紫ニ没落ス此時ノコニヤ按ルニ延文元年丙午四月廿九日将軍尊氏薨於京都（延文二年ノ願書可疑）和漢年契ニモ尊氏延文之薨スト云小栗実記ニハ延文三年戊戌四月廿九日御歳五十四ニテ薨スト云々　皇高曰　松花平均ノ後ノ願書ナランニト雖然レドモ常盤ニ云ル如ク延文二年ハ既ニ尊氏薨後ニ熟考スルニ延文延元文字相似タリ右願書ノ延文ハ実ハ延元ナレドモ元ノ筆勢文如此文ノ字ニ紛シク成タルモノナラン歟或ハ小栗記ノ説ノ如ク尊氏ノ薨年延文三ナラバ難無カルベシ追テ実薨ヲ糺スベキコト再考系図ニ尊氏ハ後二条帝嘉元三年生スト云延文三年行年五十四ニ中ル小栗記ニ能符合セリ諸書延文二ハ盖誤

原竪九寸八分
横一尺三寸三分
本文謬字多シ
本書ノ通ママ
ウツス

肖ハ筒歟

考ハ孝ノ誤ナルヘシ

寄進申下地之事
合田壱段六斗代坪ハ掃守土居之内
右三澤之孫阿弥陀義圓文安
二年二月晦日ニ明石ニ於て合戦て
而討死以ニ依為後生菩提
之永代寄進申し処実之
毎月晦日ニ塔中之寺家永
一品肖為御恩縁也此寺ていを
乞ひく子孫あらハ不考可

正之 書之

文安ハ後花園帝年号之東山義政ノ治世之文安五ヨリ文政十一年ニテ三百八十一年

為者也

三澤小次郎
親経

文安五年八月吉日

妙勝寺座主御中

鼇曰本朝通記ニ正治二庚申正月鎌倉二世頼家ノ時誅ニ梶原景時其兵中有ニ三沢小治郎者蓋可ニ為ニ親経之先祖

帋竪一尺一寸
横一尺二寸
元重ハ當村城主ノ由
弘治ハ後奈良帝ノ
年号　将軍ハ足利
義輝治世
弘治三ヨリ文政十
一年マデ二百七十二
年ニ及ブ

永代寄進ノ田地之事
カトノ方一段　壱ノ前
右為尾菖蒲　[illegible]
事実之　於後々末代子孫
不可有違乱[illegible]

弘治三丁巳二月六日
菅　加賀守
元重（花押）
當行事
圓妙院日乗

又禁書アリ
禁制　淡路国三立崎庄
已下箇条奥書等同事
右京進入道判
元亀三年十二月日
其余制禁書
各ハ加賀守判
伊豫守　押アリ
同文なれは略之

禁制　妙勝寺
一 当手軍勢甲乙人濫妨狼藉事
一 剪採山林竹木事
一 放火事
右條々堅被停止訖、若
於違犯之族者、速可処
厳科者也、仍如件
永禄十三年二月日　右京進橋

此塚妙勝寺住
祈祷修て候様
隠供こし候也

尚春（花押）

十一月十日

妙勝寺役者

妙勝寺先例のことく
寄進之事
田地壱町并居屋敷八畝十三歩
同竹木諸役免許之事

忠長（花押）

慶長十八年
九月廿五日

島云前ニ見タル宮内照長此下段忠長共ニ池田宮内少輔忠雄
郷ノ先名ナルベシ照長忠長押花相全シ
又此ノ上段尚春傍證ニ中八木城主細川氏之乱ヲ避テ釜口
城ニ寓住スルコトアリ其件コメラレタル状ナランカ是松花常
磐草ノ説ヲ受テ書シト見タリ常磐曰釜口村民ノ記ニ釜口
ノ城主ヨリ篭タル願書之ト云尚春ハ細川淡路守源尚春ナル
ベシ淡路ノ守護養宜大土居ノ主有七世之三好ノ一族五畿南海
近国ニ威ヲ振フテ淡路ノ地士モ皆三好ニ属ス故ニ尚春其ノ刑ヲ
避テ出奔シ釜口ニ篭城セシ成ベシ松花再考ト見ヘテ云田
村尚春ハ大永中ヨリ天正ノ比マデ居城天正九羽柴ノ為ニ開城ス云々

此説可ㇾ然旧記ニモ田村長助尚春ノ願書ト記ㇾ然国一覧
又雷同ス田村氏宗家ハ郡家ニテ法華宗ナレバ妙勝寺最因アリ

断七

○郡家中村妙京寺所持書

当処法華寺領高百拾石任先例々
令寄進訖寺内并末々寺務不残義山
可随所用
右配常夫皇神建立以来任之判如件也

大永二年十二月十六日
藤原田村左馬正 ○ 朱印

郡家御法寺
常立院主尭

昌云乾氏ハ池田家ノ臣ニ而當州由良成山ノ城代之

以上
郡中桶屋先年より
仕来因而諸役之義
如前々[illegible]
[illegible]
乾兵右衛門尉
年号書判
慶長十九年[illegible]

昌曰
乾ハ池田侯ノ家士由良浦成山城ノ城代タリ

上郡分桶工二十人
[illegible]

下郡分七人
[illegible]

以上

昌云此頃[illegible]廣田ハ上郡分ナリ

○栁沢村長所持古書

政村ハ播州赤松政村之

今度淡州表依出陣之条　益田
孫八郎請蔵事　頃表如依
武功手柄在之　北村下作在
為比一円宛行之条　永可領知
之者也　為後證仍如件

四月十五日

政村　判

広田与九郎殿

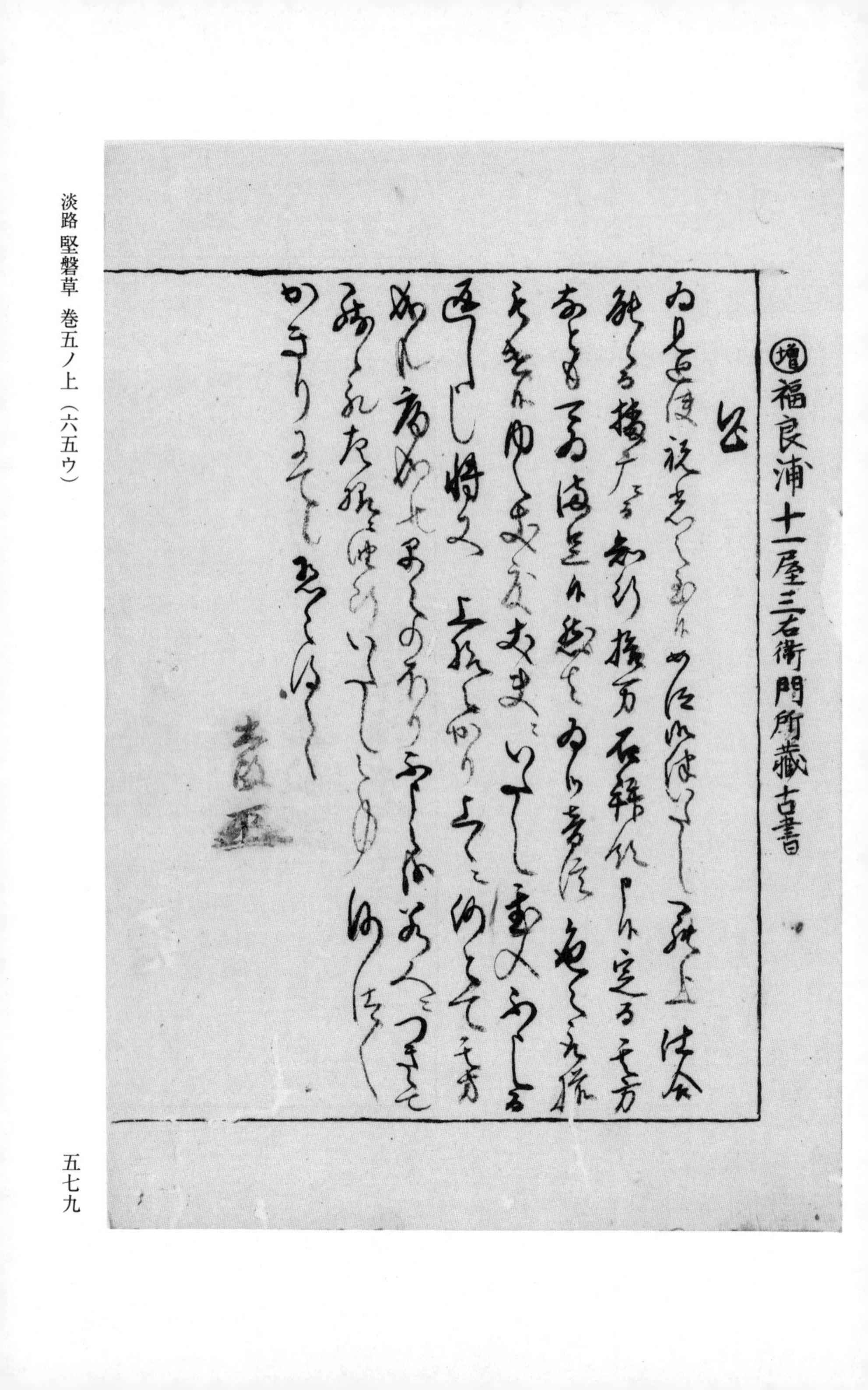

㊧福良浦十一屋三右衛門所蔵古書

覚

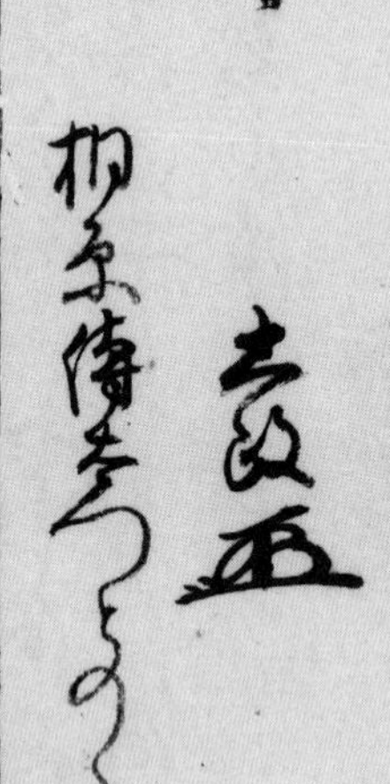

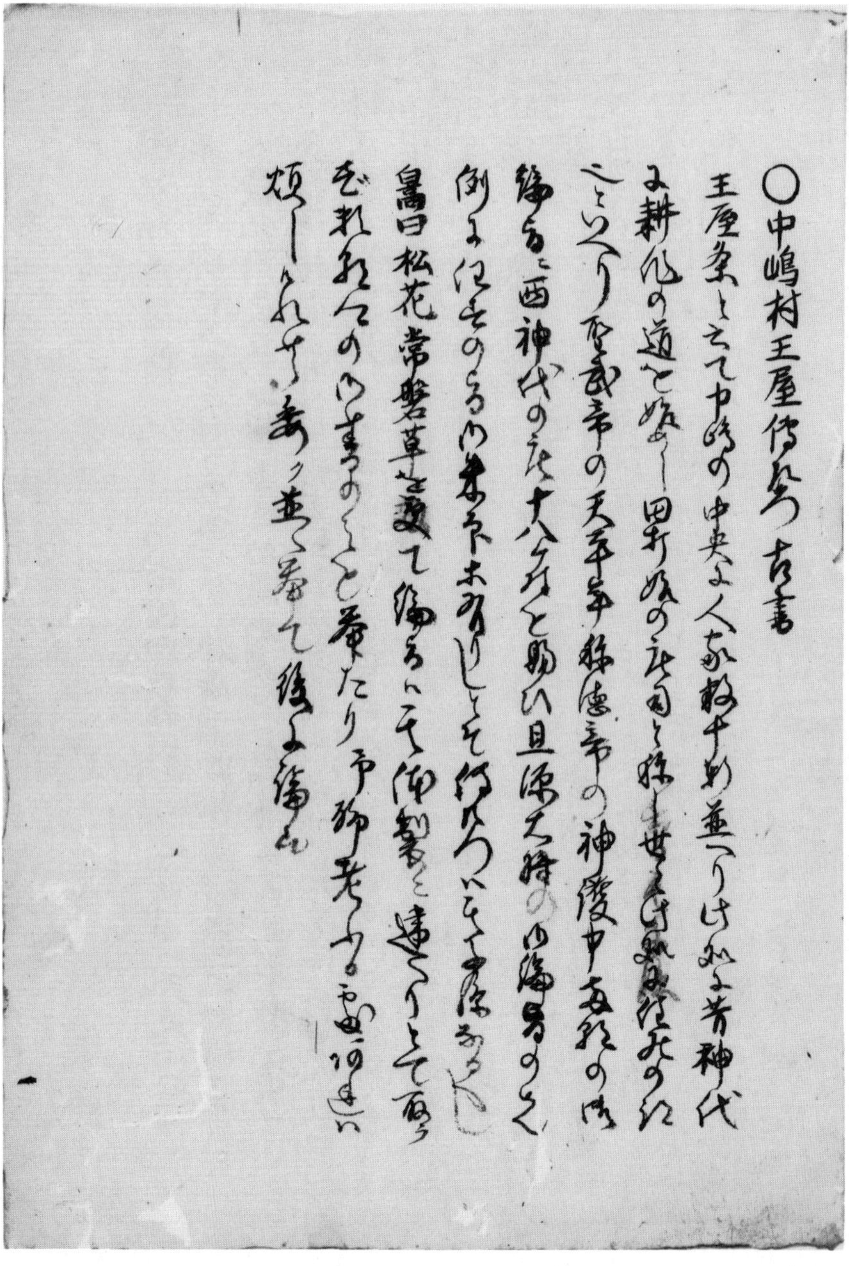

【島臣】地頭方村ニ神代ノ宮有副書号神代寺東神代今不詳地頭方ハ東神代ノ内ナルベシ【トキハ】古ヘ国衙地頭方等ノ諸村ヲ東神代ト称ス原村ノ慶里ノ名野田村牛ネ村地頭方村

田方初庄司傳　淡路国御百姓田方初之莊司ハ天地開闢伊弉諾之御代五穀之種ヲ日本ニ廣メ捧御調物依為耕作之元祖国一国虫本領乱国失大家退轉畢然処悪虫渡失萬物種支及五年御百姓御子孫召出シ被免田方初之庄司五穀成就ノ被行政候其政依公給淡州三原郡之内西神代庄福良西山難波爐志知西知片田河内阿那賀八幡中嶋伉礼尾松本志知川湊飯山寺伊賀利津井都合拾八ヶ所五百町余之処国中高為外永代下給候条住本領安堵年々可相勤政者也

依天氣執達如件

天平元年 酉 八月吉日　右中弁厳

右少弁　庄司依院參補弁官平

【島臣曰】天平元ハ非酉己之五年ヲ卑写ノ誤之

【手契】曰天平五癸酉諸国飢饉詔救恤之云云本文失萬物種支及五年ト云ニ能合ヘリ【淡通】津名郡鳥飼下村実盛官ノ下ニ昔日本国中蝗毒干稲粱則而失種穀乃淡路国有貯種子之人通施於日本国中ト云ハ蓋此時而此田方初之庄司ナルベシ実盛ノ宮ノ支実其条下ニ詳之可参合又景雲中ノ綸旨ニ

淡路国御百姓田畑初之庄司ハ天地開伊弉諾之御代五穀之種ヲ日本ニ廣メ
捧御調依為耕作之元祖国一国雖本領乱国失家退轉畢然処
聖武天皇御代子孫被召出歩之本領ニ而家立候処　廃帝三男
松丸田畑初庄司家續依院参右之本領西神代拾八ケ所五百町余
之処任先例下給候条任本領安堵歳々可相勉致者也依　天氣
執達如件

日本紀曰 天平宝字八年冬十二月上皇廃帝於于淡路 天平神護元年秋九月廃帝崩于淡路

景雲二年申三月吉日　右中弁夌

左中弁

舊記曰 神護景雲ノ旨畧寫之

又源頼朝公ノ御書一通曰　淡路国御百姓田畑初之庄司ハ耕作之元祖ニ而
捧御調物五穀成就日本太平之政年々相勉申淡州三原郡之内西神代
之庄拾八ケ所五百町余之処有次第従往古永代被本領之由依申任先
例御綸旨之趣不可有相違候条年々可相勉致者也

建久三年子卯月二日

兵衛佐頼朝在判

淡路国御百姓庄司殿江

二

先恐御伺候

一　今宵乃　御之札頂戴仕　且上古ヨリ仁徳延喜任候御筆札頂戴仕神代ヨリ　曰［淡通］安鑑補ニ云、昔日本国中蝗毒于稲梁而失種穀、乃淡路国有野種存焉、本通鑑日本国中［皇南紀］野種子人ト云、則田村姫之庄司也ト

於八ケ所五百町之余之所ニ而御座候之祖ハ淡路国之

百姓田村神之庄司仕候之御代ニ御数之種ヲ田村ニ広メ操出調申耕

作之祖ニ御座候御数ノ種被成被下一国並八ケ所ニ於テ札頂戴ニ失家退転仕

置申候　桓武天皇之御宇天平之年ニ蝗虫湧リ失家跡之様ニ相成

年之二月御成候節御年之天前札之祖仕候庄司ヲ改行候史之神

代之座於八ケ所御札ヲ頂戴御編ヲ有之候

一　称徳天皇之御宇二年ニ淡路国淀来　廃帝

天皇淡路へ配流有之十ケ所ニ而候御遊ゆ皇　［皇図］曰　年契曰天平八年冬十二月上皇麋帝敬于淡路　天平神護元

年秋九月廢

帝崩于淡路

別當守者大明神ニ有之候第三男松丸公於淡路ニ被成御子宮建

中ニ有之候庄司大明神不ニ有之遠御編有之候ニ而御座候

一　札頂戴御座候御成之例遠之御書ニ而御座候

一亀山院御宇文永九年ニ三宮ニ中務家近室頭頂戴神勅之様
年し伝ハ御事
一康永之年尊氏将軍公御書判ニ立しハ御事
一足利公方恵林院 足利十代義植公之 天文十二年淡路ニ而被成 此ヿ大永元年ニ而下ニ詳ニ論ス
被為在ニ御又遊御果なされ候墓所立之後守者大明神と祝ひ今ニ至る
〔皇開〕三原郡神稲郷中島村ニ大屋ト称シテ此邸地ノ跡アリ相生(アフヤ)国氏書〔淡通〕曰王屋殿ノ
跡相傳フ廃帝遷居ノ御跡ニト又曰林叢ニ古墳アリ石碑石笠雛石灯臺ナド分裂シ久ル有
侍臣ノ碑カ一説足利恵林院義植ノ塚ト云〔ト丰八〕大屋氏ノ墓ナルベシ廃帝ノ陵ト云説有非ナ
〔皇開〕曰義植ノ遺息義正ノ墓カ或ハ義正父ノ墓塔ヲ家ニ換スルモ謂レナキニ非ス又富村ニ十一
明神社アリ大屋ノ記ニ所謂鎮守者明神トハ是カ按ルニ近邑十一ケ処村ニ又十一明神社アリ
是ニ混転シテ鎮守者ノ旧名ヲ失フモノカ
其御子義正様家續給ひ其後ハ之庄司様ニ而御座候〔年契〕曰大永
元年夏六月
細川高國入京立義晴義植出奔淡路〔滑水見聞録〕曰大永元年将軍義植政務ヲ廃
テ淡路洲本ニ退去シ其後居ヲ阿州ニ移ス〔本朝通記〕雷同故畧〔洲府旧誌〕曰吸江寺
東家中郎ニ御殿ト称スル処アリ此跡ナランカ〔隠徳太平記〕曰足利義植公細川澄元三好長輝
父子等世ヲ去テ上下安キ意ナシ加旃関東ニハ両上杉北条長尾等鼎ノ如ク峙テ弱ヲ呑小ヲ併
セントス猶九州ニハ大友少貳島津菊地等彼ヲ亡シテ是ヲ倍シ或ハ右ニ属シ左ニ背ク中国ニハ
大内尼子山名赤松等攻城戦野処トシテ静ナルヿナシ徒ニ心身ヲ労セシヤトテ大永元年
三月七日ノ夜潜ニ都ヲ出玉ヒ忙兀ヲ諸人所ヲ消テ尋ケレ氏其行方知ザリケルニ泉州
堺ノ南ノ庄ニ暫クノ程御坐ヲ居ラレケレバ四国ノ兵士馳集テ警衛ス同十日淡州ニ御渡海有テ
〔日開〕京都将軍家譜ヲトリテ此ニ書トス

洲本ナル処ニ黒木造ノ御殿ヲ建ラレ〔須本昔記〕曰汲江寺ノ東家中郷ニ御殿ト称スル処アリ此アトナラン乎甕牖縄樞ノ御住居中〻御心
安ク見サセ玉フ昨日ハ総帥ノ上ニ坐シ玉ヒシ御身ナレ𪜈今ハ吏ニシカヘテ外面ノ小田ニ芝坂賤男
後ノ岡ニ木ヲ伐薩男ノミゾ己自御門辺近ク通ヒ馴タレバ物言カハサセ玉フ類ヒトハナレリケル知ヌ
人ノ行衛ノ空ナレド馴玉ハヌ薹ガ軒端ノ月ナドヲ御覧セントハカケテモ思シ召レシヤ紫結廻セル
大垣ハ葛カヅラ処ヲ得良ニ蔓延ヒ東西ノ門ハ八重葎生茂リタレバ定ニワカレズ芽屋ニ傳フ
男兼栗林ヲ守ル猿ノ舞ノ朝昏ニハ御心ヲ傷シムルモ哀衰深クゾ思シ召レケル其後イカゞ
思シ召レケン阿波ノ国ニ住居ヲ設メサセ玉ハント供トスル人一人二人レテ御舟ニ召レ漕渡ラ玉
玉ヒケルトテ纜ヲ指ソ鳴門ノ磯辺ニ繋タルニ何ナル者ノ私為ニヤ有ケン一首ノ狂哥ヲ書
テ磯ニ立タリケレ　たそやこのなるとの沖に御所めくは泊り定めぬ流れ公方か
丈ヨリ撫養ト云処ニ住セ玉ヒケルガ畧下〔太平記曰〕此書ニハ洲本ニ富居ノ由見タレ𪜈諸書
皆沼島ニ入玉フ由ヲ記セリ仍テ島公方ト称シ奉ルト云々〔皇岡曰〕島山公方ト称シ奉ルヿ
沼島ノ謂ニハ非ルベシ淡路島山ヲ指ナラン〔本通〕大永三癸未年四月九日義稙公薨於阿
別撫養五十八歳謚恵林院殿巌山道舜大居士〔年契〕曰大永二壬午年義稙卒于阿波
〔皇岡曰〕大塁ノ傳書恵林院トハ多分論義稙公也然レトモ淡路ニ御下リノ年季諸説ニ合ハズ天文
十二年トハ大ニ齟齬シ義稙薨后二十一年後ニ之ヲ按ニ義稙淡路ニ御住居ノ中庄司廿宮仕シ義稙
撫養ニ薨シテ後落胤ノ遺息有テ義正ト号シ天文十二年庄司方ニ来リ家ヲ継シモノニヤ
〔常盤台〕廃帝ノ三子ヲ庄司養子トセシヿ仮令零落ノ身ト虽尊貴ノ息ヲ凡庸ノ者ニ与ヘ
ラズ且庄司ヘ賜リシ綸旨文義ヲ曾テ綸旨ノ体裁ニ非ス全贋書ニ故ニ是ヲ不取ト〔皇岡曰〕
此事又上神世已来上古中葉家傳ノ巨細公聴ニ達スルノ企容易ノヿニ非ズ其據ナクシハアラじ
世上ノ話ノ如ク浮虚ノ説トハ云レマジ且當州ハ日本最初ノ国ニシテ淡路ノ称号モ穂ノ挟別
島。御食向淡路。御食津国等ノ称号皆食穀ニヨレハ諸国ニ先達テ田圃ヲ開墾ニ田村
物ノ庄司忠徳アリ且綸旨ノ写ニ神代ノ庄ヲ領スト云則中島村モ其中ニ之神代舊神稲ニ作ル源順ノ和
名集ニモ神稲ト書テ久馬志呂ト訓シタリ〔淡国通記〕曰傳碑曰神代者上古神稲始栽種之地也又曰稲
粱始生出之地也是故庄名称神稲蓋上古萬歳之神稲鞠育天下之神境非容易之地ト云々
是等ニ因テモ考見ベシ彼是不可疑之庄司恐ラクハ其先倉稲魂命ニヤ出ケン神世ヨリ連綿
タリシ舊家ニシテ其世ニハ若干ノ食田ヲ保チ院参ヲモ許サレテ尤近賤キト云ニハ非ス世

ノ乱ニ遇テ食禄ヲ失ヒ末裔ニ流レテ賤キニ至ル且大炊ノ帝孝謙帝ノ悪ミヲ得テ淡路ニ遷
セラレ幽居マシ〳〵終ニ弑セラレテ崩御ノカヽリナレバ其子ノ零落又至極ナルベシ左司其片家モ
盛ナレバ廃帝ノ御子ヲ養テ家ヲ継シムルコト不可有ト云ガタシ世ノ盛衰ハ時勢ニ随テ浮沈アルコト
高貴トテモ不可遁安徳帝ノ西海ニ入水アリシト云ハ真説ニ非ス其実ハ左少弁藤経房朝臣及ビ
大輔判官種長郡司景家等西海ヨリ窃ニ主上ヲ供奉シ山陰道ヲ歴テ摂州能勢郡出野村ニ潜居
シ自ラ農耕ヲ以君ヲ守護シ世ヲ遁セシコト経房朝臣自記ノ遺文近世文化十四丑年其末裔出
野村百姓辻勘兵衛ノ屋上棟梁ヨリ出タリ種長景家ノ子孫モ其郷邑大原村ニ農民ト成
テ存在セリトソ此真写予ガ秘蔵ノ別巻ニ詳シ是公卿ヨリシテ直ニ土民ト成レリ主上ハ翌
文治二丙午五月十七日崩御アリ若存命シ玉ハバ裔孫ニ至テハ共ニ賤民ト成降リ玉フベシ弥
貴ク降レハ益卑シ秀吉公ハ其身民屋ノ卑賤ヨリ出テ一ノ人ノ極官ニ至リ関白職ヲ二世ニ伝ヘ玉ヘリ
素生卑キトテ廃ルヽ事能ハジ又綸旨ノ本紙ハ難波ノ浦ニテ流失其後子孫ノ諳記スル恐ヲ
以テ綴リタル者ニシテ直写ニハ非ルベシ文故綸旨ノ体裁ヲ得ス覚違ノ齟齬モ多カルベシ
元ヨリ此件久ク食禄ニ離レテ零落沈淪ノ時ナレバ其書記文面ノ拙キコトハ勿論トモ云ベシ全ク贋書
ト云ニハ非ルベシ何ニモシ世ニ稀ナル家筋ノ其伝永ク消滅センコトヲ惜テ茲ニ劄記シテ諸賢
ノ後勘ヲ備フ近キ頃ニテ其子孫ノ者ハ
太左衛門ト云漁人沼島浦ニ在シト聞ク又
[illegible]叙着義正世爵ニ[illegible]従維古為
年之年ニ日本去平国主安穏五穀成就之致[illegible]如件[illegible]
御綸旨二通[illegible]御書出二通[illegible]新補所也
天下[illegible]
[illegible]天正六年[illegible]義信時公方信長公上[illegible]
内々乱国[illegible]

御朱印頂戴仕候段被仰上候ニ付、為[illegible]候ニて[illegible]

淡路国[illegible]庄屋

天正十六年戌八月十一日　　義久　花押

公方様　御近習衆　御披露

皇国 公方様ト八秀吉公之 天正十六八西ヲ書写ノ誤之 十西八戌ニ三テノ 秀吉公

治世ノ初年之

大之通私先祖又義信御請仕候時　公方信長公へ御味方上下

要害之制札国ニ下し候、其後私先祖又右衛門[illegible]

[illegible]

[illegible]

[illegible]

[illegible]

御[illegible]

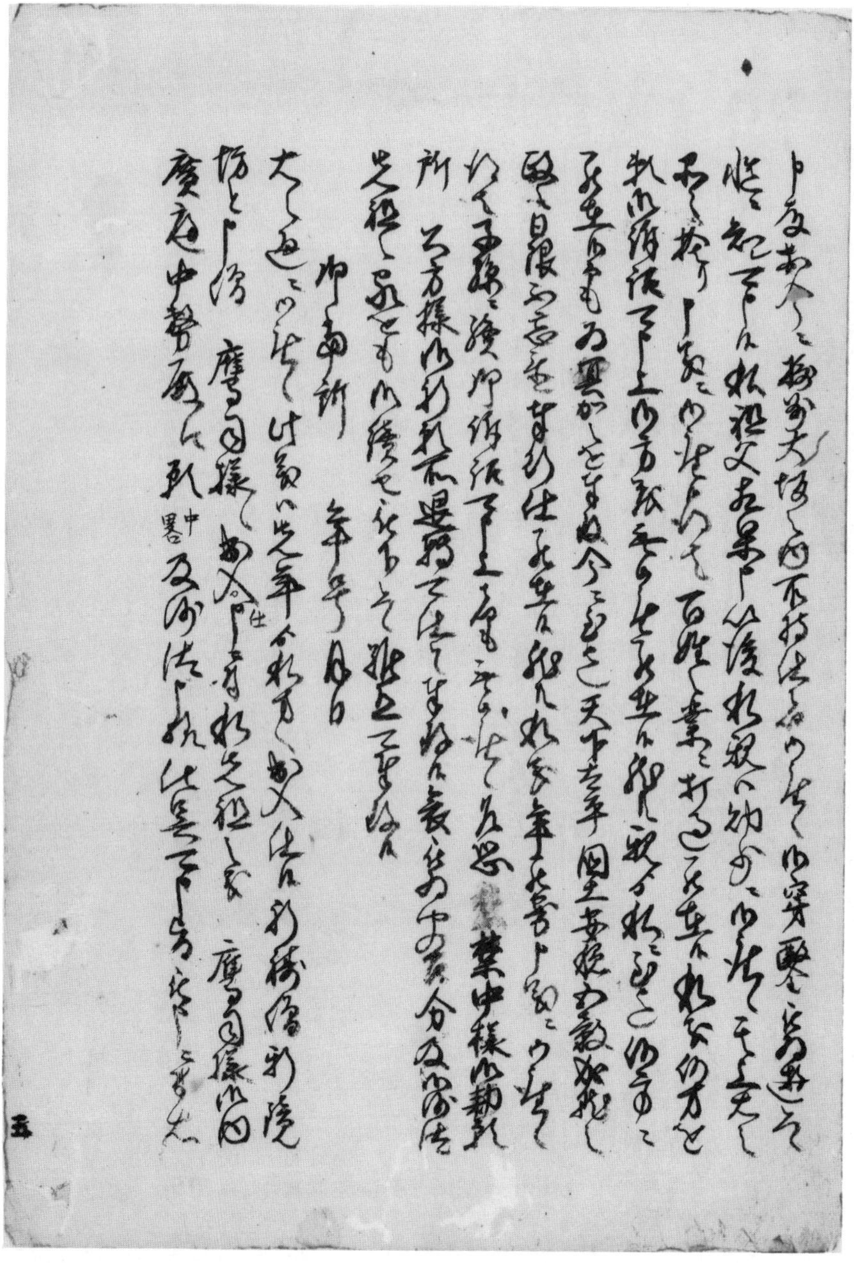

[illegible]

[illegible] 己下畧次の老ニ[illegible]載

[illegible]

[illegible] 首

皇文享保十二未年十九ベし

去年九郎兵衛

同 宗悦

田打始ノ庄司子孫畧系図愚考

△庄司 神世以降統道連綿依為松丸君養父被許院参補任右中将

養子 松丸 実ノ麿帝三男

自松丸六百七十年 此間数世未詳名銘

后裔 義正 庄司ノ養子実足利義植落胤 母庄司女 大永二年生于阿州撫養 庄司以為孫 養而令継家 天文十二年自撫養移中島村

義正子 義信 義正ノ子 九郎兵衛ノ曽祖父 天正六年先祖家脉食傳寺ノ支訴詔于織田信長 皆有本能寺之変而不果

義信子 義久 称相生国之近右エ門 天正十四年戌八月十二日訴詔秀吉公 翌正月秀吉為上覧什宝携之 上阪道遇難風破船溺死 什宝又悉漂没於之 永家吉文廃絶

義久子 宗悦 義久子 九郎兵衛ノ父 為隠居 享保中訴詔連名与九郎兵衛

宗悦子 九郎兵衛 寓大坂 享保十二未 新訴詔ノ本主 去午年亂新鏡防内訴之書 頼鷹司家御内廣庭中務敷捧於鷹司家 且十二年未五月十一日捧御老中戸田山城守様御役人衆中 父子連名願書

子孫　相生国傳九衛門　住中島村舊地

子孫　太左衛門　益零落為賤民而宝暦中在沼嶋　見タリ　今ニ子孫有無如何

是天明武鑑ノ趣之相生国九郎兵衛が訴文ヲ捧シハ此両山城侯ノ中忠真君ノ御代ナルベシ

上系略

○戸田山城守忠昌

戸田山城守忠真 ― 戸田因幡守忠寛（宝暦四戌七月家督　寺社御奉行） ― 戸田能登守忠翰（御嫡）

下野国河内郡宇都宮城主　七万七千八百五十石

室老有　石原七郎兵衛　戸田三左エ門　本多傳左エ門　彦坂与兵衛

右衛門等　右願書ニ能　符合セリ

六

貼込　十三　五四ウ（本書五五六頁）

堅磐草
五 下

㊢増

福原十一屋三春ノ所蔵

うしかひもそくさいやこゝろにそまし

一本しほとえかよりるらすやけ乃

ゆるもなくこゝ者そゝめし

松平千秋
盛房

桐原京傳忠筆

○岩屋浦漁人源四郎所持

檀紙二ッ折之

以上

其方年々阿波国へ
商売ニ罷下りにおゐて舟
六端帆壱艘諸役之
事ニ令免許之上ハ此旨
不可有相違者也

蓬庵（花押）

天十八
正十二日

岩屋浦
源四郎とのへ

元和元年
九月　日

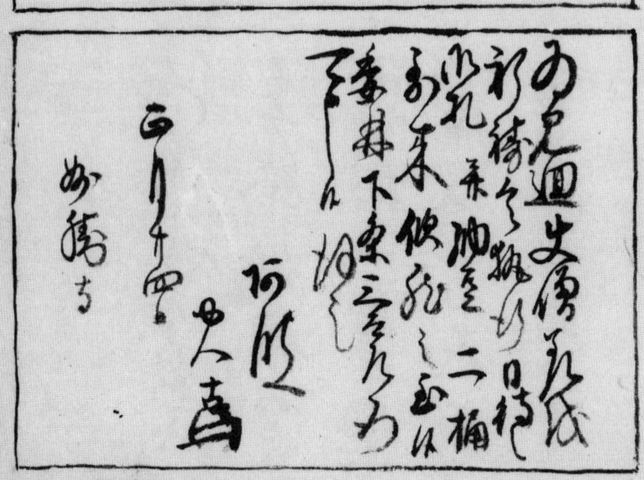

妙勝寺

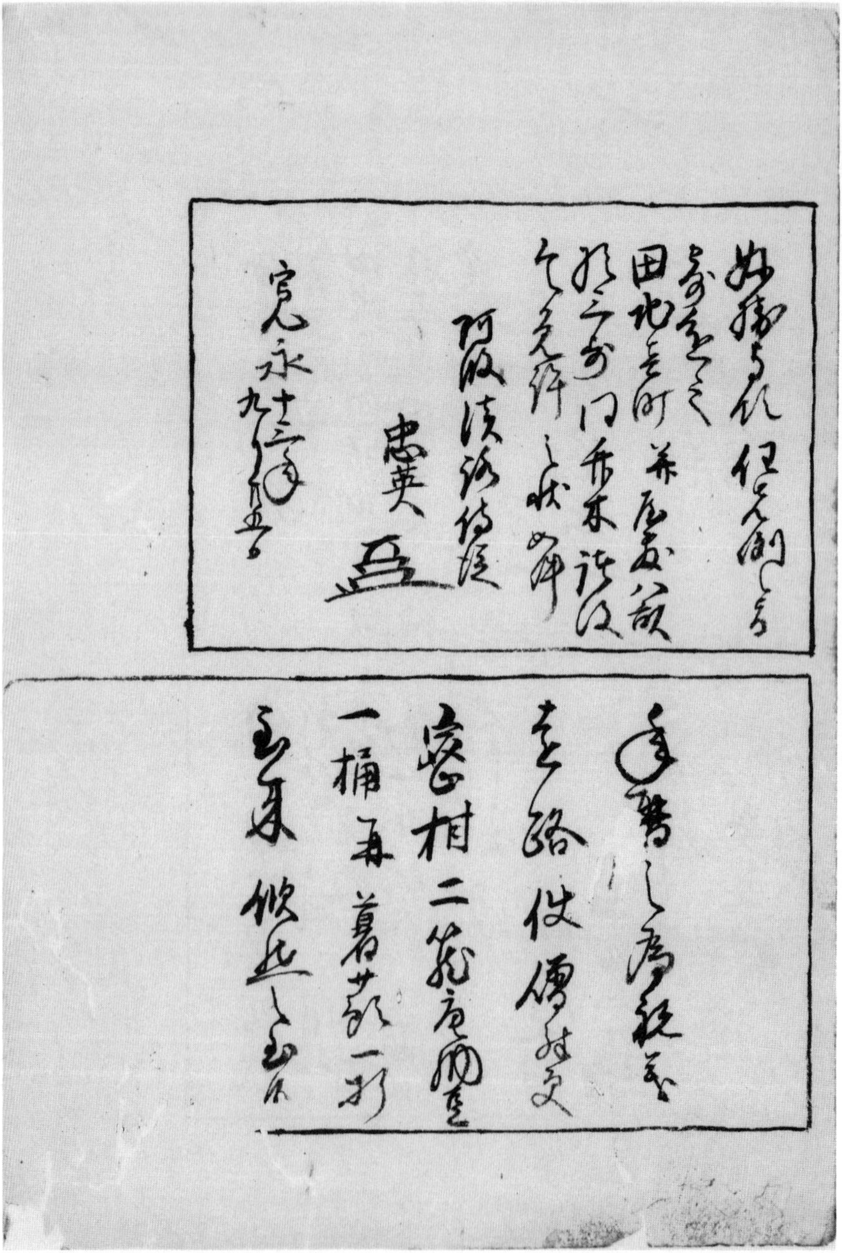

○津井村下見ニ被下候判物

定

一 母長々為生捕候ニ付

[illegible]

三貫文為御褒美被下

之者也

元和四 [illegible]

蓮之房 ○花押

[illegible]

檀紙二ツ折

[illegible]

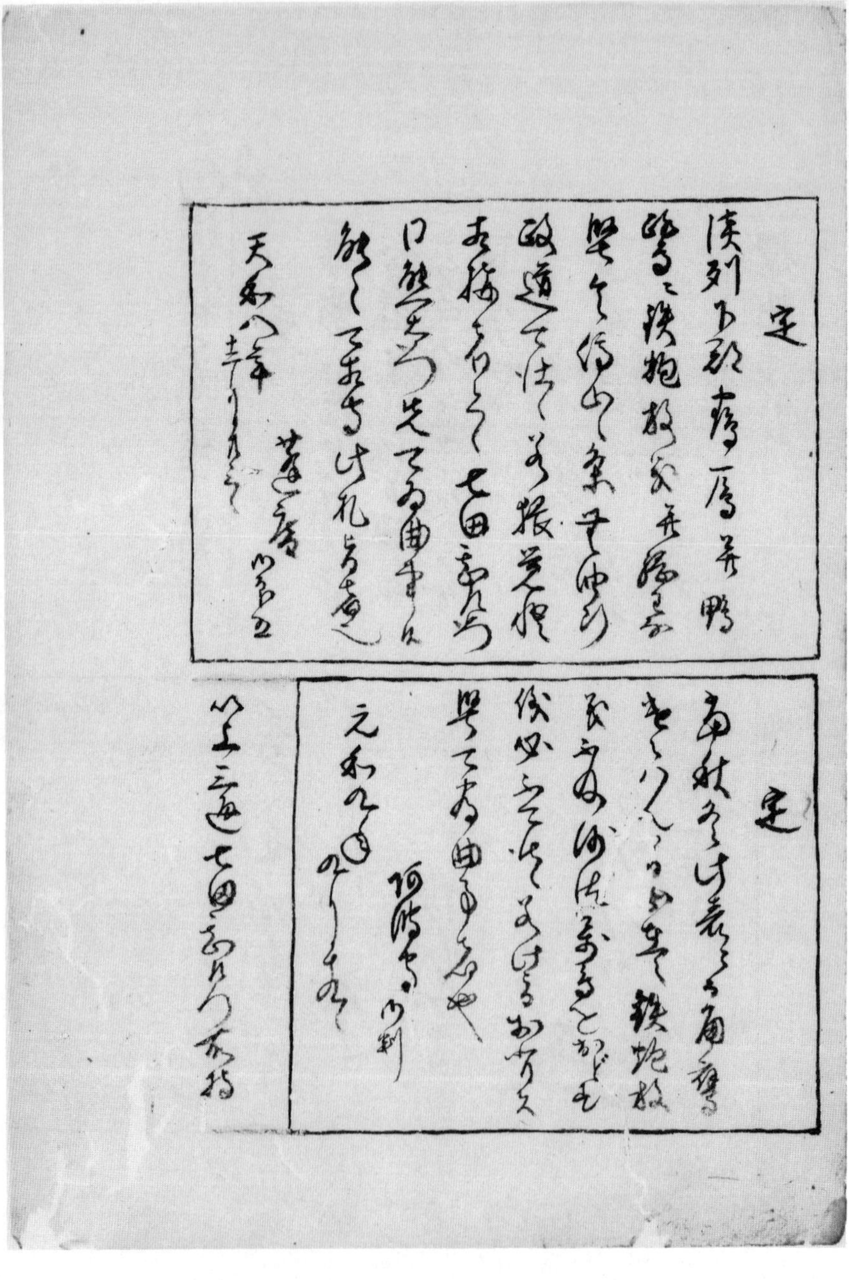

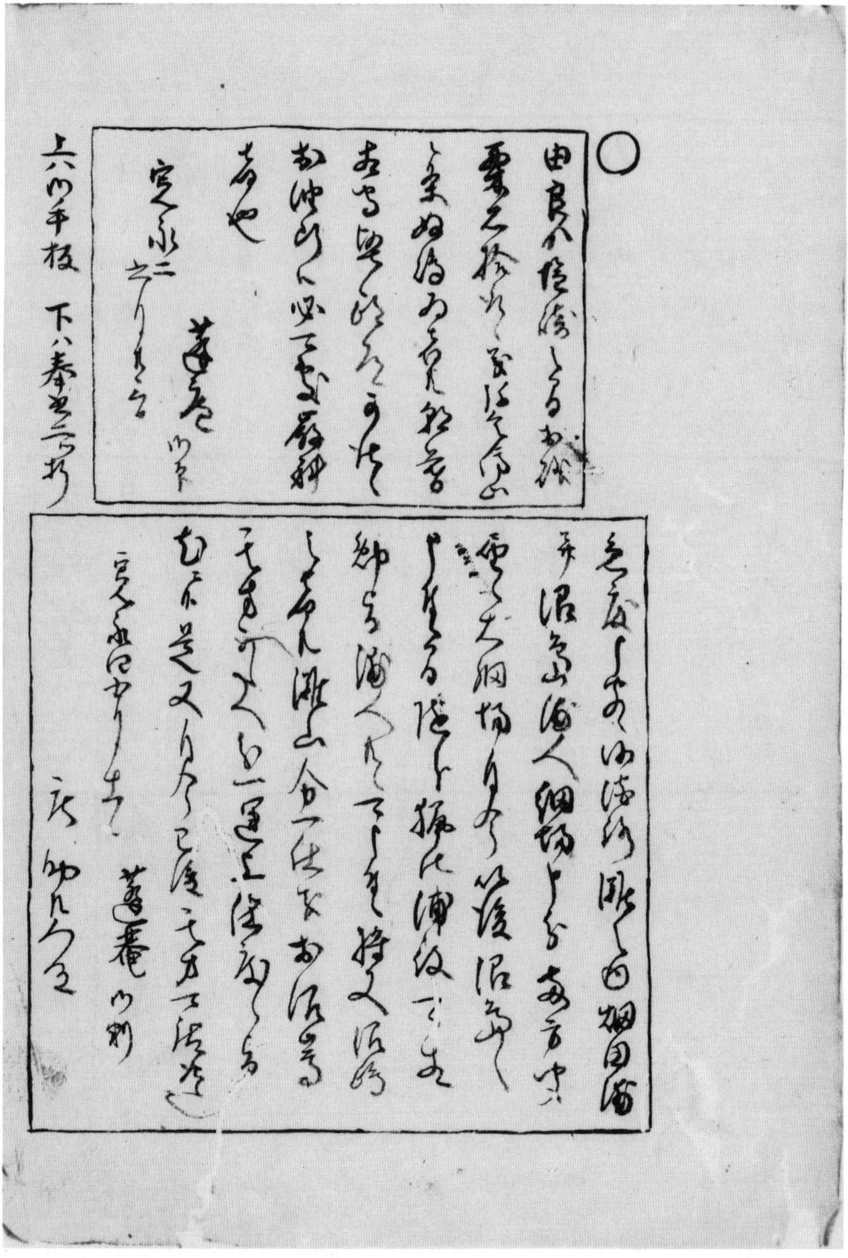

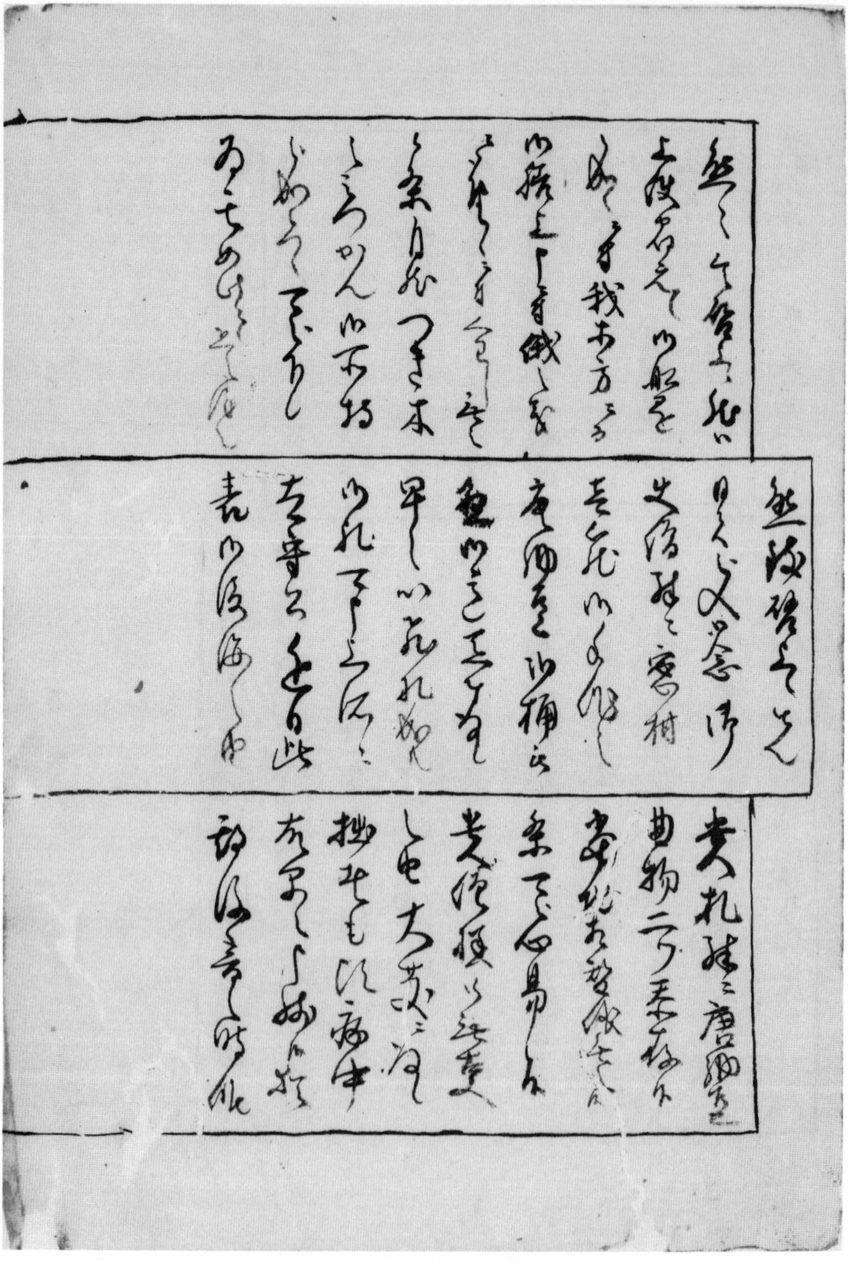

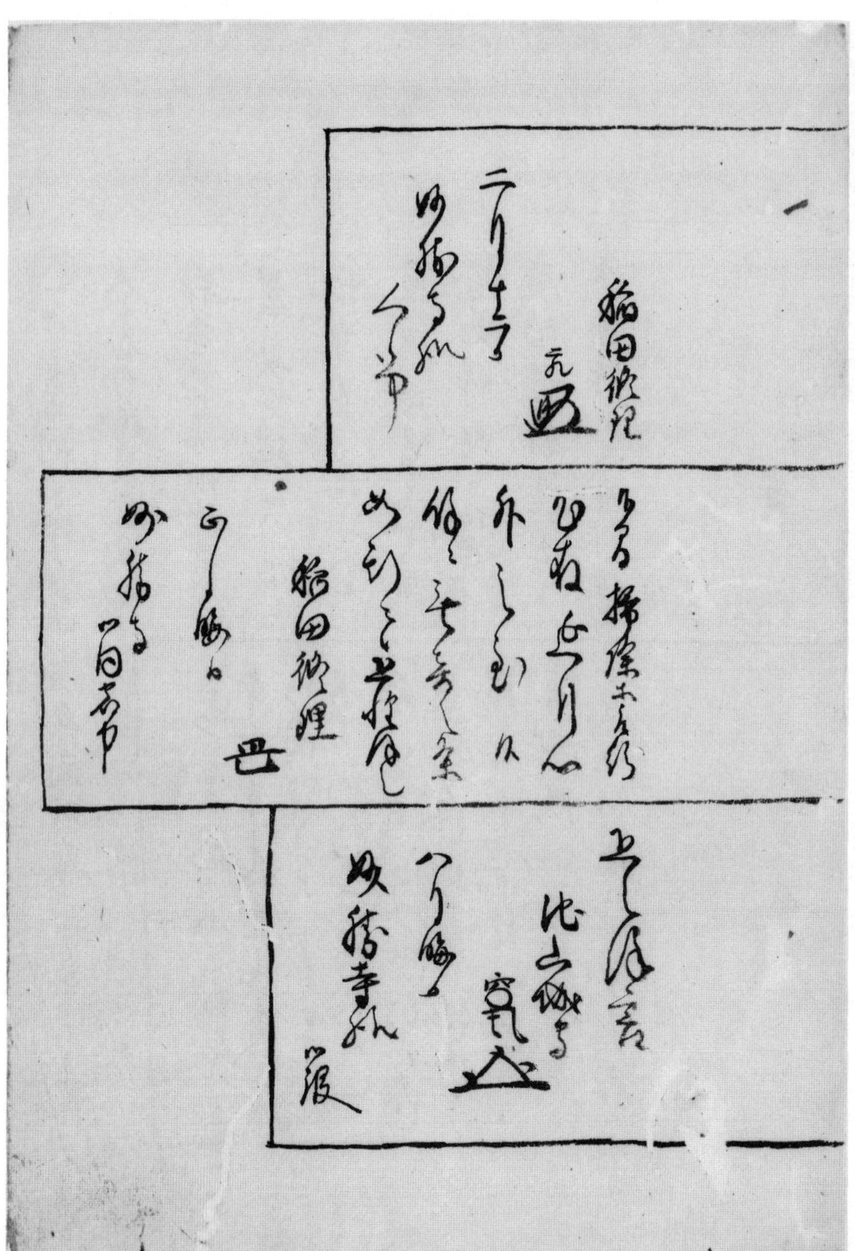

○金屋村　卯山原ノ五兵衛所藏ノ看書

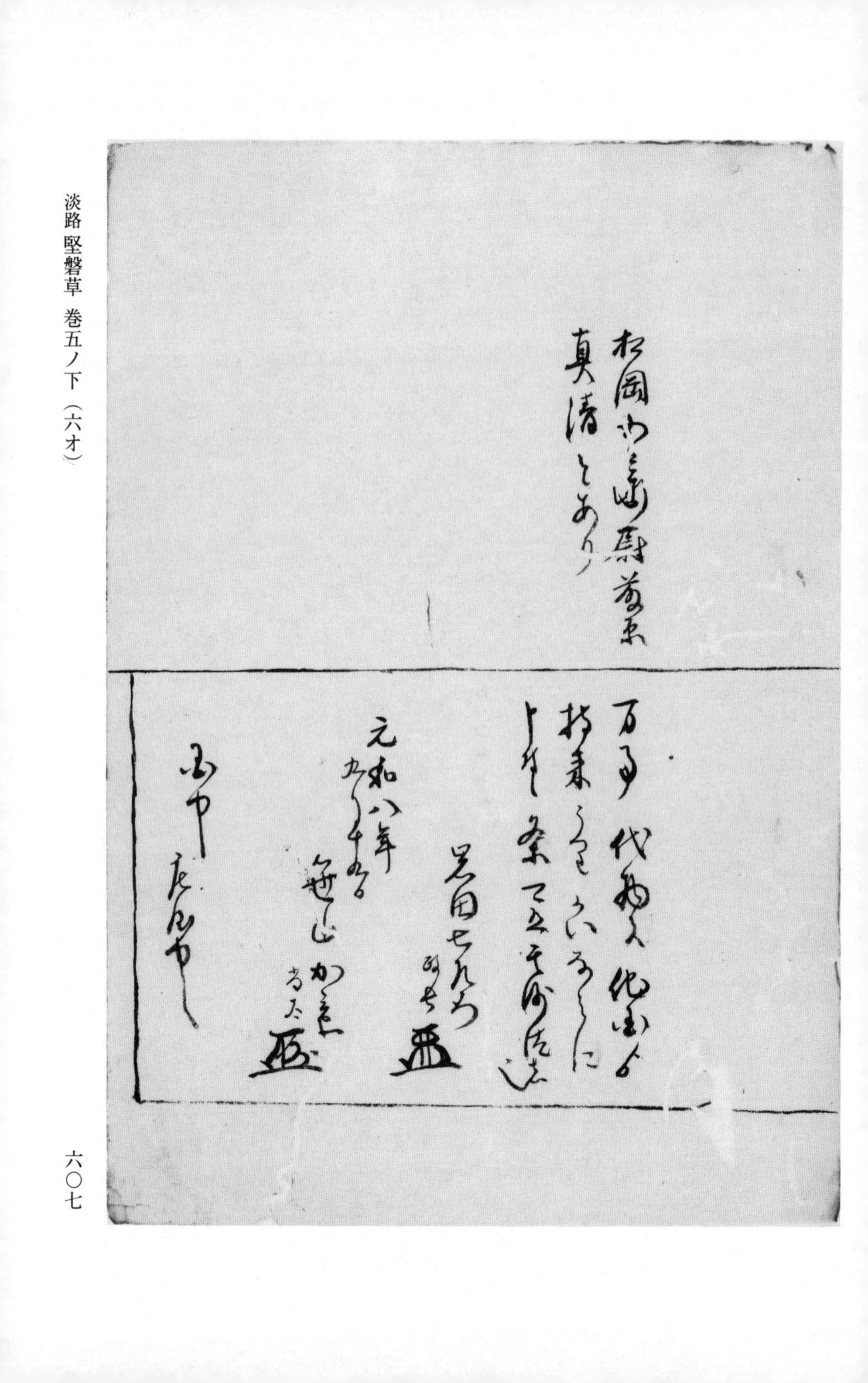

○田井始庄司傳書　前巻古書ノ部ニ挙ル故茲ニ上略ス

[illegible]

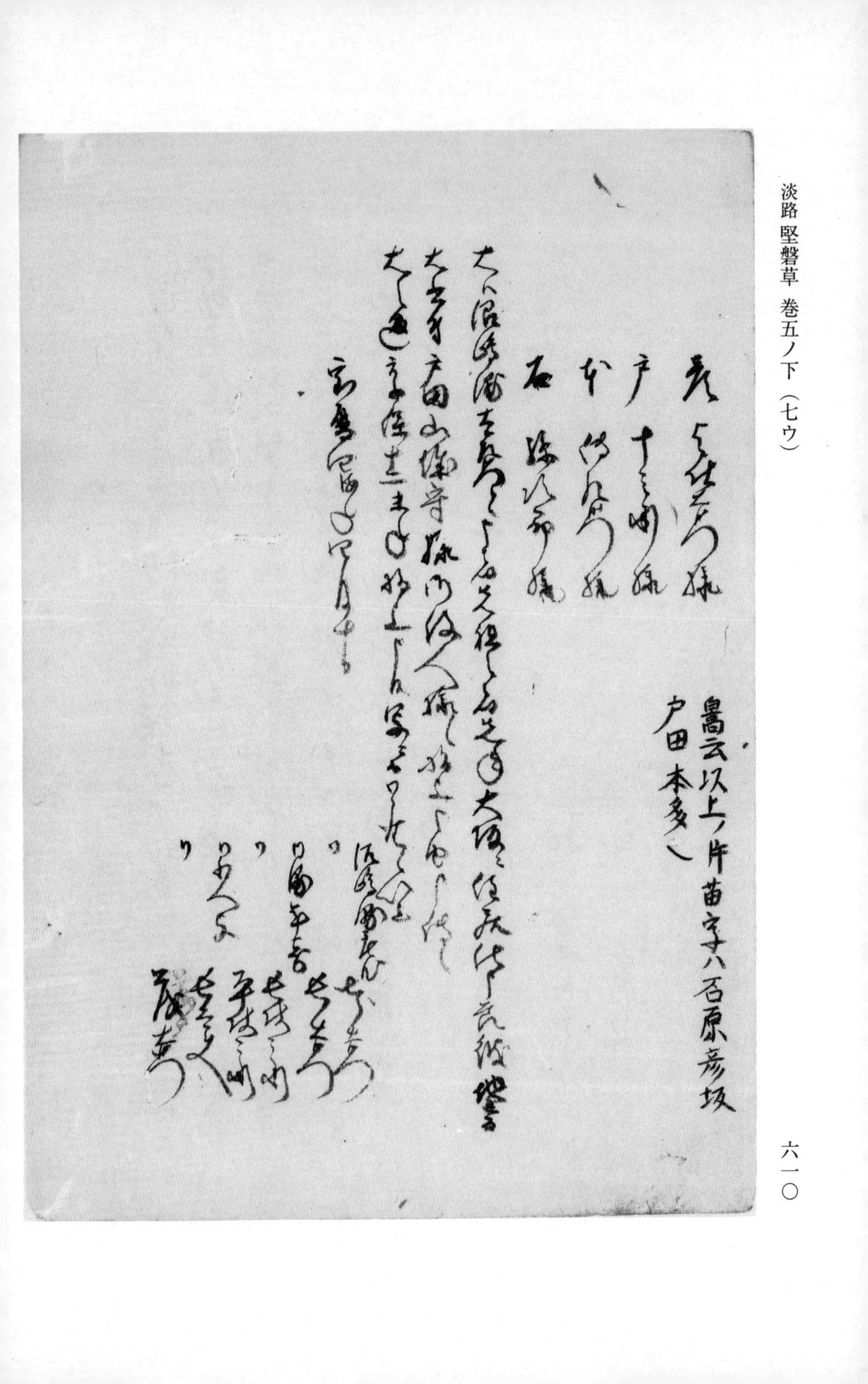

畠云以上ノ片苗字ハ石原彦坂

戸田本多之

佐山市十郎様の代

之森は奈つ殿　り　大ちなる

當津左五門文政中立身為小奉行選編

【鳥罔曰】京都江戸表ハ彼廣庭氏御取持御国表ハ其時佐山市十郎様御勤中ニテ段々御取持被下双方首尾宜ク相聞居申ノ市十郎様江戸御留主居御蒙リニテノ後也ヘ御下向ニ付丈ナリニ止ヌト聞リ田井始ノ庄司ノ子孫相生国氏中興ノ祖足利恵林院ノ息ヲ養子トシ家ヲ継シフ其論既ニ前巻古書ノ部ニ詳之牽合スベシ又同流ノ因阿波平島家ノ傳ソ後ニ挙テ千載ノ紀念トス

○阿州平嶋家ノ傳　阿州那賀郡平島郷千石ヲ領ス也　国君二十五万七千九百石ノ内ナリ　土佐阿波の内なる方と称す【真顕記】義栄将軍ノ公達辰丸三好是を扇立て天下の所号を義国其嫡子寶丸を足利氏と改守立て時に十家秀吉公ハ阿波国那賀郡平島ノ荘古津村ニて千石を賜故ニ蜂須賀氏の扱ひ受配と命せらる阿波公方と云是也又曰寛永十八年　将軍家より平島又八郎へ四ろ

淡路堅磐草　巻五ノ下（八オ）

阿波之祖の由緒書ニ平嶋殿ハ義稙の次男　阿波守殿ゆかり候
之を揚上らる手跡ニ曰先祖義冬ハ義晴の阿足ニ而平嶋殿様の
御身も其後御代々とて後ニ勢州等の名ハ淡路へゆかれ　[常盤]嶋公方条下ニ曰後太
平記ニ曰義稙嫡子義冬ヲ淡路ヘ伴ヒ行　阿波ノ公方ニ
居置扱ルニ上略一平島ノ庄ニ居しり其子孫平嶋殿ト云テ今ニ在　細川讃州聞之阿波へ
迎て三好修理大夫執権の時義冬の嫡男義親を公方に仰んと摂州
富田普門寺ニ立置其の後遠上洛叶はず帰国の内病死す阿波
接兵にして死せしを後義冬も在京義親の弟義助家を続き在
祖父なれ　[真顕記]　是を土佐阿波の方と云　是ハ織田軍記義栄を阿波
はさきすとあるは義親なるべし　むさる義親の弟なんとせりて三代目義種
なり今モ末葉平嶋を称て是へあり　[重高曰]　三代目義種ト云分り
難シ義助ノ子ニヤ　其系図愚考ヲ後ニ記ス

△

尊氏　清和天皇十六代裔、近江源氏高氏後醍醐帝御諱尊治ノ一字ヲ賜テ改尊、其祖下毛国住足利、因テ為氏、征夷大将軍正二位大納言贈従一位、延文三戊戌四月薨、昔年五十四、謚等持院、道号仁山、法諱妙義大居士

直義　鎌倉管領

京二世

義詮　尊氏長子、童名千寿王、母従二位平登子、赤橋武蔵守久時女、征夷大将軍正二位権大納言、贈左大臣従一位、貞治六丁未十二月薨、三十八、宝篋院瑞山

直冬　尊氏潜通越前局身産之、至長並告之尊氏、敢不信、母歎属独清軒玄恵、告直義、直義数言尊氏、々々始許父子親、右兵衛、応永七三月卒、石州号

基氏　鎌倉管領、九馬頭、貞治六丁未四月卒、号瑞泉寺、二十八

氏満　継管領、応永五年十一月卒、四十二、号永安寺、其子満兼

三世

義満　義詮長子、童名春王、母従一位紀良子、石清水善法寺通清法印女○応永三丙子登叡山、其式准行幸、世人自是称呼、ハ元征夷大将軍、淳和奨学両院別当、源氏長者、従一位大納言、内大臣、左大臣、左大臣大将、准三宮、終請任大相国、応永十五戊子五月薨于北山第、五十一、鹿苑院天山道義、贈太上天皇、号ハ義持辞之、初賜法皇号、明帝文謚曰恭献王○応永四丁丑四月就北山営別業、莵裘之、世人呼曰金閣、鹿苑寺是也

四世

義持　義満長子、母贈一位藤原慶子、三宝院坊官安芸法眼女○征夷大将軍従一位大納言兼右大将、内大臣大将如元、両院別当、氏長者、正長元戊申正月薨、四十三、顕山道詮○応永廿九年正月義持将軍其才青蓮院義円僧正ノ坊ニ諭遊ヲ、世人呼曰御成、至今呼将軍家之渡御謂御成者始乎是、［篤高曰］不詳、御成ノ字義、私按将軍常居ニ於城郭、出行于他則離城ノ土篇之意乎、又其行列天子ノ行幸ニ異ニシテ、鑓長刀ヲ立列子、供奉ノ人々佩剣ナラヌハ無シ、城之土篇ヲ去レハ成ノ字也、亦成ヲ分レハ刀戈ノ二字ト成ル、因之モノ欤

義円　義持三男、青蓮院天台座主大僧正准后宣旨、義持嗣子義量早世無継、於之義円為継子、還俗改名義宣

五世
義量 義持長子母従一位藤栄子烏丸資康卿女○征夷大将軍正四位参議中将
應永三十二乙巳年二月逝時十九号長徳院

六世
義教 義満三男義持同母弟義円還俗初名義宣征夷大将軍従一位右大将明帝
贈書曰勅諭日本国王源義教嘉吉元辛酉年六月為赤松満祐所弑時四十八
贈太政大臣謚善光院

七世
義勝 義教長子母従一位藤重子裏松贈左府藤重光女○征夷大将軍兼左中将
嘉吉三年癸亥七月落馬薨時十歳号慶雲院

義政 義教子義勝弟

義知 義政弟初名氏成左兵衛督請待
関東州伊豆州北条号堀越御所延徳三辛亥
四月卒豆州廿一号勝幢院義澄之父

義通 中改義高後曰義澄将軍
義植依奔于防州立為其職

義尋 義政弟浄土寺門主還俗曰義視大納言
従二位延徳三辛亥正月薨五十三大智院贈太政
大臣従一位

義材 継義尚職改義植

八世
義政 義勝同母弟初名義宣中義成征夷大将軍従一位左大臣淳和奨学両院別
當源氏長者義政曽無預政勢無継子故勧弟義尋令還俗改義視称今出
川殿以義政及義視称両御所後至生実子令良先言譲職于義尚依之不平然
及義尚薨再以義視子義材継家督先是於東山慈照寺内造東求堂
居之畜古器任不名画喫茗以遺世慮世人称東山殿所謂銀閣寺茲也
今世諸翫物以古器称時代物此時也延徳二庚戌正月薨五十六贈太政大臣
慈照院吉山道慶

九世
義尚
義政二男母従一位藤富子裏松贈大府重政女。後改義煕征東大将軍従一位右近衛大将両院別當氏長者贈太政大臣延徳元己酉三月薨於江州鈎里之軍中二十五号常徳院

十世
義植
義視長子母裏松内大臣藤原重政女。初名義材継義尚職明應二癸丑四月伐畠山義豊敗績于河州奔周防依大内義興在防州改名于義尹仝五年四月義興奉将軍義植入京叙従三位再補征夷大将軍改名義植兼任両院別當補源氏長者然管領義興自帰国失羽翼恐難大永元辛巳三月廿五日棄職奔淡州仝三年癸未四月九日薨于阿州撫養五十八恵林院殿厳山道舜大居士天文四年太政大臣贈従一位

十一世
義澄
義政弟政知子初義遐任左馬頭改義高又任征夷大将軍位昇参議従四位下改當名又叙従三位永正五戊辰四月先将軍自防州依入京奔江州仝八年辛未八月薨于江州岡山春秋三十二号法住院贈太政大臣従一位

義冬
義晴兄下淡州〔後太平記〕云義植携嫡子義冬行淡州以義冬立為阿波公方〔皇高按〕平島家記牽合于後太平記則義冬及義晴共為義植之子〔本朝通記〕義晴者為義澄子

義親

義助

義種
〔皇高曰〕幼名寉丸ノ叓ナルベシ

十二世
義晴
義澄子〔平島家記 義冬弟〕母家女房義植復任又奔淡州之後細川高国自播州迎義澄子義晴立之補佐幼主征夷大将軍従四位三議兼左将亨禄元戊子八月避乱奔江州入朽木植綱之舘任大納言叙従三位帰京天文十五丙午十二月譲職于義輝同十九庚戌年五月薨於江州穴太山中歳四十謚万松院道照贈右大臣従一位

十三世

義輝

義晴子 初名義藤 母近衛関白尚通女 ○正五位左馬頭参議兼左中将征夷将軍 永禄八乙丑五月十九日三好義継及其臣松永久秀之為自殺入冬中 歳卅 諡光源院 御辞世 抛刀空諸有 又何説鋒鋩 要知轉身路 火裏得清涼 母堂慶寿院及簾中悉自尽 乳母懐若君逃没岩井中 ○永禄四辛酉三月久秀密毒殺于其主三好長慶之子義長 長慶已老 以其才十河一存子義継為嗣

覚慶

義輝弟 南都一乗院門跡覚慶 将軍被弑時 逆徒併弑覚慶及周暠 而将断其根 覚慶早察之奔逃江州 去依若州武田義統（義昭妹聟） 又移濃州頼織田信長

周暠

鹿苑院 又義輝弟 同時 逆徒平田和泉守所弑

義栄（ヒデ）

義維長子 義澄孫 〔皇胤図〕義維不詳何子 義輝自殺之時 覚慶外悉滅尽 無遺脈 ○永禄十一戊辰二月 補征夷大将軍 不参憂腫物而卒

義昭

義輝弟 覚慶也 永禄八年避三好松永之乱奔江州 後織田信長奉迎義昭 陥江州佐々木一族之諸城 撃平於畿内 終令義昭帰入於洛地 永禄十一戊辰年義昭任征夷大将軍 仝十二年六月叙任従三位大納言 曾武田信玄使 信長猛威 説将軍令信長与将軍不和 義昭容其言 共悪信長 乃忘勲功洪 天正元癸酉年三月 虽企亡於其功臣不克 乞和 仝七月再叛 信長力尽 而圓頭黒衣 蟄於江州若江城 尓後至

秀吉代紹四丙申年貢于毛利輝元慶長二丁酉卒号霊陽院昌山道休至末世書古哥二首授于禅僧鑑首座

いそくさの心とめてもいかにせむ……

尊氏十世
△義植
恵林院

義冬
平島家記 先祖義冬ハ義晴ノ阿兄ニ而恵林院殿義晴ヘ代ヲ渡サルニ付義冬ハ淡路ヘ下リ
後太平記 義植嫡子義冬ヲ淡路ヘ伴ヒ行阿波公方ニ居置

義晴
家記 恵林院殿存ノ子細有テ哉義晴ヘ代ヲ渡サレ

義親
家記 義冬ノ嫡男 已前ニ詳 茲ニ中略 病死于撫養 真顕記 是ヨリ織田軍記義栄トアレ共此書付ヲ見ルニ義親ナルヘシ

義助
家記 義親ノ才義助家ヲ次以是私祖父ニテ候 真顕 是ヲ阿波公方ト云

義種
真顕 長曽我部ノ取立ニシトセシハ三代目義種也今其末葉平嶋殿ト称シテ栄ヘリ
嶋日 三代目トハ義親義助義種ノ三代ヲ云欤

○真顕記 曰義栄将軍ノ公達辰丸三好是ヲ取立テ左衛佐義国ト云其嫡子雀丸長曽我部元親守立シ時十二歳秀吉ヨリ阿波国那賀郡平嶋庄古津村ニテ千

石ヲ賜蜂須賀氏ノ預リ支配ト命セラル阿波公方ト八是之鼇頭曰是平嶋氏ノ
家記ニ鼇頭ニアリ

[illegible]

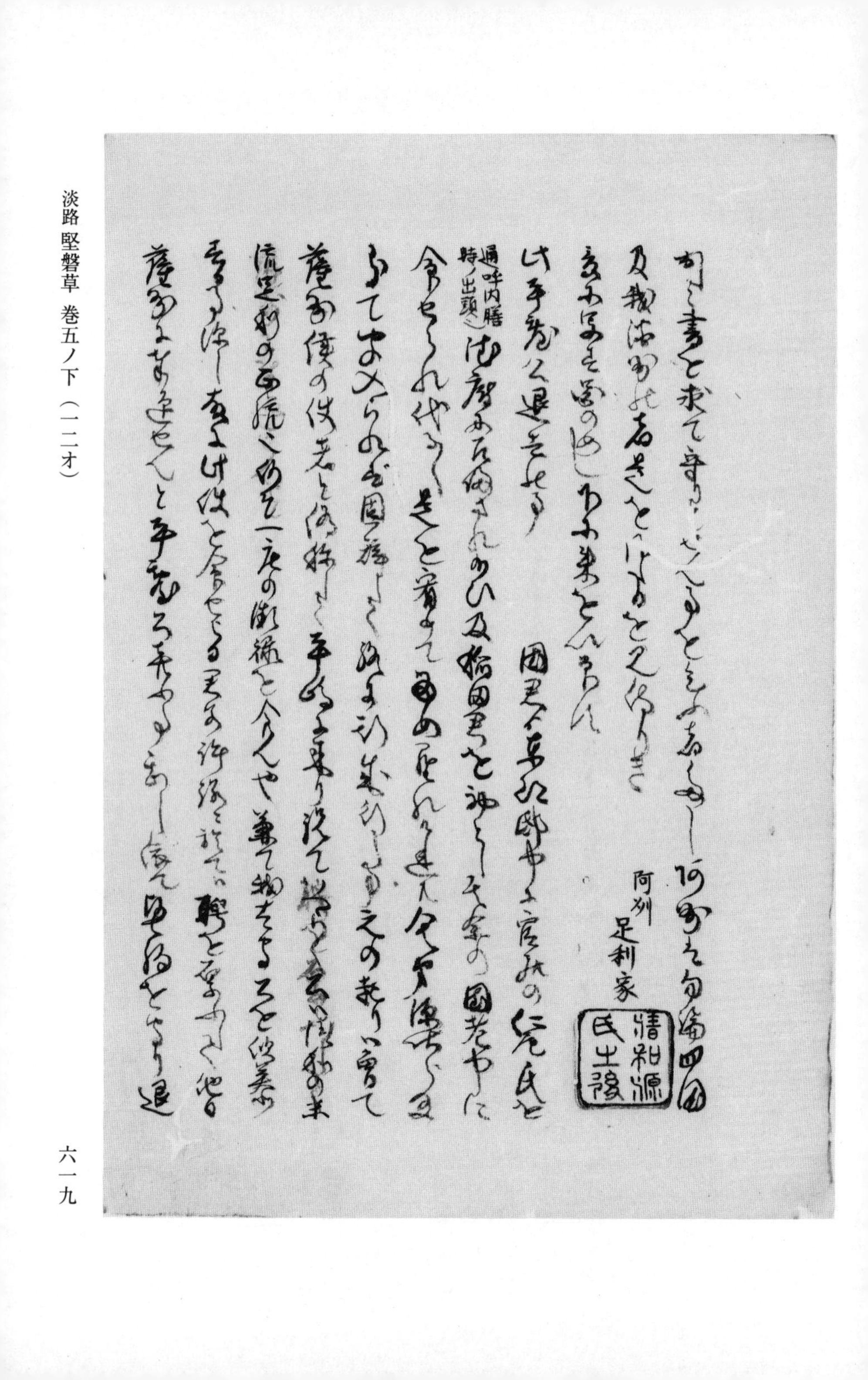

阿州
足利家

清和源氏土徳

通呼内膳時ノ出頭之

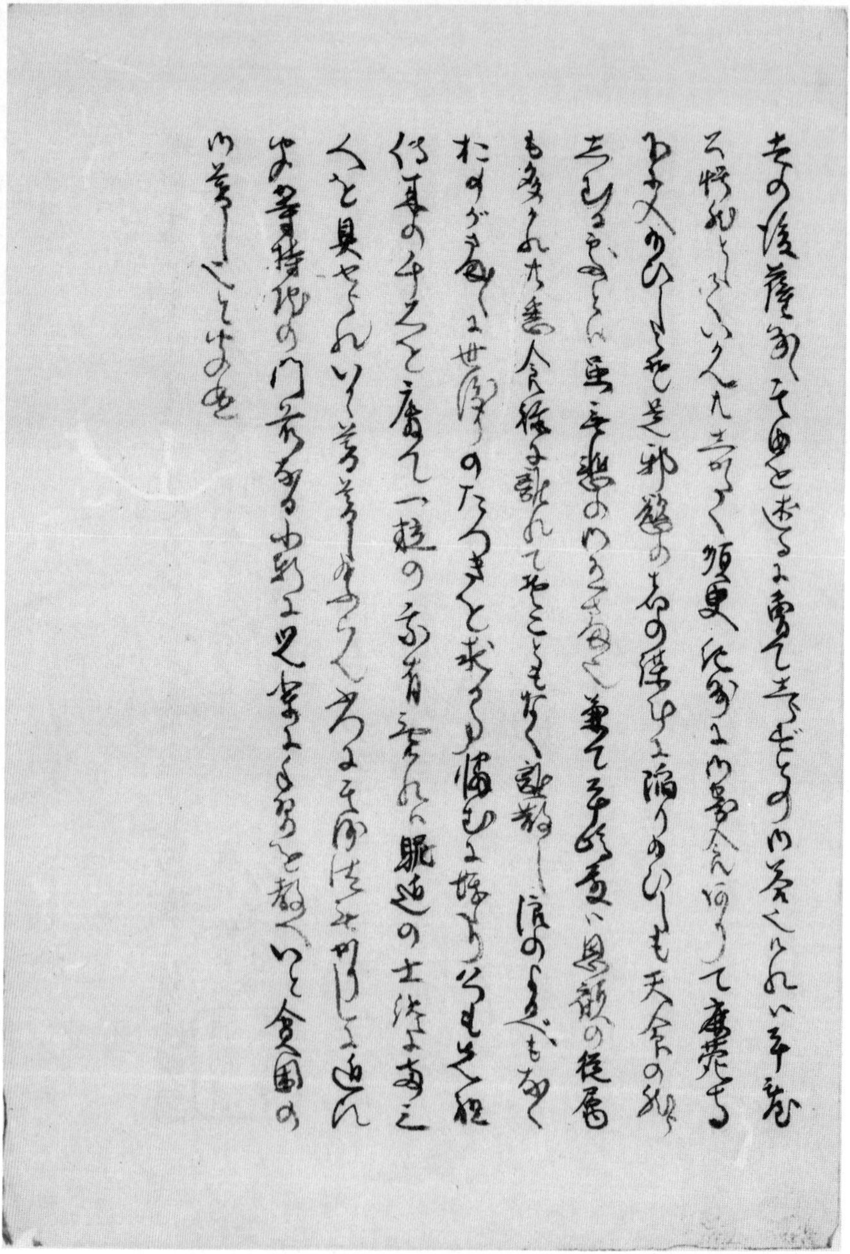

本朝通紀（合七三／第十四）高倉宮誅スル之時足利又太郎忠綱宇治川為魁陣（姓藤原下野住人足利大郎俊綱子也）嵩曰謡曲ニハ田原ノ又太郎ト有藤原姓ナレハ秀郷ノ末裔ニヤ平島モ足利氏ニシテ近代ハ又太郎ト称セリ是等ハ同名異流ニシテ敢テ紛フベクモ非ズ茲ニハ着ヌ事ナカラ名ニ因ンデ後ニ録シ備於自己之記而解ニ其紛紜茲ニ有リ話路傍有新圖ニ旅客有頓ニ催便通者急入内而見之則人未ダ未汚ニ於之書ニ其扉曰此側之雪隠者我也通則又垂

○伊豫国宇和郡宇和島ノ領主伊達遠別侯（十万石）ノ鎮守社和霊明神ヲ當別木戸新村ニ勧請シ其村ノ氏神トシ祭レリ（祭日ハ五六七月廿四日ニ）此神ハ遠別侯ノ忠臣山頼清兵衛ト云士ノ霊ヲ祭レリ（其来由ハ別巻月令拾遺ノ巻ニ詳）因ニ云文化中同家臣萩森ニ蔀ト云士アリ領ニ五百石ニ文化十癸酉年　公義ヨリ御用金ヲ被レ命依之兎中用人一統ニ其ハ調達ヲ會談ス長臣稲井甚大夫曰御用金大数之

叓ナレバ其半ハ領内百姓町家ニ課セ取立テ公収スベシト云萩杢之
云ケルハ百姓ハ国ノ本之下困究スル時ハ是ヲ恤ミ救フハ君タル人ノ道
ニシテ仁政ト云ベシ民其恵ニ馴着テ上ヲ敬スベシ然ルニ貢ノ外ニ下民ニ
米金ヲ課スルハ苛政ニ似タリ然ル時ハ民背テ上ヲ怨之国ノ衰微靡
基之故ニ御用金ノ半数ハ一家中ノ諸士君ノ禄ヲ食ム者共其分限ニ応之是
ヲ割賦シテ償ンニ如シ尓シテ當時上下共ニ世帯専倹約ニ暮シテ
凌クベシト云然レ𪜈長臣稲井権威ヲ振フテ萩カ言ヲ非トス萩猶
モ其威ヲ不恐争論ス満坐何レモ我身ニ引負ンヿヲ厭ヒ且長臣
ニ呵テ敢テ言ヲ不出サ稲井弥萩ヲ怒リ罵ル其後萩ノ杢憤ヲ
含之兼テ怨意ヲ通ル下大丈小梁川主膳ニ腹蔵ノ心中ヲ語ル主膳
驚キ叓穏便ナランヿヲ慮テ窃ニ稲井ニ告テ其権ヲ宥メ諫ム故ニ稲
井須臾モ心ヲ不弛所ニ萩杢鎗ヲ引提テ彼室老ノ家ニ至リ遺恨

ノ勝負ヲ決センコヲ言ヘル折節一門参会セリ取次ヲ以テ曰セケル
ハ只今ハ来客アリ追テ日ヲ極テ勝負ヲ遂ベシト返答ス故ニ
蔀是非ナク立帰ル稲井則主君ヘ謁シ奏シ荻太次ハ罪極ッテ自
剣ニ伏シ家断絶ス然ルニ其後用人中政事ヲ談ル毎ニ忽然ト
シテ蔀カ姿其評席ニ出坐シテ事ヲ聞風情アリカヽル事屡々
ナレハ侯是ヲ聞シ召シテ始テ蔀ガ忠心咎ナキヲ知死魂猶忠義ヲ
不忘其義ヲ感セラレ是又鎮護ノ神トシ荻ノ太次明神ト崇メ
和霊社ニ併セ祭ル文政八乙酉蔀ガ廿三回忌ニ賀集氏勝平其年四国巡路ノ次テ
是ヲ聞其墳ニ詣帰リキ且其宗家仙台侯遠州侯ト東都ニテ面
謁ノ席先年分家ノ節荻太次某ト云ヲ臣トシ指副ツカハ玉ヘ渠
ハ忠臣ノ家脉之今ニ其家有ヤ否ト御尋有（是仙台侯荻太次カ勤功ヲ聞玉ヒ其意ヲ合テノ御尋ナルベシ）
遠州侯思慮ヲ回ラシテ惟其家今ニ猶連綿タリト答ヘ帰国ノ

上俄ニ其ハ子孫ヲ舊知ノ如ク御取立有ケルトナン是又賀集氏カノ
国ニテ聞帰リシニ文化ノ其比當州ニテモ萩ノ森カ忠死ノヿ傳聞
セリ是ヲ追尊シテ神ト崇メ諸人感歎シテ日夜其墳地ニ参
詣群ヲナセリトゾ沙汰セシヿ予曽テ是ヲ聞キ

萩森ノ碑

文化十癸酉年二月九日
篤實院殿顯義勵忠尊灵　萩森斎部藤原宏綱
行年三十六

山頼（サンベ）ノ碑

元和庚申六月三十日
天祥院殿心溪常凉大居士　山頼清兵衛灵
和霊大明神御戒名

宇和島大隆寺中ニ在

○千草村竹原ノ碑　傳説曰寛永十九年‖〔高曰〕（石井明道士ニ十八年ト記）奥刕會津
加藤左馬乂（〔高按〕武鑑ニ喜明二代式部少輔明成ノ世ニ）没落ノ氏其氏族加藤權左衛門同頼母
両人稲田家ノ所縁ニ依テ淡刕ニ来リ權左ハ千草ニ住シテ病死ス其墳之
頼母ハ佐野村ニ住ス天和二年六月加藤本家二万石御取立ノ時頼母
ハ江刕水口ニ至リ仕官スト云（〔高曰〕此二万石御取立ハ石刕山田之頼母仕官ハ此トキナルベシ水口ハ遥ニ後之尚後ニ詳カナリ）
〔高曰〕今ノ武鑑ヲ閲スルニ加藤家喜明ノ末裔今ニ綿綿トシテ有右墳ノ
傳説没落トニ云フ不審ノ思ヒニ全宴支之　豊臣家御在世武鑑ニ曰廿
万石伊豫松山（内十五万石近江ニテ）加藤左馬助　後年奥刕會津四十二万石加
恩式部大輔（今ノ武鑑ニハ少輔ト有下全）代家老堀（明道士ニハ作ニ多賀）主水式部大輔叛逆
ノ企有之由依テ訴御吟味ノ処式部大輔言訳相立主水ヲ罪科ス
其妻（明道士ニハ二人ノ女ト記）鎌倉尼寺ヘ走入剃髪ス式部猶免サズ是ヲ捕
テ死罪ス尼寺上人憤リ訴テ曰右大將頼朝公ヨリ已来尼寺

〈落入者再ヒ出スノ例ナシ然ルニ今度式部大輔理不ニヘテ狼藉ノ
至ニト式部是ヲ難ニ申ニ因テ會津召上ラレ於石見国山田ニ賜二万石
云々（明道士ニハ濱ノ庄二万石ト記ス）皇朝曰 此石列山田ニテ二万石賜シハ天和二年ナルベシ
水口ヘハ新武鑑ニ喜明四代ノ孫加藤佐渡守明英ノ代天和中ニ
来リ其後元禄八　所替正徳二年明英ノ孫和泉守喜矩再ヒ水
口ニ来リ領スル二万五千石以来世々連綿タリ

○須本吸江寺中平田氏碑（在于吸江背丘）

其銘曰　元禄十六年歳次陽恊臘月十七鳥正ニ膺ス義正院滅峯離然居士（慶長十九甲寅十二月十七日）義正院滅
峯離然居士九十回忌之辰大功徳列阿波二州長臣稲田九郎兵衛
植幹公預ニ於今月斯日令ニ家臣某就テ手吸江禅刹ニ請ニ江国和尚
諸空門子等ヲ或ハ曰ヒ上ヘ道妙灌一座ヲ或ハ開ク甘露門一會ヲ或ハ虔ミ傳ニ奇香
霊花茶菓珍踊ヲ以テ伸ニ供養ヲ加之彫ニ石ヲ為ニ塔ヲ令ニ住持比丘盤石室ニ

○皇朝曰 癸異名云昭陽 未異名云協洽

○皇朝云 踊字當ニ云足扁

銘之反聴義正院居士俗名謂平田治部右衛門九十年前於摂州大坂戦場ニ（皇嵩曰今ノ大坂地名ノ中ニ云ハ戦場則此以戦場乎）幾忠義重矣于時稲田九郎兵衛植次公年十五也与彼平田交鋒相戦竟得平田之頭自是武名枝柔尚矣

有義有勇　蓋代武功　曰勝曰負　自他其忠
九十年事　都一夢中　造塔供養　能始能終
慕臨法戦　要決真空　趙列刀子　石華張弓
截断生死　宏匡徒衆　楽寂滅楽　祖佛道風

皇嵩曰　平田治部右衛門ハ大坂方ノ士也子孫帰降于稲田家臣仕連綿住金屋村平田源内其子現忠右衛門是其家世々司馬藥

○洲府昔談曰或士曰　至鎮公慶長廿年（畠曰此年七月十三日改元元和元）閏六月二日於伏見御城従将軍家拝領淡路国之時為淡路城代可指置稲田修理旨有上意依之稲田家代々御城代也又此時淡路者松平宮内少輔忠雄公ノ領地也　至鎮公国為受取細山主水副岩田七左エ門笹山加兵衛（今ノ位田半平ノ郎ナリ）遣于由良立合于乾平右衛門（池田家城番）令受取鳴山城即岩田笹山為城番（但城番而已執政可渭津）其後　忠英公御代稲田修理長谷川越前被遣于須本令経営須本城時寛永年中也至経営既成就従公儀依一国一城法令毀之（畠曾聞一国一城法令島乱後之）尤因西国者一要害崩城楼残石壁又其後為在番于修理尤依在於阿洲猪尻邸九郎兵衛始一族皆居住猪尻一旦修理依両住不如意之願或引退猪尻後終一族悉移洲城云自由良諸士移須本従寛永九年至今十一年不残引移云其頃国中執政岩田笹山而稲田家者城代耳之

○稲田九郎兵衛植次（改名秀閑）慶元壬辰年死去嫡子掁之助十二歳而継家督是九郎兵衛植采也後隠居云性鉄其裏時依幼少為加番山田豊前（老臣ノ一人也山田織部之代有罪切腹家断絶）中村若狭（子孫中老江衛ノ子自文政六須本執政）両人輪番自徳島在勤旅館御城之向邸植采成長後如之

○中村若狭（始豊前畠山田卜同名可疑）須本在番中身行不善忍屡往浪花有濫行依之明暦元年従　光隆公被達　公儀御改易蟄于郷中若狭高七千石邸宅今徳島御会所是其旧地也後御取立名跡被為中老今中村主馬助家也（子孫現中村江衛）

○稲田植采若冠時（二十四歳）自東都有　台命而稲田郡解由稲田彦兵衛為植采之後見両人自渭府互交代在番須本彦兵衛在勤之時組下士山秋佐右衛門（今ノ山秋良吉先祖）倉卒携家族逐電彦兵衛坐之被放逐渭府閉門時ノ管轄（兼帯糾彰）森田氏某同閉門依之須本帰静謚可為万治五年亨

皇高云万治五者寛文二也誤乎万治者三年ニ了且稲田家系図云寛永十九年植栄生ニ慶安元七歳而為質于東都兼應ニ継其嚢帰須本（此トキ十二才）寛文五年廿四之享保十五八十九而卒云云山形逐電不詳支挻恕隊長之不明而　法名性鉄逐電乎故山形被召返須本帰静謐乎山形于今連綿

○全書曰性鎮世其臣武勇士有称四天王所謂赤堀千八右衛門竹内源大夫仁木十太夫伊勢傳左衛門（始云山口又外山口ノ産ナリ）等之各名誉有道術而有驚目云

○全書曰寛永十五年須本組定御手廻昔者前羽（始堀氏之）源右衛門島角右衛門（皇高云後世姓改織田東都御旗本有同姓同名之同流而當地島氏東都在勤之次訪之則必開大門迎之當地島氏改織田則東都島氏又随改角右工門之息至静馬尚通音信今茲）勉ニ麗使其後寛永十五年生駒左馬助稲田彦兵衛被定組頭是須本組頭之權輿也云々

○同書曰須本大波戸ハ何ノ年築シヤ不詳或人云慶安中築稲田氏性鎮君ノ時代ニト曲田（マガタ）山ノ土砂ヲ運ヒ取テ築之火器隊卒其役ニ久リ其頃児童ノ謡云

淡本波絶流て積ゝとされどわかれぬ

擔（モチ）ミ血の隊

○火器隊街先隊卒ノ第地ハ七十五歩之（表口五間 裏行十五間）卒長（コガシラ）ハ一倍之有余地在者為所置簀以二十人為一隊毎一隊有卒長一人都六隊百二十人内二隊稲田君総之徃昔者築城古塁之修理海畔之波門等皆駿卒之為任百二十人中称槌撃者有二人力量抽衆以鉄槌割石為務此二人者月俸倍他後年其事廃而槌撃之余俸為浮故領為衆中ノ得云数代相続之古家ハ其時所用之行厨（ベントウ）適有存在云予小童時其古老聞之近歳時国宰復常石塁波門等之修理如古皆可令之火器隊卒司之有沙汰其輩又聞之隊含其意然ルニ無其事此時執政生駒主膳君乎（其父曰 舟後）邸地ハ出来島在橋詰角有先老云号舟後宜也其門赤塗也云云然今号主膳主ト云朱同音也又非無由縁于赤門當府客館農人橋詰隅（舊仁尾氏累代之第地ニ 賀嶋氏為邸）其地勢又彷彿出来島邸只非赤塗門耳異也焉

○洲本火器隊卒之外岩屋浦有一隊（二十人卒長二人）是西国通路鄙於二洲之界故備警衛隊将者選出有父子之人置其官邸相共令守衛邑宰二人文政十（丁亥）年始許苗字両刀是又関处之故ニ

○郷住農士有六隊（中者三差）旌旗二隊（一隊二十人各有卒長）火器二隊（仝上）長槍二隊（仝上）都百二十人（俸禄有階級卒長七人中上人井高氏遊長而不分預隊）農士者自先年国附而不随順于移封之諸侯皆服坂時分之駛卒也云

○税官手簿者往昔無為定里長之中自監官依御庸勉之数代相續之邑宰家其時之有簿冊云

○執政下吏有裁許主簿於郡管不捌公吏於裁許官決断之准小奉行格也今廃而無有裁許主簿（石亭先生父兵八才中田只右エ門勤之今之南洋先生祖父南洋謙斎先生子）

○街官主簿有二人其中一人准小奉行也

○楮銀官下吏有称姓奥田准小奉行也諸主簿中准小奉行街主

簿此二人耳之本藩之楮銀官又有奥田同姓同司可有其謂司牽楮銀之事其包称奥田包又有坐本云地盤一刀而称苗字近頃選賈人中
帯刀其下有小手代皆賈人而被許一刀

○阿州称之御農官
○耕水官之監官者中農従弐無足士勉之下吏者農士中定役也素云使番近世改称司帳集堂氏之播鉢楊枝以来自本藩加監官及佐史之主簿
○林叢官監官　佐史農士中右同断郡監税官合一以来廃監官属郡代
処佐史素曰使番改称主簿尤右水官林官等都農士所勉名目役中而身躰属管轄
○漁税官監官小管　国内司漁村之抽税主簿素賈人而被許一刀是又廃監官
属郡代尓来主簿被許苗字帯刀柏木田中有両氏
○管舩官　司海村諸舩舶都海上之事自文政十年廃而郡代統之国中
諸浦津口監卒随属尤須本属衙埔官由良福良岩屋江井浦各属于其処之官府監官　尤舩官主簿且官舩長濱田氏萩原氏及楫
手等悉属淀川御坐舟長夷广田高木三氏之監官下而司諸官舩

○須府昔談曰中葉洲城ニ瀬川安大夫卜云士アリ領四百石今ノ川島氏ノ邸ニ住ス
父ヲ道意卜云隠居料賜ニ十口ニ其頃衣笠藤左ヱ門卜云士ヲ召抱エ
賜ニ三百石ヲ今ノ高木新次郎ニ住ス一時道意會ニ于衣笠ニ向テ曰足下申立ノ武功ヲ可
美卜衣笠答テ曰某ハ因州鳥取ノ城ヲ攻ルトキ城主ハ宮部帯刀留主ノ家老攻将ハ亀井隠岐守関ケ原ノ砌大坂ヨリ
鳥取ヲ責ケルトキノコナリ爾々ノ武功ニト云道意曰然則城兵ノ中井戸亀左ヱ門ガ働ヲ委
可知卜云衣笠曰其名ハ我聞及ハヌ処ニト道意難ニシテ曰井戸ハ則我叔父
也其時一方ノ首将ニシテノ足下ノ類ナルベシ丈ヲ不知ハ難心得武功ニト云衣
笠大ニ怒リ何ゾ我武功ニ虚言ヲ吐ベキ哉卜互ニ争論ニ及ヒ既ニ刄傷ニ及ハン
トス一坐ノ人々宥メテ其席ハ濟卜雖衣笠尚モ含ニ遺恨ニ良モスレバ喧
嘩ニ及ントス終ニ達ニ　君聴双方暇ヲ賜リケルト云［松花］然ルニ衣笠瀬川共ニ廣島陣後ニ召抱ヘレシヤ
廣嶋御陣帳ニ名不見瀬川カ御暇ハ島原陣前ナルベシ寛永十八年ノ御家中諸士甲
冑毛付帖ニ死之前羽源右ヱ門筆頭ノ組ノ中ニ衣笠ニハ藏ニ三百石六人役卜アリ是ハ右ノ

道意カ外ノ御軍帳ニ中村若狭御組舟ノ後火器隊拵ノ中ニ六人役取次廿八衣笠藤左
エ門ト云アリ是其人ナルベシ又按ルニ宮部帯刀家老鳥取ノ城落着ノ時諸士ノ中十七人ニ感状ヲ
出スト云瀬川モ其中ナルベシ井戸
亀左エ門ハ其後細川家ニ仕フト云リ
○同書曰奥山宗益ト云医師アリ元侍ニテ武功モ有ケルガ子細ヤ有
ケン医師ト成テ御當地ヘ召抱ラレ須本ニ住宅シテ月俸十口ニ賜二十石
其頃洲府ニ侍人少カリシヤ木戸村ヨリ焼出ス処ノ炭ノ監官ヲ勤ム慶安
中由井正雪斎斗露顕ノ時丸橋忠弥ヲ尋サセ玉フ時宗益折節有馬ニ
湯治シ在ケルガ惣髪故御尋者ニ紛レナンヿヲ恐レ剃髪シテ帰国シ御
用人中ヘ其由ヲ告ク上宰驚キ上意ヲ不伺心侭ニ剃髪如何ト云宗益
曰若科人ニ紛レ囚人トナラバ公辺ノ掛合我侯ノ御厄害ニ成シモ恐多ク自
慮ヲ以テ如此然レ𪜈剃髪悪侯ハヽ生ヤスニ何ノ子細カ有ントテ又惣髪ニ成
シトゾ宗益医師ノ姿ニテ御抱アレ𪜈又武功モ有事故後来御取立
モ可レ有御内談モ有シカド所行縦ナル故何ノ御沙汰モ無カリケレ

バ是ヲ不忍シテ御暇ヲ願ヘ再三ニ及テ或年ノ極月廿五日願ノ通
御許容アリ早速舟ヲ借テ退カントセシヲ人々月迫ノヿニ越年ヲ
シテ立退レヨト諫ケレ𪜈兼引ナク乗船シ折柄西風烈ク船頭舟ヲ出
サズ宗益怒テ押テ出船シケルガ風益募リテ洋中ニテ舟覆リ柔ツ
溺死シ舟モ行方ナク成ケルトナン
○（全書）上田甚五右衛門（始云伊藤治大夫今ノ甚五右衛門四代前也）住由良時親類ニヤ有ケン難波傳兵
衛訊来ス上田悦ヒ厚情ヲ尽クス難波曰我爰ニ来ルヿ貴処ニ因有ノミ
蓬菴聞ヿアラバ又我ヲ欺クベシ必披露スルヿ勿レ若強テ云ントナラバ我
速ニ帰ルベシト依テ上田モ須臾其意ニ任ス然𪜈不得止子細ヤ有ケン
以其堅約ノ意ヲ以テ密ニ　蓬菴公ニ告　公聞テ云然則我不知
ノ躰ニスベシ能々懇情ヲ尽クシテ其足ヲ繋ルベシトテ難波ニ饗應
ノ料トシテ月俸五口ヲ上田ニ賜フ上田以謂（ヲモヘラク）　公ノ懇情ヲ難波ニ

語ラバ楽又喜ブベシト其由ヲ語ル難波勃然トシテ色ヲ起シ　蓬菴
ノ古狸又我ヲ誑シトス去来(イザ)帰ナント席ヲ立上田縋リ留テ言ヲ尽シ
テ宥ム稍納得ノ体ニ見ヘテ二三日経ル中密ニ舟ヲ借立退ク上田驚悔
テ跡ヲ追共終ニ其方ヲ不知此逗留中難波上田ニ謂テ曰我是ヨリ
他国ニ行事有ベシ此三品ハ足下ニ可預置若何方ニテモ安住スル事
アラバ其時可受取トテ大黒ノ木像槍一筋備前焼陶一箇ヲ遺置
ケルガ其后音信ナク彼三品ヲ上田持傳アリト云彼難波ハ武功アル者
故度々　蓬菴公ヨリ御召アレ𪜈終ニ来ラザリシト也其後上田右ノ
趣　蓬菴公ニ言上セシカバ　公曰難波ハ爾有ベキ者ニ我是ヲ召抱
ント欲スレ𪜈武功ニ當ルベキ俸禄ヲ与フル事不能楽又武勇ニ中ルノ
禄ニ非レバ敢テ来ラジト仰キ難波ハ太閤ノ中国ニテ毛利ト合戦ノ
時備前備中高松ノ城ノ加勢ニ篭リシ士ニテ毛利家ノ士之浪士ト成テ

漂泊ス後北越ニ至リ須臾在シガ　将軍家ノ招キニ應シテ江戸ニ下ル
道中ニテ病死シ其子モ其后江戸ニ下ントシケルガ大坂ニ病死シテ其
家断絶ストゾ

○仝日浅井佐五右エ門ト云士ハ巨銃(ヲヽヅヽ)ヲ抱打ニス（今ノ位田土嘉源太ノ邸ニ住）領百五十
石ニ一時一僕ヲ従ヘテ宮崎ニ至テ巨炮ヲ抱打ニス時ニ其ハ筒破烈シテ
左臂切飛ヒテ節ノミ残リ喩バ素麪ヲ見ガ如シ僕久抱シテケルニ佐五右
曰我此術ヲ以テ仕ヲ求メ如此ノ過ヲ得タリ何ノ面目ヲ以テカ人ニ対
顔スベキ不如速ニ自裁シ死セシニハ汝介錯スベシト云僕頻ニ説テ其ハ
死ヲ止ントス浅井以謂僕我志ヲ遂シメザルコヲ察シ欺テ曰諾汝早ク
家ニ帰リ家族ニ是ヲ告駕ヲ携ヘ医師ヲ具シテ来ルベシト僕則走リ
帰リ駕ヲ用意シ医ト共ニ再至見レバ既ニ自殺シテ死タリ仍テ其家
断絶スト云リ

○同日榛田九郎右衛門長次始ハ仙石秀久ニ従ヒテ洲本ヨリ信州小諸ニ
行領シ六百石ケルガ病志アリテ一族ヲ卒シ小諸ヲ辞シ上京ノ道
盗賊四五輩是ヲ伺ヒ榛田ト共ニ同病ス駅主密ニ長次ニ告長次依
々トシテ曰何ノ支カ有ント旅亭ノ後薗ニ出竹藪ノ中ニ入賊ヲ招テ笑談
シ戯テ曰汝等見ヨ我此竹ヲ帯ニスベシト最大ノ竹ヲ隻手ニテ引抜キ
握挫テ腰ニ纏フテ引結ブ賊徒等愕然トシテ迯去ヌ而メ上京シ後
再ヒ淡路ニ下リ三原郡在　忠英公ノ時召出サレ領ニ三百石ニ住須本力
量絶倫ニシテ人ノ請ニヨリ駈ヲ乗来ルヲ袴ヲ着ナガラ立向テ其馬ヲ抱
止ム又一時官邸造営ノ時手盥石二十人許ニテ是ヲ舁運ヒ御椽光居
其邪ヲ直スニ人丈数多ト雖更ニ意ニ任セズ長次是ヲ見テ一人其石ヲ抱キ
指図ニ従テ是ヲ正ス今猶其手水石御庭前ニ在其后改メ直スコトナシト
ゾ長次ノ長サ六尺ニ寸人力ヲ請継タリ次女アリ嫁セズシテ早世ス此女子モ

三

又大力ニシテ然レトモ才ナレバ人ノ知ルコトナシ病ニ臥シテ既ニ死ニ垂ントスル時潜ニ其甥
ヲ招キ我ニ力アリ未汝等ニ見セズ今病ニ臥テ力衰フト雖サシク見スベシトテ一
端ノ布ヲ以テ幾重ニモ折重子両手ヲ以テ艴(フツ)ト捻切ニ宛モ刀シテ絶ガ
如シ其後不日ニシテ死タリ長次ハ村治六代ノ先祖ニ村次ノ父伊左エ門
其父九郎左エ門代其表ヲ継ノ時故有テ減禄為二百五十石
　明和中須
本江国寺ノ鐘再鋳於下藻江村亀渓之時府下諸士輩構假廐(サンジキ)観之
而教飲ス閑酔余福田慶太櫟田村次争論福田含遺恨（福田ハ無足扈従　櫟田ハ高取之故ニ）
（櫟田見福田于直下　而発言于其詞誇）乗夜張来櫟田ノ家結白刃櫟田素雖鍛練于剣業依
有雀盲之病辞終斃福田之剣下福田即席自裁其坐有津田茂太郎
乞之以錯即果ス既達　公聞津田氏又被命自尽（以錯家用人　原曾田左エ門）然ドモ不本人故
其親津田四郎左エ門如旧櫟田断絶福田養嗣子絲綿（今ノ家及　ノ家是也）徒然草駐キ中ニ
戯ル、モ人ヲ謀リ欺テ己ガ智ノ勝タルコトヲ興トス是又礼ニ非ベサレバ始興宴ヨリ発テ永キ恨ヲ結類多シ［史漢本傳］魏其侯武安侯ハ共ニ漢帝ノ外戚ニシテ名ヲ天下ニ見ハス酒酣ナル時ニ灌夫ガ酒失ニヨリテ両人中悪ク成互ニ恨ヲ含テ天子ヘ訴テ魏其侯灌夫ハ殺サレヌ

○仝沢村与右衛門ハ高取諸奉行ニテ洲本舩官（フナブギヤウ）ヲ勉ム是洲本舩官ノ始也角田安兵衛（近世角田小左衛門ト云士アリ此人ノ先祖歟）為ニ母方ノ祖父也嫡子ヲ伊左衛門ト云部屋住ニテ御暇ヲ願フ是ニ依テ親与右衛門モ一時ニ御暇ヲ賜ル後伊左衛門氏ヲ改テ周防ト称ス青山下野侯ニ仕ヘテ百五十石ヲ領ス（遠州濱松ノ城主也）

○仝田宮八兵衛ハ居合ノ妙手ニ依テ召抱之賜三百五十石（今ノ陶山金右衛門邸ヲ賜テ住ス）慶安中ノ事也嫡子孫之丞箕裘ヲ継テ程ナク病死其跡断絶ス弟与左衛門ト云紀州ニ行テ本手ノ居合ヲ学テ妙手也後須本ヘ来リテ師範ス津田畄馬ハ其弟子ニテ高足也畄馬ガ居合又近来ノ奇術也

（四）

○全稲田次郎四郎ハ領シ三百石ヲ今ノ廣田加左衛門屋布在嫡子某妾ヲ伴テ安呼
下村岩戸ニ参詣ス時ニ商人問屋某ナル者稲田ガ妾ニ戯レ無礼
アリ依之買人ヲ殺害シテ逐電ス其事ニ依テ父次郎四郎モ
御暇ヲ賜ル　或人評ニ曰嫡子斗リノ事ニテ断絶スベキニモ非ズ
其比岩戸大ニ流行シテ諸人雲集シ茶店等数十軒建並ブ
此故ニ諸士ノ参詣ヲ停止アリシヲ忍テ詣其上又傷ノ事有之故ナラン
○全岩間半兵衛翁助曾祖父或時ノ夏書院ノ庭ニ出草ヲ摘居ケルニ
雷霆烈ク庭松ニ震ヒ堕タリ半兵衛依然トシテ抜其子久左
衛門ハ出行シテ近隣ニ在ケルガ雷ノ我第ニ落タルヲ聞テ馳帰リ
父ヲ向ヘ氏家族不知ト云庭際ヲ見レバ草ヲ摘テ常ノ如シ久
左エ門父ニ向テ曰今ノ雷ハ我邸ニ落タリト覚エ如何ト半兵衛答テ
曰其ハ松樹ニ落タリト久左エ門父ヲ勧テ強テ内ニ入シム便房ニ至

至レバ忽顛倒シテ死ス其骸ヲ見ルニ五躰骨砕ケテ宛モ挑灯ヲ
畳ムガ如シ　評ニ曰雷鳴甚キ時ハ横ニ伏臥スルヿヨシト古人ノ説也
生木裂テ堅傑ヲナスヲ以テ知ベシ尤甲兵衛大男ニ過タリト云ベシ
○木林長左衛門（後号一則）家族ヲ伴テ京都ニ遊ブ時震雷客舎
ノ側ニ落テ一團火窓中ニ入窓辺ニ立タル男女二人忽倒死ス女ハ
須臾有テ蘇生スルヲ見ルニ額焦レタリ長左ヱ門家族ハ蚊帳ノ
中ニ在テ恙ナク彼團火ハ帳外ヲ回リ又元ノ窓ヨリ飛去ヲ見ル
一僕雷死セリ時ニ監街吏来テ雷死ヲ改ム亭主其由ヲ長左ヱ門
ニ告長左ヱ門曰我僕雷死スト雖何ノ子細カ有ン豈見分可受哉
ト監吏屡募レ共曾テ許諾セズ
○関左次兵衛無足扈從（紺屋街今ノ手代両人ノ第宅其跡也）性篤實　剛漢君痘
瘡ノ時諸士皆各日々ニ公邸ニ會勤シ其容躰御伺ノ為毎旬一人潜

城ニ行関渭城ニ至ルノ氏　君漸々御快然ノ趣聞ト等ク速ニ須本
ニ馳帰リ私宅ニ立ヨラズ直ニ諸士ノ街々ヲ巡リ　君御快然ニト高
声ニ詢回リケル又幼キ女児病死セリ関夫婦大ニ悲歎シ泣涙止ヿ
ナシ然ルニ一時黄昏庭上ニ赤キ手拭ヲ被キ歌ヲ謳ヒ踊ルヲ見レバ
死タル彼我娘之関が妻大ニ驚キ夫ニ告左次兵不審ナガラ是ヲ見
ルニ実モ我娘ニ違フヿナシ関則弓箭ヲ携ヘ忍寄テ射ントス妻ス
ガリ止メテ恨歎ク関忽怒ヲ含敢テ不聞急ニ矢ヲ放ツ過タズ
手ゴタヘス嗚呼ト啼テ忽其形失タリ家来團次ナル者ヲ呼テ提
灯ヲ照シ其血ヲ慕ヒ求ルニ堀端ヲ経吸江寺ノ上姥が渕ト云処ニ止ル
其穴ヲ穿チ見ルニ果シテ古狸矢ニ中テ死セリ関が第宅ハ元稲
田家ノ邸之関初　松寿院殿ノ御用ヲ蒙リ洲本ニ来リシ故稲田家
ヘ懇意之無邸故稲田家ヨリ恩借シケルニ家断絶ノ時過テ其邸

公収トナル処ニ其后手代両人ヘ賜ヒシニ左次兵衛ハ父関某ハ元具足
ノ塗師ニテ月俸二十口ヲ以テ召抱ラレタリ定テ性鉄ノ吹挙ナ
ルベシ其子左次兵衛幼童ヨリ稲田家ヘ立入木工右エ門太郎右エ門等
ノ御ト成テ共ニ木偶人ヲ弄舞シテノ戯遊セシ故父死シテ後家傳ノ
漆匠ヲナスヿ不能依テ俸禄五口ニ拾石ヲ賜扈従与ニ入ヒシトゾ
○堀田常意父ハ堀田大膳ト云越前忠直公ニ仕ヘ領六百石常意
初権左エ門ト云父子共ニ大坂御陣ニ出タル人ニ漂士ト成テ後生駒
讃岐守ヘ五百石ニテ仕ヘ又浪人シテ江戸ニ住ス其頃ハ御国ヨリ證人質
トシテ稲田弥左エ門ノ秀関ヲ江府在勤セシム弥左エ門常意ガ女ヲ
娶テ一女子ヲ産弥左衛門終ニ江戸ニ死去［舊写作常意當誤 蓋高政之弥左エ門矣］之後性鉄［五代植栄 享保十五卒］
須本ニ引取常意娘ニ随来テ稲田家ニ寄客タリ小銃(コヅツ)ニ名アリ曽テ越
前ニ在シ時如何ニシテヤ鳥銃(テッホウ)ニ中リ其ハ鉛子(タマ)股肉ニ留リ老年ニ随ヒ下降

六

シテ髀上（ヒザカシラ）（先写有脱字畾以髀上補之）ニ在シト云或時性鉄常意之嗜ム炮術ヲ見ニコヲ
聊望ス常意老眼目當難見ト目當ノ的角ヨリ糸ヲ引其端ヲ帯ニ
結テ放ツニ三発三中ス鳥銃（テツホウ）前ノ照星（メアテ）ヲ手拭ヲ以テ巻包ム人其故ヲ問
答テ曰前ノ照星ヲ用ルハ初心ノ態ス步ク心有ハ筒先ノ照星ノミニテ済
ニト又一時性鉄曰一伯公（忠直公ス）水練熟達ノ名アリ水上ニ坐シテ同水練
士三人ヲ集メ膝ヲ居サセ給仕セシメテ食セラルト聞貴客モ定テ水練ノ術
有ベシ希クハ其術ヲ見ント諾壮年ノ時ハ専一伯公ト共ニ其術ニ遊ブ事
久シ中絶且老年（時ニ七十余歳ス）旧業究テ拙カラン然𪜈難黙止ト千草ノ下
流切石ノ渕ニ至水練ノ術ヲ行フ性鉄率家士ニ見之常意裸躰ニ
成テ渕底ニ飛入浮ミ不出コ数刻初ハ是ナシ一術奇曲可有ト各
渕ヲ守詰テノ時ヲ移スト雖不浮出待ニ倦デ老躰若過ヤ有ント
家士ノ中水練ヲ得タル者ヲ撰ミ水底ニ入テノ見来シコヲ命シ既ニ

飛入ントスル時漸常意浮出テ善ナシ夫ヨリ水上ヲ游キ屢奇術ヲナシテ目ヲ驚セリ術終テ性鉄曰初水底ニ在テ久ク不浮出モ又一術ナラント常意曰否初飛入時轉筋シテ足癱ニ働コヲ不得淵底ニ坐シテ是ヲ撫摩セリト云此人九十一歳マデ存命ニテ有シ常意ガ娘ニ出生ノ弥左衛門ガ女子ハ寺西金右衛門ヘ嫁ス

○（全）秀関ノ才召出サレテ鳶中大夫（今ノ太郎右衛門先祖也）其ハ才木工右衛門モ五百石ニテ又中老タリ明神前今ノ濱郎ト称スル処是其郎也後洲城ニ移リ隠居シ宗鉄ト称ス其子團右衛門ノ代ニ乱心シテ断絶其子多左衛門御廣間扈従ニ被召出是性鉄三百石ニテ組下ヘ加入ノ願ニヨレリ然レ共太左衛門中老ニ非シハ御受難仕ト云依テ性鉄ノ勘気ヲ受御暇ヲ乞浪人ス後不性既ノ時ニ構トシ扶持ス太左衛門一女有テ死ス其跡ヘ稲田九衛門翁（号退）ガ才官太夫ヲ入テ後室ニ娶セ一女三男ヲ生ス（富高氏 一男三女ノ誤ナリ）

七

男ハ早世ス其ハ母死後一女ハ富田弥次右エ門ヘ嫁ス其次ハ廣田加左エ門

妻其ハ次ハ福田平太左エ門妻也

○桑原善左衛門ト云士アリ五百石ヲ領シテ新庫吏タリ今ノ清水秦左エ門処ニ居ス浅井佐五右エ門モ住之手

此邸中ヘ雷落ル事三度ニ及フ曽テ倉廩ノ事ヲ司リ

有テ過失ニ自己ノ引負ト成正保四亥年於テ江国寺中ニ切腹ヲ命セラル二男子

アリ兄ハ十一歳弟ハ九歳也共ニ於テ江国寺ニ打首ニス此時兄ニ先ジテ弟

駕ヨリ出ントス其出ヲ伺待テ首ヲ落ス兄次テ駕ヲ出ル処ヲ同首ヲ

斬見人無不咽涙桑原女ハ小川市郎兵衛が妻也因之父子ノ墳墓今ニ

小川家ヨリ弔フト也切腹ノ後桑原が引負ニ非ル事明白ニシテ衆人借之

トゾ此引負ハ米金ニモ非ス僅ニ垂木十本也ト云リ

【愚同云】桑原が家墜雷及三度是凶変ノ前兆ニヤ世俗雷鳴ニ桑原々々源左エ門ト兄呼スル事其故ヲ知ズレ氏其姓称能似タリ然レ氏雷ヲ避鎮ベキ事蹟ニモ非ズ強テ評セバ桑原氏無実ノ横難ニ死タルヲ悼ミ其ハ迷魂ヲ弔慰シ且雷ハ天ノ怒ニ菅公無実ノ讒ニ配処ニ薨シ玉ヒシ后禁庭ニ雷ノ落シヲ菅神ノ恐恨ノナス処トス今モ桑原が冤死ノ幽魂同氣ヲ求テ天怒ニ誘引セラルヽシ是ヲ天ニ訴テ雷ヲ消ルモノカ源ハ善ニヒヾキ相似タルヲ以転誤カ

○稲田植治（九郎兵衛 号天竜）　洲本ノ執政タリシ𪜈器量有テ可レ感ヿ多カリケレ𪜈
不幸ニシテ廿九歳ニテ死去ス執政三年間之是ヨリ前部屋住ニテ本藩
執政ノ側ニ加ヘラルヽヿ数年之其項ハ渭城ノ国老各都テ執政職タリ大
炊ガ腰ニ長門印籠ト云狂哥モ其氏ノヿト聞リ　洲本執政タリシ𪜈會聽
ニテ諸監官ヨリ伺出ルヿ有レハ管轄(モトシメ)糾官(メツケ)ニ對シ各思慮如何ト問テ先聞レ之
其上ニテ決断ノ指揮アリ（其項ハ孔目官(モトシメ)游徼(メツケ)小邏卒(コメツケ)ニ至マデ執政ニ一坐セシトゾ）　若諸府尹(ブギヤウ)過失アレバ親(ミヅカラ)
是ヲ叱スルヿ屡アリト虽敢テ罪スルヿナシ或人執政ノ思慮諸憲官(ブギヤウ)ノ意
ニ合ザルヿ有テ是ヲ説ケバ我過テリト則改(アラタム)之トゾ享保ノ初年新倉廩
ノ監官私欲ノ吏有テ世上専其沙汰ニ及ブ折節天竜渭津ニ渡渡ス
賀嶋主水（号右中）豫メ其沙汰ヲ聞故天竜ガ意ヲ捜ン為遮テ洲本新
庫ハ如何ト問天竜答テ彼新庫ハ国民ノ税租ヲ取立納置諸士ノ
俸禄ヲ配賜シ且諸抽税(ウンジヤウ)ノ金銀ヲ収ムト左有(サリ)気(ゲ)ナク云ケレバ右中其

八

意ヲ汲得テ再ヒ不問ト是躬不開ヿヲ問フ故ニ設一答塞其問也

○近キ頃近須本江国寺通ト下代街縦横ノ四會溝町ヘ抜ル西角ニ上銀方役處アリ予小童ノ比迄アリ是下民為冥加不語寡多不恥微卿任自意願上銀者其銀ヲ收納之処之何ヒノ比ヨリカ廃シテ無其役所怖ニ上銀者甚稀ニシテ其ハ官人ノ輩徒ニ消烏免費多ク益少無用ノ役処故廃之乎今時ハ新官庫内ニ有御銀方而司金銀出納近歳入田村加平次ガ上納ノ冥加銀モ即收此處也

○近キ頃須本鍛工初街ニ福家仁右衛門寺田某ナル豪富ノ漂士有ニ家共ニ廻財脚于四方以金毋産子潤屋然ルニ先年被為行徳政宝永四有徳政此年手依之両家共一時ニ没落ス彼家非賈人非仕官無産無禄故母子金一時ニ為虚無再後可産子無母金寺田者至浪花以残金公義ノ求ニ与力株ト云予小童ノ比ハ無其跡ハ家在初街之北側福家者南側折廻于

画者稲田平三郎君

西隅而（医生島本氏節差ノ角合之）高甍唐破風之言閑臨ニ衢列ニ而階級高而小童ノ比隣ニ
亦無財ノ有其餘波而乍ニ無禄之漂士用人有ニ桂本林右エ門而（共ニ二男 桂本永困ト初云人龍ト為坊叙）
（立ニ身而改名永太夫嗜画）家支都ニ委之且桃ハ不知世営婦人ハ遊楽消日而随テ因人見ニ
桃節ノ雛ニ仏壮飾之官士津田氏（四郎左エ門甚ノ父養父）之氏族之一旦仁右エ門宗家四郎左
衛門ノ為ニ嗣子（実子茂太郎有故切腸ノ跡）妻子共ニ引移国老稲田君ニ始謁見登城ノ日既
謁式相済ニ出于御言閑忽発卒中風即死津田家又自他為養子連
綿福家於茲断絶兵世壮之時　国君之捧御用金（飴屋五三郎以名目上之）零落ノ後
以年賦被返下即当邑御年税之内依御切符自当村年々拂于飴屋
五三郎（今側堀端角木商土佐屋市左エ門司返賜来故拂茲）惟フニ徳政ハ借負ノ人ハ寔ニ徳政之貸主ハ又大ニ損政
也害人之罪人者罰ニ一人ヲ助衆人之貸人金者ハ補他用ヲ助人之然ルニ衆人共ヲ得
利獨貸主及滅却ハ迷惑ノ至之以頼母子助ニ一人ヲ勠ニ多力ヲ建立堂搭
徳政ハ相反之故ニ近時ハ古借有利下之命而返済年限中以早利皆済之

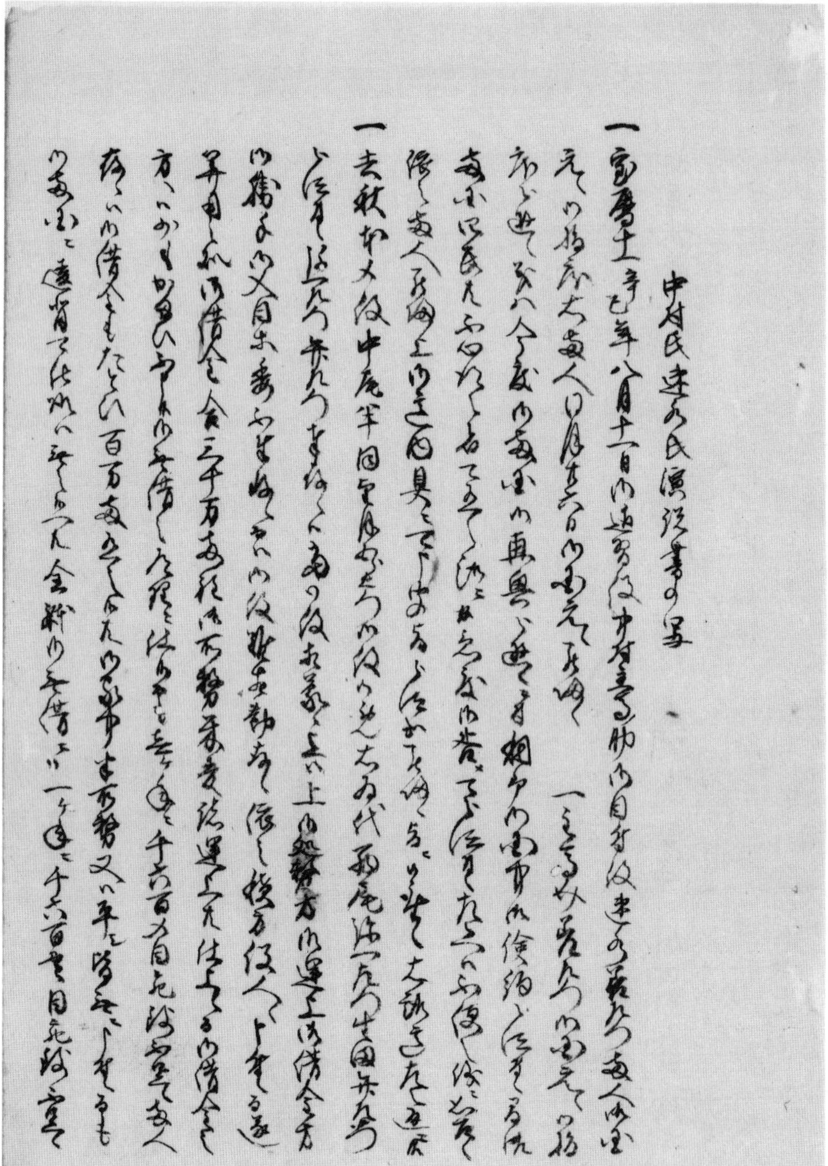

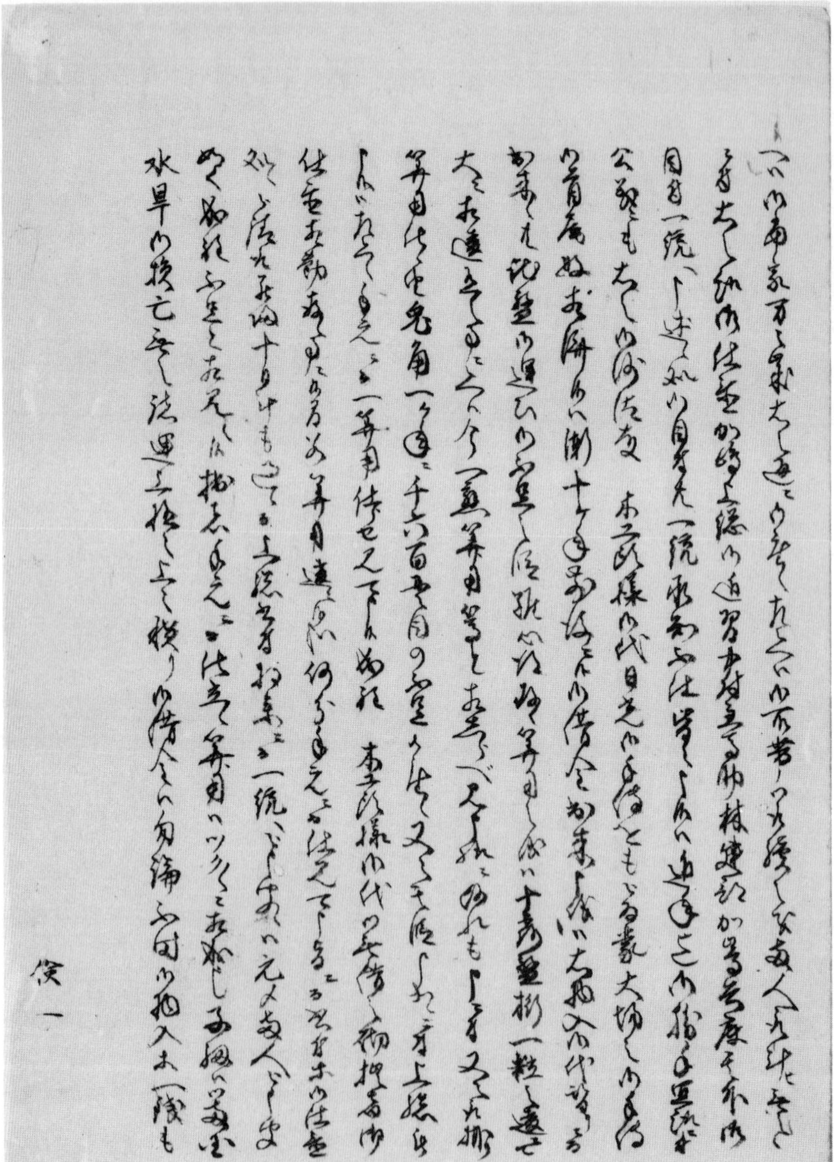

○小栗孫五郎 滑負常陸国ニ於テ三万貫ノ知行ヲ玉フ此比銭十貫文ヲ以テ米五十五石ニ直ス六今ノ知行十万五千石ニアタル

救民要覧曰盂蘭盆ハ此レ秋子ノ申ハ孝ヲ報レ恩ヲ救レ苦ヲ之要以テ目連救母ニ為ル始ト也梵語ニハ盂蘭此ニハ云フ倒懸ト也盆則此方ノ器也 翻訳名義集曰盆ハ是

貯ヘ食之器也以羅ニ百味ヲ盛ニ貢ツ三尊ニ仰キ大衆之恩光ヲ救ニ倒懸之窘急ヲ［嶋云］支ノ
用ニハ非ヒ毛年浪艸盂蘭盆ノ条下ニ見タル故倒懸ノ熟字為ニ字義参考記之
是ハ下の分を上て九重て夜の救と[illegible]ハつても前に記し付置て又前の救とも是
後ハとあき[illegible]更上の[illegible]とハ子迷ひの後の[illegible]付節の
[illegible]ハ[illegible]上とと人会ニ倒[illegible]物も[illegible]方便
[illegible]ハ一二ノ家老之[illegible]ハ[illegible]二千石二男[illegible]千石宛
以下ハ五百石或ハ中老之二男二百五十石物頭ハ二百石宛百石[illegible]之新地ハ
四[illegible]戸か様ハ[illegible]戸格式百石[illegible]百石其外ハ[illegible]格と[illegible]
格式数年[illegible]年[illegible]の減少[illegible]今の[illegible]上
[illegible]文[illegible]御知行石数ては[illegible]各二男三男[illegible]
[illegible]文[illegible]我末二男盤千代之分地ハ以て代々御知行高[illegible]上
[illegible]ハ小家と並[illegible]二三万石ハ[illegible]千石[illegible]二三
万石と[illegible]朱節文代[illegible]實野[illegible]恒て進ミハ[illegible]
[illegible]の[illegible]法然の家老用人と[illegible]段へ

候ニ

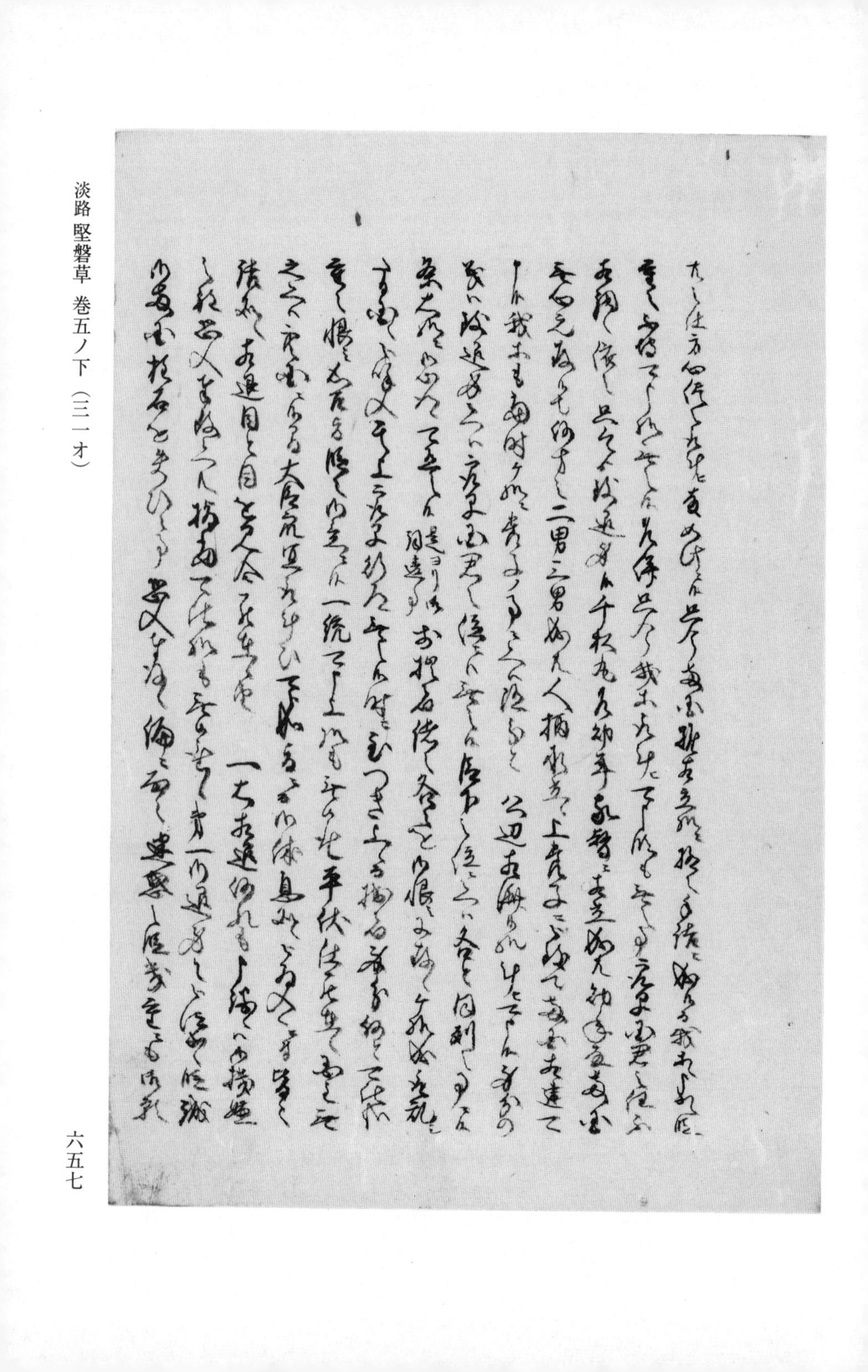

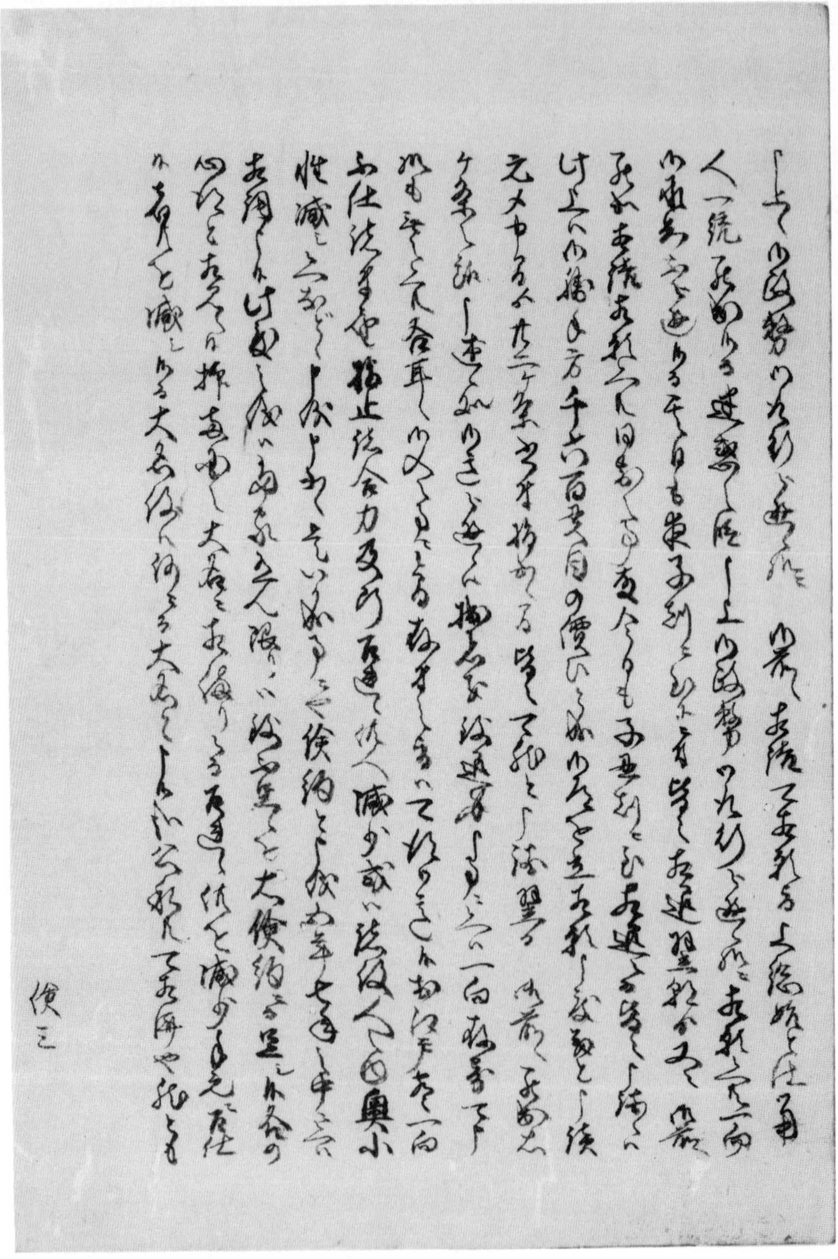

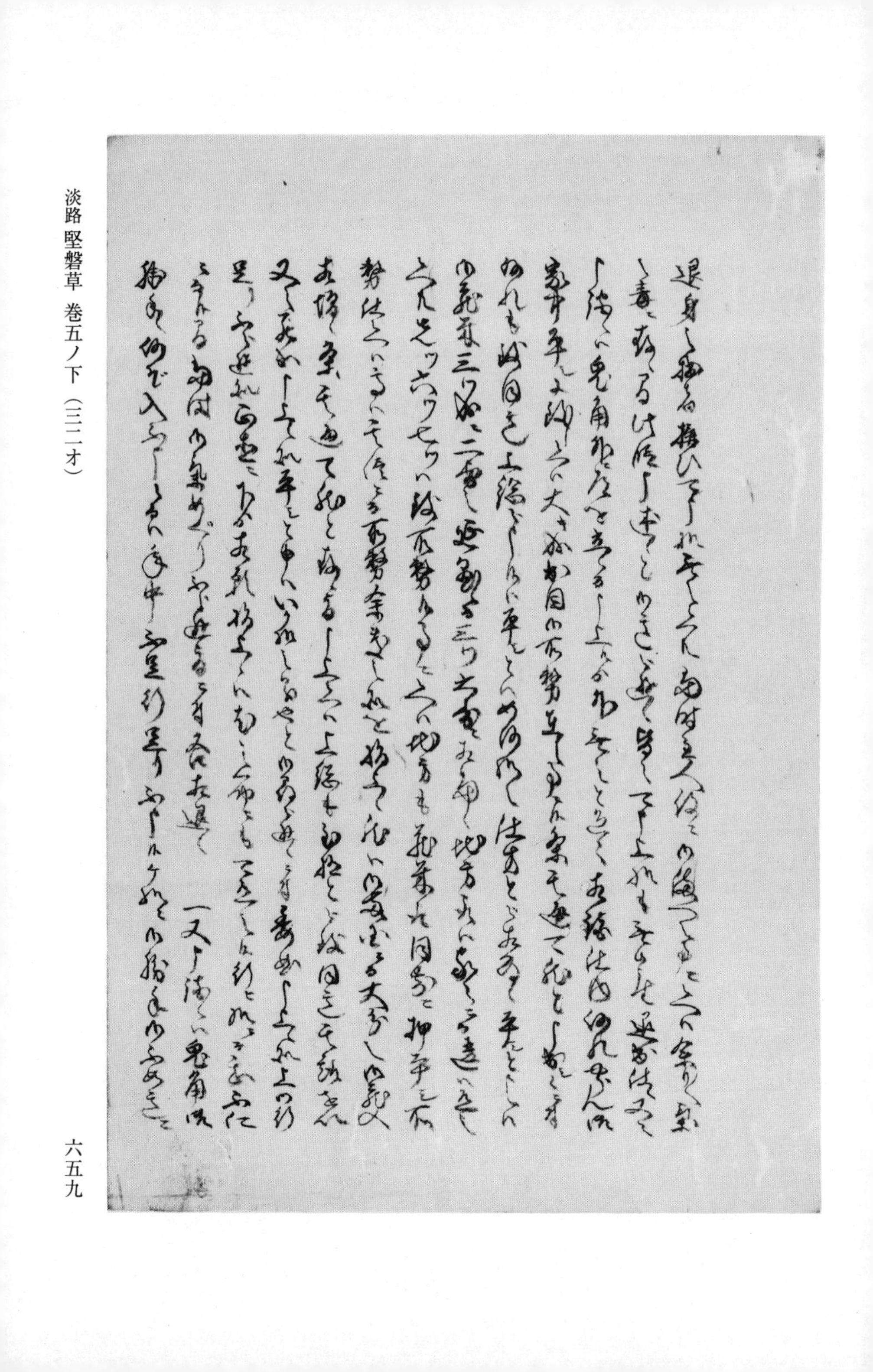

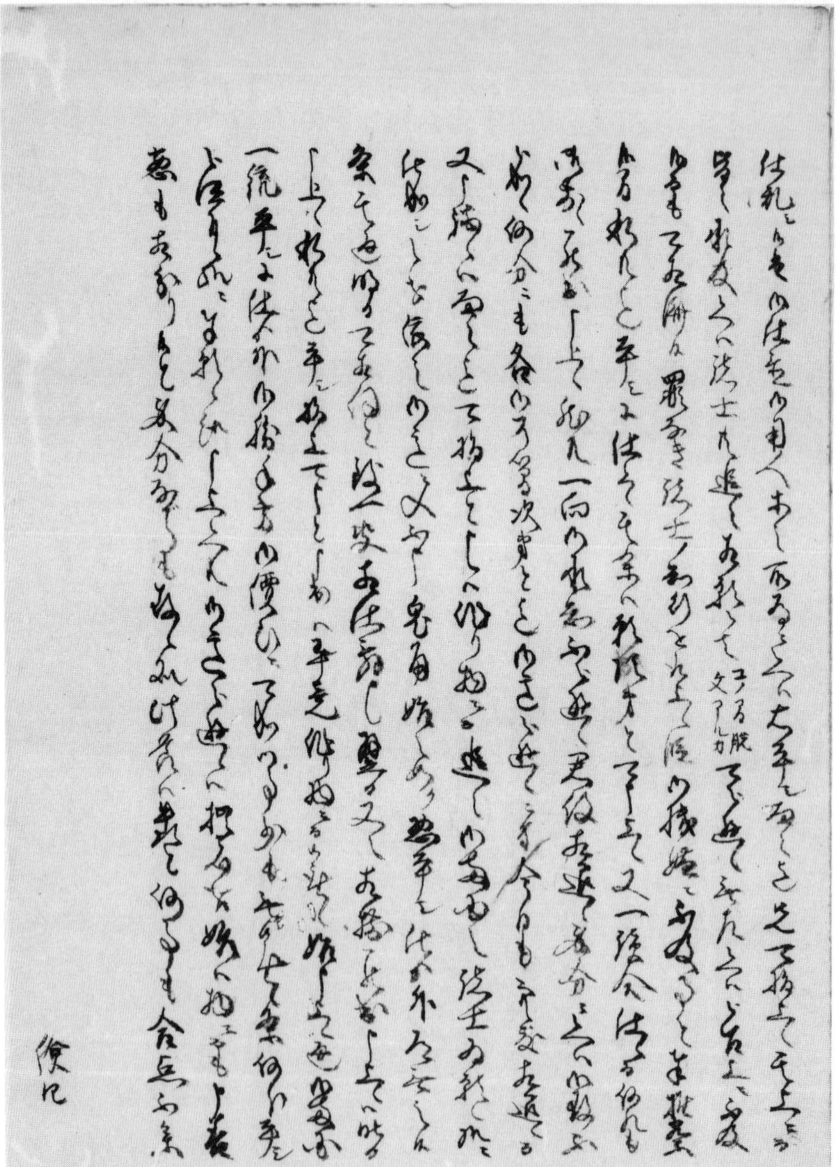

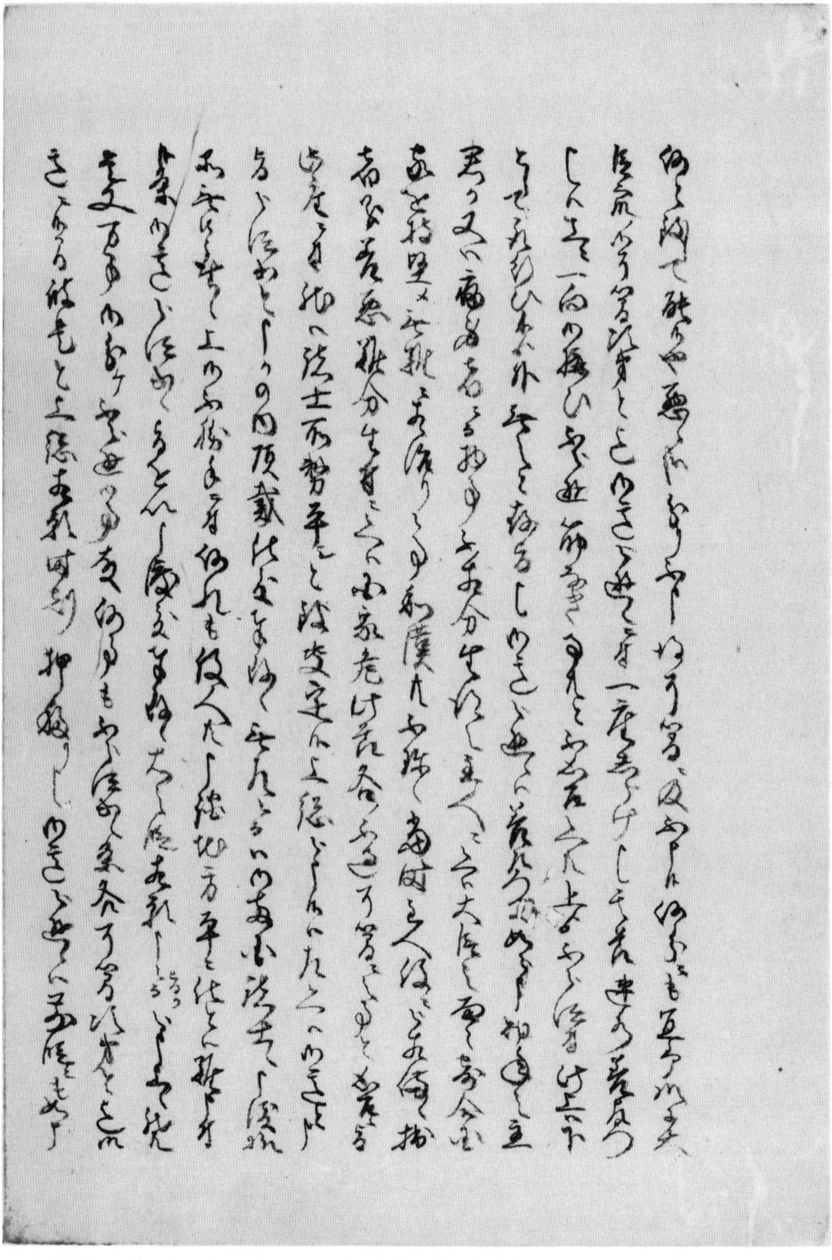

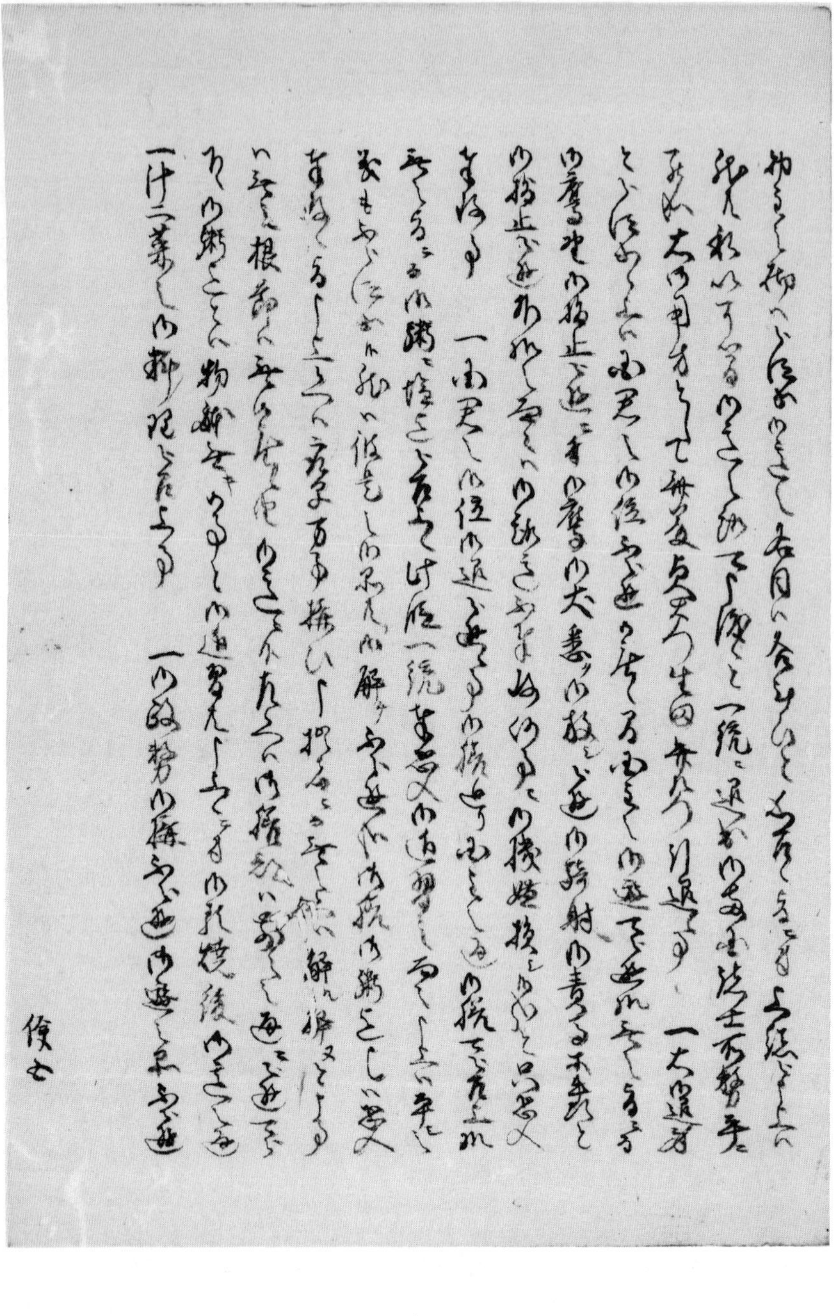

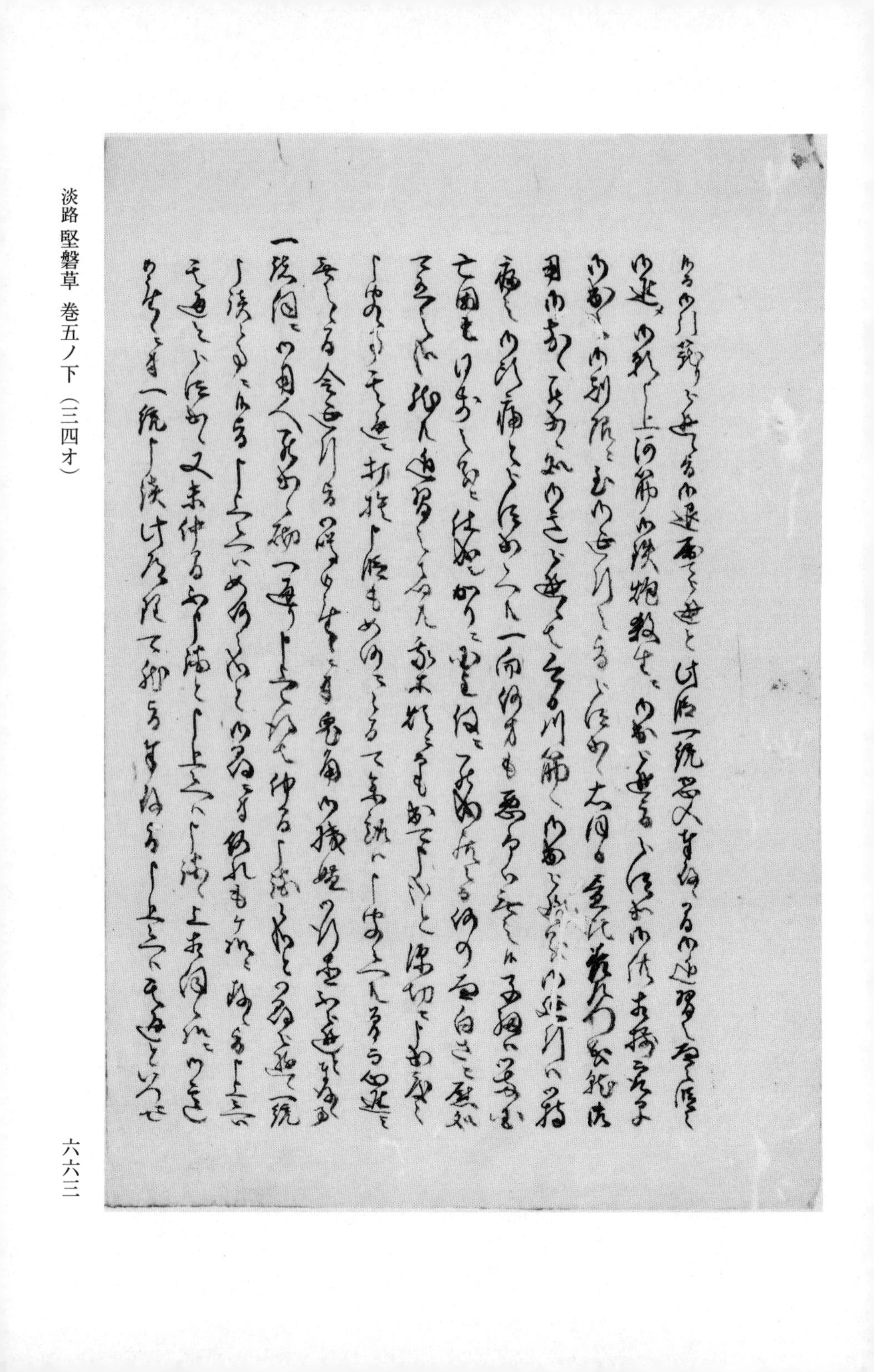

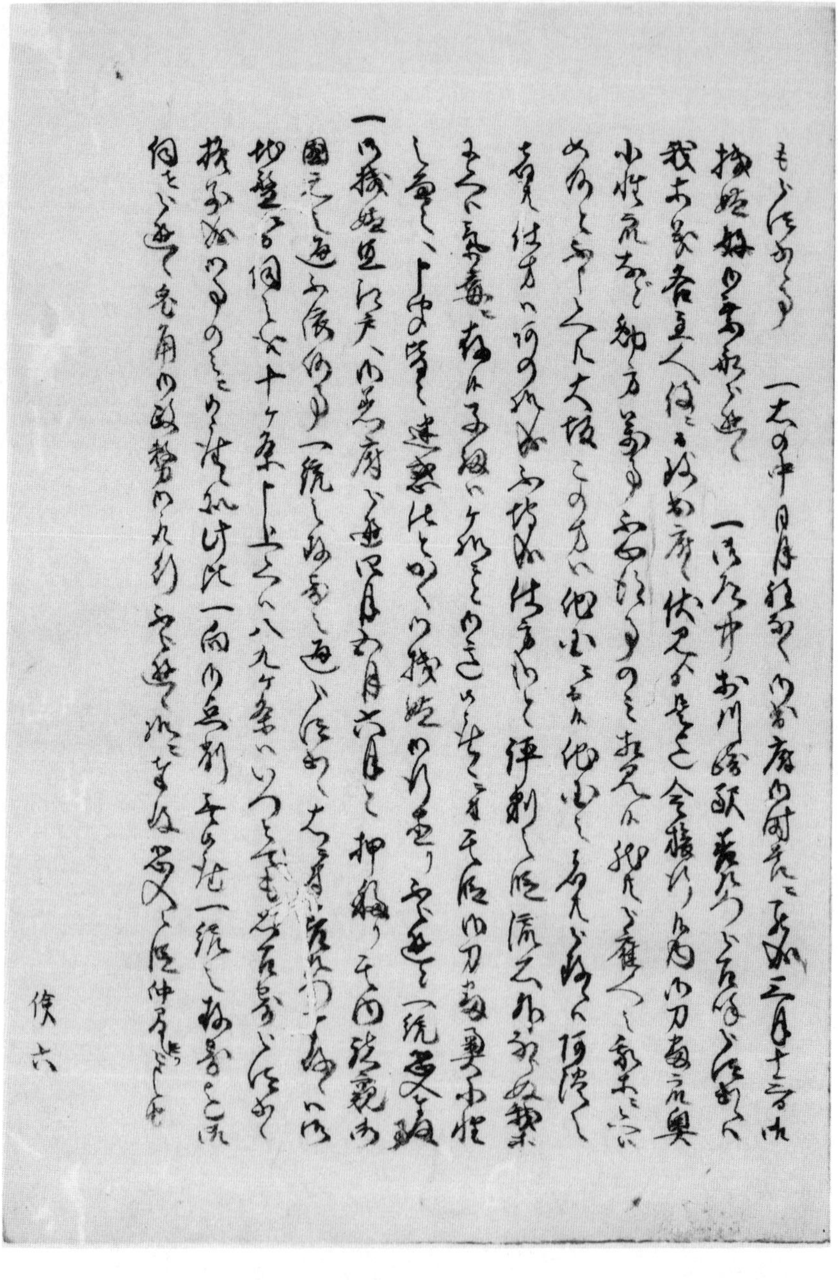

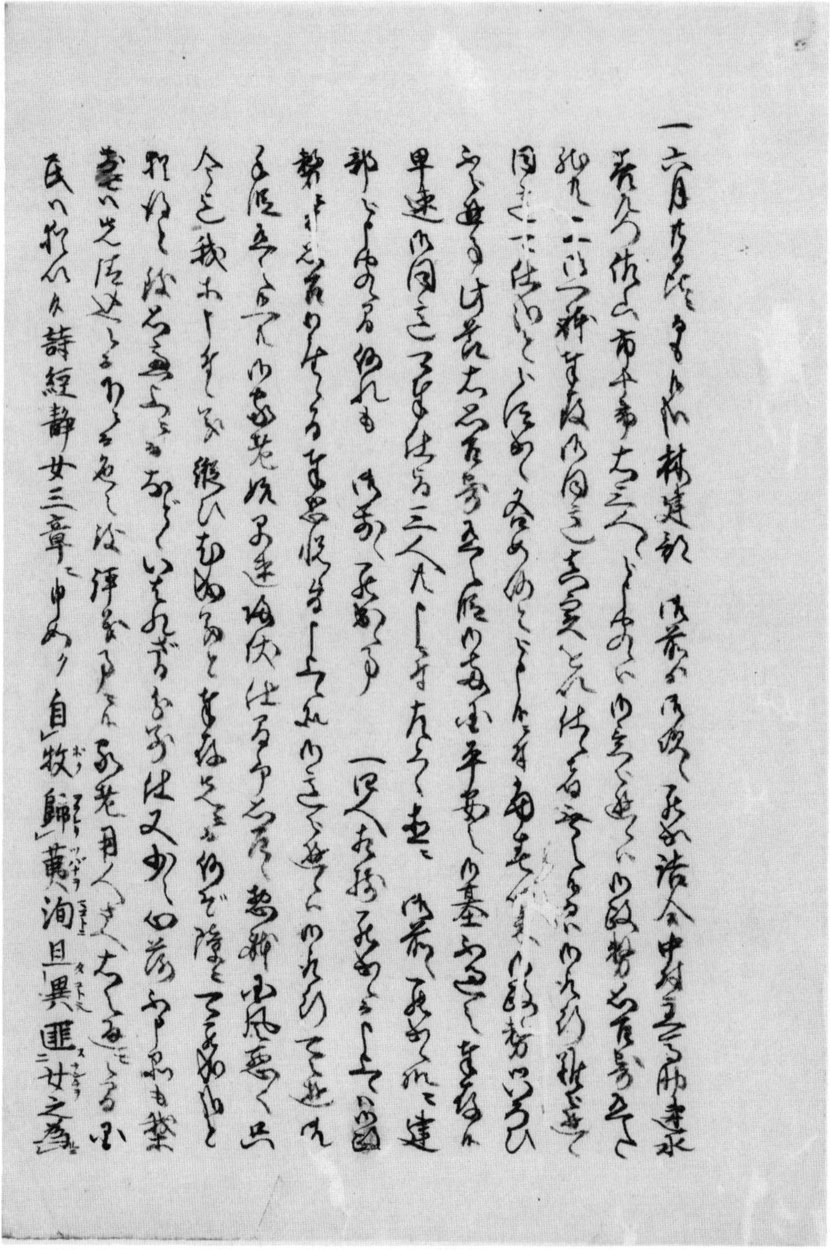

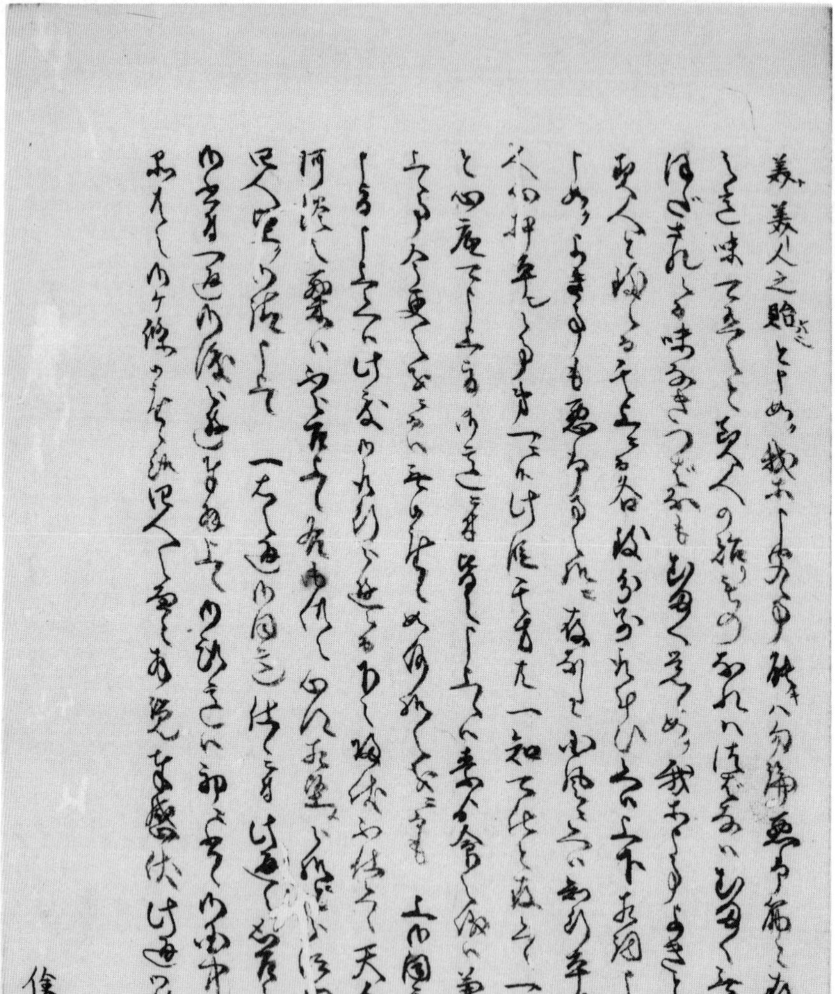

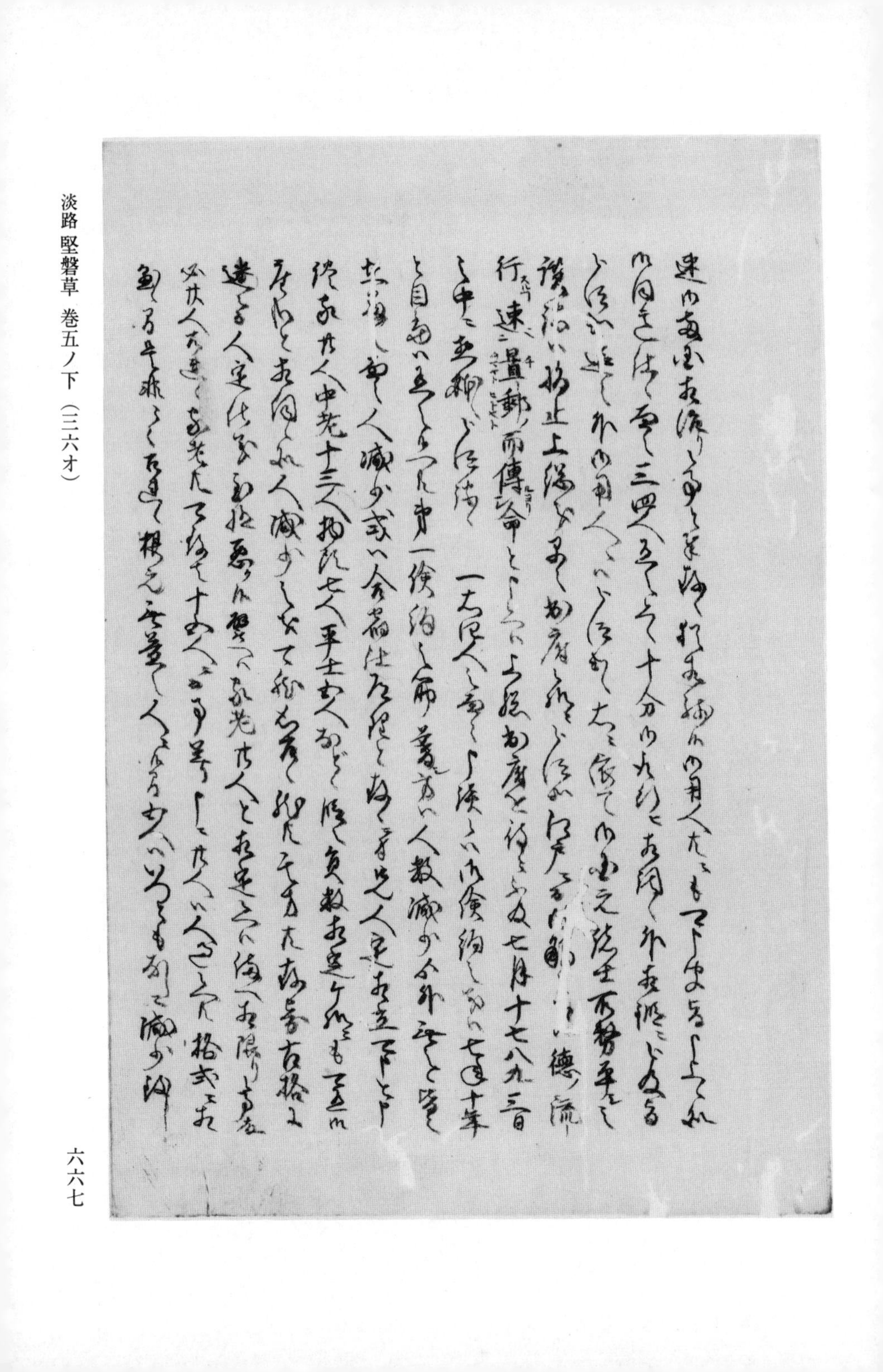

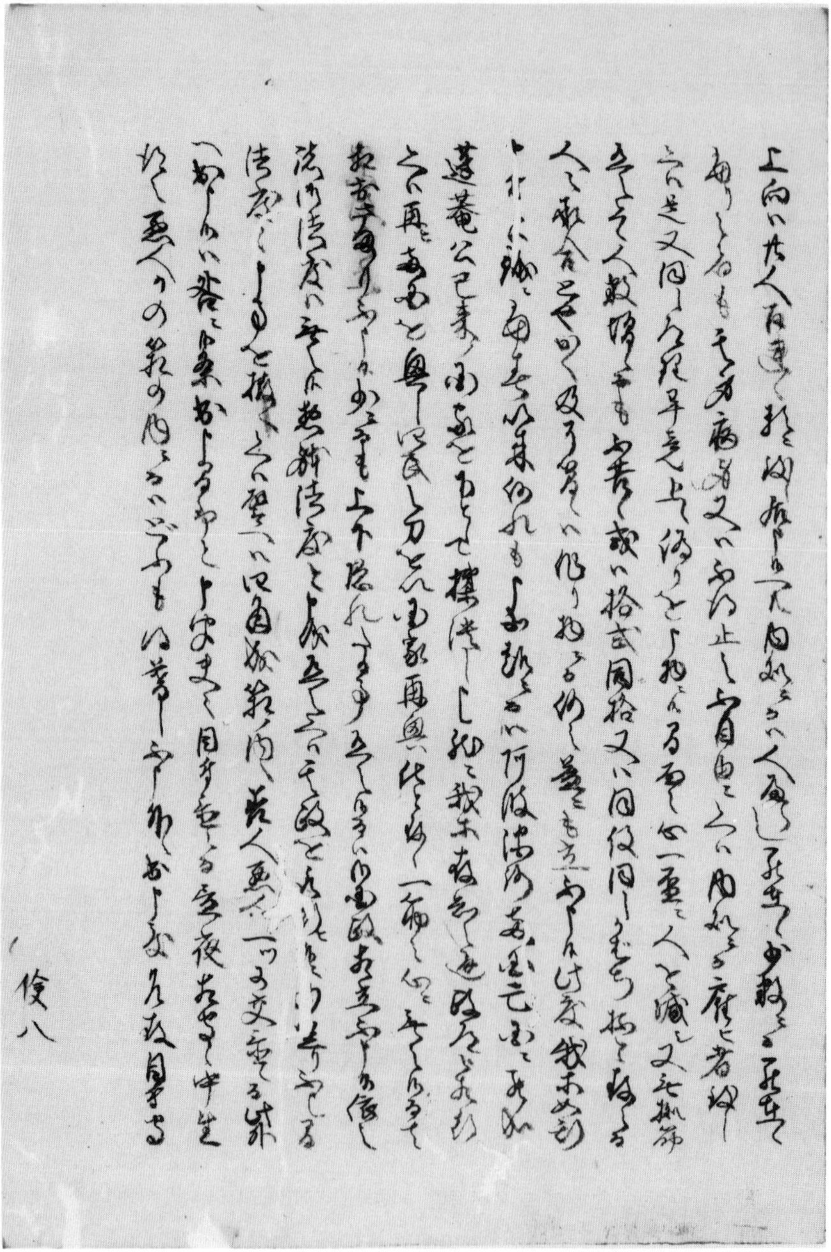

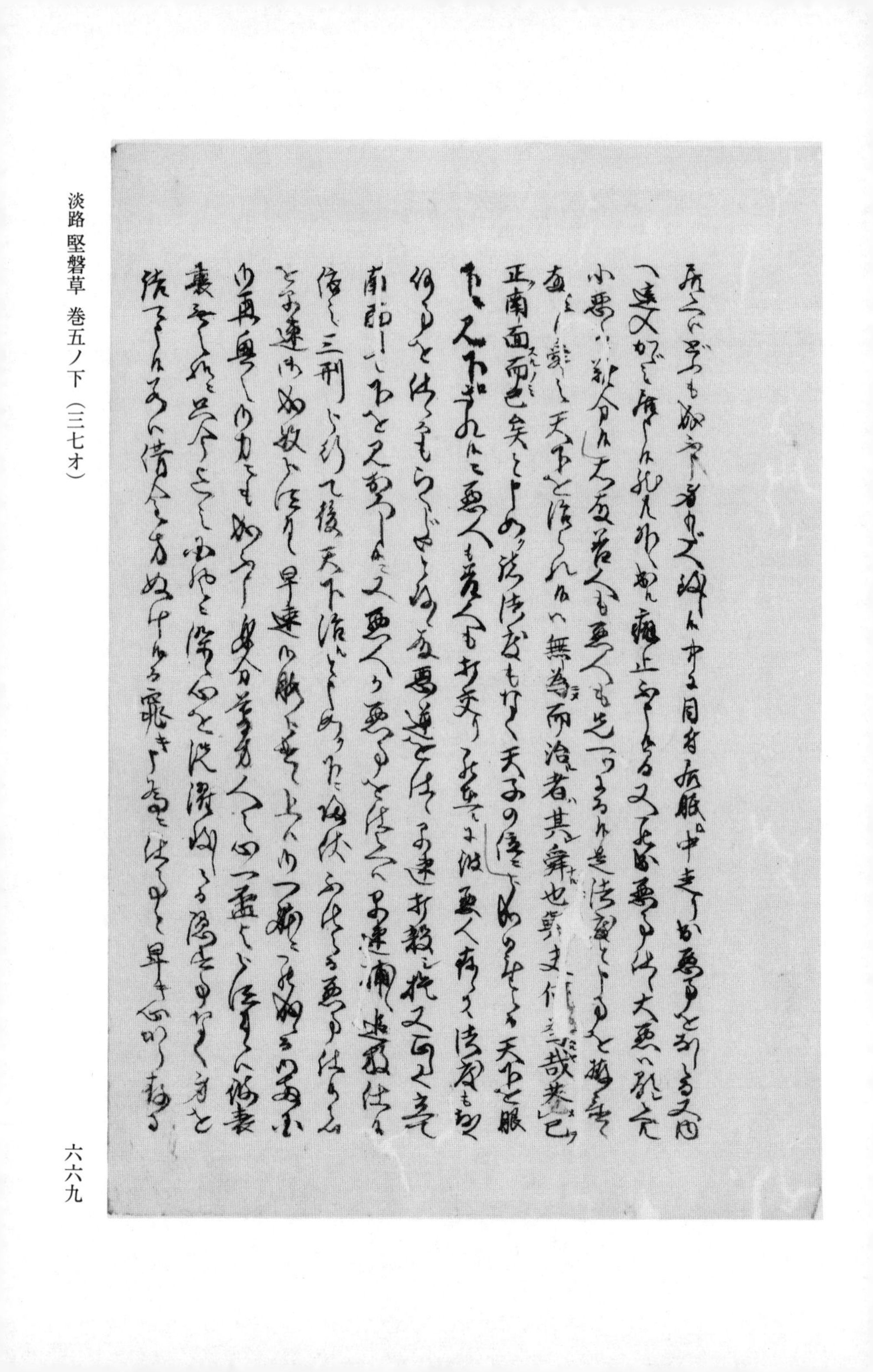

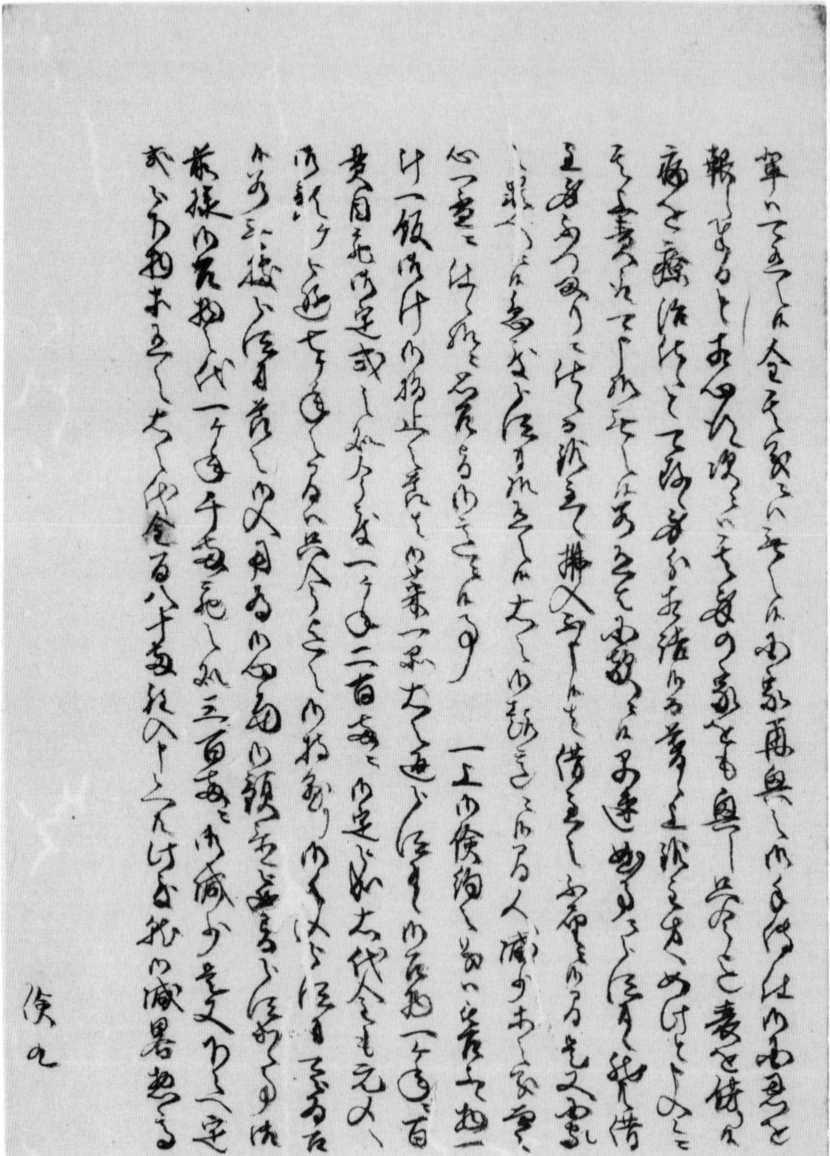

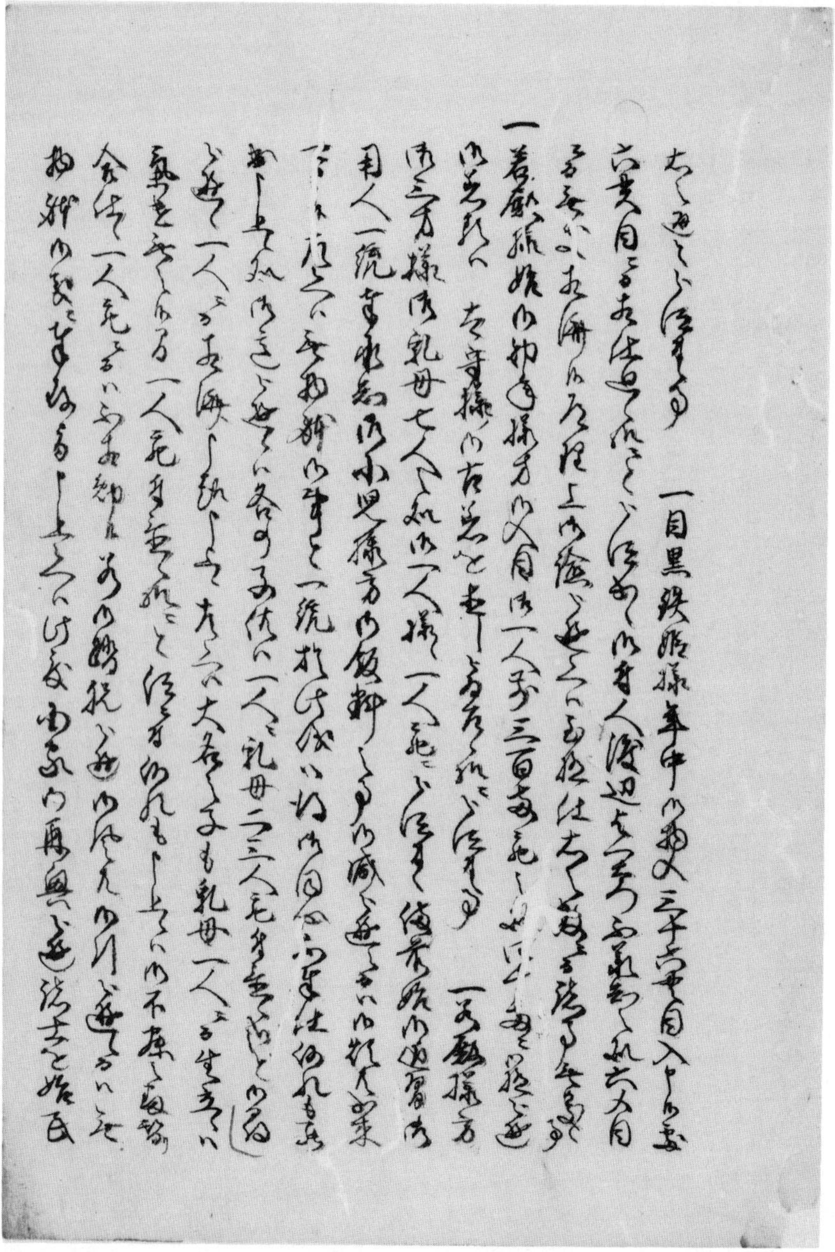

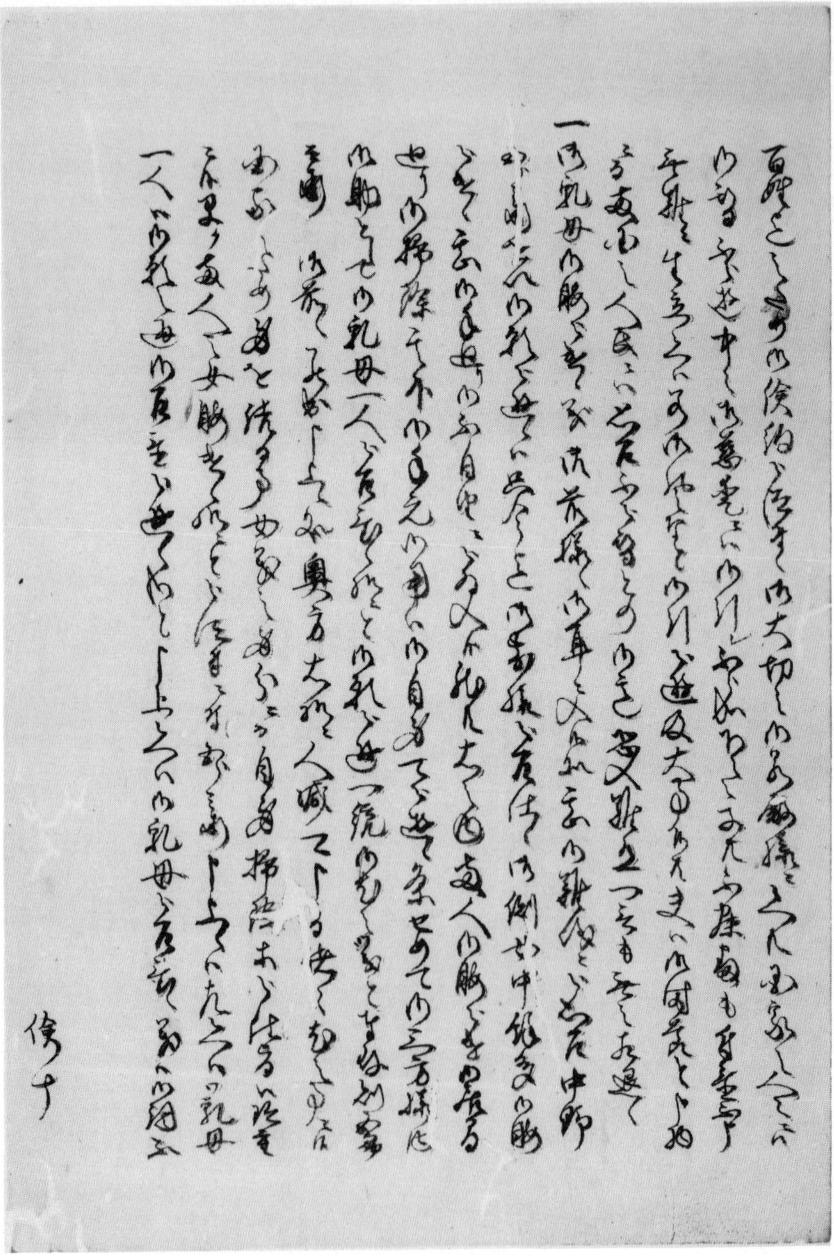

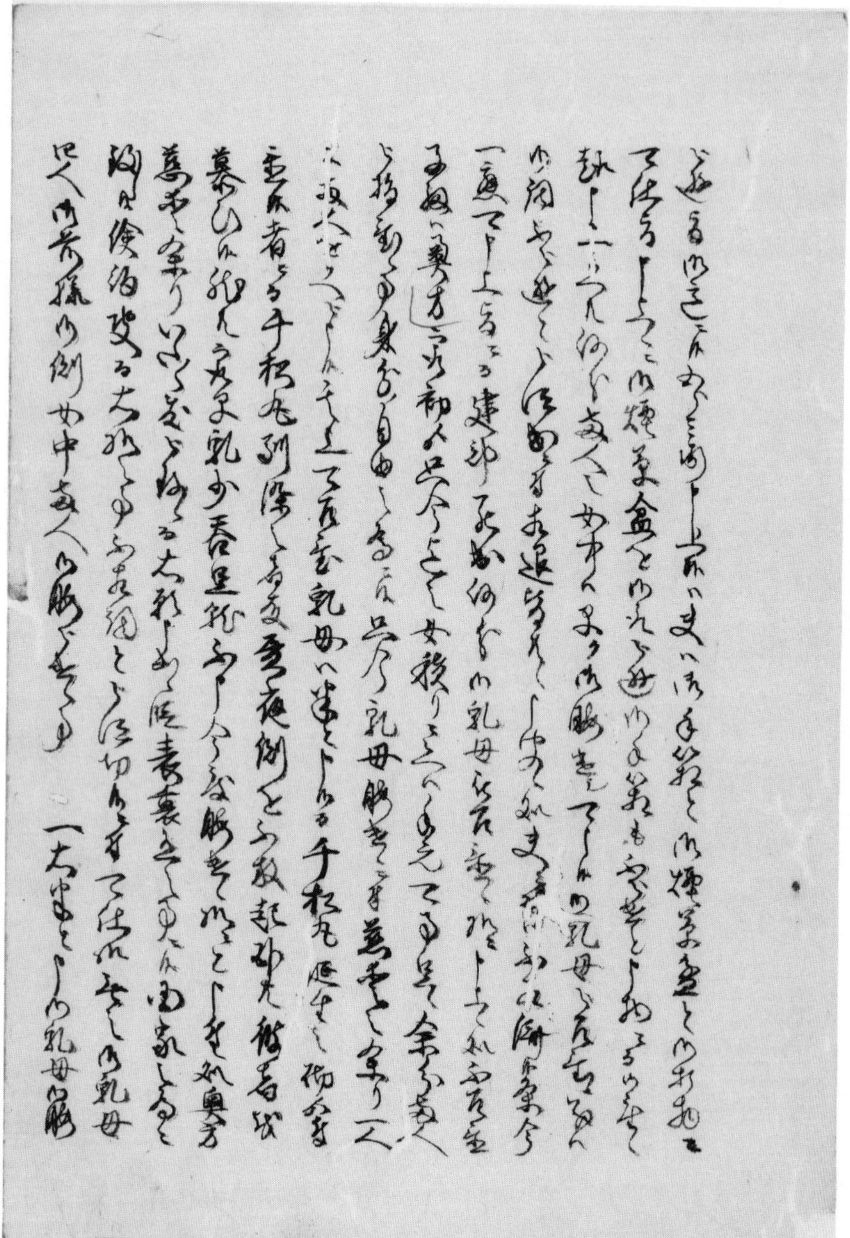

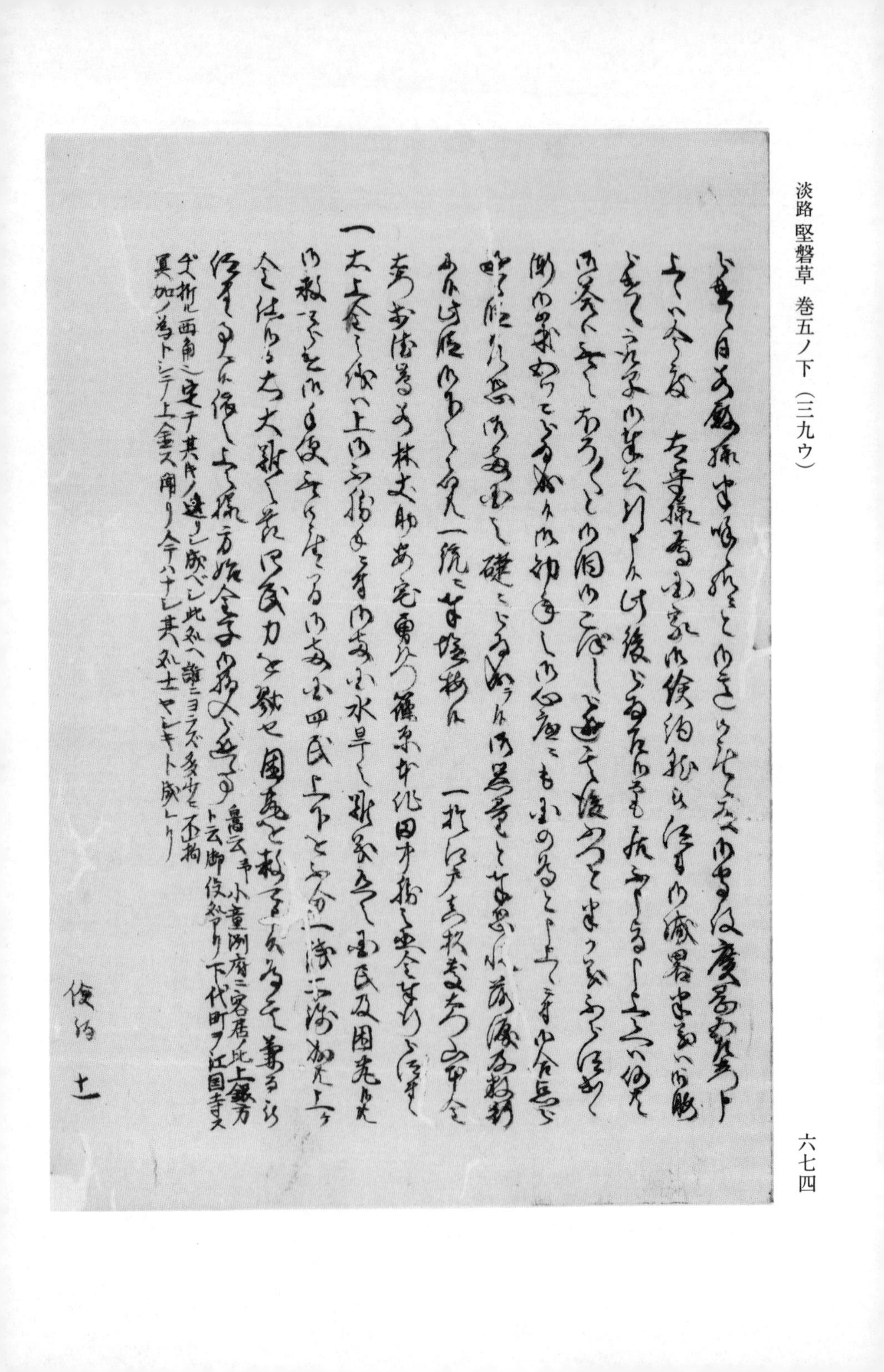

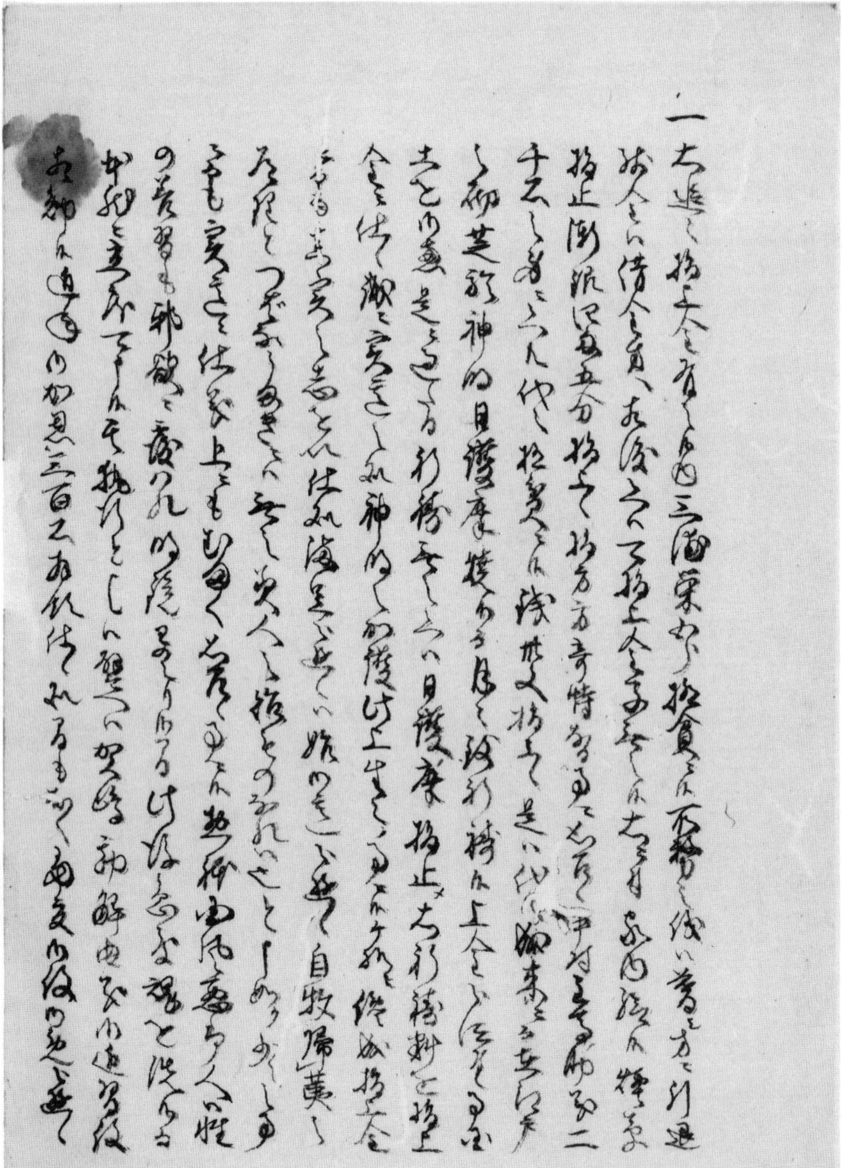

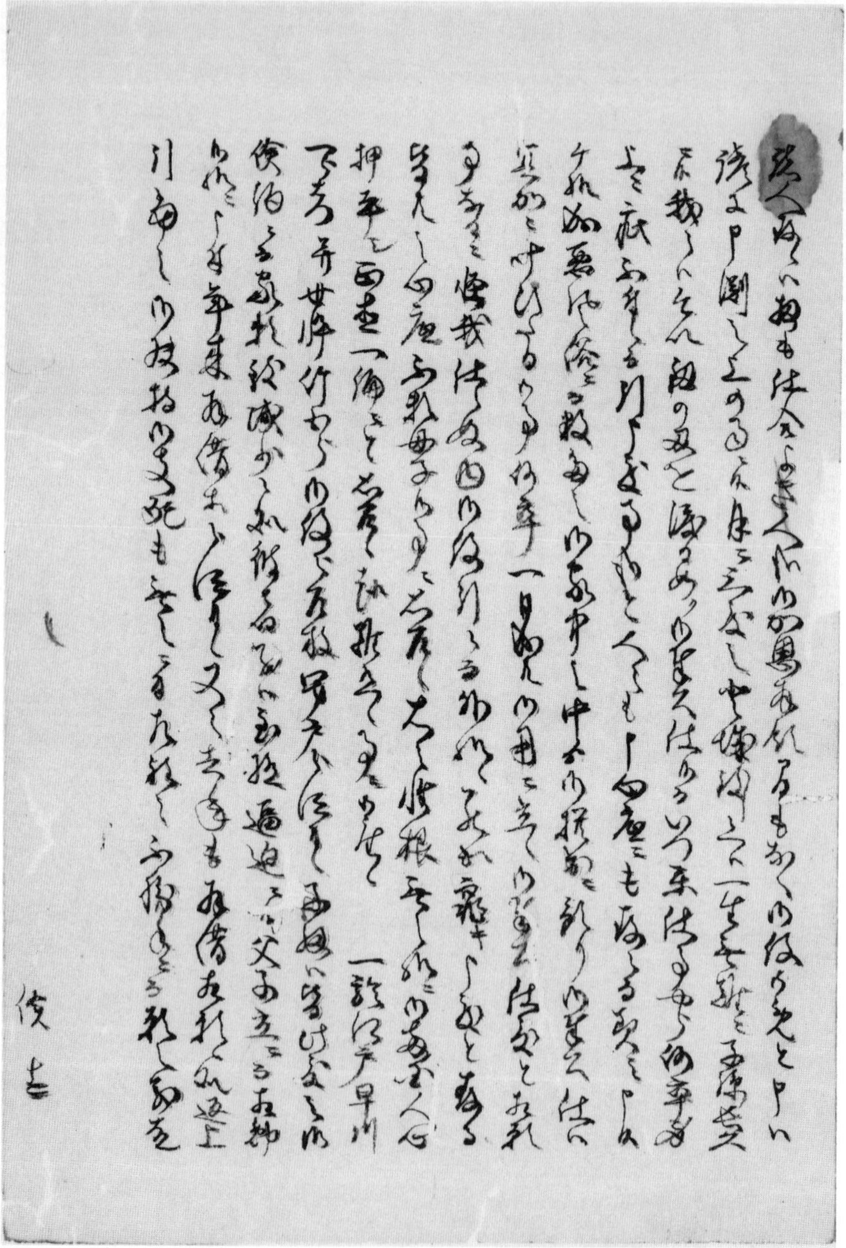

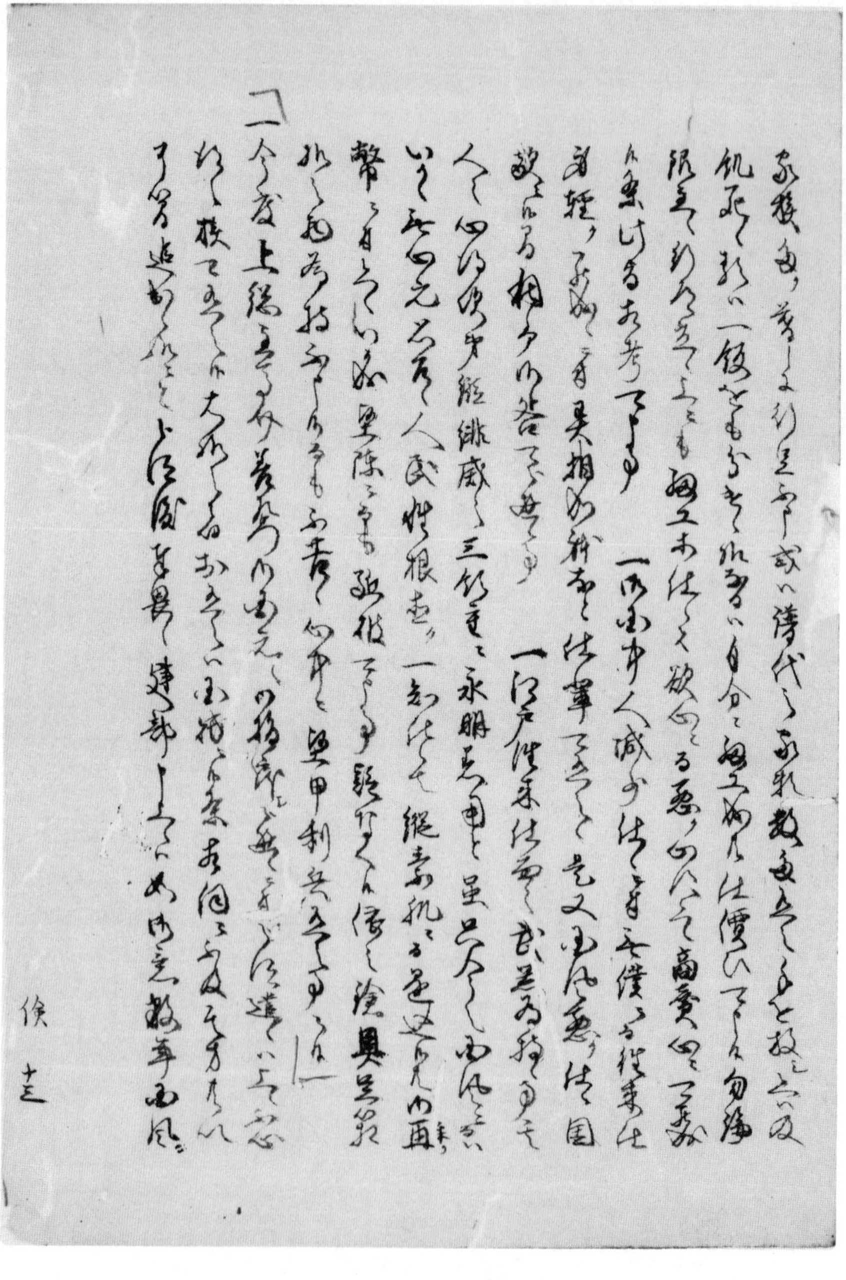

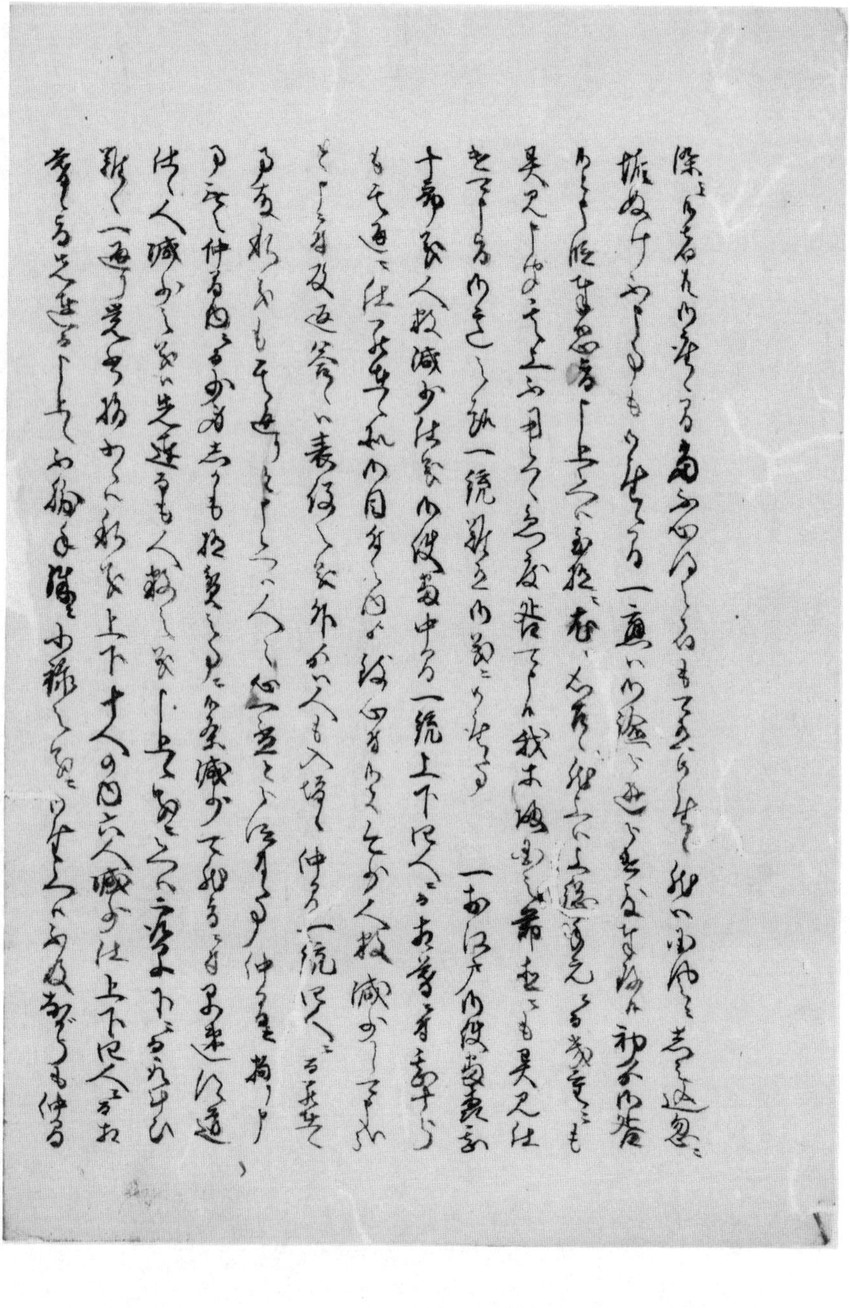

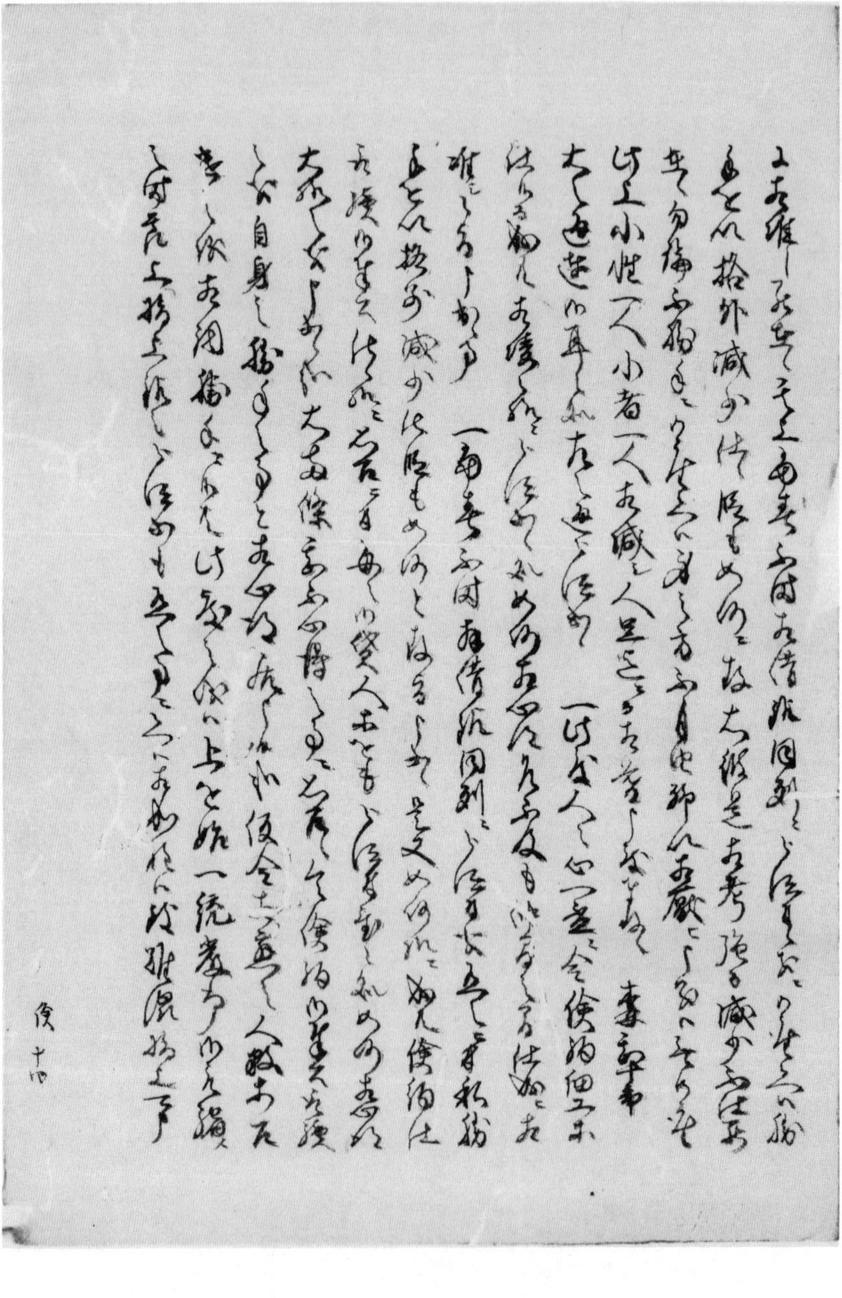

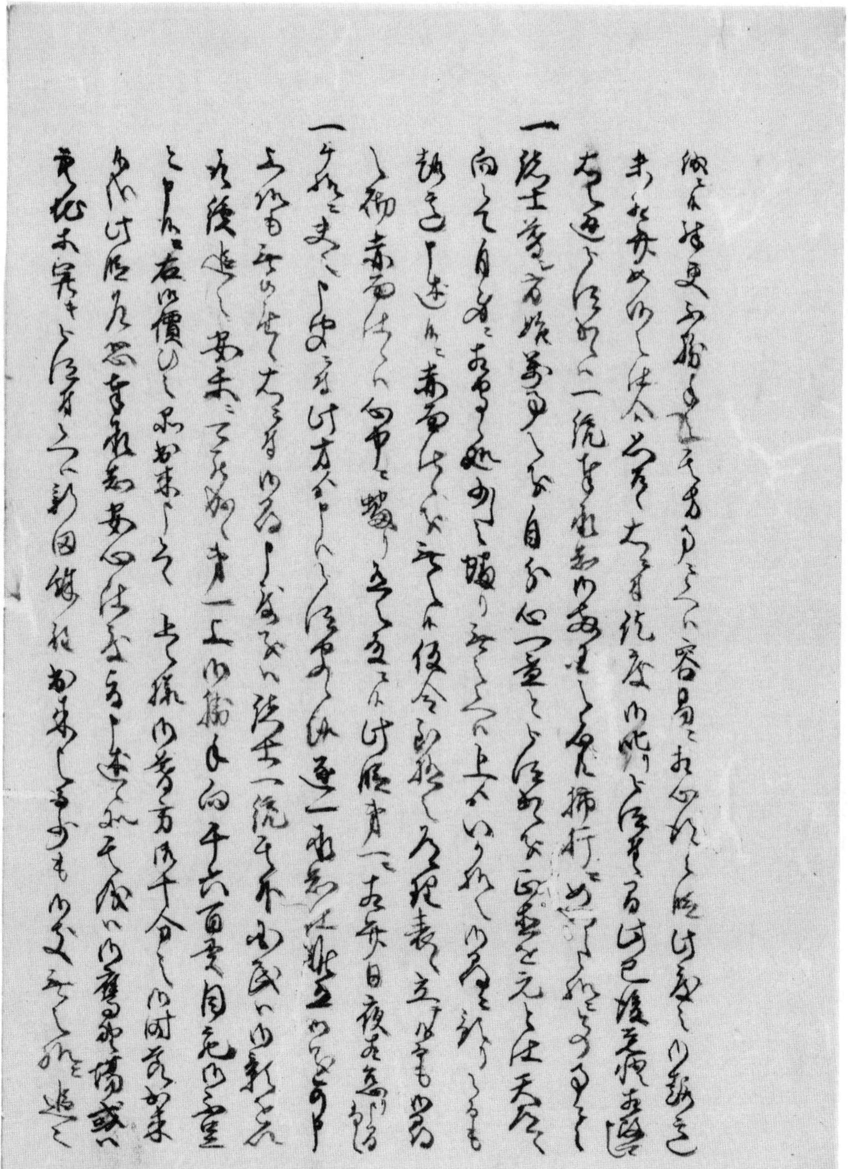

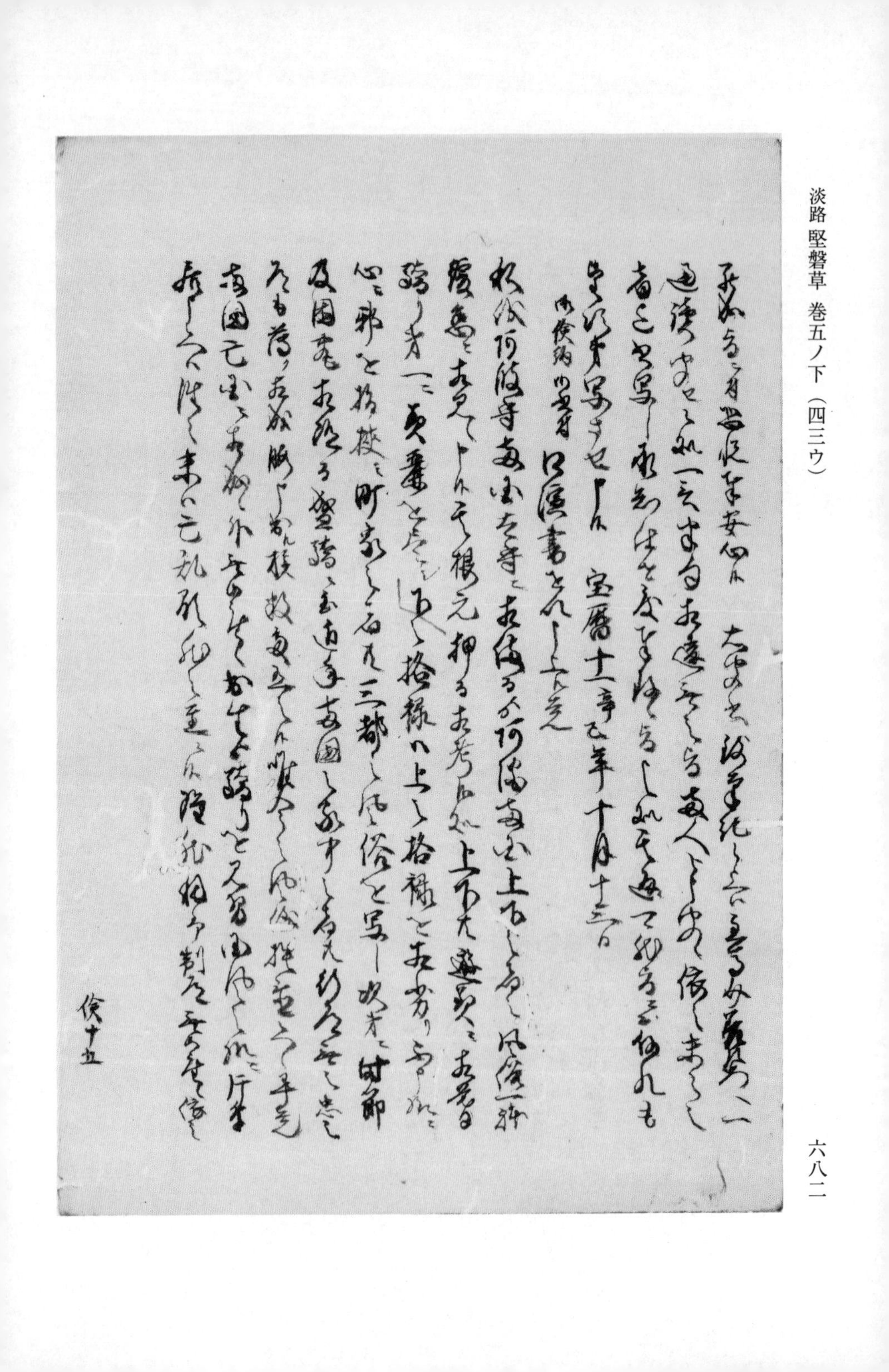

侯十五

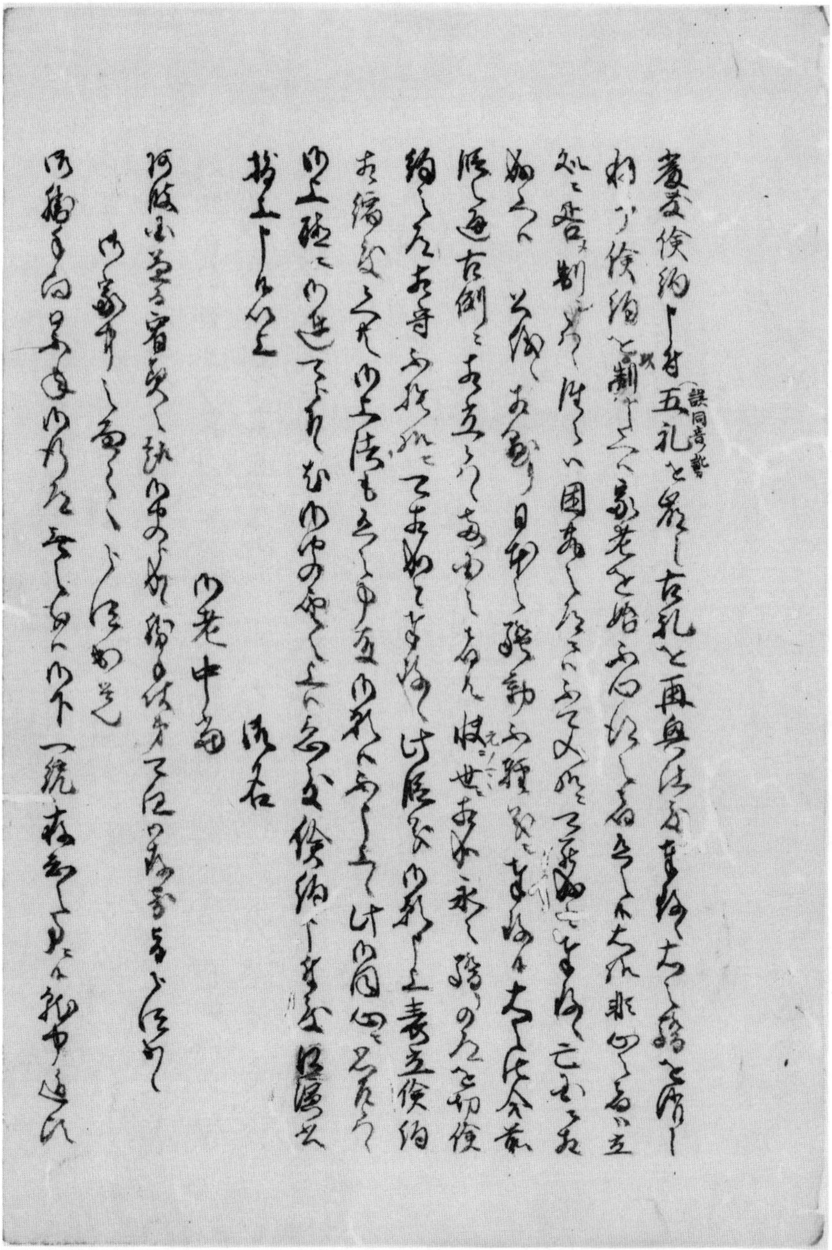

（誤同音歟）

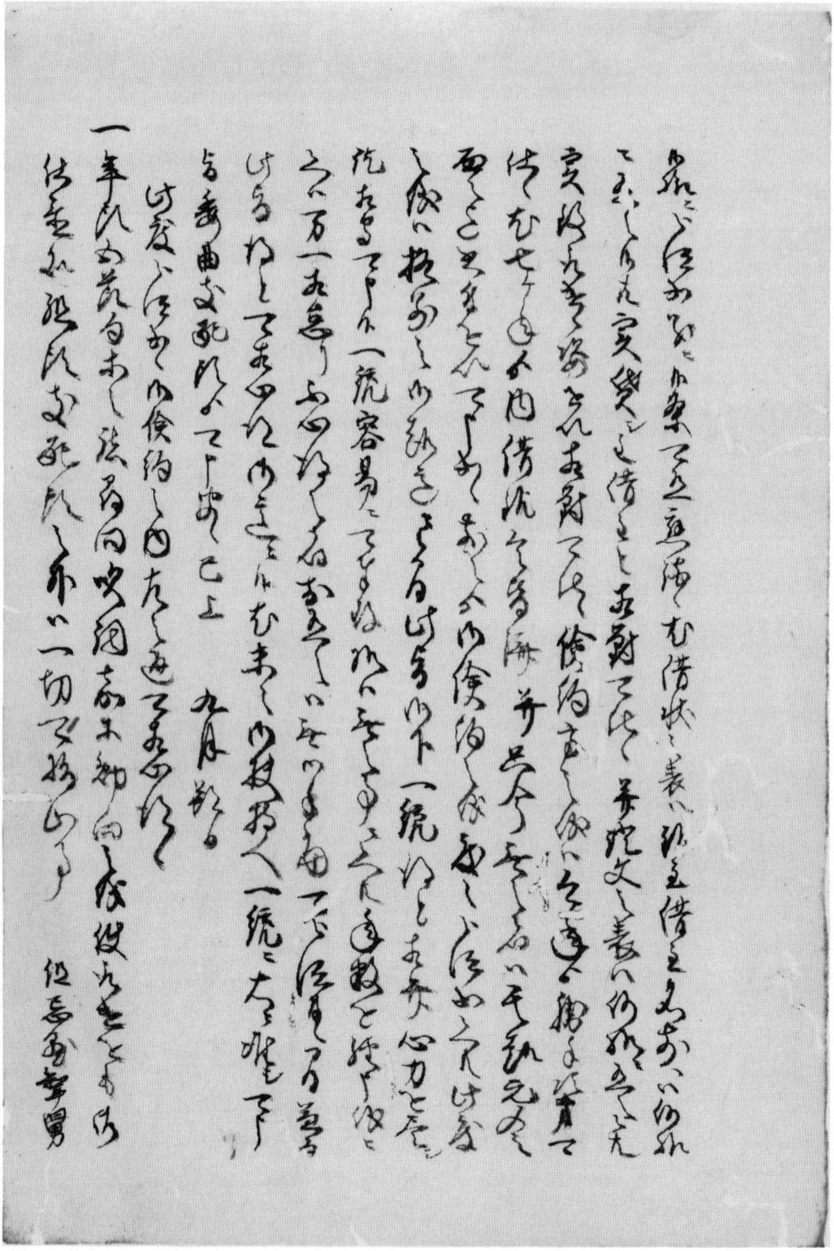

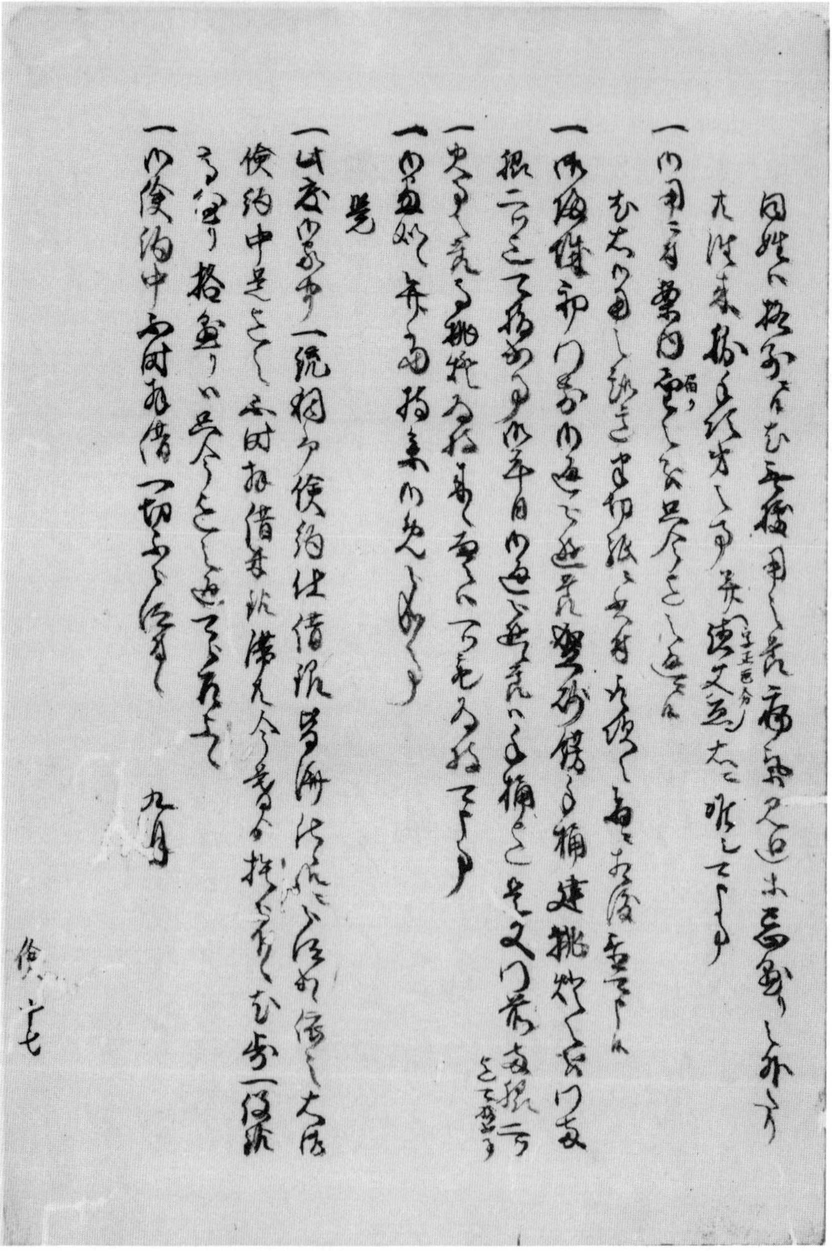

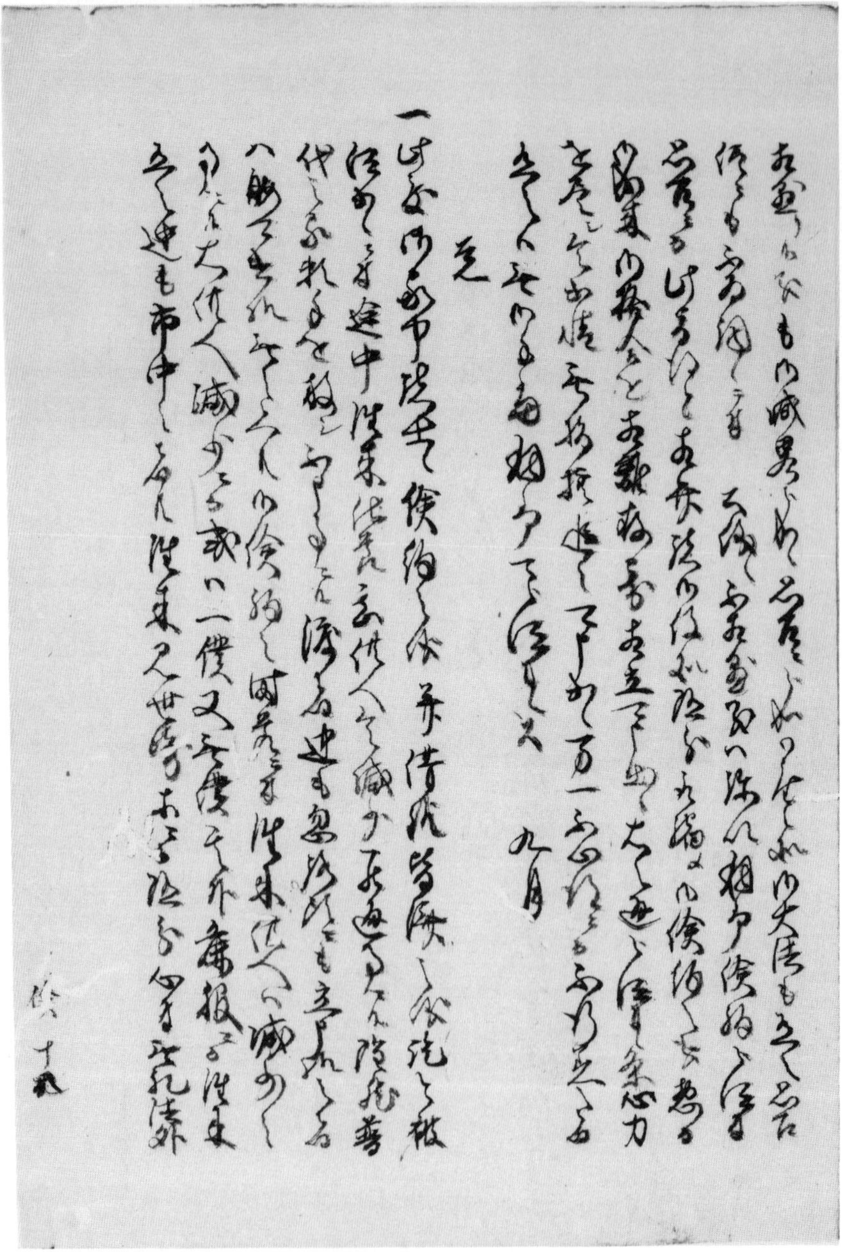

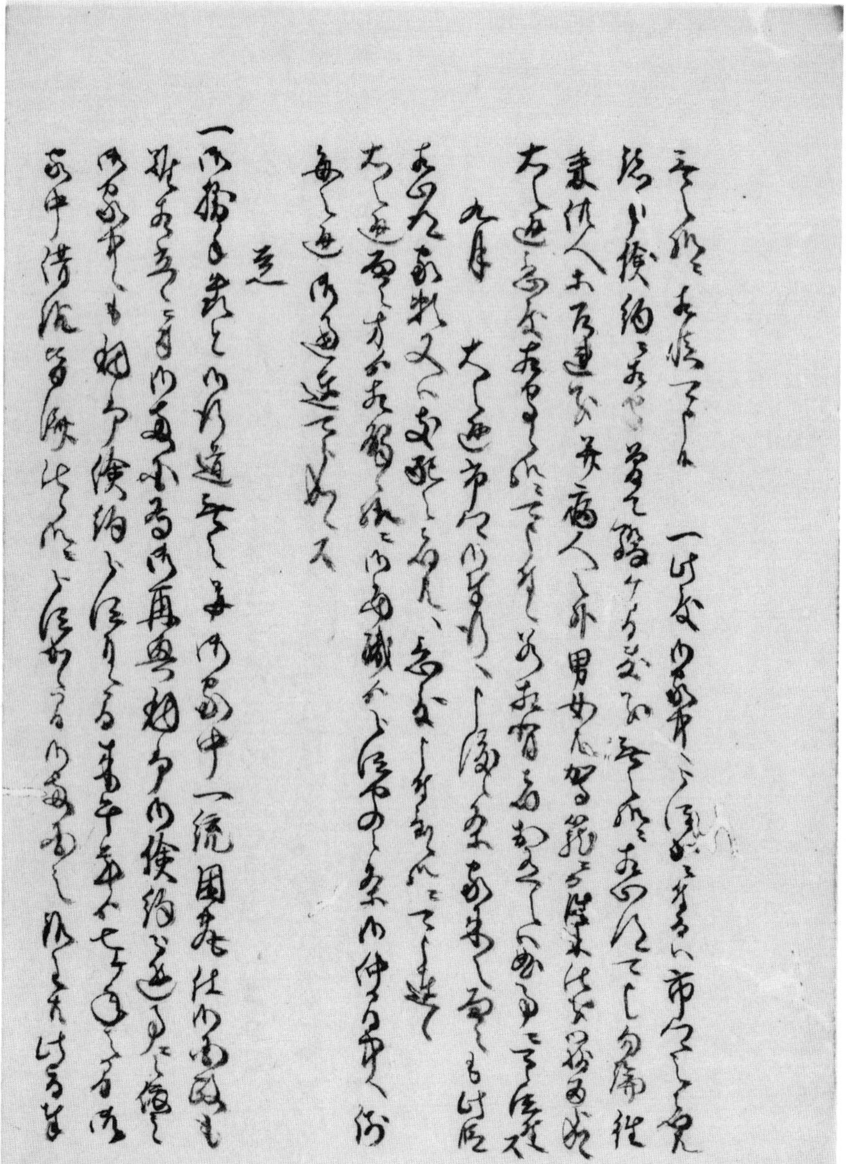

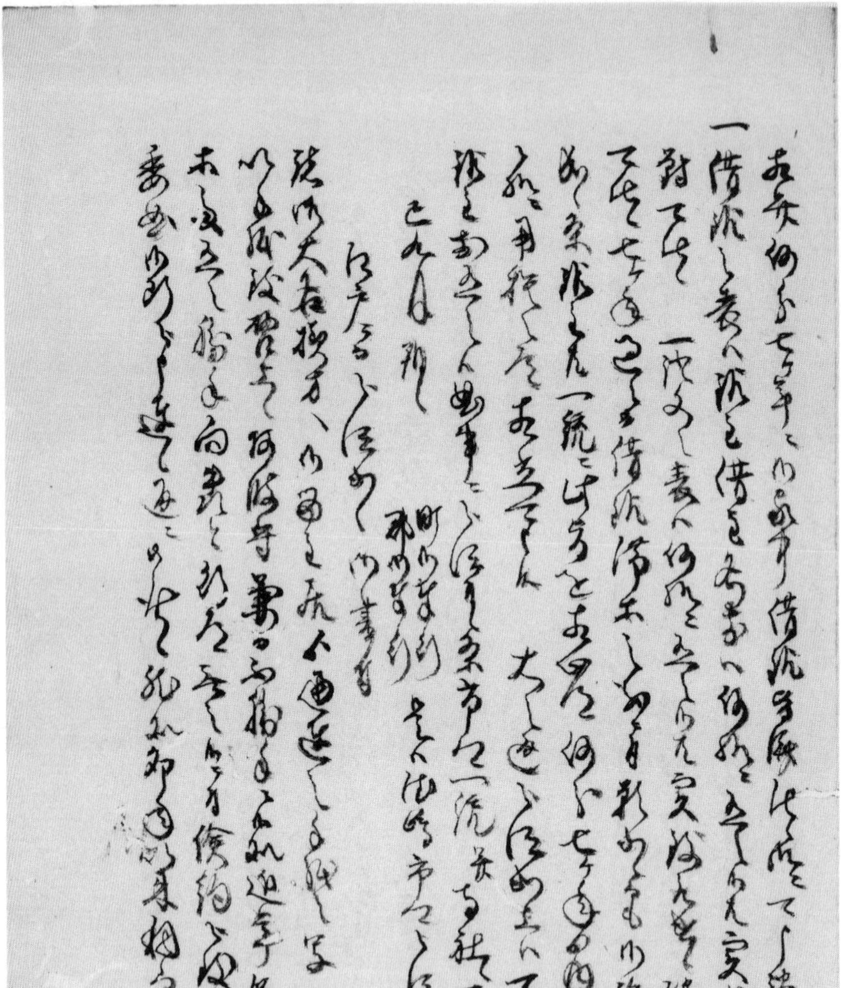

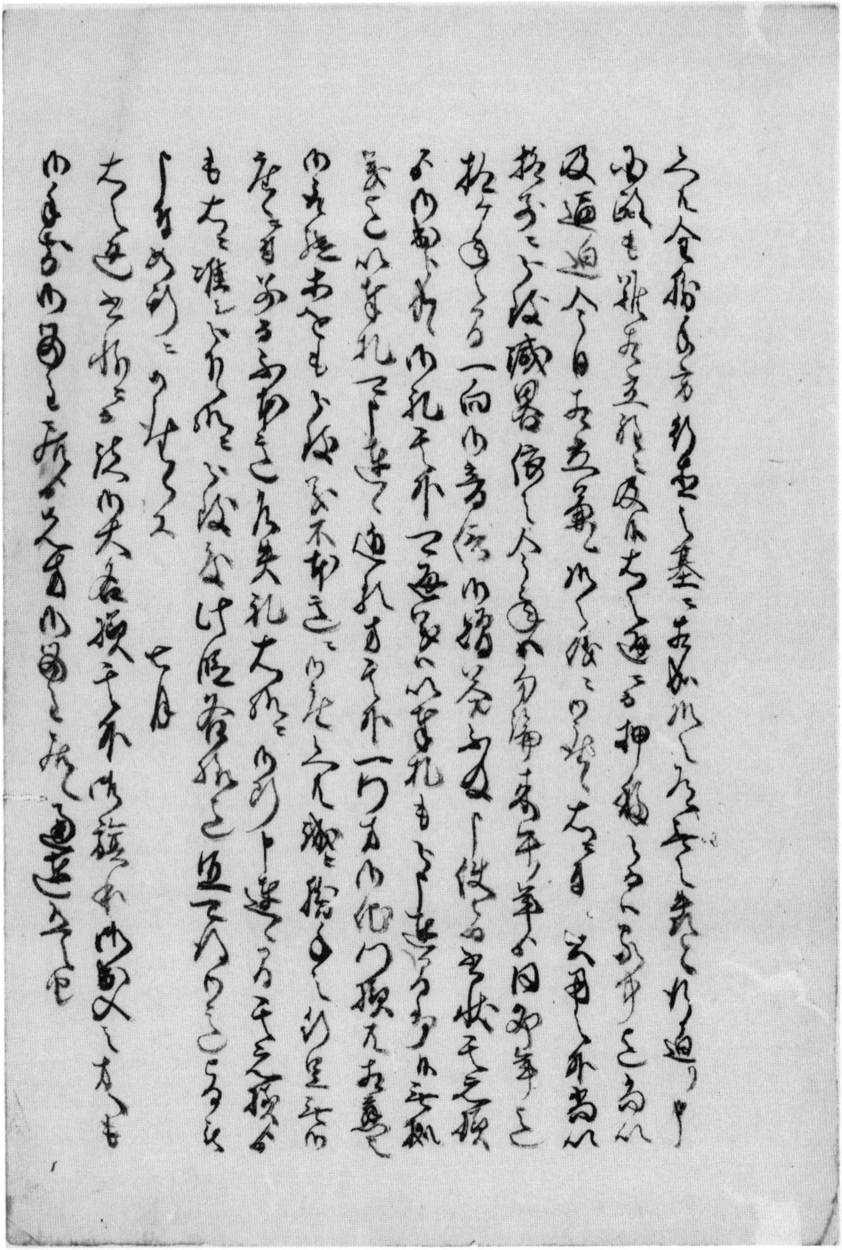

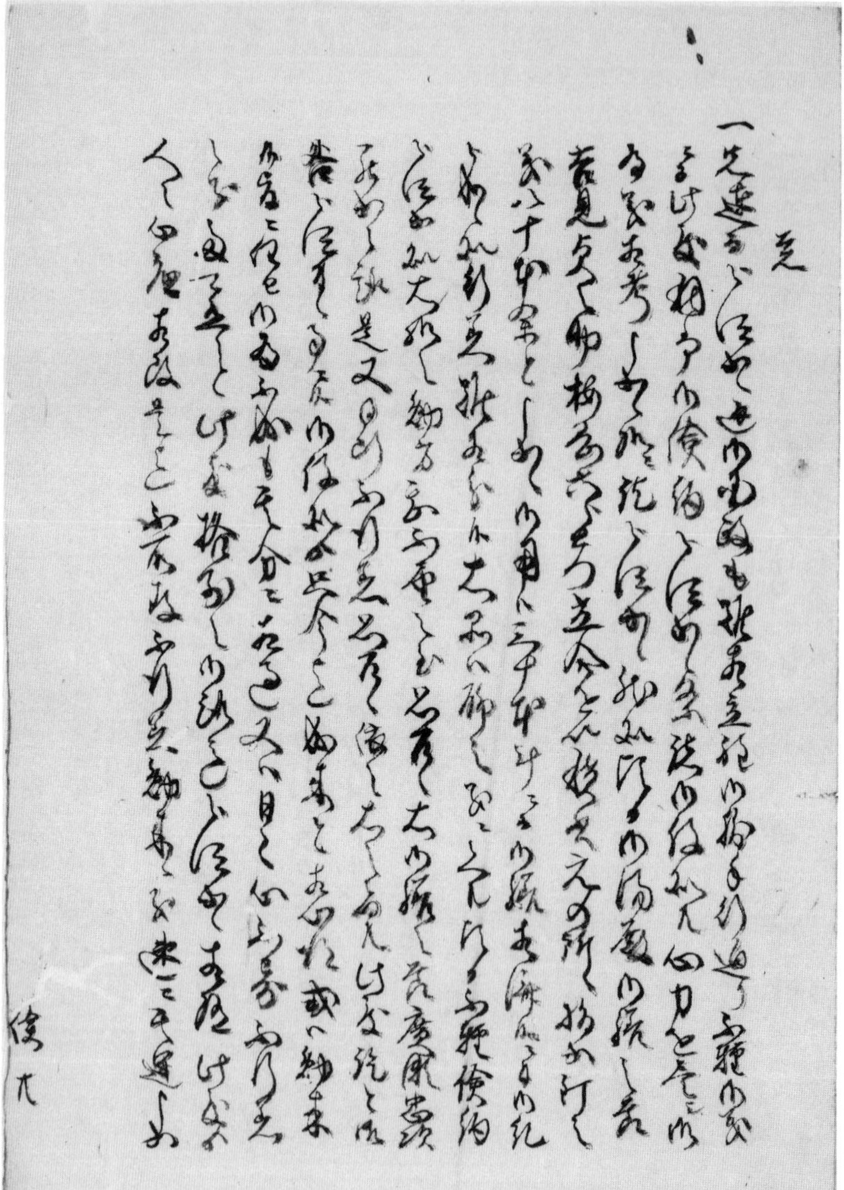

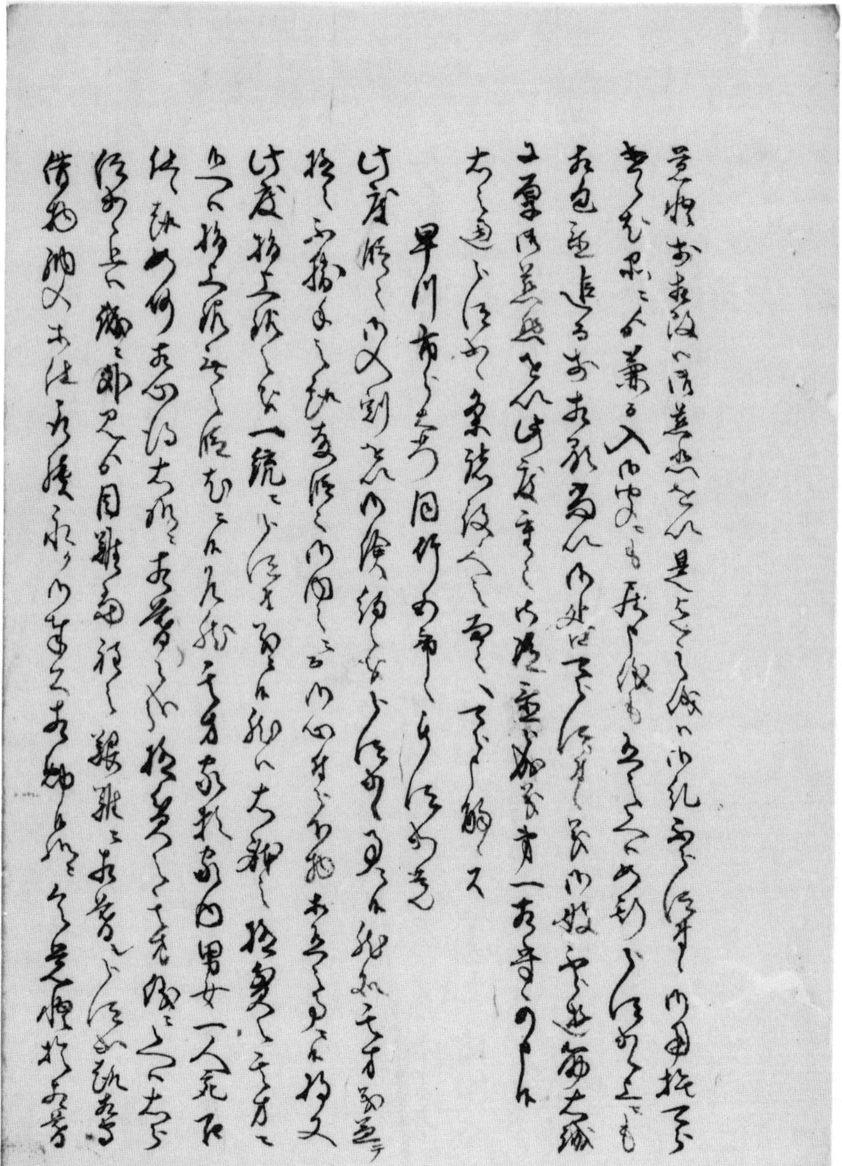

[illegible]

[illegible]

[illegible]

[illegible]

八月十日　[illegible]

[illegible]

元和四年正月朔日二十二ヶ条の定書 [illegible]

○[illegible]

[illegible]

[illegible]

[illegible]

[illegible]

皇高云　撫養并福良渡海ヲ司ル人々ヲ今十人衆ト称スルハ此十間屋中ナルヘシ

紙廿一

『淡路堅磐草』上巻

平成十五年五月十日　初版発行

著者　渡辺月石
発行者　片岡英三
印刷　株式会社　三星社
製本　古川製本所

606-8204　京都市左京区田中下柳町八番地
発行所　株式会社　臨川書店
電話（〇七五）七二一―七一一一
郵便振替　〇一〇七〇-二-八〇〇番

落丁本・乱丁本はお取替えいたします
定価は函に表示してあります

ISBN4-653-03917-8